스포츠코칭 교육심리학

송용관 · 천승현 · 류태호 옮김

Applying Educational Psychology in Coaching Athletes

Rainbow BOOKS

스포츠코칭 교육심리학
Applying Educational Psychology in Coaching Athletes

인 쇄	2020년 4월 20일
발 행	2020년 4월 24일
저 자	Jeffrey J. Huber
역 자	송용관 천승현 류태호
발행처	레인보우북스
주 소	서울특별시 관악구 신림로 75 레인보우B/D
전 화	(02) 2032-8800
팩 스	(02) 871-0935
E-mail	min8728151@rainbowbook.co.kr
홈페이지	www.rainbowbook.co.kr

ISBN 978-89-6206-468-1 93690

값 25,000원

* 본서의 무단복제를 금하며, 잘못된 책은 구입한 곳에서 교환해 드립니다.

스포츠코칭 교육심리학

Applying Educational Psychology
in Coaching Athletes

저자 Jeffrey J. Huber
역자 송용관 천승현 류태호

차례

독자분들께 ·· xii
역 자 서 문 ·· xiv
서   문 ·· xv
들 어 가 며 ·· 1

Part 01 선수들을 이해하기 위한 동기 이론

chapter 01 끊임없이 도전하는 선수: 동기 이론의 적용 • 21

행동주의 이론과 동기 ·· 24
인지주의 이론과 동기 ·· 30
사회 인지 학습 이론과 동기 ·· 43
인본주의 이론과 동기 ·· 49
끊임없이 도전하는 선수 ·· 67
끊임없이 도전하는 코치 ·· 68
코치의 도구상자 ·· 68
과학적이며 예술적인 코치 ·· 69
코치가 이 3가지를 기억한다면 ··· 70
추천 도서 ·· 71

chapter 02 회복력이 좋은 선수: 귀인 이론의 적용 • 73

귀인 이론 · 75
능력에 대한 믿음 · 78
지각된 인과성과 정서적 반응 · 79
귀인, 성취동기와 자존감 · 81
귀인 이론을 적용하여 선수들의 동기를 향상시키는 방법 · 82
자기결정 이론 · 90
회복력이 좋은 선수 · 93
회복력이 좋은 코치 · 93
코치의 도구상자 · 94
과학적이며 예술적인 코치 · 94
코치가 이 3가지를 기억한다면 · 94
추천 도서 · 95

Part 02 선수들을 이해하기 위한 행동주의 이론

chapter 03 열정적인 선수: 조건반응 이론의 적용 • 99

Pavlov의 고전적 조건화 · 101
긍정적인 반응 조건화 예시 · 106
코칭 상황에 반응 조건화 이론을 적용하는 방법 · 108
Thorndike의 연결주의 이론 · 116
선수들에게 연결주의 이론을 적용하는 방법 · 117
결론 · 119
열정적인 선수 · 120
열정적인 코치 · 120

코치의 도구상자	121
과학적이며 예술적인 코치	121
코치가 이 3가지를 기억한다면	122
추천 도서	123

chapter 04 강화에 자극받는 선수: 조작적 조건화 이론의 적용 • 125

Skinner의 조작적 조건화 이론	129
강화 계획의 종류	142
강화로서의 외적 피드백	144
코칭 상황에서 선수들에게 조작적 조건화를 사용하여 외적 피드백을 적용하는 방법	145
강화로서의 내적 피드백	148
조건화의 가치 있는 선수의 4가지 행동유형	151
코칭 상황에 조작적 조건화 이론을 적용하는 방법	157
Skinner 상자 안의 선수	159
Skinner 상자 안의 코치	160
코치의 도구상자	160
과학적이며 예술적인 코치	161
코치가 이 3가지를 기억한다면	162
추천 도서	163

Part 03 선수들을 이해하기 위한 인지주의 이론

chapter 05 모방능력이 뛰어난 선수: 사회 인지 이론의 적용 • 167

| 사회 인지 이론 | 169 |
| 모방하기 좋은 4가지 행동 유형 | 171 |

차례

강화의 원천 ·· 179
모방의 효과 ·· 182
코칭 상황에 관찰학습 이론을 적용하는 방법 ······································ 183
모방능력이 뛰어난 선수 ··· 186
모방능력이 뛰어난 코치 ··· 187
코치의 도구상자 ·· 187
과학적이며 예술적인 코치 ·· 187
코치가 이 3가지를 기억한다면 ·· 188
추천 도서 ··· 189

chapter 06 인지 능력이 뛰어난 선수: 사회 인지 이론의 적용 • 191

컴퓨터에 비유한 인간의 행동 ·· 194
기억의 3가지 유형: 정보처리과정 모델 ··· 195
운동 학습의 3단계 ·· 208
코칭 상황에 운동 학습의 3단계를 적용하는 방법 ································ 213
3가지 인지 운동 학습 이론 ··· 215
인지 능력이 뛰어난 선수 ·· 236
인지 능력이 뛰어난 코치 ·· 237
코치의 도구상자 ·· 238
과학적이며 예술적인 코치 ·· 238
코치가 이 3가지를 기억한다면 ·· 239
추천 도서 ··· 240

chapter 07 전문적인 선수: 고도의 전문적인 연습과 전문성 이론의 적용 • 241

전문성 이론 ·· 243
전문성의 특징 ··· 244
고도의 전문적인 연습의 특징 ·· 250
고도의 전문적인 연습을 시작하는 방법: 발달의 3단계 ························· 257

창의적인 고도의 전문적인 연습 ·· 263
전문적인 선수 ·· 279
전문적인 코치 ·· 280
코치의 도구상자 ·· 284
과학적이며 예술적인 코치 ·· 284
코치가 이 3가지를 기억한다면 ·· 287
추천 도서 ·· 287

Part 04 선수들을 이해하기 위한 인본주의 이론

chapter 08 전인적인 선수: 인본주의 학습 이론의 적용 • 291

인본주의 심리학 ·· 293
4가지 인본주의 특징을 코치 방식에 적용하는 방법 ······· 297
비지시적 코칭 모델 ··· 302
구성주의 학습 이론 ··· 313
성공적인 교수를 위한 피라미드 ······································· 316
코칭 상황에 7가지 인본주의 원리를 적용하는 방법 ······· 319
전인적인 선수 ·· 321
전인적인 코치 ·· 322
코치의 도구상자 ·· 322
과학적이며 예술적인 코치 ·· 323
코치가 이 3가지를 기억한다면 ·· 323
추천 도서 ·· 325

chapter 09 정서적인 선수: 정서 이론의 적용 • 327

　　정서와 수행 ·· 329
　　각성, 불안과 수행 ·· 334
　　정서의 결과 ·· 347
　　코칭 상황에 정서 이론을 적용하는 방법 ································· 358
　　정서적인 선수 ··· 372
　　정서적인 코치 ··· 373
　　코치의 도구상자 ·· 373
　　과학적이며 예술적인 코치 ··· 374
　　코치가 이 3가지를 기억한다면 ·· 374
　　추천 도서 ··· 375

Part 05 코칭 기술과 철학 성립하기

chapter 10 원칙적인 코치: 연습 관리와 훈육 원리의 적용 • 379

　　관리와 훈육 ·· 381
　　연습환경 ·· 383
　　예방 전략을 적용하는 방법: 처음부터 시선을 사로잡는다. ·········· 384
　　올바른 교정 전략을 적용하는 방법
　　: 첫 단추가 올바르게 끼워지지 않았을 때 ······························· 400
　　구속된 선수 ·· 412
　　원칙적인 코치 ··· 413
　　코치의 도구상자 ·· 413
　　과학적이며 예술적인 코치 ··· 414
　　코치가 이 3가지를 기억한다면 ·· 415
　　추천 도서 ··· 416

chapter 11 철학적인 코치: 지혜의 적용 • 417

철학적인 코치가 되기 위해 고려해야 할 요소 ································ 419
철학에 윤리를 포함하기 ··· 429
자신의 철학에 가치관을 성립하기 ·· 435
스포츠의 가치 ·· 439
철학적인 코치 ·· 443
지혜로운 코치 ·· 443
코치의 도구상자 ··· 443
과학적이며 예술적인 코치 ·· 444
코치가 이 3가지를 기억한다면 ·· 444
추천 도서 ·· 445

참고문헌 ··· 447
INDEX ·· 467
저자 및 역자 소개 ·· 479

독자분들께

Dear Reader,

Congratulations to all Korean readers and practitioners. Now is the perfect time to take your coaching to the next level and create a positive impact on your athletes. All practitioners, regardless of where we come from or what language we speak, share similar universal sport experiences. Sport offers a unique opportunity to grow not only as athletes but also as human beings. It allows coaches to teach, and athletes to learn, life lessons that cannot be learned anywhere else and to carry these lessons with us for the remainder of our lives. My goal in writing this textbook was to share my experiences as an athlete for many years and as a coach for 37 years. I also wrote the textbook to share my understanding of psychological principals and how these principles, when applied correctly, result in highly effective coaching in which coaches become that special person who changes the careers and lives of the athletes they lead and who becomes that coach athletes never forget.

To paraphrase historian Henry Adams, "A coach affects eternity; he can never tell where his influence stops" It is my hope that this translated edition of Applying Educational Psychology in Coaching Athletes positively influences you and your ability to have a lasting and profound influence on your athletes. For this, I am eternally grateful.

Sincerely,
Jeff Huber, PhD
Bloomington, IN

독자분들께

한국의 모든 독자와 실무자들에게 축하 인사를 할 수 있게 되어 영광이며, 감사드립니다. 이 책을 통해 지도자들은 자신의 코칭 능력을 한 단계 끌어올리고 선수들에게 좋은 영향을 미칠 수 있게 될 것입니다. 우리가 태어난 곳이 서로 다르고 다른 언어를 사용하고 있지만, 누구나 스포츠에 참여한 경험이 있습니다. 우리에게 스포츠는 운동선수뿐만 아니라 인간으로서도 성장할 수 있는 소중한 기회를 제공합니다.

스포츠를 통해 코치들은 어디에서도 습득할 수 없는 삶의 교훈을 선수들에게 가르칠 수 있게 되며, 그 과정에서 선수들은 삶의 기술을 배우게 됩니다. 그리고 우리의 삶 속에서 스포츠는 계속해서 삶에 유용하게 활용할 수 있는 기술과 교훈을 얻게 하는데 도움을 줄 것입니다.

내가 이 책을 쓰게 된 이유는 오랜 선수 시절의 경험과 37년 간의 코치로서의 경험을 많은 이들과 공유하고자 위함입니다. 또한, 나는 내가 이해한 심리학의 원리를 지도자들과 공유하기 위해 이 책을 집필했습니다. 심리학의 원리가 현장에 올바르게 적용될 때, 코치들은 선수들의 삶과 능력을 변화시켜 전인적인 사람으로 성장시키는 가장 효과적인 코칭 방법을 습득하게 될 것입니다.

역사학자 헨리 아담스(Henry Adams)은 "코치의 영향력은 영원하다. 그리고 그 영향력의 끝은 알 수 없다"라고 이야기 했습니다. 헨리 아담스의 명언처럼, 나는 이 번역서가 여러분에게 유용한 지식이 되어, 여러분과 선수들을 지도하는 코치들에게 큰 영감을 줄 수 있는 능력을 습득하는데 도움이 되길 바랍니다. 이 번역서가 출판된 것에 대해 깊이 감사합니다.

인디애나주 블루밍턴에서
Jeff Huber, PhD

역자서문

"선수가 없으면 코치도 없다. 배움이 없다면 가르침도 없다"는 저자의 말처럼, 선수에게 코치는 중요한 존재이다. 또한 코치는 선수들의 삶에 큰 영향을 미치는 존재이다. 좋은 배움을 얻기 위해서 코치의 가르침이 중요하듯, 코치의 좋은 가르침이 선수들에게 좋은 배움을 제공한다. 코치들은 누구나 좋은 가르침을 선수들에게 주려고 하지만, 좋은 가르침을 주는 코치가 많지 않은 것이 현실이다. 일부 코치들은 잘못된 훈련 방식과 훈육을 통해서 선수들을 가르치거나, 전문적인 지식이 부족한 상태에서 선수들을 지도하기도 한다. 어떤 코치들은 체력과 기술적인 부분만을 강조하고, 정서적인 부분은 간과한 채 선수들을 지도하고 있다. 또 다른 코치들은 성적과 성과를 과도하게 중시하여 선수들의 삶에 있어 필요하고 중요한 부분은 소홀히 하거나 놓치기도 한다. 심지어 선수들에게 상처를 남기는 코치도 있다.

이 책은 선수들이 스포츠를 통해 올바른 가치관을 형성하고 성장하길 바라고, 선수들이 은퇴 이후에도 자신의 삶을 지혜롭고 행복하게 살아가기 원하는 코치, 체육교사와 스포츠지도자들을 위해 Jeffrey Huber가 저술한 책 "Applying educational psychology in coaching athletes"를 번역했다. 저자는 선수 경험과 오랜 지도자 생활을 통해서 익히고 터득한 코칭 방법을 과학적으로 그리고 철학적으로 소개하고 있다. 교육심리학의 원리와 이론을 실제 스포츠 코칭 현장에 적용하여, 선수들의 수행력과 코치의 코칭 능력을 향상시킬 수 있는 방법에 대해 다루고 있다. 이 책은 이론과 현장은 다르다고 생각하는 코치나 연구자에게 신선한 충격을 안겨줄 수 있는 책이다. 역자 또한 이 책을 통해 생각을 바꾼 사람 중 하나이며, 저자와의 많은 연락을 통해서 그의 코칭 철학과 이 책에 대한 정성을 조금이나마 엿볼 수 있었다.

좋은 코치로 선수들에게 기억되기를 바라는 코치, 선수를 돕기 위한 방법을 고민하고 있는 코치, 코치와 같은 지도자를 준비하고 있는 분들에게 이 책은 유용한 조언을 제공할 것이다. 이 책에 담겨진 지식과 정보들이 코치나 체육교사를 포함한 스포츠지도자들과 코치를 준비하고 있는 분들에게, 좋은 코치로 성장하는데 도움이 되길 바란다.

끝으로, 이 책의 출판을 맡아 애써 준 레인보우북스의 민선홍 사장님과 직원 분들에게 심심한 감사의 말씀을 드린다.

2020년 4월
역자를 대표하여,
송용관

서문

내가 코치로 지도했던 시간들은 **토끼와 거북이**에 대한 이야기를 다룬 이솝 우화에 비유하면 맞을 것 같다. 나는 거북이였고, Michael은 토끼였다.

Michael은 선수로서 이미 큰 성공을 거두었고, 내가 처음에 코치를 시작했을 때, Michael도 같이 코치생활을 시작했다. Michael는 미국 전국 대회에서도 여러 번 우승한 경험이 있고, 미국 국가대표로서 올림픽에도 참가했었기 때문에, 자연스럽게 그리고 상대적으로 쉽게, 좋은 능력을 가진 선수들을 코치할 수 있었다. Michael는 자신의 스포츠에 대한 지식이 풍부했으며, 처음부터 코치로서 성공할 수 있는 발판이 마련되어 있었다. 반대로 나는 좋은 능력을 가지고 있는 선수들을 지도한 경험이 없었으며, 스포츠에 대한 지식도 부족했고, 코치로서의 경험도 부족했다. Michael은 누구보다 빠르고 크게 성공하고 있었지만, 나는 집에서 Michael이 세운 업적들을 잡지나 뉴스에서 읽고 보면서 묵묵히 코치의 길을 걷고 있었다. 몇 년 뒤에, Michael은 개인 사업을 하기 위해 코치 생활을 그만두었고, 나는 그 사이 교육심리학과에서 박사학위를 취득했으며, 인지 학습과 운동 학습을 집중적으로 공부했다. 교육심리학이란 교수과정과 학습과정에 심리학적 원리를 적용하는 분야이다. 나의 아내도 박사학위를 함께 취득했으며, 나는 아내와 두 어린 아이들, 고양이, 그리고 개를 데리고, 인디애나주의 블루밍턴 지역으로 이사했다.

인디애나대학교 Indiana University 에서 있는 첫 6년 동안, 나는 교육심리학을 강의하면서, 주로 교사들을 가르쳤다. 교사들에게 심리학의 이론과 원리를 교육과정에 어떻게 적용하고, 향후 어떤 방법과 방식으로 학생들을 가르치는 것이 효과적인지에 대해 강의했다. 강의를 하면서 나는 남자와 여자 다이빙 팀의 코치로서 일하고 있었으며, 이때 나의 삶은 Robert Frost의 시 "가지 않은 길"로 표현할 수 있다.

> 오랜 세월이 지난 후 나는 어디선가
> 한숨을 쉬면서 이야기할 것입니다.
> 숲 속에 두 갈래 길이 있었다고,
> 나는 사람들이 가지 않는 길을 택하였다고,
> 그리고 그것 때문에 모든 것이 달라졌다고
> [Robert Frost, "가지 않은 길" 1920]

서문

나는 숲 속에서 두 갈래 길에 마주섰다. 하나는 코치의 길이었고, 다른 하나는 교수의 길이었다. 두 가지의 길을 같이 함께 걷고 싶었지만, 걷다가 보니 모든 것이 희미해지는 느낌이 들었다. 나는 티칭 teaching 과 코칭 coaching, 그리고 학생과 선수의 차이를 잘 이해하지 못했지만, 두 직업이 똑같다고 생각했다. 교사의 가르침과 학생들의 학습에 대한 이론, 개념, 패러다임, 원칙, 법칙, 연구 결과를 보면, 교실 안에서 이 모든 것이 적용되지만, 이러한 지식이 효율적인 코치가 되고, 선수들을 가르치기 위해서도 유용하게 쓸 수 있다고 생각했다. 효율적인 교사가 되는 요인들은 결국 효율적인 코치가 되는 요인이라고 판단을 내렸으며, 유명한 교사의 특성들을 잘 살펴보면, 유명한 코치들이 지닌 특성을 지니고 있었다. 그렇기 때문에 나는 갈래 길에서, 두 개의 다른 길이 있다고 생각하지 않고, 똑같은 길이라는 것을 깨달았다.

Michael은 코치생활을 그만 두고 8년이 지난 후 다시 코치 생활을 시작했다. 그 사이 많은 것이 바뀌었는데, 특히, 내가 많이 바뀌었다. Michael이 떠나고 나서, 나는 더욱더 효율적인 코치가 되어 있었으며, 선수들이 학습하는 과정에 대해서 많이 공부했고, 코치가 어떻게 선수들을 가르치는가에 대한 방법에 대해서도 많이 알게 되었다. NCAA 대학 대회에서 Michael을 만났을 때, 나한테 미소를 지으며 "잘 지냈어?"라고 물어봤지만, Michael의 말에는 "어떻게 네가 그렇게 빨리, 성공적인 코치가 됐어?"라는 질문이 내포되어 있었던 것이다. 이전 시즌에 나는 미국 올림픽대표팀 코치로 임명됐고, 코치로 2번째 올림픽에 참가했다. 그 시즌에는 나의 코칭 프로그램은 미국 대학 팀들 중에서 최고였고, 나는 NCAA에서 미국 대학 중 최고의 코치에게 부여하는 코치상을 받았다. Michael이라는 토끼를 제치는데 20년 남짓 걸렸지만, 결국에 거북이였던 나는 결승선을 통과한 것이었다.

내가 올림픽 국가대표 선수단의 코치가 되었고, NCAA 미국 대학 최고 코치상을 받는 성취를 얻기는 했지만, 이런 보상 때문에 코치를 하는 것은 아니다. 사실 나는 Jimmy란 친구 때문에 코치라는 직업을 사랑하게 되었다. 내가 남 캘리포니아 주 사이프레스 Cypress College in Southern California 에서 코치를 하고 있을 때(사실 코치라기보다는 봉사활동이었다), Jimmy와 만날 수 있는 인연이 있었다. 나는 당시 사이프레스 대학에서 영어영문학 박사학위를 취득하려고 수학하고 있었지만, 그와 동시에 나에게 큰 도움을 주었던 내 인생에 동반자였던, 다이빙이란 스포츠에 다시 무엇인가를 되돌려주고 싶은 마음을 가지고 있었다. 사이프레스 대학에서 남자 팀과 여자 팀을 코칭하면서 나는 월급을 받지 않았다. 그 대신에 나는 그 수영장을 언제든지, 마음대로 사용할 수 있었다. 나는 대학에서 공부를 하고 있으면서 동시에 아버지 사업도 도와드리고 있어 여유가 많지 않았지만, 어린 아이들을 위해 수영장에서 캠프를 개최하기로 마음먹었다. 한 달에 20만원도 벌지 못했지만, 캠

서문

프 개최를 통해서 나의 인생의 방향을 설정하는 데에 큰 도움을 받을 수 있었다.

캠프를 개최한지 2개월 후, 14살의 남자 아이 2명이 등록했다. 그 아이들은 Brian과 Jimmy였다. Brian은 잘 생겼고, 신체적인 조건도 좋았지만, Jimmy는 말랐고, 여드름도 수두룩했고, 신체적인 조건도 좋지 않을뿐더러, 운동 능력이 현저히 뒤처지는 아이였다. 코치의 입장으로서 나는 Brian에게 큰 기대를 하고 있었고, 당연히 Jimmy는 팀의 후보 선수로 어느 정도 있다가 운동을 포기할 것이라고 짐작하고 있었다.

하지만 나의 예상은 빗나갔다.

난 아직도 Jimmy가 처음으로 연습 한 날을 잊을 수 없다. Jimmy는 트램펄린(trampoline; 텀블링의 도약대로 이용되는 탄력 있는 캔버스 받침대)에 오르려고 하다가 넘어졌고, 넘어지고 난 후의 탄력 때문에 하늘로 날아갔으며, 하마터면 머리부터 먼저 맨땅에 박을 뻔했다. 그 순간 나는 Jimmy가 죽는 줄 알았다. 나중에 아이들에게 먼 훗날에 저렇게 다이빙 보드에서 360도 회전하는 것을 가르치고 싶었지만, 지금은 전혀 그럴 생각이 없었다. 이런 상황들이 있었기 때문에, 너무나도 가르치기 좋았던 Brian이 그만 두고, Jimmy가 더욱더 훌륭한 선수로 거듭날 줄은 생각도 못했다.

Jimmy는 자신의 인생에서 찾을 수 없었던 그 무엇을 스포츠를 통해 얻을 수 있었으며, 스포츠는 그에게 필요한 마음의 양식이자 생명선이 되고 있었고, Jimmy에게 자존감과 자신감, 그리고 소속감을 심어 주었으며, 인생을 구원해 줄 수 있는 그 무엇이 되었다. Jimmy는 나의 기대치를 훨씬 뛰어넘었고, 나에게 인간의 한계를 넘을 수 있다는 것을 보여주었으며, 더 나아가 선천적인 능력보다는 동기라는 것이 얼마나 중요한지, 그리고 인간의 믿음과 의지가 얼마나 강한지에 대해 알 수 있도록 도와주었다. Jimmy가 어린 나이임에도 불구하고, 자신의 앞에 놓여 있는 장애물을 넘고 싶은 욕망이 가득 차 있었고, 자기 자신이 훌륭한 선수가 될 수 있다는 자신감으로 이 모든 것을 해낼 수 있었다. 나는 Jimmy가 연습할 때 마다 그 모습을 보면서 불가능을 뛰어 넘는 것을 목격할 수 있는 시간이 되었다. 6개월 후, Jimmy는 1m 다이빙보드에서 할 수 있는 기술을 모두 터득했으며, 3m 다이빙보드에서 하는 기술들을 연마하기 시작했다. 나는 '불가능은 없다'는 말을 믿을 수 있는 광경을 두 눈으로 볼 수 있었던 것이다.

Jimmy의 부모님이 한 달에 2만원의 수강료를 내지 못해서 다이빙을 그만둘 수밖에 없다고 나에게 이야기 했을 때, 나는 Jimmy에게 수강료 대신 나의 차를 세차해 주면 계속해서 지도할 수 있다고 약속했고 Jimmy도 동의했다. 사실 Jimmy가 나를 필요했던 것보다, 내가 Jimmy를 더 필요했던 것이다. 나는 Jimmy를 코치하는 것이 사랑 그 자체라고 느꼈다. 사실 Jimmy가 나의 마음의 양식이자 생명선이 되고 있었다. 매일 매일, Jimmy가 연습에서 불가능을 가능하게 만드는 것이, 코치란 직업의 희열을 느끼게 해 주었고, 매 시간의 연습이 나에겐 즐거움과 사랑 그 자체였다. 게다가 내 차도 매우 깨끗해졌다.

지금은 Jimmy와 연락이 끊겨서 어디서 무엇을 하고 있는지는 정확히 모른다. 하지만 나의 인생에 도움을 주었던 코치들이 지금도 생각나듯이, Jimmy에게도 내가 Jimmy의 인생에서 기억될 만한 코치가 됐으면 한다. 그리고 Jimmy는 나의 인생을 바꿔놓았다. Jimmy는 나에게 희망과 의지가 무엇인지 가르쳐주었기 때문이다. 코치란 직업은 굉장히 보람 있는 직업이다. 코치란 직업처럼, 다른 사람들의 인생에 큰 영향을 주면서, 자기 자신도 그 선수들을 통해 커다란 내적 보상을 받을 수 있는 일들이 있을까 생각해보게 된다.

▷ 코치가 된다는 것

이 책은 **코치가 된 사람들을** 위해 쓴 것이 아니라, **코치가 되기 위한 사람들을** 위해서 집필했다. 이 책은 우리가 꿈꾸었던 코치, 즉, 효율적이고, 성공적이고, 아이들을 어떻게 가르칠 것인지 알며, 선수들에게 존중 받고, 아이들의 인생에 큰 영향을 주며, 선수들이 절대로 잊을 수 없는 코치가 되기 위해, 그리고 스스로가 바라는 코치가 되는 것을 도와주기 위해서 쓴 책이다. 훌륭한 코치가 되기 위해서는 수많은 이론, 원리, 패러다임을 이해하고 공부해야 하며, 이런 지식을 습득해야 성공적인 코치가 될 수 있다.

이 책은 심리학의 원리를 운동 학습과 코칭 과정에 적용시키는 방법에 대해 논의했으며, 내가 처음 코치라는 직업을 시작했을 때처럼, 선수들이 무엇을 배우고, 코치들이 무엇을 가르치는 것에 초점을 맞추는 것이 아니라, 어떻게 선수들이 배우고, 어떻게 코치들이 가르치는지에 대해 집중했다. 수많은 원리와 이론들이 이 책을 집필하는 데에 큰 영향을 주었다.

운동 기술을 가르치는 것은 교사가 교실에서 과목을 가르치는 것과 비슷하다. 그렇기 때문에, 교사는 교실에서 자신의 담당 과목을 가르칠 때 사용할 수 있는 심리학의 원리를 운동 학습과 코칭 과정에서도 적용할 수 있다.

인지 능력은 교실의 학습상황에서만 적용되는 것이 아니라, 운동 학습에서도 필요하다. 운동 학습과 교실에서 이루어지는 학습에서 필요한 인지 능력은 거의 비슷하다. 그렇기 때문에 교실에서 필요한 인지 능력은 운동 학습에서도 필요하다.

코칭과 학습은 연결시키고 관련짓는 것이다. Rumelhart와 Norman(1981)은 학습이란 수많은 정보들을 연결시키고 관련시킴으로써 형성되는 것이라고 설명했다. 다시 말해, 학습의 과정이란 자신이 알고 있는 그 무엇을 새로운 정보와 연관 지어서 배우는 것이다. 이 책의 이론들은 이러한 지식과 새로운 정보를 연결시키고 관련짓기 위한 방법들을 소개하며, 효율적인 코치가 되고, 선수들의 학습이 원활하게 이루어 질 수 있도록 도움을 줄 것이다. 예를 들어, 고전적 조건 형성 학습 이론은 긍정적인 자극을 스포츠 상황에서 선수들에게 어떻게 연결시키는지에 대한 방법에 대해 알려 줄 것이다. 조작적 조건 형성 학습 이론은 어떤 행동과 그 행동에 대한 결과를 연결시키는 학습 이론이기도 하다. 동기학습 이론은 내적 통제원인과 노력이 어떻게 연관되는지에 대해 알려 줄 것이다.

효율적인 코치는 운동 학습을 촉진시킬 수 있다. 많은 코치들은 성공이 하루 아침에 이루지지 않는다고 이야기한다. Chase와 Simon(1973)은 그 유명한 10년 또는 10,000시간의 법칙을 소개했다. 이것이 스포츠가 됐던, 체스, 음악, 수학 등이 됐던 그 영역과 분야는 중요하지 않다. 하지만 전문가가 되고 엘리트가 되기 위해선 수많은 시간이 필요하다. 효율적인 코치가 이 시간을 줄일 수 있을지 없을지는 모르지만, 비효율적인 코치는 이 시간을 줄이는 것이 불가능하고, 오히려 이 시간이 길어질 수 있다. 반대로 효율적인 코치들은 목표에 다가가기 위한 최소 거리의 길을 걷게 하도록 노력한다. 선수들이 어떻게 배우고, 코치들이 어떻게 가르쳐야 하는가를 이해하고 인지한다면, 선수들이 향상되도록 하는 시간을 줄일 수 있도록 도와주며, 목표를 얻기 위한 최단의 경로를 찾아 줄 수 있다.

효율적인 코치들은 선수들의 신체적, 심리적, 정서적 능력들을 키워준다. 선수들은 3가지 능력을 가지고 있다. 그 3가지는 신체적 능력, 심리적 능력, 정서적 능력이다. 선수들의 신체적 능력만 키우고, 심리적 능력과 정서적 능력을 무시한다면, 결코 성공적인 코치가 될 수 없다. 그리고 만약 선수들이 이 3가지의 능력을 모두 가지고 있지 않다면, 이들을 가르치는 것이 불가능할 수도 있다.

효율적인 코치들은 심리적으로 건강하고, 안정되고, 자신감 있는 선수들로 거듭나도록 도와주며, 선수들의 자존감을 키울 수 있도록 도와준다. 이런 요인들은 선수들의 운동 학습 능력과 수행에 큰 영향을 끼칠 뿐만 아니라, 운동을 그만두고 은퇴하고 나서도, 선수들에게 큰 도움을 준다. 가르치는 과정에 초점을 두어야 하는 것은 바로 배우는 학생 그 자체이다. Buscaglia(1984)가 한 "교사(지도자)는 단지 교과목을 가르치는 것이 아닌 사람을 가르치는 것이다"라는 말을 새겨들어야 한다. 코치의 가장 궁극적인 목표는 선수들로서 성장시키는 것이 아니라, 사람으로서 성장시키는 것이 되어야 한다. 이런 목표를 세우고 사람을 먼저 성장시키는 것에 초점이 맞추어져 있을 때, 운동 학습 측면에서도, 수행 측면에서도, 선수들을 지도하는 효과는 배가 된다. 선수들이 심리적으로 건강하고, 안정되고, 자신감 있는 사람으로 거듭나도록 도와주며, 선수들의 자존감을 키울 수 있도록 도와줄수록 선수들은 코치의 말을 더욱더 존중할 것이며, 더욱더 노력할 것이다(Brunson & Vogt 1996; Kohn 1993).

서문

코치라는 직업은 과학적이면서도 예술적인 것이다. 나는 뛰어난 능력을 가지고 있었던 사람들과 선수들을 만날 수 있는 기회가 많았다. 선수들은 나를 믿고 내가 지도하는 훈련 프로그램에 따라주었다. 하지만, 의도치 않게 코칭과 운동 학습에 대한 지식을 전달하기 위해, 실험용 쥐를 활용한 연구결과와 이론을 적용했다는 점에 대해 미안하기도 하다. 내가 선수들을 가르친 것도 많지만, 나 자신도 선수들을 통해 코치가 과학적이면서도 예술적이라는 것을 배울 수 있었다. 선수들을 성공적으로 코칭하고 효율적인 코치가 되기 위해서는 과학적인 수치로 드러난 것에만 치중해서는 절대로 안 된다. 과학은 선수들의 인본주의적인 부분들을 간과하는 경향이 있기 때문이다. 선수들의 감정, 가치, 성장, 정서, 대화, 그리고 인간으로서의 필요한 모든 영역들과 부분들을 과학으로만 표현할 수 없다. 성공적인 코치가 되기 위해선, 과학적인 부분과 예술적인 부분을 둘 다 이해하고 인지하고 있어야 한다. 수많은 코치들이 예술적인 면을 수치로 표현할 수 없다고 하지만, 나는 이 책을 통해 예술적인 부분들을 과학적으로 표현하여 서술할 것이다.

그렇기 때문에 이 책은 예술적인 면에 대해 많이 다룰 것이다. 동기, 감정(정서), 기대, 자존감, 관계 같은 요소들은 과학으로 증명할 수 없고, 수치로 나타낼 수 없다고 생각하지만, 나는 심리학의 원리를 사용하여, 이런 요소들을 설명하고, 앞서 말했던 Jimmy와의 경험이 무엇인지 알 수 있도록 도와 줄 것이다. 하지만 이 책은 과학적인 지식도 많이 다룬다. 똑같이 심리학의 원리를 적용하여, 선수들이 어떻게 배우고, 코치들은 어떻게 가르치는가에 대해 알아볼 것이다.

학습 이론들의 가치를 높이기 위해선, 선수들을 가르칠 때 직접적으로 그 이론들을 적용시켜야 한다. 코치들이 선수들을 가르치기 위해, 자신들이 공부했던 이론들을 적용시키지 않는다면, 그 이론들은 무의미해진다. 그러한 이유에서 이 책에서는 이론들을 적용시키기 위한 방법과 사례를 제시하였다. 예를 들어, 인본주의 이론 부분에서, 비지시적 코칭 모델 nondirective model of coaching 이론을 적용시키기 위한 지침서를 제공하였다. 선수들과 코치의 실제 대화 사례 내용을 소개함으로써 더욱더 구체적으로 이런 이론들을 적용시키는 방법들을 제시하고자 하였다. 관리와 훈육에 대해 논의할 때에는 올바른 행동과 태도를 유발하기 위한 환경을 만드는 방법을 서술했으며, 더 나아가 구체적인 예를 제시하면서 독자들이 이해하기 쉽도록 구성했다.

학생들이 학습하는 과정과 코치들이 가르치는 과정은 분리할 수 없다. 이 책의 모든 것은 선수들이 어떻게 배우고, 코치들이 어떻게 가르치는가에 대해 썼다고 해도 과언이 아니다. 매 순간, 선수들은 코치에게서 배우고, 코치들도 선수들에게서 배운다. 이는 선수들도 코치들을 가르치기 때문이다. 춤과 춤추는 이를 어떻게 구별할 수 있는가?

서문

> 오, 밤나무여, 거대한 뿌리로 꽃피우는 자여
> 그대는 잎인가, 꽃인가, 아니면 줄기인가?
> 오, 음악에 맞추어 흔들리는 육체여, 오, 반짝이는 시선이여,
> 우리는 어떻게 춤과 춤추는 이를 구별할 수 있는가?
> [William Butler Yeats의 시 'Among School Children' 중에서]

고등학교를 갓 졸업하고, 대학을 들어가기 전 여름 방학 동안 나는 수영장에서 구조원으로 일할 수 있었다. Paul은 또래에 비해 어렸고, 그의 어머니가 Paul을 임신했을 때 풍진(루벨라 병)을 앓고 있었기 때문에, Paul은 청각과 시각 장애인으로 태어났다. Paul을 처음 봤을 때, 나는 Paul이 물을 사랑하는 것에 대해 큰 충격을 받았다. 물은 Paul의 사랑의 대상 그 자체였으며, Paul이 물에 들어갔을 때의 모습은 이 세상의 모든 사람들이 사랑을 표현하는 것보다 더 크다고 느낄 정도였다. Paul은 유아들이 놀 수 있는 얕은 깊이에서 얼굴을 물 속 안으로 넣거나, 물을 손으로 휘젓거나, 발로 차면서 계속 웃었다. 제일 인상 깊었던 것은 물 위에 누워서, 하늘을 바라보며, 자신의 손을 머리 위로 빠르게 왔다 갔다 하는 모습이었다. 지금 생각해 보면, Paul이 그 행동을 좋아했던 이유는 자신의 손이 그림자를 형성함으로써 시각이 무엇인지 느끼게 해주었던 것이 아닐까 하는 생각이 든다. Paul은 자신의 손을 눈 위로 흔들면서 웃었는데, 나는 그런 모습을 보면서, 삶이 그렇게 단순한 동작과 순간에 그렇게 행복해할 수 있을까 라는 생각을 했었던 것 같다.

Paul의 어머니는 따뜻한 분이었고, Paul에게 물이 얼마나 중요한지도 잘 알고 있었지만, 한편으로는 Paul의 안전에 큰 걱정을 하고 계셨다. 하루는 내가 Paul의 어머니에게 다가가서, Paul에게 수영을 가르치고 싶다고 얘기했는데, 그 순간 나는 어머니의 놀란 표정을 아직도 잊지 못한다. 내 생각에 어머니는 Paul이 수영을 할 수 없을 것이라고 생각했던 것 같다. 또한, Paul이 시각 장애인이고 청각장애인이라는 것을 떠나서, 너무 어리고 작기도 했기 때문이다. 어머니의 허락을 받은 후 나는 수영장이 개장되기 전에 Paul을 만나 수영을 가르쳤다. 첫 날, 나는 Paul의 손을 잡고 얕은 곳에서 깊은 곳으로 넘어가는 연습을 했는데, 나는 이 순간을 우리가 처음으로 춤을 추던 날로 생각한다.

결국 그해 여름에 Paul은 수영을 할 수 있게 되었다. Paul의 어머니는 나에게 돈을 주려고 했지만 나는 거부했다. Paul이 깊은 물에 들어가서, 안전하게 반대편으로 가는 모습이 나에게 돈보다 더 큰 보상이었기 때문이다. Paul의 세계는 어마어마하게 커졌다. Paul의 얼굴의 미소와 그 자신이 무엇인가를 해냈다는 자신감에 찬 모습이 나에게 큰 행복을

준 것이다. 나는 그 여름 Paul의 물에 대한 사랑이 무엇인지를 함께 깨달았던 시기였다고 회상한다. 그리고 대학에 들어갔을 때, 나는 교사가 되기로 결심했다.

춤추는 사람이 없다면, 춤은 없다. 선수가 없으면 코치도 없다. 학습이 없다면 가르침도 없다. 그렇다면 춤추는 자와 춤을 구분할 수 있는가? 우리는 그럴 수 없다. 이 책은 선수들과 코치에 대한 이야기이며, 학습과 가르침, 그리고 이 모든 것들이 어떻게 연결되는지에 대해 알아보고, 아름다움이 창조되는 과정에 대해 이해하기 위한 것이다.

▷ 책의 구성

각 단원은 선수와 코치에 대한 이야기로 시작하여, 그 사례나 상황을 토대로 자연스럽게 이론에 대해 이해할 수 있도록 기술했다. 다음으로 단원별 개요가 소개되며, 그 단원에서 논의할 이론들을 명확하게 정의하고, 학습 이론들이 어떻게 적용될 수 있는지에 대해 설명했다. 각 단원들은 "코치의 도구상자, 과학적이며 예술적인 코치, 그리고 코치가 이 3가지를 기억한다면"으로 마무리되며, 참고도서 목록도 제시했다.

▷ 결론

나는 선수들이 엘리트로 거듭날 수 있는 것처럼, 코치들도 엘리트로 거듭날 수 있다고 믿는다. 이 책은 코치들이 코치로서 자신의 모든 잠재력을 일깨우고, 자신이 꿈꾸던 코치, 엘리트 코치가 될 수 있도록 도와주기 위해서 집필했다. 나는 내 자신이 성공적인 코치가 될 수 있도록 도와준 이 책에 있는 지식과 정보들이 다른 코치가 되고자 하거나 코치로 활동하고 있는 다른 분들에게도 좋은 코치로 성공하고 성장할 수 있는 데에 활용되기를 기원하며 서문을 마무리한다.

들어가며

코치가 되는 과정

주요용어

- 능동적인 참여자(active participants)
- 인지 기술(cognitive skill)
- 역량강화(empowering)
- 게임 접근(games approach)
- 운동 학습(motor learning)
- 운동 수행(motor performance)
- 운동 기술(motor skill)
- 심리학(psychology)
- 성찰하는 코칭(reflective coaching)
- 목표 행동(target behaviors)
- 목표 상황(target context)
- 목표 기술(target skills)
- 과제 분석(task analysis)

2 학기는 코치에게 긴 여정과 비슷하다. 각종 대회들과 결승전, 그리고 전국대회들뿐만 아니라 세계대회가 많기 때문에 교실 안에서 학생들을 가르칠 시간이 별로 없다. 나는 1년 동안 교수라는 직업을 가지고 있지만, 2학기에는 시간적 여유가 없기 때문에 1학기에만 학생들을 가르친다. 그런데 내가 코치를 하면서 제일 인상 깊었던 시간은 교실에서 교사들에게 교육심리학을 가르칠 때였다. 그 학기는 나에게 에너지를 충전하는 시기였고, 영감을 주는 시간이었다. 나는 교육심리학의 학습 이론들을 밤마다 읽고 이해하려고 노력했으며, 아침에는 교실에서 교사들과 함께 이 이론들을 적용시키는 방법과 아이들을 올바르게 가르치는 방법, 그리고 학습이 올바르게 이루어질 수 있는 환경을 만들 수 있는 방법을 항상 논의하였다. 그리고 오후에는 코치로서 그 이론들을 내가 지도하는 선수들에게 활용해보면서, 보다 효율적인 코치가 되기 위해 노력하고 또 노력했다. 내가 교육심리학을 가르치고 공부하면서, 나는 코치로 성장하고 있다고 느꼈고, 이런 느낌이 추후에 돌이켜 봤을 때 느낀 것이 아니라, 그때 그 상황에서 나는 성장하고 있고, 스스로 제일 잘하고 있다고 믿었다. 그렇게 인상 깊었던 1학기가 마무리될 즈음에, 나는 이런 감정과 자신감을 2학기까지 어떻게 이어갈 수 있을지 생각하고 고민했다.

내가 이 책을 쓰는 이유는 내가 그때 느꼈던 감정들을 유지하기 위해서이기도 하다. 앞서 말했듯이 2학기 때에는 각종 대회들과 결승전이 많기 때문에, 생각할 여유도 공부할 시간도 많지 않기 때문이다. 하지만 그런 바쁜 상황 속에서도 정신을 차려 목표에 집중하기 위해서, 그리고 1학기 때의 느낌을 유지하기 위해서 나는 이 곳 저 곳을 돌아다니면서도 교육심리학

책을 들고 공부하기 시작했다. 솔직히 처음에는 책을 쓸 마음이 없었다. 그저 1학기 때의 느낌을 계속 유지하고 싶어서 공부한 것이고, 어쩌면 독자가 보면 이기적으로 보일 수도 있다.

저녁에 반응 조건화 학습 이론에 대해 읽으면, 그 다음날 아침에는 더욱더 긍정적인 학습 환경을 제공하기 위해 노력했고, 그런 노력들이 긍정적인 경험으로 돌아오고, 성공적이고 행복한 선수와 나 자신을 보며 열정적인 선수 salivating athlete 단원을 집필할 수 있었다. 5년이란 시간 동안 내가 지도한 선수들 중 16명이 미국 국가대표로 발탁되었으며, 다른 수많은 선수들은 자신의 인생 목표를 이룰 수 있었다. 인지주의 학습 이론을 공부하면서는 선수들의 인지가 운동 학습에 얼마나 큰 영향을 끼치는지 알 수 있었고, 나는 선수들에게 항상 "경기 전후, 그리고 도중엔 무엇을 생각하고 있었니?"라고 질문하게 되었다. 선수들의 반응에 따라 나의 코칭 방식도 달라졌으며, 선수들의 학습이 더욱더 빠르고 정확하게 이루어지기 위한 노력이, 인지 능력이 뛰어난 선수 supercomputing athlete 단원으로 구성된 것이다. 정서(감정) 이론들을 이해하고 나면, 나는 정서(감정)와 생각이 운동 수행과 큰 연관성이 있다는 것을 깨달았고 나는 선수들이 정서와 감정에 대해 집중하며 정서적인 선수 emotional athlete 라는 단원을 써내려 갈 수 있었다.

나의 코치 인생은 수많은 다른 2학기 때처럼 길고 긴 37년 동안의 여정이었다. 시간이 지나면서 내가 글을 쓰는 이유가 달라지기 시작했고, 내가 출간하기로 마음을 굳혔을 때, 더 이상 이 글들은 나만을 위한 글들이 아니었고, 나의 책은 전 세계에 있는 코치들과 유관 직종 관계자, 그리고 나와 비슷한 길을 걷고 있는 사람들을 위해 쓴 책이기도 하다. 나는 대단한 코치가 아니라고 생각한다. 그리고 나보다 더욱더 큰 성공을 이룬 코치들이 엄청 많다. 하지만 나는 무명의 코치가 성공하기 위한 노력과 땀이 무엇을 의미하는지 알고, 나는 이런 코치들이 더욱더 효율적이고 성공적인 코치가 될 수 있도록 조금이나마 도움을 줄 수 있기를 바랄 뿐이다.

한 학기를 가르칠 때 마다, 나는 코치와 선수들의 입장을 고려하여 그 내용들을 나의 교육 과정으로 만들 수 있었다. 내 수업을 듣는 몇 명의 학생들은 음악교육을 전공하고 있었는데, 이 학생들도 추후에 음악을 가르치길 원했기 때문에 열정적인 아티스트들을 지도하는 것과 열정적인 선수들을 가르치는 방법이 비슷하다는 것을 알려주기 위해서도 노력했다. 나는 지금까지 왜 코치들을 위한 교육심리학 책이 없는지에 대해 의아했고, 있었으면 좋겠다고 생각했기에 이 책이 출간되었다.

▷ 교육심리학

교육심리학이란 학문은 심리적인 요소들을 교수 학습 과정에 적용한 것이라고 생각하면 된다. 심리학은 과학의 분과이기도 하면서, 인간의 행동과 생각에 대해 연구하는 학문이다. <u>심리학</u>은 인간들의 행동과 생각을 과학적으로 바라보면서 일관성 있고, 정확하고, 객관적으로 측정할 수 있는 방법을 통한 연구 결과를 토대로 공부하는 학문이기도 하다. 과학적 방법들을 통해 심리학의 연구들과 실험들은 주관적인 면, 편견, 그리고 이와 비슷한 요소들을 제거하기 위해 사용되며, 부적절한 영향이 연구 결과와 실험에 미치지 않도록 노력한다.

▷ 이론

<u>이</u>론이라는 단어를 정의하자면, 과학자들과 연구자들이 관찰한 것을 요약하고 설명하는 것이다. 예를 들어, Pavlov가 자신의 개를 데리고 실험을 했을 때, 음식을 보지도 못하고 냄새를 맡지도 못했지만, 종을 사용하여 종이 울릴 때 마다 침을 흘리게 되는 과정을 고전적 조건 형성이라고 정의했다. 이 과정을 통해 학습 이론을 설명하고 어떤 행동을 관찰했다는 것을 알려주는 것이다. 고전적 조건 형성은 수많은 학습 이론 중 하나이다. 하루는 어떤 학생이 나에게 "제일 정확한 학습 이론이 무엇인지" 물어보았다. 물론 정확한 이론이 하나만 존재한다면 좋겠지만, 그리고 그 이론이 인간이 학습하는 과정을 모두 설명해 줄 수 있고, 가르치는 과정까지 완벽하게 파악하는 이론이 있었으면 좋겠지만, 그런 이론은 존재하지 않는다.

그런 이론이 존재하지 않는 이유 중 하나는 인간은 화학 원소처럼 불변하고 변함이 없는 존재가 아니기 때문이다. 만약 두 개의 화학 물질을 합치면, 그 결과는 거의 예측할 수 있다. 하지만 서로 다른 두 선수들을 데리고 하나의 똑같은 학습 과정을 사용해 지도한다면, 결과를 정확히 예측할 수 없다. 선수들은 인간이며, 인간은 예측할 수 없는 존재이고, 사람마다 특징과 본질이 다르며, 선수들의 반응 또한 예측할 수 없기 때문이다. 다른 두 사람과 영화를 보러 갈 때, 한 사람은 그 영화를 아주 좋아할 수도 있지만 다른 한 사람은 최악의 영화라고 평가할 수도 있는 것이다.

학습의 정론이 없는 다른 이유는 인간을 정확하게 검사하는 자체가 거의 불가능하기 때문이다. 예를 들어 한 물리학자가 어떤 물질의 내부를 조사하고 싶다면 가지각색의 도구가 있고, 물질 자체를 분해할 수도 있으며, 수많은 방법을 통해 그 원자를 검사할 수도 있다. 자동차 정비사는 차에 문제가 생긴다면, 차의 보닛을 열어 엔진을 보고 분해하여 각각의 부품들을 세밀하게 관찰할 수도 있다. 하지만 사람은 이렇게 쉽게 열어보고 알아낼 수 없고, 사람의 머리를 열어서 뇌를 관찰할 수도 없는 것이다.

이렇게 얘기하고 나면 누군가 "그러면 좋은 학습 이론은 무엇입니까?"라고 질문할 수도 있고 "이런 이유들 때문에 정확한 학습 이론이 존재하지 않는다면, 이론들이 존재하는 이유가 무엇입니까?"라고 질문할 수도 있다. 물론 법이나 원리처럼 학습 과정의 모든 것을 정의하고 설명할 수는 없어도 이론들이 중요한 이유는 어느 정도 인간의 행동과 학습을 어떤 방식으로 상호작용 되는지를 알 수 있게 해주기 때문이다. 그렇기 때문에 이 책의 모든 장의 마지막을 장식하는 "코치의 도구상자"를 잘 읽어보고 한 선수에게라도 올바른 학습 이론을 찾아서 적용할 수 있는 효율적인 코치가 되어야 한다. 경험이 많고 기술이 좋은 자동차 정비사의 도구상자처럼, 코치의 도구상자 안에 있는 수많은 도구들 중 올바른 도구를 찾아서 문제를 해결할 수 있어야 한다.

▷ 운동 기술

Schmidt와 Wrisberg(2008)은 운동 기술 motor skill 에 대해 "성공적인 운동 기술을 결정하는 요인은 수행자가 생성한 움직임의 질이다"라고 정의했다. 운동 기술의 제일 중요한 요소 중 하나는 움직임 자체의 질을 판단하는 것이지, 지각적인 부분과 의사결정 부분을 판단하는 것이 아니라는 것이다. 예를 들어, 역도 선수가 바를 들어 올릴 때, 다른 모든 것들을 제외하고 움직임 그 자체에만 집중하여 무게를 더욱더 많이 들 수 있도록 하는 것이다.

운동 기술과 달리, 인지 기술 cognitive skill 은 무엇을 어떻게 할지, 그리고 언제 해야 할지를 파악하는 능력을 일컫는다. 체스는 인지 기술을 사용하는 좋은 예이기도 하다. 몇 가지의 기술은 완벽하게 인지적이거나 운동적이지만, 대부분의 모든 기술은 인지적인 부분과 운동적인 부분을 모두 포함하고 있다(〈표 1.1〉).

높이뛰기, 역도, 양궁 등과 같은 스포츠에서 엘리트 선수들의 움직임은 거의 자동적이지만, 인지적 기술이 아예 배제되는 것은 아니다. Schmidt와 Wrisberg(2008)은 "인지적인 요소와 움직임 요소가 필요 없는 경우는 거의 없다. 엘리트 수준에서 경쟁하는 선수들도 움직임을 시행하기 전에 생각하는 시간이 존재하며, 아메리카 컵 요트 경기에서는 순간의 결정이 모든 것을 좌우할 수도 있다. 이는 운동 기술과 인지 기술이 관련되어 있다는 증거다"라고 설명했다.

| 표 1.1 | 운동 기술과 인지 기술의 연속성

운동 기술 ←		→ 인지 기술
최소한의 의사결정	중간의 의사결정	최대의 의사결정
최대 운동 기술	중간의 의사결정	최소 운동 기술
높이뛰기	쿼터백 (미식축구)	체스 두기
역도	경주용 자동차 운전	카드 게임
양궁	포인트 가드(농구)	코칭

▷ 운동 학습

학습이란, 수학, 과학, 영어를 교실에서 가르치든 운동장에서(예: 헬스, 아이스 링크, 테니스장, 야구장, 수영장, 다이빙 보드 등) 스포츠에 필요한 움직임을 가르치든, 변화라는 하나의 목적을 가지고 시행하는 것이다. 운동 학습 motor learning 은 "연습과 경험을 통해 인간이 운동 기술을 습득하고 시행할 수 있는 능력을 변화시키는 내적인 과정"이라고 정의된다(Schmidt & Wrisberg, 2008). 문장의 끝에 "지속적으로 꾸준한 노력과 시간이 필요하다"라는 것이 추가되면 더욱더 좋은 정의가 될 수 있다. 변화가 영구적이지 않다면, 변화는 이루어지지 않은 것이다. 예를 들어, 어떤 한 선수의 움직임이 하루는 변화되고, 그 다음날에는 기존과 똑같은 나쁜 버릇이 나온다면 변화는 이루어지지 않았다는 것이며, 참된 학습이 이루어지지 않았다는 의미이다.

효율적이고 성공적인 코치들은 선수들의 변화가 영구적이기도 하면서, 이 과정이 원활하게 이루어지도록 도와준다. 농구 코치들은 자신의 선수들이 더욱더 좋은 수비수가 되기를 원하며, 공을 잘 잡고, 공격할 때, 수비수의 위치와 전략을 파악하고 수비를 뚫을 수 있는 선수들이 되기를 원한다. 역도 코치들은 선수들이 바를 들어 올릴 때에 올바른 테크닉을 사용하기를 바라며, 자신의 한계를 넘어서고, 자기 자신과의 싸움에서 이기고, 피로와 역경에 강해지기를 원한다. 아이스하키 코치들은 자신이 지도하는 선수들이 더욱더 효율적으로 스케이트를 타는 방법과 퍽(puck)을 제어할 수 있는 능력, 그리고 수비수로서의 빠른 반응속도와 공격수로서의 판단능력이 향상되기를 원한다. 수영 코치들은 선수들이 스트로크를 할 때, 올바른 테크닉으로 팔을 젓기를 원하며, 심리적으로 더욱더 강해질 수 있도록 도와준다. 야구 코치들은 투수의 공이 직구인지 어떤 변화구를 던지는지를 빨리 파악할 수 있는 능력과 배트를 스윙 하는 테크닉, 그리고 빠른 반응 속도를 습득하기를 원한다. 이런 목표들을 종합적으로 정의를 한다면, 코치들은 선수들의 움직임과 행동의 바람직한 변화를 원하는 것이다.

▷ 운동 수행

운동 수행 motor performance 은 외부적으로 관찰될 수 있고, 어떤 한 사람이 움직임을 생성하는 것을 일컫는다. 운동 수행은 동기부여, 집중력, 피로와 신체적 조건에 따라서 큰 영향을 받는다(Schmidt & Wrisberg, 2008). 운동 수행은 한 선수가 내적으로 이루어졌던 운동 학습 과정이 외적으로 명시되고 표상되는 것을 일컫는 것이다. 선수들의 운동 학습 과정은 운동 수행과 연습이 없다면 이루어 질 수 없다. 그리고 이 운동 수행 능력은 수많은 요소들로 인해 영향을 받게 되는데, 선수들은 오로지 연습으로만 변화가 이루어질 수 있고, 더욱더 훌륭한 선수로 거듭날 수 있다. 이렇게 향상되는 것이 운동 학습 과정이라고 정의할 수 있으며, 이 과정은 연습과 노력을 통해 이루어지는 것이다.

▷ 코칭은 무엇인가?

코치들은 코치로서 자기 자신에게 이 질문을 꼭 해야 한다. 코치로서의 책임은 무엇인지, 해야 할 것은 무엇인지, 그리고 자기 자신에게 바라는 것은 무엇인지에 대해 정확하게 파악하고 있어야 한다. 우리가 코치라는 것이 무엇인지에 대한 답을 찾는 것보다, Eggen과 Kauchak(2008)이 설명한 것처럼 바람직한 코칭이 아닌 것이 무엇인지부터 찾는 것이 중요하다고 생각한다.

1. **코치는 자신의 지식을 선수들에게 전달하는 것이다.** 일부 코치들은 자신이 지도하는 선수들에게 무엇을 하라고 명령하는 것이 코칭이라고 생각한다. 이러한 코치들은 자신이 모든 것을 알고 있고 모르는 것이 없다고 생각한다. 물론 코치가 어느 정도 자신의 지식을 선수들에게 전달하는 과정이 있기도 하지만, 코치의 주요 목적은 운동 학습이 원활하게 진행될 수 있도록 도와주는 역할을 하는 것이다. 인지주의 학습 이론 부분에서 바라보면, 새로운 정보를 처음으로 접할 때, 그 정보를 습득하기 위해서 기존에 있었던 비슷한 정보들을 사용하여 학습하는 사람이 선수이다. 예를 들어 Martens(2008)가 얘기했던 게임 접근 Games Approach에서 선수들은 경험을 통해 스포츠가 무엇인지 알게 되며, 스포츠가 지닌 진정한 가치를 배우기 위해서 무엇을 어떻게 해야 되는지를 알게 되는 것이다.

2. **스포츠 경험은 코치에게 필요한 모든 지식을 얻게 해준다.** 일부 코치들은 자신이 예전에 그 스포츠를 경험한 선수였다면, 그 종목의 코치가 되어도 괜찮다는 생각을 가지고 있다. 하지만 이 오해는 선수 경험을 한 코치들만 하는 것이 아니라, 학생이었던 사람이 교사가 될 때에도 똑같다. 굉장히 아이러니한 점 중 하나는 훌륭한 선수들이 훌륭한 코치로 거듭나는 것은 매우 드문 일이다. Leonard(1992)가 얘기했듯이 "John McEnroe는 훌륭한 테니스 코치가 될 수도 있지만, 나는 그렇게 생각하지 않는다. 노벨상을 수상했던 사람이 초보자에게 무엇을 가르치면, 그것이 독이 될 수 있다고 생각하기 때문이다. 어떤 분야에서 최고의 자리에 있었던 사람이 최고의 교사가 되는 것은 거의 불가능하다. 교사가 되기 위해서는 겸손이 필요하고, 자신의 학생들이 자신을 뛰어 넘는 것에 즐거움을 느껴야 하지만, 최고의 자리에 있었던 사람들은 그 사실을 받아들이기가 어렵기 때문이다."

왕년에 잘나갔던 선수만이 코치라는 직업에 지원했을 때의 유일한 이력 사항이라면, 코치가 되기에는 많이 부족하다. Sternberg와 Horvath(1995)는 훌륭한 교사들은 3가지 영역에서 비슷한 특징을 가지고 있다고 설명했는데, 그 3가지는 '지식', '문제를 해결하는 능력', 그리고 '교육적인 문제를 해결하기 위한 통찰력'이라고 했다. 경험상, 성공적인 코치들도 비슷한 특징을 지니고 있었다. 성공적인 코치들은 스포츠에 대한 지식뿐만이 아니라, 학습과 가르침에 대한 지식도 가지고 있으며, 문제 해결 능력도 뛰어나다.

3. 코치가 된다는 것은 실제 상황에서의 경험이 필수적이다. 많은 코치들이 자신이 선수였을 때처럼 선수시절 무엇을 했는지를 말하는 과정을 코칭이라고 생각하고 있다. 그렇기 때문에 코치로서도 연습 상황에서 열심히 하면 훌륭한 코치가 될 수 있다고 생각한다. 게다가 그냥 훌륭한 다른 코치들을 관찰하는 것이 코치로서의 역할을 배우기에 충분하다고 이야기한다. Eggen과 Kauchack(2008)은 교사로서의 직접적인 경험이 없는 것은 두 가지 문제점을 지닌다고 했다. 첫 번째 문제는 관찰만으로는 효율적인 교사가 될 수 없다는 것이며, 두 번째 문제는, 관찰을 할 때 효율적인 교사가 무엇인지 모르기 때문에 올바른 점들을 파악할 수 없다는 것이다.

그럼 다시 초심으로 돌아가 우리가 처음으로 질문했던 것을 생각해 보자. 코치가 해야 할 일은 무엇인가? 코칭의 첫 번째는 의사결정이다.

▷ 의사결정

코치라는 직업은 수많은 선택 사항에서 책임자로서, 그리고 선박의 선장과도 같은 지도자로서 어떤 결정을 내리는 것이다. 코치의 선택은 코치뿐만이 아니라 선수들, 팀, 훈련 프로그램에 속해 있는 모든 사람들에게 영향을 끼친다. 매일 코치는 수많은 분야에서 주어지는 선택 사항들 중에서 최선의 결정을 하고 그것에 대한 책임을 져야 한다. 코치의 연륜이 쌓이면 코치의 판단능력이 향상될 수 있다. 효과적인 훈련 프로그램을 위해서 올바른 결정을 하고, 그 결정을 통해 프로그램이 안정적이고 성공적이게 된다면, 그리고 지속적으로 선수들을 올바른 방향으로 이끌어 가고 있고, 나아가 선수들이 낙오되지 않도록 도와준다면 훈련 프로그램의 훌륭한 코치가 될 수 있다.

의사결정에 대해서 나는 코치들을 위해 간단하면서도 아주 실용적인 패러다임을 만들어 보았다. 그리고 의사결정을 하기 전후, 그리고 결정을 할 때에 큰 도움을 줄 수 있는 도구이기도 하다.

▷ 코칭 전

코칭을 하기 전에 판단을 내리고 의사결정을 할 사항은 누가, 무엇을, 어디서, 언제, 어떻게 코칭할 것인지에 대해 정의를 내려야 한다.

- **누가 - 개별 선수들** : 코칭을 시작하기 전에, 코치는 누구를 코칭하고 있는지 기억하고 있어야 하며, 개개인의 선수들이 다르다는 것을 명심하고 있어야 한다. 개개인의 선수들은 나이, 운동 능력 수준, 경험 수준, 동기 수준, 정서 수준, 인지발달 수준, 사회성 및 개별성 발달 수준, 성장수준, 도덕성과 주의집중 수준 등에서 다양한 차이가 있다.

- **무엇을 – 과제** : 코칭을 하기 전에, 코치는 무엇을 가르치는지에 대해 기억하고 있어야 한다. 그리고 과제를 수행하기 위해 필요한 것이 무엇인지를 파악하는 과정이 필요하다. Schmidt와 Wrisberg(2008)에 따르면, 과제를 수행하기 위해 필요한 것은 정확한 감각 지각, 의사결정과 움직임 실행이라고 했다. 예를 들어, 라켓볼 선수는 공의 속도와 방향을 파악하고 공을 어디로 칠 것인지 결정한 후, 올바른 스윙을 수행하여 자신이 생각했던 바를 실행하는 것이다.

  운동 수행의 '무엇'을 이해하기 위해서 코치는 <u>과제 분석</u> task analysis 을 하는 것이 좋다. 과제 분석이란, 과제의 요소들을 파악하고 그 과제를 수행하기 위해 필요한 능력이 무엇인지를 연구하는 것이다. 과제 분석은 목표 기술 target skills 과 목표 행동 target behaviors 을 파악할 수 있도록 도와주는데, <u>목표 기술</u>은 선수가 어떤 과제를 수행하기 위한 것 그 자체가 무엇인지 파악하는 것이다. 예를 들면 라켓볼에서 백스윙으로 공을 원하는 곳으로 치는 것을 의미한다. <u>목표 행동</u>은 선수들이 목표 기술을 생성할 때 관찰해서 수정 또는 보완해야 할 부분들을 일컫는다. 예를 들어, 라켓볼에서 백스윙을 할 때 발의 위치는 어디인지, 라켓의 각도는 어떤지를 확인해서 정확한 동작으로 바꾸는 것이다.

- **어디서 – 목표 상황** : <u>목표 상황</u> Target context 은 어떤 운동 기술이 현 상황과 환경에서 이루어지는지를 일컫는다. 연습상황에서 공을 혼자 던지고 치는 것과 경기 상황에서 공이 오는 방향으로 뛰어가서 공을 치는 것이 다르듯이 목표 상황은 특정 상황과 환경을 의미한다.

- **언제 – 시즌의 시점** : 스포츠 시즌의 시점 time of season 은 코치가 어떤 결정을 내리고 어떻게 판단하는 지에 따라 달라지기도 한다. 예를 들어, 만약 시즌 초반의 시점에 있다면, 코치는 선수들의 부적절한 자세와 움직임을 고칠 수 있다. 하지만 시즌의 후반 시점에 있다면, 그리고 결승전이 얼마 남지 않은 상황에서는 선수들의 자세와 움직임을 고치는 결정을 내리는 것이 현명하지 않을 수 있다.

- **어떻게 – 코칭 전략** : '어떻게'는 코치가 올바른 운동 학습과 운동 수행이 이루어질 수 있도록 어떻게 좋은 환경을 만들 것 인지를 의미한다. 이 과정은 책에서 제시한 몇 가지 코칭 전략을 참고하여 행동주의, 인지주의, 인본주의 관점으로 선수들을 어떻게 가르칠 것인지를 정하는 것이다. 그리고 어떤 훈련 방식과 선수들에게 새로운 정보들을 노출할 때 어떤 전략을 사용할 것인지, 그리고 선수들을 어떻게 지도하고, 학습은 어떻게 구성할 것이며, 직접적으로 가르칠 것인지, 선수들끼리 상호 작용할 수 있는 방법으로 가르칠 것인지를 정하는 과정이기도 하다.

▷ 코칭 중

코치들이 위에 언급되어 있던 질문들에 어느 정도 준비가 되어 있다면, 코치는 선수들을 어떻게 가르칠 것이며, 어떤 코칭 전략을 사용할 것인지에 대해 판단을 해야 한다. 코칭을 할 때 코치는 선수들의 안전은 물론이고, 계획한 연습의 일정에 따라 그리고 코칭 전략에 따라서 올바른 훈련이 이루어질 수 있도록 해야 한다. 앞선 과정에서 코치가 해야 할 과제를 정했다고 해서 그대로 따를 필요는 없다. 상황을 봐서 바꿀 수도 있으며, 코치가 정했던 방식이 결과적으로 부정적이라고 느낀다면 그 방식을 바꿔야 한다. 이 때 코치는 연습과 훈련에 기초적인 요소들, 즉 올바른 환경을 제공하는 요소들을 잊어버리면 안 되며, 효율적인 학습이 이루어질 수 있도록 노력해야 한다.

▷ 코칭 후

선수들의 연습과 훈련이 끝나고 나면, 코치는 객관적으로 자기 자신을 평가할 줄 알아야 한다. 코치 자신이 계획한 목표를 이루었는가? 연습과 훈련에서 어떤 점이 좋았는가? 어떤 점이 부족했는가? 다시 말해, 코칭의 목표가 이루어졌는지, 선수들은 준비되어 있었는지 검토해야 한다. 그리고 다음 훈련과 연습의 계획을 짜기 위한 디딤돌을 만드는 것이다. 가르치는 과정에서 이 단계는 매우 중요한데, 만약 코치가 스스로 자기 자신을 평가하지 않는다면, 올바르지 않은 길을 걷고 있어도 그것이 올바르지 않다는 것을 파악하지 못하고, 결과적으로 그 코치는 선수들의 실력을 향상 시킬 수 없다. 사실 제일 쉬운 방법은 만약 어떤 방식과 방법이 선수들에게 긍정적인 효과를 일으킨다면 계속하고, 그렇지 않다면 버리는 것이다. 그리고 평가를 할 때 연습량은 어땠는지를 파악하는 것도 좋다. 이와 더불어 지식의 개념, 통제와 협동, 어떤 근육이 사용되었는지, 움직임의 효율성, 집중력, 실수를 인지하는 능력과 그것을 고칠 수 있는 문제 해결 능력 등을 가지고 판단하는 것이 좋다.

▷ 성찰

코칭은 자신을 돌이켜보고 성찰하는 것이기도 하다(Moallem, 1997). 성찰하는 코치 Reflective Coaching 은 코치의 행동과 선택에서 나온 결과에 대해 생각해보고, 나름의 믿음과 기초를 기반으로 하여 코치의 행동과 선택을 돌이켜 보며, 코칭하는 방식과 방법에 대해 다시 한 번 고민하는 것이다. 그리고 효율적인 코칭을 위해서 새로운 정보를 습득하는 것이기도 하다(Eby, 1998). 그렇기 때문에 성찰하는 코칭은 사전 대책을 강구하는 과정이며, 코치의 연습과 훈련 계획을 만들고, 시행하고, 평가할 때, 그것에 대한 책임을 지고, 더욱더 좋은 코치가 되기 위한 노력의 일환이다. 성공적인 코치들은 항상 자기 자신을 객관적으로 평가할 줄 알며, 어떻게 더욱더 효율적인 코치가 될 수 있는지에 대해 스스로 연구하고 있다. 작년에 이룬 성과로 만족하지 않고, 내년엔 어떻게 계속 향상될 수 있는지를 고민하고 또 연구하는 것이다. 지금도 많은 코치들이 열심히 노력하고 있고, 경쟁자들을 이기려고 준비하고 있다는 것을 알고 있어야 한다. 그렇기 때문에 작년보다, 지난 학기 보다, 지난 달 보다, 지난 주 보다, 더욱더 향상되려고 노력하고 있어야 한다. 코칭의 효율성을 높이면 높일수록 더욱더 좋은 연습과 훈련 환경을 제공해 줄 수 있고, 선수들의 실력도 높아지며, 결과적으로 좋은 성적을 이룰 수 있도록 도와 줄 수 있다.

효율적이고 성공적인 코치들은 항상 자기 자신의 인생을 돌이켜 본다. 전체적으로 "나는 사람으로서, 그리고 코치로서 성장하고 있는가?" [이유] "나는 올바른 이유 때문에 코치를 하고 있는가?" [목표] "나는 목표를 향해 걸어가고 있는가? 나는 나의 선수들의 목표들을 이루기 위해서 도와주고 있는가?" [꿈] "과거의 생각했던 꿈들을 나는 지금 이루고 있는가?" [사생활] "나의 인생의 균형은 조화로운가? 나의 사생활이 코치의 인생에 부정적인 영향을 끼치고 있는가?" [코칭 방법] "훈련과 연습 방식이 효율적인가? 다른 방법과 방식을 찾아 봐야 하는가?" 사실 질문은 끝이 없다.

▷ 코칭으로서 코칭

코칭은 효율적인 코치의 행동을 보여주는 것이다. 다시 말해, 성공적인 코치의 행동과 말을 따라 한다면, 성공적인 코치가 될 확률이 높다. 코칭의 장점은 효율적인 리더가 되기 위해서 긍정적인 모습을 항상 보여주는 것이다. 그리고 그런 행동과 모습이 몸에 배이고 습관이 된다.

MacKay(1982)는 오랜 시간 동안 효율적인 교수 effective teaching 가 무엇인지에 대해 연구한 뒤, 교수 상황에서 효율적인 교사들이 보이는 28가지 행동과 모습을 정리하여 제시했다. 이 연구 결과는 교실에서 교사들을 관찰한 내용이지만, 코치가 운동장과 훈련상황에서도 활용할 수 있는 시사점을 제공한다.

▶ 효율적인 코칭 행동

- 개인적인 문제와 절차적인 문제를 해결하기 위한 규칙과 규율을 마련한다.
- 부적절한 행동이 지속적으로 이루어지지 않도록 예방한다.
- 올바르고 정확하게 훈육한다.
- 연습과 훈련 도중에 계속 움직이면서 선수들이 무엇을 하고 있는지 직접 확인한다.
- 부적절한 행동에 대해 조용히 해결한다.
- 연습과 훈련 환경을 재미있고 의미 있게 만들며, 특히 어린 선수들이 혼자서 연습하고 있을 때에는 더욱더 관심을 기울인다.

- 규칙과 규율을 명확하게 제시하고, 선수들에게 무언가를 설명하는 시간을 줄이며 활동하는 시간을 늘린다.
- 연습 시간을 효율적으로 활용한다. 선수들에게 활동하는 시간을 늘려서 결과적으로 선수들의 운동 학습이 원활하게 이루어지도록 도와준다.
- 선수들이 지도자에게 집중해야 할 때의 행동과 소리를 잘 숙지하고 있다.
- 말을 하기 전에 모든 선수들이 지도자에게 집중하기 전까지 기다린다.
- 개별 선수들의 특징에 따라서 그 선수들에게 맞는 학습 이론을 적용한다.
- 선수들을 관찰하고 확인하기 위한 시스템을 만든다. 예를 들어 선수들에게 연습 목표를 다시 숙지하고 써올 것을 요구했다면, 코치는 그 선수가 자신의 과제를 완성했는지 확인해야 한다.
- 어떤 훈련을 할 때, 그 훈련의 의미가 무엇인지 충분히 설명해 주고, 그 훈련을 하는 이유도 가르쳐줘야 한다.
- 초기 단계에서는 명확하고 구체적인 훈련을 하되, 시간이 지나면 지날수록 더욱더 추상적인 훈련을 하기 시작해야 한다. 예를 들어 처음에는 정확하게 어떤 움직임을 가르치고 나서, 일반화 generalization 가 무엇인지 설명해 주고, 방금 습득했던 움직임을 통해 새로운 움직임에도 적용 될 수 있다는 것을 알려주어야 한다.
- 선수들에게 수준 높은 질문들을 던진다. 선수들에게 어떤 질문을 하든, 선수들은 그 질문에 대답하기 위해 생각해야 한다. 그리고 처음엔 간단하고 단순한 질문을 하다가 더욱더 수준이 높은 질문을 해야 한다. 예를 들어 선수들에게 "우리가 이 훈련을 할 때 꼭 해야 할 것은 무엇인가?"같은 질문으로 시작하다가, "훈련을 하는 이유와 목적은 무엇인가?"같은 질문들을 던지는 것이다.
- 연습에서 일어나는 모든 상황을 파악하고 있다.
- 한 가지에만 집중하지 않고, 다른 곳에도 집중할 수 있는 능력이 있다.
- 한 훈련에서 다른 훈련으로 넘어갈 때, 원활하게 진행한다.
- 연습의 페이스를 유지한다.
- 팀에게 어떤 아이디어를 제시할 때, 명확하게 제공해 준다.
- 선수들이 동기부여 될 수 있도록 도와준다.
- 선수들에게 코치가 항상 선수들을 생각하고 있고, 선수들의 생각과 의견을 받아들일 준비가 되어 있으며, 각각의 선수들을 얼마나 소중하게 생각하고 있는지에 대해 알려주어야 한다.
- 선수들의 말과 행동, 느낌, 감정, 경험 등에 집중하고, 분명하고 명백한 버릇뿐만 아니라 미묘한 차이와 섬세하게 달라지는 것도 이해한다.
- 모든 선수들에게 관심을 기울인다. 엘리트 선수들이나 에이스 선수들, 그리고 자신이 좋아하는 선수들에게만 관심을 주어서는 안 된다.

- 선수들이 만약 코치가 물어보는 질문에 대답을 하지 못한다면, 다시 설명하고, 중요한 정보를 공유하고, 새로운 질문을 던지는 방식 등을 사용하여 선수들이 그 질문에 대답을 할 수 있도록 도와준다.
- 선수들이 만약 좋은 모습을 보여 줬다면 꼭 칭찬해 주고, 선수들이 만약 자신의 능력에 미치지 못하는 수행을 보였더라도 격려해 준다.
- 선수들을 언제 어떻게 훈육하는지 알게 해야 하며, 그 훈육을 통해 선수들을 깎아 내리는 것이 아니라, 더욱더 훌륭한 선수들이 될 수 있도록 도와준다.
- 선수들과 먼저 소통하고, 질문하고, 의견과 아이디어를 제시할 수 있는 환경을 제공해 준다.

효율적이고 성공적인 코치가 되기 위한 방법을 이해하기 위해, 미국올림픽위원회 USOC는 미국 대표 팀 선수들과 코치들을 대상으로 조사를 한 적이 있다. 그 조사에는 성공적인 코치의 특징이 무엇인지에 대한 질문을 포함하고 있었는데(Sellers, 2008), 선수들과 코치들이 대답한 요소들은 지식, 소통, 경청, 헌신, 인내, 리더십, 열정, 열려있는 마음, 융통성, 창의력, 참을성, 그리고 역경을 넘을 수 있는 용기 등이었다. 부가적으로, 이 조사결과를 통해 성공적인 코칭의 특징들을 정리해서 기술했다.

▷ 성공적인 코치들의 특징

- 선수들의 믿음과 신뢰를 얻고, 선수들에게 자신감을 심어줄 수 있다.
- 넓은 시야, 목표를 정하는 통찰력, 정한 목표를 바꿀 수 있는 융통성을 지니고 있다.
- 자기 자신보다 다른 사람들을 더욱더 생각하는 마음을 가졌다.
- 끈기와 유머가 있다.
- 선수들의 실력이 성장되는지를 관찰하고 각각의 선수들이 필요한 것이 무엇인지 파악할 수 있는 능력을 지녔다.
- 올바른 훈련 방법과 방식으로 하루도 빠짐없이 가르칠 수 있다.
- 정확한 정보와 지식을 선택하고 잘못된 정보와 지식을 걸러낼 수 있는 능력을 지녔다.
- 높은 수준의 문제 해결 능력을 지녔다.
- 감정적이지 않고 객관적으로 판단할 수 있는 능력을 지녔다.
- 지식을 통해 성장하려고 하는 열정을 지니고 있다.
- 긴박한 상황에서 올바른 판단을 할 수 있는 능력이 있다.
- 높은 도덕성과 공평함을 추구한다.
- 한꺼번에 여러 일을 처리할 수 있는 능력을 지녔다.
- 지식을 간단하고 정확하게 전달할 수 있는 능력을 지녔다.

- 집중력이 뛰어나다.
- 창의적이며, 선수들의 새로운 아이디어와 의견을 넓은 마음으로 받아들일 수 있는 능력을 지녔다.
- 감정이나 특정 분위기에 흔들리지 않는 무게중심을 가지고 있다.
- 융통성 있으면서도 결단력 있다.
- 뛰어난 교수기술과 메시지 전달 능력을 지녔다.
- 팀에 도움이 되는 결정적인 훈련 범위를 이해하고 있다.

▷ 문제를 해결하는 코칭

코칭은 문제를 얼마나 효율적으로 해결할 수 있는지에 대해 판단하기도 한다. 코치 경험을 통해 자신의 문제 해결 능력이 늘어날 것이며 효율적이고, 섬세하며, 실용적인 방법으로 문제를 헤쳐 나갈 수 있을 것이다. 쉬운 문제들은 누구나 해결할 수 있지만, 단순하지 않고, 복잡하며, 쉬운 해결책이 없는 문제들도 풀어 나갈 수 있어야 한다. 예를 들어, 선수들끼리 싸우고 나서 화해시켜야 하는 문제가 발생할 수도 있고, 선수들이 자기 자신에 대한 기대치를 높일 수 있는 과제를 계획해야 할 수도 있으며, 팀의 사기가 떨어졌다면 그것을 끌어 올려야 할 때와 팀 자체의 목표를 더욱더 높게 잡아야 하는 문제들을 풀어야 할 수도 있다.

문제 해결은 모든 코치에게는 큰 과제이기도 하지만, 정말 큰 보상이 따라오기도 한다. 만약 문제 해결이 쉽다면 모든 사람이 할 수 있기 때문에 코치는 아무나 하는 게 아니다. 시즌이 끝나고 나서 결승전에서 우승을 하고 챔피언이 되었을 때, 과거를 회상하면서 미소를 지을 수 있는 과정까지는 수많은 일들이 있다. 많은 장애물, 좌절, 실패, 역경을 이겨내고 얻게 되는 보상은 말도 없이 좋을 것이다. 그리고 이런 상황이 오기 까지는 수많은 문제들을 맞섰을 때, 올바르게 대처할 수 있었기 때문에 가능한 것이었다. 코치는 팀과 선수들, 그리고 훈련 프로그램에 있는 모든 사람들을 도와주고 지지해 주고 안정감을 심어주고, 지속적으로 올바른 방향으로 이끌어 가야 한다. 그리고 성공적인 코치들은 성공한 사업가들한테서도 도움을 요청하는 경우가 많다. 성공한 사업가들은 문제를 해결하는 능력이 뛰어나기 때문이다.

▷ 선수들에게 힘을 주는 코칭

코칭은 선수들의 인생을 바꾸어주는 내적 보상의 기회이기도 하다. 선수들에게 동기를 부여하기 위해 기운을 <u>북돋우고</u> Empowering 시키는 것은 선수들 개개인이 소중하다는 것을 느끼도록 도와주고 자기 자신에 대한 자신감도 높여주며, 스스로 무언가를 해결할 수 있는 능력도 가르쳐 주는 것이다. 이렇게 힘을 받은 선수들은 스스로 목표를 세우고, 그 목표를 달성하기 위해 책임감 있게 행동한다. 선수들에게 힘을 주기 위해서는 학습이 이루어질 때, <u>능동적인 참여자</u> active participants 여야 한다는 것이다. 선수들 자신이 능동적이고 적극적인 참여자가 되기 위해서는 코치의 의사결정 과정에 선수들에게 권한을 부여하는 방식이 좋다. 코치가 의사결정을 통해 더욱더 훌륭한 코치가 될 수 있는 것처럼, 선수들이 어떤 상황을 두고 <u>스스로 판단하고 결정을 내리는 것</u>은 마찬가지 과정에서 선수들이 더 훌륭하게 거듭날 수 있는 기회이기도 하다. 선수들에게 개인적인 목표와 팀의 목표를 스스로 세울 수 있도록 도와주고, 선수들의 의견을 대립하여 팀을 이끌어가고, 선수들에게 항상 "너는 어떻게 생각하니?"라는 질문을 계속 하게 만들면 능동적인 참여자가 되게 할 수 있다. 능동적인 참여를 통해 선수들의 책임감도 늘고, 자율성 있게 행동할 수 있으며, 선수들은 <u>스스로의 운명은 스스로 만들 수 있다는 믿음</u>도 가질 수 있다.

 Kohn(1993)은 사람들이 능동적인 참여자가 되면, 선수들의 행동, 가치, 의미, 결과, 그리고 건강에도 긍정적인 영향을 미친다고 했다. 부가적으로 Brunson과 Vog(1996)은 능동적인 참여자들은 자신의 교사를 더욱더 신뢰하고, 더욱더 관대하고, 더욱더 좋은 학습을 한다고 설명했다. 코치는 운동 기술과 수행을 가르칠 때, 선수들에게 동기를 부여해 줄 수 있도록 노력해야 한다.

▷ 과학적인 코칭

 코칭은 과학이기도 하다. 효율적인 코치가 되기 위해서 그리고 전문적인 코치가 되기 위해서는 코칭의 과학적인 부분을 이해해야 하며, 자신이 하고 있는 스포츠의 과학적인 지식도 이해하고 있어야 한다. 과학적인 지식이 풍부하면, 코치는 그 정보와 지식을 토대로 하여 객관적인 입장에서 문제를 바라볼 수 있고, 문제를 해결할 때에는 과학적인 정보와 지식뿐만이 아니라, 원칙, 원리, 패러다임, 학습 이론을 사용할 수 있는 힘을 지니게 된다. 이론들은 코치에게 인간의 학습이 어떻게 이루어지는 알 수 있도록 도와주며, 더 나아가 인간의 행동을 어떻게 바꾸고 어떤 상황이 일어날 지에 대한 예측도 할 수 있게 도와준다.

 인디애나대학교에서 코치를 하고 있고 국제 수영 명예의 전당 International Swimming Hall of Fame 에 등록된 Hobie Billingsley는 자신의 인생의 제일 큰 전환점이 뉴턴의 운동 법칙을 배웠을 때라고 이야기 했다. Billingsley는 뉴턴의 법칙을 공부하고 이해하기 시작하면서, 특히 3번째 법칙(작용 반작용)이 다이빙을 가르치는 대해 큰 도움을 줬다고 이야기 했다.

▷ 예술적인 코칭

코칭은 예술이기도 하다. 과학적이기만 한 코치는 효율적인 코치가 될 수 없다. 그 이유는 선수들이 인간이라는 것을 절대 무시할 수 없기 때문이며, 운동 학습 과정에서는 선수와 코치의 관계가 큰 영향을 끼치기 때문이다. 예술 없는 과학은 진실을 찾아낼 수 있을지라도 그 진실이 의미하는 것에 의미와 가치는 부여할 수 없다. 코칭이 과학적이기만 하면, 인간으로서 이해하고, 소통하고, 선수들과 연결되는 부분이 간과될 수 있다. Leonard(1992)는 "지식, 전문성, 능력, 자격증 등도 매우 중요하지만, 교사의 인내와 공감이 없다면 아무 의미가 없다"라고 설명했다.

하지만 반대로 예술적이기만 한 코치들도 성공할 수 없다. 과학 없는 예술은 감정적이기만 하고 본질적인 것이 없다. Faulkner(1950)는 만약 어떤 이야기에 진실성이 없다면, 그 이야기는 덧없고 단명하며 파멸을 일으킬 수 있다고 했다. 코치가 스포츠에 대한 진실과 지식을 이해하지 않고(운동 역학, 물리학, 생리학, 교육학 등) 가르친다면, 선수들은 그 코치가 무능하다고 느끼며, 그 코치는 선수들의 존경, 신뢰는 물론, 선수들을 통솔할 수 있는 능력을 잃게 될 것이다.

내가 선수였을 때, 대학 챔피언 결승전에서 좋은 성적을 냈고, 나와 내 친구는 시가(담배)를 각각 사서 기념하기로 했다. 우리는 둘 다 흡연자는 아니었지만, 시가를 피워보고 싶은 마음도 있었고, 그렇게 서로를 축하하는 것도 재미있을 것이라고 생각했다. 하지만 우리가 호텔 계단에서 내려왔을 때, 우리 코치는 아주 화난 목소리로 "당장 그거 꺼!"라고 외쳤다. 몇 분 뒤에, 코치는 우리의 어깨에 손을 올리고 "미안하다 얘들아, 내가 너무 과민하게 반응했던 것 같다, 다시 가서 오늘은 즐기도록 해라"라고 이야기 해 주었다. 이렇게 작은 행동과 제스처, 그리고 우리의 어깨에 손을 올리는 행동들이 감정적으로 큰 효과를 일으켜 줄 수 있으며, 선수와 코치를 연결시켜주는 것이기도 하다. 만약 효율적이고 성공적인 코치가 되기를 원한다면, 과학적이고 예술적인 코치가 되도록 노력하는 것이 좋다.

▷ 직업으로서의 코칭

코치라는 직업은 명예로운 직업이다. 그리고 최고의 코치들은 정말 전문가답게 행동하기도 한다. 그러면 전문적인 코치는 무엇을 의미하는가? Lortie(1975)는 전문가라는 단어를 정의하기 위해 필요한 요소들이 무엇인지에 대해 다음과 같이 설명했다.

- **전문적인 코치가 되기 위해서는 전문적인 교육을 받아야 한다.** 코칭을 하기 전에, 만약 어떤 스포츠에서 선수로서 활동했다면, 그 경험을 통해 코치가 될 수 있다. 그러나 선수 생활을 했다고 해서 전문적인 코치가 되는 것이 아니다. 진정한 전문가가 되기 위해서는 전문적인 교육이 필요하다. 그리고 이러한 교육은 스포츠에 대한 지식(운동 역학, 심리학,

생리학 등)을 배우고 이해하는데 도움이 된다. 성공적인 코치들은 많은 책을 읽고, 자신의 스포츠 외에도 수많은 분야에서 수많은 정보들을 얻고 이해하고 있다. 전설적인 농구 코치 John Wooden은 영어 교사였으며, 수많은 책을 읽고, 책도 직접 쓴 바 있다. 미식축구 코치 Bill Walsh는 지적인 코치라는 별명을 얻었으며, 수많은 사람들이 Walsh의 창의력과 혁신적인 생각을 보며 그를 천재라고 불렀다. 또 Woody Hayes도 역사에 대해 상당한 지식을 가지고 있었고, 수영 코치 Doc Counsilman(1968)은 '수영의 과학'이라는 책을 출판하고, 수영에 대한 역학과 원리들을 풀어서 설명했다.

- **전문적인 코치가 되기 위해서는 견습생으로서의 경험이 필요하다.** 성공적인 코치 밑에서 견습생(인턴) 경험이 있어야 전문적인 코치가 될 수 있다. 수많은 성공적인 코치들도 그 전에는 성공적인 코치 밑에서 코치를 하고 있었다. 듀크대학교의 Mike Krzyzewski도 예전에는 육군 농구팀과 인디애나대학교 Bobby Knight 밑에서 코치로 활동했다. Bo Schemblecher는 마이애미대학교의 Woddy Hays, NFL의 전설적인 Bill Belichick도 그 전에 수많은 NFL팀과 대학교 팀들의 코치로 있었다. 견습생으로 있고, 성공적인 코치 밑에서 코치로서 경험을 하는 것이 전문적인 코치가 될 수 있는 지름길이다.

- **전문적인 코치가 되기 위해서는 자율성이 필요하다.** 자율성은 코치로서 어떤 결정을 내릴 때에 자유와 독립적인 위치에 있다는 것을 의미한다. 선수들이 지켜야하는 의무적인 규칙과 규율은 법률이나 협회의 규정에 따르고, 스포츠의 규칙과 규율에 따라 경기가 진행되지만, 그 이외의 다른 모든 규칙과 규율은 코치가 정해야 한다. 전문적인 코치는 스스로 연습 계획을 짜고, 적합한 훈련을 선택해서 시행하며, 자신이 선수들을 평가하고 코치하며, 팀의 규칙과 규율을 정하고 또 그것에 따르는 벌칙과 훈육도 코치가 한다.

어떤 사람들은 코치의 자율성이 부족하다고 느끼지만, 사실 얼마만큼의 자유를 가지고 얼마나 독립적인 위치에 있는 지를 정하는 것은 코치에게 달려있다. 어린 코치들은 자신의 프로그램에 대한 책임을 떨치기 위해서 자율성을 포기하는데, 이런 코치들은 책임감의 압박을 견뎌내지 못하거나, 그 책임감을 다 맡기에는 게으르기 때문이기도 하다. 진정으로 전문적인 코치들은 자율성을 확보하기 위해 노력한다.

- **전문적인 코치가 되면 높은 보상이 따라온다.** 전문적인 수준에서 오는 금전적인 보상이 충분하다고 느낄 수도 있고, 그것이 욕망의 대상일 수도 있다. 프로 미식축구, 농구, 야구 코치들은 어마어마한 돈을 받는다. 대학교 코치들이 받는 돈이 어마어마하다고 느낄 수도 있다. 하지만 비인기 스포츠 종목이거나 기술수준이 낮은 선수들을 코칭하고 있는 코치들의 금전적인 보상은 그렇게 크지는 않다. 하지만 어느 단계에서 어떤 종목을 가르치든, 코치라는 직업은 내적 보상을 받으며, 선수들을 더욱더 훌륭하게 만드는 과정과 선수들이 스스로 일어설 수 있는 힘을 부여해주고, 두려움을 극복하고, 스스로에 대한 의심을 떨쳐내고, 하지 못했던 움직임과 능력을 심어주고, 성공이 무엇인지를 경험할

수 있도록 도와주며, 꿈을 현실로 만들어 주는 것에 대한 보상은 돈으로 바꿀 수 없을 만큼 크다.

▷ 코칭의 여정 – 코치가 되는 길

코칭은 긴 여정이기도 하다. 선수들, 개인적인 도전, 우정과 단결심, 인간으로서의 성장, 자기 수양, 피로, 극복, 우승, 패배 등이 이 긴 여정의 과정이다. 장편소설 '야생 종려나무' The Wild Palms 를 쓴 Faulkner(1939)는 "내가 만약 고통과 고통이 없는 것 중에서 선택을 해야 한다면, 나는 항상 고통을 선택하겠다"라고 했다. 사실 코칭이라는 것은 내가 아직 살아 있다는 것을 증명하는 것이기도 하다. 그리고 사실 아무것도 느끼지 못하는 것보다는 패배의 쓴맛을 경험하는 것이 좋고, 그리고 내년에는 우승의 희열을 위해 달리는 목표가 생겨서 즐겁기 때문이다.

코치들은 코칭이라는 긴 여정을 걸으면서 배워야 할 것도 많고, 경험해야 할 것도 많다. 그리고 효율적이고 성공적인 코치가 되기 위해서 해야 할 일은 그 누구도 설명해 줄 수 없으며, 스스로가 느끼고 겪어 봐야 한다. 일본 사무라이 Yamaoka Tesshu는 "이 모든 것이 다라고 생각하지 마라. 배움의 끝은 없으며 가르침의 길이는 잴 수 없다"라고 했다. 코칭의 여정에 행운을 빌며, 이 책이 코치가 되고자 하는 이들에게 도움이 되기를 바란다.

➔ 추천 도서

HBO. (2010). *HBO sports documentary: Lombardi*. HBO Entertainment.

[Vince Lombardi was simply a great teacher in the classroom and football field. He took a basketball team and made them into a champion team, even though he didn't know much about basketball. It is interesting to follow his coaching journey toward becoming a legendary coach.]

Leonard, G. (1992). *Mastery: The keys to success and long-term fulfillment*. New York: Penguin Books.

[Leonard has a wonderful take on life, success, and fulfillment for us as coaches and human begings.]

Martens, R. (2012). *Successful coaching* (4th ed.). Champaign, IL: Human Kinetics.

[Martens offers some great tips for becoming a successful coach.]

선수들을 이해하기 위한 동기 이론

이 책은 동기에 대한 이론으로 시작한다. 제 1부에서 나오는 몇 가지의 이야기들은 수많은 요소들이 똑같다는 전제 하에, 성공 여부를 결정하는 것은 동기라고 제안한다. 동기는 선수들이 성공하기 위한 제일 큰 요소라고 할 수 있다. 선수들뿐만 아니라, 코치들에게도, 자신의 목표를 이루고 꿈을 현실로 만들기 위해 꼭 필요한 것이 바로 동기와 자극이다. 쉽게 말해, 효율적인 코칭 coaching 을 하는 코치는 자신의 선수들에게 동기부여 하는 방법을 알고 있다.

제 1부에서는 **끊임없이 도전하는 선수** unstoppable athlete 와 지칠 줄 모르는 **회복력이 좋은 선수** resilient athlete 에 대해 알아보며, 이런 선수들을 육성하고 성장시키기 위한 이론들을 공부하고, 그 이론들을 현장에 적용하는 방법에 대해서도 살펴 볼 것이다. 행동주의, 인지주의, 인본주의 이론들을 바탕으로 하여, 지도자와 교사가 선수들을 어떤 식으로 동기부여를 할 것인지에 대해 이해하게 도와주며, 그 방법들을 적용할 수 있도록 배울 것이다. 선수들은 코치가 특정한 행동들을 어떻게 강화하고, 어떤 피드백을 주고, 어떤 연습환경을 제공하느냐에 따라 다른 반응을 보일 것이며, 코치가 보여주는 모습과 대화하는 방법, 그리고 그 선수의 대한 기대가 선수들을 동기부여 하는데 큰 영향을 미칠 것이다.

하지만 이런 이론들을 선수들에게만 제한하면 안 된다. 코치들도 어떤 방법으로 스스로를 동기부여 시킬 것인지에 대해 이해하고 파악하고 있어야 한다. 결국에 코치는 팀의 자극이며 동기이기도 하다. 코치가 하면 선수들도 그 행동과 태도를 똑같이 따라하기 마련이다. 이 이론들을 공부하면서, 이론들을 실제 상황에서 어떻게 적용시킬 것인지, 끊임없이 도전하고 노력하는 코치가 되기 위해서는 어떻게 할 것인지, 코치가 팀의 모델과 리더가 되기 위해서는 어떻게 할 것인지에 대해서도 생각하면서 읽어보았으면 한다.

CHAPTER 01 끊임없이 도전하는 선수
동기 이론의 적용

주요용어

- 부가성 원리(additive principle)
- 미학 욕구(aesthetic needs)
- 각성(arousal)
- 각성 이론(arousal theory)
- 성취 가치(attainment value)
- 태도 또는 믿음 변화(attitude or belief change)
- 전적으로 자율화된/자발적인 행위 경험(autotelic experience)
- 기본 욕구(basic needs)
- 행동 변화(behavioral change)
- 소속감과 사랑 욕구(belongingness and love needs)
- 코칭 효능감(coaching efficacy)
- 인지 부조화 이론(cognitive dissonance theory)
- 인지 평가 이론(cognitive evaluation theory)
- 인지적 욕구(cognitive needs)
- 집단 자기효능감(collective self-efficacy)
- 구획(compartmentalization)
- 유능성 동기(competence motivation)
- 유능성 동기 이론(competence motivation theory)
- 구성주의(constructivism)
- 통제적인 면(controlling aspect)
- 비용(cost)
- 결핍 욕구(deficiency needs)
- 발견/탐구 학습(discovery learning)
- 감성적 영향(emotive influence)
- 실제적·경험적 영향(enactive influence)
- 기대치(expectancy)
- 기대-가치 이론(expectancy-value theory)
- 정보의 회상 또는 소환(exposure to or recall of information)
- 외적 동기(extrinsic motivation)
- 몰입(flow)
- 정보적인 면(informational aspect)
- 정보적 피드백(informational feedback)
- 탐구적 접근(inquiry approach)
- 교수적 발판(instructional scaffolding)
- 흥미·관심(interest)
- 내적 동기(intrinsic motivation)
- 내적 가치(intrinsic value)
- 요나 콤플렉스(Jonah complex)
- 초월 욕구(meta needs)
- 동기화된 행동(motivated behavior)
- 동기화 피드백(motivating feedback)
- 동기(motivation)
- 곱셈 원리(multiplicative principle)
- 욕구 추구(need-drive)
- 고통-기쁨·쾌락 원리(pain-pleasure principle)
- 최적 경험(peak experiences)
- 지각 왜곡(perceptual distortion)
- 사회적·설득 영향(persuasory influence)
- 생리학적 욕구(physiological needs)
- 압박(pressing)
- 심리적 쾌락주의(psychological hedonism)
- 심리적 욕구(psychological needs)
- 파급 효과(ripple effect)
- 안전의 욕구(safety needs)
- 자아실현(self-actualization)
- 자기훈련(self-discipline)
- 자기효능감(self-efficacy)
- 자아존중감(self-esteem)
- 자아존중감 욕구(self-esteem need)
- 자신과의 대화(self-talk)
- 교사 효능감(teacher efficacy)
- 끊임없이 도전하는 선수(unstoppable athlete)
- 끊임없이 도전하는 코치(unstoppable coach)
- 실용 가치(utility value)
- 가치(value)
- 대리 영향(vicarious influence)

> "사람들은 존재하는 것들을 보며, "왜?"냐고 묻지만 나는 존재한 적이 없는 것들을 꿈꾸며
> "안 될게 뭐야"라고 묻는다. 라고 말한다."
>
> George Bernard Shaw, Back to Methuselah

Kimberley는 꿈이 있었다. 그리고 Kimberley 충만한 동기와 인내심이 있었기 때문에 그 꿈을 이룰 수 있는 요소들도 소유하고 있었다. Kimberly의 실력은 대단하지 않았지만, 자신은 언젠가 그렇게 될 것이라고 믿고 있었다. 대학교 2학년 때, 자신의 활약을 비디오로 만들어서 전국에 있는 다른 대학교에 보냈다. 그 영상에 나왔던 Kimberley의 실력은 형편없었고, 테이프를 보았던 모든 코치가 싫다고 했다. 하지만 한 코치는 Kimberley의 운동실력보다 우수한 성적을 보며 **"만약 이 선수가 교실에서 열심히 한 만큼, 연습에서도 똑같이 한다면, 그리고 우수한 성적을 받을 수 있는 학습 능력을 가지고 있다면, 우리 대학에 편입을 해서 내가 가르쳐주면 잘할 수 있겠다"**라고 생각했다.

그 코치는 Kimberly에 기회를 주었으며, 여름방학 때, 자신의 학교로 와서 훈련할 것을 요구했다. 그 코치는 Kimberley를 자신의 훈련 프로그램과 학교에 편입시키기 전에, Kimberly가 어떤 사람인지 알고 싶어 했기 때문이다. 만약 선수들이 서로를 싫어한다거나, 무언가 맞지 않고, 선수와 코치 차원에서 올바른 관계를 성립하지 못한다면 Kimberley를 데리고 올 필요가 없기 때문이었다. 며칠 뒤, 코치는 Kimberly에 대한 좋은 느낌을 받기 시작했다. 그래서 그 코치는 Kimberly를 자신의 훈련 프로그램에 데리고 오는 것뿐만 아니라, 장학금 일부도 지원해 줬다. 코치의 친구들과 동료들은 금액이 제한되어 있는 장학금을 아직 검증이 되지 않았던 선수에게 주는 것은 올바르지 않다고 생각했고, 편입해서 2년 동안만 프로그램에 머무는 것이 아니라, 4년 동안 활약해 줄 수 있는 훌륭한 고등학생들이 있는데도 불구하고 그런 결정을 내린 것에 대해 이해할 수 없었다.

그 코치는 장단점도 고려하고 신중하게 고민했으며, 결국에 자신이 하고 싶은 데로 했다. 자신의 마음의 소리를 들었고, 자신의 느낌을 믿었으며, Kimberly가 잘할 수 있을 것이라는 신념을 굳게 믿었다. 그래서 코치와 선수는 열심히 노력하기 시작했다. 그들이 어디로 어떻게 갈지는 몰랐지만, 열심히 하면 이루어질 것이라고 생각했다.

처음에는 예상했던 것보다 훨씬 어려웠다. Kimberley가 대회에 참석하기 까지는 수많은 시간이 필요했다. 하지만 코치가 생각했던 것처럼 Kimberly는 매 훈련에 적극적으로 참여했다. 연습태도는 그 누구도 Kimberly를 따라갈 수 없었으며, 학습 능력도 최고였다. 시간이 갈수록 Kimberley의 실력도 늘었고, 최고가 되고 싶은 목적과 동기는 그 누구도 막을 수 없었다. 3학년 때 코치와 Kimberly는 많은 기대를 했지만, 사실상 결과는 기대치와 너무 멀었다. 벌써 1년은 지났고, 그렇다 할 성적은 이루지 못한 채, 남은 건 노력, 시간, 결심과 눈물이었다. 3학년 때의 실망, 실패, 패배는 불에 타오르는 기름처럼, Kimberley의 열정을

뜨겁게 달구었고, 동기부여는 말할 것도 없었다.

　4학년 때는 작은 대회에서 우승을 몇 번 했지만, 같은 해 큰 대회 중 하나에서 Kimberley에게 혼란이 닥쳤다. 자신이 참가하여 경쟁하고 있어야 할 결승전을 관람석에서 지켜봐야 했고, 이길 수 있었던 선수들의 경기를 치르는 모습을 보며 뺨에는 눈물이 흐르고 있었다. 어떻게 이럴 수 있었을까? Kimberley는 그 누구보다도 더 열심히 운동했고, 그 누구보다도 더 준비되어 있었으며, 그 누구보다 우승하고 싶은 마음이 간절했고, 그 누구보다도 더 잘할 수 있었던 믿음도 있었다. 그 고통은 말로 표현할 수 없었지만, 이 고통과 슬픔을 자기 자신을 동기부여 하기 위해 사용했으며, 다시 마음을 잡고 시작하기로 했다. 다음에 있던 대학 최강전에서 Kimberley는 지난 대회보다는 더 좋은 성적을 이루었고, 그 덕에 예선전을 무사히 통과하여 결승전까지 올라갈 수 있었다. Kimberley가 만약 이긴다면, 짧고 짧은 선수생활이지만, 큰 대회에서의 첫 우승이 될 수 있었다.

　실제로, Kimberley의 선수 생활은 정말 짧았다. 고등학교 3학년 때, 스포츠에 입문했고, 4년 동안의 스포츠 경험만으로 대학교 최고 엘리트 선수들과 대결하고 있었던 것이다. 만약 Kimberley가 이긴다면, 최연소 경력으로 이기는 것이었고, 지난 대회 때에는 예선전도 통과하지 못하였기 때문에 아무도 Kimberley가 이길 것이라고는 생각하지도 않았다.

　하지만 Kimberley의 열정과 동기는 그 누구도 막을 수 없었고, 뉴턴의 법칙처럼, 움직이고 있는 물체가 저항이 없으면 그 움직임이 유지되듯이, 그 누구도 Kimberley를 막을 수 없었다. Kimberley는 예선전에서 **"나는 꼭 우승할 거야"**란 생각밖에 하지 않았고, 사실 결승전에 가고 싶은 너무 강한 의지 때문에 예선전에 집중을 못하여 자신의 최고 실력을 보여주지 못했다. 하지만 마지막 순간에 마음을 다잡고 내려와서 결승전에 참가할 수 있는 마지막 티켓을 따 내었다. 결승전이 시작되기 전에, 코치는 Kimberly에게 다른 것은 생각하지 말고 지금, 그리고 현재만 집중하라고 당부했다. 큰 산을 타는 산악가처럼, 산 전체를 보는 것이 아니라, 한발 한발 나아가듯이, Kimberly에게도 그 순간에만 모든 것을 쏟아 부을 것을 강조했다. 결승전을 치르고 나서, Kimberly는 코치에게 "어땠어요?"라고 물을 때, 코치는 흐뭇한 표정을 지으면서 "전광판을 한 번 봐봐."라고 얘기했다. Kimberly는 자신의 꿈인 대학 선수들 중에서 최고가 되는 꿈을 이루었다.

　Kimberly의 실력은 다른 선수들보다 뒤떨어져 있었고, 그 날에도 실력으로는 다른 선수들을 이기기에는 부족했다. 실력분만이 아니라 경험도 부족했지만, Kimberley의 열정, 패기, 그리고 동기는 그 누구도 Kimberley를 이길 수 없었다. 모든 패배와 실패를 동기부여로 사용했고, 자신의 의지 하나로 자신의 꿈을 이룰 수 있었다. Kimberley는 끊임없이 도전하는 선수였다. Kimberley는 움직이는 물체였고, 저항이 있어도, 그 저항을 이겨낼 수 있는 물체가 되어 버린 것이다. 만약 100명의 선수들이 있고, 나에게 한 명만 선택하라고 한다면, 나는 항상 동기가 제일 강한 선수를 뽑을 것이다. 이 장은 끊임없이 도전하는 선수에 대한 이야기이다. 그리고 동기에 대한 이론을 적용하여 선수들을 성공적으로, 자신의 잠재력을 최고치로 발휘할 수 있도록 동기부여 해주기 위해 알아볼 것이며, 학습할 것이다.

개 요

동기에 대한 이론은 하나의 이론으로 끝나지 않는다. 사람에 대한 이론을 접하듯이 동기도 사람에 대한 연구이기 때문에, 하나의 이론으로 정리하기는 불가능하다. 성공적인 코치는 항상 자신의 선수들을 동기부여하기 위해 수많은 방법을 사용한다. 이 말은 동기부여를 하기 위해서는 하나의 방법이 존재하는 것이 아니라, 수많은 방법이 존재한다는 것이다. 그래서 어떤 방식이 있으며 어떤 방식을 사용할 것인가? 다시 말해, 선수들을 동기부여 하는 방법에는 어떤 것이 있으며, 이것을 적용시키기 위해, 그리고 Kimberly같은 선수들을 만들기 위해서는 어떻게 하면 되는 것인가?

동기에 대한 이론은 4가지 이론들을 기반으로 만들어지는데, 그 4가지는 행동주의, 인지주의, 사회 인지주의, 그리고 인본주의 이론이다. 이 장에서는 동기에 대한 이론을, 행동주의, 인지주의, 사회 인지주의, 그리고 인본주의 이론들을 토대로 공부할 것이며, 이 이론들이 동기부여 하는데 어떻게 적용되며, 끊임없이 도전하는 선수들을 키우기 위한 방법에 대해 살펴볼 것이다.

이 장은 행동주의 이론의 강화, 칭찬, 내외적 피드백, 반응 조건화부터 시작한다. 그리고 인지주의 이론의 각성 이론, 인지 평가 이론, 인지 부조화 이론, 그리고 자기효능감 이론을 살펴볼 것이다. 그 후, 사회 인지 이론으로 넘어가서, 관찰학습법을 사용하여 선수들을 동기부여 하는 방법에 대해 학습할 것이며, 그리고 기대-가치 이론이 무엇인지에 대해 알아볼 것이다. 이 장은 인본주의 이론의 Maslow의 욕구 위계 이론(욕구 단계 이론), 몰입 Flow 이론, 유능성 동기 이론 competence motivation theory 과 Roger's의 이론으로 마무리 짓는다.

▷ 행동주의 이론과 동기

심리적 쾌락주의 psychological hedonism 와 고통-기쁨·쾌락 원리 pain-pleasure principle 에 의하면, 사람들은 쾌락을 원하고, 고통은 피하고 싶어 한다. 평범한 사람들의 동기는 이와 같은 쉬운 원리로 설명할 수 있지만, 성공적인 선수들과 열심히 훈련하는 선수들을 보면, 주로 쾌락적인 순간보다는 고통스러운 시간들과 환경을 경험하고 그 시간을 견뎌내며 자신의 목표를 이루기 위해 노력한다. 그럼 이러한 선수들의 동기는 무엇일까? 행동주의 이론에 따르면, 이렇게 고통스러울 정도의 고강도 훈련들이 선수들을 강화하고 있다고 제안한다. 강화가 증가하면, 원하는 반응이 나오는 횟수 또한 증가한다는 것이다. Skinner 상자의 실험처럼, 쥐가 어떤 버튼을 눌러서 먹이를 받으면, 버튼을 누르는 행동이 증가하듯이, 선수들도 고통스러운 훈련들로 인해 강화된다는 것이다.

▶ 강화와 칭찬

조작적 조건 형성 이론에 따르면, 강화는 동기와 인간의 행동에 상당한 영향을 미친다고 설명한다. 성공적인 코치들은 항상 선수들의 동기를 충만하게 해주고 열정이 불타오르도록 도와주며, 코치들이 요구하는 모든 것을 선수들이 잘 수행할 준비가 되어 있다. 하지만 성공하지 못하는 코치들의 선수들은 의욕이 없고, 연습의 분위기도 나쁘며, 선수들의 열정과 동기 수준은 말할 필요도 없다. 성공적인 코치들과 그렇지 않은 코치들의 큰 차이점 중 하나는 긍정적인 강화를 효율적으로 사용할 수 있는지 없는지에 따라 달라지는데, 대표적으로 긍정적인 강화는 칭찬을 일컫는다. 칭찬을 효율적으로 사용하는 방법은 제10장에서 자세하게 알아볼 것이지만, 칭찬을 어떻게 사용하고 적용시키는 방법은 예습하고 복습할 만한 요소이다.

칭찬은 선수들의 능력과 실력뿐만 아니라, 선수의 자존감도 높여준다. 다시 말해, 칭찬은 선수들의 능력과 실력을 높여주기도 하지만, 선수들이 사람으로서의 자신감과 자존감 또한 높여줄 수 있는 효과가 있는 것이다. 예를 들어 "Jerome! 진짜 잘 했어! 그렇게 혼자서 자신의 실수를 고칠 수 있다는 것은 정말 훌륭한 선수라는 것을 입증하는 것이야!"라고 말했을 때, 코치는 그 선수의 운동 능력과 실력뿐만 아니라, 선수의 지능과 지식, 노력과 변할 수 있는 능력 또한 칭찬하는 것이다. 하지만 비효율적인 코치들은 "그래, 그럼 다음 동작으로 넘어가자."같은 피드백을 준다. 이렇게 되면 선수와 코치 사이에는 감격도 없고, 감동도 없으며, 연습의 분위기를 풀이 죽게 놔두는 것이다. 주로 이렇게 몇 마디의 말이 선수들의 동기와 자존감을 높여주고 장기적으로 긍정적인 효과를 불어 넣을 수 있다.

칭찬은 신중하게 해야 한다. 칭찬을 너무 쉽게 하거나 너무 많이 하면, 칭찬은 선수들에게 의미가 없어진다. 그리고 칭찬을 너무 하지 않는다거나 빈번하게 한다면, 칭찬의 효과 또한 떨어진다. 어린 코치들은 칭찬을 너무 많이, 그리고 너무 쉽게 한다. 성공적인 코치들은 칭찬을 사용해야 될 때와 장소를 정확하게 파악하고 있으며, 그런 코치들이 칭찬을 할 때에는 선수들에게 큰 영향을 미치고, 선수들을 동기부여 하며, 올바르고 긍정적인 방향으로 이끌어 갈 수 있는 힘을 가지고 있다.

칭찬은 구체적이고 건설적이야 하며, 선수들의 자존감을 높이기 위해 사용해야 한다. 칭찬을 할 때에는 애매하거나 모호하면 안 되고, 명백하고 구체적이어야 한다. 선수들은 자신이 무엇을 잘 했는지도 알아야 하지만, 왜 잘했는지를 아는 것도 매우 중요하다. 자신들의 움직임이 올바르지 않는다면, 왜 그 움직임이 틀렸고, 왜 다른 동작이 더 효율적인지에 대해 알고 싶어 한다. 하지만 그와 동시에, 지금까지 그 움직임을 얻기 위해서 자신이 노력했던 것과 자신의 운동 능력, 그리고 새로운 움직임에도 성공할 수 있다는 것에 대해서도 칭찬을 받고 싶어 한다. 예를 들어, "Maria 처음에 너의 에너지를 너무 많이 소진해 버렸어. 하지만 우승하고 싶은 결심과 도전정신, 그리고 두려워하지 않는 행동들은 감동적이야! 이런 요소들은 너를 정말 훌륭한 선수로 만들기 위해 꼭 필요한 것들이야! 하지만 그래도 처음에 모든 에너지를 소진하지 말고, 너의 페이스대로 뛰어야지 우승할 수 있어!" 이런 칭찬들은 선수들의 자존감과 동기를 높여줄 수 있으며, 구체적이고 건설적인 피드백을 주는 좋은 예시이다.

칭찬은 진실 되어야 한다. 진실한 칭찬은 강화를 증가시킬 뿐만 아니라, 칭찬하는 선수를 진심으로 생각하고 있으며, 그 선수가 성공할 것이라는 기대를 정서적인 메시지로 보내는 것이다. 선수들이 만약 자신의 코치가 자신을 위해, 자신이 진심으로 잘되길 바라는 마음을 인지하면, 그 선수들은 코치에 대한 충성심과 신뢰도가 높아 질 수밖에 없으며, 연습과 훈련 때에도 더욱 더 노력하는 모습을 보여 줄 것이다. 반대로 진실하지 않은 칭찬은 비효율적일뿐만 아니라, 선수들에게 별로 관심이 없으며, 선수들의 운동 수행 능력과 사람으로서도 상관하지 않고 있다는 정서적인 메시지를 보내는 것이다. 진실한 칭찬은 선수와 코치 사이의 관계를 돈독하게 만들어 주며, 진실하지 않은 칭찬은 그 관계를 허물게 한다. 당신은 선수들에게 어떤 방식으로 칭찬하고 있는가?

어린 선수들에게는 실력보다는 노력을 칭찬하는 것이 더욱더 중요하다. 아이들이 자신의 노력에 대한 칭찬을 받는다면, 나중에 어른이 되어서도 세상의 모든 것은 자신의 노력과 행동으로 변화시킬 수 있으며, 자신의 힘으로 내외적인 모든 것을 통제할 수 있는 힘이 생긴다(Mueller & Dweck, 1998). 그래서 어린 선수들은 자신의 노력과 땀을 믿기 때문에, 항상 열심히 훈련하려고 노력하고 동기수준이 높고 열정이 강하다. 어린 선수들은 자신들의 결과가 노력과 땀으로 좌우되는 것을 인지하고 이해하고 있는 것이다. 반대로 자신의 능력과 실력으로 칭찬 받았던 선수들은 능력과 실력은 선천적이며, 노력과 땀은 별로 중요하지 않다고 여기기 때문에, 실패하거나 패배하더라도 열심히 훈련해서 자신의 능력과 실력을 높이려고 하는 동기나 열정이 존재하지 않는다.

▶ 외적 피드백을 강화로 사용하는 방법

칭찬처럼, 외적 피드백은 선수들의 행동을 강화하기 위해서 사용될 수 있다. 예를 들어, "Hot & Cold"라는 게임은 눈을 가리고 주위에 있는 사람의 도움으로 목적지에 도달하면 이기는 것인데, "Hot"을 외치면 목적지에 가까워진다는 것이고, "Cold"를 외치면 목적지와 멀어진다는 것이다. 이처럼 "Hot"에 가까운 선수들은(즉, 자신의 목적지에 가까워지고 있는 선수들은) 동기부여가 되어 있으며 열정도 충만하다. 수행 목표 성취에 관한 정보를 제공하는 결과지식 knowledge of results; KR 과 좋은 수행결과를 유도하기 위해 동작특성에 대한 정보를 제공하는 수행 지식 knowledge of performance; KP은 강화 방법으로 사용될 수 있다. 동기부여 피드백과 정보적 피드백은 구제적인 외적 피드백 요소들이며, 선수들이 열심히 해야 할 동기를 찾아주고 열정을 갖게 해 준다.

<u>동기부여 피드백</u>은 선수가 목적과 목표에 이르는 과정에 대한 피드백이며, 선수들이 그 목적과 목표를 이룰 수 있게 동기부여 해주고, 열정을 채워주는 것이다. 예를 들어, 달리기 선수가 마지막 바퀴를 돌고 있을 때, 코치가 그 선수에게 지금 개인 최고 기록을 깰 수 있는 페이스로 달리고 있다고 이야기해주는 것이다. 선수들이 자기 자신을 평가할 때, 자신의 능력이 증가하고 있고, 자신의 목표에 가까워진다는 것을 믿고 있을 때, 큰 동기부여가 되며, 목표를 이루기 위해 더욱더 노력한다.

<u>정보적 피드백</u>은 선수가 실수하거나 수행된 움직임에 잘못이 있을 때, 그 실수와 잘못을 고치기 위한 정보를 주는 것이다. 그 피드백은 어떤 행동을 했는지에 대해 설명할 수 있으며, 어떻게 해야 올바른 움직임을 할 수 있는지에 대해서도 설명할 수 있다. 이런 피드백은 모든 선수들에게 동기를 부여할 수 있지만 목표가 있고, 그 목표를 쫓고 있는 선수들에게는 더욱 더 효율적이다. 이런 선수들에게 정보적 피드백은 갈증을 해소해주는 물과 같다. 선수들은 정보적 피드백을 아주 좋아한다. 선수들은 매 연습마다 정보적 피드백을 통해 자신의 목표에 가까워지고 싶어 하며, 더욱더 훌륭한 선수가 될 수 있도록 수많은 정보를 받아들여 노력하고 싶어 한다.

▶ 외적 동기와 내적 동기

일부 사람들은 <u>외적 동기</u> extrinsic motivation 때문에 특정 행동을 한다. 선수들이 이런 행동을 하는 이유는 외적인 보상이 있을 것이라고 기대하기 때문이다. 예를 들어, 일부 선수들은 학교 대표 팀에 들어가기 위해 노력하는데 그 이유는 명예, 우승, 학교 장학금 때문이다. 또 어떤 사람들은 <u>내적 동기</u> intrinsic motivation 로 인해 움직인다. 선수들이 선수생활을 하고 싶은 이유는 내적인 강화와 개인적인 충만함, 그리고 무언가를 성취했다는 느낌 때문이다. 이런 선수들은 좋은 패스를 할 때, 체조 시합에서 최고의 수행력을 보여 줬을 때, 3점 슛이 깔끔하게 들어갈 때와 같은 상황에서 내적 강화가 이루어진다. 스포츠의 가장 큰 장점은 내적 강화가 이루어지는 상황이 셀 수 없이 많다는 것이다.

내적 동기로 움직이고 반응하는 사람들은 더욱더 헌신적이고, 운동하는 그 자체를 즐기며, 패배와 실패 앞에서 주저앉지 않고 끈기와 성실성으로 이겨 낸다(Agbor-Baiyee, 1997). 선수들의 행동과 태도를 살펴 본 연구에서도 비슷한 결과를 확인할 수 있었다(Vallerand & Loiser, 1999). 내적 동기와 비슷한 요소 중 하나는 흥미이다(Wigfield, Eccles, & Rodriguez, 1998). 사람들이 만약, 운동을 하는 이유가 운동 그 자체가 즐겁고 흥미 있기 때문에 하는 사람들은 외적인 보상이 필요 없으며, 이런 사람들의 동기는 흥미라고 할 수 있다. 모든 코치들의 목표는 자신의 모든 선수들이 활동하고 있는 스포츠에 대한 순수한 흥미를 느끼도록 해야 하는 것에 있어야 한다.

외적 보상도 내적 동기를 키우고, 흥미를 증가시키기 위한 좋은 방법이기도 하다. 예를 들어, 저자는 다이빙이란 스포츠를 처음 접했을 때, 저자의 코치는 전설적인 선수 Bernie Wrightson이 올림픽에서 금메달을 목에 걸었을 때 입었던 금색 다이빙 유니폼을 맞춰주었다. 사실 개인적으로 그 유니폼은 금색은 아니라 노란색에 더 가까웠지만 결과적으로 우리는 Bernie처럼 금메달을 목에 걸고 싶었고, 그 유니폼은 돈으로 사서 입을 수는 없었기 때문에 더욱 갖고 싶었다. 3미터 다이빙 보드에서 제일 어려웠던 동작들을 소화할 수 있어야지만 그 금색 유니폼을 입을 자격이 주어졌다. 우리는 모두 그 유니폼을 입고 싶어서, 스스로 할 수 있는 모든 것을 쏟아 부었다. 어려운 동작들을 배우는 것은 힘들었고, 무섭기도 했지만 열심히 노력했다. 그러나 그 당시 우리 나이 또래 중에는 가장 어려운 다이빙 동작을 해낼 수 있는 선수가 단 한 명도 없었다. 그 유니폼은 용기, 노력, 헌신, 결심의 상징이었고, 우리에게 큰 성취감을 줄 수 있었던 옷이었다. 물론 우리가 그 옷을 입기 위해서 다이빙을 한 것은 아니지만, 그 옷은 우리의 흥미를 높일 수 있었고, 내적 동기라는 것이 무엇인지에 대해 몸소 느낄 수 있었던 체험이었다.

▶ 조건반응

선수들은 편안함, 적당한 긴장, 기쁨, 그리고 충만함 같은 감정을 향상시키는 신체적 반응을 긍정적으로 수용한다면 자신의 스포츠를 더욱더 사랑할 것이고, 연습 때에도 동기부여 되고, 열정이 가득한 마음으로 훈련에 임할 것이다. 그렇기 때문에, 선수들을 동기부여 하기 위해서 코치들은 선수들을 긍정적으로 반응하도록 훈련시켜야 한다. 스포츠적인 면뿐만 아니라, 훈련, 스트레칭, 경쟁 등의 모든 부분에서도 긍정적인 조건반응이 일어나도록 노력해야 한다. 많은 선수들을 매일, 매주, 매달, 매 시즌에 다시 팀으로 돌아오도록 할 수 있는 이유는 긍정적인 조건반응에 달려 있다. 이처럼 조건반응은 운동 학습의 과정과 선수들의 성공여부를 좌우하기 때문에, 제 3장에서 더욱더 심층적으로 탐구할 것이다.

▶ 행동주의 이론을 적용하여 선수를 동기부여 하는 방법

행동주의 이론을 토대로 하여, 코치들은 선수의 "행동 버튼 behavioral buttons"을 눌러서 선수들의 동기를 높여줄 수 있다.

효율적으로 칭찬하는 방법을 사용한다. 칭찬은 효율적인 강화이기도 하지만, 칭찬의 역효과도 있다는 점을 알아야 한다. 언제, 무엇을, 어떻게 칭찬해야 되는지를 파악하고 이해하고 있어야 한다. 성공적인 코치들은 효율적인 칭찬이 어떻게 사용되는지 알고 있으며, 칭찬을 통해 자신의 선수들을 동기부여 할 줄 안다.

외적 피드백도 강화하기 좋은 방법이라는 것을 기억한다. 외적 피드백은 모든 선수들, 그리고 엘리트 선수들에게는 특히 좋은 강화 방법이다. 외적 피드백이 정확하면 정확할수록, 강화되는 강도도 강해질 수밖에 없다.

옛날에 저자가 처음으로 엘리트 선수들과 호흡을 맞출 때, 한 선수는 대학부에서도 최강이었고, 세계에서도 최강이었다. 나는 두 가지를 깨달을 수 있었는데, 하나는 선수가 코치가 어떤 피드백을 주었는지 기억해야 하며, 다음에 그 동작을 실시할 때, 코치의 피드백이 적용되었는지 안 되었는지를 알고 있어야 되는 것이다. 두 번째는, 만약 선수가 코치의 피드백을 기억하지 않고 있거나, 코치의 피드백이 틀렸다면, 그 선수가 나에게 말해 줄 것이라는 점이다. 효율적인 코칭은 정확하면서도 때와 장소를 맞게 올바른 피드백을 제공하는 것이다.

개인차가 있다는 것을 인지한다. 두 명의 선수의 실력은 같을 수 없다. 이 개인적인 차이를 인지하고 이해하고 있는 것이 강화를 통하여 동기부여를 할 때 무척 중요하다. 한 선수에게 강화되는 요소와 행동들은 다른 선수에게 적용되지 않을 수도 있다. 어떤 버튼을 누를지 안다는 것은 그 선수가 어떤 방식으로 강화된다는 것을 아는 것이기도 하다. 예를 들어, 일부 선수들은 따로 불러서 얘기하는 것을 수치스럽고 자존감에 상처를 주는 행동으로 여기지만 어떤 선수들은 그러한 행동을 칭찬으로 받아들이고, 코치가 자신에 대해 많이 생각하고 있다고 느끼게도 할 수 있다는 것을 잊지 말아야 한다.

노력을 강화하여 내적 동기를 유발한다. 장기적으로 본다면, 내적 동기가 강한 선수들은 더욱 더 열심히 훈련하고 스포츠에 대한 근면성이 길러진다. 그렇기 때문에 노력을 강화해야 한다. 자신의 실력과 경력을 노력과 함께 연관 짓는 선수들은 자신의 훈련 강도를 유지하고, 아무리 힘들고 고통스러워도 노력과 근면성으로 힘든 시간을 극복해나가는 힘이 생기는 것이다.

선수들이 신체적으로 긍정적인 조건반응을 일으킬 수 있도록 도와준다. 스포츠에서 훈련하는 것과 경쟁하는 부분에 대한 사랑과 흥미가 높은 선수들은 스포츠에 매혹되고 더 잘하기 위한 동기가 충만해질 것이다. 긍정적인 조건반응을 유발하기 위해, 코치는 항상 긍정적인 조건자극과 긍정적인 무조건자극을 연관 짓는 것이 좋다. 긍정적인 조건반응을 유발하기 위해서는 성공이 무엇인지에 대해 연습으로 경험하는 것이다. 연습과 경쟁이 재미있다는 것을 가르쳐 주고, 노력에 집중하도록 도와주어야 한다.

외적강화를 사용한다. 외적강화는 선수들의 내적 동기를 강하게 하기 위해서 좋은 시발점이기도 하다. 금색 다이빙 유니폼의 이야기처럼, 시간이 흘러 결국 나의 팀에 있었던 모든 선수들이 그 금색 유니폼을 입을 자격을 얻게 되었다. 팀원들은 고등학교에서 우수한 성적을 내었고, 많은 친구들이 대학교와 전국적인 무대에서 경쟁할 수 있었다. 한 명은 미국 올림픽 국가대표로 활동했으며, 또 다른 선수는 대학교 코치를 37년 동안 하고 있다. 어떤 때는 이처럼 작은 외적보상들이 내적 동기를 어마어마하게 높여줄 때도 많다. 나중에 어른이 되어 지금 그 추억들을 되살려 보면, 우리는 아직도 그 유니폼에 대해 많은 이야기를 하며, 지금도 그 유니폼을 가지고 있고, 그것이 하나의 유물이 되었다는 이야기도 들은 적도 있다. 돈으로 살수 없고, 만질 수도 없으며, 유형의 보상들은 선수 생활을 하면서 스포츠에 대한 좋은 경험과 추억을 만들어 줄 수 있다. 다른 스포츠의 선수들도 비슷한 경험과 추억이 있을 것이라고 믿는다.

▷ 인지주의 이론과 동기

어떤 코치가 어린 체조선수에게 평행봉에서 새로운 동작을 가르쳐 주었다. 코치의 격려 없이도, 그 어린 선수는 즉시 그 움직임을 반복적으로 혼자 연습하기 시작했다. 그 선수는 남은 연습 시간 동안 그 움직임만 연습했으며, 다음날에도 그 움직임을 완벽하게 할 수 있을 때까지 훈련했다. 이 선수의 동기를 어떻게 설명할 것인가? 행동주의 이론으로 설명하자면, 이 선수는 강화되고 있다고 설명할 수 있다. 즉각적이지 않고 명백한 강화는 아니라도 유형의 강화가 이루어진다고 생각할 수 있다. 하지만 이 선수의 동기를 설명하기 위해서는 인지주의 이론을 바탕으로 살펴보는 것이 제일 적합할 것이다.

강화는 동기부여를 하기 위해서 사용할 수 있는 좋은 도구이지만, 선수들은 실험용 쥐들이 아니며, 이렇게 단순한 강화를 통해 동기유발 되지 않는다. 인지주의 이론에 따르면, 선수들의 동기는 인간적인 면, 즉, 실험용 쥐와 다른 정보를 이해하는 능력과 결과를 예지하는 예측력, 희열과 쾌락을 기다릴 수 있게 하는 인내력, 목표와 목적에 의미를 부여하고, 개인적인 자신감을 높이기 위한 행동, 그리고 성공과 실패에 대한 인지를 통해 좌우된다고 제안한다. 인지주의 이론의 관점에서 보자면, 어린 체조선수의 동기와 행동은 자신이 그 움직임을 이해하고 싶은 욕구와 성공을 자신의 능력과 노력에 관련 짓고 싶어 하는 사고 때문이라고 설명할 것이다.

다음 부분에서 우리는 이 관점을 더욱 더 깊이 있게 알아볼 것이다. 인지주의 관점과 동기부여와 연관되어 있는 이론들을 먼저 살펴보며, 이 이론들을 사용하여 선수들의 동기를 높이기 위한 적용 방법 또한 알아볼 것이다.

▶ 각성 이론

각성 arousal 이란 선수들의 신체적인 면과 심리적인 면을 둘 다 고려한다. 인지주의 이론의 관점에서 각성 이론은 굉장히 중요한데, 그 이유는 선수들이 자극에 집중하기 위해서 신체적 각성이 필요하다는 것을 상기시켜주기 때문이다. 코치로서 피드백을 제공하든 선수들에게 자신의 포지션이 어디인지 가르쳐주든 성공적인 수행을 하기 위한 모든 요소를 제공할 때, 신체적 각성이 필요하다는 것이다. 각성이 너무 적거나 없다면, 선수들은 코치의 말에 귀를 기울이지 않고, 선수들의 각성이 너무 높아서 흥분된 상태에 이르러도 코치의 말을 들을 수 없는 것이다. 그렇기 때문에 동기를 각성 이론이라는 관점에서 보면, 신체적으로도, 심리적으로도 적합한 상태에 있어야 만이 자극에 집중할 수 있다는 것이다. 선수들의 집중력을 다 얻기 위해서, 그리고 그 집중력을 동기를 높이기 위해서, 어떤 버튼을 눌러야 하는지 알고 있어야 한다. 선수들의 집중력을 높이기 위해서는 제 6장을 참고하면 된다.

선수들이 인지적으로 준비되어있고, 정보와 자극에 집중할 수 있는 상태에 있다면, 그 정보를 가지고 무엇을 어떻게 할 것인가? 이 질문은 인지주의 이론을 지지하는 사람들에게 큰 고민을 안겨준다. 만약 쥐가 먹이를 받는다면, 그 이후에 쥐의 작은 뇌에서는 큰 변화가 이루어지지는 않는다. 하지만 선수들은 그 정보를 가지고 수많은 것을 할 수 있다. 다음 부분은 외적보상과 행동적 요소를 토대로 인지주의 관점에서 알아볼 것이다.

▶ 인지 평가 이론

귀인 이론을 지지하는 연구자들은 외적보상이 어린 선수들의 내적 동기를 약화(감소)시킬 수 있다고 설명한다(Deci, Koestner, & Ryan, 2001). 하지만 <u>부가성 원리</u> additive principle 에 의하면, 외적보상은 내적 동기를 높여 줄 수 있다고 본다. 다시 말해 어린 선수가 의욕이 없고 동기부여가 되지 않는다면, 무언가를 얻고 받을 수 있는 외적보상은 동기를 높여 줄 수 있다. 그럼 과연 어떤 주장이 맞는 것인가? 외적보상을 사용하는 것이 좋은 것인가 나쁜 것인가? 외적보상과 내적 동기의 관계를 설명하는 것은 쉽지 않다. 그래서 <u>곱셈 원리</u> multiplicative principle 에 따르면, 외적보상과 내적 동기의 관계는 긍정적일 수도 있고, 부정적일 수도 있다고 본다. 이 이론들에 중립되는 입장이 인지 평가 이론이다.

인지 평가 이론(Deci & Ryan, 1985)에서 외적보상은 외적보상을 바라보는 사람이, 그 외적보상을 어떻게 받아들이느냐에 따라 달라진다고 제시했다. 사람들이 외적보상을 통해 자신의 행동이 좌우된다고 느낀다면, 자연스럽게 자신의 내적 동기는 감소될 것이다. 이런 시각과 관점을 가진 선수들은 외적보상으로만 움직이기 때문에, 기계적으로 반응한다. 이 효과를 외적 동기의 통제적 측면이라고 일컫는다. 예를 들어, 어린 선수가 돈을 받기 위해 스포츠를 한다면, 돈이 없거나 금액이 감소되면 더 이상 운동을 하지 않을지도 모른다. 그래서 이 선수의 입장은, **"보상이 없으니, 내가 운동할 필요도 없다"**는 것이다.

하지만 선수들이 외적보상을 유능성과 자기결정성 self-determination 관점에서 바라보고, 외적보상을 일종의 정보적인 피드백으로 받아들인다면, 자신의 내적 동기는 증가할 수밖에 없다. 이런 시각과 관점을 가지고 있는 선수들은 본인 스스로가 자기 자신을 통제할 수 있다고 믿는다. 이 상황은 외적 동기의 <u>정보적인 측면</u>이라고 일컫는데, 예를 들어, 어떤 어린 선수가 신문기사에 나오는 외적 보상을 받았거나, 다른 선수들 앞에서 트로피를 받았다고 가정해 보자. 이 선수는 이것을 자신이 잘하고 있다는 확실한 정보라고 느끼고, 자기 유능성과 자기결정성 동기가 증가하는 것이다. 이 상황에서 외적보상은 자신의 실력과 노력을 확인하는 정보라고 느끼며, 자신의 내적 동기 또한 증가하는 것이다. 나는 그 금색 유니폼을 받기 위해 두렵고 어려운 동작들을 소화해 냈을 때, 그 금색 유니폼은 나의 실력, 노력, 그리고 용기에 대한 확인이며 상징이었다. 나에게 그 금색 유니폼을 자기결정 행동과 유능성을 높여 줄 수 있었던 정보 중 하나였다는 것이다.

이 메시지를 이해하기는 쉽다. 코치가 **보상 버튼** reward button 을 눌러 선수들을 동기부여 시킬 것이라면, 선수들에게 그 보상은 노력, 유능성, 그리고 자기 자신에 대한 믿음(자기결정성)을 확인하는 정보라는 것을 알려주어야 한다.

▶ 인지 부조화 이론

선수들은 정보를 받아들일 때, 자신이 믿는 것을 토대로 반응한다. 하지만 선수들이 자신이 믿는 것과 일치하지 않는 정보를 수용할 때 어떻게 반응할까? <u>인지 부조화 이론</u> cognitive dissonance theory 은(Festinger, 1957, 1962) 만약 개인이 모순되는 두 가지 정보에 노출되면 (이것이 바로 인지 부조화의 정의이기도 하다) 그 사람은 모순을 없애기 위해 자신의 태도나 행동을 변화시키기 위해 노력하는 것을 의미한다. 만약 자신에 대한 부정적인 믿음과 자신에게 제한을 두는 선수들을 접한다면, 그 선수는 모순되는 정보를 항상 받아들일 수밖에 없고, 코치는 그 부조화를 제거하고, 감소하기 위해 동기부여하고 도와주어야 한다.

그럼 코치가 선수들의 부조화를 감소하고 제거하기 위해 어떻게 해야 하는가? 끊임없이 도전하는 선수를 만들기 위해서 어떻게 해야 하는가? 인지 부조화를 제거하기 위해서는 5가지 방법이 있는데, 그 5가지는 태도 또는 신념에 대한 변화 attitude or belief change, 구획화 compartmentalization, 과거 경험의 회상 또는 소환 exposure to or recall of information, 행동의 변화 behavioral change 와 지각 왜곡 perceptual distortion 을 하는 것이다.

다음 부분에서 우리는 선수들의 인지 부조화를 줄이기 위한 5가지 방법에 대해 살펴볼 것이다. 충분히 우승할 수 있는 실력과 능력이 과거의 경력으로 이미 입증됐음에도 불구하고, 자기 자신이 우승할 수 없다는 것을 믿고 있는 선수들을 상기하며 읽어 보면 많은 도움이 될 것이다.

- <u>태도 또는 신념에 대한 변화</u>: 자기 자신이 챔피언이 될 수 없다고 생각하는 선수들은 그 신념 때문에 챔피언이 되지 않는 것은 아니지만, 챔피언이 되지 않을 확률이 높다. 그래서 그 선수가 자신의 모든 잠재력을 깨우기 위해서는 그 선수의 신념을 바꾸어야 한다. 실력적인 것도 아니고, 능력적인 것도 아니며, 훈련적인 것은 더욱 아니다. 신념 그 자체이다. 그 선수의 신념을 바꾸면, 인지 부조화를 감소시킬 수 있는 능력이 생기며, 선수로서

모든 잠재력을 발휘할 수 있도록 도와 줄 수 있다.

- <u>구획화</u>: 이 과정은 몇 가지의 신념과 태도를 구분하고 분류하는 것이다. 예를 들어, 어떤 한 선수가 2개의 대회에서 좋지 않은 성적을 거뒀다고 가정해 보자. 한 시즌 안에는 수많은 경기와 대회가 있음에도 불구하고, 그 선수는 좋지 않은 성적을 냈던 대회에만 신경 쓰고 있다. 만약 코치가 그 선수에게 크게 볼 수 있도록 도와주고, 그 선수가 신경 쓰였던 대회에서 보인 능력은 그 선수의 실력이 아니며, 예외의 상황이었다는 것을 일깨워줘야 한다. 그래서 그 상황을 구분하고 분류하여 인지 부조화를 줄일 수 있다. 연습의 훈련 강도가 너무 높은 나머지 피곤해서 두 개의 대회 때 안 좋은 성적을 냈으며, 원래 실력보다 못 했던 이유는 단지 피곤했었기 때문에 그런 것이었으며, 사실 한 번씩 자신의 실력에 미치지 못하는 경기를 보여주는 것은 모든 선수가 겪는 것이라는 것을 알려주어야 한다.

- <u>과거 경험의 회상 또는 소환</u>: 자신의 신념을 올바르게 변경하기 위해서 코치는 그 선수에게 성공할 수 있고 챔피언이 될 수 있는 확실한 근거와 이유를 들고 보여주어야 한다. 코치가 선수에게, 지금까지 성취한 결과들과 이제 무엇을 성취할 수 있는지에 대해도 자세하게 설명해 줘야하며, 더 나아가 그 선수의 성적, 대회 결과, 그리고 챔피언이 될 수 있는 모든 증거들을 총동원해야 그 선수의 신념을 바꿀 수 있다. 선수에게 과거를 상기시켜보라고 하고, 그것을 믿고 자신의 신념을 바꾸어보라고 권장해 보라고 하는 것도 좋다. 이런 정보들에 노출되면, 그 선수도 자신이 챔피언이 될 수 있다는 근거가 있기 때문에, 자신의 신념을 바꾸고 싶은 이유가 생기고, 인지 부조화를 감소할 수 있도록 도와 줄 수 있다.

- <u>행동의 변화</u>: 신념을 바꾸기 위해서 제일 중요한 것은 자신의 행동을 바꾸는 것이다. 자신이 챔피언이 될 것이라는 것을 믿는 선수들은 챔피언답게 행동하기 시작한다. 훈련하는 방식, 품행, 방식, 자신감, 침착함, 바디 랭귀지 등은 신념이 바뀌면 바뀌기 마련이다. 코치로서 새로운 선수들로 거듭나는 것을 본다는 것은 제일 행복하고, 충만하고, 보상이 큰 순간과 경험이 아닐까 싶다. 이런 변화가 생기기 시작하면, 정말로 대단한 일들이 생길 것이라고 믿어도 좋다.

하지만 어떤 때는 행동이 먼저 변화되어야 신념이 바뀌는 때가 많다. 다시 말해, 선수들이 지금 현재 챔피언이 아니더라도 아직 준비되지 않았더라도 챔피언처럼 행동하여, 챔피언이 될 것이라는 믿음을 심어주는 방법도 좋다. 외적 행동은 내적 믿음과 태도를 바꿀 수 있는 힘이 있다. 선수들이 자신의 행동을 바꾸기 시작하면, 신념과 태도를 바꾸기 시작할 것이고, 이렇게 되면, 인지 부조화를 감소시킬 수 있다. 챔피언처럼 행동하면, 언젠가는 챔피언이 될 것이다.

- <u>지각 왜곡</u>: 지각 왜곡은 선수들이 흡수하는 정보들을 왜곡시키는 것을 일컫는다. 지각 왜곡은 부정적으로 사용될 수도 있고, 긍정적으로 사용될 수도 있다. 예를 들어, 어떤 한 선수가 20개의 대회 중에서 좋지 않은 성적을 낸 대회가 2개라고 가정해 보자. 지금까지 예를 들어왔던 선수를 생각하면, 이 선수는 좋지 않은 성적을 낸 2개의 대회를 왜곡시킴으

로써 올바른 신념과 태도를 유지할 수 있다. 엘리트 선수들은 이렇게 지각 왜곡 방법을 잘 알고 있다. 테니스를 하는 선수가 서브하는 도중에 3번이나 실수로 네트를 쳤다면, 다음 공은 완벽하게 넣을 수 있을 것이라고 믿는다. 농구선수가 4번 연속으로 3점 슛이 빗나가면, 다음 슛이 깔끔하게 들어갈 것이라고 믿는다. 이처럼 몇 가지의 지각을 왜곡시킴으로써, 성공적인 선수들은 긍정적인 신념을 스스로 유지할 수 있도록 도와준다. 반대로, 성공하지 못하는 선수들은 자기 자신에 대한 분석이 부족하고, 지각을 왜곡하는 방법을 잘 모른다. 선수들은 지각 왜곡을 자신의 단점과 노력하지 않았던 시간들, 자기 자신에 대한 의심과 자기 자신을 믿지 않는 태도를 숨기기 위해 사용한다. 예를 들어, 선수들은 모순되는 두 가지 정보들을 소화하려고 하는 것이다. 선수들이 훈련과 노력을 실제로 한 것에 비해, 자신들의 지각 왜곡을 통하여, 실제보다 훨씬 더 많은 훈련을 했다고 믿는 것이다. 이런 선수들은 자기 자신의 훈련을 왜곡시키기 때문에, 선수들에게는 객관적인 자료와 증거를 통해 선수들이 훈련을 더욱더 열심히 해야 된다는 것을 일깨워야 한다.

정말 효율적인 코치는 인지 부조화 이론을 파악하고 이해하고 있으며, 이 이론을 바탕으로 선수들을 동기부여 할 수 있는 방법들을 알고 있다. 이러한 코치들은 인지적으로 선수들에게 충격을 주어서 새로운 태도와 시각, 그리고 올바른 행동을 하기 위해, 코치가 원하는 방향으로 이끌어 갈 수 있는 방법들을 이해하고 있는 것이다. 이러한 방법들을 통해 코치는 자기 자신이 가능성이 없다고 생각하는 선수들을 충분히 가능성 있는 선수들이라고 믿게 도와주고, 힘이 없는 선수들에게는 힘을, 4강 탈락보다는 결승전을, 준우승보다는 우승이라는 긍정적인 신념으로 바꿀 수 있도록 해준다.

선수들의 신념과 태도를 바꾸는 것은 코치에게는 제일 힘들고 어려운 과제이기도 하다. 선수들이 제일 크고 작은 대회에서 맞서는 상대편이 아니라, 주로 자기 자신과의 싸움이다 (자기 자신에 대한 제한, 자기 자신에 대한 의심 등). 코치는 이런 인지 부조화 된 선수들을 고치려고 노력하고, 그 선수들이 새로운 태도, 신념, 행동, 시각, 관점, 그리고 기대치를 가질 수 있게 해준다면, 선수에게는 어마어마한 동기부여가 될 것이다. 하지만 수많은 선수들은 오랫동안 가지고 있었던 신념과 태도를 하루아침에 바꾸는 것은 쉽지 않다. 3살 때의 버릇은 80세까지 가기 때문에, 이런 버릇이 든 선수들은 조금 더 강한 방식으로 밀어붙여서, 코치가 원하는 신념과 태도를 가질 수 있도록 해야 한다. 이렇게 많은 행동과 신념 중에서 제일 중요한 것은 자기효능감이기도 하다.

▶ 자기효능감 이론

Bandura(1997)에 의하면, 자기효능감 self-efficacy 이란, "성취과정 및 상황에서 동기와 수행은 자신이 얼마나 그 일을 잘 할 수 있는 것에 대한 믿음에 의해 결정된다"는 이론이다. 자기효능감은 2가지 구성 요소로 나뉘지는데, 첫 번째 요소는 목표와 목적을 이루기 위한 자기 자신의 실제 실력(유능성)이다. 두 번째 요소는, 자기 자신이 이 일을 수행할 수 있을지, 없을지에 대한 예상과 예측이다. 자기효능감이 높은 선수들은 특정한 상황에서 자기 자신이 이 일을 잘 수행할 수 있을 것이라는 믿고, 자기 자신에 대한 실력을 믿는다. 하지만 자기효능감이 낮은 선수들은 이와 반대이다. 자기효능감이 높은 선수들은 도전정신이 강한데, 그 이유는 그 선수들이 도전을 잘 이겨낼 수 있을 것이라는 자신감과 믿음이 있기 때문이다. 하지만 자기효능감이 낮은 선수들은 이렇게 도전하는 상황들을 기피한다.

Bandura는 자존감과 자기효능감은 서로 헷갈릴 수 있지만, 완전히 다른 개념이라고 제시했다. 자존감 self-esteem 이란, 개인이 자기 자신을 바라볼 때, 자기 자신의 가치를 의미하며, 자기효능감은 자기 자신에 대한 능력과 자격에 초점을 두는 개념이다. Bandura는 볼룸 댄스 ballroom dancing 를 예를 들어, 자존감과 자기효능감에 대한 차이를 설명했다. 사람들은 높은 자존감을 가질 수 있을지는 몰라도, 춤을 추는 데에는 낮은 자기효능감을 가질 수 있다.

▶ 자기효능감이 동기에 미치는 영향

Bandura(1993)는 자기효능감이 신념, 사고, 느낌, 정서, 행동, 그리고 동기에 영향을 미친다고 제시했다. 사람들의 자기효능감이 어떤 행동을 할 때, 할 것인지 하지 않을 것인지, 그리고 어디서 할 것인지에 대한 것까지 영향을 미친다고 했다. 어떤 선수들은 연습에서 우수한 성적을 내기도 하지만, 관중이 많은 경기에서는 그렇게 하지 못한다. 연습에서 훌륭한 동작을 보이고 자신감이 넘쳐도, 사람들 앞에서는 자기 자신이 작게 느껴지기 때문이다. 연습에서 3점 슛을 잘 넣는 선수들이 자기효능감이 낮은 이유로 시합이나 경기에서 위축되었기 때문에 3점 슛을 쏘지 않으려고 하는 현상이 바로 이 때문이다.

자기효능감은 어렵고 곤란한 상황에 닥쳤을 때, 그것을 헤쳐나가기 위해 얼마나 많은 노력을 하는 지에도 좌우한다. 자기효능감이 높은 선수들은 끈기 있게, 그리고 더욱더 많은 노력을 투자하여 어렵고 곤란한 상황을 헤쳐 나아가려고 하지만, 자기효능감이 낮은 선수들은 포기가 빠르다.

자기효능감이 스스로 높다고 느끼는 선수들은 위험과 모험에 강하며, 자기 자신에 대한 목표를 세울 때에도, 높은 목표를 세우고 도전을 즐긴다. 이러한 선수들은 자기 자신의 능력을 믿고 있기 때문에, 새로운 것이나 어려운 도전들을 시도하여, 자기 자신의 최고치를 항상 시험하기를 원한다. 이런 사람들이 높은 목표를 세운다는 것은 그리고 강한 동기가 있다는 것은 어떻게 보면 자연스러운 현상이다. 자기효능감이 스스로 높다고 생각하는 선수들은 전국제패, 신기록, 개인 최고기록 같은 위대한 목표를 세운다. 하지만 자기효능감이 스스로 낮다고 생각하는 선수들은 조금 더 현실적인 목표를 세운다. 선수들에게 높은 자기효능감을 심어주기 위해서, 강한 동기부여를 코치가 제공해야 한다. 그래야지 만이 선수들의 도전정신을 높여주고, 스스로 더욱더 위대한 목표를 세울 수 있기 때문이다.

Bandura(1986)는 자기효능감에서 목표를 굉장히 중요하게 여겼다. 그 이유는 목표를 정함으로써 성공과 실패에 대한 정의가 내려지기 때문이다. 목표는 한 개인에게 동기를 부여하기 위한 가장 훌륭한 도구이다. 왜냐하면 실패와 성공의 차이가 분명해지고, 목표를 성공과 실패에 관련시킴으로써 감정적인 반응 또한 이루어지기 때문이다. 성공하면 만족감, 기쁨, 충만함 같은 감정들을 얻고, 실패한다면 슬픔, 우울, 스스로에 대한 실망감을 느끼게 된다. 이렇게 강한 감정과의 관련성은 목표를 세움으로써 강한 동기를 부여할 수 있는 훌륭한 도구가 된다.

스스로의 자기효능감을 평가할 때, 자신의 생각과 정서에 영향을 미치고, 그 영향은 동기와 행동으로서도 좋은 결과를 이끈다. 선수가 스스로의 자기효능감이 낮다고 느낀다면, 선수들은 자기 자신을 부정적으로 평가할 수밖에 없다. 이렇게 부정적인 생각들은 낮은 자존감과 부정적인 감정들을 유발하며, 나태함과 무기력 같은 현상으로 돌아올 수 있다. 높은 자존감을 가진 선수들은 신체적으로도 심리적으로도 낮은 자존감을 가진 선수들보다 더욱더 건강하다는 연구 결과가 이를 뒷받침해주고 있다(Bandura, 1997). 또한, Bandura(1997)에 의하면, 높은 자기효능감을 가진 사람들은 삶의 스트레스와 시련에 더욱더 적극적인 자세로 문제를 해결하며, 문제를 해결할 수 있는 자신감도 높다. 이런 요소들은 선수들과 코치에게 굉장히 중요하다. 그 이유는 스포츠라는 것은 강도 높은 훈련을 요구하며, 대회나 경기에선 인생의 시련과 비슷한 상황과 마주치기 때문이다. 자기효능감이 높은 선수들은 피로, 두려움, 아픔, 고통, 부상, 패배, 그리고 대회에서 생기는 시련을 잘 이겨낼 수 있다.

물론 모든 사람들이 높은 자기효능감을 가지고 있지 않다. 그렇기 때문에 코치로서 스스로 높은 자기효능감을 가지고, 자신감을 가져서 선수들에게 심어주는 것이 굉장히 중요하다. 자기효능감에 대한 평가는 어떻게 이루어지는지, 선수들에게 높은 자기효능감과 자신감 넘치는 사람이 될 수 있도록 어떻게 도와 줄 수 있는지와 같은 질문들에 코치라면 즉각적으로 대답할 수 있어야 한다. 선수들이 위험하고 두려운 상황에서 물러나지 않고, 강한 도전 정신을 가지며, 자신감도 넘치고, 어렵고 힘든 상황에서 끈기 있게 문제를 해결하며, 높은 수준에서 경쟁하고, 제일 중요한 시기에 이런 자세를 유지할 수 있는 선수들을 키워야 한다.

▶ 자기효능감에 대한 평가과정

Bandura(1997)는 자기효능감을 스스로 평가할 때, 4가지 요소로 인해 좌우된다고 설명한다. 그 4가지는 실제 경험 enactive experiences, 대리 경험 vicarious experiences, 언어적 설득 경험 persuasory experiences, 그리고 정서적 경험 emotive experiences 이다.

실제 경험은 사람들이 행동하고 나서 직접적으로 겪게 되는 경험이다. 행동에 대한 성공이나 실패가 꾸준히 지속된다면 자기효능감에 긍정적으로나 부정적으로 영향을 미칠 수 있다. 사람들이 만약 성공이란 경험을 거의 하지 않는다면, 자기 자신을 낮은 자기효능감을 가진 사람으로 평가할 것이다. 하지만 항상 성공을 경험하는 사람들은 자기 자신이 높은 자기효능감을 가지고 있는 사람으로 평가할 것이다. 기억해야 하는 것은 나중에 귀인 이론에 대해 알아 볼 때 공부하겠지만, 높은 횟수의 성공적인 경험을 했을지라도, 그것이 자동적으로 높은 자기효능감으로 이어지지 않는다는 것을 이해하고 있어야 한다. 많은 사람들은 성공을 운이나 다른 외부적인 요소들, 자신이 통제할 수 없는 것들로 인하여 성공했다고 믿으며, 자기 자신의 실력이나 능력으로 성공했다는 사람들은 그렇게 많지 않다.

　　대리 경험은 자기 자신이 경험한 것이 아니라, 다른 사람이 경험하고 행동했던 것을 관찰하여 경험하는 것을 의미한다. 비교해서 얻은 정보를 통해 사람들은 주로 자기 자신에 대한 자존감과 자기 자신의 능력과 실력을 평가한다. 만약 자기보다 못하는 선수들을 기준으로 자기 자신을 평가한다면, 그 선수들은 자신의 실력과 능력을 높이 평가하기 때문에, 높은 자기효능감을 얻을 수 있다. 하지만 비슷하게, 자기보다 잘하는 선수들을 기준으로 자기 자신을 평가한다면, 그 선수들은 자신의 실력과 능력을 낮게 평가하기 때문에, 낮은 자기효능감을 얻을 수도 있다. Bandura(1981)는 어린 아이들이 자기 자신을 평가할 때, 제일 중요시 여기고, 제일 흔하게 사용하는 방법은 다른 아이들과 비교하여 자기 자신을 평가하는 것이라고 이야기 했고, 특히 경쟁이 높은 환경에서는 더더욱 그러하다고 제시했다.

　　언어적 설득이란 개인이 다른 사람의 말로 인하여 설득되어, 어떤 행동을 하는 것이다. 코치가 언어적 설득을 사용할 때는 선수들의 실력과 능력을 긍정적으로 평가된 뉘앙스를 내포한 말을 사용한다. 예를 들어 어떤 코치가 "Suzy, 힘내! 다음 훈련도 잘할 수 있어!"라고 이야기할 때, 그 선수가 다음 훈련을 잘할 수 있다는 믿음과 다음 훈련을 소화할 수 있는 실력까지 갖추었다는 메시지를 보내는 것이다. 그리고 사람들은 자기 자신과 가까운 사람들의 피드백을 통해 자기 자신을 평가하는 경우가 많다. 그렇기 때문에 코치가 선수들의 실력과 능력을 믿고 있다는 메시지를 통해 선수들은 높은 자기효능감을 얻고, 강한 도전정신과 높은 자존감을 얻을 수 있다.

　　정서적 경험은 선수들이 강도가 높은 심리적인 상태와 강도가 높은 정서를 경험하고 있을 때를 일컫는다. 정서적 반응은 중추신경계를 자극하여 특정한 신체적 반응으로 나타나기도 한다. Bandura(1997)는 이런 정서들, 예를 들어 강도가 높은 정서들은 자기 자신에 대한 평가와 자기효능감에 영향을 미친다고 제안했다. 예를 들어 높은 강도의 두려움은 자기 자신을 평가할 때, 자기 자신이 낮은 자기효능감을 가지고 있는 사람으로 평가하는 것이다. 야구선수가 배팅박스 안에 들어가는 두려움을 극복한다면 그 타석에서 좋은 결과를 이룰 것이다.

　　심상 imaginal 경험은 말 그대로 선수가 어떤 상황을 상상할 때, 그것이 성공이든 실패이든 심리적으로 느끼는 정서를 일컫는다. 그렇기 때문에 심상 경험은 자기효능감에 영향을 미치는 경험들 중 하나로 구분되기도 한다(Maddux, 1995). 자기가 상대방을 이기는 심상을 하는 것은 자기효능감에 긍정적인 영향을 미치며, 더 나아가 연습에서도 노력하고 끈기 있게 훈련에 임할 수 있는 자세를 가지게 한다(Feltz & Riessinger, 1990). 부가적으로, 이미지 트레이닝 같이 내적으로 상상하며 훈련하는 것은 대회에서 더 좋은 결과를 이끌 수 있으며, 높은 자기효능감을 가지도록 할 수 있다는 연구 결과도 있다(Callow, Hardy & Hall 2001; Garza & Feltz 1998; Short, Bruggeman, et al 2002). 높은 자기효능감을 유발시키는 것이 동기화를 위해 중요하다면, 코치는 어떻게 선수들의 자기효능감을 높여줄 수 있을까? 다음 부분에서 이에 대한 질문을 논의하겠다.

▶ 자기효능감을 활용하여 선수의 동기를 향상시키는 방법

선수들의 자기효능감을 어떻게 높이고, 높은 자기효능감을 통해 자신감 있고, 끊임없이 도전하는 선수들로 키울 수 있을까? 다음은 선수들을 도와주기 위한 지침이다.

선수들에게 자기효능감 개념을 이해시킨다. 자기효능감은 능력 있고 자신감이 높으며 동기와 의욕이 강한 선수를 형성하는 데에 중요하다는 것을 과소평가하면 안 된다. 선수들과 부모, 그리고 코칭스태프들에게 자기효능감이 무엇인지, 그 개념에 대해 충분히 설명해줘야 한다. 자기효능감이 어떻게 증가되고 어떻게 감소되는지 설명하고, 자기효능감에 대한 이론을 코치의 교육과정 안에 포함시켜야 한다.

선수들에게 자기효능감이 무엇인지 모델을 보여준다 model self-efficacy. 자기효능감을 연구했던 학자들은 자기효능감 중에서 <u>교사 효능감</u> teacher efficacy 이라는 것을 제시했다 (Woolfolk & Hoy 1999; Wookfolk, Rosoff, & Hoy, 1990). 교사 효능감이란 가르치는 자가 학습자를 믿고, 그 학습자가 다른 학습자에게 긍정적인 영향을 미쳐서 다른 학습자들도 효과적으로 학습할 수 있도록 하는 이론이다. 코치의 입장에서 자기효능감이란 선수들의 성공여부와 관련되어 있기도 하다(Ashton & Webb, 1986). 또 다른 연구는(Feltz et al, 1999) <u>코칭 효능감</u> coaching efficacy 이라는 이론을 제시했다. 코칭 효능감은 효능감이 높은 코치가 선수를 가르칠 때 선수들이 더 잘 학습할 수 있다는 개념이다. 무엇을 가르치고 학습했는지를 결과적으로 봤을 때, 이것은 운동 수행 능력뿐만이 아니라, 신체적, 태도적인 부분, 팀워크 등의 요소를 의미한다(Feltz, Short & Sullivan, 2008). 자기효능감이 높은 코치들은 자기 자신이 좋은 지도자라고 믿으며, 선수들을 가르칠 때, 선수들의 잠재력까지도 깨울 수 있다는 믿음을 가지고 있다. 그렇기 때문에 이런 코치들은 더 노력하고, 더 끈기 있게, 더 많은 시간을 투자하여 선수들과 함께 한다. 이처럼 높은 자기효능감을 모델로 보여주는 코치들은 선수들이 자연스럽게 코치인 자신을 모방하려고 하여, 높은 자기효능감을 가진 행동과 태도를 따라 하기 마련이다.

몇몇 연구들은 교육 프로그램이 코칭 효능감을 좌우한다고 제시했다(Lee, Malete, & Feltz, 2002; Malete & Feltz, 2000). Feltz, Short, 그리고 Sullivan(2008)은 "코치로서 잘 편성된 훈련 프로그램을 보유하고 있다면, 스스로의 코칭 효능감을 높일 뿐만 아니라, 코치로서 선수들을 가르칠 때, 더욱더 완벽한 능력과 실력을 형성할 수 있다"고 말했다. Feltz 등(2008)이 저술한 도서는 코치로서 자신의 코칭 효능감을 높이는 방법과 훌륭하게 선수들을 가르칠 수 있는 방법들을 학습하는 데에 유용하여 추가적으로 읽어볼 것을 추천한다.

선수들이 성공과 숙달을 경험할 수 있는 학습 환경을 구축한다. Bandura(1997)가 제시하기를, 성공적인 결과는 긍정적인 실제 경험이며, 긍정적인 실제 경험은 높은 자기효능감을 키워준다고 이야기 했다. 선수들의 기대치를 낮추고, 목표를 낮게 잡은 뒤 성공을 경험하게 하는 것보다는 선수들에게 충분한 시간을 주어서 그 과제를 숙달할 수 있도록 하고, 큰 목표를 작은 부분들로 나누거나, 그룹으로 문제를 해결하는 방법 등을 총동원하여 성공이 무엇인지 경험하도록 도와주는 것이 중요하다.

동료와의 비교를 통해 스스로의 능력을 평가하게 도와준다. 어떤 상황에서 자기 자신을 다른 선수들과 평가할 때는 도움이 되고, 용기를 북돋워 줄 수 있으며, 자기 자신에 대한 기대치를 높이고, 더 열심히 노력하고, 좋은 결과를 이룰 수 있도록 도와준다. 예를 들어, 어떤 수영선수가 코치가 요구했던 만큼의 기록을 달성할 수 없다고 느꼈지만, 다른 팀원들이 하는 것을 보며, 자기도 할 수 있다고 믿게 되는 것이다. 그 선수는 자신도 할 수 있다는 믿음과 자신의 동료들과 뒤쳐지지 않기 위해 더욱더 노력하여, 자기 자신에 대한 기대치를 높이고, 자기효능감 또한 높아질 것이다. 하지만 어떤 상황에서는 다른 선수들과 자기 자신을 비교하는 것이 올바르지만은 않다. 예를 들어 아직 신체적으로 성숙하지 않은 어린 선수가 빨리 성숙해진 선수들과 비교된다면 부정적인 결과를 유발할지도 모른다. 주로 다른 선수들과 비교하는 것보다는 자기 자신의 훈련에 집중하고, 자기 자신의 목표를 세우려고 노력하는 것이 바람직하다. 왜냐하면 통제할 수 없는 외적 요소들로부터 자유로워지기 때문이다.

선수들에게 협동심과 팀의 성공이, 개인의 성공보다 더 가치 있다는 것을 알려준다. 어느 집단에서, 다른 사람들과 자기 자신을 비교하는 것은 경쟁이 심한 상황들보다 덜 중요하다. 협동심을 기르기 위한 연습환경은 수많은 방법으로 이루어 낼 수 있다. 개인의 목표뿐만 아니라, 팀의 목표를 세우고, 코치의 피드백뿐만 아니라 서로에게 피드백을 주며, 나이가 조금 더 많은 선수들이 어린 선수들의 멘토가 되어주며, 선수들끼리 그룹을 지어서 같이 훈련할 수 있도록 하는 방법 등이 있다.

팀의 효능감을 높인다. 자기효능감의 긍정적인 면들은 개인적으로만 제한되는 것이 아니다. 집단으로서 높은 효능감을 보이는 팀은 낮은 효능감을 보이는 팀보다 훨씬 더 우수한 성적을 이룬다(George & Feltz, 1995). 높은 집단 효능감 collective self-efficacy 은 팀으로서, 집단으로서 자신감이 넘칠 때 생긴다. 선수들은 서로를 신뢰하고, 집단으로서의 실력과 능력을 믿으며, 어려운 순간과 힘든 고비들을 잘 해결할 수 있는 힘을 지니고 있다. 전설적인 농구선수 Michael Jordan(1994)가 얘기했듯이 "우리가 코트에 서는 순간, 우리는 우리의 잠재력을 믿었다. 어렵고 힘든 순간이 찾아오면, 우리는 서로를 믿고, 단결력이 강한 집단으로 움직였다." Feltz, Short, 그리고 Sullivan(2008)은 집단 효능감을 높이기 위한 14가지 기법을 제시했다.

- 숙달을 통한 성공을 정의하기
- 숙달 분위기 조성 및 환경 설정하기
- 팀 목표 수립하기
- 과제 조정하기
- 시뮬레이션
- 계획 조정하기
- 점수에 집착하지 않기
- 팀 멤버와 긍정적으로 대화하기
- 팀 응집력 설정하기
- 팀 성적과 귀인에 대한 원인 찾기
- 성공 경험을 기록하기
- 코치의 유능성 보여주기
- 집단의 크기를 통제하기
- 언어적 설득

선수들의 유능성을 높여주기 위해 긍정적으로 대화하면서 설득한다. 효율적인 코치들은 훌륭한 세일즈맨이기도 하다. 코치는 새로운 상품을 파는 장인이다. **새로운 상품이란,** 새로운 기술, 새로운 훈련 일정, 새로운 도전, 새로운 목표, 자기효능감의 새로운 시각과 관점일 수도 있다. 예를 들어 선수들의 자기효능감을 높이기 위해 선수들에게 "나는 수많은 챔피언들을 지도했고, 그 수많은 챔피언들처럼 너도 신체적으로, 심리적으로, 정서적으로 부족한 게 없다. 자 이게 우리의 계획이야…"라고 말하는 것은 선수들에게 큰 영향을 미치며, 선수들이 스스로 자기 자신을 평가 했을 때에도 높은 자기효능감을 느낄 수 있도록 할 수 있다.

선수들에게 코치가 기대하는 것이 무엇인지 표현한다. 말로 설득하는 것도 효율적이지만, 장기적으로 봤을 때, 코치가 말하는 것이 코치의 행동과 일치하지 않는다면, 설득하려는 말의 효과는 없어진다. 선수들의 실력과 능력을 믿는 행동 중 하나는 선수들을 무모한 선수들로 만들어, 더 높은 도전을 받아들이도록 해 주는 것이다. 그리고 선수들은 이렇게 함으로서 더 높은 자기효능감을 얻을 수 있다. 선수들이 자기가 편안한 공간을 벗어나 새로운 도전을 제시하고 받아들이도록 설득 한다면, 코치는 무의식적으로, 그 선수의 실력과 능력을 믿는다는 것을 보여주는 것이다. 선수들에게 더 높고, 더 어려운 목표를 세우도록 권유하고, 선수들이 그 목표를 이룰 수 있다는 신념을 표출하고 있어야 한다.

선수들에게 자기 자신과의 대화와 자기 가치를 확인하는 방법을 가르쳐준다. 생각은 감정을 좌우하고, 감정을 결과를 좌우한다(Zinsser, Bunker, & Williams, 2001). Theodorakis, Weinber, Natsis, Douma, 그리고 Kazakas(2000)는 혼잣말 같은 자기 자신과의 대화가 긍정적인 생각과, 유능성 및 자기효능감을 높여주며, 성공적인 선수들을 만든다는 연구 결과를 제시했다. 높은 유능성을 유지하는 것은 몇 초의 중요한 순간에서 냉정과 침착함, 그리고 자신감을 유지할 수 있는지에 대해 달려있다. 그 몇 초의 순간이 성공과 실패를 좌우할 수도 있다는 것을 명심한다. 농구선수가 게임의 승패가 좌우 될 수 있는 자유투를 쏘기 전에, 자신감 있게, 자기 자신에게 이 자유투를 넣을 것이라고 말하는 선수, 수영선수가 시합을 하기 전에 자기 자신에게 침착하고, 집중하며 마지막 순간까지 모든 것을 통제하라고 말하는 선수들은 자기 자신과의 대화를 통해 자신감을 높이고, 자기 자신에 대한 믿음을 통해 어려운 순간들을 극복하고, 도전을 받아들일 수 있는 끊임없이 도전하는 선수들을 스스로 만들어 낸다.

자기 자신과의 대화는 높은 자기효능감을 이루어내기 때문에 우리는 다음 부분에서 이 요소를 심도 있게 다룰 것이다.

▶ 혼잣말의 범주화

<u>긍정적인 자기 자신과의 대화</u> self-talk **는 자기 자신에게 내외적으로 말하는 행동에서 일어난다.** 무의식적으로든, 의식적으로든, 선수들은 항상 자기 자신과 대화를 하고 있다. 그렇기 때문에 코치로서 항상 선수들이 자기 자신과 대화할 때에, 그것을 관찰하고, 항상 긍정적으로 유지할 수 있도록 도와주어야 한다. 긍정적인 자기 자신과의 대화는 운동 수행 능력을 높이는 반면에 부정적인 자기 자신과의 대화는 수행력을 감소시킨다. 모든 코치들이 항상 주위의 있는 팀원들과 자기 자신을 비하하는 선수들을 맞서기 마련이다. 부정적인 자기 자신과의 대화는 자기 자신을 파괴하는 행위이며, 팀의 능력을 쇠하게 만든다.

Landin과 Herber(1999)는 긍정적인 자기 자신과의 대화를 3가지 부분으로 기술하였다. 그 3가지는 기술에 대한 표현 task-specific statements relating talk, 격려와 노력 encouragement and effort, 그리고 감정에 대한 표현 mood words 이다. 이런 자기 자신과의 대화는 정서적으로도 수행 능력에 영향을 미치며, 자신감, 심리적 요인, 그리고 동기유발할 수 있는 방법이기도 하다.

기술에 대한 표현. 이 부분은 자기 자신과의 대화를 사용하여 특정한 기술을 강화시키는 방법이다. 예를 들어, 농구 선수가 자유투를 쏘기 전에, "손목에 있는 힘을 풀고, 손가락으로 팔로스로우 하는 것을 잊지 말자."라고 이야기함으로서 올바른 슈팅 자세로 자유투를 던질 수 있으며, 침착하게 골을 넣을 수 있다.

격려와 노력. 자기 자신을 격려하고, 어렵고 힘든 상황에서 끈기 있게 헤쳐나가도록 자기 자신과의 대화를 사용할 수 있다. 예를 들어 마라톤을 뛰고 있는 선수가 뒤쳐지고 있다면 자기 자신에게 "조금만 더 버티면 돼! 할 수 있어! 지금이야!"라고 이야기 하는 것이다.

감정에 대한 표현. 감정을 표현하는 자기 자신과의 대화는 선수들의 감정과 흥분 수치에 영향을 미친다. 예를 들어, 만약 선수가 자신의 흥분 수치를 더 올리기 위해서 "파이팅!"이라고 외치는 것이다. 반대로 침착함을 유지하고 싶은 선수들은 "진정해!"라고 자기 자신에게 외칠 수 있다. 어떤 스포츠를 하고, 어떤 무대에서 경기를 하는지에 따라 자기 자신과의 대화는 변화될 수 있다.

자기 자신과의 대화를 더욱더 효율적으로 사용하는 방법은 다음과 같다.

- 짧고, 발음하기 쉽게
- 논리적으로 생각했을 때 수행하려고 하는 것과 일치하게
- 수행하려고 하는 움직임에 맞는 적절한 타이밍에(Landin & Herbert, 1999).

▶ 자기 자신과의 대화를 사용하여 자신감을 높이는 방법

자기 자신과의 대화는 동기를 높여주기 위한 훌륭한 도구이다. 이 도구를 사용하여 선수들은 직접적으로나 간접적으로 자신감을 높일 수 있으며, 높은 자기효능감 또한 유지할 수 있다. "할 수 있어!", "조금만 더 힘 내!", "이제 좀 있으면 끝이야", "계속 해!"처럼 선수들이 자기 자신과의 대화를 시작할 때, 선수들은 자기 자신을 동기부여 해주며, 끊임없이 도전하는 선수로 변할 수 있는 힘을 가지고 있다. Zinsser 등(2001)은 자기 자신과의 대화를 이용할 수 있는 5가지 방법을 제시했다. 그 5가지는 자기효능감 높이기 building and developing self-efficacy, 새로운 기술 습득하기 acquiring new skills, 감정 변화시키기 creating and changing mood, 항상 노력하기 controlling effort, 그리고 집중하기 focusing attention or concentration 이다.

자기효능감 높이기. 자기 자신과의 대화는 자신의 생각과 감정에 영향을 미치고, 결과적으로, 특히 중요한 순간에, 자기효능감과 운동 수행 능력을 높일 수 있는 힘을 가지고 있다. 선수들은 항상 친구들, 부모들, 코치들, 팀원들에게 수많은 목소리를 듣고 있다. 하지만 제일 귀를 기울이고 집중하는 목소리는 자기 자신의 목소리이다. 자신의 목소리에 선수들은 귀를 기울인다. 그 목소리가 선수들에게 할 수 있다고 이야기 해 준다면, 선수들은 새로운 도전을 받아들일 수 있는 힘이 생기고, 그 도전을 넘어 설 수 있다는 믿음도 생긴다.

새로운 기술 습득하기. 자기 자신과의 대화는 새로운 기술을 연마할 때, 몇 가지 방식으로 자신감을 높여준다. 자기 자신과의 대화를 통해 학습자가 개선되는 것을 인지하고, 스스로에게 끈기 있게 노력하고 시간을 투자한다면 새로운 기술을 얻을 수 있다고 이야기하는 것이다. 또한 학습자는 스스로에게 몇 가지 동작에서 집중하고, 실수하는 움직임을 올바르게 고칠 수 있는 방법을 알려주며, 그 기술을 자동적으로 사용하기 전에 큰 도움이 될 수 있다.

감정 변화시키기. 자기 자신과의 대화를 통해 선수들은 올바른 감정으로 준비된 선수로 만들어 줄 수 있다. 경기 때의 감정과 연습 때의 감정이 같을 수 없고, 부적절한 감정에서 올바른 감정으로 변경하고 싶을 때 유용한 방법이다. 앞서 말했듯이, 말은 감정에 큰 영향을 미치고, 결과적으로 운동 수행 능력을 좌우하기도 한다. 주로 "침착해!", "조금만 더 버텨!"같은 쉽고 짧은 말들이 선수들의 집중력을 바로 잡을 수 있게 도와주며, 흥분하지 않도록 해주기도 한다.

항상 노력하기. 자기 자신과의 대화를 통해 선수들은 긴 연습이나 대회, 아니면 힘들고 어려운 시간을 거칠 때에 노력하는 자세를 유지할 수 있도록 도와준다. 자기 자신과의 대화는 노력하는 수준을 높여주며, 과제가 어려우면 어려울수록, 그 어려움에 맞서 노력할 수 있도록 도와주기도 한다. 노력 통제의 예는 "조금 더 빨리", "자 일어나", "집중해", "포기하지마" 등이 있다.

집중하기. 자기 자신과의 대화는 선수들이 올바른 흥분 상태를 신체적으로 심리적으로 유지할 수 있도록 도와준다. "집중해"같은 말들은 선수들이 집중할 수 있도록 도와주며, 우리는 이것을 제 9장에서 더 깊게 다룰 것이다.

▷ 사회 인지 학습 이론과 동기

이 장에서 지금까지 우리는 동기에 대해서 행동주의 이론과 인지주의 이론을 바탕으로 알아보았다. 이 부분에서 우리는 동기 이론 중, 행동주의 이론과 인지주의 이론을 토대로 제시된 이론들을 알아볼 것이다.

어린 농구선수가 처음으로 프로농구 경기를 관람하러 왔다. 이 친구는 수많은 관중과 경기장, 거대한 경기장 안의 분위기, 그리고 신의 축복을 받은 선수들, 선수들의 재능, 헌신을 보면서 그 위엄에 경이로워했다. 지금까지 자신이 알고 있었던 농구의 새로운 장을 보는 것 같았다. 다음날 이 친구는 중학교 농구부에 들어가기 위해 매일매일 연습하고, 방과 후에도 농구장에서 훈련했다. 자신이 보았던 선수들의 움직임을 모방하고, 언젠가 프로의 무대에서 농구를 하겠다는 생각에 열심히 연습했다.

이제 이 학생의 행동을 어떻게 해석할 것인가? 이 학생이 프로 농구선수가 되고 싶고, 전설적인 농구 선수가 되고 싶은 행동을 어떻게 설명할 것인가? 행동주의 이론의 관점에서 바라보면, 이 학생의 행동에서 즉각적인 강화는 찾을 수 없다. 그리고 인지주의 이론의 관점에서 바라보아도 이 친구는 아직 이해해야 되는 필요성, 자기효능감을 높일 이유, 그리고 실패와 패배가 무엇인지를 인지하지 못하는 나이이다. 그래서 이 행동과 이 학생의 동기를 설명하기 위해 제일 적합한 이론은, Bandura가 제시했던 사회 인지 학습 이론이다.

사회 인지 학습 이론(Bandura, 1986)은 다른 사람을 관찰하여 학습하는 것을 강조한다. 관찰학습 observation learning 이란, 다른 사람들의 행동을 관찰하고, 그것을 모방하며, 변화해야 할 행동, 사고, 감정을 자기 자신에게 맞추어서 변형시키는 것이다. Bandura의 이론은 행동주의 이론과 가까우며 그 이유는 조작적 조건 형성의 비슷한 요소들로 이루어져 있기 때문이다. 그래서 사람들이 관찰하고 나서, 누구의 행동은 모방하고, 누구의 행동은 모방하지 않는 것을 설명할 수 있다. 예를 들어 어떤 선수가 자신의 주장이 코치의 말에 집중하는 태도를, 칭찬을 통해 강화되는 장면을 목격하고, 스태프들에게 공손하게 말하는 것에 강화되는 것을 관찰 했다면, 그 선수도 비슷한 행동을 통해 칭찬을 받고 싶어 하기 때문에 강화되는 것이다.

하지만 프로 농구 선수들을 모방하고 싶은 어린 여자 아이의 행동은 어떻게 설명할 것인가? 앞서 보인 예처럼, 이 학생에게 즉각적인 강화는 존재하지 않았다. 사회 인지 이론은 인지 이론과도 가까운 이유가 관찰학습법에 필요한 인지 능력이 바탕이 되기 때문이다. 사람들은 자신의 행동을 상상하고, 그것에 의미를 부여하고, 그 행동의 원인과 영향을 고려하고, 그 행동이 결과적으로 무엇을 유발할 것인지 생각하고 있다. 그래서 사회 인지 이론의 관점에서 본다면, 이 학생은 프로 농구선수가 되는 꿈을 상상하고 있고, 프로 농구선수가 되려면 수많은 시간을 투자해야 된다는 것을 인지하고 있으며, 먼 미래에 프로 농구선수가 될 것이라는 꿈 자체가 자신의 행동을 강화하고 있는 것이다.

▶ 기대-가치 이론

사회 인지 이론, 자기효능감 이론, 그리고 인지 이론과 더불어, 사람이 어떤 행동을 한다고 선택할 때, 그리고 선수들의 끈기와 결과를 봤을 때, 사람들은 자신이 얼마나 성공할 수 있을지, 실패할 수 있을지에 대한 기대를 가지고 있고, 그 기대가 사람들의 행동을 좌우한다(Eccles & Wigfield, 2002). 기대-가치 이론 expectancy-value theory 을 동기에 적용한다면, 사람들은 인지적으로 자신에 행동에 대한 기대와 가치를 성립한다. 기대 expectancy 는 자기효능감 이론과 사뭇 비슷한데, 이 말은 개인이 어떤 과제나 행동을 할 때, 단기적으로 장기적으로 얼마나 이 일을 잘 할 수 있을지에 대한 판단이다(Eccles & Wigfield, 2002). 가치는 행동에 대한 중요성이나 가치를 의미한다. 예를 들어, 앞서 언급했던 어린 농구선수는 장기적으로 봤을 때, 자기의 재능과 충분한 노력으로 인해 프로 농구선수가 될 수 있을 것이라는 것을 스스로 믿고 있으며, 프로 농구선수가 되는 것이 굉장히 의미

있고, 가치 있는 직업이라고 생각하기 때문에 어마어마한 동기부여가 되는 것이다. 이러한 가치는 4가지 요소로 나뉘어져 있는데, 그 4가지는 성취 가치 attainment value, 내적 가치 intrinsic value, 실용 가치 utility value, 그리고 비용 cost 이다.

<u>성취 가치</u>는 사람들이 선택할 때 제일 많이 고려하는 부분이다. 다른 것들에 비해, 도달 가치는 선수들이 어떤 선택을 결정할 때에, 선수들 스스로의 계획과 자기 자신의 이미지를 봤을 때, 얼마나 잘 반영되는지를 고려한다. 예를 들어, 앞서 언급했던 그 여자 농구선수는 자기 자신이 스스로 위대한 선수라고 믿고 있고, 프로 농구선수가 자신의 이미지와 일치하기 때문에 그렇게 행동한다고 설명할 수 있다.

<u>내적 가치</u>는 내적 충만함과 선수들이 어떤 행동을 할 시에 얼마나 큰 행복을 안겨주는지를 일컫는다. 그 어린 여자 농구선수는 농구가 내적으로 동기부여가 되며, 오랜 시간의 연습을 즐겁게 받아들일 수 있다.

<u>실용 가치</u>는 어떤 선택을 했을 때, 그 선택이 자신의 현재 목표와 미래 목표에 얼마나 일치하는 지를 판단하는 것이다. 그 어린 여자 농구선수는 농구를 사랑하고, 중학교, 고등학교, 대학교, 그리고 프로 리그에서도 미래에도 뛰고 싶은 마음이 간절하고 강하다. 농구는 소녀의 현재와 미래 목표에 일치하기 때문에 큰 실용 가치가 되는 것이다.

<u>비용</u>은 부정적인 면, 즉, 실패, 스트레스, 긴장감, 불안함, 쓸데없는 노력인가에 대한 고민, 내적 갈등, 부상, 경제적 측면 등을 의미한다. 선택을 할 시에, 비용은 선수들이 고려하는 큰 요소이기도 하다. 어린 학생이 프로 농구선수가 되는 꿈을 쫓아가는 과정에서 친구들과의 함께 하는 시간이 줄어들 것이라는 것을 알고 있어야 하며, 농구를 하지 않거나, 농구를 좋아하지 않는 친구들과는 멀어져야 하고, 무릎 인대의 파열, 발목을 삐거나, 그와 같은 부상을 입을 수 있다는 것을 이해하고 있다. 이 학생의 입장에서 이 같은 비용은 자신이 프로 농구선수가 되고 싶어하는 욕망을 이겨내기 때문에 커다란 동기부여가 되는 것이다.

사회 인지 이론, 자기효능감 이론과 더불어, 다른 인지 이론들은 기대-가치 이론으로 다 설명할 수 있다. 다시 말해, 동기는 2가지 요소로 만들어 진다는 것이다. 개인이 얼마나 성공할 수 있는지에 대한 기대치와 선수들의 목표에 대한 가치로 이루어진다. 만약 이 요소들 중, 하나의 값이 0이라면, 동기부여가 되지 않으며, 그 목표를 이룰 필요성도 느끼지 못할 것이다. 만약 두 요소의 값이 높으면, 자연스럽게, 선수들의 동기도 높을 것이다.

$$성공에 대한 기대 \times 목표의 의미와 가치 = 동기 수준$$

사회 인지 이론은 그 어린 여자 농구선수의 행동을 설명할 수 있도록 도와준다. 어린 여자 농구선수는 프로 농구선수들이 강화되는 것을 관찰한다. 선수들에 대한 관심, 유명함, 실속 없는 헛된 명성을 떨치는 선수 등을 보고 경험하면서 강화된다. 그리고 이 학생은 이런 요소들을 관찰하면서 스스로 자신의 행동을 강화하는 것이다. 언젠가 프로 농구선수가 될 것이라는 기대와 프로 농구선수가 되기 위해 모든 것을 희생할 수 있는 가치와 의미가 부여되는 것이다. 이렇게 되면 자연스럽게 동기부여 되며, 프로 농구선수들의 행동을 모방하기 위해 노력할 것이다.

이번에는 다른 선수로 예를 들어 보자. 한 어린선수가 똑같이 프로 농구선수들의 경기를 보러 갔으며, 그 선수들을 관찰했다. 하지만 이 선수는 강화되기는 커녕, 자신이 키가 작고, 프로의 무대에서 뛸 수 있는 실력이 없기 때문에 프로 농구선수가 될 수 없다고 믿는다. 이 선수는 농구를 할 때, 농구 그 자체에서 큰 만족함을 느끼지 못하고(작은 내적 가치), 향후에 농구보다는 라켓볼을 더 하고 싶으며(작은 실용 가치), 농구 연습이나 훈련하기 위해 수많은 시간을 투자하고 싶지도 않다(비용). 이 선수에게 가치는 꽝장히 낮으며, 그 뿐만 아니라 기대치도 낮기 때문에, 프로 농구선수가 되고 싶은 것이 그 선수에게는 동기부여 되지 않는다.

기대-가치 이론을 이해하고 있다면 코치의 입장에서 선수들의 동기를 이해하고 적용할 때 유용하게 쓰일 수 있으며, 선수들과의 관계 사이에서도 큰 도움이 된다. 많은 연구들이 (Solomon, Striegel, Eliot, Heon, Mass, & Wayda 1996; Solomon, 1998) 코치가 기대하는 만큼 그리고 선수들을 믿는 만큼, 현재와 미래의 동기 수준과 실적을 좌우할 수 있으며, 더 나아가 어떤 피드백을 제공함에 따라서도 좌우된다고 제시했다. 다시 말해, 코치의 믿음과 기대치가 선수들의 능력과 개선되는 점들을 좌우하며, 코치의 믿음과 기대치가 자기효능감을 높여주고, 결과적으로 성적도 좌우한다는 것이다.

Martinek(1981)은 코치의 기대치와 믿음이 선수들의 행동을 좌우하는 4가지의 단계 모델을 제시했다.

1. 코치는 시즌이 시작 될 때 선수들에 대한 기대치를 설정한다.
2. 이 기대치는 코치의 피드백에 영향을 미친다.
3. 어떤 피드백을 받느냐에 따라 선수들은 자기 자신에 대한 이미지, 동기부여, 그리고 학습하는 자세와 기회까지도 좌우한다.
4. 선수들의 실력과 결과가 코치의 기대치와 일치한다.

이 장에서 처음에 언급한 이야기를 보며, 어느 코치가 Kimberly를 보고 2년 안에 전국 대학 챔피언이 될 것이라고 믿었는가? 2년이 아니라 평생을 했어도 챔피언이 되지 못했을 것이라고 생각했을 것이다. 코치의 기대치는 어마어마한 영향을 미치고 있으며, 좋은 점은 이 기대치가 변화될 수 있다는 것이다. 예를 들어, Horn(1984)은 선수들을 보는 코치의 시각과 관점이 시즌이 진행될 때, 선수들의 정보와 실력과 성적을 볼 수 있는 환경이 주어진다면, 코치의 생각도 변화될 수 있다고 제시했다.

▶ 사회 인지 학습 이론을 적용하여 선수들을 동기부여 하는 방법

선수들이 수많은 태도와 행동을 학습하는 것은 아주 중요한 것이다. 올바른 사회적 태도와 행동, 올바른 학습 태도와 행동, 챔피언다운 행동과 태도, 그리고 운동을 수행할 때의 행동과 태도 등이다. 그러면 선수들이 올바른 행동과 태도를 모방하여 동기부여 할 수 있는 방법은 무엇일까? 다음 부분에서 우리는 이것에 대해 알아 볼 것이다.

기대치와 가치를 높여준다. 동기는 기대치(자기 신념)와 목표에 대한 가치(의미)에 따라 좌우된다. 그렇기 때문에 기대치와 가치를 높이는 것이 동기부여하기 제일 쉽고 좋은 방법이다. 선수들이 어떤 행동을 관찰할 때, 자기 자신을 믿지 않는다거나 기대하지 않는다면 그 행동을 모방할 동기가 없어지기 마련이다. 그렇기 때문에 선수들에게, 그리고 관찰한 행동과 태도와 비슷하게 모방하여 성공적인 결과를 이끌 수 있게 도와주어야 한다. 선수들을 설득시켜서 올바른 행동과 태도를 모방시키는 것도 좋은 방법이다. 또 모방하는 다른 선수들을 관찰하게 하여 "쟤가 할 수 있으면, 나도 할 수 있어!"라는 용기를 심어주어도 된다. 선수들의 기대치를 높여 성공적인 상황을 경험할 수 있게 도와주고, 실패하는 상황을 피할 수 있도록 코치가 꾸준히 지도해 주어야 한다.

가치를 높이기 위해서 선수들의 목표에 의미를 부여한다. 어떤 때는 선수들이 목표를 이루고 그 행동 그 자체가 얼마나 의미 있는지 이해하는 것이 동기를 높이는데 제일 중요한 요소일 수도 있다. 선수들이 모방하기 전에 그 행동과 태도가 얼마나 의미 있는지 각인시켜 주는 것이 중요하다. "이 훈련이 지루하고 중요하지 않게 보이지만, 기초 훈련이 다지고 다져져야 성공적인 선수로 거듭날 수 있다. 모든 훌륭한 선수들은 이런 식으로 훈련을 했다. 그 선수들이 전설이 된 이유는 바로 이런 훈련 방식 때문이다." 그리고 그 선수들에게 훌륭한 행동과 태도를 모방하는 것이 정서적으로도, 심리적으로도 긍정적인 영향을 미치는 것을 알려줘야 한다. "진짜 너희들이 이것을 하면 멋질 것이야! 진짜 좋아할 거야! 자 한번 해 보자!"

직접적인 강화를 통해 동기를 높여준다. 특정한 행동과 태도를 모방 했을 때, 직접적인 강화를 통해 동기를 높이는 것은 아주 좋은 방법이다. 사회 인지 이론은 조작적 조건 형성 원칙을 따르기 때문에, 특정한 행동과 태도에 대한 직접적인 강화는 그 행동과 태도를 다시 할 수 있도록 유도할 수 있다.

간접적인 강화를 통해 동기를 높여준다. 간접적인 강화는 다른 사람이 칭찬이나 처벌을 통해 강화되는 모습을 목격하여 강화되는 것을 일컫는다. 연구에 따르면, 칭찬과 처벌을 관찰하는 것은 그 사람을 직접적으로 칭찬하고 처벌하는 것과 비슷한 효과를 얻는다고 제시했다(Bandura, 1962). 그렇기 때문에, 코치는 팀이 보고 있을 때, 간접적인 강화를 사용할 수 있는 기회를 찾고, 모델을 만들어 놓는 것도 중요하다. 그 모델은 팀의 에이스 선수, 팀의 주장, 팀에서 제일 인기가 많은 선수 등일 수도 있다. 팀원들이 강화되는 모습을 관찰하면서, 올바른 행동과 태도를 보이기 위해 노력할 것이다.

동기화된 행동 강화를 시킨다. 동기화된 행동과 태도는 선수들의 행동과 태도가 동기와 비슷할 때를 일컫는다. 자극 받은 행동과 태도의 예는 연습 전후, 그리고 도중에, 에너지가 넘치고, 들떠있고, 열망이 강한 선수들, 그리고 연습시간 보다 일찍 와서 준비하는 선수들, 연습이 끝나고 나서도 개인 훈련하는 선수들, 그리고 최선을 다하는 모습 등이 있다. 전 부분으로 다시 돌아가, 간접적인 강화를 사용하여, 팀의 모델이 되는 선수가 훈련에서 끝까지 노력하는 모습을 칭찬하여 다른 선수들도 강화시킬 수도 있다. 그렇게 하여 관찰하는 다른 선수들도 끝까지 노력하는 모습을 보이려고 노력할 것이다. 그리고 모델이 되는 선수가 연습에 일찍 와서 "오늘은 진짜 열심히 훈련하고 싶어요! 오늘 연습 좀 힘들게 시켜주세요!"라고 이야기한다면, 다른 선수들도 간접적으로 강화되기 때문에, 다른 선수들도 연습에 일찍 와서 에너지가 넘치고, 자극 받은 모습과 긍정적인 자세로 훈련에 임할 것이다. 한 명의 모델을 강화하는 것은 파급 효과 ripple effect 를 유발하는데(Kounin, 1970), 이것은 돌을 물에 던지면, 물에 잔물결이 일어나는 것에 유래되어 나온 표현이며, 팀의 다른 선수들까지도 영향을 미친다는 것을 의미한다.

동기화된 행동을 모방하는 것도 강화한다. 팀의 모델을 강화하는 것뿐만 아니라, 그것을 관찰하는 관찰자에게도 강화할 수 있다. 다른 선수들이 팀의 모델을 모방할 때, 직접적인 강화를 제공하여 올바른 태도와 행동을 유발하고 유지할 수 있다. 비슷하게, 선수들이 올바르지 않는 행동과 태도를 모방한다면, 칭찬이 아닌 처벌을 통해, 그 올바르지 않은 행동과 태도를 하지 않도록 강화할 수 있다.

팀의 모델이 부적절한 행동과 태도를 보일 때에 그 행동과 태도를 제재한다. 팀의 모델이 부적절한 행동과 태도를 보일 때에 처벌하는 것은 다른 선수들의 올바르지 않은 행동과 태도를 모방하지 않도록 억제하는 것이다. 습관적으로 연습에 지각하는 선수들, 게으른 태도를 보이는 행동, 무관심, 훈련을 하지 않으려고 하는 모습들을 처벌하면 그것을 관찰하는 다른 선수들도 그런 행동과 태도를 하지 않으려고 노력할 것이다. 예를 들어, 내가 처음에 코치라는 직업에 뛰어 들었을 때, 한 선수는 훈련 참여와 노력을 가급적 안하려고 하는 마인드를 가지고 있었다. 습관적으로 연습에 늦게 들어와서, 다른 팀원들과 함께 이런저런 대화를 하고 있고, 천천히 움직였으며, 항상 연습이 언제 끝나는지 물어봤다. 그래서 나는 첫날에 팀의 규칙과 규율을 세웠고, 두 번째 날에 나의 에이스 선수가 지각했을 때, 팀에서 퇴출 시켰다. 코치는 선수들에게 명백한 메시지를 보내야 한다. 선수들이 올바른 행동과 태도를 보이지 않는다면, 다른 팀이나 훈련 프로그램을 찾도록 해야 한다.

코치가 선수들에게 보고 싶은 행동과 태도를 솔선수범하여 먼저 보여준다. "다른 사람에게서 보고 싶은 행동들은 다른 사람들이 나한테서 보고 싶은 행동들이다"라는 기도문이 있다. 만약 동기부여 된 선수들을 보고 싶다면 먼저 코치가 그 행동과 태도를 솔선수범하여 보여 주어야 한다. 코치가 연습에서 에너지가 넘치고, 희망에 꽉 차며, 모든 것을 긍정적으로 생각하고, 실패하고 난 뒤에는 더 열심히 노력하고, 팀이나 선수의 실패와 패배에는 책임을 지려는 모습 등을 보여준다면, 선수들도 코치의 행동과 태도를 관찰하고 그것을 모방하려고 노력할 것이다.

하지만 안쓰럽게도, 코치가 부적절한 행동과 태도를 보여주고, 선수들은 그 행동과 태도를 모방하는 경우도 있다. 만약 코치가 연습에 왔을 때, 준비되어있지 않고, 피곤하고, 무기력하고, 무관심하고, 동기부여 되지 않은 모습을 보여준다면, 선수들에게 100% 노력을 요구해서는 안 된다. 코치의 행동과 태도는 연습과 훈련 프로그램의 분위기와 흐름, 강도, 그리고 기대치를 성립하는 것이다. 코치가 하는 만큼, 팀도 따라오기 마련이다. 코치라는 것은 특권이기도 하고 영광이기도 하지만, 코치라는 직업은 큰 책임감이 따른다. 선수들에게 어떤 행동과 태도를 보일 것인가?

선수들을 바라볼 때, 융통성 있는 시각과 관점으로 바라본다. 선수들에게 어떤 기대치를 가지고 있는지 의식하고 있어야 한다. 선수들에게 어떤 기대치를 가지고 있는지에 대해 묵언해서는 안 되며, 선수들의 과정과 실력에 대해 항상 새로운 정보를 가지고, 열린 마음의 자세로 대하여야 한다. 자신의 팀에 A 레벨, B 레벨, C 레벨의 다양한 선수들이 존재할 수 있다. 하지만 C 레벨 선수들이 A 레벨 선수들처럼 절대로 되지 않을 것이라는 생각을 가지고 있어서는 안 된다. 어떤 코치들은 "C 레벨 선수들은 항상 C 레벨 선수들로 남을 것이야"라는 태도와 사고를 가지고 있어서는 안 된다. 이렇게 제한된 기대치는 말로 표현하지 않아도, 무의식적으로 전달되며, 선수들의 사기와 동기를 깎아 내릴 수 있다. 어떤 때는 선수들이 하나의 행동과 태도를 바꿈으로써 모든 사람이 놀란 만큼 성장할 수도 있다. 그 변화된 하나의 행동과 태도가 새로운 코치가 될 수도 있다는 것을 잊지 말아야 한다. 선수들에게 변화되는 것은 무엇이었는가? 코치의 기대치이다. 그렇다면 코치는 선수들에게 어떤 기대치를 가지고 가르치고 있는가?

▷ 인본주의 이론과 동기

왜 선수들은 수많은 시간과 땀, 그리고 노력을 쏟아 부으며 스포츠에서 성공하려고 하는가? 예를 들어 고등학교 2학년인 선수가 학교가 끝나고 나서 집에 돌아와 부모님에게 자신의 스포츠에 모든 것을 쏟아 부어서 자신이 얼마나 잘할 수 있는지 알고 싶다고 이야기한다. 이런 선수들의 동기와 이유는 무엇인가? 주로 돈이나 명예를 위한 것이 아니라, 개인적이며 무엇인가 더 내적으로 깊은 이유가 있다. 등산하는 사람이 산의 꼭대기까지 올라가고 싶어 하는 이유처럼, 자신의 잠재력의 최고치가 어디인지 알고 싶어서일 수도 있다.

행동주의 관점에서 바라보면, 이 고등학생이 자신의 목표와 행동과 태도가 무엇인가로 인해 강화되고 있다고 설명할 것이다. 인지주의 관점에서 바라보면, 이 학생이 스스로 자신을 통제해야 되는 이유와 자기효능감을 높여야 한다는 것을 인지적으로 이해하고 있기 때문에 그렇게 행동한다고 설명할 것이다. 사회 인지 학습 이론의 관점에서 본다면, 그가 어떤 행동과 태도를 관찰하고 나서 자신의 기대치를 높이고, 노력에 대한 대가와 성공을 이해하고 있기 때문에 그렇게 행동한다고 설명할 것이다. 하지만 이런 설명들은 이론적으로만 이 상황을 해석하는 것이지 정확하게 풀어내지 못한다. 결국 이 상황을 설명하기 위해, **마음** heart 이라는 단어를 빼 놓을 수 없다. 자신의 심장에서 우러나오는 그 무엇, 그것을 이해해야지 만이 이 상황을 설명할 수 있는 것이다. 그렇기 때문에 이 학생의 행동과 태도, 그리고 동기를 설명하기 위해서 우리는 인본주의 이론들을 이해하고 있어야 한다.

인본주의 이론은 1940년도 경에 행동주의 이론과 Freud의 이론들을 반박하기 위해 만들어졌다. 그렇기 때문에 인본주의 이론은 제3세력 심리학이라고도 불린다. Abraham Maslow와 Carl Rogers 같은 심리학자들은 Skinner의 행동주의 이론이나 Freud의 심리학이 사람과 인간의 행동과 동기를 설명하기에는 부족하다고 느꼈다. 그리고 인지주의 이론에 대해서도 똑같은 입장을 가지고 있었다. 인지주의 이론도 사람과 심리학이 사람과 인간의 행동과 동기를 설명하기에는 부족하다고 느꼈으며, 인간의 심장과 마음을 이해하도록 하기에는 더더욱 부족하다고 생각했다.

동기를 인본주의 관점에서 본다면, 내적에서 나오는 특이한 동기의 원인을 제시하는데 그것은 <u>자아실현</u>(Maslow, 1970, 1968)에 대한 욕구, 전인적인 사람이 되고 싶은 내적 욕망의 과정(Roger & Freiberg, 1994), 그리고 자기결정성에 대한 욕구이다(Deci, Vallerand, Pelletier, & Ryan, 1991). 이 모든 시각과 관점은 사람들이 내적으로 지금보다 더 좋고 나은 사람이 되기를 갈망하는 믿음을 공유하고 있으며, 사람으로 자신의 모든 잠재력을 일깨우고 싶다는 욕망이 있다는 것을 전제하여 이론을 성립한다.

내가 코치를 하기 위해 매년 다시 돌아오는 이유는 선수들의 잠재력을 보고, 그 잠재력을 일깨워줄 때의 희열 때문이다. 선수들이 선수들로서 뿐만 아니라, 사람으로서 그 잠재력을 일깨워줄 수 있다는 것은 코치의 특권이기도 하다. 그럼 코치로서 어떻게 인본주의 학습 이론을 교육상황에 적용시켜서 선수들을 동기부여하고 잠재력을 일깨워 줄 것인가? 다음 부분에서 우리는 Maslow의 유명한 욕구위계 이론(욕구 단계 이론)을 살펴보면서, 자아실현이 무엇인지에 대해 알아볼 것이다.

▶ Maslow의 욕구위계 이론

<u>욕구-추구 이론</u> need-drive theory; 욕구충동 이론 에 의하면, 사람의 행동과 태도는 개인의 욕구와 그 욕구를 달성하려고 하는데 좌우된다고 했다. **욕구**는 개인이 생각했을 때, 자기 자신이 결핍되어 있는 것을 일컫는데, 이런 욕구들은 달성하려고 하는 동기가 생기며, 이것이 바로 우리의 에너지, 경향, 그리고 행동하려는 것을 촉구하는 이유이다. Maslow는 사람의 행동과 태도는 욕구를 달성하려는 데에 7가지 요소로 나뉘어져 있으며, 이 욕구를

두 개의 그룹으로 구분했다. 첫 번째는 기본적이며 근본적인 욕구와 두 번째는 성장하고 변화시키는 욕구이다. 이 그룹은 〈그림 1.1〉 Maslow의 욕구위계 이론을 참고하면 된다.

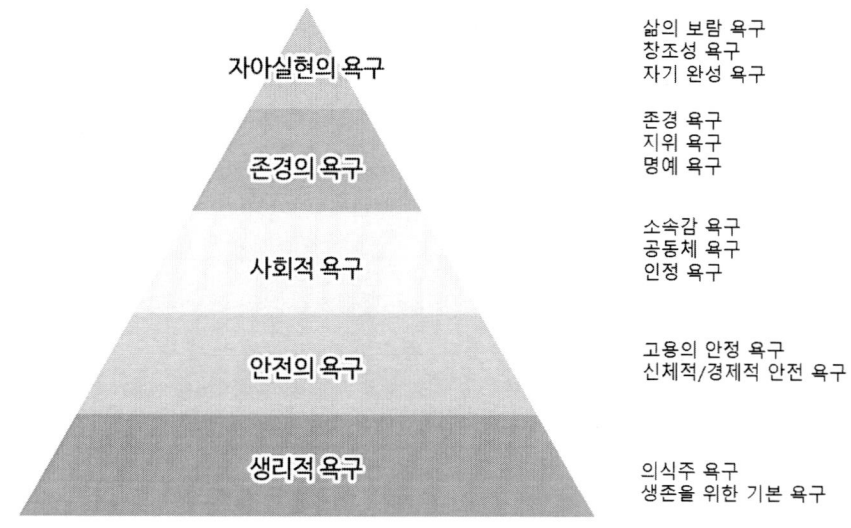

| 그림 1.1 | Maslow의 욕구위계 이론

이런 욕구들이 계층적인 이유가 밑에 있는 욕구들이 충족되어야지 만이, 그 위에 있는 욕구들을 충만 시킬 수 있기 때문이다. 밑에 있는 욕구들은 <u>기본적인 욕구</u>basic needs 라고 하는데, 이들은 <u>결핍 욕구</u>deficiency needs 들이라고 하기도 한다. 그 이유는 사람이 자기 자신을 스스로 보았을 때, 결핍되어 있는 욕구를 달성하려는 행위가 바로 동기이기 때문이다. 예를 들어, 음식을 먹으려는 욕구는 배고픔을 이겨내려고 달성하려는 목표가 있기 때문이다. 배고픔을 이겨내기 위해서 사람들은 무엇을 먹으려고 하며, 먹으면 배고픔이 없어지기 때문에, 자신의 목표를 달성한 것이라고 믿는다. 이 과정은 욕구 감소라고 정의하기도 한다. 다음 부분에서 우리는 기본적이고 근본적인 욕구가 무엇인지 알아볼 것이다.

▶ 기본 욕구

욕구-추구 이론에 의하면, 욕구는 심리적 욕구와 생리적 욕구로 크게 두 가지로 나뉜다. <u>생리적 욕구</u>physiological needs 는 생물학적인 욕구이기도 하다. 음식, 물, 온도, 잠, 휴식 등이 이에 해당한다. 선수들이 연습에 왔을 때, 이런 생리적인 욕구가 충족되지 않은 상태라면, 아무것도 할 수가 없다. 예를 들어, 어떤 선수가 하루 종일 밥을 먹지 않았다면, 연습에서 훈련하는 것보다 무엇인가를 먹고 싶은 욕구가 더욱더 강할 것이다.

<u>안전의 욕구</u>safety needs 는 신체적 안전과 심리적 안전 둘 다 포함한다. 예를 들어, 선수들이 연습에 올 때, 자신의 건강에 위협을 느낀다면(다른 선수들에게 맞는다거나 연습을

할 때에 부상당하는 것이 두려운 것) 연습에 오고 싶지 않을 것이며, 훈련도 하고 싶지 않을 것이다. 반대로, 선수들이 자신의 팀원들과 코치를 믿고 신뢰하며, 연습 때 안전을 느낀다면, 연습에 오고 싶어 하고 열심히 훈련하고 싶을 것이다.

심리적 욕구도 기본적이며 근본적인 욕구가 있다. 그리고 이런 심리적 욕구는 생리적 욕구만큼 중요하다.

<u>심리적 욕구</u> psychological needs 는 애정, 소속감, 성취, 독립성, 사회적 인정, 그리고 자부심 등이 있다. 선수들은 자신의 환경에서 존중받고, 긍정적이지만 건설적인 피드백이 주고 받고, 받아 드려지고 환영받는 느낌이 있다면, 심리적 욕구가 충족 될 수 있다. 심리적 욕구가 충족된 선수들은 연습에 와서 더욱 많은 노력을 쏟아 부을 것이다.

<u>소속감과 사랑 욕구</u> belongingness and love needs 또한 기본적이고 근본적인 욕구이며, 애정, 환영, 사랑 등을 의미한다. 이런 욕구들을 충족하기 위해서 선수들은 팀에 소속된 다른 선수들과 관계를 형성하고 자신이 주는 애정만큼 되돌려 받기 원하며, 그룹 안에 소속되어 있다는 느낌을 받고 싶어 한다. 팀에 있는 다른 선수들이 그 사람을 지지하고 도와주는 환경에서 이 욕구가 충족 될 수 있다. 코치는 선수들에게 서로 지지하고 도와주는 환경이 만들어져 있는가? 코치가 선수들을 진심으로 생각하고 있을 때만이 이런 욕구들이 충족될 수 있으며, 애정이 무엇인지 솔선수범해서 보여주고, 선수와 코치 관계에서 의미 있고 깊은 관계를 형성해야지 만이 다음 단계로 넘어갈 수 있다. 선수들과 어떤 관계를 맺고 있는가? 선수들의 기본적이며 근본적인 욕구를 달성하기 위해 얼마나 많은 노력을 하고 있는가?

Maslow에 의하면, 욕구의 제일 높은 단계이며 마지막 단계는 자아존중감이라고 했다. <u>자아존중감 욕구</u> self-esteem needs 는 자기 자신에 대해 생각 했을 때, 스스로 존중할 수 있고, 자신감 있고, 자존감이 높고, 유능성이 높은 사람으로 생각하는 것을 일컫는다. Rowan(1998)에 의하면, 자아존중감은 두 가지 욕구로 나누어 질 수 있는데, 첫 번째는 선수들이 스스로 자기 자신에 대해 생각했을 때, 긍정적인 생각을 가지고 있는 것을 의미한다. 두 번째는 선수들이 소중하게 생각하는 사람들이 그 선수에 대해 생각하고 있을 때, 긍정적인 생각을 가지는 것을 의미한다. 그 선수를 생각할 때, 그 선수 주위에 있는 사람들이 긍정적으로 생각하고, 그 생각을 밖으로 표출한다면 자아존중감에 대한 욕구가 충족되는 것이다. 코치가 긍정적인 피드백을 선수들에게 제공할 때, 선수들의 자아존중감을 키우는 것뿐만 아니라, 선수들을 인본주의적으로 동기부여 하는 것이다. 코치가 만약 선수들을 부정적인 생각으로 대한다면, 그리고 부정적으로 말한다면, 결과적으로 선수들의 자아존중감을 깎아 내리는 것이며, 동기도 감소시키는 것이다. 그렇다면 이제 자신은 어떤 코치인가에 대해 성찰해 보는 기회를 가질 것을 권한다.

이렇게 근본적이며 기본적인 욕구들이 충족되고 지속적으로 유지가 되어 안정감을 느끼게 되면, 선수들은 보다 상위의 욕구인 성장 욕구를 충족시키고 싶어 한다.

▶ 상위 욕구

상위 욕구 metaneeds; 초월 욕구 는 성장 욕구라고도 하는데, 그 이유는 결핍되어 있는 것을 채우려고 하는 기본적이며 근본적인 욕구와 달리, 상위 욕구는 스스로 성장하고 싶은 마음, 즉, 자연스럽고 내적 동기로 인해 좌우되기 때문이다. 상위 욕구는 인지 욕구 cognitive needs 와 미적 욕구 aesthetic needs 로 나눠지는데, 미적 욕구는 진실과 선을 찾기 위한 노력, 지식을 습득하려는 욕구, 그리고 아름다움, 평화, 그리고 균형을 이해하고 감사하는 마음을 의미한다.

Maslow의 욕구 단계 이론의 제일 높은 단계는 바로 자아실현 self-actualization 이다. 자아실현이란 개인이 스스로 자신의 잠재력을 모두 일깨우려고 하는 내적 욕구를 의미한다. 이 욕구를 충족시키기에는 거의 불가능하다. 사람들은 완벽하지 않기 때문에 자신의 모든 잠재력을 일깨우지 못하지만, 항상 그 마지막 목표를 달성하기 위해 항상 노력하고 있다. 자아실현은 달성되는 목표보다는 끊임없이 도전하는 과정이며, 어떤 상태를 일컫는다.

▶ 선수들이 기본 욕구를 충족시키기 위해 도와주는 방법

스포츠를 통해서 기본적이며 근본적인 욕구뿐만 아니라, 상위 욕구도 충족될 수 있다는 사실은 대단한 것이다. **생리적인 욕구** physiological need 에 포함되는 음식으로 예를 들자면, 항상 배고픈 상태로 연습을 임하는 선수는 신체적으로, 정서적으로, 심리적으로 빨리 탈진하고 만다. 선수들은 무기력해지며 인지적으로도 반응하지 않는다. 물론 코치가 모든 선수들에게 음식을 주는 것은 아니지만, 선수들에게 좋은 음식 습관이 얼마나 중요한지에 대한 것을 가르칠 수는 있다. 오랜 시간이 걸릴 수도 있지만, 포기하지 않는다면 변화는 이루어질 것이고, 이 변화는 연습과 훈련, 경기와 대회, 더 나아가 선수로서 은퇴한 후, 사람으로서 살아가는데 긍정적인 영향을 미칠 수 있다. 그리고 코치로서 자기 자신도 올바른 식습관을 가지고 있다는 것을 솔선수범해서 보여주어야 한다. 모순되는 이야기는 삼가 해야 한다. 코치가 선수들에게 좋은 모범이 되어야 한다.

코치는 선수들의 안전과 관련된 욕구들도 충족시킬 수 있다. 코치는 올바르고 안전한 훈련 환경을 만들어야 할 의무와 책임이 있다. 신체적 안정이란 선수들이 처벌을 받을 때, 코치에게나 팀원들한테 신체적으로 처벌받지 않는 것을 의미한다. 그리고 처벌뿐만 아니라, 훈련을 할 때에도, 자신의 신체적 한계를 넘어서는 지나친 요구 행동들도 삼가는 것을 의미한다. 예를 들어, 선수들에게 어려운 동작이나, 준비되어 있지 않은 상태에서 무리한 행동을 요구 하는 것은 부상의 위험을 높이기 때문에 자제해야 한다. 이런 상황은 부적절하고 안전하지 않은 연습 환경뿐만이 아니라, 두렵고 무서운 환경을 만드는 것이다.

심리적 안정 psychological safety 이란 선수들이 코치나 다른 선수들한테, 놀림 받거나, 공개적으로 난처하게 만든 다거나, 신입생 괴롭히기 같은 심리적 처벌을 하지 않는 것을 의미한다. 심리적으로 안정된 환경을 만들기 위해서 코치는 팀의 규칙과 규율을 세우고 선수들에게 다른 선수들을 지지할 수 있는 방법을 명확하게 소통하고 있어야 한다. 지도자로서 코치는 선수들에게 신체적 안정과 심리적 안정을 제공할 의무와 책임이 있다. 그리고 이 의무와 책임을 달성하기 위해서 항상 선수들과 소통하고, 때로는 처벌하고, 이런 행동과 태도를 이끌어 낼 수 있도록 동기유발 해야 한다. 나는 선수의 가슴을 발로 짓밟는 것이 올바른 방법이라고 생각한다는 코치를 만난 적이 있다. 나는 그 코치에게 발로 맞은 한 선수가 두려움에 질려 서 있던 모습을 아직도 생생하게 기억하고 있다.

코치는 선수들에게 **소속감과 사랑에 대한 욕구** belongingness and love needs 를 채울 수 있는 여러 가지 방법이 있다. 선수들을 진심으로 사랑하고, 선수들의 일이 모두 다 잘 되었으면 하는 마음과 같은 생각을 표출하고 진실하게 표현한다면, 선수들은 사랑을 받고 있다는 느낌과 선수로서 뿐만 아니라 인간으로 존중받고 있다는 마음을 받을 것이다. 이런 마음을 받고 느낀다면, 선수들은 정말로 자신이 이 팀에 소속되어 있다는 것을 느낄 것이며, 나아가 코칭 프로그램의 중요한 선택을 할 시에, 선수들의 의견을 포함하고 고려하여 결정을 내린다면, 더욱더 사랑 받고 있다는 느낌을 받을 것이다. 그리고 선수들이 팀의 목표를 설정하거나, 선택권에 대한 의견을 냈을 때, 그것에 대한 책임이 있기 때문에, 더욱더 깊은 소속감을 느낄 것이며, 더욱더 노력하려고 할 것이다.

그리고 선수들은 스포츠를 함으로서 더욱더 높은 **자아존중감** self-esteem 을 느낄 수 있다. 선수들의 성과를 인식하고 인지하며 인정하는 시간을 늘리는 것이 좋다. 제 2장에서 나오는 귀인 이론을 고려하여, 선수들의 노력과 효능감을 인지하고, 그것을 말로 표현해 주어, 코치로서 얼마나 기쁜지 이야기 해주어야 한다.

이렇게 근본적이며 기본적인 욕구들이 충족되면, 그리고 이 달성여부가 유지되어 안정적으로 느껴진다면, 선수들에게 상위 욕구를 충족시켜 줄 수 있다.

▶ 선수들이 상위 욕구를 충족시키기 위해 도와주는 방법

Maslow가 꿈꾸는 사회는 사람의 성장을 고려하기 때문에 정말 고귀하고, 영감을 주며, 희망이 가득 찬 곳이라고 생각할 수 있다. Maslow는 인간이란 존재를 항상 진리, 지식, 아름다움, 선, 사랑을 추구하고 항상 더 성장하고 싶은 사람이라고 했으며, 사람들은 자신의 그릇, 재능과, 잠재력에 꾸준히 노력하여 높은 곳에 이르고 싶은 존재라고 설명했다 (Maslow, 1970). 코치는 선수들에게 스포츠란 위대한 가르침을 배우는 학생이 되라고 권유하여, 선수들의 **인지 욕구** cognitive needs 를 충족시킬 수 있다. 선수들에게 스포츠에 대한 깊은 지식을 쌓도록 하고, 자신이 속해 있는 스포츠에 대한 정보를 꾸준히 제공해 주며, 힘과 지구력, 식습관, 이미지 트레이닝 방법, 물리학, 주기화 periodization, 스포츠 심리학, 스트레칭 등에 관한 지식을 이해하고 가르쳐야 한다. 그리고 선수들에게 스포츠의 상위 욕구인 미적 욕구도 충족해 주며, 스포츠 자체에 대한 아름다움, 스포츠의 순수함, 스포츠의 대한 미학, 우승과 실패의 차원을 넘는 것을 가르쳐 주고, 스스로 경험할 수 있는 그 무엇을 경험하도록 도와주어야 한다.

    때로는 인간이라는 존재를 관찰하면, 사람들이 보이는 행동이 Maslow가 제시했던 사회와 같지 않기 때문에, 이 이론은 많은 비난을 받았다. Maslow(1971)도 자아실현을 한 사람이 거의 없다는 사실을 풍자하는 책을 쓴바 있다. 자아실현을 한 사람이 없는 이유 중 하나는 자아실현을 하기 위해서는 어마어마한 노력, 희생, 단결, 수양이 필요하기 때문이다. Maslow도 관찰할 때, 많은 사람들이 <u>요나 콤플렉스</u> Jonah complex 를 갖고 있다고 설명했다. 요나 콤플렉스란 구약성서에 나오는 요나 Jonah 의 이야기에서 유래된 말이다. 구약성서 요나서에 의하면 예언자 요나는 니느웨(아시리아의 대도시)로 가서 그 도시가 죄악으로 가득 차 하나님의 심판을 받을 것임을 예언하라고 하나님에게 명령을 받았다. 그러나 요나는 하나님의 명령을 거역하고 니느웨와 반대 방향으로 가는 배를 탔다가 폭풍을 만나 3일 동안 고래 뱃속에 갇히게 된다. 고래 뱃속에서 그가 구원을 위한 기도를 올리자 고래는 그를 땅으로 뱉어 내었고, 다시 니느웨로 가라는 명령이 들려온다. 요나는 니느웨로 가서 예언을 했고 이에 니느웨 왕과 모든 사람들이 회개하게 되었다. 이와 같이 요나는 고래 뱃속에 들어갔다 나와 회개하는 인물로, 이 요나의 이야기에서 모태귀소본능 증상 즉 요나 콤플렉스가 유래되었다. 보통은 소년기 이하 미성년자들에게 잘 나타나는 것으로 과도하게 폐쇄적인 성격을 보이거나 유아기 혹은 아동기의 습관이나 퇴행적인 증상을 보인다. 쉽게 말해 어머니 뱃속 시절을 그리워해 현실에 적응을 못하는 것을 말한다. 성경에서 나오는 요나와 같이 많은 사람들이 자기 자신이 위대해 질 수 있다는 사실에 대해, 성장하여 자신의 잠재력을 깨우는 것에 대해 많은 두려움을 가지고 있다. 그렇기 때문에 스포츠를 통하여, 그리고 코치의 노력으로 인하여, 선수들은 희생, 노력, 단결, 그리고 수양을 통해 자기 자신을 성장 시킬 수 있다.

    선수들의 자아실현을 도와주기 위해서, 코치는 자아실현이라는 것은 항상 변화되는 목표를 달성하려는 노력과 과정이라는 것을 알려주어야 한다. 예를 들어, Maslow의 욕구 단계 이론의 큰 비판 중 하나는 자아실현이 어떤 목표이며 달성할 수 있고, 끝 지점이 있다는 것처럼 제시했기 때문이다. 다시 말해 인간은 자신의 모든 잠재력을 일깨울 수 있으며(Rowan, 1998), 그렇게 됐을 때만 자아실현이라는 단계에 이르렀다라고 표현했기 때문이다. 그래서 Rowan은 어떤 피라미드처럼 꼭대기 부분이 명확하게 있는 설계도 보다는 자아실현을 끝이 없는 사다리로 표현했다. 선수들에게 자아실현이란 끝이 없는 것임을 강조해야 한다. 끝이 없음에도 불구하고 긴 인생에 평생 노력하고 달성해야 한다는 과정임을 각인시키고, 운동과 스포츠 차원에서뿐만이 아니라, 사람과 인생의 차원에서도 적용된다는 것을 가르쳐줘야 한다. 선수들에게 자신의 잠재력을 일깨울 수 있는 힘을 <u>스스로</u> 가지고 있고, 인간으로서 성장하고 위대한 사람이 되어야 된다는 의무와 책임이 있다는 것을 알려주어야 한다.

스포츠에서 자아실현을 할 수 있는 방법 중 하나는 Maslow가 서술했던 <u>최적 경험</u> peak experiences 을 가질 수 있다는 것이다. Maslow는 이렇게 생생하고, 기억에 남으며, 심오한 경험들을 꾸준히 경험하면 자아실현을 할 수 있다고 이야기 했다. 최적 경험은 스포츠에 대한 가치뿐만 아니라, 스포츠의 고유함에 대한 증명이며 실증이다. 일부의 사람들만이 성장하기 위해 이런 고유하고 가치 있는 경험을 할 수 있다. Maslow가 생을 마감하기 전에, 최적 경험이라는 것이 어른이 되어서만 경험하는 것이 아니라 어렸을 때의 추억에도 존재한다고 제시했다(Hoffman, 1998). Maslow는 우리가 최적 경험이라는 것을 살아가면서 많이 경험한다고 했다. 아름다운 경치를 보았을 때, 해결 되지 않는 문제에서, 죽을 뻔 한 경험, 그리고 스포츠에서도 경험할 수 있는 것이 자아실현을 도와줄 수 있는 최적 경험이다.

▶ 몰입 이론

Csikszentmihalyi는 Maslow가 얘기한 최적 경험을 **몰입** Flow 이라고 했다. 몰입은 개인이 어떤 행동을 할 때, 외부에서 나오는 보상이나 미래의 이익을 기대하지 않고, 그 행동 자체가 쉽고 내적으로 즐거움을 주며, 더 나아가 행동 그 자체가 보상일 때를 일컫는다. Csikszentmihalyi는 이런 경험들을 자기 목적적인 경험이라고 했다. Susan Jackson이 몰입이란 개념을 운동과 스포츠에 적용했는데, Jackson (1995)의 책에 의하면, "몰입이란 어떤 한 행동을 할 때, 자신의 행위에 깊게 몰입하여, 시간의 흐름이나 공간, 더 나아가 자기 자신도 잊어버리는 심리적 상태라고 개념화 하고 있다."

Csikszentmihalyi(1990)에 의하면, 몰입이란 경험을 할 때, 9가지의 요소가 있는데, 이 9가지의 요소는 코치가 꼭 이해하고 있어야 한다.

1. 도전과 기술 수준 차이에 대한 균형
2. 행동과 인지에 대한 통합. 자신의 움직임이 자동적이고, 자발적이며, 자연스럽고, 무의식적인 행동
3. 명확하게 정의된 목표
4. 애매하지 않고, 명확한 피드백
5. 수행한 기술에 대한 집중
6. 통제의 역설: 통제하려고 노력하지 않음에도 불구하고 통제하는 느낌
7. 자기 자신을 잊어버리는 심리적 상태: 행위와 일치되는 상태
8. 시간의 흐름에 대한 망각
9. 자기 목적적인 경험: 위 8가지 요소가 다 달성되면 결과적으로 이 경험을 함

▶ 스포츠에서 몰입을 경험하는 상황

최근에 Jackson과 Csikszentmihalyi(1999)이 쓴 "스포츠에서의 몰입 Flow in Sports"에서, Jackson과 Csikszentmihalyi는 몰입이란 "조화롭고 평화로운 경험이며, 자신의 마음과 몸이 손쉽게 협력하여, 그것을 느끼는 개인이 무엇인가 특수한 것을 경험하고 있다는 것을 인지하는 행위"라고 정의했다. 더 나아가 사람들은 "이런 감정을 느끼는 이유는 몰입 경험의 범위는 굉장히 광범위하며, 매우 평범한 것부터 시작하여 이례적인 경험일 수도 있으며, 이런 순간들을 경험할 때, 우리는 살아 있다는 느낌을 받고, 우리가 하는 행동과 일치하는 기분을 느낄 수 있다"고 추가적으로 설명했다. 나아가 몰입을 정의하기 위한 요소로써, **시간의 변화** transformation of time 를 추가적으로 정의했다.

▶ 선수들이 몰입을 촉진하는 요소들과 억제하는 요소

Jackson(1992, 1995)은 선수들이 몰입을 더욱더 쉽게 경험할 수 있는 요소들을 정리했다. 이런 요소들은 성공을 경험한 선수들에서 흔히 찾아 볼 수 있는 요소들이기 때문에, 코치가 인지하고 있는 것이 중요하다.

▶ 몰입을 촉진하는 요소

동기부여. 선수들이 연습과 대회에서 좋은 성적을 내기 위해 동기화된 마음을 가지고 있다면, 선수들은 몰입을 더욱더 쉽게 경험할 수 있으며, 좋은 결과를 기대해도 좋다.

수행에 앞서 가장 적절한 각성 상태 유지. 선수들에게 올바른 각성 수준을 찾아주는 것은 굉장히 어렵다. 너무 흥분되면 아무것도 하지 못하고, 아무런 느낌이 없으면 자극 받지 않는다. 이 균형을 잡기 위해 우리는 제 9장에서 심도 있게 살펴볼 것이다.

적절한 집중력 유지. 선수들에게 올바른 각성 수준을 찾아주는 것은 굉장히 어렵지만 선수들에게 적절한 집중력을 찾아주는 것은 더욱 어렵다. 선수들에게 결과보다는 과정에 집중해야 한다고 알려주어야 한다. 그리고 결과와 성적보다는 자기 자신 그 자체에 집중해야 될 것을 각인시켜야 한다. 부가적으로 선수들은 대회나 경기 전에 집중력을 유지하는 것이 어렵기 때문에 코치로서 이 부분을 잘 이끌어주어야 한다.

경기 전에 경기에 대한 준비와 계획. 쉽게 이야기하자면 성공적인 선수들은 경기 전에 벌써 우승한다. 선수들은 경기가 시작되기 전에 경기에 대한 준비를 세우고 있으며, 그 계획을 따른다. 계획을 따르지 않으면, 그것은 계획이 아니다. 만약 선수들이 경기에 대한 계획과 준비가 되지 않는다면, 동기와 자극을 잃고, 집중력이 떨어지며, 너무 흥분하거나, 아무 감정도 느끼지 못하는 무능한 선수가 될 수 있다. 계획은 몰입을 경험하기 위한 필수 요소이기도 하다. 계획을 선수들이 몰입을 경험하여 자신의 잠재력을 깨울 수 있도록 촉진해주는 좋은 도구이다.

신체적 사전준비와 계획. 신체적 사전준비와 계획은 몰입을 달성하고 2차 계획을 위해 가장 중요하다. 선수들은 신체적 사전준비와 계획 없이는 몰입을 성취하는 것을 잊어버릴 수 있다. 나는 피아노를 연주할 줄 모르지만, 컴퓨터 키보드 치는 것은 정확히 알고 있다. 내가 신체적 사전준비 또는 계획을 하지 않았기 때문에 피아노를 치는 것만으로 몰입을 경험할 수 없다.

최적 환경과 조건. 최적 조건은 좋은 날씨, 좋은 시설 등을 일컫는다. 이런 요소들은 몰입을 경험할 수 있도록 촉진한다. 이런 요소들은 선수들이 내적으로 통제할 수 없지만, 성공적인 선수들은 어떤 환경, 상황 그리고 조건에서도 올바른 상태를 유지할 수 있으며, 몰입을 경험할 수 있다.

팀 동료와 코치의 결속. 팀 동료와 코치의 결속력이 높으면 긍정적인 상호작용과 열린 마음으로 공동의 목표와 목적을 공유하게 되고, 팀 동료와 선수 간 또는 선수와 코치 간 강한 유대관계를 통해서 응집력과 신뢰감을 높일 수 있다.

자신감과 긍정적인 정신 자세. 자신감은 선수들이 자신을 스스로 생각했을 때, 주어진 과제를 잘 수행할 수 있다고 믿는 자세로 정의할 수 있다. 자신감은 선수들이 쉽게 가질 수 있는 능력이 아니다. 자신감은 노력과 수행, 그리고 준비되는 과정에서 나온다. 인디애나 대학교 농구부 코치인 Bobby Knight는 **"성공하려는 의지도 중요하지만, 더욱 중요한 것은 준비하려는 의지이다"**라고 이야기 했다. 하지만 준비가 되어 있어도, 경기 전과 도중에, 자기 자신에 대한 자신감과 긍정적인 정신 자세를 유지하는 것도 중요하다. 스스로 자신이 여기까지 오기 위한 준비 과정과 노력, 그리고 얼마나 열심히 훈련했는지에 대해 상기시켜야 하며, 중요한 순간에 부딪쳤을 때, 주저하지 않고 맞서 싸울 수 있어야 한다.

경기 중 수행에 대한 좋은 느낌. 경기 도중에 느낌이 좋고, 모든 것이 잘 풀리는 듯 느껴지기 시작한다면, 선수들은 몰입을 경험하기 시작한다. 그렇다면 무엇이 먼저일까? 좋은 느낌이 먼저일까? 아니면 몰입을 경험하는 것이 먼저일까? 이것을 정의하기는 어렵다. 왜냐하면 좋은 느낌과 몰입은 서로 상호작용하기 때문이다. 자신의 성과에 대해 좋은 느낌을 받기 위해서 선수들은 인내심을 키워야 한다. 자신이 수행하고 있는 것을 자연스럽게 수행하고, 무리하지 않고 억지로 하지 않도록 노력해야 한다. 압박감 pressing 은 너무 지나치게 노력하는 것을 의미한다. 다시 말해, 필요 이상이거나 평소보다 지나친 행동, 즉, 수행하는 움직임에 필요 없는 근육을 사용하는 행위 등을 유념해야 한다. 예를 들면, 야구 선수가 배트를 휘두를 때, 자신의 얼굴과 목 근육에 힘을 주어서 휘두르면 스윙속도가 감소되어 저조한 수행으로 이어지게 된다.

▶ 몰입을 억제하는 요소

신체적 준비와 계획이 부족한 상황. 앞서 말했듯이 신체적 준비와 계획은 몰입을 촉진하는 요소이다. 그렇기 때문에 이 요소들이 부족해지면 몰입을 억제하게 된다. 예를 들어, 어떤 선수가 훈련 때 지구력 훈련을 열심히 하지 않아서 지친다면, 몰입을 유지하기 어렵고 결국 잃어버리게 된다. 2011 범미주 경기대회 Pan American Games 에서 일부 수구 Water Polo 팀들이 체력이 부족해서 탈락했던 경우가 있다. 상대편이 수비가 없는 상태로 무방비된 상태에서 골을 넣는다면, 힘이 빠지는 것은 당연하며 몰입 경험을 잃어버릴 수 있다.

올바른 집중력을 유지하지 못한 상황. 다시 말하지만, 집중력을 유지하는 것은 몰입을 쉽게 경험할 수 있도록 도와주며 동기부여 해 준다. 무엇인가를 너무 많이 생각하면, 걱정, 짜증 같은 감정들을 앓게 되며, 이런 불필요한 감정들은 몰입을 억제한다. 선수들은 그냥 모든 것을 내려놓고 자신이 할 일에만 집중하며, 그 이외의 걱정은 하지 않는 것이 몰입을 촉진할 수 있도록 도와주는 것이다.

부정적인 정신 자세. 부정적인 생각, 자기 자신에 대한 의심, 자신이 통제할 수 없는 요소들에 집중하기 시작하면 선수의 마음에 부정적인 영향을 미치며, 더 나아가 결과적으로 몰입을 경험할 수 없게 된다.

부정적인 팀의 수행과 상호영향. 선수들끼리 서로를 뒷담화하거나, 팀원들이 성적이 부정적이고, 자신이 팀원들에게 소외되는 느낌을 받기 시작한다면, 몰입은 억제된다.

저조한 수행. 모든 것이 무너지기 시작할 때, 자발적인 실수, 예측되지 않은 실수, 갑자기 넘어지는 행동, 연습에서 수없이 했던 움직임을 못한다거나, 준비했던 계획에 변화가 생긴다면 몰입을 잃는 것은 한 순간이다.

경기 전 적절하지 못한 각성 상태. 아무것도 느끼지 못하는 정서적 상태이거나, 너무 흥분하여 앞이 보이지 않는 상태라면 몰입은 억제된다.

동기의 부족. 도전 정신이 부족하고, 특정 수행 목표가 없거나 기타 동기가 결여되도록 유발하는 여러 요인들은 몰입을 억제한다.

준비 과정의 문제. 어떤 때는, 경기 전의 준비과정에서 모든 것이 무너지기 시작할 수도 있다. 그리고 일부 선수들은 이 상황이 경기까지 넘어갈 것이라고 예상하기 때문에 말하는 대로, 생각하는 대로 이루어진다.

적절하지 않은 환경, 상황, 그리고 조건. 1968년 올림픽에서, 미국 다이빙 선수대표 Keith Russell은 10m 플랫폼에 섰다. 그리고 관중들은 야유를 보내기 시작했다. 만약 Keith가 성공적으로 다이빙을 수행한다면, 멕시코 다이빙 선수대표 Alvaro Gzxiola가 올림픽 메달을 목에 걸을 수 없게 된다. 심판은 관중들이 조용히 할 때까지 기다렸지만, 관중은 가만히 있지 않았다. 결국 Keith는 자신의 본 모습을 보여주지 못했으며, Alvaro는 은메달을 받았다. Keith는 3등에서 1.59점, 2등에서 2.15점으로 뒤진 채로 4위에 머물고 말았다.

도전 난이도와 기술 수준 간 차이. 수많은 연구들이 몰입은 기술 수준과 도전 난이도 간 상호작용에 의존한다고 주장했다(Kimiecik & Stein, 1992; Stein, Kimiecik, Daniels & Jackson, 1995). 만약 선수가 높은 능력을 가지고 있고, 그 능력에 올바른 도전이 주어진다면 몰입을 경험할 수 있다고 했다. 하지만 그 선수의 능력보다 도전이 너무 쉽다면, 그 선수는 지루함을 느낄 것이다. 반대로 선수의 능력이 낮은데도 불구하고 너무 높은 도전과 과제를 준다면, 그 선수는 불안감을 느낄 것이다. 선수의 능력이 낮고 도전하는 과제 또한 낮다면, 그 선수는 그 과제와 도전에 무관심을 느낄 것이다.

▶ 몰입 이론을 적용하여 선수들을 동기를 향상시키는 방법

몰입은 좋은 수행을 야기하는 동기화된 상태이다. 성공적인 선수들은 몰입을 촉진하기 위한 요소들을 이해하고 있고 실행하고 있으며, 몰입을 억제하는 요소들을 멀리할 수 있는 능력을 지니고 있다. 어떤 선수는 "몰입에 도달하기 위해서는 결과적으로 내가 좋은 성적을 내야만 한다"라고 이야기한다.

그럼 코치로서, 선수들의 **몰입 버튼** flow button 을 눌러서 동기부여하고 최적 경험을 경험할 수 있도록 도와줄 수 있는가?

신체적 준비와 계획을 철저히 수립해준다. 첫 번째로, 선수들이 신체적으로 준비된 상태로 만들어 주어야 한다. 몰입은 신체적 준비와 계획 없이 경험할 수 없다. 철저한 준비와 계획이 바탕이 되어야 한다. 선수들은 연습에서 보여주었던 지구력, 힘, 유연성, 일관성, 그리고 선수들의 능력을 훈련에서 수행해야지 만이 대회 때도 보여줄 수 있다. 예를 들어 선수가 마지막에 체력이 부족해서 피곤해지면, 몰입 경험을 할 수 없게 되며, 상대편한테 뒤지게 될 수밖에 없게 되는 것이다.

몰입을 촉진시키는 요소들을 인지하도록 하고 강조한다. 코치가 코칭 프로그램을 맡고 어떤 요소들을 강조해야 될지 모른다면, 여기가 좋은 출발점이다. 코치의 커리큘럼 안에 몰입 경험을 촉진시키는 요소들을 포함시키는 것이 좋다. 결국 스포츠를 하는 제일 큰 목적 중 하나는 선수들에게 조화롭고, 평화롭고, 향상시키며, 변화시키는 힘이 있는 경험들을 느낄 수 있도록 하는 것이기 때문이다. 그렇기 때문에 선수들에게 몰입 경험을 촉진시키는 요소들을 인지하도록 하고 강조할 필요가 있다.

선수들이 긍정적인 정신 자세를 성립하고 유지할 수 있도록 도와준다. Charles Swindoll은 이렇게 말했다. "내가 오래 살면 살수록, 태도가 인생에 얼마나 큰 영향을 미치는지에 대해 깨닫고 있다. 나는 인생의 10%가 운명에 의해 움직이고 90%는 인생에 어떻게 반응하고 있는지에 달려 있다고 확신한다." 만약 팀이 긍정적인 정신 자세를 가지고 있으며, 그 팀은 더욱더 화합력 있고, 훈련이 더욱더 생산적이며, 긍정적인 연습 분위기는 자연스럽게 선수들을 동기화 시켜주며, 몰입 같은 경험들을 느낄 수 있도록 도와준다.

어떤 선수들은 선천적으로 에너지가 넘치고 긍정적인 반면에, 일부 선수들은 항상 부루통한 상태에 있거나, 겁을 쉽게 내거나, 짜증이 많을 수도 있다. 이런 차이점은 자신들의 성격에서도 나올 수도 있지만, 부정적인 분위기를 가지고 오는 선수들에게 항상 긍정적인 정신 자세와 긍정적인 학습 태도를 유지할 수 있도록 도와주어야 한다. 선수들이 항상 긍정적인 상태에 유지할 수 있게, 그와 같은 목표를 세워 줄 수 있고, 선수들의 생각을 관리하고 유심 있게 바라보며 도와주거나, 자기 자신과의 대화를 긍정적인 방향으로 이끌어 줄 수도 있다. 코치는 부정적인 태도를 가진 선수를 항상 긍정적인 태도를 가진 선수와 결합하도록 하거나, 어떤 멘토를 찾아주어서 긍정적인 태도를 유지할 수 있도록 해야 한다. 긍정적인 정신 상태가 코칭 프로그램의 핵심이 되도록 한다. 팀의 규칙과 규율에 긍정적인 태도의 중요성을 각인 시키고 부정적인 태도를 가지고 있는 선수들에게는 처벌할 사항을 추가하는 것도 좋다.

경기 전과 도중에 긍정적인 정서와 정신 자세를 지니도록 격려한다. 2008년 FINA 다이빙 선수권대회가 열리는 중국으로 가기 전에, 미국에서 나는 내 선수 중 한 명에게 대회 이전과 도중에, 긍정적인 태도를 유지하지 않는다면 비행기에 탑승시키지 않겠다고 이야기했다. 이 선수는 주로 긍정적인 태도를 유지하는 선수였지만, 이런 세계적인 대회 출전은 처음이었기 때문에 불안해 했다. 왜냐하면 과거에는 경쟁 수준이 높은 대회에서 이 선수가 주로 보여주었던 긍정적인 태도보다는 항상 낯선 반응을 일으켰기 때문이었다. 이 부탁을 한 이유는 선수들이 긍정적인 태도를 유지하지 못하면 몰입의 경험을 하지 못할 것이라는 것을 내가 너무나도 잘 알기 때문이었다. 이러한 나의 조언에 따른 이 선수는 세계 대회에서 대단한 성적을 이루었다. 동메달을 따기에는 2점정도 뒤쳐져서 대회를 마무리했지만, 긍정적인 태도를 유지했기 때문에 세계에서 4위라는 영광을 받을 수 있었다고 나는 믿는다.

대체로 선수들은 연습에서 열심히 훈련하고 신체적으로 준비된 상태에 있지만, 심리적으로는 그렇지 못하는 경우가 많다. 선수들은 훈련과 연습에 긍정적인 태도를 유지할 수 있을지 몰라도 대회가 경기를 부정적으로 바라보기 때문이다. 이런 선수들은 대회에 참가할 때, 부정적인 태도를 가지고 있고, 스스로 깎아 내리는 생각과 경험, 그리고 나쁜 상황을 예측하거나, 대회를 두려워하고 안절부절 못하는 정서적 자세를 가지고 있을 수도 있다. 선수들을 인지적으로 재편성하고 변화시켜, 대회와 경기를 바라보고 생각했을 때, 새로운 시각과 관점으로 바라볼 수 있도록 도와주어야 한다. 선수들에게 대회와 경기란 성공할 수 있는 기회이자, 실패할 수 있는 기회라는 것을 알려주고, 공격적이고 적극적인 자세로 임해야지 두렵고 소심한 자세는 실패밖에 부를 수 없다는 것을 알려주어야 한다. 긍정적인 정신 자세가 선수들이 몰입을 경험하는 것을 보장하지는 않지만, 부정적인 정신자세는 실패를 보장한다.

긍정적인 정신 자세를 솔선수범하여 보여준다. 선수들이 긍정적인 정신 자세를 유지할 수 있게 도와줄 수 있는 제일 효율적인 방법은 코치가 원하는 태도를 솔선수범하여 선수들에게 보여주는 것이다. 코치가 만약 솔선수범하여 긍정적인 태도와 마음을 보여준다면, 팀도 자연스럽게 그런 분위기를 따라간다. 비슷하게 코치가 부정적인 태도와 마음을 가지고 있고, 그것을 표출한다면, 팀의 분위기도 부정적일 수밖에 없다. 지금 자신의 태도는 어떠한가? 코치가 선수들에게 보고 싶은 모습이 있다면, 코치로서 그 모습을 솔선수범하여 먼저 보여주는 것이 중요하다. 선수들이 긍정적인 정신 자세를 가지고 있기를 원한다면, 코치로서 먼저 긍정적인 정신 자세를 가지고 있다는 것을 보여주어야 한다.

선수들에게 몰입 경험을 억제하는 요소들을 다루는 방법을 가르쳐준다. 몇 년 전에, 나는 올림픽 다이빙 대표 Scott Donie가 어린 선수들에게 강의하는 것을 볼 수 있었다. 그 강의는 개인적으로 정말 인상 깊었고, Donie는 주로 통제할 수 없는 외부적인 요소들과 대회에서 생기는 스트레스를 겪는 상황 등을 다루는 방법에 대해 설명했다. 이 강의를 듣고 나서 나는 왜 Scott가 은메달을 목에 걸 수 있었으며, 올림픽 대표로 두 번이나 뽑혔는지 알 수 있었다. Scott는 몰입 경험을 억제하는 요소들을 다루는 방법을 정확하게 알고 있었다.

주로 대회에서 모든 것이 순조롭게 진행되지 않는다. 대회를 치르는 동안 항상 예측하지 못하는 장애물이 있고, 선수들은 몰입을 유지하기 위해 그런 장애물을 넘을 수 있는 힘을 가지고 있어야 한다. 선수들에게 몰입을 억제하는 요소들을 인지하도록 가르쳐주고, 그 억제하는 요소들을 해결할 수 있도록 도와주어야 한다. 예를 들어, 선수들이 실수를 하고 나서도, 다시 집중할 수 있는 방법, 부정적인 사고와 스스로를 깎아 내리거나 의심하는 생각을 제거하는 방법, 항상 긍정적인 생각과 자기 자신과의 대화에서 긍정적인 자세를 유지할 수 있는 방법, 통제할 수 없는 외부 상황이나 환경에 대해 대처할 수 있도록 도와주고, 부정적인 감정들을 버릴 수 있도록 가르쳐줘야 한다. 선수들에게 경기 전에 몇 가지 요소들이 뒤엉켰다고 해서, 대회나 경기가 다 엉망진창일 것이라는 생각을 버릴 수 있도록 가르쳐 줄 필요가 있다.

선수들의 기술 수준과 도전 난이도를 매칭 해준다. 선수들에게 도전 상황을 제시했을 때, 그 도전이 자신의 능력과 엇비슷하다면, 몰입된 경험을 촉진할 수 있다. 이를 위해서는 선수들의 실력을 고려하고 있어야 하며, 도전적인 과제 상황을 제시할 때에 너무 쉽거나 어렵지 않도록 유의하여야 한다.

▶ 유능성 동기 이론

Maslow의 이론을 포함한다고 하더라도, 동기와 관련한 이론들은 유능하고 싶어 하는 인간의 원초적인 동기를 간과하는 경향이 있다(Rowan, 1998). R. W. White (1959)는 유능성 동기 competence motivation, 즉, 내적 유능성을 성취하고 싶고, 자신이 스스로 유능하다는 느낌을 받고 싶어 하는 것은 인간에게 제일 필요한 요소 중 하나라고 이야기 했다. 나의 아들 David가 어렸을 때, 나는 David의 신발 끈 묶는 것을 도와주려고 했지만, 항상 내 손을 뿌리치며 "나 혼자 할 수 있어!"라고 이야기한 것이 기억난다. 37년 동안 코치 생활을 하면서, 나는 인간은 내적으로 모든 것을 스스로 해결하고, 유능하고, 능력 있는 사람이라고 증명하고 싶은 내적 동기가 있다는 것을 깨달았다. 이런 이유 때문에 어린 선수들이 왜 똑같은 동작을 열심히 훈련하는지, 완벽하게 소화하려고 노력하는지를 설명할 수 있다. 어린 선수들이 스스로 유능하다는 것을 느끼고 싶기 때문이다.

인간이 스스로 유능하다는 느낌을 얻고자 하는 내적 갈망과 동기를 고려하는 유능성 동기를 기반으로, Harter(1978)는 유능성 동기 이론 competence motivation theory 을 제시했다. 이 이론에 따르면, 선수들은 스스로 유능하다는 느낌을 원하고, 그 갈망을 해소하기 위해서 주어진 과제나 목표를 숙달하려고 노력한다는 것이다. 완벽함을 성공적으로 얻으려고 하는 선수들은 자기효능감을 높여주고, 스스로 유능하다는 느낌을 받으며, 또 다른 완벽함을 추구하려고 하는 확률이 높다. 하지만 완벽함을 얻지 못하고 실패한다면, 부정적인 감정과 자기가 유능하지 못하다는 실망감과 또 다른 도전을 시도하려는 확률이 낮아지고, 더 나아가 아예 그 스포츠를 그만 둘 수도 있다. 유능성 동기 이론에는 사람의 개인적인 성장을 고려하여 만들어진 이론이기 때문에 자아실현의 한 요소라고 생각할 수도 있다(Lefrancois, 2000).

▶ 유능성 동기 이론을 적용하여 선수들의 동기를 높이는 방법

성공적인 전문기술을 성취할 수 있도록 촉진한다. 선수들이 전문기술을 성공적으로 습득하게 된다면, 코치는 선수들을 간접적으로 선수들의 동기를 높일 수 있다. Harter의 이론에 따르며, 전문기술을 성공적으로 성취했을 때, 그 선수는 자아실현을 할 수 있도록 도와주는 것이며, 긍정적인 정서들을 심어주고, 동기부여 해주며, 또 다른 도전과 장애물을 넘을 수 있는 용기를 불어 넣어 주는 것이다.

선수들이 외적 동기화가 되지 않도록 주의시킨다. 어떤 때는, 코치가 선수들을 독촉하여 동기부여 하는 것도 좋은 방법이다. 올바른 상황과 올바른 방법으로 한다면, 이런 방식으로 동기부여 하는 것도 좋지만, 내적으로 자극 받아서 우러나온 동기보다는 훨씬 못하다. Harter(1978)는 선수들이 내적 동기가 생겨서 자신이 성취하려는 목표를 향해 노력하는 것은 스포츠 상황에서뿐만 아니라, 인생에 모든 순간에서 더욱더 효율적이라고 했다. 많은 선수들은 스스로 유능하다는 것을 증명하기 위해, 그 동기로 인해 훈련하고 반복적으로 연습한다. 이런 상황에서 코치는 어떠한 주도권을 잡아서는 안 된다. 코치는 학습이 원활하게 진행될 수 있는 기반을 만들어 주고, 선수들이 자율적으로 스스로 유능성을 얻고자 하는 갈망으로 인해 동기부여 되도록 옆에서 지켜보고 있어야 한다. 너무 많은 것을 하려고 하지 마라, 끊임없이 도전하는 선수가 스스로 되도록 내버려 두어야 한다.

유능성 동기 이론의 개념을 믿는다. 믿기 어려울 수도 있지만, 그리고 그렇게 보이지 않을 수도 있지만, 선수들은 항상 유능한 사람이 되고 싶고, 스스로 무엇인가를 해내고 싶은 욕구가 있다. 선수들이 유능하고 싶고, 스스로 무엇인가를 해내고 싶은 내적 동기가 우러나올 때까지, 유능성 동기 이론의 개념을 믿고 인내심 있게 참을성 있게 기다려야 한다. 소위 말해, 고압적인 부모님이나 코치 밑에서 활동하고 있는 선수들은 항상 외부적인 요소로 인해 선수 생활에 영향을 받았다. 그렇기 때문에, 자신이 내적으로 무엇인가를 이루고 싶은 욕구가 아니라 외부적인 요소로 인해 움직이고 있는 것이다. 이런 선수들은 스스로 무엇을 할 수 있다는 자기개념을 잃어버린 상태이다. 그렇기 때문에 코치로서, 선수들을 지지하되, 인내심 있게 기다려야 하며, 선수들에게 시간을 주고, 스스로 유능하고 싶은 스스로 무언가를 이루고 싶은 마음이 생길 때까지 참을성 있게 지켜봐야 한다.

하지만 마냥 지켜보고 기다리면서 과연 선수들을 동기부여 시킬 수 있는가? 코치는 선수들을 동기부여 해야 할 책임이 있다. 그러기 위해서 코치는 옆에서 가만히 지켜보는 것뿐만 아니라, Rogers의 이론을 적용하여 선수들을 동기부여 할 수 있다.

▶ Rogers 인본주의 이론

Carl Rogers는 유명한 심리학자로서, Rogers의 책, 생각과 이론은 수많은 심리학, 상담 방법, 그리고 교육 방식에도 큰 영향을 미쳤다. 그의 책 **학습의 자유** freedom to learn 는 (Rogers & Freiberg, 1994) 많은 교사들에게 큰 영향을 미쳤고(나를 포함하여) 열린 교실 open classroom 과 비지시적 교수 모형 nondirective model of teaching 같은 새로운 개념을 열어 주었다. Rogers의 책들은 내담자들과의 경험을 토대로 하여 쓴 것이며, Rogers의 관심은 개인적으로 다른 시각과 관점, 자신의 관계를 바라보는 태도, 그리고 변화와 성장을 이끌기 위한 제일 효과적인 학습 환경이 무엇인지에 대해 집중했다. Rogers의 이론 중, 열려있는 교실은 사실상 현대적으로 많은 인기를 잃었지만, 그래도 Rogers의 이론은 많은 교사들에게 학생들과 소통하고 상호작용 하는 것에 대해 많은 가르침을 주고 있다. Rogers의 이론은 학생들을 동기부여 하는 것에 초점을 맞추어 제시한 것이지만, 코치와 선수들 그리고 선수들을 동기부여 하는 데에도 유용하게 쓰이고 있다.

Rogers는 모든 사람들이 스스로를 성장하려고 하는 내적 동기가 있다고 제시했다. 사람들은 자신들의 선천적인 능력을 키우고 싶어 하고, 자율적인 사람이 되려고 노력하며, 자기결정성을 지닌 사람이 되고 싶어 한다고 했다. Rogers의 이론은 사람들이 자신의 운명을 스스로 통제할 수 있다는 것을 기반으로 하여 만들어 졌고, 자신들의 운명을 바꾸기 위해 외부적인 도움도 필요하다는 점을 명시했다. 이 도움은 비지시적이여야 하며, 다시 말해, 자신들 스스로 도울 수 있도록 해야 된다는 것을 의미한다. 다음 부분에서 우리는 사람들이 어떻게 스스로를 도울 수 있는지에 대해 알아 볼 것이다.

▶ 인본주의 이론을 적용하여 선수들을 동기부여 하는 방법

Rogers는 교사들이 학생들을 자아실현 시키기 위한 명백한 방법이나 단계적인 방식을 제시하지는 않았다. 하지만 자아실현을 얻기 위한 중요한 요소들, 그리고 그것에 대한 학습 과정과 가르침에 대한 지침서를 제공했다. 이 개념은 코치가 흥미롭고 효율적인 방법으로 선수들을 동기부여 하기 위해 적용될 수도 있다.

코치는 학습과정에서 촉진자로서의 역할을 한다. Rogers의 이론에 의하면, 코치는 옆에서 지켜보고, 비지시적인 방법을 사용하여, 선수들이 자기 자신을 이끌어 갈 수 있도록 도와주는 사람인 것이다. 비지시적인 코칭 방법 중 하나는 탐구적 접근 inquiry approach 이다. 탐구적 접근이란 선수들에게 질문을 함으로서, 선수들이 스스로 새로운 아이디어, 가능성, 접근방법을 깨닫게 도와주는 방식이다. 예를 들어 어떤 선수가 코치에게 와서 어떤 동작을 수행하기 위해 무엇을 고쳐야 되는지 묻는다면, 코치는 그 선수에게 "무엇을 고치면 될 것 같니? 왜 그것을 고쳐야 될 것 같니?"라고 묻는 것이다.

비지시적 접근 방법은 모든 상황에서 적용되지는 않는다. 예를 들어, 어리고, 처음으로 스포츠를 접하는 선수들에게 비지시적 접근 방법을 사용해서 앞서 제시했던 질문들을 물어본다면, 선수들은 초보자이기 때문에 그 질문들에 당황하고, 어떻게 대답해야 될지도 모를 것이다. 하지만 많은 상황에서 비지시적 접근 방식은 선수들의 사고와 책임감, 그리고 자율성을 유발할 수 있게 해주는 효율적인 코칭 방법이다. 비지시적 접근 방법은 코치가 독재자의 이미지에서 학습이 원활하게 진행되도록 도와주는 촉진자 역할로 변하게 된다. 그렇게 됨으로써 선수들은 학습과정에서 자기 자신이 지도자가 되며, 내적 동기를 유발할 수 있는 기반을 마련해 주는 것이다. 코치는 항상 촉진자가 되어 자율적인 선수들을 만들고, 내적 동기로 인해 훈련하는 선수들을 만들려고 노력해야 한다.

구성주의 접근 방법을 사용한다. 이것은 또 다른 비지시적 접근 방법인데, 구성주의란 철학적이며 심리적인 개념이다. 구성주의 constructivism 는 개인이 배우고 이해하는 정도는 개인에게 달려있다고 제시한다. 그렇기 때문에 구성주의 접근 방법은 선수들에게 초점을 맞추고, 발견 학습 discovery learning 과 비슷하게, 학습자의 노력이 수반되어야 새로운 정보를 습득할 수 있다고 보는 것이다. 구성주의 접근 방법과 함께 사용되는 개념 중 하나는 교수적 발판(비계) instructional scaffolding 의 설정인데, 이 개념은 코치가 선수들에게 스스로 성취할 수 없었던 것들만 도와주는 선별적인 도움을 통해(예: 질문, 집중력 유도, 힌트), 원하는 목표를 얻을 수 있도록 촉진자 역할을 하는 것이다.

선수들이 코칭과 학습 과정에 필수적으로 참여할 수 있도록 훈련 분위기를 조성한다. 이는 학습 경험에 코치와 선수 모두가 참가하는 것으로 의사결정 과정에 선수를 참여시키는 것을 의미한다. 코치는 선수 스스로가 훈련일지를 기록하며 자기진단을 하게 하고, 일상적인 연습 목표와 시즌 목표를 설정하는 데에 참여하도록 하는 등 전반적인 훈련 상황 등에 대해 되돌아보고 동료들과 공유하며 성찰하는 기회를 갖도록 하며 학습과정에 참여할 수 있게 할 수 있다. 저자는 이러한 과정을 통해 코치가 오히려 선수들로부터 많은 것을 배울 수 있다는 점을 경험하였다.

선수들이 스스로 훈련하여 성장할 수 있도록 지원한다. Rogers(Rogers & Freiberg, 1994)는 학생들이 자신을 스스로 절제하고 통제하는 능력 self-discipline 은 인본주의 교사 humanistic teacher 의 목표라고 믿고 있다. 선수가 스스로 훈련하여 발전할 수 있도록 하기 위해서, 선수들은 개인적 책무감을 받아들이고 이행해야 한다. 선수들은 또한 자신이 맡은 임무에 대해 책임을 지는 것도 필요하다. 책임감을 받아들이는 것 외에, 선수들은 자신을 스스로 절제하고 통제하는 능력에 대한 의미를 이해해야 한다. 자신을 스스로 절제하고 통제하는 능력은 아무도 보고 있지 않을 때에도 항상 무엇인가를 하거나 해야 한다는 것이 무엇인지를 알고 있어야 한다. 자신을 스스로 절제하고 통제하는 능력은 개인성장과 자아실현을 위해 필수적이다. 이러한 능력이 부족한 선수는 연습 상황에서 동기화 수준이 낮고 지속적으로 훈련에 참여하는 의지가 부족하다. 이러한 선수들은 결코 선수로서 최대 잠재력에 도달할 수 없다.

선수들의 자율성을 존중하고 발달시킨다. Rogers는 사람들이 자율성을 지닌 인간이 되기 위해서 도움을 주어야 한다고 주장했다. 선수들은 자신들의 삶과 연습과 운동 경력에 영향을 미치는 결정을 선택할 권리가 있다. 모든 선수들이 이러한 결정을 하는 것은 아니지만, 자신의 자율성을 존중해 주는 코치는 자기 자신을 존중하고, 가치 있게 생각하고 자신들의 의견을 받아들여 준다고 생각한다. 일부 코치들은 자신들의 권한과 통제 하에서 선수들의 생각이 일치하지 않기 때문에 선수 관계에서 문제를 겪고 있다. 실상은 정반대이다. 코치가 선수들에게 자율성을 지지하고 자유를 제공하면, 선수들은 자신을 통제하는 능력과 유능성과 성격의 강점을 이해할 수 있다.

비조건인 수용 학습 분위기를 성립한다. 비조건적으로 모든 것을 받아들일 수 있는 학습 환경은 선수들의 신뢰를 얻고, 따뜻함, 수용, 그리고 성장할 수 있는 분위기를 만들어 준다. 이런 환경을 만들기 위해서 코치는 선수들을 그 자체로 존중할 줄 알아야 하며, 학습 환경의 중심은 선수들이어야 한다. Rogers는 이런 학습 환경을 학생중심 학교 student-centered school 라고 했다. 학교뿐만 아니라 체육관에서도 코치는 이런 학습 환경을 만들어 줄 수 있다.

그리고 이런 학습 환경을 만들 수 있는지 없는지는 오로지 코치에게 달려있다. 선수들은 스스로 배우고 이해해야 되는 책임감을 키우면서, 학습에 대한 통제력을 얻고, 비조건적으로 승낙하는 코치가 되도록 노력해야 한다.

선수들이 스스로 동기부여 할 수 있는 사람들이라는 것을 믿고, 이 믿음과 일치된 행동을 한다. 선수들은 자기 자신에 대한 의견을 성립할 때, 중요한 타자(의미 있는 타인) significant others 로부터의 피드백을 기반으로 하여 만들어 간다. 중요한 타인들 중에서도, 선수들은 코치의 피드백을 제일 중요시한다. 만약 코치가 선수들을 바라볼 때, 선수들이 스스로 동기부여 할 수 있는 사람들이라고 믿고, 그렇게 행동하도록 도와주며, 코치의 믿음이 행동과 일치할 때, 선수들에게 큰 용기를 심어준다. 그러나 코치가 이와 반대로, 선수들이 코치를 자신들을 동기부여 할 수 없는 사람이라고 믿는다면, 그 선수들은 그런 사람들이 될 것이다. 코치가 자신의 선수들을 바라 볼 때, 어떤 믿음을 가지고 있는가?

비지시적인 방법과 촉진자 역할의 언어를 사용하여, 선수들의 행동과 태도를 형성해주는 것이 필요하다. 다음은 이 기법의 일부이다.

- **성찰하는 코치가 된다**. 선수들이 이야기를 하면, 진지하게 경청해야 한다. 선수들의 의견에 대해 생각하고, 선수들이 사고를 깊이 있게 할 수 있도록 격려해야 한다. 선수가 어떤 이야기를 할 때, 그 이야기를 듣고, 정확히 이해했는지 요약해서 다시 말해줄 필요가 있다. "그럼 네가 말한 것은 _____ 이니, 너는 내가 무엇을 어떻게 하는 것이 좋다고 생각하니?"
- **지지하는 코치가 된다**. 선수들에게 무조건적으로 지지하고 승낙하는 코치가 되어야 한다. 그 선수가 무슨 말을 하든, 진심으로 그 말을 고려하고, 그 선수를 존중해주고, 그 선수의 생각 또한 생각하고 있어야 한다.
- **선수 스스로 평가할 수 있도록 도와준다**. 항상 선수들에게 "네가 더욱 더 성장하기 위해 무엇을 어떻게 할 수 있을 것 같니?"같은 질문들을 던져야 한다.
- **책임감을 가질 수 있도록 도와준다**. 항상 선수들에게 "너는 지금 무엇을 해야 되니?"같은 질문들을 던져야 한다.

▷ 끊임없이 도전하는 선수

<u>끊임없이 도전하는 선수</u> unstoppable athlete 는 자신이 하는 스포츠를 사랑하고, 결과보다는 노력으로 강화되며, 외적 보상 보다는 내적 동기로 인해 움직이는 선수들이다. 자기 자신을 평가할 때, 긍정적인 마음을 가지고 있으며, 이 긍정적인 평가는 자신의 의미있는 중요한 타인으로부터의 피드백으로 인해 성립된 것이다. 선수들은 인지적으로 깨어있으며, 자기 자신과의 대화를 긍정적인 방향으로 이끌어 가며, 높은 유능성과 자신감을 지니고 있고, 이런 성향들을 가지고 있는 코치 밑에서 훈련받고 성장한 선수이다. 자신의 코치

를 바라보면서 긍정적인 정신 자세를 얻었고, 끊임없이 도전하는 선수는 자기결정성이 높으며, 자율성 있고, 꿈을 좇는 것을 두려워하지 않고, 꿈을 현실로 만들기 위해서 매일 매일 노력하는 선수들이다.

스포츠라는 것이 훌륭하지 않은가? 스포츠의 의미에 대해 잠시 생각해도 좋고 계속 탐구해도 좋다. 스포츠는 어린 아이들, 유치원생부터 시작하여 어른들에게 성공, 행복, 몰입, 도전 정신, 성취감, 자신감, 자기효능감, 자율성, 내외적 동기, 희망, 낙천, 긍정적인 정신 자세, 자존감 향상, 자기결정성, 동기부여 등의 모든 경험을 할 수 있도록 도와준다. 그리고 코치로서 이런 경험을 할 수 있고, 이런 성향을 가진 선수들을 만들기 위한 책임과 재미를 느낄 수 있는 것이다.

▷ 끊임없이 도전하는 코치

끊임없이 도전하는 선수들은 <u>끊임없이 도전하는 코치</u> unstoppable coach 가 필요하다. 코치는 동기가 강한 선수들을 만들기 위한 큰 책임을 지고 있다. 그리고 동기가 강한 선수들을 만들기 위해서, 자기 자신도 강한 동기를 지닌 코치가 되어야 한다. 코치의 직위는 팀과 프로그램에 대한 목표와 동기에 대한 분위기를 성립한다. 자신이 싫어했던 교사나 코치를 떠올려보자. 그런 교사나 코치처럼 부정적이고, 게으르고, 인지적으로 부족하고, 외적 동기로만 움직이는 사람이 되기는 아주 쉽다. 이제 자신이 좋아했던 교사나 코치를 기억해 보자. 자신에게 큰 영향을 미치고, 스포츠나 그 과목에 대한 사랑을 심어준 사람, 그 코치나 교사를 너무 좋아한 나머지 코치가 되고 싶었던 꿈을 키워준 사람. 그 사람은 우연히 그런 코치나 교사가 된 것이 아니다. 그 사람은 항상 에너지가 넘쳤고, 지식도 풍부했으며, 긍정적이었고, 자기결정적이었고, 내적 동기로 움직이는 사람이었다. 누구나 그런 코치가 될 수 있도록, 끊임없이 도전하는 코치가 될 수 있도록 노력하여야 한다.

(코치의 도구상자)

동기이론은 코치의 도구상자 안에 들어갈 첫 이론이기도 하지만, 제일 중요하기도 한 이론이다. 코치는 더욱더 많은 동기 이론을 숙지하고, 이해하고, 적용할수록, 동기부여의 왕이 될 수 있다. 코치가 올바른 방법과 선택을 통해서 끊임없이 도전하는 선수들을 육성한다면, 끊임없이 도전하는 코치가 될 수 있다. 일부 코치들이 애매모호하고 의심스러운 동기 이론들을 적용하기도 한다. 이런 이론들이 선수들을 동기부여 하는데 도움이 될 수도 있지만, 이 이론들은 비효율적이며 부적절한 경우가 많다. 선수들을 동기부여 할 때, 증명되고 확실한 동기 이론들을 적용하고, 행동주의, 인지주의, 사회 인지 학습 이론, 인본주의 관념들을 포함시키거나 기반으로 한 이론들을 사용하도록 해야 한다.

과학적이며 예술적인 코치

행동주의 관점에서 본다면, 과학적인 코치는 강화와 외적 피드백을 올바르게 사용하여 내적 동기를 유발할 수 있는 방법을 알고 있다. 예술적인 코치는 각각의 선수들이 수많은 외부적인 요소 중, 무엇을 보상이라고 생각하는지에 파악하고 있다. 그리고 그 보상을 언제 제공하고, 억제하는 방법까지 알고 있다. 또한 예술적인 코치는 올바른 학습 환경과 상황을 제공하여 선수들이 그 스포츠를 사랑할 수 있도록 도와준다.

인지주의 관점에서 본다면, 과학적인 코치는 노력, 높은 자기효능감, 긍정적인 태도와 행동, 그리고 높은 자기 자신에 대한 평가를 보상과 연결하는 방법을 알고 있다. 이러한 코치들은 솔선수범하여 올바르고 긍정적인 태도와 행동을 보여주고, 자율성 있는 모습과 선수들이 성공을 경험할 수 있는 학습 환경과 상황을 제공해 주며, 자기 자신과의 대화를 긍정적인 방향으로 이끌어 갈 수 있도록 도와준다. 예술적인 코치는 선수들에게 태도와 자기신뢰에 대한 새로운 시각과 관점을 제공해주고, 선수들이 원하는 모든 것을 성취할 수 있다는 것을 설득하고, 선수들의 실력과 도전 수준의 균형을 맞출 수 있는 힘을 가지고 있다.

사회 인지주의 관점에서 본다면, 과학적인 코치는 자극 받은 행동과 태도를 강화하고 선수들이 올바른 행동과 태도를 모방할 수 있도록 도와준다. 과학적인 코치는 훈련을 성공적으로 수행하는 것과 그 느낌을 유발하고 경험하기 위해 치밀한 훈련 계획을 만들며, 선수들이 미래에도 도전을 두려워하지 않고 정면승부 할 수 있는 힘을 키워준다. 예술적인 코치는 개인적인 행동과 태도에 집중하여, 선수들이 항상 올바른 행동과 태도를 모방하고 관찰할 수 있는 훈련 환경과 연습 분위기를 성립한다.

인본주의 관점에서 본다면, 과학적인 코치는 인본주의 심리학을 이해하고, 그것이 얼마나 중요한지 인지하고 있다. 이러한 코치들은 스포츠의 전략 부분만 보는 것이 아니라, 선수들을 동기부여하기 위해서, 선수들의 내적 동기를 키우려고 애쓰며, 자기효능감과, 자신의 잠재력을 모두 깨울 수 있도록 도와준다. 그리고 과학적인 코치는 선수들의 기본 욕구들과 상위 욕구들을 충족시키는 방법을 알고 있다. 예술적인 코치는 언제 어디서, 그리고 어떤 상황에서 비지시적인 코칭 방법을 사용할 때를 알고 있으며, 구성주의 접근 방법과 개인의 자율성을 중요시하며, 더 나아가 선수들을 비조건적으로 승낙할 수 있는 마음을 가지고 있고, 코치가 군주적인 사람이 아니라 촉진자 역할을 사용함으로써 선수들을 도와준다.

> 코치가 이 3가지를 기억한다면

1. **다양한 이론들을 이해하고, 그 이론들을 유용하게 사용하여 선수들을 동기부여 하도록 노력한다.** 수많은 동기 이론이 존재하고, 상황과 때에 따라서 그 모든 동기 이론들은 현실에 유용하게 적용될 수 있다. 어떤 동기 이론이 어떤 선수와 상황에 맞을 수도 있고, 또 다른 동기 이론이 다른 선수와 상황에 맞을 수도 있다는 것이다. 각각의 동기 이론들은 선수들을 동기부여하기 위해 사용할 수 있기 때문에, 어느 하나의 동기 이론만 집착하는 것은 현명하지 않다. 예를 들어, 인본주의 이론을 적용하여 선수들을 동기부여 한다고 가정한다. 현재 교사를 하고 있는 사람들과 '올해의 교사'로 선정되었던 교사들을 비교해 보았을 때, 올해의 교사로 선정되었던 교사들은 주로 인본주의 이론을 적용하여 학생들을 가르치고 있었다. 만약 선수들에게 높은 자존감과 자신을 '올해의 코치'로 선정시키고 싶은 마음이 들게 하고 싶다면, 인본주의 이론을 적용하여 선수들을 동기부여 하는 것이 좋다.

2. **선수들을 동기부여 할 때, 제일 큰 영향을 미치는 사람은 코치라는 것을 기억해야 한다.** 선수들을 동기부여 할 때, 코치는 주인공이라는 것을 잊지 말아야 한다. 지금까지 우리가 공부했던 동기 이론을 본다면, 선수들과 함께, 항상 코치는 주인공이라는 것을 알 수 있을 것이다. 주인공으로서 코치의 역할은 다음과 같다.

   - 전달자: 칭찬, 보상, 피드백을 통해 강화를 전달한다.
   - 창조자: 선수들이 스포츠를 사랑할 수 있는 환경과 조건을 제공한다.
   - 롤 모델: 희망, 긍정, 행동, 태도, 동기, 책임감, 노력 등의 모습을 솔선수범하여 보여준다.
   - 결정자: 어렵지만 이룰 수 있는 목표들을 설정해 주어야 한다.
   - 신뢰자: 선수들에게 자신들이 유능하고 능력 있는 선수라는 믿음을 전달해 주어야 한다.
   - 지지자: 성공 결과 보다는 노력, 도전, 긍정적인 자기 자신과의 대화를 지지해주는 사람이어야 한다.
   - 충족자: 선수들의 기본 욕구와 상위 욕구를 충족해 주어야 한다.
   - 촉진자: 비지시적 코칭 방법과 구성주의 모델을 적용하여 선수들을 가르쳐야 한다.

   코치가 이런 역할을 통해, 선수들을 동기부여 한다면, 이 연극의 제목은 끊임없이 도전하는 선수이며, 성공하면 미국 할리우드까지 갈 수 있는 가능성을 가지고 있다.

3. **동기는 코치의 효율성과 선수들의 성취에 제일 중요한 요소라는 것을 잊지 않는다.** 동기 이론을 이해하고 있는 코치들은 어떤 결정과 선택이 선수들을 동기부여 할 수 있는지 알고 있으며, 끊임없이 도전하는 선수들로 만들 수 있는 방법을 알고 있다. 동기는 알려지지 않은 변수인 X 요인이라고 불리기도 하며, X 요인은 성취결정과 태도를 의미한

다. 평범함과 탁월함 간의 차이는 패배를 두려워하지 않고, 피로와 자기회의감, 역경, 좌절감, 부상 등을 극복하고 치유하는 불굴의 의지 indomitable force 이다. 동기수준이 높은 선수는 어떤 힘에도 움직이지 않는 대상을 움직이게 하는 힘을 지니고 있다.

➔ 추천 도서

Jackson, S. A. & Csikszentmihalyi, M. (1999). *Flow in sports: The keys to optimal experiences and performances.* Champaign, IL: Human Kinetics.

Joyce, B., Weil, M., & Calhoun, E. (2009). *Models of teaching.* Boston: Allyn & Bacon.

Rogers, C. R. & Freiberg, H. J. (1994). *Freedom to learn.* New York: Macmillan.

Weinberg, R. S. & Gould, D. (2011). *Foundations of sport and exercise psychology* (5th ed.). Champaign, IL: Human Kinetics.

CHAPTER 02 회복력이 좋은 선수
귀인 이론의 적용

주요용어

- 무동기(amotivation)
- 의존성 귀인(attribution-dependent)
- 비의존성 귀인(attribution-free)
- 귀인 이론(attribution theory)
- 귀인(attributions)
- 경쟁 분위기(competitive climate)
- 공변화 원리(covariation principle)
- 자아향상 전략(ego-enhancing strategy)
- 자아중심 학습자(ego-involved learners)
- 자아보호 전략(ego-protecting strategy)
- 실제 관점(entity view)
- 실패-수용 선수(failure-accepting athletes)
- 실패-회피 선수(failure-avoiding athletes)
- 기능적 귀인 전략(functional attribution strategy)
- 무력감(helplessness)
- 희망(hopefulness)
- 절망(hopelessness)
- 향상 관점(incremental view)
- 학습 목표(learning goal)
- 인과 소재(locus of causality)
- 통제의 소재(locus of control)
- 논리적 귀인(logical attribution)
- 부적응적 귀인 패턴(maladaptive attributional pattern)
- 숙달 분위기(mastery climate)
- 숙달 지향적인 선수(mastery-oriented athletes)
- 수행 분위기(performance climate)
- 수행 목표(performance goal)
- 개인 책무성(personal responsibility)
- 회복력(resilience)
- 회복력이 좋은 선수(resilient athlete)
- 회복력이 좋은 코치(resilient coach)
- 자기결정 이론(self-determination theory)
- 안정성(stable)
- 불안정성(unstable)

> "성공의 비법을 제가 알려주길 원합니까? 그것은 아주 간단합니다. 당신의 실패율을 곱하세요. 당신은 성공의 적을 실패라고 생각합니다. 하지만 사실 그렇지 않습니다. 당신은 실패로부터 좌절할 수도 있고 실패로부터 배울 수도 있습니다. 그렇기 때문에 먼저 실패를 경험하세요. 당신이 할 수 있는 만큼 하세요. 왜냐하면 그 방법이 당신이 성공을 찾을 수 있는 길이기 때문입니다."
>
> *Thomas J. Watson*

1 '20등이라니, 젠장! 120등이라니...' 경기를 마친 한 선수는 홀로 라커룸에 서서 이 생각만 하고 있었다. 홀로 라커룸에 서서 이를 악물고 목에 주먹만 한 응어리가 진 채로 마치 석탄을 다이아몬드로 압축하려는 듯 주먹을 꽉 쥐며 이 선수는 이 생각밖에 할 수 없었다. 120등이라는 형편없는 성적을 합리화할 수 있는 이유는 많았다. 이 선수는 아직

초보자였으며 시합에 나가 다른 선수들과 경쟁할 준비가 잘되어 있지 않았다. 어떤 누구도 이 선수와 같은 이러한 상황에서는 똑같이 형편없는 결과를 얻었을 것이다. 하지만 120등이라고? 이 선수는 그 생각 외에는 아무 생각도 할 수가 없었다. 그 시합은 미국 국가대표 챔피언십에 진출할 수 있는 유일한 예선 대회였고, 120명의 경쟁자 중 꼴찌였다. 이 선수는 화나 있었고, 분노를 느끼고 격노로 가득 찼다. 좀 더 정확히 표현하면, 창피스럽고, 수치스럽고, 자신의 자아와 자존심이 상처를 입었다고 느끼고 있었다. 이 선수는 이러한 감정들이 쓰레기 더미에 던져지는 쓰레기처럼 사라지기를 원했다. 그러나 다행하게도 이 감정들은 바로 사라지지 않았다.

다행이라고? 선수들이 실패에 대해 서로 다르게 반응한다는 사실은 매우 재미있다. 일부는 실패가 선수들을 심리적으로 압도하고 희망이 사라지게 놔두는 반면, 일부는 실패를 동기에 대한 연료로 삼아 희망과 끈기를 유지한다. 이 선수의 경우, 120등은 순위가 동기를 불태우는 촉진제가 되었다. 유일하게 그 불을 끄는 방법은 다음 해에 예선전에서 더 좋은 실력을 발휘하는 것이다. 그 외에는 아무것도 할 수가 없었다. 그리고 이 선수가 보상을 맛볼 유일한 길은 더 많은 노력을 하는 것과 그리고 운동 실력을 쌓는 것이라는 것을 알고 있었다. 국가 챔피언십의 자격이 될 수 있는지에 대한 확신은 없었지만, 이 선수는 그 자격에 신경 쓰지 않았다. 그저 자기 자신, 그리고 다른 사람들에게 자신의 고민과 불타는 감정을 던져버리고, 자부심, 능력, 만족의 감정으로 바꿀 수 있다는 것을 증명하고 싶었을 뿐이다. 이 선수는 부모에게 자신이 100% 스포츠에 전념할 것이라고 얘기했고 부모님은 자식의 모든 요청을 지지해줬다. 그리고 코치를 찾아가 같은 내용을 전달했다. 그리고 코치에게 주중 유일한 휴일에 자신의 짧은 훈련을 도와달라고 부탁했다. 코치도 그 부탁을 수락했다.

일 년 후, 이 선수는 사건 현장인 예선 대회로 돌아왔다. 시합에서 이 선수는 압도적으로 승리를 달성하지는 못했지만, 그 대신 4위 안에 들어 국가대표 자격을 얻었다. 일 년 동안 기량을 쌓고 노력한 결과 120등에서 4위까지 올라왔다. 일 년 전에 느낀 나쁜 감정들은 마침내 비워졌고, 새로운 감정이 실어졌다. 한 덩어리의 석탄에 불과했던 선수는 마침내 자기 자신을 빛나는 다이아몬드로 변신시켰다. 이것은 이 선수의 인생에서 제일 만족스럽고 기억에 남는 경험이다. 이 선수는 이러한 모든 과정과 결과를 개인의 책임으로 받아들이고, 더 노력하고 능력을 향상함으로서 달성했다.

2011년 11월, **뉴욕타임스**는 한 유망한 야구 선수가 개인적 패배 후 절망적인 상태에 빠졌다는 기사를 보도했다(Atkins, 2011). 그 선수는 희망을 잃고 야구를 포기했다고 한다. 몇 년 후, 그 선수는 과거를 뒤돌아보며 만약 그 당시 상황이 달랐다면 내가 무엇을 달성할 수 있었을까 하고 생각에 잠겼다고 한다.

역경과 실패를 마주했을 때, 왜 어떤 선수는 희망을 붙들고 재기하며, 왜 어떤 선수는 그것에 의해 전념하게 될까? IBM의 전 회장, Thomas J. Watson이 이 장 첫 글에서 이야기

했듯이, 실패는 과정의 일부이다. 이 개념은 특히 선수나 코치로서 향상되거나 운동에서 성공하는 데에 적용된다. 과학자, 투자자, 사업가, 예술가, 선수, 코치 등 모든 사람 중 달콤한 성공을 맛보기 전에 쓴 실패를 경험하지 않은 사람은 없다. 실패는 포용해야하는 것이다. 실패는 하나의 배움이고, 성장하고, 성공하는 경험이다. 그러나 많은 선수는 여전히 실패를 피해야하는 것으로 인식하고 있으며, 실패의 경험에 적응하지 못하고 실패에서 회복해 극복을 해내지 못한다.

<u>회복력</u> Resilience; 심리적 면역력 은 불행이나 변화에서 빠르게 회복하거나 적응하는 능력이다. 이 장은 <u>회복력이 좋은 선수</u> resilient athlete; 심리적 회복력이 좋은 선수 의 이야기이며, 코치가 되고자 하는 이들에게 어떻게 선수가 희망을 유지하고 불행에서 빠르게 회복하고 적응하며 운동적 성공을 찾을 수 있게 사고방식을 수립할 수 있는지를 설명한다.

개 요

이 장은 귀인 이론 attribution theory 에 대해 먼저 설명하고, 귀인 이론의 주요 핵심요소인 통제 소재 인과성; causality, 개인적 책임 통제능력; controllability 과 안정성 stability 등 귀인의 3가지 차원에 대해서 설명할 것이다. 그 다음 능력에 관한 믿음(이러한 믿음이 변덕스러운지 아닌지), 지각된 통제 소재에 대한 정서적 반응과 숙달 성향에 대해 살펴볼 것이다. 이 장은 회복력인 좋은 resiliency 선수를 만들기 위한 귀인 이론의 몇 가지 적용사례를 설명한다.

▷ 귀인 이론

서브를 잘 넣는 선수와 팀은 배구 경기에서 이길 수 있다. Oddly는 경기 전이나 경기 중에 지나치게 흥분을 하거나 매우 큰 만족감을 느끼는 선수로 보이지 않는다. 그러나 경기가 끝난 후에 Oddly는 자신의 수행에 대해 그 밖의 다른 무엇보다도 운이 좋았기 때문이라고 말했다. 어떻게 이런 동기화되지 않은 행동을 설명할 수 있을까? 자기효능감 이론 self-efficacy theory 에 따르면, 성공과 실패는 선수들 본인의 유능성에 관한 피드백을 제공하는데, 왜 Oddly는 유능성과 만족감을 경험하지 못하는 것일까? 선수들은 항상 잘 예측할 수 없다. 선수들은 우리가 예측하는 방법으로 자신들의 성공과 실패에 반응하지 않는다. 선수들이 좋은 수행을 보일 때, 일부 선수들은 자신들이 열심히 노력했고 자신의 능력을 믿기 때문에 좋은 결과를 얻을 것이라고 믿지만, 다른 선수들은 일부 외적인 원인과 다른 팀 동료들의 기여 또는 운 때문에 성공할 것이라고 믿는다. 이러한 믿음을 조절하는 무엇이 선수들의 삶에서 경험하는 사건들을 만드는 원인(귀인)을 설명해준다.

<u>귀인 이론</u> attribution theory 은 사람들이 자신들의 행동에 대한 결과의 원인이 무엇인지를

해석하려는 인지동기 이론cognitive motivation theory 이다. 귀인 이론에 의하면, 모든 사람들의 관심은 지각된 원인perceived causes 의 관점에서 자신들의 행동을 설명한다. 다른 말로, 사람들은 자신들의 성공과 실패를 이해하기 위해 **왜**? 라고 자기 자신에게 묻는다. "왜 나는 오늘 골프를 잘 치지 못했지?", "왜 나는 배구를 잘 하지 못했지?", "왜 나는 달리기 경기에서 졌지?", "왜 나는 루틴에 실패했지?", "왜 나는 과제를 망쳤지?"처럼 왜? 라는 질문을 던진다. Heider(1944, 1958)와 Weiner(1972)의 연구에 따르면, 귀인에 대한 통제 소재(원인과 결과)와 안정성 등 2가지 주요 원인적 차원causal dimension 이 있다. 이후에 Weiner(1985)는 인간의 성취 지향 행동과 비성취 지향 행동을 설명하기 위해서 3가지 요인을 제안했다. 그리고 이러한 3가지 요인은 인간의 행동을 설명하는데 유용하다. 〈그림 2.1〉에 제시된 3가지 요인은 통제 소재(원인 소재로써 참고가 되는), 통제 가능성(개인적 책임)과 안정성이다.

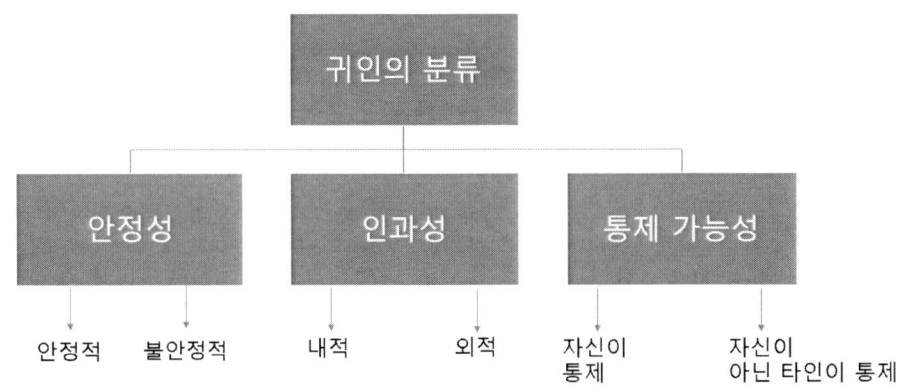

| 그림 2.1 | Weiner(1985)의 귀인 원인의 3차원 모델

▶ **통제 소재(인과성)**

우리는 귀인을 통제 소재(상황)에 크게 의존하여 생각한다(Weiner, 1994). <u>통제 소재 또는 원인과 결과(인과 소재라고도 알려져 있다)는 한 개인이 통제하거나 통제하지 못한 특정 원인에 대한 행동 결과를 귀인하는 개인의 일관된 경향을 의미한다.</u> 즉, 개인이 자신의 행동(운명)을 통제할 수 있는 정도를 뜻한다. Weiner에 따르면, 일부 사람들은 **내적 중심** internally oriented 으로 귀인을 하고, 다른 일부는 **외적 중심** externally oriented 으로 귀인을 한다. 내적 중심인 사람들은 자신들의 성공과 실패를 능력, 노력과 그리고 능력과 노력의 결합으로 본다(귀인 한다). 이러한 귀인은 개인의 내적 통제를 의미한다. 경쟁상황에서 이러한 선수들은 신체적 재능(능력)과 열심히 훈련하는 것(노력)으로 자신들의 성공에 대한 통제 소재를 내적 요소로 귀인 한다. 반대로 외적 중심인 선수들은 자신들의 성공과 실패에 대한 귀인을 운과 어려운 과제 등과 같은 다른 외적 요인 때문이라고 생각한다. 경쟁상황에서 이러한 선수들은 운(배구 선수의 예처럼)을 성공에 대한 요인으로 보고, 자신들이 저조한 수행을 보였을 때 그 이유를 과제가 어려웠기 때문에 실패했다고 생각하면서 성공과 실패에 대한 통제 소재를 외적 요소로 귀인한다.

▶ 개인 책무성(통제 가능성)

내적중심과 외적중심은 선수들의 개인 책무성personal responsibility과 통제 가능성 controllability에 대한 생각(느낌)을 결정한다. 통제 소재를 외적으로 생각하는 선수들은 통제 외부에서 자신들의 성공과 실패를 바라본다. 결과적으로 이들은 자신들의 행동 결과에 대해 개인적 책임이 없다고 생각한다. 반대로 통제 소재를 내적으로 생각하는 선수들은 통제 내부에서 자신들의 성공과 실패를 바라본다. 결과적으로 이들은 자신들의 행동 결과에 대해 개인적 책임이 있다고 생각한다. 예를 들어, 외적 통제 소재를 지닌 선수들은 자신들의 목표 달성 실패를 동료선수들이 도와주지 않았기 때문이라고 생각한다. 그렇지만 내적 통제 소재를 지닌 선수들은 실패에 대해 자신의 동료선수의 기술 부족과 도움 부족이라고 생각하기 보다는 실패를 자신의 책임으로 생각한다.

또한 개인적 책임은 노력을 **내적인** 요인으로 해석한다. 외적 통제 소재를 지닌 선수들은 자신들이 통제할 수 없는 외부 요인으로 노력을 지각하기 때문에 개인적 책임이 없다고 생각한다(예 : 내가 노력을 열심히 했는데 실패를 했다면 그건 다른 이유 때문이야). 반대로, 내적 통제 소재를 지닌 선수들은 자신들이 통제할 수 있는 내적 요인으로 노력을 지각하기 때문에 개인적 책임이 있다고 생각한다(예 : 내가 노력을 열심히 했는데 실패를 했다면, 내 노력이 부족했기 때문이야). 예를 들어, 선수들이 나쁜 수행을 보였을 때, 외적 통제 소재를 지닌 선수들은 컨디션이 좋지 않아서, 운이 없어서 또는 다른 외적 통제 요인 때문에 자신들이 나쁜 수행을 보였다고 귀인하고, 이러한 귀인 요인 때문에 자신들의 행동 결과에 대한 개인적 책임이 작다고 생각한다. 반대로 내적 통제 소재를 지닌 선수들은 노력의 부족으로 인해 나쁜 수행을 보였다고 귀인하며, 다음 경기에서 보다 많은 준비를 위해 연습을 더욱 열심히 해야한다고 생각한다.

또 다른 내적 요인은 능력ability이다. 이 주제는 선수들과 코치들이 능력을 타고난 것 또는 후천적인 것 중 하나로 바라보기 때문에 흥미롭다. 외적 통제 소재를 지닌 선수들은 자신들의 능력을 타고난 것으로 생각하기 때문에 수행 변화에 대한 책임을 본인에게 있다고 생각하지 않는다. 반면에 내적 통제 소재를 지닌 선수들은 이 장 오프닝 이야기opening story에서 120등을 한 선수처럼 실패에 대한 책임을 자신에게 있다고 보고 자신의 능력을 최대화시키기 위해 더욱 노력한다. 다음 부분에서 설명하겠지만, 선수들이 자신들의 능력을 안정적이고 변화되지 않는 것으로 생각하는지 또는 불안정적이고 변화되는 것으로 바라보거나 그렇게 생각하지 않는지에 대해서 살펴볼 것이다.

▶ 원인의 안정성과 불안정성

선수들은 자신들의 수행 결과에 대한 귀인을 안정성이 높고, 변화하지 않는 것 또는 불안정하고 변화하는 것으로 바라볼 수 있다. 안정적인 stable 원인은 능력과 과제 난이도를 포함하고 있으며, 불안정적인 unstable 원인에는 노력과 운을 포함하고 있다. 예를 들어, 선수들이 능력 때문에 실패했다고 생각한다면, 나쁜 수행에 대해 선수들은 내적이고 안정적인 요인으로 귀인하기 때문에 향후 더 나은 수행을 보일 수 없을 것이라고 예상할 수 있다. 반대로, 노력의 부족 때문에 실패했다고 생각하는 선수들은 자신들의 나쁜 수행에 대해 내적이고 불안정적인 요인으로 귀인**할지 모르기** might 때문에 향후에 더 좋은 수행을 보이고 더욱 노력을 많이 할 것이라고 예상할 수 있다.

일지도 모른다 might 라는 단어는 선수들이 자신들의 능력에 대한 믿음을 안정적인 것으로 생각하는지 또는 불안정적 것으로 생각하는지에 따라 지각하는 것이 다르기 때문에 중요하다. 이러한 믿음은 선수들의 성공과 실패에 대한 귀인에 영향을 미치기 때문에 코치들이 중요하게 생각해야 한다는 것을 명심해야 한다. 다음 부분부터 이 개념에 대해 아주 구체적으로 설명할 것이다.

▷ 능력에 대한 믿음

선수들은 능력에 대해 실제 entity 믿음과 향상 incremental 믿음 등 2가지 관점으로 작용될 수 있다. 능력에 대한 실제 관점 entity view 은 안정적이고 통제가 불가능한 것으로 능력을 바라보는 것이며, 능력은 타고난 것이며 변화될 수 없는 것으로 바라보는 것이다. 이 관점에 따르면, 일부 선수들은 다른 선수들보다 더 큰 능력을 지녔다고 생각하며, 각 개인의 능력 수준이 이미 결정되어 있다는 것이다. 반대로, 능력에 대한 향상 관점 incremental view 은 불안정적이고 통제 가능한 것으로 능력을 바라보며, 능력이 노력을 통해 향상되고, 확대되고, 변화된다고 생각한다.

신체적 능력을 실제 관점으로 보는 선수들은 쉽게 달성할 있는 수행 목표를 설정하고 그에 따른 쉬운 전략을 사용하는 경향이 있다. 이러한 선수들은 도전과 위험부담을 기피한다. 실제로 이러한 선수들은 자신들이 경쟁할 수 있는 상황과 자존감을 보호할 수 있는 상황만을 찾는다. 이들은 가장 잘하는 것만 하려는 경향이 있으며, 자신들이 열심히 한다고 생각하기 때문에 위험을 감수하거나 또는 결코 지나친 노력을 하지 않는다. 또한 이들은 실패를 능력이 낮기 때문이라고 생각하므로 자존감도 감소할 것이다. 이러한 선수들은 아주 높은 목표를 설정하거나 스스로의 한계에 도전하고 어려운 과제를 수행하고자 하는 의지가 높지 않다. 또한 이들은 연습에서도 동기가 낮다.

실제 믿음을 지닌 선수들은 꾸물대거나 열심히 노력하지 않는 행동 경향을 지니고 있다. 이러한 상황에서, 이들은 도전을 받아들이기도 하지만, 열심히 노력하지는 않는다. 따라서 다음과 같은 추론을 할 수가 있다. "내가 시도하지 않아서 실패를 했다면, 그것은 내가 능력이 없어서가 아니야."라고 생각할 것이다. 이러한 선수들은 시합이 다가올수록 훈련을 열심히 하지 않고(훈련량을 줄임) 다른 변명을 늘어놓는다. "나는 시합을 위해 열심히 훈련하지 않았어, 그래서 시합에 대한 준비가 되어 있지 않았어." 이와 같은 발언은 이들이 나쁜 수행을 보일 때 하는 변명들이다. 또한 이들은 이러한 이유를 대면서 성공에 대한 기준을 낮춘다. "나는 첫 번째 컷(골프)만 통과했는데, 짧은 연습만으로 첫 번째 컷이라도 통과했다는 것은 정말 대단한 거야." 이와 같은 전략들이 실패에 대한 부정적인 자기 암시 self-implication 와 불안을 감소시키는데 도움을 주지만, 선수들의 동기를 현저하게 저하시키고 그 이후에는 훈련수준, 학습과 운동 수행을 현저하게 떨어뜨린다.

대조적으로, 능력에 대한 향상 관점을 지닌 선수들은 어려운 수행 목표를 설정하는 경향이 있다. 이들은 도전적이고 위험부담에 맞선다. 이들은 자신들의 유능성을 확인할 수 있는 도적적인 연습 상황을 찾고, 자신들의 능력을 향상시키고, 보다 좋은 선수가 되기 위한 연습 상황을 찾는다. 이들에게 실패는 능력이 낮거나 자존감이 낮다는 것이 아니라, 실패 자체가 새로운 무언가를 배우는 학습과정으로 여기며, 계속 노력하고 능력을 키우다보면 이 장 서두에서 기술한 Thomas J. Wastson처럼 성공하게 될 것이다.

▷ 지각된 인과성과 정서적 반응

Weiner(1992)에 따르면, 동기화된 행동은 한 가지 원인이나 또 다른 원인으로 귀인 되지 않는다. 즉, 동기화된 행동은 귀인에 대한 반응에서 발생하는 정서적 반응이다. 다시 말해, 선수들은 귀인에 대한 정서적 반응을 통해 자신들의 미래 행동을 동기화시킨다. 종속 받지 않는 귀인 attribution free 과 종속 받는 귀인 attribution dependent 등 두 가지 유형의 정서적 반응은 선수들의 행동결과와 관련이 있다.

<u>종속 받지 않는 귀인</u>에 대한 정서적 반응은 선수들이 결과에 대한 원인을 먼저 결정하지 않고 발생한다. 이 경우에 선수들은 사건에 대한 결과에 대해 자연스럽게 반응한다.

<u>종속 받는 귀인</u>에 대한 정서적 반응은 결과에 대한 지각된 원인을 결정하고 귀인 원인에 대한 직접적인 반응으로 발생한다. 이 경우 선수들은 자신들의 결과가 경쟁의 부족 또는 행운과 같은 외적 원인으로 인해 발생했다면 그 결과를 의미 없는 승리로 생각하고 승리를 하더라도 즐겁지 않고 부정적인 감정을 느끼게 될 것이다. 반대로, 결과가 심판의 잘못된 판정이나 편파 판정과 같은 예상할 수 없는 불안정한 원인으로 인해 발생했다면 선수들은 그 결과에 의미를 덜 두기 때문에 게임에서 지더라도 선수들은 희망을 가질 것이다. 〈그림 2.2〉는(Weiner, 1985) 선수들의 정서적 반응 유형이 인과 소재 locus of causality, 통제 가능성과 안정성 등 3가지 차원 내에서 선수들의 지각된 귀인에 따라 유발되는 것을 보여준다.

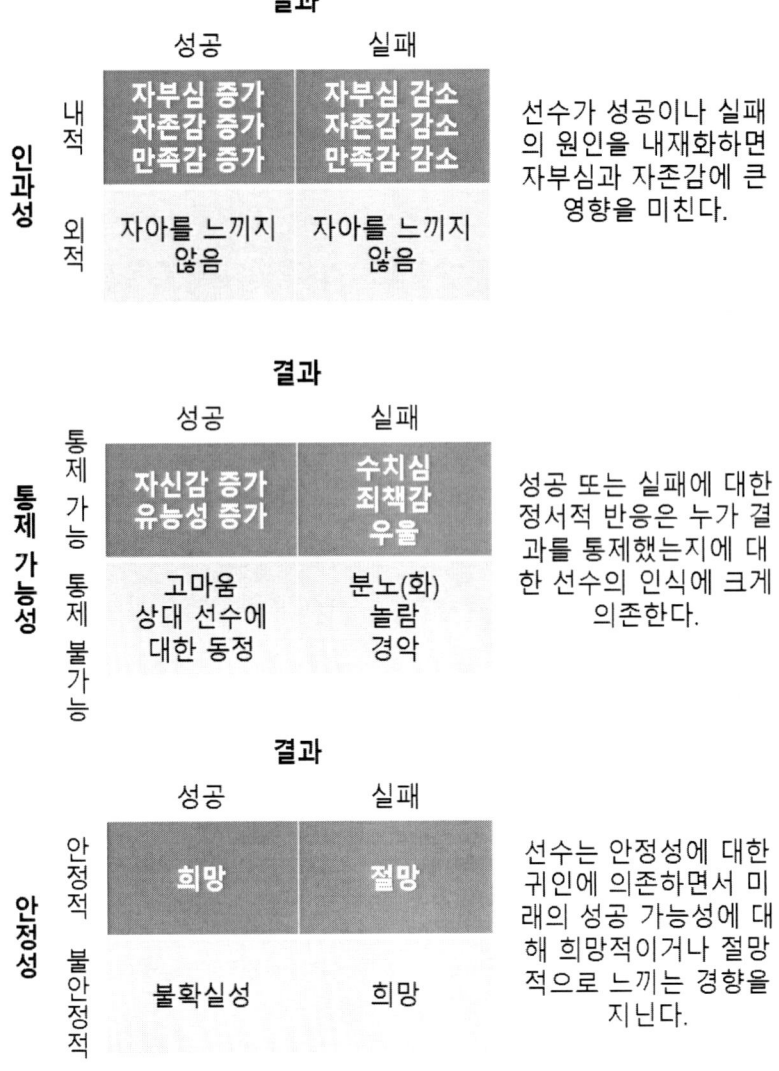

| 그림 2.2 | 귀인과 결과에 따른 정서적 반응

　선수들이 내적으로 인과성 소재를 지각할 때, 그들은 능력과 같은 내적 원인으로 결과를 귀인하고, 그로 인해 선수들은 자신감, 자존감과 만족감을 느끼게 된다. 다른 한편으로 이들이 실패를 경험할 때, 이들이 내적 원인으로 실패를 귀인하기 때문에 상대적으로 감소된 자신감, 자존감과 만족감을 느끼게 된다. 다시 말해, 실패는 자신들의 잘못으로 인한 것이다. 그렇지만 이들이 외적 원인으로 성공 또는 실패를 귀인 한다면, 일부 외부 요인으로 결과를 귀인하기 때문에 정서적 반응이 적을 것이다.
　통제 가능성 차원에서 성공과 실패에 대한 정서적 반응은 결과를 자신의 의지로 제어할 수 있다고 생각하는 선수들이 크게 의존한다. 선수가 어떤 결과를 자신의 의지에 의해서 통제하지 못했을 때, 이들의 정서적 반응은 수치심, 죄책감과 우울감을 보인다. 만약 결과를 통제할 수 있을 때, 이들의 정서적 반응은 자부심과 유능성을 느끼게 된다. 다른 한편으로, 선수가 또 다른 요인을 통제할 수 있는데 실패를 경험했다면 이 상황에서 정서적 반응은 화가 나고, 어처구니없고 놀라운 결과를 초래할 수 있다. 선수가 통제할 수 있는 상황에서 성공을 경험했다면 정서적 반응은 감사함을 느끼고 상대 선수를 동정하게 된다.

안정성 차원에서 선수들은 지각된 귀인에 따라서 미래 성공에 대해서 희망을 갖거나 또는 절망적이라고 생각하게 된다. 안정적인 귀인은 성공에 대한 희망적인 정서와 실패에 대한 절망적인 정서를 유발한다. 예를 들면, 능력을 성공 또는 실패의 요인이라고 귀인하는 선수는(안정적인 원인) 몇 번의 성공을 경험한 후에 희망감을 경험하지만 몇 번의 실패 뒤에는 절망감을 경험한다("무슨 소용이 있지? 난 단지 능력이 없기 때문에 항상 질 거야."). 다른 한편으로, 불안정적인 귀인은 성공에 대한 불확실성과 실패에 대한 정서를 유발한다. 예를 들면, 자신이 능력이 불안정하다고 느끼는 선수는("노력을 통해 나의 능력이 크게 향상되었다.") 성공에 대한 불확실성을 경험하게 되고("음... 나는 다음에 성공할 수 있을 것이라고 생각해!"), 실패를 직감적으로 느끼게 된다("음... 더 많이 노력하고 능력을 키워야 내가 성공할 수 있어!")

▷ 귀인, 성취동기와 자존감

Covington(Covington, 1984; Covington & Omelich, 1984, 1987)은 성공과 실패, 능력에 대한 믿음, 자기효능감과 자존감 self-worth 에 대한 귀인, 성취동기와 자부심 간의 관련성이 있다고 설명했다. 이러한 변인들은 숙달 동기, 실패-회피와 실패-수용과 같은 3가지 동기화 설정을 만들기 위해서 결합된다.

<u>숙달 지향적인 선수</u> mastery-oriented athletes 는 성취를 가치 있게 여기는 경향이 있으며, 자신들이 향상시킬 수 있는 무언가를 능력이라고 생각한다(증가하는 믿음). 그 결과 이들은 자신들의 기술, 능력과 운동 수행을 향상시킬 수 있는 학습 목표에 중점을 두는 경향이 있다. <u>학습 목표</u> learning goal 는 얼마나 많은 실수를 하는지 또는 얼마나 학습 과정 동안 서툴고 어색한 동작을 보이는지에 상관없이 그것을 배우고 능력을 향상시키기 위한 개인의 의지로 정의된다. 시합 결과에 집중하기 보다는 오히려 자신의 수행결과에 관심을 두고, 수행을 향상시킬 수 있는 방법에 대해 탐구하고, 전문적인 연습을 통해 더욱 숙련된 선수가 되고자 한다. 그리고 항상 개인 연습 목표를 설정하고 자신의 영역에서 전문가가 되는 방법을 찾는다.

<u>실패-회피 선수</u> failure-avoiding athletes 는 능력이 타고난 것이기 때문에 변화될 수 없다고 보고, 그에 따라 수행 목표를 설정하는 경향이 있다. <u>수행 목표</u> performance goal 는 자신의 수행이 다른 사람보다 앞서거나 유능하게 보여야 한다는 개인적 의지로 정의된다. 이러한

선수들은 자신들이 다른 사람들에게 어떻게 판단되는지 그리고 자신들의 수행이 어떻게 보여지는가에 중심을 두기 때문에 <u>자아중심 학습자</u> ego-involved learners; 과시성향 학습자 라고 한다. 이들은 <u>자아유능감</u> self-competency 과 자존감에 대한 지각이 낮기 때문에 자신들의 수행에서 자아유능감과 자존감을 분리하여 생각한다. 다시 말해 이 선수들이 지닌 자아는 자신들의 수행과 연관되어 있으며(대체로 이러한 선수들이 현재 자신들의 수행이 최고라고 생각한다), 좋은 수행을 보인 최근 경기에서의 수행력을 기준으로 자신들의 유능성을 판단하는 경향이 있다. 그 결과 이들은 진정한 자아효능감을 발달시키지 못하게 된다. 자신의 자신감을 유지하기 위해서 이들은 위험 부담을 피하고, 연습이나 과제를 질질 미루고, 열심히 노력하지 않고, 달성하기 쉬운 목표를 설정하고 그리고 이번 시합은 신경을 쓰지 않았다는 주장과 같은 전략들을 사용하면서 실패-회피를 통해 자신들의 자아상 self-image 을 보호한다.

이러한 전략들은 훈련, 학습, 운동 수행과 동기를 떨어뜨리고, 궁극적으로 선수들이 결과에 대한 회피와 모면을 통해서 실패로 이어지게 한다. 실패가 지속되면, 선수들은 계속해서 같은 전략을 사용하여 결과를 수용하거나 받아들이지 않고 회피한다. 이러한 과정이 계속되면 결국 선수들은 자신이 무능하다고 생각하게 된다. 또 다시 이러한 상황이 발생하면, 이 선수들의 자아는 무너지고, 자존감과 자아효능감도 저하된다. 즉, 이들은 실패-수용 선수가 되는 것이다.

<u>실패수용 선수</u> failure-accepting athletes 는 능력이 없어서 실패했다고 여기며, 자신들이 지닌 낮은 능력을 향상시킬 수 없다고 믿는다. 이들은 쉽게 포기하고, 기분이 우울해지고, 냉담해지고, 절망하고 무력하게 된다. 어떤 코치든 실패-수용 선수들을 육성하고 싶지 않다. 모든 스포츠의 지도자들은 실패-수용 선수의 모습에 맞서는 선수를 육성하는 것이 목표일 것이다. 코치는 이러한 실패-수용 선수들을 훈련시킬 수 있는 특권을 가진 사람이며, 이들을 숙달 지향적인 선수로 변화시킬 수 있는 사람이다. 어떻게 이러한 변화가 가능할까? 어떻게 선수들을 더욱 동기화 시키고 회복력이 좋은 선수로 만들 수 있는가? 다음 부분에서는 이에 대해 도움을 줄 수 있는 몇 가지 방법을 기술했다.

▷ 귀인 이론을 적용하여 선수들의 동기를 향상시키는 방법

외적 인과소재 보다는 내적 인과소재를 통해 선수들을 지도한다. 선수 스스로가 자신들의 운명을 통제할 수 있다고 그들 스스로가 지각하는 것은 중요하다. Francis Bacon의 말에 의하면 **선수들의 운(행운)은 자신들의 손에 달려 있다.** 통제할 수 없는 원인으로 성공과 실패를 믿기 보다는 실패에 대한 책임과 성공에 대한 가치를 받아들이는 것이 선수들에게 심리적으로 동기를 부여한다. 자신의 실패에 대해 책임질 줄 아는 선수는 자신의 운명을 통제할 수 있다고 생각하며, 실수로부터 배운다고 생각하며, 향후 더 나은 발전을 위해 변화하면서 열심히 노력한다. 실패에 대한 책임을 받아들이는 것이 가장 중요하다. 그 이유는 어린 선수들에게 실패에 대한 귀인을 불가피한 것이라기보다는 다른 요인으로 인한 것이라고 믿게 해주기 때문에 실패 후에도 어린선수들이 변화하고 더욱 노력할 수 있게 해준다.

선수들의 귀인 성향을 변화시키기 위해서 귀인 훈련을 사용한다. 성장하면서 점차 내적 인과소재가 심리적 성향으로 발달하지만, 아이들은 외적 성향으로 귀인 하는 경향이 높다 (Rotter, 1971). 귀인 훈련 attributional training 을 통해서 스포츠에 참가하는 아이들을 외적 성향을 내적 성향으로 바꾸는데 도움을 줄 수 있으며(Duke, Johnson, & Nowicki, 1977), 이러한 귀인 훈련은 아이들의 미래에 대한 기대와 수행에 긍정적으로 영향을 미친다(Rudisill, 1988). 귀인 훈련은 선수들의 사고와 생각, 수행을 변화시키기 위해서 코치에 의해서 계획된 훈련 중재 프로그램이 포함되며, 선수들에게 기능적 귀인 전략 functional attribution strategy 을 가르친다.

기능적 귀인 전략은 선수들이 통제할 수 있고 불안정한 것으로서 실패 결과의 원인을 설명하는 것을 학습할 때 발생한다. 반대로 기량을 제대로 발휘하지 못한 선수는 종종 부적응 귀인 패턴을 보인다. **부적응적 귀인 패턴** maladaptive attributional pattern 은 선수들이 실패에 대한 원인이 내적이고, 안정적이고, 통제할 수 없고 그리고 전반적인 것으로 귀인할 때 발생한다(Prapavessis & Carron, 1988). 다시 말해, 부적응 귀인 패턴을 지닌 선수는 실패에 대한 원인을 개인적 요인(내적인), 변화할 수 없는 요인(불안정적인) 그리고 통제할 수 없는 요인으로 바라본다. 또한 이러한 선수들은 모든 인생에서 이 방식을 통해 자신의 삶을 귀인하는 경향이 있다. Cox(2002)는 다음과 같이 이야기 했다.

예를 들어, 자신의 실패에 대해서 낮은 자존감을 지닌 선수는 자신의 실패에 대해 이렇게 이야기할 것이다. "나는 이런 거 잘 못해." 이 발언은 정확하게 해석된다. 이 어린 선수는 자신에게 실패에 대한 책임이 있다고 코치에게 이야기할지도 모르지만, 향후 열심히 노력하거나 더 많은 의욕과 동기를 지닌다거나 하는 노력을 하지 않는다. 그리고 이 선수는 전문기술을 습득하는 과정에서 실패를 경험할 것으로 보인다.

귀인 훈련을 시작하기 전에, 선수들에게 자신들의 수행 결과를 제공하여 주관적인 귀인 유형을 결정하는 것이 도움이 된다. 선수들은 인과 관계 차원 척도 Causal Dimension Scale; CDS 와 인과 관계 차원 척도 II Causal Dimension Scale; CDS II 를 사용하여 귀인 유형을 결정하기 위한 몇 가지 진단 검사를 할 수 있다. 그렇지만, 단순히 선수들이 실패와 성공에 대해 "왜"라고 묻는 것은(왜 성공했다고 생각하니? 또는 왜 실패했다고 생각하니?) 몇 가지 귀인에 대한 정보만 알게 해준다. 코치는 선수들의 부적응 귀인 패턴을 확인해야 하고, 코치는 이러한 과정을 통해 선수들에게 더욱 생산적이고 촉진적인 성향을 형성할 수 있도록 도울 수 있다고 조언해야 한다. Cox(2002)는 이러한 상호작용에 대한 아주 유용한 예시를 설명했다.

Coach: Sally, 지난 경기 때는 너의 기술 부족으로 인해 서브를 리턴 하는데 실패한 것 같다.
Sally: 기술 때문만이 아니에요. 난 실제로 좋은 테니스 선수가 되기 위한 조건을 갖추고 있지 못해요. 나는 좋은 기술을 가지고 있지도 못하고 좋은 선수도 될 수 없을 거에요.
Coach: 많은 훌륭한 테니스 선수들도 자신들이 처음 운동을 시작했을 때 너처럼 생각했었지. 그렇지만 그 선수들은 열심히 노력해서 좋은 테니스 선수들이 되었어. 나도 네가 그들과 다르지 않다고 생각해.
Sally: 정말 그렇게 생각하세요?
Coach: 그럼 난 그렇게 생각한다. Sally 다음 경기까지 일주일이나 남아 있다. 내가 너의 풋워크 footwork 를 가르쳐 줄게. 그러면 넌 다음 시간에 더 잘하게 될 거야. 시간이 좀 걸리겠지만, 연습은 분명 도움이 될 거야.

이 경우, 선수의 귀인 패턴은 얼마간 작동하기 때문에 이 선수의 귀인 성향이 바로 변하지는 않는다. Cox(2002)는 선수들을 돕기 위한 적절한 귀인 형태 단계를 다음과 같이 설명했다.

1. 선수들이 경험한 성공적인 결과와 성공적이지 못한 결과를 기록하고 분류한다.
2. 각각의 결과에 대해 원인과 귀인을 선수들과 이야기한다. 그러면 성공에 대한 기대와 더 많은 노력을 이끌 수 있다.
3. 미래 결과에 대해 부정적으로 생각하고 잘못된 귀인을 하는 선수들을 위한 귀인 훈련 프로그램을 제공한다.
4. 최고의 결과를 얻기 위해서 귀인 조정 attributional manipulation 과 함께 계획된 목표 설정을 결합한다.

귀인을 확인하고 귀인을 변화시키는 과정은 어렵지만, 불가능한 것은 아니다. 선수들은 다른 이들로부터의 부분적인 피드백을 기반으로 그들 자신의 인식을 변화시킬 수 있다. 즉, 훌륭하고 신뢰로운 코치에게서 제공받는 피드백은 선수들의 귀인에 크게 영향을 미칠 수 있다. 예를 들어, 코치와 선수가 만나는 다음 상황에서 이러한 사실을 알 수 있는데, 코치는 선수의 귀인을 확인하고(선수의 지난 경험을 토대로, 이미 코치는 선수의 귀인을 확인했을 것이다), 그 다음에 선수가 인식하고 있는 귀인에 대한 생각을 변화시키도록 돕는다.

Coach: Taylor, 네가 실망해 한 거 안다. 그리고 어제 너의 수행에 대해서 낙담해 하고 있겠지.
Taylor: 맞아요. 어제 결과 때문에 기분이 좋지 않아요. 지난번과 비교해서 전혀 달라지지 않았어요. 저는 그럴만한 자질이 없어요. 저는 신체적 능력도 부족하고 경기상황에서 좋은 수행을 보여주기 위한 멘탈 능력도 없어요.
Coach: Tayor, 너는 네 자신이 능력이 없고 경기에서 너의 능력을 보여줄 수 없다고 생각하겠지만, 나는 그렇게 생각하지 않는다. 나는 네가 충분한 자질을 갖췄다고 생각해. 어떤 원인이 널 그렇게 망설이게 하는 것으로 생각하니?

Taylor: 글쎄요. 잘 모르겠어요. 나는 Marc처럼 되려고 열심히 노력하는데, Marc는 저보다 능력이 더 우수해요.

Coach: 잘 들어, Taylor! Marc는 너보다 더 뛰어난 능력을 갖고 있지 않아. 내가 볼 때 네가 Marc보다 더 많은 능력을 가지고 있어. 그러나 Marc는 결단력을 가지고 있고 자신은 더 좋은 성취를 위해서 Marc는 더 많이 노력을 해야 한다는 믿음을 가지고 있어.

Taylor: 맞아요 저도 Marc가 꽤 열심히 연습하고 훈련하는 것을 봤어요.

Coach: Taylor, 열심히 노력한다는 것은 네가 원하는 것이 있을 때, 네가 그것을 달성할 수 있도록 해주는 원동력이야. 네가 열심히 연습하고 노력하는 것이 너의 신체적 능력을 최대화 시켜 줄거야.

Taylor: 그렇군요. 내가 능력이 없어서가 아니라 내가 충분히 훈련하지 않았기 때문에 지난 경기에서 좋은 수행력을 보이지 못했고, 좋은 경기 결과를 얻지 못했던 거군요. 이제부터 매일 더 많은 연습을 할 수 있도록 목표를 설정할게요.

Coach: 좋은 생각이야. 몇 가지 잊지 말아야 할 것이 있어. Marc는 우리가 하는 모든 훈련에 참가했기 때문에 잘 해낸거야. 네가 일부 훈련만 참가해서는 챔피언이 될 수 없어. 너도 모든 훈련에 열심히 참가해야해. 열심히 연습하는 것 외에도 너는 체력 단련실에서도 열심히 훈련해야하고, 더 높은 학습 목표를 설정하는 것도 중요해. 또한 스포츠 심리학자와 면담을 하면서 일기를 적고, 연습 이완과 심상 훈련도 해야 하고, 더 긍정적인 자신과의 대화도 사용해야해.

Taylor: 물론이죠, 코치님. 그 모든 것을 다할게요.

Coach: 그래 너의 운명은 네 손에 달려있어. 그렇지만, 너의 목표를 이루기 위해서는 매일 열심히 연습하고 노력하고, 책임감을 갖고 임해야 해.

이 대화는 실제 내 선수 중 한명과의 경험담이다. 앞 시즌에서 Taylor는 챔피언십 경기에서 16위권 안에도 들지 못했던 선수였다. 그러나 다음 시즌에서 Taylor는 귀인 성향 등 모든 것을 바꾸고, 챔피언이 되었다. Taylor의 우승은 특별히 아주 기쁜 승리였다. 그가 선수로서 얼마나 멀리 왔는가 뿐만 아니라 압박감을 견뎌내고 넘버원 시드 선수 number one seed 로서 결승전에 진출하여 마지막 다이빙에서 2점차로 승리했기 때문이다. 이 결과는 나의 선수들이 자신들의 능력을 믿고, 열심히 연습하고, 자기 자신을 컨트롤하고, 책임감을 갖고 얻은 결과이기 때문에 매우 흥미진진한 경험이었다.

다른 선수와의 비교가 귀인의 요소가 된다는 것을 기억한다. 귀인 이론에서 공변화 원리 covariation principle 는 선수들이 다른 사람의 수행을 자신의 수행과 비교할 때 발생한다. 다른 선수의 수행이 자신의 수행과 일치될 때(공변), 그 결과에 대한 귀인은 외적으로 한다. 다른 선수의 수행과 자신의 수행이 일치하지 않을 때는 귀인을 내적으로 한다. 예를 들면, 한 선수가 과거에 한 번도 이겨본 적이 없는 상위 랭킹에 있는 골프 선수를 이겼다면, 그 선수는 자신의 능력과 노력 때문에 이겼다고 생각하면서 내적 원인으로 승리에 대해 귀인

할 것이다(아무도 그 선수를 이겨본 적이 없기 때문에 그 선수를 이긴 나는 훌륭한 선수고 열심히 노력한 대가야!). 그렇지만, 한 선수가 누구나 이길 수 있는 랭킹 순위가 낮은 골프 선수를 이겼다면(즉, 공변), 그 선수는 승리에 대한 귀인을 과제 난이도 때문이라고 외적 원인으로 귀인할 것이다("상대하기 어려운 선수가 아니기 때문에 누구나 그 선수를 이길 수 있어!").

공변화 원리는 다른 선수들의 과거 수행에도 적용할 수 있다. 선수들은 비디오 재생을 통해서 그리고 지난 경기결과를 보면서 그들 자신의 과거 수행을 비교할 수 있다. 내가 생각하는 가장 좋은 적용 방법 중 하나는 기록 보드 record board 를 선수 훈련 프로그램을 포함시키는 것이다. 내가 과거 한 학교에서 기록을 공지했을 때 그 기록이 깨지기 시작했다. 선수들은 기록 보드를 보면서 생각했다. "너는 알고 있어, 내가 그 기록을 깰 것이라는 것을. 나는 반드시 그 기록을 깰 거야. 나는 새로운 기록을 깰 수 있는 능력을 가지고 있어!"

논리적인 귀인을 형성할 수 있도록 선수들을 지도한다. 예를 들면, 선수들이 경기에서 잘 패하는 선수 중 누군가를 이겼기 때문에 자신의 능력이 있다고 생각할 때, 그들은 논리를 사용하고 성공에 대한 논리적 귀인 logical attribution 을 형성한다. 그러나 선수들이 항상 논리적일 수는 없다. 때론 논리적으로 사고하지 못할 때도 있고, 자신들이 눈으로 보거나 이해하기에 분명한 것도 모른척 지나칠 때가 있다. 선수들이 하는 가장 나쁜 2가지 비논리적인 시나리오가 있다. 첫 번째 시나리오는 A선수가 실제 좋은 능력을 가졌지만, B선수에게는 항상 지는 경우이다. B선수는 좋은 능력을 가졌지만, 현재 경기에서 B선수는 다른 모든 선수들에게 뒤지고 있다. 그러나 A선수는 마지막에 점수를 획득하는데 실패하고 결국 B선수에게 또 다시 졌다. 이러한 상황은 실제로 일어난다. 모든 선수들이 이런 경험을 할 수 있다. 이 상황에 대해 A선수는 비논리적으로 생각한다. "다른 선수들은 B선수를 이겼는데, 난 능력이 없었기 때문에 졌어." 이 상황에서 코치는 A선수에게 확실히 알려줘야 한다. "오늘 넌 좋은 수행력을 보였어, 너의 개인 기록도 갱신했어, 그리고 많은 노력을 통해서 너의 능력을 향상시켰기 때문에 가능했던 일이야. 계속 지금처럼 열심히 훈련하고 노력하렴. 그러면 너는 더 좋은 실력을 갖게 되고, 올바른 방향으로 나가게 될 거야!"

2번째 시나리오는 A선수가 좋은 능력을 가지지는 않았지만 B선수를 항상 이기는 경우이다. 현재 경기에서 B선수가 저조한 수행을 보이는데도 불구하고 B선수를 앞서는 선수가 아무도 없다. 모든 선수가 컨디션이 안 좋은 날이다. A선수도 큰 실수를 한다. 그러나 결국 A선수가 이겼고 B선수는 C선수 때문에 자신이 졌다고 비논리적으로 귀인한다. "내가 열심히 해서 아무도 이기지 못한 B선수를 이겼어. 나는 열심히 연습했어." 이 상황에서 코치는 선수에게 다음과 같이 알려줘야 한다. "잘 들어, 너는 실제로 열심히 훈련하지 않았어. 오늘은 네가 운이 좋아서 이긴 거야. 내 말을 잊지 마, 네가 성공하기 위해서는 능력을 갖추어야해. 그리고 훈련을 할 때도 더 많은 책임감도 가져야 하고 더욱 노력해야 해!"

힘든 시합 일정을 구성하는 것을 고려한다. 논리적 귀인은 시합 일정을 힘들게 구성할 때 효과적이다. 일부 코치들은 경기에서 많이 승리할수록 선수들이 자신감이 높아질 수 있을 것이라고 생각하기 때문에 시즌 초에는 힘든 시합 일정을 선택하기 보다는 편안한 시합 일정을 선택한다. 그렇지만, 선수들은 그들이 쉬운 팀과 경기할 때 그 승리에 대해서 자신의 능력에 대한 내적 귀인 보다는 오히려 과제 난이도가 쉬웠다고 생각하면서 외적 귀인으로 자신들의 성공을 평가한다는 것을 알아야 한다. 이 시나리오에서, 팀 멘탈리티 team mentality; 팀 사고방식 는 다음과 같다. "우리만이 아니라(공변), 어느 팀이든 이 팀을 이긴다. 우리는 우리가 잘해서 이기는 것이 아니라 상대팀이 쉬운 상대이기 때문에 이긴 것이다(논리적 귀인)."

공변화 원리와 논리적 귀인의 개념을 기반으로, 선수들은 자신들이 그들 자신 보다 더 우수하거나 좋은 수행을 보일 때 이러한 개념을 더 잘 받아들인다. 즉, 이기거나 지는 경우 다 이로운 것이다. 만약 그들이 이긴다면, 그들은 자신들의 노력과 능력 때문에 성공했다고 귀인한다. 만약 졌다면, 선수들은 도덕적 승리 moral victory 로서의 가치가 떨어졌다고 생각하고, 더 많이 노력하고 더 좋은 능력을 키워야 할 것이라고 귀인 한다. 예를 들면, 상위 랭킹에 있는 골프 팀에게 아깝게 패한 후에 코치는 선수들에게 "우리는 랭킹 1위 팀과 경기를 했고, 그들에게 근소한 차이로 졌을 뿐이야. 우리는 그 팀이 놀랄 만큼 좋은 경기력을 보여주었고, 몇 번은 그들을 압도하는 경기력을 펼쳤어. 우리는 열심히 했고, 우리의 능력을 다 보여주었어. 나는 향후 챔피언십 토너먼트에서 그들과 다시 경기하는 것이 기대된다."라고 말할 것이다. 코치가 선수들의 논리적 귀인 형성을 돕는다면 어느 쪽이든 모두에게 유리한 상황이다.

선수들이 자기중심적으로 귀인하지 않도록 지도한다. 선수들은 때론 그들의 자아가 자신들의 생각에 영향을 받기 때문에 항상 논리적으로 귀인하지 않는다. 선수들이 성공을 내적 원인으로 귀인할 때 이를 <u>자아향상 전략</u> ego-enhancing strategy 이라고 한다. 선수들이 실패를 외적 원인으로 귀인할 때 이를 <u>자아보호 전략</u> ego-protecting strategy 이라고 한다. 공변화 전략이 논리적 모델이라고 한다면, 자아향상 전략과 자아보호 전략은 비논리적 모델로 간주된다.

대체로 동기화 수준이 상당히 높고 성공적인 선수는 없을 것이며, 귀인 과정에 대해 완벽한 논리적 접근을 사용하는 선수도 없을 것이다. 예를 들면, 세계 재패를 갈망하는 전도 유망한 선수가 전년도 챔피언을 이기고 우승자가 되어 자신의 능력과 노력을 확인시켜주고, 내적 인과성을 수립한다. 불행하게도 일부 선수들은 내적 인과성으로 자신의 실패에 대해 절대 귀인하지 않으며, 그 결과 그들은 손상되기 쉬운 자신들의 자아를 보호하기에만 급급하기 때문에 개인적 책임을 전혀 수용하지 않는다.

특히 엘리트 선수들은 실패에 대한 자아 보호와 책임감 수용 간에 미세한 차이가 있다. 엘리트 선수들은 자신들의 자존감을 유지하기 위한 방법으로 자신들의 책임감을 수용하기를 원한다. 이는 선수들이 실패를 했을 때, 코치는 선수들에게 시간이 지나면서 변화시킬 수 있는 통제가능하고 불안정한 귀인 때문에 실패했다고 선수들에게 인지시킬 수 있도록 도와줄 수 있기에 중요하다. 선수들은 자신들이 충분히 열심히 훈련하지 않았고 노력하지 않았기 때문에 실패했다는 사실을 알고 있으며, 열심히 노력해야 하며 그래야 성공할 수 있다는 것 또한 알고 있다. 선수들은 필수적인 운동 기술이 부족했기 때문에 실패했다는 것을 알고 있으며, 계속해서 운동 기술을 연습하고 향상시켜야 성공할 수 있다는 것 또한 알고 있다.

선수들이 희망을 키울 수 있도록 지도한다. 선수들을 우수한 선수를 만들기 위해서 불가능한 과제를 제공하거나 계속해서 실패를 경험하게 한다면, 안정적이고 외적 귀인 성향을 하는 선수로 키우게 된다. 이러한 정서적 반응에 대해 Weiner(1985)는 절망감 hopelessness 이라고 했으며, Seligman(1995)은 학습된 무기력 Learned hopelessness 이라고 했다. 두 용어 모두 사람들이 안정적 원인으로 연결한 실패에 대한 정서적 반응이다. 절망감은 실패가 안정적 원인과 관련되어 있기 때문에 계속 실패를 할 것이라는 기대이다. 학습된 무기력은 비록 무엇을 한다 하더라도 달라지는 것이 없기 때문에 시도 해봤자 소용없다고 지각하는 것이다. Seligman은 '노력하지 않고 포기하는' 말로 이 개념을 정의했다.

지도자의 코칭 철학은 선수들에게 용기와 동기를 부여할 수 있도록 하는 목표가 포함되어야 하며, 선수들이 유능감, 자신감, 책임감과 능력을 지각할 수 있도록 도와줘야 한다. 이런 목표를 통해 선수들을 도와준다면 선수들은 자신들이 능력을 지니고 있다고 믿고 그들의 운명을 통제할 수 있도록 노력할 수 있으며, 그리고 절대 포기하지 않는다. 또한 이러한 선수들이 성공이나 실패에 직면했을 때, 희망적으로 대처하게 된다. 이 장 시작에서 희망 hopefulness 이란 실패를 곧 멈추게 하고, 성공이 계속될 것이라는 기대라고 설명한 것을 잊지 말아야 한다. 본질적으로 이 장은 모든 부분은 희망적인 선수 hopeful athlete 를 길러내는 방법에 관한 내용이다. 코치는 몇 가지 방법을 통해 선수들에게 희망을 조성시킬 수 있다. 선수들이 낙관적인 선수가 되고 긍정적인 정신 자세를 가질 수 있도록 격려한다. 선수들에게 실패에 대한 귀인은 불안정적("실패는 일시적인거야.")이고 내적("내가 열심히 노력 한다면 난 성공할 수 있어.") 원인이라고 알려주고 가르칠 필요가 있다(Grove & Pargman, 1986). 선수들에게 어려운 과제를 제공하되, 선수들이 달성할 수 있도록 도전적인 활동, 목표, 기술, 연습을 제공한다. 그러면 선수들은 지속적인 노력을 통해 숙달하게 되고 능력도 향상된다. 선수들에게 개인적 책임감을 가질 수 있도록 격려하고 지도해야 한다. 그리고 선수 스스로가 자신들의 목표를 설정하여 훈련하고, 의사결정과 자기 평가를 할 수 있도록 해야 한다.

선수들의 귀인 성향을 판단하기 위해 정서적 반응을 사용한다. 이 장 초기 부분에서 설명한 것처럼, 정서는 다양한 결과와 귀인과 연관이 있다. 예를 들면, 내적 인과소재 internal locus of causality 와 성공에 대한 결과는 자신감, 자존감과 만족감과 관련되어 있으며, 이에 반해 외적 인과소재 external locus of causality 는 성공이나 실패에 대한 자아를 전혀 못 느끼는 감정의 결과이다. 코치는 실패 후 실패를 외적 요인으로 논리적 귀인을 하면서 감정 표현을 거의 하지 않는 선수를 찾아내고 그 원인에 대해 추론해야 한다. 이들에게 실패가 일부 외적 요인들에 인한 것이기 때문에 선수들과 아무 관련이 없다는 것을 알려줘야 한다. 이 경우, 날씨가(외적 요인) 실패의 결정적인 요인일 수도 있다. 그렇지만 실제 선수들이 실력 때문에 실패했다면, 선수들에게 더 큰 개인적 책임감, 노력과 더 많은 고된 훈련이 필요하다는 것을 알려줄 수 있어야 한다.

선수들이 절망감, 수치심, 죄책감, 우울과 화와 같은 부정적인 정서를 경험하고 있다면, 이는 선수들이 운동 수행을 달성하기 위한 준비가 되어 있지 않고, 코치가 자신에게 과도하게 높은 수행 기준을 요구하고 있기 때문에 부정적인 정서를 유발하고 있다는 신호이다. 이 경우 코치는 당장 자신의 훈련 프로그램, 코칭 효율성을 재평가해야 하며, 변화를 주어야 한다.

선수들이 성공과 실패에 대해 타당하게 귀인 할 수 있도록 지도한다. 어린 선수들은 귀인 성향을 형성하는 과정에 있다. 따라서 어린 선수들이 성공을 경험할 때, 자신들의 성공을 안정적이고 내적 요인으로 지각할 수 있도록 도와주어야 한다. 내적 귀인은 그들의 성취에 대한 자신감을 느낄 수 있도록 도와주며, 성공의 책임이 자신에게 있기 때문에 또 다시 성공할 수 있다(안정적)고 믿게 해준다. 반대로, 어린 선수들이 반복적으로 실패를 경험할 때, 불안정적이고 내적 귀인을 선택적으로 사용해서 격려해야 한다. 불안정적 귀인은 미래에 대한 실패로 믿게 하는데 유용하다("난 아직 운동을 배우는 단계이고 아직 기술 수준이 높지 않아, 그렇지만 난 곧 기술 수준이 높아지고 성공할 수 있어."). 내적 귀인은 '운이 나빴어' 와 같은 일부 외적 원인으로 실패를 귀인하기 보다는 실패에 대한 책임은 자기 자신에게 있다고 격려하는 것이다. 어린 선수들이 성공과 실패에 대해서 타당하게 귀인할 수 있도록 돕는 것은 자아효능감과 자존감을 느낄 수 있도록 촉진한다(Cox, 2002).

실패-회피와 실패-수용 선수들을 도와준다. 대부분 코치들은 인간으로 성장하는데 스포츠가 유용하다고 믿고 있기 때문에, 실패-회피 선수와 실패-수용 선수들의 복귀를 돕고, 이러한 사실을 선수들에게 인식시키는 것은 중요하다. 이러한 선수들은 귀인 훈련을 통해 도울 수 있다. 이 선수들에게 현실적이고 달성할 수 있는 목표를 새롭게 설정할 수 있도록 도와야 한다. 이 선수들에게 성공을 경험하게 해주는 기회를 만들어 주는 것과, 성공이 노력과 능력 향상을 통해서 달성할 수 있다는 것을 알려주고 격려해야 한다. 선수들의 수행과 결과에 대한 자아, 자긍심과 자존감을 분리시킬 수 있도록 도와준다. 우울감과 무기력 증상을 보이는 실패-수용 선수들을 돕고 그들의 증상을 대처할 수 있는 전략을 선수들에게 가르칠 필요가 있다.

숙달 성향 선수들을 육성한다. 끝으로, 스포츠 활동에서 선수들이 숙달 성향mastery orientation 을 지닐 수 있도록 선수들을 격려하는 숙달 분위기 mastery climate 의 연습 환경을 구축해야 한다. 숙달 분위기는 열심히 훈련하고 향상을 보이는 선수들을 강화시키고, 협동을 통해 다른 선수들을 돕고, 각 선수들에게 자신들의 공헌이 가치 있다고 믿게 한다. 숙달 분위기는 경기에서 저조한 수행과 실수를 보인 선수를 처벌하는 경쟁 분위기 competitive climate 와는(또는 수행 분위기 performance climate 라고 한다) 상반되는 학습 환경이며, 경쟁 분위기 속에서 코치는 뛰어난 능력을 지닌 선수들에게만 주로 관심을 주고, 선수들 간 경쟁을 유발한다.

숙달 분위기를 만들기 위해서 당신은 TARGET이라는 약어의 가이드라인에 따라 연습 조건을 조정할 수 있다(Epstein, 1989). 특히 TARGET 전략은 유스 스포츠 참가자들을 지도하는 코치들에게 유용하다.

- **T**: **과제** Task – 과제는 참여자들의 학습과 과제 중심 동기를 증가시키기 위해서 다양성이 포함된 과제를 사용하는 것을 의미한다.
- **A**: **권한부여** Authority – 권한부여는 선수들에게 학습 과정에 적극적으로 참여 기회를 제공하는 것이다. 그리고 개인적 성장을 관찰하고 의사결정 과정에 선수들을 포함시키는 것을 의미한다.
- **R**: **보상** Reward – 보상은 관리자가 사회적 비교가 아닌 개인적 목표 달성과 향상에 대해 보상하는 것을 의미한다.
- **G**: **집단화** Grouping – 집단화는 집단 내 선수들에게 협동 학습 환경에서 유사한 기술을 수행할 수 있도록 하는 것이다.
- **E**: **평가** Evaluation – 평가는 노력과 개인적 향상에 대한 수많은 자기 평가를 사용할 수 있도록 선수들에게 허용하는 것을 의미한다.
- **T**: **시간할애** Timing – 시간할애는 앞서 이야기 한 선행 조건(과제, 권한부여, 보상, 집단화, 평가)과의 상호작용을 효과적인 방법으로 시간을 사용하는 것을 의미한다.

▷ 자기결정 이론

제 1장과 2장에서 논의된 이론들을 가장 잘 이해하는 방법은 Deci와 Ryan(1985, 2000)에 의해서 제시된 동기 이론을 고려하는 것이다. Deci와 Ryan(1985, 2000)이 제시한 자기결정 이론 self-determination theory 은 모든 인간은 유능성, 자율성과 관계성(즉, 소속감) 등 3가지 기본 욕구가 충족될 때 동기화된다고 본다. 예를 들면, 한 선수는 유능성 욕구를 충족시키기 위해 크로스컨트리 경기에서 맹연습 하거나("나는 1마일(1609미터)을 6분 내로 뛸 수 있어."), 또 다른 선수는 자율성을 충족시키기 위해서 테니스를 치거나("나는 여러 종류의 서브를 넣을 수 있고, 내 능력이 상대방 보다 한 수 앞서고 있어서 좋아") 그리고 다른 선수는 사회적 유대감이나 소속감을 충족시키기 위해 수구에 매진한다("나는 팀의 일원이어서 좋아, 내가 득점을 하는 것처럼 우리 팀 선수의 득점을 도와주는 게 너무나 즐거워."). 그리고 일부 선수들은 3가지 욕구를 충족시키기 위해서 운동을 즐기면서 열

심히 한다.

〈그림 2.3〉에서 제시된 것처럼 선수들이 3가지 욕구가 어느 정도까지 충족되는지에 따라서 동기화된 행동의 연속체로 이어진다.

| 그림 2.3 | 내적 동기와 외적 동기의 연속체

코치는 선수들에게 3가지 욕구를 충족시킬 수 있는데 많은 도움을 줄 수 있으며, 외적 동기를 지닌 선수들은 내적 동기를 지닌 선수로, 그리고 낮은 자기결정동기 수준을 지닌 선수를 높은 자기결정동기 수준을 지닌 선수로 변화시킬 수 있다. 엘리트 선수들을 대상으로 지속된 동기 수준을 조사한 연구결과에 의하면(Mallett & Hanrahan, 2004), 엘리트 선수들은 외적으로 동기화(예 : 금전적 혜택) 되어 있기 보다는 내적으로 동기화(예 : 개인적 목표와 성취) 되어 있다고 한다. 일반적으로 내적 동기는 상대적으로 큰 자기결정동기를 유발하지만, 이에 반해 외적 동기는 낮은 자기결정동기를 형성시킨다.

자기결정 이론을 기반으로, 외적 동기가 내적 동기로 바뀌면서 더욱 큰 자기결정동기가 높아짐에 따라서 행동에 영향을 미치는 서로 다른 동기유형으로 나타난다. 높은 수준의 자기결정동기를 지닌 선수들은 지식, 성취와 개인적 자극상의 이유로 활동에 참여한다(즉, 이 선수들은 내적으로 동기화되어 있다). 자기결정동기 수준이 낮은 선수들은 약간의 내적 이유(즉, 결과와 외적 보상) 때문에 활동에 참여한다. 자기결정동기의 연속체의 맨 끝은 무동기 amotivation 이며, 무동기는 한 개인에 어떤 활동 참여에 대해 내적으로도 그리고 외적으로도 동기화되어 있지 않은 상태를 의미하며, 그 결과 자신이 기술이 부족해 무능하다고 생각한다(즉, 자기결정동기의 부족).

일반적으로 자기결정 이론은 코치들에게 제 1장과 2장에서 설명된 다른 이론들을 이해하는데 유용한 정보를 제공해준다. 귀인 이론을 예로 들 수 있다. 내적 통제 소재가 발달한 선수는 자신의 수행 결과를 통제할 수 있다고 믿는다. 이러한 선수들은 상대적으로 높은 자기결정동기를 지니고 있으며, 그리고 외적 통제소재를 지닌 선수들 보다 내적으로 더욱 동기화되어 있으며, 외적 요인을 자신들이 통제할 수 있다고 믿는다.

외적 동기와 내적 동기는 서로 다른 자기결정 행동 수준에 영향을 미친다.

내적 동기 – 높은 자기결정동기
- **지식** Knowledge – 선수들은 수행을 향상시키기 위한 가치, 새로운 훈련 주기와 전략의 중요성과 운동 수행에 대한 혼잣말 등과 같은 새로운 학습으로부터 즐거움과 만족감을 찾는다.
- **성취** Accomplishment – 선수들은 새로운 레슬링 동작, 새로운 개인 신기록과 득점 신기록 그리고 새로운 백핸드 테니스 스윙과 같은 새로운 동작을 숙달하면서 즐거움과 만족감을 찾는다.
- **자극** Stimulation – 선수들은 스포츠 활동에 순수하게 참여함으로써 즐거움과 만족감을 찾는다.

외적 동기 – 중간 정도의 자기결정동기
- **통합규제** Integrated regulation – 선수들은 결과 그 자체가 가치 있다고 믿기 때문에 동기화되어 있으며, 그 결과 통합규제는 개인적으로 중요하다. 예를 들면, 한 선수가 산 정상에 등반하는 것이 도전적이고 가치 있는 것이라고 생각하기 때문에 그 선수는 산을 오르기로 결심한다. 통합규제는 발달상으로 가장 진보된 외적 동기의 형태로 간주된다.
- **확인규제** Identified regulation – 확인규제를 지닌 선수는 스포츠 활동에서 즐거움을 못 느낄 수도 있지만, 그 활동이 가치 있다는 것을 알고 있기 때문에 계속해서 참여한다. 예를 들면, 한 선수는 스포츠 활동에 참여함으로써 자신의 개인적 성장, 통찰력, 발달을 가져올 수 있다는 것을 알기 때문에 스포츠에 참여한다. 통합규제와 확인규제는 3가지 내적 동기(지식, 성취, 자극)에 영향을 미치며, '해야 한다' 라기 보다는 '원한다' 라는 감정을 유발하며, 그리고 정서적, 인지적, 행동적 결과와 긍정적으로 관련되어 있다(Vallerand 1997; Vallerand & Rousseau, 2001).
- **의무감규제** Introjected regulation – 의무감규제를 지닌 선수는 어느 정도 내적 영향에 의해서 동기화 되어 있지만, 일반적으로 외적 우연성 external contingencies 에 의해서 규제화된다. 예를 들면, 한 선수는 부모님을 즐겁게 해드리기 위해서 운동에 참여한다.
- **외적규제** External regulation – 외적규제를 지닌 선수는 보상과 행동 제약과 같은 외적 요인에 의해서만 동기화된다. 예를 들어, 한 선수는 부모님이 본인에게 자동차를 사줄 것이기 때문에 운동에 참여한다.

무동기 – 낮은 자기결정동기
- **무동기** Amotivation – 무동기인 선수는 외적으로도 그리고 내적으로도 동기화되어 있지 않다. 예를 들어, 한 선수는 연습시간에 항상 늦고, 어떻게 해서든 빨리 연습장을 벗어나려고 한다. 그리고 개인적 목표도 없으며 훈련에 전혀 관심이 없다. 이 선수는 단순히 연습에만 참여하고, 불행하게도, 자신의 무능력, 개인적 통제력의 부족과 지루함을 느낀다.

▷ 회복력이 좋은 선수

회복력이 좋은 선수 resilient athlete 는 많은 실패를 했더라도 성공이 곧 눈앞에 있다고 강하게 믿는다. 회복력이 좋은 선수는 먹구름 속에서도 한 가닥 희망을 찾으며, 밤하늘에서 별을 찾고, 모든 도전적인 상황에서 가능성을 찾으며, 못 생긴 석탄 덩어리를 빛나는 다이아몬드로 만들 수 있다. 이들은 내적 통제 소재를 지닌 선수이며, 성공과 실패에 대해 개인적 책임을 지고, 더 큰 성취와 자신의 능력을 향상시키기 위해서 더 많이 노력한다.

회복력이 좋은 선수는 자아효능감이 높으며, 실패를 두려워하지 않고, 실패가 자신들의 자신감, 자존감과 자아를 위협한다고 생각하지 않는다. 회복력이 좋은 선수는 건전한 방식으로 중간 정도의 어려운 목표 설정, 과제 위험, 실패에 대한 심리학적 대처 방법을 설정하고 노력하며, 노력 여부에 따라서 성공을 귀인하고, 운동 학습과 수행에 대한 개인적 책임감을 갖고 학습(수행) 목표에 집중하며, 그리고 역경을 경험하더라도 빠르게 회복한다.

▷ 회복력이 좋은 코치

이 책에서 논의된 많은 부분은 선수나 코치와 깊은 관련이 있다. 그리고 코치와 선수 간 작은 차이가 존재한다. 운동 수행이 수행자와 친밀하고 복잡하게 연결되어 있듯이, 코치의 가르침 coach teaching 과 선수의 학습 athlete learning 은 똑같기 때문에 두 개로 분리할 수 없다. 회복력 좋은 코치 resilient coach 는 높은 자기효능감을 소유하고 있다. 회복력이 좋은 선수처럼 회복력이 좋은 코치는 높은 자기결정동기를 지니고 있으며, 내적으로 동기화되어 있고, 계속해서 유능성, 자율성과 관계성을 추구하기 때문에 효과적인 교사이자 지도자이다.

회복력이 좋은 코치는 자신의 코칭 유능성을 증명하기 위해서 외적으로도 열심히 공부하며, 보스의 기질이 있으며, 실권을 쥐고 있으며, 다른 선수들에게 동기를 주며, 선수들과 잘 어울린다. 3가지 욕구는 성공적인 교수법과 학습 환경으로 전이된다. 회복력이 좋은 코치는 자극(즉, 가르치는 것을 좋아하는), 성취(즉, 선수들이 향상과 성공을 보는 것을 좋아하는)와 그리고 지식(스포츠에 대해 더 많이 아는 것과 어떻게 가르치는 것이 좋은지 그리고 어떻게 선수들을 학습시키는 것이 좋은지에 대해 더 많이 아는 것을 좋아하는) 욕구에 의해서 동기화된 사람이다. 요약하면, 회복력이 좋고 자기결정동기 수준이 높은 코치는 자신의 동기적 성향과 유사한 교수환경과 학습 환경을 선수들에게 제공한다. 반대로, 자기결정동기 수준이 낮은 코치는 외적으로 동기화 되어 있으며, 선수들을 효율적으로 잘 지도하고자 하는 동기(의욕)가 없는 사람이다. 이러한 코치는 지도자로서 가장 기본적인 것만 하며, 연습상황에서 선수들에게 신체적 기술이나 정서적 능력 향상에 힘쓰지 않으며, 자신이 무능력하고 통제력이 부족하다고 생각한다. 당신의 동기적 성향은 무엇인가? 당신의 교수 환경과 학습 환경은 어떠한가?

코치의 도구상자

이 장은 두 번째 코치의 도구상자이다. 즉, 귀인 이론은 자신들의 선수를 보다 더 잘 이해하기 위해 코치에게 유용한 정보를 제공한다. 구체적으로 다른 사람은 그렇지 않은데 왜 일부 선수들은 실패를 경험해도 희망을 갖고 계속해서 도전하는지, 다른 사람들은 두려워하지 않는데, 일부 선수들은 왜 실패를 두려워하고 피하는지, 왜 선수들은 서로 다른 근거를 대면서 자신의 성공과 실패에 대해서 설명하는지를 알게 해준다. 또한 귀인 이론은 선수들이 운동 학습, 수행과 경쟁의 고난과 시행착오를 경험하는 동안 선수들이 계속해서 끈기 있게 자신들의 능력을 강화시키기 위한 귀인 관점을 수립하는데 도움을 주기 위해 몇 가지 특정 적용 방법을 코치에게 제공한다.

과학적이며 예술적인 코치

과학적인 코치는 선수들을 이해하고, 과정과 결과를 설명하고 예측하기 위해 귀인 이론을 사용하며, 성공과 실패에 대한 선수들의 귀인을 바꾸기 위해서 귀인 이론을 적용한다. 과학적인 코치는 선수들의 귀인 성향에 대한 자기평가를 돕기 위해서 귀인 이론의 개념을 사용하며, 선수들이 새로운 귀인 성향을 형성할 수 있도록 이 이론을 활용한다.

예술적인 코치는 인내와 귀인적 강인함 attributional toughness 을 지닌 선수들의 지속성에 민감하다. 예를 들어, 일부 선수들은 다른 선수들보다 더 많은 실패, 더 큰 위험, 더 어려운 과제를 견딜 수 있다. 일부 선수들은 탄탄한 자아를 지닌 반면에 일부 선수들은 약한 자아를 지니고 있다. 일부 선수들은 다른 선수들 보다 더 큰 개인적 책임감을 가지고 있다. 일부 선수들은 자신의 성공과 실패에 대한 이유에 대해서 좀 더 솔직하고 정직하다. 일부 선수들은 다른 선수들 보다 더 큰 희망감을 지니고 있다. 이는 선수들 간에 정도에 따라 차이가 존재하지만, 선수들의 귀인 성향을 형성하기 위해서 아주 중요하다.

코치가 이 3가지를 기억한다면

1. **연습환경을 숙달 분위기로 만들어야 한다는 것을 명심한다.** 숙달 분위기는 선수들이 열심히 연습하고 노력하는 것을 강화시키고, 개인의 향상과 협동을 통해 동료 선수를 돕고, 성공과 실패 경험이 가치 있다고 믿게 해준다. 숙달 분위기는 선수들에게 달성할 수 있는 과제이지만 좀 더 도전적인 과제를 제공한다. 지금 자신(코치의)의 연습 환경은 숙달 분위기와 유사한가?

2. **개인적 책임감을 기를 수 있도록 선수들을 격려한다.** 선수들이 자신의 훈련과 결과에 대한 개인적 책임감을 질 때, 그들은 내적 통제 소재로 자신의 수행과 결과를 귀인한다. 그렇게 되면 선수들은 일부 외적 요인과 통제할 수 없는 요인이 아니라 자신들이 통제할 수 있는 것으로 성공과 실패를 생각하고 귀인한다. 선수들이 실패를 한다면, 그것에 대한 책임은 선수에게 있다고 가르치고 더 많이 노력하고 자신들의 능력을 향상시켜야 한다고 지도할 필요가 있다.

3. **선수들의 귀인성향을 바꿀 수 있다는 것을 기억한다.** 선수들의 느낌 impression 을 판단하는 것은 코치에게 쉬운 일이다. 어떤 선수들은 내적 통제소재를 지녔으며, 어떤 선수는 그렇지 않다. 어떤 선수들은 실패를 회피하지만 어떤 선수는 그렇지 않다. 어떤 선수들은 책임감을 지녔지만, 어떤 선수는 그렇지 않다. 물론 선수들에게 이러한 전반적인 인상이 일부 존재하는 것이 사실이다. 그렇지만 선수들의 이러한 귀인 성향을 바꿀 수 있다. 즉, 선수들은 코치의 중재 프로그램, 숙달 분위기와 스포츠 경험을 통해 귀인 성향을 변화시킬 수 있다. 모든 코치들은 회복력이 좋은 선수를 사랑한다. 그러나 선수들은 당신의 기성품이 될 수 없다. 선수들의 귀인성향을 바꾸는 것은 코치에게 달려 있다.

▶ 추천 도서

Deci, E. L. & Ryan, R. M. (1985). *Intrinsic motivation and self-determination in human behavior.* New York: Plenum Press.

Stallone, S. (1976). *Rocky.*

Weinberg, R. S. & Gould, D. (2011). *Foundations of sport and exercise psychology* (5th ed.). Champaign, IL: Human Kinetics.

선수들을 이해하기 위한 행동주의 이론

제 2부에서 소개하는 2개의 장은 행동주의를 기반으로 한 학습 이론을 설명한다. **행동주의** Behaviorism 는 관찰할 수 있는 행동의 구성요소와 연결된 학습 이론을 지칭한다. 구체적으로 행동주의자들은 인간이 **자극** stimuli 이라는 조건을 통해 **반응** responses 이라는 특정 행동이 유발된다고 보고 있다. 그렇기 때문에 행동주의자들은 자극과 반응 간의 상호작용과 관계를 설명하기 위한 규칙을 개발했다. 자극과 반응의 관계는 **조건화** conditioning 로 알려져 있으며, 행동주의자들은 이를 **자극 반응 이론** stimulus-response S-R theories 또는 **행동주의 이론** behavioristic theories 로 명명했다.

행동주의자들은 직접적으로 관찰 가능하고, 예측하고, 처치하고 평가할 수 있는 실험을 진행했다. 이 실험은 우리가 이 책 후반부에서 살펴볼 **인지주의** cognitivism 와는 다른 유형의 학습과 차이를 보인다. 인지주의는 학습의 내적 과정과 정신 과정과 같은 직접적으로 관찰할 수 없는 요소를 중시한다. 2부에서 소개되는 첫 번째 장은 유명하지만, 제대로 이해 받지 못하고 있는 러시아 과학자 Ivan Pavlov에 의해서 개발된 **반응 조건화 이론** respondent conditioning theory 에 대해 소개했다. 즉, 3장에서는 반응 조건화 이론을 토대로 **열정적인 선수** salivating athlete 에 대해 알아보고, 코칭 상황에서 반응 조건화 이론이 중요한 학습 이론이라는 당위성을 설명했다. 그리고 Edward Thorndike의 인지주의 이론에 의해서 추정된 유사한 이론에 대해서 살펴볼 것이다.

4장에서는 B.F. Skinner에 의해서 개발된 조작적 조건화 이론에 대해서 설명했다. 조작적 조건화 이론은 행동주의 이론이지만, 반응 조건화 이론과는 완전히 다른 이론이다. Skinner는 인간이 단순히 자신의 환경에 반응하는 것이 아니라, 그 환경 조건에 따라 반응한다고 제시했다. 즉, 4장에서는 Skinner 상자 실험을 기반으로 선수들의 행동에 영향을 미칠 수 있는 코치들이 사용할 수 있는 조작적 조건화 도구에 대해 설명했다. 3장과 4장은 코치들이 어떻게 선수들을 긍정적으로 교육시키고, 선수들이 어떻게 긍정적으로 학습할 수 있는지에 관한 반응 조건화 이론과 조작적 조건화 이론을 적용할 수 있는 방법에 대해서 소개했다.

열정적인 선수
조건반응 이론의 적용

주요용어

- 결합(bonds)
- 인지적 재구조화(cognitive restructuring)
- 연결주의(connectionism)
- 근접성(contiguity)
- 탈조건화(deconditioning)
- 일반화(generalization)
- 점진적인 자극 표상(gradual stimulus presentation)
- 잠재적 교육과정(hidden curriculum)
- 효과의 법칙(law of effect)
- 태도의 법칙(law of set)
- 우월성(prepotent)
- 강화(reinforcement)
- 반응 조건화(respondent conditioning)
- 열정적인 선수(salivating athlete)
- 열정적인 코치(salivating coach)

"사람이 열정으로 가득 찼을 때 해낼 수 있는 것들은 매우 경이롭다."

아버지가 돌아가시기 5년 전, 나는 아버지와 함께 사냥을 갔었다. 아버지는 사냥을 세상에서 제일 좋아했다. 사냥이 아버지의 열정이었다. 어린 시절 나와 내 형들은 언제나 아버지가 사냥할 때 땅에 엎드리거나 산탄총 shotgun 을 들고 고개를 숙이고 있었다. 아버지의 옆에는 우리 형제보다 자신이 사랑하는 사냥개가 있기를 몰래 희망했다. 시간이 많이 흘러, 아버지의 사냥을 위해 나는 네브래스카 북쪽에 있는 내 친구가 소유한 농장에 경작되지 않은 숲에서 사냥을 하도록 준비했다. 아버지의 사냥개이자 최고의 친구였던 잉글리시 스프링거 스패니얼 English springer spaniel 견종인 Mister는 몇 년 전 죽었기 때문에 나는 전혀 사냥이라고는 배운 적 없는 나의 버프색 코커스패니얼 buff-colored cocker spaniel 견종인 Jackson을 사냥터에 데려가기로 결정했다. 사실 내 개가 했던 제일 격렬했던 야외 운동은 우리 집 근처에서 다람쥐를 쫓은 게 전부였다. 그래도 내 개는 강력하고 힘이 넘치며 끈기가 있는 개였으며 나에겐 최고의 개였다.

우리가 사냥을 나간 날은 굉장했다. 하늘은 맑았고 날씨는 상쾌하고 편안했다. 사냥터에서 걷기에는 딱 좋은 날이었다. 우리는 꿩을 찾아 헤매 다녔고 나는 희망적이었다. 하지만 사냥 바로 직전에 나는 불안했다. 왜냐하면, 아버지는 파킨슨병 진행 단계에 있는 환자였기 때문에 간신히 걸을 수 있는 상태였다. 아버지는 거의 총을 어깨까지 들어 올려 조준하고 쏘기는 커녕 들지도 못할 만큼 힘이 없었다. 사냥 전 난 아버지에게 총을 들 수 있는지 보여 달라고 했다. 내 개 Jackson은 사냥에 대해 전혀 알지 못했다. 내 개는 사냥 훈련을 받은 적도 없고, 사냥을 가본적도 없으며, 그리고 그냥 집에서 기르는 개였다. 그러나 우리는 사냥을 하러 농장에 와 있었다. 그날 거기에는 아마 꿩이 전혀 없을 수도 있었으며, 있었다고 하더라도 내 아버지가 쏠 수 있는 방법은 없었다. 만약 우리가 꿩 한 마리를 찾는다면 내가 쐈어야 했을 것이다. 더욱이 난 실력이 형편없는 총수였기 때문에 맞힌다면 그것은 기적일 것이다.

그래도 우리는 사냥을 시작했다. 그런데, 처음부터 나는 아버지의 걸음이 파킨슨병이 있는 사람의 걸음처럼 보이지 않았다. 사냥을 시작하면서 아버지는 더 날렵해졌다. 아버지는 내가 몇 년 동안 보지 못했던 안정적인 걸음으로 걷고 있었다. 그때 아버지가 개에게 소리쳤다. "그래! 그게 사냥개가 해야 하는 일이지!" 나는 Jackson이 본능적이고 체계적으로 수렁논 이리 저리 뛰어다니면서 꿩을 찾는 것을 보았다. 점차 우리는 수렁논 끝에 접근했다. 수렁논 끝에 왔을 때 "나는 여기에 새가 한 마리도 없을 줄 알았다." 우리는 수렁논 끝에 도달했고 Jackson은 마지막으로 수렁논을 돌았다.

놀랍게도, 그 순간 Jackson은 유일한 꿩 한 마리를 날아오르게 했다. 수렁논의 끝은 트인 공터였으며 꿩은 숨을 곳이 없었다. Jackson이 움직였더니 그 새는 갑자기 날아올랐다. 나는 내 총을 들고 방아쇠를 당겼으나 아무 일도 일어나지 않았다. 안전장치를 풀지 않았던 것이다. 그러나 나는 그 순간 총소리를 들었고 새가 땅으로 추락하는 것을 보았다. 단 한 번의 깔끔한 동작으로 아버지는 총을 들고 꿩의 날개에 한 방을 쏜 것이다. 새는 날개를 맞아서 날 수는 없었지만 뛸 수는 있었다. 그래서 그 새는 땅에 닿자마자 뛰기 시작했다. 이제 그 새를 잡을 수 있는 유일한 방법은 사냥개로 잡는 것이다.

그 다음 나는 Jackson이 새를 향해 빠르게 질주하는 것을 보았다. Jackson은 새를 찾아 내 입에 물고 돌아와 아버지의 발밑에 내려놓았다. Jackson은 마치 방금 일생의 열정과 유전적 임무를 찾은 듯한 모습으로 아버지를 올려보았다. 아버지는 마치 아프기 전에 사냥하면서 느꼈던 행복한 표정을 짓고 있었다. 나는 내 입을 크게 벌리고 눈을 번쩍 뜬 채로 그 자리에 서있었다. 그런 열정의 현장에 있던 것은 매우 경이로웠다.

그 날을 다시 생각하면 나는 인간(그리고 개)이 열정에 가득차면 거의 모든 일을 해낼 수 있다는 사실에 감명을 받았다. 이 장은 열정적인 선수에 관한(또는 내가 침 흘리는 선수라고 부르는) 이야기이며, 그리고 어떻게 코치들이 자신의 선수에게 게임에 대한 변함없는 사랑과 깊은 열정을 가질 수 있는 환경을 조성하는 방법에 대해 설명했다.

개요

이 장은 학습에 영향을 주는 두 개의 행동학적 이론을 살펴본다. 첫 번째 이론은 반응 조건화 respondent conditioning 로 알려져 있으며, 반응 조건화는 고전적 조건화 또는 파블로프식 조건 형성 classical or Pavlovian conditioning 이라고도 부른다. 코칭과 운동학습 영역에서 주로 간과되기는 하지만 반응 조건화는 이 책에서 토론하는 학습 이론 중 제일 중요할 것이다. 이 이론은 자극이 반복적으로 다른 자극과 연결되었을 때의 학습이 일어나는 과정에 대해 설명한다. 이 장에 포함되는 두 번째 이론은 반응 조건화에서 제 4장에서 보게 될 조작적 조건화 operant conditioning 로 이어질 Thorndike의 연결주의 connectionism 이다. 연결주의에서 학습은 자극과 반응 간 관련성을 연결하고 형성하는 것을 의미한다. 코치에게 제일 중요한 것은 Thorndike가 요약한 학습자들이 결합 bonds; 자극과 반응을 묶는 것이라고 부르는 연결고리를 만드는 학습 규칙이다. 이 장은 선수들을 코칭할 때 이 이론들을 적용할 수 있는 간단하고도 효율적인 방법을 제공한다.

▷ Pavlov의 고전적 조건화

자신의 이름이 고전적(반응) 조건화 classical(respondent) conditioning 의 동의어가 된 러시아 생리학자 Pavlov는 반응 조건화 현상을 우연히 발견했다. Pavlov는 개의 소화력에 대해 연구를 하고 있었으며, 1904년에는 소화에 대한 연구로 노벨 의학 및 생리학상까지 받았다. 연구를 하던 중에 Pavlov는 연구실의 개들이 음식을 줄 때가 되면 음식을 보거나 냄새를 맡기도 전에 침을 흘린다는 사실을 발견했다. Pavlov는 개들이 주인을 보거나 심지어 발자국 소리를 듣게 되면 침을 흘리기 시작한다는 것을 관찰했다.

이런 관찰은 Pavlov가 지금은 매우 유명해진 실험을 진행할 수 있는 기초가 되었다. 한 실험에서 Pavlov는 벨이나 버저를 울렸고(벨이나 버저를 울리는 것은 보통 침을 흘리게 유도하지 않는다.), 그리고 바로 침을 흘리게 하는 자극으로 음식을 개들에게 주었다. Pavlov는 이런 벨 또는 버저와 음식을 자주 반복적으로 연결 지어 준다면 벨이나 버저만으로 개들이 침을 흘리게 할 수 있다는 것을 확인했다.

Pavlov의 실험에서 벨과 버저는 조건자극 conditioned stimulus; CS 에 해당하며 음식은 무조건자극 unconditioned stimulus; US 이고, 음식에 대한 반응으로의 침 흘리기는 무조건반응 response; UR 에 해당한다. 그리고 벨과 버저에 대한 반응으로의 침 흘리기는 조건반응 conditioned response; CR 이라고 정의할 수 있다. 중립자극 Neutral stimulus; NS 은 아무런 반응으로 이어지지 않는 모든 자극을 의미한다. Pavlov의 개의 실험에서, 벨과 버저는 처음에는 중립자극 NS 이었다. 〈그림 3.1〉에 고전적 조건화 패러다임이 요약되어 있다.

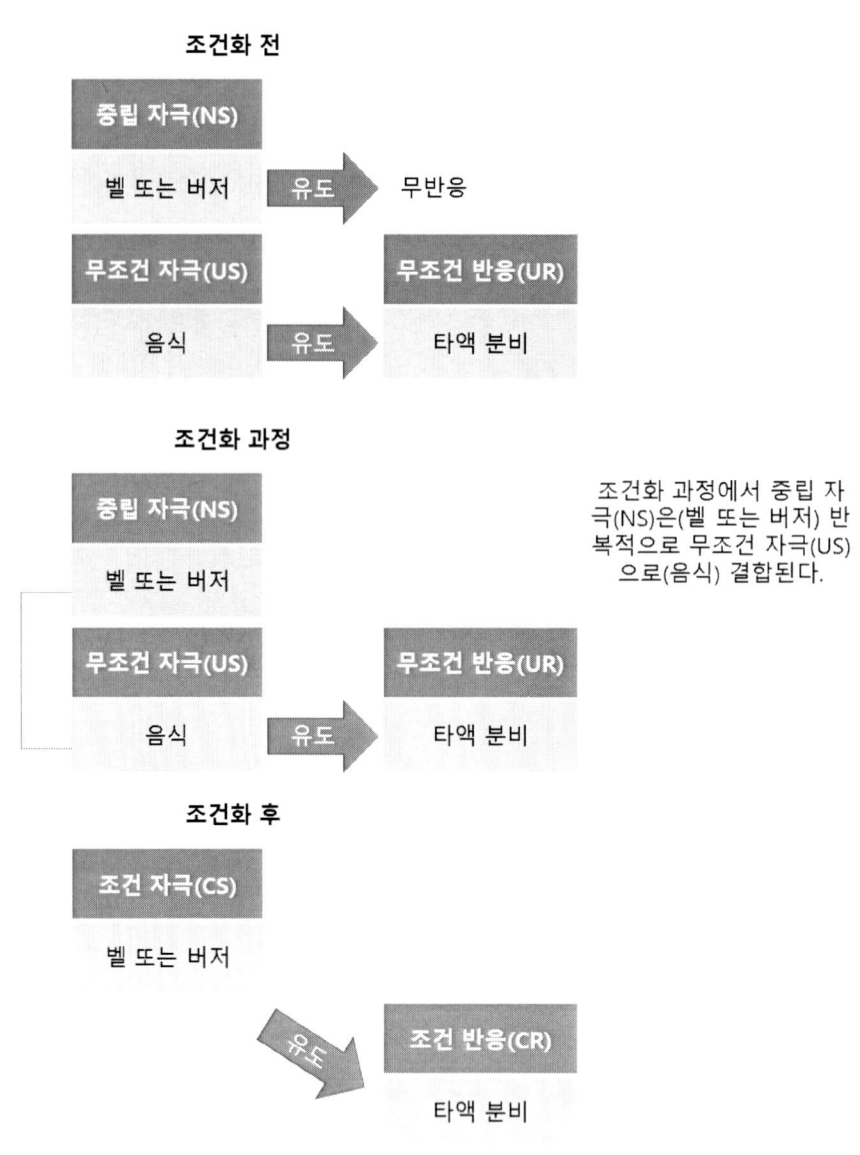

| 그림 3.1 | 고전적 조건화 패러다임

고전적 조건화는 개체 individual; 또는 개인 가 환경의 자극에 반응을 하는 것이기 때문에 <u>반응 조건화</u> respondent conditioning 로도 알려져 있다. 음식 같은 자극들은 한 개체로부터 하나의 반응을 이끌어낸다. 선수의 고전적 조건화의 과정을 보다 잘 이해하기 위해서 시나리오 1을 살펴보자.

1 시나리오

스프링보드 springboard 에서 약 6년간 다이빙을 한 다이빙 선수가 완전히 새로운 기술인 플랫폼 리스트 platform list 를 배워야한다. 이 선수는 약 2주라는 비교적 짧은 시간 내에 새로운 기술을 반드시 익혀야한다. 이 선수는 이 기간 동안 많은 다이빙 기술을 배우지만 그 과정에서 수면에 거칠게 입수하며 몇 차례 충돌을 경험한다. 그로 인해 이 선수는 높은 수준의 불안과 두려움을 느끼게 되고, 반복적으로 점프대에서 뒷걸음질, 긴장된 떨림, 플랫폼을 피하는 행동 등 환경에 적응되지 못한 행동들을 보이기 시작한다.

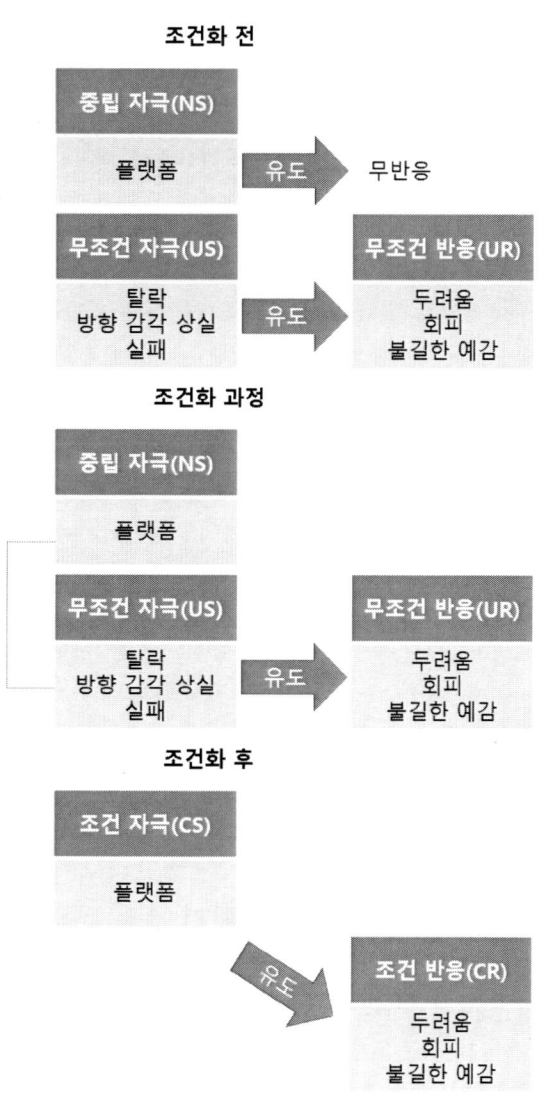

| 그림 3.2 | 플랫폼 다이빙에 대한 학습 반응에서 반응 조건화

〈그림 3.2〉는 시나리오 1에 대한 반응 조건화 패러다임을 적용시킨 예이다. 조건화 과정 Conditioning process 에 앞서, 이 다이빙 선수가 플랫폼에서 다이빙 한 경험이 없다고 가정해보자. 플랫폼은 아마 별다른 반응을 이끌어내지 않았을 것이기 때문에 중립자극 NS 으로 볼 수 있다. 조건화 과정 중에는 다이빙 선수의 부족한 경험, 시간 부족과 준비 시간 부족 때문에 중립자극(NS) 플랫폼은 무조건 자극 unconditioned stimuli 인 충돌, 방향 상실(다이빙 선수에서 방향을 상실했을 수 있다), 그리고 실패와 연결되어 자동으로 무조건반응 unconditioned response 인 고통, 두려움, 반감, 불길한 예감 등 부정적인 정서를 이끌어낸다.

조건화 과정 후에, 중립자극(NS) 플랫폼은 이제 조건자극 CS 이 되었으며, 자동으로 조건반응 CR 인 고통, 두려움, 반감, 불길한 예감을 유발시킨다. 시간이 지나면 조건자극(CS) 플랫폼은 선수로부터 점프대 위에서 반복된 뒷걸음질, 긴장된 떨림, 플랫폼을 피하는 행동 등 환경에 적응하지 못하는 부적응적 행동을 야기한다. 예를 들어, 다이빙 선수는 꾀병을 부리거나, 플랫폼 훈련 날에는 연습에 참여하지 않거나, 플랫폼 다이빙을 회피하고자 이상한 부상을 얻거나 작은 부상을 과장할 수 있다.

부정적인 반응 조건화 negative respondent conditioning 를 묘사하기 위해 비슷하고 매우 익숙한 예로 시나리오 2가 있다. 시나리오 2에서 체육교사는 학생들의 행동이 잘못할 때마다 달리기를 벌로 준다(〈그림 3.3〉). 이 체육교사는 학생들에게 스포츠와 운동 기술을 가르침과 동시에 자신도 모르게 달리기를 싫어하도록 가르치고 있다. 달리기에 대한 증오를 가르치는 것은 절대로 육상 코치의 목표나 체육교사의 교육과정에 포함되어 있지 않다. 그럼에도 불구하고 반응 조건화 과정을 통해 학생들은 달리기를 싫어하게 된다.

2 시나리오

> 고등학교 1학년 학생이 육상 팀에 들어가 달리기를 한 번 해보기로 결심한다. 이전에는 한 번도 경쟁적으로 달려본 적이 없어서 이 모든 경험은 학생에게 새롭다. 이 학생은 첫 주 연습에 늦게 도착하는 바람에 코치는 벌로 학생에게 훈련 후에 추가로 트랙을 뛰게 했다. 그 다음 주, 이 학생은 다른 스포츠 종목에 참여하기로 마음먹었다.

반응 조건화는 교실 내에서 발생할 수 있다. 수학 시간을 예로 들어보겠다. 수학은 아마 처음에는 감정적인 반응을 거의 일으키지 않는 중립자극 NS 일 것이다. 그러나 불친절한 교사 그리고 나쁜 성적과 같은 반복적인 경험은 부정적인 무조건자극 negative unconditioned response 과 연결되어 많은 학생들은 수학 과목에 대한 부정적 조건반응 negative conditioned response 을 형성하게 된다.

시나리오 1을 기억해보자. 다이빙 선수는 짧은 시간 내에 너무 많은 것을 강요받았고 고통, 방향 상실, 실패 등을 경험했다. 그리고 빠르게 플랫폼을 조건반응 conditioned response

인 두려움, 반감, 불길한 예감과 연관 짓는 것을 알게 되었다. 그리고 이런 정서적 및 생리적 반응은 긴장된 떨림과 훈련을 피하는 등 환경에 부적응하는 행동을 유발했다. 코치가 의식적으로 이런 연관성과 부정적 반응 negative response 을 가르치려고 한 것은 아니지만, 이것이 학습 경험의 구조 때문에 결국 일어나게 되었다.

지금까지의 반응 조건화에 관한 논의를 한 문제로 요약할 수도 있다. "만약 코치가 운동 기술을 가르칠 때, 선수들이 기술을 학습함과 동시에 무의식적으로 그 스포츠에 대한 환경에 부적응하는 행동을 일으키는 부정적 정서나 생리적 반응을 같이 학습하게 된다면 뭐가 좋을까?" 답은 당연하게도 거의 좋은 점이 없다는 것이다.

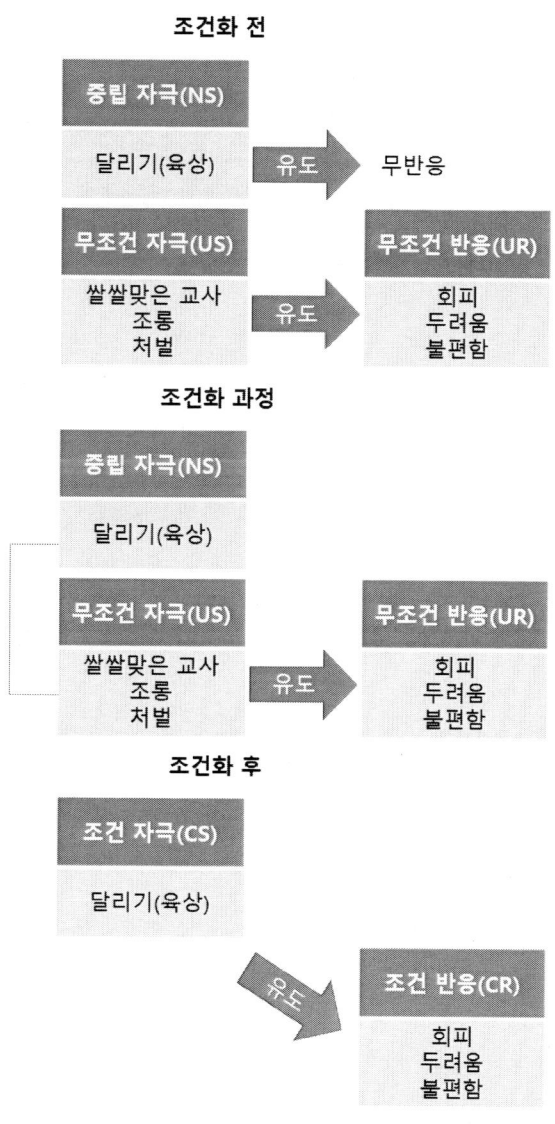

| 그림 3.3 | 달리기에 대한 반응 조건화

▷ 긍정적인 반응 조건화 예시

모든 코치의 목표는 선수들이 긍정적인 정서적, 생리적, 그리고 행동적 반응을 이끌어 내는 훈련 프로그램을 만드는 것이어야 한다. 이런 반응들은 즐거운 운동 경험을 만들고, 선수들이 건강한 인간으로 성장하고, 높은 수준의 행동과 경쟁력 있는 성공을 촉진하는 데 매우 중요하다. 지금까지 이 장에서는 반응 조건화의 부정적인 예를 살펴보았다. 코치들이 코칭과 스포츠 프로그램에서 따라하고 싶은 반응 조건화의 긍정적인 예를 많이 설명했다.

시나리오 3에서 야구 코치는 청소년 스포츠에서 긍정적이고 기억할만한 경험을 만들고 있다. 이 코치는 칭찬, 인정, 재미, 흥분, 배움, 성공, 게임에 대한 사랑이 모두 잊을 수 없는 경험을 할 수 있는 환경을 만들고 있다. 〈그림 3.4〉는 시나리오 3의 반응 조건화 과정을 요약하고 있다.

3 시나리오

한 중학생이 지역 청소년 야구팀에 들어가서 운동을 해보기로 한다. 첫 주 연습은 혼란스러웠다. 선수들은 뛰어다니며 여러 포지션을 시험해보고 있고, 대부분 웃으면서 재미있는 시간을 보내고 있다. 코치는 자신에게 배우는 학생들이 야구를 사랑하고 그 마음을 지닌 채로 연습을 시작하기를 갈망하며, 많은 연습에 직접 시범을 보이면서 참여하기까지 한다. 코치는 친절하고 착하며 팀 내 모든 선수들을 돕기를 원하고 있으며 선수들에게 바로 격려하고 칭찬한다. 많은 아이들은 이 코치를 존경하고 훌륭하다고 생각한다. 아이들은 야구에 빠져들게 전염시키는 코치의 야구에 대한 사랑을 받아들이고 이 코치 때문에 프로그램을 종료하고 야구 클럽 팀을 떠난 후에도 계속 스포츠에 참여를 한다.

이 시점에서 다음과 같은 의문을 가질 수도 있다. "반응 조건화와 코칭 그리고 운동 학습 motor learning 과 무슨 관계가 있으며 왜 그렇게 중요한가?" 이건 매우 좋은 질문이다. 방금 나온 시나리오를 보면, 반응 조건화가 코칭에 있어서 상당히 중요한 이유는 바로 선수로 하여금 운동을 사랑하고 선수의 성공에 있어 가장 중요한 요인일 수도 있기 때문이다. 이것은 코치가 코치로서 성공을 어떻게 정의하느냐에 상관없이 선수들이 운동을 사랑하고 성공할 수 있도록 도와야 한다. 만약 코치가 생각하는 성공이 아이가 운동에 흥분하고, 빠져있고, 진심을 다하는 것이라면, 반응 조건화는 중요하다. 만약 성공이 뛰어난 실력에 도달하는 것이라면, 이 이론은 역시 중요하다. 왜냐하면 운동을 열정적으로 하는 선수들이 많은 자극을 받는 성향이 있으며 훈련에 더 열심히 임하고, 매일 목표치를 정하며, 높은 수준의 노력을 하며, 지속적으로 실력을 향상하는 길을 찾아 성공의 가능성을 높이기 때문이다.

7장에서 고도의 전문적인 연습의 특성 Characteristics of Deliberate Practice; 고된 훈련의 특징 부분에서 살펴 볼 것처럼, 엘리트와 비엘리트를 구분하는 요인 중 하나는 매일 더 높은 단계의 난이도, 집중도 및 스스로 노력해서 훈련하고자하는 자발적인 마음이다. 이러한 자발적인 의지는 선수의 경력 초기에 긍정적인 무조건자극 positive unconditioned stimuli 과 특정 스포츠의 반복적인 연접 pairing 에서 발생한 높은 수준의 동기와 열정에서 나온다.

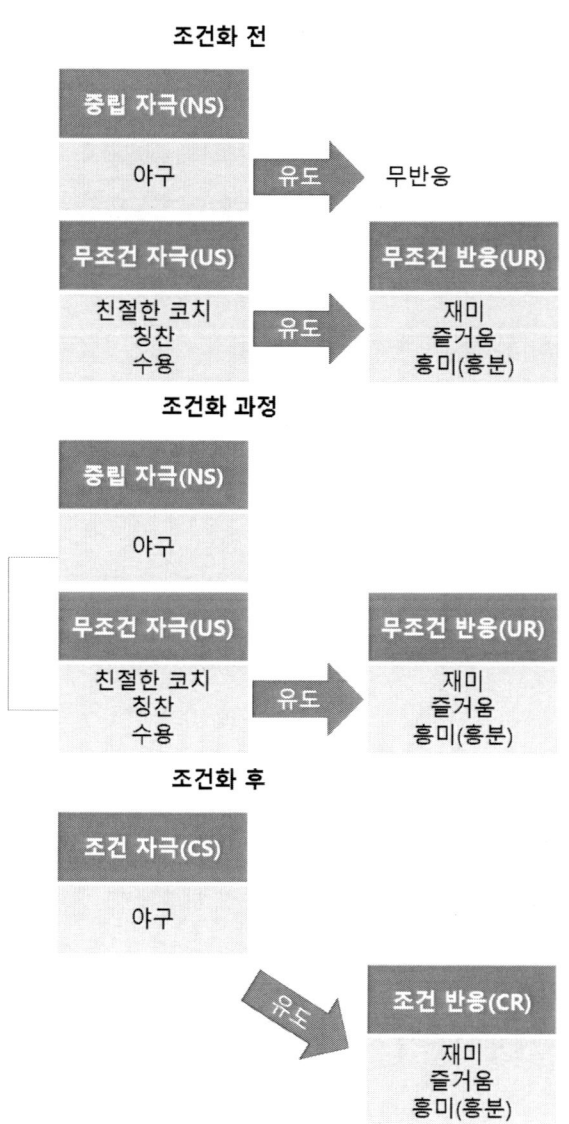

| 그림 3.4 | 야구 학습에 대한 반응 조건화

미국 올림픽위원회 United States Olympic Committee 는 "미국올림픽 성과 종합 보고서 (1984-1998); The Path to Excellence: A Comprehensive View of Development of U.S. Olympians Who Completed from 1984-1998" (Gibbons, HIll, McConnel, Forster, & Moore, 2002)라는 연구를 진행했었다. 이 연구에서 1984년에서 1998년까지 하계 및 동계 올림픽에 참여한 816명의 전미 올림픽 선수들의 훈련과 발전에 대한 정보를 조사했다. 그리고 이 연구에 이어 "미국올림픽의 성공과 실패 요인 분석 보고서; Reflections on Success: U.S. Olympians Describe the Success Factors and Obstacles that Most Influenced their Olympic Development" (Gibbons, McConnell, Forster, Tuffy, Riewald, & Peterson, 2003) 연구에서, 올림픽에 참가한 선수들이 성공할 수 있었던 최고 요인 10개 중 하나가 '스포츠에 대한 사랑'이라고 지목했다.

Bloom(1985)의 연구 또한 주목할 만하다. Bloom은 올림픽 선수, 예술가, 그리고 음악가처럼 놀라운 우수성을 지닌 사람들을 대상으로 조사한 결과, 선수들은 스포츠 활동 초기에 그 활동에 대한 애정을 키웠다는 것을 확인했다. Bloom은 이 사람들이 이런 애정을 키울 수 있도록 도운 사람들이 운동 초기의 코치와 교사들이라는 것을 확인했다. 반응 조건화 이론과 함께, 이러한 연구결과들은 중요한 코칭 활용법으로 이어질 수 있는 지식을 제공해 주고 있다.

▷ 코칭 상황에 반응 조건화 이론을 적용하는 방법

어떻게 반응 조건화를 선수에게 적용을 할 수 있을까? 흥미롭게도, 반응 조건화가 선수들을 코칭하기 위해 구체적으로 관련되어 있듯이(Smith & Smoll, 2001; Thompson, 2003), 반응 조건화가 선수들을 지도하는데 적용할 수 있다는 연구결과가 교실 수업상황에서의 교수방법을 통해 확인할 수 있다(LeFrancois, 2000). 다음은 **열정적인 선수**를 만들기 위해 반응 조건화를 적용하는 구체적인 가이드라인이다.

기분 좋은 무조건자극의 빈도, 특수성, 효과를 최대화 시킨다. 지금까지 3장의 내용을 읽었으니 이 활용법은 아마 코치들에게 당연하게 느껴질지도 모른다. 하지만 많은 코치와 체육교사들에게 이것은 그렇게 당연하지는 않다(시나리오 2를 생각해보자). 특히 젊은 선수들을 위해서 많은 긍정적인 무조건 자극을 제공하는 환경을 만들어야 한다. 시나리오 3에서 젊은 야구 선수들이 야구를 배우고 경기장에서 다른 포지션을 시험해보며 동시에 성공, 즐거움, 인정, 지지, 발전을 경험했다는 것을 기억할 필요가 있다. 당연히 연습은 혼란스러울 것이고 좀 더 효율적으로 진행될 수 있을 것이다. 하지만 연습은 재미있고, 코치는 따뜻하고 매력적이며 코치의 운동에 대한 활력은 선수들에게 전염이 된다. 이 젊은 선수들 중에서 얼마나 많은 선수들이 이 운동을 사랑하는 것을 배우고 계속하는 것을 선택하겠는가?

열정적인 선수('침 흘리는 개'처럼 조건화된 상태)는 훈련을 시작하려고 안달난 선수이며, 훈련장에 빨리 도착하고 늦게까지 남아있는 선수이며, 밤에는 스포츠에 대한 꿈을 꾸고, 심지어 휴일에도 훈련을 하고 싶어 하는 선수이다. 이런 부류의 선수를 코치가 육성해야하는 선수이다.

내 경험으로 나는 코치가 한 선수의 그 시기에 얼마나 중요한 영향력을 미치는지 알고 있다. 내가 젊은 다이빙 선수였을 때, 난 끔찍한 코치 밑에서 훈련 받았다. 내가 경험한 코치 한 분은 내가 새로운 다이빙 기술을 배우려고 하지 않자, 의자를 내가 있는 물속으로 던졌다. 그 코치는 나를 그 다이빙 기술을 익히게 하기 위해 준비시키지도 않았고, 코치 자신도 어떻게 나를 가르쳐야 하는지 이해하지 못했다. 나는 12살에 이토록 비참한 경험이 있었기에 운동을 그만두었다.

나중에 고등학교에 입학해서 나는 학교에서 멋지고 성격이 좋은 사람이 되려면 운동을 해야 된다고 생각했다. 나는 스프링보드 다이빙을 다시 한 번 시도해보기로 했다. 우연히 나는 Morry Arbini라는 정말 재능 있는 코치는 만났다. Arbini 코치는 내가 다이빙 운동을 다시 시작하려고 결정했을 때 내가 있는 학교로 부임 받았다. Arbini 코치는 내가 신입생일 때 와서 내가 졸업한 후에 학교를 떠났다. 나는 상당히 운이 좋은 학생이었다.

Arbini 코치는 내가 경험한 코치 중 제일 엄한 코치였다. Arbini 코치는 선수들에게 요구하는 것이 많았으며, 자신이 원하는 것에 의지가 강했으며 잘못에 대해서는 용서를 하지 않았다. 만약 코치가 무엇을 요구한다면, 선수들은 그것을 문제없이 해내야했다. 그런 엄격함에도 불구하고 Arbini 코치는 내가 다른 코치들에게서 보지 못한 것을 지니고 있었다. Arbini 코치는 인간적으로 나에게 관심을 주었으며, 감정적으로 나의 다이빙과 내가 달성하고자 하는 목표를 달성시키고자 노력했다. 내가 새로운 다이빙 기술을 배우면 그는 진심으로 흥분했으며, 바로 축하를 해주고 훈련에 대해 얘기를 했다. Arbini 코치는 자신의 감정을 드러내는 것을 두려워하지 않았다. 만약 내가 코치가 좋아하는 것을 하면 Arbini 코치는 웃어주고 박수를 치고, 등을 쳐주고 심지어 곰 같은 포옹도 해주었다. Arbini 코치가 기술적으로 부족한 부분에 대해서는 스포츠에 대한 열정, 선수에 대한 애정, 그리고 기쁨, 열정, 흥분, 스포츠에 대한 애정을 유발하는 긍정적인 학습 환경을 만드는 것으로 보상했다.

연습은 도전적이고 어려웠지만 보람이 있었다. 또한 코치의 요구가 많았지만 재미있었다. 진지함은 유머와 스포츠에 대한 기쁨으로 균형적이었다. 나는 아직도 몇 가지 훈련을 기억한다. 나는 내가 처음으로 성공한 점프해서 공중에서 뒤로 2바퀴 반을 도는 기술 back 2 1/2 somersault, 세 바퀴 틀어 공중에서 1바퀴 반을 도는 기술 triple twisting 1 1/2 somersault, 그리고 나의 첫 번째 10미터 플랫폼 다이빙 기술을 기억한다. 그건 내 인생 중 가장 무섭고, 가장 도전적이고 어려우며, 그리고 가장 보람 있고, 가장 즐거웠던 시간 중 하나였다.

오늘까지도 나는 내가 Arbini 코치에게서 배울 수 있었던 기회가 있었던 것에 감사한다. 나는 내가 코치가 된 것이 바로 Arbini 코치 때문이라고 확신한다. 내가 다이빙 선수를 은퇴하고 코치 커리어를 시작했을 때, 나는 내 커리어 중 받았던 제일 중요한 6개의 상 중 3개를 Arbini 코치에게 우편으로 보냈다. 동봉된 편지에 나는 이렇게 적었다. "코치 선생님이 아니었다면 나는 절대로 이만큼 이룰 수 없었을 것입니다. 이 상들은 내 것인 만큼 선생님의 것이기도 합니다. 나에게 선생님의 시간, 선생님의 경험, 선생님의 지혜, 그리고 선생님의 마음과 영혼을 주어서 감사합니다. 나는 절대로 이 은혜를 다 갚을 수 없을 것입니다. 그러나 나는 선생님이 나에게 준 것을 다른 선수에게 전할 수 있을 것입니다." Arbini 코치가 나를 지도했던 짧은 4년 동안, Arbini 선생님은 전미 고등학교와 대학교 챔피언십 대회 national and conference championship, high school and collegiate All-American honors 에서 자신의 선수들을 입상시키거나, 많은 대학 코치들을 육성해냈다.

코치가 자신의 선수가 스포츠에 열광하기를 원한다면, Arbini와 같은 코치가 되어야 한다. **불쾌하고 부정적인 무조건자극을 최소화한다.** 시나리오 4에서 코치가 불쾌한 자극인 진지함, 엄격함, 불굴함, 무관용을 최소화하기 보다는 최대화하는 것을 고려해야 한다. 불쾌하고 부적정인 자극은 최소화해야 한다. 즐겁고 긍정적인 자극을 촉진해 선수가 스포츠를 사랑하게 하는 것은 특히 젊은 선수에게 중요하다.

4 시나리오

> 고등학교 신입생이 크로스컨트리 팀에 들어가 운동을 하기로 결정했다. 이 팀의 코치는 극단적으로 진지했다. 훈련 중에는 웃거나, 농담을 하거나, 장난을 쳐서는 안 된다. 이 진지한 분위기는 팀 기능에도 존재하고 팀원 간 동료애는 찾아볼 수가 없었다. 이 선수는 계속 뛰고 싶었지만 축구에도 관심이 있어 두 운동을 모두 해보고 싶었다. 그러나 크로스컨트리 코치는 이 학생에게 둘 중 하나만 선택할 수 있다고 최후통첩을 했다. 결국 이 학생은 축구를 선택했다.

시나리오 4는 내가 직접 목격한 한 고등학교 신입생의 이야기이다. 이 학생은 중학교 때 뛰는 것을 무척 좋아했으며, 고등학교 육상 팀에서도 계속 뛰고 싶어 했었다. 이 학생은 많은 친구들이 축구를 했기에 축구에도 관심이 있었지만 달리기도 계속 했으면 했다. 만약 주위 환경이 달랐다면 이 학생은 고등학교 4년 내내 뛰었을 것이다. 시나리오 4의 코치는 아마 자신이 만든 교육 분위기를 의식하지 못했을 것이다. 많은 코치들이 그렇다. 코치의 프로그램에 있는 불쾌하고 부정적인 자극을 의식하고 없애야한다.

코치가 어떤 수준에서 선수들을 지도하는 것과 관계없이, 스포츠 경험을 언제나 재미있게 할 수 있도록 조성한다. 당연히 스포츠에서 더 높게 오를수록 더 힘들어지고 다음 수준을 습득하기가 어렵다. 어느 정도의 진지함과 비관용은 일정 수준의 경쟁력을 갖추기 위해서 필수적이다. 그러나 이런 요구사항들은 반드시 운동에 대한 건강한 시각과 접근, 그리고 균형을 맞추어야한다. 선수는 열심히 해야 하고, 똑똑하게 해야 하고, 그리고 즐겁게 운동을 해야 한다. 훈련을 즐겁게 하는 선수는 최종적으로 그냥 열심히 하는 선수보다 더 성공한다. 인디애나대학교에 온 명예의 전당에 소속된 Doc Counsilman 코치는 지독한 훈련을 마친 후에 선수들에게 젤리 과자 젤리빈; jelly bean 를 주는 것으로 유명하다. 세계 최고의 수영선수 중 몇 명이 젤리 과자 몇 개를 받으려고 혹독한 훈련을 하는 것이다. 젤리 과제는 선수에게 그렇게 큰 의미는 없지만 선수들은 젤리 과제를 수집하는 것을 재미있어 했다.

선수는 어떤 단계에서도 운동을 즐겨야 한다. 심지어 올림픽에서도, 선수는 올림픽 게임에 참여하는 경험을 즐겨야한다는 것을 기억해야 한다. 선수들은 자신들이 처음 스포츠를 시작한 이유가 운동을 즐겨서라는 것을 기억하고 앞으로도 운동의 모든 과정과 그에 따르는 것을 즐겨야한다. 올림픽 메달을 획득했던 못했던, 선수들은 자신을 뒤돌아보고 본인들이 최선을 다했다는 것을 알아야한다. 올림픽 정신이 "올림픽 경기에 있어서 가장 중요한 것은 이기는데 있는 것이 아니고 참가하는데 있다. 인생에 있어서도 본질적인 것은 정복하는데 있지 않고 멋지게 싸우는데 있다"라는 것을 기억해야 한다.

"최고의 노력", "분투", "잘 싸웠다"라는 말은 무엇을 의미할까? 일부분의 의미는 선수들이 명확한 과정을 목표로 설정해야하며 운동 수행 과정에 집중해야 하며(상대 선수의 운동 수행 과정이 아니라) 연관된 자극에 집중하며, 운동 수행 과정 중에서 즐거움을 찾는 것이다. 운동 수행의 이런 부분이 선수를 수행에 몰입하게 도와준다. 전형적인 조건화의 관점에서 이해하면 학습은 즐거워야한다는 말은 더 많은 뜻을 포함한다. 선수가 훈련 중에 웃게 하는 코치는 긍정적 자극(웃음)을 무조건자극(훈련)과 연결시키는 것이고, 이러한 연결은 아마 성공적으로 다음 내용을 가르치게 될 것이다:

1. 웃고 즐기는 것.
2. 중요한 훈련을 운동 수행과 연관 짓는 것.
3. 선수들의 운동, 훈련 시간, 코치, 땀 냄새, 라커룸, 레슬링 매트, 체육관, 그리고 그 운동 경험과 관련된 모든 것을 좋아하는 것.

이런 반응들을 배운 선수는 자신의 운동을 좋아하는 것을 넘어서 사랑할 수 있다. 훈련 중에 코치가 선수에게 고함을 지르며 고통을 받게 한다면 선수는 무엇을 배울까?

코치 자신이 즐겁고 긍정적인 자극의 원천인지 스스로 자문한다. '코치'는 선수들에게 즐겁고 긍정적인 자극인가 아니면 불쾌하고 부정적인 자극인가? 예를 들어, 코치 자신은 선수에게 책임을 스스로 지게하고 의사결정을 공유하는 협력 코칭 스타일 cooperative coaching style 코치라고 인지할 수 있다(Martes, 2004). 그러나 현실에서 선수들은 코치를 보면서 모든 결정을 혼자하고 깐깐하며 독재적인 코칭 스타일로 팀을 지도하고 있는 코치로 이해하고 있을 수 있다. 또는, 코치는 시나리오 3의 코치처럼 선수에게 친근함, 칭찬과 인정을 제공해주고 있다고 생각하지만, 선수들은 코치가 불친절하고 코치의 칭찬을 냉소와 조롱으로 해석하고 있을 수 있다.

코치도 선수처럼 그냥 인간이다. 코치들도 코칭 직업의 스트레스와 요구사항으로부터 면역이 있는 것이 아니다. 코치가 자신을 어떻게 생각하는지, 자신이 어떻게 행동한다고 생각하는지, 자신의 선수들과 어떻게 관련짓는 지는 시간이 지남에 따라 바뀔 수 있다. 시즌 중의 스트레스나 피로, 훈련 외의 개인 사정, 시간제한 또는 다른 문제가 코칭에 영향을 줄 수 있다. 핵심은 코치 스스로가 선수들에게 즐겁고 긍정적인 자극의 원천이 될 수 있도록 자기 자신을 조심스럽게 관찰하고 평가해야 한다.

잠재적 교육과정을 없애는 것에 유의한다. 잠재적 교육과정 Hidden curriculum; 숨겨진 교육과정 이란 교육과정에서 코치가 명백히 가르치고 선수들이 배우는 것이 아닌 교육과정을 의미한다. 코치들은 자주 이런 것들을 본의 아니게 무의식적으로 그리고 무작위로 가르친다. 이 장에서는 벌써 부정적인 잠재적 교육과정에 대해서 언급했다. 무의식으로 뛰는 것을 싫어하는 것을 가르친 육상 코치와 체육교사, 본의 아니게 수학에 대한 혐오를 가르친 수학 교사, 그리고 본의 아니게 플랫폼 다이빙에 대한 반감을 가르친 다이빙 코치가 있다. 확실히 이들은 이런 부정적인 감정 반응을 가르치려고 하지는 않았다. 그럼에도 불구하고 이러한 부정적인 잠재적 교육과정으로 선수들을 가르치게 되었다.

다행히 코치가 즐겁고 긍정적인 자극을 제공해 기쁨과 흥분, 운동에 대한 애정 등 긍정적인 반응을 선수로부터 이끌어내는 긍정적인 사례도 존재한다. 이들은 Morry Arbini 다이빙 코치, 시나리오 3의 야구 코치, 그리고 Bloom의 연구에 있는 코치와 교사들이다. 이런 긍정적인 반응 조건화의 예시들은 숨겨진 교육과정의 일부가 아니라 매우 효율적인 코치들이 선수의 열정과 운동에 대한 애정을 불태우기 위해 의도적으로 설계한 외현적 교육과정 overt curriculum 의 일부이다. 선수들을 위해서 부정적인 잠재적 교육과정을 없애야 한다.

반응 조건화를 사용해 부정적인 생리적, 행동적 반응을 줄인다. 반응 조건화는 선수의 수행에 부정적 또는 긍정적으로 영향을 미치는 신체적 그리고 정서적 반응을 학습하게 하는 무의식적인 과정이다. 나중에 일부 인지적 과정이 발생한다면, Pavlov의 '침 흘리는 개'가 비자발적으로 벨이나 버저에 반응을 한 것처럼, 열정적인 선수도 특정 자극에 생각의 과정이 개입 없이 반응하게 된다. 예를 들어, 시나리오 5의 갑자기 몸이 얼어붙고 freezing 특정 동작을 행할 수 없는 체조 선수는 인지적 문제가 있는 것이 아니라 중립자극(운동 기술)과 어떤 종류의 방향 상실, 부상, 고통, 실패와 같은 부정적 무조건 자극의 반복적인 연접 paring 을 통해 익혀진 조건반응을 유발하는 신체적 반응(생리적 반응)이 나타난 것이다. 이 경우에는 아마 공포와 근육이 움직이지 않는 느낌이 반응이다. 이 선수는 자주 특정 움직임을 수행하고 싶지만 단순히 몸을 그렇게 움직일 수 없다고 이야기 한다.

> **5 시나리오**
>
> 시간이 지날수록 체조 선수는 평균대 beam 훈련에 대한 걱정과 불안이 커진다. 이 선수는 어렸을 때 평균대에서 훈련을 하다가 떨어져 다친 적이 몇 번 있다. 한번은 훈련 중 갑작스럽게 몸이 얼어붙고 더 이상 어려운 훈련을 진행할 수 없게 된다. 다음 날 이 선수는 더 많은 훈련을 진행하는 데에 어려움을 보였다. 이러한 상황은 어느 날 이 선수가 훈련을 시작하려고 하면 얼어붙어버릴 때까지 계속되었다.

이러한 학습된 반응 learned response 은 마치 뱀에 대한 공포증과 비슷하다. 즉, 뱀의 존재만으로도 두려움, 불안 및 회피를 이끌어내는 것과 같다. 뱀을 무서워하는 사람은 의식적으로 뱀에 대해 생각을 하지 않는다. 이러한 사람들은 단순히 최소한의 자극 재인지 stimulus recognition 를 통해 뱀의 모습에 자동적으로 반응하는 것이다. 비슷하게, 체조 동작을 수행해야 하는 가능성, 심지어 그 동작을 해야 한다는 생각이나 그 동작을 상상하는 것만으로도 자동으로 반응과 연관된 부정적인 감정과 조건반응인 몸이 얼어붙는 현상이 나타난다. 시나리오 5에서의 체조 선수의 신체 반응은 아마 일부 그 선수의 과거의 트라우마 때문일 것이다(Grand & Goldberg, 2011). 스포츠에 대한 긍정적 그리고 건강한 반응을 촉진하기 위해, 선수가 안전한 훈련 환경에서 훈련을 하고, 트라우마를 경험할 수 있는 부상을 피하고, 더 어려운 기술을 배우기 전에 하나의 기술을 반드시 익힌 후에 새로운 기술을 배울 수 있도록 최대한 보장한다.

이러한 과정은 **탈조건화** deconditioning 라고 하는데, 탈조건화 과정을 통해 선수의 조건화된 부적 반응 conditioned negative response 을 변화시킬 수 있다. 그렇게 되면, 한때 공포, 얼어붙음, 회피 등 반응을 이끌어냈던 움직임을 완화시키고 운동을 즐길 수 있는 방법을 배우게 된다. <u>탈조건화</u>는 점진적 이완 progressive relaxation , 심상 mental imagery , 혼잣말 self-talk , 인지적 재구조화 cognitive restructuring 와 그리고 자극 표상 stimulus presentation 방법을 사용해 선수가 조건화된 부적 자극 conditioned negative stimulus 의 존재에서 점점 신체적 반응을 제어할 수 있도록 도와준다. 예를 들어, 체조선수가 평균대에서 루틴을 시작하려고하면 **몸이 얼어붙는** 선수는 평균대 옆에 서서 루틴을 상상하며 마음을 안심시키고 침착하게 움직임 시도를 통해 탈조건화를 할 수 있다.

탈조건화는 내 선수를 포함해 많은 선수들에게 효과적인 전략이다. 2007년 미국 챔피언십에서, 플랫폼 다이버 Cassandra Cardinell은 10미터 플랫폼에서 몸 쪽 안으로 3바퀴 반을 inward 3 1/2 공중제비를 할 때 몸이 얼어붙는 경험을 했다. 이른바 몇 달 전 세계선수권 대회에서 이 선수는 이 기술을 수행하다가 실수를 해서 물과 충돌했다. 그 후로, 이 선수가 플랫폼에서 공중제비를 시도하려고 할 때마다 긴장을 많이 하게 되어 다이빙을 위해 정확하고 빠르게 회전하는데 어려움을 겪었다. 이 상황이 지속될수록 이 선수의 걱정은 커져갔고 다이빙 능력은 더 나빠지고 있었다. 실력 있고 성공적인 선수처럼 이 선수가 약한 징조를 보이면 내가 자신의 능력을 낮게 볼까봐 이러한 상황을 나에게 숨겨왔다. 결국, 나는 그 선수에게 요즘 다이빙을 할 때 기분이 어떠냐고 물었다. 그 순간 이 선수는 갑자기 눈물을 흘리기 시작했다.

이 선수가 자신의 이야기를 말해준 후, 나는 Cassandra에게 그것이 정신적 문제가 아니라고 이야기 해 주었으며, Cassandra는 나의 말에 놀랐다. 이 선수는 놀란 표정으로 그럼 무엇이 문제이냐고 나에게 물어보았다. 나는 Cassandra에게 문제는 지난 세계선수권에서 있었던 실수에 대한 트라우마가 원인이라고 이야기 해주었다. 그리고 나는 이 문제를 해결하기 위해 Cassandra에게 반응 조건화 이론에 대해 설명했다. Cassandra는 즉시 고민하는 표정을 지었다. Cassandra는 억센 선수이자 경쟁심이 강한 지적인 선수였다. Cassandra는 NCAA 챔피언이며 NCAA 대학원 장학생이었다. 이러한 이력 때문에 이 선수는 자신이 정신적으로 약하다는 것을 누군가에게 알리는 것에 주저했었다.

Cassandra는 자신의 문제의 본질을 몰랐기 때문에, 몸이 얼어붙는 현상이 나타나는 문제를 고칠 수 없어 매우 고뇌하고 감정적으로 동요했다. 이러한 감정적인 동요는 문제를 더욱 악화시키기만 했다. Cassandra는 심지어 몸 쪽 안으로 3바퀴 반을 도는 다이빙 기술을 준비하면서, 지금까지 몇 백 번도 해본 기초 동작인 리드업(lead-up) 기술을 하려고 해도 무섭고, 불길하고 불안감을 경험하는 경지에 이르렀다. 이것이 일반적으로 조건반응이 선수의 스포츠의 다른 영역까지 확대된 경우이다. 이런 이유 때문에 상황을 바르게 처리하는 것이 중요하다. 더 오래 지속되면 될수록 상황은 더 나빠진다.

반응 조건화의 개념은 선수에게 큰 도움이 된다. 왜냐하면 선수들이 왜 이런 상황을 다루지 못하는지에 대해 설명을 하고 이해할 수 있는 근거를 제공해 주기 때문이다. 선수들이 정신적으로 약하거나 무언가를 의식적으로 배웠기 때문이 아니다. 이건 단지 한 자극이 다른 자극과 연관되었기 때문이다. 다행히도 반응 조건화 이론은 이러한 상황에 대한 해결방안을 제공해 주고 있다. 바로 탈조건화가 해결 방안이다.

- **1단계**: **근본적인 문제가 기술적 문제가 아님을 확인한다.** 우리가 문제를 극복하기 위해 내가 했던 일 중 하나는 잘못된 기술의 문제가 아님을 확인하는 것이었다. 만약 Cassandra가 공중제비 중 다리를 놓치는 것과 같은 기술적 문제가 있었다면 우리는 그것을 먼저 수정해 이런 일이 다시 일어나지 않도록 했을 것이다. 실제로 평가를 해보니 일부 작은 기술적 실수가 있었고 우리는 그 기술 동작들을 수정했다. 이런 수정들은 Cassandra의 자신감과 다이빙에 대한 동기를 높여주었다. 그러나 이 실수들이 문제의 진짜 이유가 아니었기에 문제는 완전히 해결되지 않았다.
- **2단계**: **문제의 종류를 확인한다.** 문제는 어떤 종류의 문제인지 알았을 때 더 쉽게 해결된다. 왜냐하면 문제를 확인하는 것은 올바른 해결책으로 이어지기 때문이다. Cassandra의 예에서, 문제의 근본은 신체적인 것이었다. 따라서 나는 반응 조건화의 개념을

Cassandra에게 설명해, 그동안의 문제는 정신적인 것보다 신체적인 것이라고 알려줬고 그 인식은 Cassandra가 문제를 극복하는데 역할을 할 것이다.

- **3단계: 과거의 트라우마를 마주친다.** 선수들은 과거의 트라우마 경험을 억누르는 경향이 있다. 선수들은 마치 그런 일들이 일어나지 않은 것처럼 과거 일들을 무시한다. 그러나 이런 억눌러진 경험들은 잊혀 지지 않고 시간이 지날수록 쌓이고 언젠가는 폭발할 수 있다. 선수에게 트라우마 경험을 기억해내고, 장기적인 관점에서 놓고 본다면, 그 경험들이 어떻게 약화되어 신체적 반응을 유발하고 현재의 문제의 원인이 되었는지 인식하는 것은 중요하다. Cassandra가 충돌한 경험을 얘기하는 것은 치유가 된다.

- **4단계: 인지적 재구성을 사용한다.** <u>인지적 재구성</u>은 부정적인 생각, 잘못된 믿음, 잘못된 합리화에 도전하고 바꾸는 것을 도와준다. Cassandra의 예에서, 이 선수가 왜 자신이 다이빙을 잘할 수 없는지에 관해 그 이유를 잘 몰랐다("그래, 너는 그 다이빙을 예전에 몇 백 번도 넘게 했어. 너는 완벽하게 그 다이빙을 해내 NCAA 챔피언십에서 우승했고, 따라서 넌 스스로 네가 미래에 그 다이빙을 안전하고 능숙하게 해낼 수 있다는 것을 알고 있어."). 나는 Cassandra에게 안전하게 다이빙을 할 수 없는 이유를 모두 나열하라고 했다. 그리고 나는 Cassandra가 무서워하는 부정적인 것을 나열하고 어떻게 Cassandra가 그것들을 해결할 수 있는지 물었다. 나는 Cassandra에게 자신의 부정적인 생각, 잘못된 믿음, 옳지 않은 합리화를 극복할 수 있는 계획을 짜도록 격려했다.

- **5단계: 혼잣말을 사용한다.** 혼잣말 self-talk 은 생각, 정서와 생리적 변화를 바꿀 수 있다. 본래 매우 긍정적으로 사고하고 행동하는 Cassandra에게는 신체 상태를 더욱 이완시키고 긍정적인 감정을 유발할 수 있도록 긍정적인 문장을 생각하게 하고, 그 문장을 Cassandra가 혼잣말을 통해서 사용하게 함으로써 자신감과 동기를 높여줄 수 있다. 그러나 선수가 부정적인 생각과 대립 관계를 채택하지 않는 것이 중요하다(Grand & Goldberg, 2011). 부정적인 생각은 대체로 선수에게 잠재적인 위험을 경고하는 신체의 자연 방어 체계이다. 따라서 선수는 이런 생각을 "팀"의 일부와 냉정히 인정하고 호기심을 가지고 여유 있게 반응해야하는 우호적인 제의로 인식해야한다.

- **6단계: 심상과 휴식을 점진적인 자극 표상과 함께 사용한다.** 점진적인 자극 표상 Gradual stimulus presentation 은 조건반응의 단계적이면서 점진적인 유발을 의미한다. 심상과 휴식은 둘 다 불안을 줄이고 근육의 긴장을 푸는 데에 도움이 된다. 6단계에서 Cassandra는 자신이 이전에 잘했던 다이빙을 보면서 긴장을 푸는 방식으로 시작했다(Cassandra는 많은 비디오 클립이 있었다.). 다음으로 Cassandra는 자신이 다이빙 하는 모습을 상상하면 긴장을 푸는 연습을 했다. 그리고 Cassandra는 긴장을 푸는 법을 연습한 후 다이빙 점프대에서 걸음마를 떼었다. Cassandra는 단순히 낮은 플랫폼에서 뒤로 서고 긴장을 푸는 것을 연습했다. 그 다음, Cassandra는 수영장 옆에서 안쪽 공중돌기 inward somersault 기술을 연습하면서 긴장을 풀고 점차 3미터 플랫폼에서 몸 안쪽으로 한 바퀴 반 inward 1 1/2 도는 기술을,

3미터 플랫폼에서 안쪽 두 번 공중돌기 inward double 기술을, 그리고 5미터 플랫폼에서 안쪽으로 두 바퀴 반 inward 2 1/2 을 도는 기술을 수행하면서 긴장을 푸는 연습을 했다.

결국 Cassandra는 10미터 플랫폼에 도달했고 다이빙을 안전하고 전문적으로 실행했다. 2008년 미국 올림픽 선발전에서 Cassandra는 최고의 다이빙 선수가 되었다. Cassandra는 세 번의 다이빙 동작을 수행할 동안 7.5점과 8.5점을 여러 차례 받았다. Cassandra는 아깝게 두 번째 올림픽 팀 선발에 실패했지만, 대신 그 해 여름 미국 챔피언십에서 올림픽 선발전 우승자(2000년 올림픽 금메달리스트)를 제치고 우승했다. Cassandra는 확실히 먼 길을 왔다. 감정적으로 피폐해지지 않고 다이빙에 대한 생각을 할 수 없었다가, 다시 올림픽 선발전과 그 해 여름 국내 챔피언십에서 자신의 다이빙 능력을 충분히 보여 주었다. Cassandra의 커리어의 마지막 국내 챔피언십에서(그리고 이벤트의 마지막 다이빙에서), 뒤로 두 바퀴 반 back 2 1/2 을 도는 공중제비를 한 바퀴 반을 틀어서 도는 1 1/2 twist 기술과 함께 완벽하게 수행하여 우승했다.

심각한 문제가 있다면 선수는 전문가에게 상담을 받아야 한다. 위 6단계는 수 년 간 내 선수들에게 잘 적용되었다. 그러나 난 자격증이 있는 운동심리학자나 상담자가 아니다. 이 책을 읽고 있는 대부분의 독자나 코치도 아마 아닐 것이다. 만약 자신이 지도하고 있는 선수가 좀 더 심각한 문제가 있다면, 최선책은 당장 그 선수에게 자격이 있고 훈련된, 이런 종류의 문제에 대한 경험이 많은 전문가에게 보내는 것이다. 게다가 만약 선수가 청소년이라면, 이 문제를 부모님과 얘기하는 것도 중요하다.

조건화는 언제나 중립자극 NS 과 긍정적 자극 또는 부정적 자극의 반복적인 연접 paring; 짝짓기 이 필요하지 않다는 것을 기억한다. 예를 들어, 어린 야구 선수는 부정적 조건반응을 발달시키기 위해 얼굴에 여러 번 공을 맞을 필요가 없다. 그리고 Thompson (2003)은 레슬링을 시도해본 어린 선수가 첫 훈련부터 주먹에 맞아 그 후로 다시는 레슬링을 안 한 이야기에 관해 설명한 적도 있다. 코치는 선수의 경험과 어떤 자극을 연관 짓고 있는지 정확히 알고 있어야 한다.

▷ Thorndike의 연결주의 이론

동물 행동에 대한 구체적이고 과학적인 연구를 통해 Edward L. Thorndike (1898)는 학습을 자극과 반응 간 결합 bond; 연결 의 형성으로 연결주의 이론 theory of connectionism 을 제시했다. 인간 학습에 대한 Thorndike의 이론에서 인간은 반응에 대한 결론에 도달할 때까지 다양한 반응을 하거나 또는 Throndike가 "사건에 대한 만족한 상태"라고 부르는 수준에 도달할 때까지 다양한 반응(시행착오)을 생성한다고 설명했다. 그리고 나서 그 반응은 학습이 된다. Thorndike의 의하면, 이 반응은 "**찍어냈다** stamped in; 복사했다 ."라고 표현했다. 그러므로 학습은 단순히 자극과 반응 사이의 결합을 찍어내는 stamping in 문제이다.

Pavlov와 다른 학자들은 이런 결합이 단순한 근접성contiguity을 통해 생성된다고 생각했으며, 이런 근접성은 자극이 동시적으로 발생하여 생성되었다고 믿었다. 반대로, Thorndike는 학습(결합의 형성)을 강화reinforcement로 더 잘 설명을 할 수 있다고 했다. 다른 말로 하자면, 반응의 결과가 그 반응이 학습이 되는지 안되는지로 이어지는 것이다. 이 강화에 대한 개념은 B. F. Skinner의 조작적 조건화 이론operant conditioning theory을 배우는 제 4장으로 잘 연결시켜 준다. 하지만 4장으로 넘어가기 전에 Thorndike의 연결주의 이론을 기반으로 가정화된 몇 가지 학습 이론을 살펴보는 것이 유용하다.

　　연결주의 이론을 발전시키면서, Thorndike는 몇 가지 규칙을 만들었다. 이러한 규칙에서 기본법칙과 종속법칙으로 구분되는데, 기본법칙에는 효과의 법칙law of effect, 준비성의 법칙law of readiness, 연습의 법칙law of exercise이 있다. 그리고 종속 법칙에는 다양한 반응 법칙law of multiple responses, 자세 또는 태도의 법칙law of set or attitude, 요소 우월의 법칙law of prepotency of elements, 그리고 유사성에 의한 반응 법칙the law of response by analogy이 있다. 이러한 법칙 중 Thorndike의 효과의 법칙은 어떤 특정 행동 결과에 만족하게 되면 비슷한 상황에서 그 활동을 반복적으로 하려는 경향을 의미한다. 이 법칙은 반응 조건화와 조작적 조건화를 이어주는 역할을 한다. 이 법칙은 즐거운 자극과 반응(반응 조건화)의 연결과 자발적 목표 지향적 행동과 그 행동이 유발한 결과(조작적 조건화)를 연결하는 과정을 알게 해준다. Thorndike는 자신의 연구와 논문을 교육 상황에 적용하는 데에 관심이 있었다. 따라서 코치는 연결주의 이론의 교육적 응용을 통해 보다 효율적인 코치가 될 수 있을 것이다. 이러한 응용 방법에 대해 논의해보자.

▷ 선수들에게 연결주의 이론을 적용하는 방법

　올바른 행동에 대해 보상한다. Thorndike는 만족스러운 상황으로 이어지는 올바른 시행(행동학적 반응)을 보상함으로서 학습이 이루어진다고 믿었다. 따라서 코치는 선수에게 다양한 반응을 발산하는 기회를 제공하고 올바른 반응에 대해 보상해야할 뿐만 아니라, 올바른 반응이 더 많이 일어날 수 있도록 학습 경험을 제공해야 한다. 예를 들어, 코치는 선수에게 아직 준비가 되지 않는 기술을 수행하라고 하면 올바른 반응을 보지 못할 것이다. 결과적으로 선수들은 내적 또는 외적 보상을 거의 받지 못하거나 아니면 아예 받지 못한다. 선수들은 자신들의 운동에 불만족을 느끼고 다른 운동이나 시도를 찾을 것이다.

　선수의 준비 상황을 확인한다. 학습자의 준비 상태는 학습 과제의 결정과 성공, 보상, 만족의 상태에 도달하는 데에 중요하다. 선수가 학습 과정에서 성공을 경험하는 것이 중요하다. 너무 많은 실패는 불만, 반감, 회피, 무력함을 야기할 수 있다. 따라서 코치는 선수의 준비 상태를 수립하고 확인하는 것이 중요하다. 이 결정은 쉽지 않고 경험, 지식, 교육, 이해, 그리고 세심함이 필요하다. 코칭은 예술적이며 과학적이라는 것을 기억한다. 예술적이고 과학적인 코치는 신체 능력, 지능, 감정적 성숙, 기술력, 기술 진전, 동기, 정서적 안정, 개인차와 같은 요인을 고려한다. 이 책은 코치들에게 이런 많은 결정을 할 수 있게 도와준다.

선수의 학습 태도를 형성시킨다. Thorndike의 자세 또는 태도의 법칙에 의하면, 사람들은 대게 새로운 상황에 이미 정해진 자세 또는 태도로 반응한다. 반응 조건화는 거의 무의식적이고 자동적인 학습 과정이기 때문에, 코치와 선수는 긍정적 및 부정적 태도에 대해 알고 있어야한다. 그 다음 긍정적인 태도를 강조하고 부정적인 태도를 피하기 위해 노력을 해야 하다. 특히 코치는 선수의 태도를 결정하는 데에 있어 많은 영향을 주기 때문에, 코치는 건강한 훈련 분위기와 운동 학습, 경쟁과 운동에 대한 적절한 시각에 기여하는 긍정적인 태도를 격려하기 위해 노력해야한다. 예를 들어, 코치는 선수에게 등수(순위) 보다는 노력과 수행을 중시하거나, 현재의 상태를 유지하는 것보다 훈련에서 창의적 변화를 주거나, 팀원을 얕보지 않고 응원한다거나, 사회적 비교보다는 개인의 기록 경신이나 신기록을 수립하거나, 코치에게만 의지하는 것보다는 스스로 책임을 지는 것과 같은 태도를 발달시킬 수 있도록 격려할 수 있다.

핵심에 집중하게 한다. Thorndike의 요소 우월의 법칙에 따르면, 사람들은 전체 상황보다는 핵심 상황이 가장 중요하거나 우세한 요소에 반응하는 경향이 있다. 이는 코치들이 선수들의 스트레스에 신경을 써야하며, 학습상황에서 중요한 우월 요소를 만들어야 한다는 것을 의미한다. 예를 들어, 새로운 기술을 가르칠 때, 선수들에게 너무 많은 세부 정보를 제공하는 것보다 한두 개 정도의 요점을 강조한다. 자세한 분석은 나중으로 미룰 수 있다.

일반화시킬 수 있도록 지도한다. 일반화 Generalization 는 이전에 학습한 반응이 다르지만 약간 비슷한 상황으로 전이되었을 때 발생한다. 다른 말로 하자면, 새로운 자극이 제시될 때, 개인은 마치 익숙한 예전 자극을 만난 것처럼 반응을 하는 것이다. 따라서 선수가 새로운 운동 기술을 배운 후에, 이 기술이 어떻게 다른 유사한 상황에서 적용될 수 있는지 지적해주는 것은 중요하다. 예시로, 스프링보드에서의 공중제비 기술을 플랫폼 다이빙과 연결할 때, 다이빙 선수는 역 공중제비 reverse somersault 동작을 그대로 적용할 수 있다. 또 다른 일반화의 예는 테니스, 스쿼시, 라켓볼의 포핸드와 백핸드의 유사성이다. 성공적인 코치는 일반화를 지적해주는 것에 숙련되어 있으며, 엘리트 선수들은 이런 일반화를 인식하고 다른 상황에 적용할 수 있다.

일반화는 반응 조건화와 선수가 배우는 운동 기술과 연관된 반응까지 확대된다. 자신의 운동에 긍정적으로 반응하는 선수는 비슷한 긍정적인 반응을 스포츠의 스트레칭, 조건화, 격렬한 훈련, 비디오 리뷰, 새벽 훈련 등과 같은 다른 부분으로 일반화시킬 수 있다.

▷ 결론

어린 선수의 기술 습득의 초기 단계에 무엇이 더 중요할까? 운동 기술을 가르치는 것이 중요할까? 아니면 스포츠에 대한 애정을 가르치는 것이 중요할까? 둘 다 필요하고 중요하지만 활동에 대한 집착을 반응 조건화의 관점에서 생각해야 한다. 예를 들어, 아이들을 읽기에 흥미를 가지게 하는 데에 능숙한 교사를 생각해보자. 아마 졸업 후에 일부 학생은 계속해서 책을 열심히 읽는 독자가 되진 않을 것이다. 하지만 학생들의 읽기에 대한 애정을 배웠기 때문에, 학생들은 스스로 계속 책을 읽을 것이고 자주 도서관을 방문해 책을 빌릴 것이고, 생일에 부모님에게 부탁해 책을 살 것이고 결국 일생동안 능숙한 독자가 될 것이다.

비슷한 반응은 코치가 아이들을 스포츠에 흥미를 가지게 할 때도 발생한다. 어린 선수들은 스포츠를 오래 지속적으로 참여하게 할 것이고 열정적으로 연습시키고, 학습하게 하고, 경쟁할 기회를 추구할 것이다. 장기적으로 보아, 스포츠에 대한 애정을 가르치는 것은 운동 기술을 가르치는 것보다 훨씬 중요하다. 많은 사람들은 특정 계획이나 직업을 결정할 때 긍정적인 경험이나 시간을 이유로 든다. 두 명의 뛰어난 고등학교 영어 교사가 있었던 수업 경험 때문에, 나는 코치가 아니라 영어 교사가 되려고 했었다. 사실 나의 학부 전공은 영어교육이며 학사학위도 영어교육 학위이다.

여러 해 동안, 내 밑의 많은 다이빙 선수들이 10m 플랫폼에서 뛰어내렸다. 사실, 몇 해 전에는 내 팀의 모든 다이빙 선수들이 그 플랫폼에서 경쟁을 했다. 한 해에는 무려 14명이 선수가 경쟁을 하게 되었다. 이는 대부분 다이빙 팀에서 예외적인 것이다. 이 다이빙 선수들은 아이들이었고 10m 위로 올라가 3층 건물 높이의 플랫폼에서 몸을 던져 시간당 56km의 속도로 수면으로 떨어진다. 다이빙 선수에게 플랫폼을 소개시켜줄 때, 나는 한 가지 규칙을 따르려고 노력한다. 선수가 플랫폼 다이빙에 긍정적인 신체적 반응을 발달할 수 있는 환경을 만드는 것이다. 다른 말로 하자면, 내 목표는 다이빙을 배우는 학생들의 긴장을 풀고, 다이빙을 즐기고, 다이빙을 사랑하도록 돕는 것이다.

선수를 도와 아이들이 한 때 무서워하고 불쾌했던 것에 대한 긴장을 풀고 궁극적으로 즐기도록 가르치는 것은 매우 흥미진진하다. 예를 들어, Al Burns라는 대학 신입생은 10m 플랫폼에서 뒤로 서는 것을 너무 긴장해 떨다가 다리가 풀릴까봐 10m 플랫폼에 서는 것을 거부했다. 1학년과 2학년 동안, 나는 Al을 훈련시킬 때 절대로 플랫폼 연습을 넣지 않았다. 나는 그저 Al이 재미있어하고 성공할 수 있고, 휴식을 취할 수 있는 훈련을 만들었다. 3년 후 어느 아침, Al은 아침 훈련으로(플랫폼 중에서 가장 어려운 다이빙 기술 중 하나인) 3바퀴 반 3 1/2 을 도는 기술인 콜드 터키(cold turkey)(적당한 스트레칭과 지상에서 예행연습을 제외하고는 별다른 준비 운동 없이 수행하는 다이빙 기술을 의미한다)를 10m 플랫폼에서 하기로 결심했다. Al은 그 다이빙 기술을 성공적으로 수행했다. Al은 조건화 반응을 사용해 선수의 생각과 의지를 바꿀 수 있다는 것을 보여주는 대표적인 예이다. Al은 두려움과 불안에서 벗어나 흥분과 위험을 감수하고 동작을 수행했다. 그 후로 나는 Al에게 그 자신이 성취한 것을 이야기 하면서 누구든지 살면서 뭐든 할 수 있을 것이라고 얘기해줬다.

▷ 열정적인 선수

Pavlov의 침 흘리는 개처럼, <u>열정적인 선수</u> salivating athlete; 침 흘리는 선수 는 조건자극과 무조건자극의 반복적인 연결을 통해 신체적 반응을 학습한다. 이러한 연결 pairing 은 코치가 선수를 끈기 있는 선수, 열정 있는 선수, 스포츠와 관련 있는 모든 것을 사랑하는 선수, 순수한 즐거움으로 운동을 지속하는 선수, 다른 선수들에게 영감을 주거나 또는 어느 날 올림픽에 참가하는 선수로 훈련시킨다.

반응 조건화는 사실상 학습상황이나 동시에 일어나는 보조 학습 ancillary learning 을 구분하지 않고 언제나 일어나고 있다는 것을 기억해야 한다. 왜냐하면 반응 조건화는 코치가 원하든 원하지 않든 일어나는 혐오, 흥분, 권태, 기쁨 또는 공포와 같은 비자발적인 감정을 가르치는 무의식적이고 자동적인 학습 과정이기 때문이다. 그리고 그것은 또한 걱정, 휴식, 긴장, 침착함과 같은 신체의 생리적 반응도 가르친다(유도한다). 이 모든 반응들은 적응 행동이나 부적응 행동으로 이어진다. 이 과정을 통해 코치는 선수를 플랫폼 다이빙을 사랑하게 된 Al처럼 조건화하거나 시나리오 2의 달리기를 싫어하게 되고 다른 운동을 선택한 초보 달리기 선수처럼 조건화할 수 있다.

▷ 열정적인 코치

나의 개 Jackson과 아버지의 개 Hank처럼(Jackson이 우리가 결코 알 수 없을 만큼의 영광스러운 꿩 사냥을 한 아침을 맞이한 것처럼), 가장 열정적인 선수가 가장 성공적인 선수이다. 이는 코치에게도 똑같다. 가장 열정적인 코치가 가장 성공적인 코치이다. <u>열정적인 코치</u> salivating coach; 침 흘리는 코치 란 스포츠와 선수와 함께하는 것에 열정적이고, 아이들이 운동을 시작하게 하고, 앞에서 설명한 Morry 코치와 같은 사람이며, 배움에 있어 완벽한 반응 조건화 환경을 만들고, 선수가 운동에 대한 지속적인 애정을 갖게 하는 코치이다. 댄서와 춤을 분리할 수 없듯이, 열정적인 코치 없이 열정적인 선수가 있기는 힘들 것이다.

코치의 도구상자

세 번째 코치의 도구상자는 반응 조건화 이론이 선수들을 돕는데 유용한 이론이라는 것이다. 스포츠에서 선수들은 왜 특정 생리적, 정서적 그리고 행동학적 반응들을 발달시키는지, 선수들이 반응 유형은 어떻게 형성되는지, 그리고 자신의 선수들이 건강, 긍정적인 반응과 적절한 반응을 향상시키기 위해서 연습 환경을 어떻게 제어할 수 있는지를 반응 조건화 이론을 통해 도울 수 있다.

코치 자신의 선수시절 감정, 에너지, 열광, 열정과 사랑의 원천을 활용하여, 선수들을 열정적인 선수로 만들어야 한다.

과학적이며 예술적인 코치

과학적인 코치는 반응 조건화 이론을 이해하고 있으며, 반응 조건화 이론이 학습 환경에 영향을 미치고 선수들을 향상시킨다는 것을 알고 있다. 이러한 지식을 통해 과학적인 코치가 되고, 즐거운 무조건자극을 최대화시키고 불쾌한 무조건자극을 최소화시키는 훈련 프로그램을 만들 수 있다. 코치는 선수들의 준비성을 평가하여 성공과 만족이 동시에 일어나게 할 것이다. 코치의 노력, 변화와 수행을 강조하는 학습 태도를 선수들에게 제공할 것이다. 그리고 코치가 선수들에게 즐거운 자극으로서 행동하는 자극이 된다. 이러한 학습 분위기는 우연히 발생하지 않으며, 의식적이고, 주의 깊고, 그리고 고도의 과학적인 계획을 통해서 만들어진다. 일부 잠재적 교육과정이 코칭 훈련 프로그램에 존재하게 된다.

예술적인 코치는 자신의 스포츠 프로그램에 재미, 즐거움과 흥분 요소를 포함하여 선수들에게 제공한다. 코치는 칭찬, 친밀감, 유머, 격려와 수용을 통해서 선수들을 훈련시킨다. 또한 코치는 선수들이 희망하는 롤모델이다. 코치가 신이 난 상태로 연습장에 들어서면 연습을 즐겁게 하고, 그리고 스포츠에 재미를 느끼고, 선수들과 즐겁게 훈련하게 된다. 이러한 코치의 행동을 즐거운 무조건자극으로 자신의 연습에 스며들게 하여 선수들이 긍정적인 무조건반응을 경험하게 격려해주고, 그리고 스포츠와 이러한 반응을 연결시켜 선수들이 즐겁게 훈련하고 성장할 수 있도록 도와주어야 한다.

예술적인 코치의 중요성은 과소평가 될 수 없다. 예를 들면, 코치의 따뜻함, 매력과 힘을 북돋아 주는 행동들은 다루기 힘든 학생들, 가르치기 쉬운 학생들과 그리고 어린 나이에 스포츠를 시작하는 아이들에게 매직터치 magic touch 와 같은 역할을 한다. 예술적인 코치는 선수들이 스포츠와 결합되는 자극 유형에 상당히 잘 적응하며, 열정적인 선수, 스포츠를 사랑하는 선수들과 다음 연습을 기다리지 못하고 빨리 운동을 하고자 하는 선수들을 조성하기 위한 학습 환경을 유지하고 코칭하는 능력이 뛰어나다.

사랑이란 말은 과학적인 것을 의미하지 않는다. 사랑이란 단어는 관찰 연구와 과학적 연구에서 쉽게 정의되거나 이용할 수 있는 것이 아니다. 그렇지만 우리는 우리가 사랑을 경험할 때 사랑이 어떤 의미를 지니고 있는지 알고 있다. 예를 들어 Arbini 코치는 자신의 스포츠와 자신의 선수들을 진실 되게 사랑했다. 그리고 Arbini 코치는 자신의 어린 선수들을 격려하기 위해서 좋은 학습 분위기를 조성했으며, 스포츠를 사랑하도록 선수들을 격려하고, 스포츠와 관련된 모든 것들을 사랑할 수 있는 학습 환경을 만들었다. 즉, Arbini 코치는 새벽 훈련, 힘든 과제, 팀 동료, 팀 간 그리고 팀 내 경쟁, 새로운 다이빙 기술 학습, 심한 땀 냄새와 그 이상의 많은 것들을 선수들이 사랑할 수 있도록 학습 환경을 조성해 주었다. 나는 Arbini 코치의 스포츠에 대한 사랑을 관찰 또는 측정할 수 있다고 생각하지 않지만, 선수들은 그러한 경험들을 소중히 여길 것이다.

코치가 이 3가지를 기억한다면

1. **어린 선수들이 무엇인가를 할 때 그것을 사랑할 수 있도록 도와준다.** 반응 조건화를 사용하여, 코치는 선수들의 정서, 생리적 반응, 욕구와 동기에 영향을 미칠 수 있다. 교사가 학생들을 책을 읽게 하는 것처럼, 코치도 자신의 스포츠로 선수들이 빠져들게 할 수 있다. 코치가 열정적인 선수를 육성하면서, 스포츠를 자신들의 일부분으로 항상 생각하는 지속적인 선수와 열정적인 선수를 육성하게 된다.
2. **잠재적 교육과정을 피해야 한다는 것을 기억해야 한다.** 부단히 노력하게 되면 코칭 프로그램 내 학습에서 일부는 변화에 의해서 발생하거나 주목받지 않게 된다. 무조건자극과 중립자극의 결합을 의식적으로 제어하게 됨으로써 코치는 적절한 운동 기술과 수행에 대한 학습뿐만 아니라 긍정적인 정서적 생리적 반응을 학습할 수 있는 학습 환경을 만들어 선수들에게 제공할 수 있게 된다.
3. **불쾌한 자극을 최소화시키고, 즐거운 자극을 최대화시킨다.** 이 말은 단순한 요구 같아 보이지만 그리 간단한 것이 아니다. 시즌을 제대로 시작하지 못하거나, 코치의 자리가 위태롭거나, 연달아 게임에서 졌을 때, 또는 선수들에게 지쳐 있거나 팀의 희망이 보이지 않을 때, 그래도 코치는 미소를 잊지 말아야 하며, 낙관적으로 생각하고 선수들에게 즐거운 자극을 제공해야 한다. 코치가 선수들의 좌절과 낙담에서 벗어날 수 있도록 도와야 하며, 혼란스럽고 위급한 상황 속에서도 침착함과 안정을 유지하면서 재미를 유지할 수 있도록 노력하는 것이 가장 중요하다.

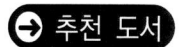 **추천 도서**

Bloom, B. S. (1985). *Developing talent in young people.* New York: Ballantine Books.

Fried, R. L. (2001). *The passionate teacher: A practical guide.* Boston: Beacon Press.

Gibbons, T., Hill, R., McConnell, A., Forster, T., & Moore, J. (2002). *The path to excellence: A comprehensive view of development of U. S. Olympians who competed from 1984-1998.* Results of the Talent Identification and Development Questionnaire to U.S. Olympians. A USOC 2002 publication.

강화에 자극받는 선수
조작적 조건화 이론의 적용

주요용어

- 강화에 자극받는 선수(athlete in the Skinner box)
- 챔피언 행동(champion behavior)
- 강화에 자극받는 코치(coach in the Skinner box)
- 결합 강화 계획(combined schedule)
- 연속적 강화(continuous reinforcement)
- 지연 피드백(delayed feedback)
- 변별(discrimination)
- 제외(exclusion)
- 소거(extinction)
- 소거율(extinction rate)
- 외적 피드백(extrinsic feedback)
- 고정 강화 계획(fixed schedule)
- 일반화(generalization)
- 일반화된 강화물(generalized reinforcer)
- 정보적 피드백(informational feedback)
- 순간적 피드백(instantaneous feedback)
- 간헐적 강화(intermittent reinforcement)
- 간격 강화 계획(interval schedule)
- 내적 피드백(intrinsic feedback)
- 분리(isolation)
- 수행 지식(knowledge of performance)
- 결과지식(knowledge of results)
- 동기화 피드백(motivating feedback)
- 부적 강화(negative reinforcement)
- 부적 강화물(negative reinforcer)
- 일시적 제외(nonexclusion)
- 조작적(operant)
- 조작적 조건화(operant conditioning)
- 지각 흔적(perceptual trace)
- 정적 강화(positive reinforcement)
- 정적 강화물(positive reinforcer)
- 수행 전 준거(prepractice reference)
- 수여성 처벌(presentation punishment)
- 일차 강화물(primary reinforcer)
- 무선 강화 계획(random schedule)
- 비율 강화 계획(ratio schedule)
- 정확성 준거(reference of correctness)
- 강화(reinforcement)
- 강화물(reinforcer)
- 제거성 처벌(removal punishment)
- 질책(reprimands)
- 반응 조건화(respondent conditioning)
- 반응 대가(response cost)
- 강화 계획(schedule of reinforcement)
- 조형(shaping)
- 스키너 상자(Skinner box)
- 요약 피드백(summary feedback)
- 일시적 중단(time outs)
- 가변 강화 계획(variable schedule)

얼마 전, 내 다이빙 선수 중 한 명이었던 Marc는 자신이 만들려고 생각 중이었던 스포츠 다큐멘터리를 위해 내게 몇 가지 질문을 했었다. Marc의 단순한 질문한 나를 놀라게 했다. 그리고 그 질문은 내가 지금까지 단 한 번도 내 자신에게 물어본 적이 없는 질문이었다. Marc의 질문은 "코치님은 언제 스포츠에 완전히 몰입된다는 것을 알았죠?" 어떻게 나는 지난 50년 넘게 선수 및 코치로서 운동과 관련된 일을 하면서 이 문제를 전혀 고려해보지 않았을까? 그리고 지금 나는 코치 경력의 황혼에 이 질문에 직면했다. 약간의 머뭇거림 후 나는 노란색을 떠올렸다. 나는 내 자신에게 물었다. **왜 노란색이지?** 오랜 시간이 지난 지금, 나는 거의 그 메달을 잊고 있었다. 나를 끌어들인 그 메달 말이다.

내가 11살이었을 때, 우리 가족은 북캘리포니아에서 휴가를 보냈었다. 내 아버지는 근처에 다이빙 시합이 있는 것을 보고 비록 아직 초보이긴 하지만 나보고 다이빙 종목에 참여를 해보라고 권유했다. Marc의 질문에 앞서 나는 과거 사이프레스 대학에서 코치 경력을 시작했을 때를 생각했다. 그 때 나는 Jimmy라는 학생을 지도하고 있었는데, 그 순간 나는 내 청소년 시절이 Jimmy와 닮았다는 것을 인지하지 못했다. 나는 Jimmy처럼 후리후리하거나 어색하지는 않았지만, 내 또래에 비해 작고, 자의식이 강하고, Jimmy처럼 절망적으로 자기확신과 깊이 장착된 불안감을 치유하고 내 역량과 가치를 증명할만한 무언가를 달성하려는 욕구가 강했다. 북캘리포니아 시합에서, 나는 기적처럼 청소년 시절 첫 메달을 땄다. 내가 그 때 받았던 메달은 얇은 종이 리본이 아니라 노란색 금속에 리본이 달린 메달이었다. 그 메달은 내가 깨물 수 있고 손으로 꽉 질 수 있는 금속이었고, 나는 그 메달을 통해 성취, 역량, 성공했다고 환호하고 있었다. 그 예쁜 동메달에 묶여있던 리본은 노란색이었다. 나는 그 날 이 후 다이빙 선수가 되기로 결심했다. 그 시합에서 5등까지 메달을 줘서 천만다행이다. 그랬기 때문에 나는 다이빙 선수가 될 동기와 의지가 생겼다.

수 년 간 나는 메달을 안전하게 보관했다. 나는 그 메달을 다른 소중한 기념품 옆에 유리 뚜껑이 있는 수제 나무 상자 안에 보관했다. 청소년 및 유치부 예선전에서 받은 5위 메달이 올림픽, 국가 결승전, 범미주 경기대회 Pan American Games, 그리고 다른 주목할 만한 시합에서 받은 기념적인 메달 옆에 놓여있는 것이다. 그만큼 첫 메달은 나에게 매우 의미 있는 메달이다. 나는 아직도 그 메달을 갖고 있으면 좋았겠지만 지금은 다른 누군가가 그 메달을 지니고 있다.

나는 Oliver를 처음 만났을 때 Oliver의 표정을 알아챘다. 그 표정은 여러 해 전 사이프레스대학에서의 첫 훈련 날 내가 Jimmy에게서 봤던 표정이었다. 그리고 Jimmy 표정은 내가 11살이었을 때와 같은 표정이었을 것이다. 그 표정은 "나는 내 자신에게 무엇인가를 증명해야 해."라고 말하고 있었다. 그 표정은 "내가 가치 있는 사람일까?"라고 묻고 있었다. 자연은 유전자를 일률적으로 공평하게 나눠주지 않는다. 봄날에 바람에 날려 여기저기 흩부려지는 풀씨처럼, 유전자는 내가 알지 못하는 어느 힘에 의해 계획 없이 흩어진다. Oliver의 형은 교실 학습 유전자를 받았고, Oliver는 운동 학습 유전자를 받았다. Oliver의 형은 캠브리지 대학에 입학했고 졸업 후 인터넷 회사인 구글 런던 지사에 입사했다. Oliver는 밝은 아이었다. Oliver는 단지 형과 배우는 방법이 달랐고 다른 학우들보다 학습이 느렸을 뿐이다. 학습장애가 있는 어린 학생들처럼, Oliver도 숙제를 할 때 마다 좌절, 분노, 비참, 짜증을 느끼며 배운 것을 잘 잊어버리는 경향이 있었다. Oliver는 이런 감정과 교실에서의 실패에 대한 피난처를 스포츠에서 찾았다.

스포츠는 Oliver의 안식처이자 좋은 성적을 받는 교실이었으며, Oliver가 영주이고 주인인 왕국이었고, 달콤한 승리감과 역량과 가치를 느끼게 하는 존재였다. 내가 Oliver를 처음 만났을 때, 열두 살밖에 되지 않았지만 우리의 관계는 즉각적이었다. 아마 우리가 같은 표정을 공유하기 때문이라고 나는 추측한다. Oliver는 내 캠프에서 몇 주간 훈련을 하고 영국의 집으로 돌아갔다. Oliver는 떠났지만, 내 생각에 남아있었고 Oliver가 떠난 지 얼마 안 된 후 나는 Oliver에게 편지를 썼다. 그 편지의 마지막에 나는 이렇게 적었다. "편지에 동봉된 메달이 내가 받은 만큼의 행운을 너에게도 가져오기를 빈다." 그렇다. 노란 리본이 묶인 5위 동메달의 새 주인은 Oliver이다. 나는 Oliver에게 선물한 메달을 어디에 두는지는 모르지만 Oliver가 그 메달을 자신의 영광의 자리에 두기를 희망한다. 나는 몇 년 후 Oliver가 영국에서 역대 최연소 국가 다이빙 챔피언이 되어서 얻은 금메달 옆에 내 동메달이 나란히 놓여 있었으면 좋겠다고 생각했다.

우리 행동의 결과는 우리 미래의 행동에 지워지지 않는 효과를 남긴다. 다음 이야기를 보자.

얼마 전, 나는 메릴랜드 볼티모어에서 온 Jon이라는 젊은 남자를 대학교 팀에 선수로 등록시켰다. Jon은 고등학교에서 최상위 학생은 아니었지만 꽤 좋은 능력을 지닌 학생이었다 (Jon이 다니던 학교는 경쟁이 꽤 심한 학교이다). Jon은 공식 신입생 모집 방문에 참여했다. Jon에 대해 조금 알고 난 후, 나는 반드시 그를 내 팀에 합류시켜야겠다고 결정했다. Jon은 인디애나대학교 IU 를 사랑하는 아이였으며, 그 무엇보다도 내 훈련 프로그램에 참여하기를 원했다. 그러나 Jon의 입학 성적이 발목을 잡았다. 그 당시 우리 입학처장은 Jon의 학교 성적이 좋지 않았고, 이미 Jon과 같은 학교를 다니던 친구 중에 성적이 Jon보다 높은 학생 몇 명에 대해 입학 거절을 했기 때문에 Jon의 입학을 허가할 수 없다는 입장이었다.

그래서 나는 Jon을 후원 학생으로 입학시키려고 했다. 후원 과정은 너무 오래 걸렸다. 나는 Jon이 8월 말에 부모님과 함께 우리 대학에 올 준비를 하면서 나에게 전화를 해 자신이 합격할 수 있는지 물어봤던 것을 기억한다. 그때까지도 나는 아직 Jon의 입학에 대한 확답을 받지 못했고, Jon에게 입학 승인이 났다고, 또는 입학을 할 수 있을 것이라고 말해줄 수 없었다. 그러나 나는 Jon에게 입학할 수 있을 것이라고 말해주었다. 상상해보라, Jon은 확실하지 않은 믿음으로 수 백 킬로미터 떨어진 인디애나 대학으로 온 것이다. Jon이 온다고 입학을 한다는 보장도 없었다.

그 날 나는 내가 절대 나와 인디애나 대학의 프로그램에 대한 Jon의 헌신을 잊지 않을 것이며, Jon이 입학한다면 내 마음과 영혼을 Jon에게 다 바치겠다고 약속했다. 그래서 Jon과 부모님은 인디애나 대학에 합격한다는 그 어떤 확신도 없이 볼티모어를 떠나 인디애나 대학이 있는 블루밍턴까지 운전해 왔다. 당연히, 만약 Jon이 입학을 하지 못했다면 나는 이 이야기를 하고 있지 않을 것이다. 결국 Jon은 입학을 하게 되었다. 그리고 입학 후 매일 훈련하면서 나는 Jon에게 내 마음과 영혼을 주었다. 나는 Jon의 충성, 헌신, 노력, 결심에 대해 칭찬했다. 우리가 첫 남자 국가 결승전에서 우승을 했을 때, Jon은 대단히 뛰어난 플랫폼 다이빙 선수는 아니었지만, 단체전 10m 플랫폼에서의 다이빙 선수로 뛰었다. Jon은 다이빙 시도에서 거의 실패할 뻔 했지만, Jon의 지원과 노력으로 팀 점수를 얻는데 도움이 되었고, 결국 우리 팀이 우승을 할 수 있게 도왔다. Jon은 최고의 팀 선수였다.

Jon이 졸업한지 벌써 수십 년이 지났지만 나는 아직도 주기적으로 Jon과 전화 통화를 주고받는다. Jon은 내게 연락해 가족은 잘 지내는지, 훈련 프로그램은 어떻게 진행되고 있는지 묻는다. 나와 내 아내 Lesa는 볼티모어에서 치러진 Jon의 결혼식에도 참석했다. Jon을 생각할 때면, 나는 굉장한 특성을 지닌 사람만 생각나는 게 아니라 코치가 자신의 선수에서 보고 싶은 행동을 선수에게 강화함으로서 코치가 선수에게서 얼마나 강화를 돌려받는지도 생각한다. 선수의 행동은 코치의 행동을 강화한다. 나와 함께 하는 동안 Jon은 항상 나의 훈련 프로그램을 신뢰하고 감사해 했다. 나는 훈련 후 그 날 Jon이 한 노력에 대해 악수를 청하고, 등을 두드려 주었고 Jon의 지속적인 향상을 칭찬했다. 나는 Jon이 졸업하는 해에 주장으로 임명했으며, Jon에게 지대한 팀 공헌과 기술이 많이 향상한 선수상을 수여했으며, 우리가 첫 국가 팀 결승전에서 승리했을 때 Jon을 안아주었다. Jon은 우리 팀에서 최고의 선수는 아니었지만, 우리 팀의 심장이자 영혼이었다. Jon은 우리 팀의 최고를 대표했고 굉장한 선수이자 멋진 사람이 되었다.

선수는 궁극적으로 스포츠에 대한 애정, 스포츠에 대한 순수한 기쁨, 몰입과 같은 경험 때문에 훈련을 하고 운동을 한다. 그렇다고 노란 리본이 달린 5위 메달과 같은 타이밍을 잘 맞추고 적절히 선택된 간단한 보상이 선수의 행동을 형성하고, 강화시키는데 있어 굉장하고 측정할 수 없는 효과를 깎을 수는 없다. 강화와 같은 조작적 조건화의 도구를 사용하면, B.F. Skinner가 Skinner 상자라고 불리는 통제된 환경에서 생쥐들의 행동을 형성한 것처럼 선수의 행동을 형성시킬 수 있다. 이 장은 Skinner 상자 안의 선수(강화에 자극 받는 선수)에 대한 이야기이며, 코치가 어떻게 조작적 조건화의 원리를 사용해 선수의 행동을 형성할 수 있는지에 대해 이야기한다. 이 장은 동시에 Skinner 상자 안의 코치에 대한 이야기이기도 하며, Jon이 내 행동을 형성했던 것처럼 조작적 조건화가 어떻게 우리의 행동을 형성하는지에 대해 설명한다.

개 요

이 장은 반응 조건화와 조작적 조건화의 차이에 대한 짧은 논의로 시작한다. 스포츠 상황에서 조작적 조건화가 어떻게 작용되는 것인가? 이 장은 조작적 조건화 패러다임에 대해 살펴보고, 조작적 조건화의 실제 예시를 선수들에게 적용하여 설명할 것이다. 그리고 나서 강화에 대해 이야기할 것이며, 어떻게 강화가 행동을 형성하게 하는지에 대해 설명할 것이다. 그리고 강화가 선수들의 행동에 영향을 미칠 수 있는 8가지 조작적 조건화 코칭 도구에 대해 설명하고, 강화의 서로 다른 계획 유형을 고려할 것이다. 조작적 조건화를 사용할 때 고려해야 할 선수들의 사회 행동, 학습 행동, 운동 행동과 챔피언 행동 등 4가지 행동 유형에 대해서도 설명했다. 끝으로, 효율적인 코치를 위해서 강화가 조작적 조건화에 적용된 사례를 설명했다.

▷ Skinner의 조작적 조건화 이론

Pavlov가 반응 조건화의 발견으로 심리학에 지대한 영향력을 미쳤다면, 20세기 제일 유명한 심리학 중 한 명인 B. F. Skinner는 조작적 조건화 이론 theory of operant conditioning 의 창시자이자 대변인이다.

3장에서 언급했듯이, Thorndike(효과의 법칙)는 조작적 조건화 이론의 선구자이다. 그리고 Skinner는 두 종류의 행동을 처음으로 구분한 심리학자 중 한 명이다. 한 조건에서, 하나의 자극은 많은 반응을 생성할 수 있고, Pavlov가 설명한 과정을 통해 다른 자극과 연합될 수 있다. Skinner는 이러한 반응들을 유도된 반응 elicited response 이라고 불렀으며 자극에 의해 생성되는 반응이기 때문에 행동 반응자 respondent 라고 구분했다. 그러나 Skinner는 그 어떤 자극에도 유도될 수 없는 조건이나 행동들이 존재한다고 주장했다. 이것이 방출된 반응 emitted response 이다. Skinner는 이러한 행동들을 개체가 스스로 행하여 이루어졌기 때문에 조작적 반응 operant response 이라고 구분했다. 쉽게 말해 반응 조건화 respondent conditioning 에서 개체는 환경에 반응을 하지만, 조작적 조건화에서 개체는 환경에 따라 반응을 한다. 두 행동의 또 다른 점은, 앞에서 말했듯이 반응자는 주로 비자발적이고, 조작자 operants 는 더 자발적이라는 것이다.

3장에서 언급한 바와 같이, 두려움, 불안감, 예감, 기쁨, 즐거움 등과 같은 반응은 대부분 자동적이고 비자발적이며 특정 상황과 자극에 대한 조건화된 반응이다. 반대로, 수학 문제 풀기, 달리기, 농구공 던지기, 야구공 맞추기 등 조작자는 조건화된 반응이 아닌 개인적 통제에 의한 행동에서 초래된 의도적이며 자발적 반응이다.

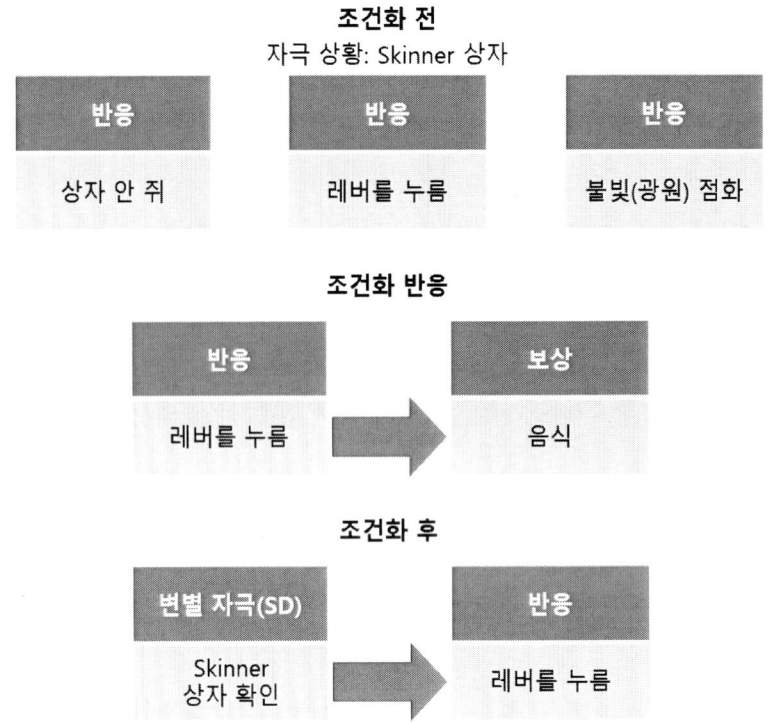

| 그림 4.1 | 스키너의 조작적 조건화 패러다임

Thorndike는 강화 효과 effect of reinforcement 가 자극과 반응의 관계를 강화했다고 믿었지만, Skinner는 자극이 확인되지 않거나 알지 못한다면 학습과 관련이 없다고 주장했다. 제일 중요한 관계는 반응과 강화 사이의 관계이지 자극과 반응 사이의 관계가 아니라는 것이다. Skinner의 조작적 조건화 이론에 의하면, 유도된 반응이 강화 됐을 때, 반응은 반복될 가능성은 높아진다.

▶ 조작적 조건화 패러다임

Skinner는 조작적 조건화를 더 잘 이해하기 위해 동물을 연구했다. 대표적인 Skinner의 실험에서, 생쥐 한 마리가 Skinner 상자(특정 행동이 일어나는 것을 보장하는 작고, 통제된 공간) 안에 있고, 보상과 처벌 반응을 측정했다. 전형적인 Skinner 실험에서 박스 안에는 레버, 광원, 전기 바닥, 그리고 식판이 제공된다. 실험은 생쥐가 레버를 누르게 훈련받는 것으로 간단하다. 생쥐가 레버를 누를 때, 광원에서 빛이 나며 식판에 음식물이 떨어진다. 대부분의 생쥐들은 얼마 지나지 않아 레버를 누르면 음식을 받을 수 있다는 것을 학습하게 된다. 생쥐들은 음식을 더 이상 받지 않더라도 당분간 레버를 계속 누를 것이다. 생쥐가 레버를 누르지 않게 훈련시키는 법 역시 마찬가지로 쉽다. 생쥐가 레버를 누를 때 바닥에 약한 전류를 흘려보내면 된다. 반대로 레버를 누를 때 전류를 멈춤으로서 생쥐가 레버를 누르도록 훈련시킬 수도 있다.

우리는 Skinner 상자를 관찰함으로서 Skinner의 조작적 조건화 이론에 대해 필요한 대부분 내용을 배울 수 있다. 생쥐가 레버를 누르는 행동은 조작[작용](특정 자극에 의하지 않고, 생쥐가 임의로 해낸 행동)이다. 음식물은 강화물 reinforcer 이며 생쥐가 다시 레버를 누를 확률을 높이는 역할을 한다. 약한 전류는 생쥐의 행동이 다시 일어날 확률을 줄이는 처벌 punishment 이다. 〈그림 4.1〉은 Skinner의 조작적 조건화 이론에 대해서 설명해 주는 그림이다.

생쥐는 여러 행동을 하게 되지만, 그 중 레버를 누르는 행동만 보상을 받는다. 따라서 조작적 조건화를 통해 생쥐가 레버를 다시 누를 확률은 올라가게 된다. 또한, 조작적 조건화 이론에 의하면, 특정 행동을 강화하는 동안 나타나는 모든 변별 자극 discriminative stimuli; SD 이 조작(작용)을 초래할 수 있는 자극이라고 논의된다. 생쥐와 Skinner 상자의 예에서, 상자는 레버를 누르는 반응의 변별 자극 SD 으로 작용할 수 있다. Skinner는 변별 자극 SD 을 통해서 특정 행동이 특정 강화로 이어질 신호라고 주장한다.

이제 시나리오 1에서 조작적 조건화 패러다임을 고려한다. 이 시나리오에서 선수는 훈련 시간보다 일찍 도착해 바로 스트레칭을 시작한다. 〈그림 4.2〉는 조건화과정을 보여준다.

1 시나리오

> 한 선수가 훈련 시간보다 일찍 도착해 스트레칭을 하기 시작했다. 스트레칭 도중, 코치는 시간을 내어 그 선수와 이야기를 하고 그 선수의 열정과 시간을 잘 지킨 것에 대해 칭찬을 하고 평소보다 더 많은 관심을 주었다. 남은 시즌 동안 그 선수는 지속적으로 훈련 시간 보다 일찍 경기장에 도착했다.

여기서 주의할 점은 이 선수가 단순히 일찍 도착한 것에 대해 강화를 받은 것이 아니라, 일찍 도착하고 스트레칭을 한 것에 대해 강화를 받았다는 것이다. 많은 선수들이 일찍 도착했음에도 불구하고 시간을 때우다가 결국 제일 마지막으로 훈련을 시작하는 것을 흔히 볼 수 있다. 물론 선수들이 동료애를 즐기고 약간의 장난과 휴식으로 편하고 명랑한 훈련 분위기를 형성하는 것도 중요하지만, 훈련 시간은 낭비해서는 안 될 소중한 시간이다. 내 선수 중 한 명이 이러한 나쁜 행동을 보였었다. 하지만 내가 반응 조건화 원리를 적용한 후, 첫 학기 말에 그 선수는 시나리오 1에 소개한 선수처럼 훈련에 일찍 도착했고 바로 몸 풀기에 들어갔다. 우리 주변에 이렇게 비슷하게 행동하는 선수를 알고 있거나 주변에 있는지 떠올려보자.

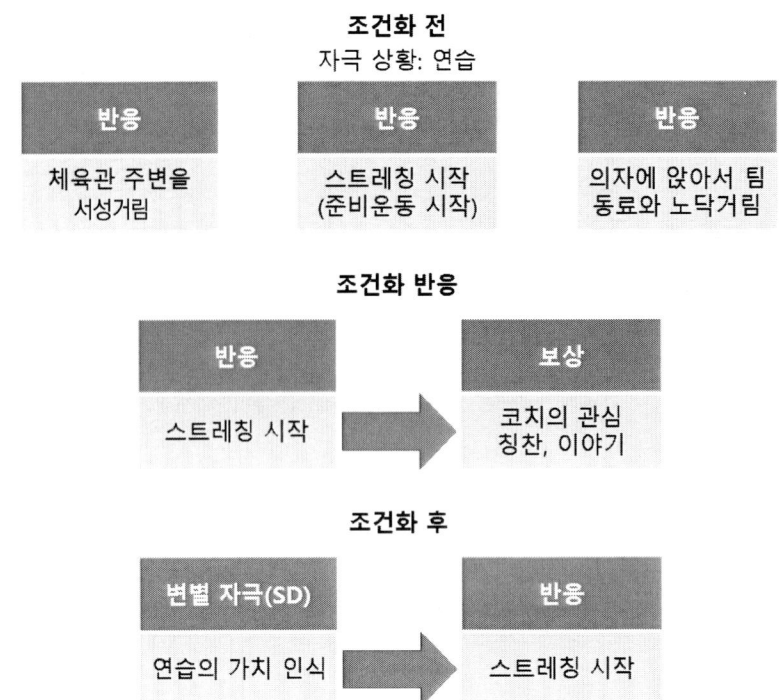

| 그림 4.2 | 연습 초기 선수들의 조작적 조건화 반응

▶ 강화와 강화물

조작적 조건화와 관련된 두 용어는 **강화물** reinforcer 과 **강화** reinforcement 이다. Skinner에 의하면, 강화물은 강화를 야기하는 자극이며, 강화는 이 자극을 사용하는 과정이다. Skinner 상자 안의 생쥐의 예에서, 음식물은 강화물이며 레버를 누른 후 음식물이 떨어지는 과정이 강화이다.

강화물의 공인된 정의는 **"한 반응이 일어날 확률을 높이는 모든 자극"**이다. 바꿔 말하면, 자극의 효과가 강화를 시키는지 안 시키는지를 결정하는 것이다. 예를 들어, 소란스러운 행동으로 팀 미팅에서 불려나와 꾸짖음을 듣는 선수는 주목을 받는 것에 강화가 되어 바람직하지 않은 행동을 다시 하게 될지도 모른다. 다른 상황에서, 모범적인 행동으로 팀 앞에서 칭찬을 받은 선수는 주목이 받는 것이 부끄러워 강화를 받지 못할 수도 있다. 요점은 특정 자극이 한 선수에게는 큰 강화가 될 수 있지만 또 다른 선수에게는 아니라는 것이다. 따라서 코치가 재치 있게 각 선수들의 교육 환경과 차이점, 그리고 무엇에 선수들이 강화되는지 감지하는 것이 중요하다.

강화물은 두 종류가 있는데 일차 강화물 primary reinforcer 과 일반화된 강화물 generalized reinforcer 이다. 일차 강화물은 특별한 사전 경험 없이 선천적 또는 자연적으로 강화되는 자극이다(즉, 개체가 강화를 배워야 할 필요가 없다). 일차 강화물은 음식, 음료, 섹스와 같은 대체적으로 배울 필요가 없는 욕구나 충동과 관련이 있다. 이런 자극들은 매우 강한 강화이며 정적 자극 positive stimuli 이라고 불린다. <u>일반화된 강화물</u>은 원래는 중립자극 neutral stimulus 이었지만, 다른 환경에서 다른 강화물과의 반복적인 결합을 통해 일반적인 강화로 바뀐 강화물이다. 예를 들어, 성공, 특권, 평판, 그리고 재산은 강력한 일반적 강화물이다. 성공의 중요성은 이 장의 후반에서 보다 심도 있게 다룰 것이다.

강화물은 정적이거나 부적일 수 있다. <u>정적 강화물</u> Positive reinforcer 은 특정 훈련 환경에 부과 되었을 때 반응이 일어날 확률을 높여주는 자극이다(즉, 좋은 정적 강화물을 제공해 바람직한 행동을 유발하는 것). 정적 강화물은 유쾌한 자극인 경향이 있다. <u>부적 강화물</u> Negative reinforcer 은 특정 상황에서 제거했을 때 반응이 일어날 확률을 높이는 자극이다(즉, 나쁜 부적 강화물을 제거해 바람직한 행동을 유발하는 것). 부적 강화물은 주로 Skinner 상자에서 생쥐가 받은 약한 전기 충격처럼 혐오스러운 자극인 경향이 있다. 전기 충격은 생쥐가 레버를 누르는 올바른 반응을 보일 때만 꺼짐으로서 부적 강화물의 역할을 한다. 다시 말해, 생쥐가 레버를 누를 때, 생쥐는 전기 충격을 더 이상 받지 않게 되는 보상을 받게 되는 것이다. 선수들은 이런 명백히 끔찍한 부적 강화물이 필요하지 않을 것이다. 선수들은 아마도 코치로부터 자신을 노려보거나 난색할 정도의 덜 추악한 형태의 부적 강화물을 경험할 것이다.

생쥐가 레버를 더 이상 누르지 않게 하고 싶다고 상상해보자. 이 경우에는 생쥐가 레버를 누를 때마다 충격을 보내면, 충격은 일종의 벌로 작용할 것이며 레버를 누르는 행동은 아마 멈출 것이다. 두 종류의 처벌에는 <u>수여성 처벌</u> presentation punishment 과(징계 처벌, 정적 처벌, 처벌 유형 1이라고도 한다) <u>제거성 처벌</u> removal punishment 이 있다(페널티 처벌, 부적 처벌, 처벌 유형 2라고도 한다). 다음 부분에서는 두 종류의 강화 reinforcement, 두 종료의 벌 punishment, 그리고 소거 과정 process of extinction 을 더 자세히 살펴볼 것이다.

▶ 정적 강화(보상)

<u>정적 강화</u> Positive reinforcement 는 한 반응이 다시 일어날 가능성을 높여주고 보상으로 작동하는 즐거운 자극을 제시하는 것을 의미한다. 정적 강화물의 예로는 미소, 칭찬, 주목, 찬사 등이 있다. 피드백 역시 한 형태의 정적 강화가 될 수 있다. 선수에게 가능한 정적 강화는 목표 도달, 메달 획득, 팀원들의 긍정적 진술, 코치의 피드백이 포함한다(예: "잘했어 Raj! 백핸드 라켓 위치가 완벽했어!").

시나리오 2에서 골퍼가 계속 느린 속도로 백스윙을 하는 것을 살펴보자. 코치가 이 선수의 느린 속도를 비평하는 대신, 선수의 스윙 속도가 조금이라도 올라갈 때까지 기다렸다가

선수가 동작을 수정한 것을 칭찬하기로 결정한다. 또는, 올바른 골프채 속도를 연속으로 몇 번 수행하는 목표를 정하고 이 선수가 그 목표를 달성하면 칭찬할 수 있다.

2 시나리오

> 한 고등학교 2학년인 선수가 백스윙에서 골프채를 너무 천천히 돌린다. 코치는 계속 그 선수에게 골프채를 더 빠르게 뒤로 돌리라고 반복적으로 말하는 것이 피곤해지고 있다. 지금은 아직 시즌 초이며 스윙을 바꿀 좋은 시기이다.

정적 강화의 다양한 예시가 존재하지만, 코치들은 정적 강화를 선수들이 써야할만큼 사용하지 않는다. 아마 코치들은 언제나 운동 수행의 오류를 찾아 수정하려고 하고 있을 것이다. 선수를 도와 목표를 달성하려고 하는 열정 때문에, 코치는 대체로 선수들이 잘하는 것과 선수들이 수행력을 향상하기 위해 사용하는 수정 방법들을 간과하고 그 방법을 파악하는데 실패한다.

▶ 부적 강화(안도, 완화)

부적 강화 Negative reinforcement 는 반응이 다시 일어날 가능성을 높이는 혐오스러운 자극을 제거하는 것을 의미한다. 적절한 행동의 출현 후 제거됐다면 암묵적 또는 명시적 벌의 위협, 실패, 감금, 조롱, 분노, 사악한 응시 모두 부적 강화의 예이다. 앞서 언급했듯이, 부적 강화물의 한 예는 바닥에 흐르고 있는 전류이다. 만약 레버를 누르는 것만으로 전류가 정지된다면, 전류는 부적 강화물로 작용한다. 부정적이고 부적응적인 행동은 과도한 부적 강화를 사용함으로서 발생한다. 보통 대부분 종류의 부적 강화는 코칭 방법으로서 부적절하고 용납될 수 없다.

선수에게 전기 충격을 부적 강화물로 사용할 수 없기 때문에, 보다 적절하고 인도적인 예시는 코치가 선수를 노려보는 것이다. 시나리오 3에서 두 선수는 팀 훈련에 집중하지 않고 떠드는 상황을 고려해보자. 이 시나리오에서, 코치는 두 선수가 말을 멈출 때까지 노려볼 수 있다. 코치가 노려보는 것은 선수가 올바른 동작을 하도록 격려하는 데에 유용할 수도 있다. 예를 들어, 코치는 선수가 반복적으로 같은 실수를 할 때마다 노려본다. 어떤 말을 하는 대신, 코치는 단순히 해당 선수들을 보고 있기만 한다. 그 선수가 올바른 동작을 하면 코치는 노려보는 것을 멈춘다.

3 시나리오

시즌 초, 코치가 시즌 말에 있을 챔피언십에서 경쟁을 할 정신적 준비에 관한 중요한 주제에 대해 선수들에게 이야기하고 있다. 이 주제는 또 다시 선수들이 경기에서 지거나 이에 대해 재차 이야기하길 원하지 않기 때문에 중요하다. 그런데 팀 전체에게 이야기를 하고 있을 때, 두 선수는 코치의 얘기를 무시하고 자기들끼리 이야기를 계속한다. 이것은 다른 선수에게도 방해가 될 뿐만 아니라 코치에 대한 무례한 행동이다.

▶ 수여성 처벌

<u>수여성 처벌</u> Presentation punishment 은(징계) 반응이 나타난 후 그 반응을 없애기 위해서 불쾌한 자극을 제시하는 것을 의미한다. 수여성 처벌은 물리적 처벌을 의미한다. 다수의 반대와 부정적 부작용이 부적 처벌 negative punishment 과 연관되어 있다. 그러나 때로는 처벌을 통한 훈육이 필요하게 되고 체벌이 아닌 좀 덜 가혹하고 용인되는 형태의 처벌이 있다. 이런 종류의 처벌은 질책, 일시적 중단, 반응 대가 response cost 를 포함한다.

선수들의 행동을 비난하거나 또는 책망하는 <u>질책</u> reprimands 은 부적절하고 중단해야 할 행동이다. 질책은 가볍거나 냉혹할 수 있고 구두로 하거나 선수에게 손가락을 흔드는 것처럼 말을 쓰지 않을 수도 있다. 구두 질책은 부적절한 행동을 식별하고 그 행동이 왜 부적절한지 구체적인 이유를 제공한다면 효과적이다(Van Houten & Doleys, 1983). 예들 들면 선수가 팀 내 다른 선수에게 부적절한 농담을 할 때, "Terrell, 팀원들에게 그런 말은 팀 단합과 팀 정신에 부적절하고 해를 끼치니 그런 말은 하지마."라고 하는 것이 단순히 "Terrell, 그런 말을 하지마."라고 하는 것보다 훨씬 효과적이다.

질책은 부드럽게 가까운 거리에서 사용되어야 한다. 한 연구에 의하면, Van Houten, Nau, MacKenzie-Keating, Sameoto와 Colavecchia(1982)는 효율적인 질책은 코치와 선수 간의 거리가 1m 내에서 이루어질 때라고 설명했다. 또한, 질책은 간단하고 훈련이 중단되지 않을 수 있도록 지나치지 않아야한다.

<u>일시적 중단</u> time-outs 은 선수를 보통 강화를 받을 수 있는 환경에 두지 않고, 강화를 받지 못하는 환경에 두는 것이다. 교실 상황에서 Brantner와 Doherty(1983)는 교사들이 사용할 수 있는 3종류의 일시적 중단이 있다는 것을 확인했으며, 이러한 일시적 중단 방법을 코치들도 사용할 수 있다. 첫 번째 일시적 중단은 분리 isolation 이다. <u>분리(격리)</u>는 훈련 환경에서 선수를 제외하는 것이다. 예를 들어, 선수는 연습장에 들어오지 말고 라커룸에 앉자있으라고 하면서 훈련에서 분리시키는 것을 의미한다. 두 번째 일시적 중단은 <u>제외</u> exclusion; 퇴출 이다. 이 종류의 일시적 중단에서 선수는 진행되는 활동에서 제외되고 참여나 관전도 허용되지 않는다. 제일 가벼운 형태의 일시적 중단은 <u>일시적 제외</u> nonexclusion

이다. 일시적 제외는 타임아웃 과정에서, 선수는 훈련을 보는 것은 허용되지만 참여하는 것이 허용되지 않는 것을 의미한다.

효과적인 처벌의 마지막 종류는 <u>반응 대가</u> response cost 이다. 반응 대가는 선수가 부적절한 행동에 대한 강화물을 잃을 때 발생한다. 예를 들면, 코치는 좋은 행동을 하는 선수에게 점수를 주고, 나쁜 행실의 선수에게는 점수를 깎는 점수 시스템 point system 을 도입할 수 있다. 이런 시스템은 교실 상황에서 사용하는 토큰 강화 token reinforcement 와(학생이 바람직한 행동을 했을 때, 물리적 또는 사회적 보상을 직접 제공하는 대신 점수나 "참 잘했어요."라는 도장이나 스티커를 제공하는 강화 방법) 비슷하다. 반응 대가의 장점 중 하나는 선수를 학습 환경에서 제외하지 않는다는 점이다. 반응 대가의 또 다른 이점은 강화절차 reinforcement procedure 와 연관되어 있다는 점이다. 앞서 언급했듯이, 강화를 사용하는 것은 많은 장점이 있다.

선수가 지속적으로 코치의 지시를 잊어버리는 시나리오 4를 살펴보자. 약간의 건망증은 인간이 지닌 자연스러운 행동으로 일부 이해를 해줄 수 있지만, 건망증이 반복되면 팀원들은 이것을 코치와 프로그램에 대한 결례로 인지할 수 있다. 그리고 훈련 분위기과 학습 환경에도 부정적인 영향을 준다. 해당 선수를 개인적으로 대면하는 것이 최선의 방법이지만, 그럼에도 불구하고 이런 일이 계속 일어난다면, 코치는 공개적으로 이 일에 대해 얘기를 하고 질책을 해 문제가 된 선수와 다른 팀원들이 이 문제에 대한 입장과 각 선수들로부터 어떤 학습 태도를 기대하고 있는지를 정확히 알 수 있게 해야 한다. 단호한 태도를 취하지 않는다면, 코치는 존경과 팀과 프로그램에 대한 통제력을 잃을 것이다.

어떤 의미에서, 시나리오 4는 규율 문제이다. 또 다른 의미에서, 이것은 운동 학습의 문제이며 조작적 조건화의 문제이기도 하다. 올바른 학습 행동을 보여주지 않는다면(예 : 선수가 코치의 코멘트에 집중하기), 선수는 훈련 동안 선수들이 실제로 배울 수 있는 것보다 훨씬 적게 배울 것이다. 따라서 부적합한 행동을 없애고 훈련 학습 분위기를 향상시키기 위해서, 코치는 조작적 조건화 방법인 수여성 처벌을 행해야한다. 나는 시나리오 4가 내가 실제로 경험한 상황이었기 때문에 이 장에 사용했다. 시나리오 4에서 그 선수는 매우 재능이 있고 좋은 사람이지만, 약간 고집이 세고 자신의 학습 패턴에 고수하는 선수였다.

4 시나리오

선수 중 한 명이 지속적으로 코치가 지시한 내용을 잊어버린다. 그 선수의 건망증은 코치에 대한 무례함과 불경심에 가깝다. 그 선수의 행동은 훈련과 학습 환경에 영향을 주고 있었다. 다른 선수들도 이런 무례한 행동을 관찰했고, 그 때문에 열의를 잃고 있었다. 일부 어린 선수들은 문제가 있는 선수도 코치의 지시를 안 따르는데 왜 자신들은 따라야하는지 의문을 가진다.

이런 경우에, 나는 훈련이 끝난 후 그 선수에게 바로 물어봤다. "네가 이번 다이빙에서 고쳐야 했던 점이 무엇이었지?" 그 선수가 "기억이 안 나요."라고 답했다. 나는 그 선수가 다른 선수들 앞에서 다른 팀원들이 쉽게 습득한 기술을 그 자신이 달성하지 못한 것을 질책했다. 나는 보통 공개적인 질책을 별로 신경 쓰지 않지만, 그러나 이번에는 다른 선수에게도 나는 내 평가를 잊어버리는 것을 용납하지 않는다는 것을 보여줘야 했다. 또한, 나는 다른 선수들이 내가 편애를 하는 것이 아니라는 것을 보여줘야 했다. 내 선수들은 모두 내 평가를 기억해야한다. 그리고 이 선수도 다르지 않다. 이것은 매우 간단한 과정이다. 나는 지시를 하고 선수들은 그 지시를 기억한 후 최선을 다해 동작을 수정하면서 기술을 습득해야 한다. 만약 시나리오 4의 다이빙 선수가 내 지시사항을 3번 이상 잊어버리면 나는 그 선수를 훈련에서 제외했다. 나는 그 선수가 마음속으로는 착한 아이였고 진심으로 좋은 다이빙 선수가 되기 원했기 때문에 훈련에서 제외되는 것은 벌이었다.

시간이 흐른 후, 그 선수는 나의 지시사항을 기억하고 훈련을 잘 따랐고 동시에 그 선수의 다이빙 실력도 함께 향상되었다. 2년 후에 그 선수는 미국 챔피언십 경기에서 1m과 3m 스프링보드 springboard 에서 10위권 랭킹 챔피언이 되었다는 소식에 행복해 했다.

▶ **제거성 처벌**

제거성 처벌 Removal punishment 은(페널티) 특정 행동(페널티) 후 정적 자극의 제거(손실)를 통해 행동을 약화시키는 것을 의미한다. 불쾌한 자극을 주는 수여성 처벌과 달리 긍정적인 자극을 제거하기 때문에 제거라고 한다. 제거성 처벌의 한 예는 품행이 안 좋거나 노닥거리며 제시된 훈련을 제대로 수행하지 않는 선수를 게임이나 재미있는 훈련에서 제외시키는 것이다. 그 선수는 훈련을 마친 후 게임에 참가하도록 허용된다. 교실상황에서 예를 들면, 지각한 학생에게 게임할 시간을 빼앗아 다음에 지각하지 않도록 하는 부적 처벌을 뜻한다.

많은 선수들이 이 종류의 벌에 잘 반응한다. 코치는 선수들에게 선수들의 기대치, 행동, 수행력을 선수들이 도달할 수 있는 수준까지 높이기를 요구한다. 선수들이 이 수준에 미치지 못한다면, 선수들은 페널티를 견뎌야 한다(목표 미달성에 대한 불이익을 감수해야 한다). 이 상황은 선수들의 긍정적 자극(특혜)을 제거한 것이다. 어떤 의미로, 선수들의 운명을 선수 스스로 쥐고 있는 것이다. 더 많은 신체적, 감정적, 정신적 노력은 선수들이 페널티를 피하는 것을 도와준다. 선수에게 훈련은 권리가 아닌 특권이며, 절대로 선수들이 반드시 해야 하는 것이 아니라는 것을 상기시켜 줘야한다. 만약 선수가 "저는 훈련을 해야만 해요"라고 말한다며, 선수들에게 상기시켜 주는 것이 좋다. 선수들은 훈련을 할 필요는 없다. 선수들은 훈련을 할 수도 있고, 만약 훈련을 하기 싫다면 그 날, 그 주, 심지어 일 년 내내 쉬어도 된다. 요점은 훈련 참가는 특권이다. 코치로서 이렇게 바라봐야하고 선수들도 마찬가지다. 이것이 왜 코치가 절대로 훈련을 벌로 써서 안 되는 수많은 이유 중 하나이다(예 : 기록을 달성하지 못했으니 운동장 10바퀴 뛰어, 훈련 시간에 지각했으니, 팔굽혀 펴기 30회 등과 같은 처벌). 지금부터 처벌을 관리하면서 고려해야 할 내용을 설명하고자 한다.

▶ 처벌 시 고려사항

요약하자면, 강화와 처벌에 있어서 코치들이 반드시 기억해야할 몇 가지가 있다. 먼저, 코치는 강화와 처벌을 위해 정적(즐거운) 자극과 부적(불쾌한) 자극을 모두 사용할 수 있음을 기억할 필요가 있다. 둘째로, 인간의 행동에 미치는 영향을 보고 특정 자극에 강화되는지 안 되는지를 기억한다. 자극이 특정 행동을 다시 일어나게 한다면, 그 자극은 특정 행동을 강화시키는 것이다. 셋째로, 처벌은 행동에 영향을 미치는 효과가 있지만, 물리적으로 가하는 물리적 체벌은 금해야 한다는 것을 기억해야 한다.

- 체벌의 사용에 대해 윤리적이고 인권적 측면의 고려사항이 존재한다. 더욱이 법적인 고려사항 때문에 체벌은 행동을 형성하는 도구로서 바람직하지 않다. 체벌은 국가 자치단체의 규칙, 대부분의 교칙, 코치 행동강령, 학생 인권에 위반되며 코치가 선수, 특히 어린 선수와 같이 훈련을 할 때의 코치 철학에도 위반되는 행위이다.
- 처벌은 부적절한 행동을 감소시킬 수 있지만, 정당한 행동으로 설명될 수 없다. 그러나 처벌은 잘못된 행동을 고치거나 잘못된 행동에 대한 근거를 제시하면서 사용할 때, 긍정적인 효과를 얻을 수 있다.
- 처벌은 보통 벌을 받은 행동보다 처벌자에 대한 증오, 두려움, 불안과 같은 원치 않는 부정적인 감정적 부작용을 동반한다. 이런 부작용은 선수와 코치 사이의 유대감에 지장을 줄 수 있다.
- 처벌은 항상 부적절한 행동을 제거하지 않고 단순히 그 행동을 억제하는 역할을 한다. 따라서 부적절한 행동은 사라진 게 아니라 잠시 잊혀진 것뿐이며, 부적절한 행동은 다시 같은 상황에서 발생할 수 있다. 예를 들면, 플로리다의 9개 학교에서 처벌의 사용을 관찰한 한 연구(McFadden et al., 1992)에 의하면, 처벌이 반복적인 범죄와 상습적인 비행을 감소시키지 못했다는 사실이 확인되었다. 따라서 처벌 자체가 나쁜 행동을 근절시키지는 못한다는 것을 의미한다.
- 처벌은 선수의 좌절을 야기할 수 있고 회피나 부적절한 행동과 같은 원치 않는 부적응 행동으로 이어질 수 있다. 회피 학습 avoidance learning 과(불쾌한 자극 환경을 피하는 것을 배움) 도피 학습 escape learning 은(불쾌한 자극 환경에서 달아나는 것을 배움) 둘 다 처벌의 사용으로 인해 나타나는 학습 결과이다.
- 폭력적 행동에 대해 폭력으로 처벌하는 코치는 선수에게 공격적인 모델이 될 수 있다. 폭력을 처벌로 사용하는 것은 선수에게 폭력적인 행동이 특정 상황에서 적절하게 사용할 수 있다는 생각을 심어줄 수 있다.

잘못된 행동을 한 선수와 팀과 프로그램의 향상을 위해 벌을 내려야하는 상황이 온다. 그러나 처벌의 부정적인 효과가 너무나 크기 때문에, 처벌은 적게 그리고 지혜롭게 관리되어야 한다. 현명하지 못하게 관리된다면 슬픈 결과로 이어질 수도 있다. 덥고 습한 축구 훈련이나 농구 훈련을 하는 선수들에게 벌로 물과 휴식을 주지 않는 코치를 생각해보자. 일부 선수는 아프기 시작하고 병원으로 실려 가야만 한다.

어떤 이유에서, 일부 코치는 벌을 많이 주는 것이 코칭의 큰 부분이라고 생각한다. 물론 일부에선 처벌이 엄청난 규율과 존경으로 이어진다고 생각하지만 이 역시 잘못된 생각이다. 뛰어난 코치는 벌을 어떻게 관리해야하는지 알지만 선수들은 미묘하고 교묘한 접근을 사용해 존경심을 불러일으키고 규율을 세우는 것에 더 흥미를 가진다. 내가 생각하는 위대한 코치는 전설적인 농구 코치 John Wooden이다. 나는 John Wooden가 자신의 벤치에 차분하고 끈기 있게 앉은 상태에서 명지휘자처럼 한 손으로 선수들에게 지시하고, 또 다른 손에는 자신의 전술이 기록된 책자를 말아서 쥐고 있는 모습을 보았다.

Thorndike(1931)가 지적했듯이, 즐거움이 반응을 유발하는 것이 고통이 반응을 근절하는 것보다 훨씬 더 효과적이라고 제안했다. 따라서 가능한 많이 즐거움을 사용해 좋은 행동을 강화하는 것이 바람직하다.

▶ 소거

<u>소거</u> Extinction 는 강화의 제거 때문에 반응이 사라진 것을 의미한다. 강화는 반응을 지속시키기 때문에, 강화의 제거는 시간이 지남에 따라 그 반응이 사라지게 한다. 강화의 제거와 행동이 사라지는 사이의 시간을 <u>소거율</u> extinction rate 이라고 한다.

소거의 사용은 꽤 보편적이다. 아마 소거가 보편적이고 제일 적용하기 쉬운 이유는 조작적 조건화 기법 operant conditioning technique 이기 때문일 것이다. 대체로 소거의 적용은 자신의 행동을 다른 사람의 이목을 끌려고 노력하는 선수들의 강화를 제거하는 것보다 어려운 것들을 포함하고 있다. 그렇지만 강화가 명백하지 않거나 알려지지 않은 상황이 있기 때문에 강화의 근원을 찾기 힘들 수 있다. 예를 들면, 지속적으로 자기 자신을 자랑하고 팀원을 무시하는 선수를 생각해보자. 어떤 강화가 이 선수의 행동을 강화시키는 것일까? 이러한 강화에는 동료의 관심 또는 반대와 같은 잠재적인 강화물이 있을 수 있다.

또한, 소거를 적용하는 것은 행동에 대한 강화를 주지 않고는 원하는 결과를 유발할 수 없기 때문에 실제로 적용하는데 어려울 수도 있다. 예를 들면, 형편없는 기술을 사용하지만 천부적인 재능 또는 빠른 성숙 등과 같은 요인 때문에 경쟁 상황에서 괜찮은 성적을 내는 선수를 생각해보자. 더 좋은 기술로 그 선수의 경쟁 결과는 더 나아질 수 있다. 하지만 선수가 계속 상대방 보다 더 나은 결과를 얻기 때문에 기술은 계속 같은 수준에 머물러 있다(강화). 이 상황에서 코치는 어떻게 소거를 사용할까? 심판에게 더 낮은 점수를 주도록 시켜서? 선수의 경쟁 상대에게 더 빠르게 뛰거나 수영하도록 해서? 상대 투수에게 더 어렵게 던지라고 해서? 당연히, 이런 종류의 선수에 대한 답은 경쟁 목표에 초점을 맞추지 않고 수행 목표에 초점을 두는 것이다. "그래, 너는 이번에 잘 달렸지만 만약 네가 출발 기술과 달리기 기술 start and running mechanics 을 좀 더 연습했으면 지금보다도 더 빠르게 달릴 수 있었을 거야."

일반적으로 소거는 효율적이고 쉽게 적용할 수 있기 때문에 매우 유용한 도구이다. 예를 들어, 골퍼가 백스윙을 너무 천천히 하는 시나리오 2로 돌아가서, 코치가 그 선수의 느린 스윙을 그냥 무시하기로 마음먹는다. 왜냐하면 그 선수가 스윙이 느릴 때마다 코치의 주목을 받게 되고, 그 선수는 코치의 관심을 강화물로 생각하기 때문이다. 웃기게 들릴 수 있지만 이것은 매우 사실적이다. 선수는 코치에게 관심받기를 갈망하고, 어쩌면 주목을 받으려고 자신도 모르게 같은 실수를 반복할지도 모른다. 왜 그럴까? 그 이유는 일부 코치들은 선수들의 단점만 보기 때문이다. 따라서 선수가 백스윙에서 올바른 속도를 내는 경우에도 코치는 그 선수에게 아무 말을 하지 않는다. 올바르지 않는 백스윙 속도에서 관심을 가져주지 않고(소거), 올바른 백스윙 속도에 관심을 가져준다면(강화) 코치는 아마 잘못된 속도를 제거하고 올바른 속도를 선수에게 각인시킬 것이다.

▶ 행동조성

Skinner 상자 안에 있던 생쥐를 기억해보자. 생쥐가 레버를 누르는 조작적 반응을 보이면, 먹이를 얻는 보상을 받았다. 그러나 만약 그 생쥐가 그 반응을 단 한 번도 하지 않았다면 어땠을까? Skinner 상자 안에서 그 생쥐는 할 수 있는 것이 별로 없었기 때문에 결과적으로 생쥐는 레버를 누르게 되었다. 하지만 실생활에서, 반응이 언제나 나타나지는 않는다. 이 상황에서 행동은 조형의 조작적 조건화 원리 operant conditioning principle of shaping 를 통해 영향을 받을 수 있다.

<u>행동조성(조형, 형성)</u> shaping 은 연속적인 접근들이 강화되는 방식을 의미한다. 조형은 개인에게 선수들의 레퍼토리 repertoires 에는 없는 복잡한 행동을 가르치는 기법이다. 이 기법은 최종적으로 원하는 행동에 도달할수록 비슷해지는 반응을 강화하는 것을 포함한다. 예를 들어 시나리오 5에서, 선수는 코치가 피드백을 줄 때 시선을 마주치기를 원한다. 이 경우에 코치는 피드백을 주기 전에 선수가 코치가 있는 방향으로 시선을 돌릴 때까지 기다린다(피드백이 강화의 한 형태라는 것을 기억하자). 그리고 나서, 코치는 선수가 적어도 2초 동안 코치를 볼 때까지 피드백을 주지 않다가 피드백을 제공한다. 그 다음, 코치는 피드백과 칭찬을 제공하기 전에 선수가 코치를 오랜 시간 동안 볼 때까지 기다린다. 나중에 코치가 선수에게 이렇게 말할 수 있다: "Connie, 그때 너의 모습은 훌륭했고 내가 말을 할 때 네가 나를 보는 모습이 맘에 들어. 고맙다!"

> **5 시나리오**
>
> 선수 중 한 명이 코치가 피드백을 줄 때 시선을 마주치지 않는다. 코치가 그 선수에게 이 부분에 대해 몇 번 언급했지만, 그 선수의 행동에는 변화가 없다. 코치는 어떤 종류의 조작적 조건화가 그 선수의 부적절한 행동을 바꾸고 좋은 학습 행동을 발산하도록 도울 수 있을 것이라고 결정한다.

조형은 학습 행동을 형성하는데 사용하는 것 외에도 운동 기술 행동을 바꾸는 데에도 유용하게 사용할 수 있다. 예를 들어, 선수가 공중제비 다이빙을 할 때, 선수들이 상체를 숙여서 하체에 붙이고 팔로 다리를 더욱 꽉 껴안고(다이빙 tuck position 기술) 낮은 자세를 취하려고 애쓰고 있다. 첫 시도에서, 이 기술은 완벽하지 않다. 이게 최종적으로 원하는 행동은 아니지만, 올바른 방향으로 반응하고 있기 때문에 코치는 이 반응을 다음과 같이 선수에게 말함으로 강화시킬 수 있다. "음, 좀 더 낮아졌네. 잘했어. 다음 수행에서 더 낮출 수 있는지 해보자." 만약 다음 시도에서도 자세가 낮아지지 않았다면 코치는 단순히 피드백을 주지 않고 이렇게 말할 수 있다. "아니야, 낮아지지 않았어. 다시 해보자." 다음 시도에서 자세가 첫 시도 때보다 낮아졌다면, 코치는 강화를 반으로 줄일 것이다. 코치는 이 과정을 원하는 자세가 나올 때까지 계속한다.

조형의 또 다른 예는 스쿼트 squat 자세에서 역기를 자신의 머리 위로 충분히 높게 들지 못하는 역도 선수를 들 수 있다. 첫 시도에서, 역도 선수는 역기를 자신의 머리 위로 약간 높게 들었다. 그리고 코치는 선수에게 "잘했어, 아까보다 높아졌네!"라고 말한다. 이어지는 시도에서, 코치는 그 선수가 역기를 자신의 머리 위로 더 높게 들고, 스쿼트 자세에서 다운워드 움직임 downward movement 이 머리의 올바른 위치에 더 가까워질 때까지 긍정적 강화를 지연시킨다. 그리고 나서, 올바른 위치에 도달하면 긍정적 강화를 제공한다.

▶ 일반화와 변별

지도자는 코치로서 다양한 행동들을 강화하려고 시도한다. 여기에는 움직임, 사회적 상호관계, 감정 반응 등 다양한 행동이 포함된다. 모든 상황에서 모든 반응을 강화하는 것은 불가능하다. 그러나 사람들은 최소한 때로는 새로운 상황에서 올바른 반응을 하는 듯하다. 선수들은 이것을 일반화 generatlization 와 변별 discrimination 이라는 과정을 통해서 행한다. 일반화는 어떤 한 상황에서의 반응을 비슷하지만 이전에 경험해 본적이 없는 상황으로 전이시키는 과정을 의미한다. 일반화의 예로, 다이빙 선수가 낮게 상·하체를 접는 기술을 수행하는 이전 상황을 고려해보자. 다이빙 선수가 전방 공중제비 다이빙 forward somersaulting dive 에서 더 낮게 상·하체를 접는 기술을 학습했다고 가정하자. 코치의 지시없이 다이빙 선수는 낮게 상·하체를 접은 상태에서 안쪽으로 공중회전 하는 다이빙 기술로 연결시킨다(일반화 한다). 스쿼트를 하는 역도 선수의 경우에도, 선수가 역기를 클린스 cleans 할 때, 그 동작을 역기를 머리 위로 들어 올릴 때처럼 일반화할 수 있을 것이다.

변별은 일반화와 반대되는 반응이다. <u>변별</u>은 상황이 다르고 반응이 부적절하기 때문에 반응하는 것을 자제하는 것을 의미한다. 변별의 한 예로는 미식축구의 쿼터백이 상대 팀이 지난 게임에서 사용한 수비 포메이션과 다른 포메이션에 맞설 때이다. 변별이 일반화와 거의 유사하고 특정 플레이를 할(반응을 할) 정도로 거의 비슷한가? 아니면 일반화가 특정 플레이를 하지 않을(반응을 하지 않을) 정도로 충분히 다른가? 어떤 의미로, 수비 팀의 목표는 포메이션을 위장하거나 숨겨서 쿼터백과 다른 공격 선수들이 올바른 상황과 적절한 반응을 확인하기 어렵게 하는 것이다. 이 수비 포메이션을 통한 교란 전략은 정확한 패스와 판단을 하는 쿼터백의 더 긴 인지 과정과 느린 반응 시간을 야기할 것이다.

〈표 4.1〉은 다양한 조작적 조건화 코칭 전략에 대해 제시한 것이다.

표 4.1 조작적 조건화 코칭 도구

도구	신호	설명
정적 강화	보상	긍정적 자극 제시
부적 강화	경감 또는 제거	혐오적 자극 제거
처벌	처벌 제시, 처벌, 징계	혐오적 자극 제시
처벌 제거	제거, 불이익	혐오적 자극 제거
조형 shaping	연속적 접근	부분적 반응 강화
일반화	유사함	유사한 상황에서의 반응
차별	유사하지 않음	유사하지 않은 상황에서의 반응하지 않음
소거	강화 소거	반응 중지

▷ 강화 계획의 종류

강화는 선수가 향후 수행해야 할 행동을 반복하게 하는데 유용하다. 그러나 강화를 올바르게 사용하는 것을 이해하는 것은 중요하다. 선수가 하는 일마다 칭찬을 하는 코치를 생각해보자. 얼마 후, 코치의 칭찬은 효능을 잃고 더 이상 강화물(강화자)로 작용하지 않는다. 행동과 강화가 어떻게 관리되는지에 대한 상관관계가 있는데 이를 강화 계획 schedule of reinforcement 이라고 한다.

<u>강화 계획</u>은 선수에게 강화 제시 빈도와 시간을 의미한다. 또 다른 말로, 강화가 언제 제시되고, 얼마나 자주 제시되는지가 강화되는 행동에 영향을 주는 것이다. 예를 들면, 소거의 개념을 기억해보자. 강화가 제거되면, 행동은 점차적으로 발산되는 것을 멈춘다. 반

면에, Skinner는 아무리 작은 보상이라도 행동의 반복으로 이어지고 그 행동의 유지로 이어진다고 설명했다. 그러나 과도한 보상(만족)은 행동을 멈추게 할 수 있다. 특히 보상이 사라졌을 때 말이다.

강화 계획은 행동이 유발되는 빈도와 지속시간에 영향을 주기 때문에 중요하다. 다음 부분에서 우리는 여러 종류의 강화 계획에 대해 알아보고, 이러한 강화 계획이 행동에 미치는 효과에 대해서 논의했다.

<u>연속적 강화</u> Continuous reinforcement 는 각 반응이 강화물에 의해서 결과가 나타나는 강화 계획을 의미한다. 즉, 학습자가 어떤 행동을 할 때마다 그 행동에 대해 보상을 주는 것이다. 많은 연구들에 의하면 학습 초기에는 연속적 강화가 가장 효과적이다. 이러한 사실은 특히 어린 아이들의 학습효과를 높이기 위해서는 학습 후기보다 학습 초기에 잦은 빈도의 강화를 포함해야 한다는 것을 보여준다(Lee & Belfiore, 1997). 이는 코치가 새로운 기술을 선수들에게 처음 지도할 때를 생각해보면 쉽게 이해할 수 있다. 만약 선수들이 올바른 반응의 일부에서만 강화가 된다면 학습은 더 혼란스럽고 학습 진도가 느려진다.

연속적 강화는 더 빠르게 학습을 촉진시켜 주지만, 학습의 유지기간을 더 길어지게 도와주지는 않는다. 연속적 강화가 제거되면 소거의 속도는 그 행동이 간헐적 강화 intermittent reinforcement 를 제공 받았을 때보다 훨씬 빠르게 나타난다. 이는 선수가 강화물에 의존하게 된 것이고, 언젠가 강화물이 제거된다면 반응을 이끌어내는 동기가 사라지게 되고 선수는 그 반응을 하는 것을 멈출 것이다. 연속적 강화는 내적 동기보다 외적 동기를 유발한다.

<u>간헐적 강화</u>는 일부 바람직한 행동에 대해서만 강화시키는 강화 계획이다. 부분 강화 Partial reinforcement 라고도 하며, 간헐적 강화는 모든 바람직한 행동을 강화하지 않는다. 코치는 여러 종류의 간헐적 강화 계획을 사용할 수 있다. 간헐적 강화 계획의 종류에는 비율 강화 계획 ratio schedule, 간격 강화 계획 interval schedule, 고정 강화 계획 fixed schedule, 무선 강화 계획, 그리고 결합 강화 계획 combined schedule 이 있다(〈표 4.2〉).

표 4.2 강화 계획의 유형

강화 계획의 유형	강화
연속적 강화	정확한 반응은 모두 강화됨
간헐적 강화	일부 정확한 반응만 강화됨
비율 강화	정확한 반응 부분만 강화됨
간격 강화	일정시간 경과 후 강화됨
고정 강화	특정 시간 또는 일정 반응 수에만 강화됨
무선 강화	일정 반응 수 또는 예상하지 못한 시간에만 강화됨
가변 강화	고정된 간격과 정확한 반응이 요구되지 않을 때만 강화됨

결합된 간헐적 강화 유형	강화
고정-비율 강화	정확한 반응에 대한 고정된 비율에만 강화됨
고정-간격 강화	고정된 일정시간에만 강화됨
가변-비율 강화	다양한 정확한 반응 비율에서만 강화됨
가변-간격 강화	다양한 일정 시간에서만 강화됨

<u>비율 강화 계획</u>은 반응에 대한 특정 부분만을 강화시키기 위한 간헐적인 강화 계획이다. 예를 들면, 4번째 순서(비율)에 대한 바람직한 행동만을 강화시킨다.

<u>간격 강화 계획</u>은 시간에 따라 간헐적으로 강화를 하는 것이다. 예를 들면, 바람직한 행동은 5분마다 매번 강화된다.

<u>고정 강화 계획</u>은 일정 간격의 시간 interval schedule 이나 일정 횟수의 행동 후에 강화가 제공되는 간헐적 계획이다.

가변 강화 계획 Variable schedule 이라고도 알려진 <u>무선 강화 계획</u>은 예측 불가능한 시간이나 반응의 횟수 후 강화가 제공되는 간헐적 계획이다.

<u>결합 강화 계획</u>은 다양한 종류의 강화 계획이 포함된 계획이다. 예를 들어, 코치는 불특정한 횟수의 반응 후에 강화를 제공하는 무선 비율 강화 계획 random-ratio schedule of reinforcement 을 사용할 수 있다.

여기서 강화 계획에 대해 기억해야할 주요 요점은 학습 초기에 연속적 강화로 시작해 그 후에 특정 종류의 간헐적 강화 계획으로 바꾸는 것이 학습에 최선이라는 점이다.

▷ 강화로서의 외적 피드백

<u>외적 피드백</u> Extrinsic feedback; EF 은 코치의 평가, 과거 수행을 기록한 비디오 리플레이, 심판의 점수 등 외부 자원에서 학습자에게 제공되는 감각 정보로 정의될 수 있다. 이 장에서 외적 피드백은 보통 코치의 발언 comment 을 뜻한다. 외적 피드백은 움직임의 결과에 관한 정보이며, 부가적으로 내적 피드백 intrinsic feedback 은 신체 외부(외부수용기감각)나 신체 내부(고유감각정보)에서 나오는 감각 정보를 의미한다. 코치는 두 종류의 외적 피드백을 사용할 수 있다. 두 종류의 외적 피드백 중 하나는 결과지식 knowledge of results; KR 이며, 다른 하나는 수행 지식 knowledge of performance; KP 이다.

<u>결과지식</u> KR 은 개인의 의도된 목표와 관련된 행동에 대한 정보를 학습자들에게 전달하는 피드백으로 보통 구두나 언어로 정보를 제공한다. 예를 들면, 코치는 선수에게 이렇게 말할 수 있다. "너는 5번 아이언으로 샷을 할 수 있다." 모든 경우는 아니지만 많은 경우, 결과지식 KR 은 내적 정보와 일치하기 때문에 불필요하다. 5번 아이언으로 샷을 날리는 골

퍼는 짧게 칠 수 있을 것이다. 그리고 뒤로 2바퀴 반 공중회전 자세에서 수직으로 내려오면서 입수하지 못한 다이빙 선수는 자신의 잘못된 자세에 대해 내적 피드백을 통해 알 수 있다. "코치님 저는 제가 수직으로 내려오지 못했다는 것을 알았어요. 제가 입수하면서 물이 내 다리 뒤를 치는 것을 느낄 수 있었어요."

그렇지만, 일부 결과지식 KR 의 종류는 학습에 있어서 필요하다. 예를 들어, 체조 선수는 선수들의 루틴의 종료까지 기다려야 점수를 받고 심판들이 어떻게 자신들의 연기를 평가했는지 정확히 알 수 있다. 이 경우, 결과지식 KR 은 체조 선수가 내적 피드백만으로 결정할 수 없는 전반적인 실행과 루틴의 가치에 대한 평가이다.

결과지식 KR 이 중요한 또 다른 경우는 선수가 부정확한 동작을 수행하는 것을 스스로 느끼거나 감소된 힘이나 감소된 내적 피드백을 느낄 때 결과지식 KR 을 사용할 수 있다. 예를 들어, 백스윙에서 반복적으로 골프 클럽을 충분히 뒤로 가져오지 않는 골퍼는 자신의 부정확한 움직임을 느끼지 못하는 것일 수 있다. "음, 코치님, 저는 충분히 클럽을 뒤로 가져온 것 같은데요?"

<u>수행 지식</u> KP 은 개인에게 움직임의 질에 대한 정보를 주는 피드백이다. 수행 지식 KP 은 때로는 **운동학적 피드백** kinematic feedback 이라고도 불리는데 움직임의 이동, 속도, 가속, 그리고 다른 측면에 대한 피드백을 제공하기 때문이다. 예를 들어, 스윙을 연습하는 소프트볼 선수를 생각해보자. 그 선수의 코치는 다음과 같이 선수에게 이야기하면서 수행 지식 KP 을 제공할 수 있다. "너의 배트 속도는 약간 느려, 10% 정도 속도를 올리고 지면에서 너의 스윙 높이를 유지해라." 이런 코멘트는 움직임의 운동학(이 경우 속도와 움직임 패턴)에 대한 정보를 포함하기 때문에 수행 지식 KP 의 예가 된다. 수행 지식 KP 은 학습자들에게 움직임의 질을 알려주는 반면에, 결과지식 KR 은 목표 도달의 수준을 알려준다. 그래서 코치는 언제 그리고 어떻게 조작적 조건화 패러다임에서 외적 피드백을 사용해야 할까? 다음 부분에서 이러한 내용에 대해 설명했다.

▷ 코칭 상황에서 선수들에게 조작적 조건화를 사용하여 외적 피드백을 적용하는 방법

움직임을 강화시키기 위해 외적 피드백을 사용한다. 강화는 개인의 행동을 반복할 가능성을 높여준다. 따라서 코치가 본 행동이 올바르고 마음에 들면, 그 행동에 대해 긍정적인 외적 피드백을 사용해 강화시키는 것이 좋다. 골퍼에게 백스윙 상태에서 클럽을 더 뒤로 움직이는 것이 중요하다고 강조하는 골프 코치를 생각해 보자. 코치가 원하는 동작을 보인 골퍼에게 즉시 그 동작에 대해 칭찬하고 긍정적인 피드백으로 행동을 강화한다. "잘했어, Jenny! 그렇게 클럽을 더 뒤로 가져오는 거야! 계속해!" 비효율적인 코치는 이러한 상황에서 올바른 행동을 강화할 기회를 놓치고 스윙의 다른 부족한 부분에 신경을 쓸 것이다.

어린 아이들을 대상으로 한 연구 결과에 의하면, 학습 초기 단계에는 연속적 강화가 운동 학습과 수행 향상에 매우 효과적이다(Lee & Belfiore, 1997). 칭찬과 결과지식 KR 형태의 연속적 강화는 실수가 없는 학습 error-free learning 을 촉진하고 동기를 지속시킨다. 결과지식 KR 이 각 시행마다 제공될 때(즉, 100% 상대적 빈도), 결과지식 KR 은 동작을 동기화시키고 활성화시키기 때문에 그리고 안내자 guidance 로서 일시적인 요인으로 작용하기 때문에 수행에 도움을 준다(Schmidt & Lee, 2011). 그러나 운동 학습의 학습 초기 단계 후, 선수가 더 능숙해질수록 결과지식 KR 의 상대적 빈도를 낮추는 것이 좋다. 그렇지 않으면, 선수들은 결과지식 정보에 의지하게 되고, 결국 선수들이 영구적으로 과제를 학습하지 못하게 된다. 다른 말로, 선수들은 결과지식 KR 을 목발로 사용하게 된다(Schmidt & Lee, 2011).

동기부여를 위해서 외적 피드백을 사용한다. <u>동기화 피드백</u> Motivating feedback 은 한 개인의 행동을 이끌고 열정을 제공하기 위해 목표 달성의 진도에 대한 피드백으로 정의되어 있다. 동기부여 피드백은 선수의 노력을 변화시킬 수 있기 때문에 바로 제공하는 것이 중요하다. 이런 종류의 피드백이 없으면, 선수는 낙담하고 비효율적으로 훈련에 참여하게 될 것이다. 그러나 코치가 뚜렷한 향상을 언급하지 않았다고 절망할 필요는 없다. 코치는 언제나 다음 훈련 전에 선수들에게 선수들의 향상에 대해 얘기할 수 있다. 예를 들어, 코치는 실력이 향상된 수영 선수의 평형 기술에 대해 칭찬하는 것을 잊을 수 있지만 그 다음 날 훈련을 시작할 때 그 선수에게 이렇게 이야기할 수 있다. "David, 내가 지난 번 너의 새롭고 향상된 평형 기술에 대해 칭찬할 기회가 없었어. 진짜 많이 나아졌어. 우리가 원하는 것에 거의 다 도달했어!"

가끔, 훈련을 열심히 하는 선수가 향상된 결과를 얻지 못하기도 한다. 예를 들어, 스트로크 자세를 바꾼 수영 선수는 바뀐 스트로크 자세가 자연스럽고 자동적으로 수행될 때까지 처음에는 수영을 느리게 한다. 따라서 결과가 다르게 보일지라도 코치는 선수에게 선수들이 점점 목표에 가까워지고 있다고 상기시켜주는 것이 중요하다. 어떤 의미로, 동기부여 피드백을 사용하는 것은 얼음 불게임 game of hot and cold 을 하는 것과 같다. 선수가 자신의 수행 목표에 가까워질수록 코치의 외적 피드백은 선수에게 따뜻해지고 있다는 것을 알려준다. 바꿔 말하면, 선수들은 자신들의 목표에 가까워지는 것이다.

일부 연구결과에 따르면 훈련 중 동기부여 피드백을 제공 받은 선수들은 훈련을 더 즐기고, 더 노력을 하고, 훈련을 더 오래한다는 것을 보여주었다(Duda & Treasure, 2006; Schmidt & Wrisberg, 2008). 열정적인 선수의 예에서 확인되었듯이, 연습과 결합된 즐거운 경험은 선수들에게 긍정적인 생리적 반응을 이끈다. 결과적으로, 코치들은(특히 청소년과 함께하는 코치들은) 훈련 중에 동기부여가 되는 피드백을 제공해야 한다.

정보적인 외적 피드백을 사용한다. <u>정보적 피드백</u> Informational feedback 은 수행자에게 서술적이나 지시적인 오류 수정 안내를 제공하는 피드백이라고 정의된다. 코치는 어느 때에나 많은 양의 정보를 선수들에게 제공할 수 있다. 하지만 최고의 코치는 빠르고 신속하게 제일 적절한 정보를 골라내 간결하면서도 자세한 내용으로 제공해 선수가 오류를 수정할 수 있게 한다. 특히 엘리트 선수들은 정보적 피드백에 상대적으로 크게 동기부여가 된다. 선수들은 자신들의 수행에 무슨 문제가 있는지, 그리고 어떻게 개선을 할 수 있는지 알고 싶어 한다.

선수들이 원할 때 외적 피드백을 제공한다. Janelle 등(1997)의 연구에서, 실험 참가자들에게 비우세 손으로(오른손잡이는 왼손으로, 왼손잡이는 오른손으로) 테니스공을 던지는 과제를 학습시켰다. 한 집단은 피드백을 제공받지 않았고, 다른 한 집단은 테니스공을 다섯 번 던질 때마다 피드백을 제공 받았고, 마지막 한 집단은 학습자들이 요청을 할 때만 피드백을 제공했다. 연구 결과, 피드백을 제공받은 두 집단이 제공받지 않은 집단보다 더 정확하고 좋은 수행을 보였다. 특히, 학습자들이 요청을 했을 때만 피드백을 제공받은 집단은 다섯 번 던질 때마다 피드백을 제공받은 집단보다 수행이 더 좋았다. 이러한 결과는 피드백을 제공하는 최적의 시간은 학습자가 피드백을 요청할 때라는 것을 의미한다. 물론 코치가 필요하다고 생각할 때 외적 피드백을 선수에게 제공할 것이다. 그러나 코치는 피드백을 자주 제공하는 것보다는 가끔씩 제공하는 것이 더 효율적일 수 있다.

요약 피드백을 사용한다. 선수에게 요약 피드백 summary feedback 을 제공하기 전에 여러 번의 운동 수행을 시도하게 하는 것은 항상 100%의 즉각적 피드백 immediate feedback 을 제공하는 것보다 좋다. Lavery(1962)는 요약 피드백의 장점을 보여주는 실험을 수행했다. Lavery는 매 훈련 시도마다 피드백을 주는 것보다 요약 피드백을 훈련 중에 제공하는 것이 저조한 수행을 초래하지만 학습 후기에는 외적 피드백을 제공하지 않을 때 더 좋은 수행을 보이는 것을 확인했다.

왜 더 적은 피드백이 향상된 학습과 학습 후의 더욱 향상된 수행을 유발하는 것일까? 한 가지 가능한 설명은 지도(피드백)를 자주 받지 않는 학습자들은 외적 피드백에 덜 의존하며, 이들은 내적 피드백과 정보처리 과정 활성에 더욱 의존한다는 것이다. 이것이 바로 코치가 자신의 선수에게서 보기 원하는 것이다. 즉, 코치는 선수 스스로 생각하고 자신의 학습에 대해 스스로 책임지는 선수를 보길 원한다. 만약 코치가 모든 생각을 해버린다면 선수는 어떻게 사고해야 하는지를 학습하기 어려울 것이다. 일정 피드백 constant feedback 조건 하에서 선수는 선수들의 코치가 자신들 대신 생각해주는 것에 의지하게 될 것이다.

Lavery의 연구에서 피드백을 제거한 후, 훈련 중 즉각적인 피드백과 요약 피드백을 둘 다 제공받은 집단이 즉각적인 피드백만을 제공받는 집단만큼 수행이 나쁘게 나타났다. 아마도 이 집단은 요약 피드백을 무시하고 단순히 의존성을 만드는 즉각적인 피드백에만 의존했기 때문에 나쁜 수행을 보인 것으로 생각된다. Lavery의 연구 결과는 선수들이 자신들의 인지 능력을 모두 사용하고 선수들의 학습과 수행의 소유권을 가져가기 보다는 기회가 된다면 인지적으로 쉽게 의존하는 방법을 선택한다는 것을 시사한다. 코치는 이런 선수들의 경향에 대해 알고 있어야 하며, 선수들이 자동적이고 책임을 질 수 있게 도와줘야한다. 피드백을 주기 전에 선수들에게 몇 번의 시도를 수행하게 한다.

가능하면 외적 피드백을 지연시킨다. 수행 후 학습자에게 즉각적으로 제공되는 피드백은 순간적 피드백 instantaneous feedback 이다(즉각적 피드백이라고도 함). 반대로, 학습자에게 수행 몇 초 후 또는 다음 수행에 제공되는 피드백은 지연 피드백 delayed feedback 이라고 한다. 한 연구 결과에 따르면, 외적 피드백이 수행 후 바로 제공됐을 때가 몇 초 후 제공되었을 때보다 학습을 감소시킨다는 것을 보여주었다(Swinnen, 1990). 바꿔 말하면, 외적 피드백은 수행 후 지연해서 제공하는 것이 더 효과적이라는 것을 의미한다. 그 지연이 단지 몇 초라도 말이다.

▷ 강화로서의 내적 피드백

내적 피드백 Intrinsic feedback; IF 은 매우 강력한 강화이다. 내적 피드백은 선수가 신체 외부(즉 시각, 청각)와 내부에서 느끼는(어떻게 느끼는지) 감각 정보로 정의된다. 외적 피드백과 마찬가지로 내적 피드백도 매우 유익한 강화물이다. 운동 수행에서 내적 피드백의 역할을 잘 이해하려면, Adams가 설명한 운동 학습의 폐쇄회로 이론 closed-loop theory 을 고려하는 것은 유용하다.

▶ Adam이 제시한 운동 학습의 폐쇄회로 이론

폐쇄회로 시스템 closed-loop system 은 근본적으로 피드백이 시스템의 외부가 아닌 시스템 내에서 나오는 것을 의미한다. Adam(1971)의 이론에 따르면, 움직임은 실제 사지가 움직이는 동안 발생하는 피드백과 연습을 통해 학습된 내적인(시스템 내에서) 지각 흔적 perceptual trace 을 비교함으로서 발현된다. 즉, 인간의 행동은 과거 뇌에 저장된 운동 기억과 현재 수행중인 동작에 대한 차이를 피드백을 통해 비교해서 생성한다. 인간이 움직임을 포지셔닝 positioning 할 때, 내적 피드백 자극 intrinsic feedback stimuli 은 특정 공간에서 신체 사지를 어느 곳에 위치해야 하는지를 알려주는 역할을 한다. 연습을 통해 이런 내적 피드백 자극은 중추 신경계와 기억 속에 지각 흔적으로 남게 된다.

지각 흔적은 올바른 움직임에 관련된 피드백의 질 quality 을 포함하는 정확성 준거 reference of correctness 로 작용한다. 정확한 포지셔닝 반응을 위해서는 실제 피드백(근육, 움직임과 환경적 감각)이 정확성 준거와의 비교를 통해서 특정 공간에 적합한 위치에 사지를 위치시키는 것을 학습해야 한다. 신체가 받아들인 피드백과 정확성 준거 사이의 차이를 최소화하는 과정은 폐쇄회로 과정을 통해 사지가 올바른 위치로 정확하게 움직일 수 있도록 해주는 것이다.

내적 피드백은 때로는 좋고 때로는 나쁜 매우 강력한 강화의 원천일 수 있다. 예를 들면, 재능 있고 자신감이 넘치는 선수들을 생각해보자. 이 선수들은 전적으로 자기 자신과 자신들의 내적 피드백을 신뢰한다. 이러한 신뢰는 선수들이 완벽하지 않은 지각 흔적을 뇌 속에 저장 및 수립되어 있지 않다면 문제가 없다. 이러한 상황에서 코치는 선수들에게 수행 중인 동작이 잘못되었다고 이야기 하고 있지만, 선수들은 자신들이 느껴지는 신체의 감각 피드백이 정확하다고 생각하고 있다. 선수들은 자신들의 내적 피드백에 의해서 부정확한 동작이 강화되었기 때문에 계속해서 잘못된 동작을 보이게 된다. 이러한 예는 코치들에게 왜 모든 수준의 선수들이 계속해서 같은 실수를 반복하는지에 대해 일부 이해하도록 도울 것이다.

나는 실제로 수영 스트로크 동작 시 팔 각도가 정확하지 않음에도 불구하고, 자신들의 팔각도가 낮지 않고 올바른 위치에서 스트로크 동작을 정확하게 수행하고 있다고 느끼는 선수들을 지도했었다. 나는 이 선수들에게 정확한 스트로크 동작을 알려주기 위해서, 팔의 세부 동작 각도와 높이, 상체 움직임과 유연성 부족과 같은 운동 역학적 이유를 설명해주었다. 그러나 이러한 나의 설명과 지도를 통해서 동작을 수행하게 했을 때, 정확한 팔 동작이 나왔음에도 불구하고 오히려 선수들은 팔의 각도가 너무 높은 것 같다고 나에게 불만을 표현했었다. 또 하나 재미있는 사실은 이 선수들이 자신들의 팔 동작에 대한 비디오 촬영 기록을 보면서도 자신들의 팔의 각도가 잘못된 위치에 있다는 장면을 보고도 나에게 "카메라 각도가 잘못된 것 같아요."라고 이야기 했다. 이 예에서 알 수 있듯이, 선수들에게 내적 피드백은 확실히 강력한 강화물이며 중요하다.

▶ 선수의 관점

그래서 이 모든 것은 선수에게 무슨 의미가 있을까? 내적 피드백을 강화의 원천으로 본다면, 몇 개의 구체적인 제안이 학습 과정에 유용하게 사용될 수 있다.

선수는 자신들의 느낌을 언제나 믿어서는 안 된다. 만약 선수가 자신들의 모든 행동을 정확하게 느낄 수 있다면, 선수들에게는 코치가 필요 없을 것이다. 그리고 최근 많은 선수들이 신뢰하고 의존하고 있는 리플레이 시스템 replay system 이나 선수들의 동작이나 경기에 대한 카메라 촬영이 필요하지 않을 것이다. 선수들의 내적 피드백은 대부분 정확하지만 언제나 그런 것은 아니다. 이는 왜 선수들이 때로는 일부 동작을 잘못 수행하는지를 설명해준다.

선수들은 재학습의 의지가 있어야 한다. 다른 말로, 선수들은 자신들의 동작을 교정하거나 수정하는 것을 두려워해서는 안 된다. 단지 선수들이 오랜 시간동안 한 방식으로 동작을 학습해왔다는 것은 그것이 올바르다는 것을 의미하지는 않는다. 그리고 단지 선수들이 편안하다고 느껴졌다고 계속 지속되어야 한다는 것을 절대로 의미하지 않는다. 여기서 소개된

Adam의 이론에 대한 이해가 선수들에게 동기를 부여하고, 편안한 영역 comfort zone 에서 벗어나 동작 변화를 할 수 있게 도와준다. 선수들은 내적 피드백 강화를 통해 학습된 잘못된 내적 정보를 수정해야 한다. 새로운 내적 피드백이 부정확하게 느껴지고 강화적이지 않다고 느껴지더라도 이전에 습득된 잘못된 내적 피드백을 바꿔야한다.

선수는 처음부터 제대로 배워야 한다. 코치의 지도하에서 선수가 오랜 시간과 연습을 통해 동작과 기술을 처음부터 올바르게 배웠다면, 재학습은 불필요하다. 인내는 미덕이다. 시간을 들여 기본기를 학습해야 한다. 처음에 제대로 배우는 것이 나쁜 버릇을 고치고 새로운 습관을 만드는 힘들고 시간을 많이 소비하는 과정보다 훨씬 쉽고 시간을 절약할 것이다.

▶ 코치의 관점

조작적 조건화의 관점에서 보았을 때, 코치에게 교육 과정을 지도하고 있는 Adam의 이론은 무슨 의미를 함축하고 있을까?

초기 학습에서 가능하면 오류를 없애준다. Adams에 의하면 지각 흔적은 운동 학습에서 제일 중요한 부분이며, 반응의 정확성은 흔적의 질(과거의 수행 경험과 숙련도)에 의존한다고 했다. 따라서 훈련의 구조는 움직임 형성과 점차적으로 모든 지각 흔적의 질에 영향을 주기 때문에 중요하다. Adams는 결과지식 KR 형태의 피드백이 단순히 긍정적 강화가 아니라고 믿었다. 결과지식 KR 은 선수가 운동 문제를 해결하는데 사용하는 오류에 대한 정보를 제공한다. 일부 운동 학습 이론과 반대로, Adams는 훈련 과정 중에 생긴 오류는 지각 흔적을 저하시키기 때문에 학습에 해롭다고 믿었다. 결과적으로, Adams는 학습의 초기 단계에 오류를 가능하면 무조건 피하고 결과지식 KR 은 효과가 확실히 확립될 때까지 유지해야 한다고 믿었다.

훈련 전 올바른 정확성 준거를 수립한다. 코치는 훈련 전 올바른 정확성 준거를 수립함으로써 오류가 없는 학습을 도모할 수 있다. <u>훈련 전 올바른 준거</u> prepractice reference 는 실제 움직임을 수행하기 전 몸에 배는(학습되는) 지각 흔적이다. 코치는 훈련 전 올바른 준거를 선수에게 구두로 설명하고, 즉시 재생, 비디오테이프나 DVD 등의 지연 재생 형태의 세부적 내적 피드백을 제공함으로 수립할 수 있다. 일부 연구들에 의하면 리플레이 피드백 화면 시스템 replay feedback display systems 은 코치가 선수에게 핵심적인 내용을 살펴보라고 지도하거나 지시할 때 가장 효율적이라고 했다(Rothstein & Arnold, 1976; Kernodle & Carlton, 1992).

이제 코치는 조작적 조건화의 대표적인 예와 선수의 행동에 영향을 주는 여러 종류의 자극을 이해했기 때문에, 코치 스스로에게 질문을 해야 한다. "내가 어떤 다른 행동에 영향을 주어야 할까?" 지도자로서 코치는 선수의 행동에 영향을 주는 강력한 원천이다. 그러나 코치는 어떤 행동에 영향을 미칠지를 어떻게 선택할까? 다음 부분은 코치가 고려해야 할 선수의 4가지 행동유형에 대해 알아볼 것이다.

▷ 조건화의 가치 있는 선수의 4가지 행동유형

이 장은 행동의 서로 다른 유형과 어떻게 조작적 조건화의 원리를 사용해 이런 행동유형에 영향을 미치는지에 대해서 알아볼 것이다. 코치의 관심은 선수들의 움직임 행동에만 제한하지 않는 것이 중요하다. 코치가 선수를 관찰할 때, 선수들이 발산하는 모든 종류의 행동을 관할해야 한다. 코치는 전체적인 그림을 보고 자신의 선수들을 전인적인 사람으로서 발달할 수 있도록 해야 한다. 그러므로 코치는 적어도 행동의 4가지 유형을 고려해야한다. 이러한 4가지 행동 유형에는 사회 행동 social behavior, 학습 행동 learning behavior, 운동 행동 motor behavior, 그리고 내가 챔피언 행동 champion behavior 이라고 부르는 행동들이다.

▶ 사회 행동

사회 행동이란 선수와 팀원, 코칭스태프, 경쟁 상대, 트레이너, 그리고 스포츠와 프로그램에 관련 있는 다른 사람들 사이의 상호 작용을 의미한다. 왜 사회 행동이 중요할까?

스포츠의 경험은 적절한 사회 행동을 발전시키는 것을 포함하고 선수가 인간으로서의 개인적으로 성장하고 성숙할 수 있도록 하는 내용이 포함되어야 한다. 선수의 성장과 성숙을 격려하는 방법 중 하나는 선수들이 팀원에게 힘이 되고 믿음을 줄 수 있도록 가르치는 것이다. 만약 선수가 믿음이 가고 힘이 되는 팀원을 원한다면, 선수들도 팀원에게 믿음이 가고 힘이 되는 선수가 되어야한다. 선수들이 친구를 원한다면, 선수들도 친구가 되어야함을 상기시켜 줘야 한다.

좋은 사회 행동을 격려하는 또 다른 방법은 선수가 팀원, 코치, 트레이너, 그리고 프로그램에 관련된 다른 사람에게 존중을 보였을 때 강화하는 것이다. 코치는 자신의 선수가 좋은 학생, 좋은 시민, 좋은 팀원, 좋은 모범, 그리고 좋은 선수가 되기를 원한다. 내가 처음 인디애나대학교에서 코치를 시작했을 때, 나는 팀과 선수를 챔피언으로 만들어야 한다는 압박감이 있었다. 국제수영연맹 명예의 전당에 입성한 전설적인 코치 Hobie Billingsley처럼 되는 것은 쉽지 않았다. 첫 몇 년 간, 나는 코치로서 부끄러운 실수도 했다. 그 중 하나는 한 선수가 팀 앞에서 그의 엄마에 대해 경멸적인 발언을 하는 것을 허용했다는 것이다. 나는 시간을 거슬러 올라가 그 당시 내가 그 선수의 행동에 대해 다르게 대처 했었다면 어땠을까 하고 생각한다. 그때 당시 나는 그 선수를 그 자리에서 불러 자신을 뒷바라지하기 위해 모든 힘을 쓴 엄마에게 부정적으로 얘기하는 것에 대해 질책하는 대신 아무 말도 하지 않았다. 그러한 나의 행동은 오늘까지도 나를 괴롭히고 있다. 인간적으로 자신의 엄마에게 존중을 보여주지 못하는 선수를 아무리 좋게 키워봤자 무슨 소용일까? 그리고 그날 나는 다른 선수들에게 어떤 교훈을 남겼을까?

수 년 후, 내 선수 중 한 명이 자신의 아버지에 대해 경멸스럽게 이야기 했다. 나는 바로 말했다. "Randy, 난 네가 아버지에 대해 그렇게 이야길 하는 걸 다시는 듣고 싶지 않아. 너의 아버지는 너를 지원해주기 위해 많은 일을 했고, 너의 아버지는 너의 존중과 감사를 받아야 마땅해. 오후 훈련이 끝난 후 나를 만나러 감독실로 찾아오렴." 우리는 다시 만나서 존중과 부모님, 팀원, 그리고 그의 생활 중 중요한 사람을 얕보지 않는 것의 중요성에 관한 이야기를 심도 있게 나눴다. 그 후, Randy는 다른 선수들에게 좋은 모범이 되었으며, 멋있는 팀 리더가 되었다.

좋은 사회 행동이 중요한 또 다른 이유는 팀워크와 훈련 환경을 향상시키기 때문이다. 모든 좋은 프로그램은 개인 스포츠이건 단체 스포츠이건 상관없이 좋은 훈련 분위기 속에서 연습하고 훈련한 선수들이 좋은 팀워크를 가지고 있다. 이러한 훈련 분위기는 좋은 사회 행동이다. 사회 행동은 좋은 모범이 되는 것, 나보다 다른 선수가 중심인 것, 타인에게 세심하게 대하는 것을 포함한다. 베이징 올림픽 게임에서, 우리 팀은 4주간 함께 했다. 우리 팀이 보인 좋은 사회 행동은 팀 구성원들이 서로 단결하고 하나로 뭉쳤다는 점이다.

이러한 사회 행동은 어떻게 일어났을까? 어떻게 선수로 하여금 좋은 사회 행동을 보여주고, 팀 협동심을 생성하고, 긍정적인 훈련 환경을 유지할 수 있을까? 이는 우연히 일어나지 않는다. 이는 코치의 의식적인 노력과 약간의 조작적 조건화가 필요하다.

사람들은 자주 나의 팀이 근면하고 재미를 추구하는 화목하고 서로를 지지하는 선수들이 모인 팀이라고 평가했다. 이것은 우연이 아니다. 우리는 매 시즌에 팀 목표를 설정하면서 시작한다. 이 목표는 당연히 팀 챔피언십 우승 같은 결과 목표도 포함된다. 그러나 그 목표에는 우리가 서로를 어떻게 대하고 훈련과 경쟁 외적 그리고 내적으로 어떻게 서로를 지지하는지도 포함했다. 우리 팀의 각 선수들은 자신들이 적절한 사회 행동에 기여했을 때는 팀 분위기를 긍정적으로 만들지만, 옳지 못한 사회 행동을 야기했을 때는 팀 분위기를 망칠 수 있다는 것을 기억하고 있다. 팀 회의 중에, 코치는 선수가 따르기 원하는 기본 예절에 대해 얘기할 수 있다. 코치는 팀 규칙에 구체적인 예제를 제시할 수 있고 특정 행동에 대해 설명할 수 있다. 더 중요한 것은, 코치는 선수를 관찰해야 하고, 그 다음 적절한 사회 행동을 강화하고 부적절한 사회 행동에 대해서는 벌해야한다.

시나리오 6을 살펴보자. 이것은 내가 한 시즌에 한 신입생과 겪은 시나리오이다. 고등학교 시절 이 선수는 자신의 팀에서 스타 선수였다. 나는 몰랐는데, 이 선수는 대학 팀의 여성선수를 비하하는 습관이 있었다. 일부 여자 선수들이 나에게 이러한 문제에 대해 상의를 했고, 나는 이 선수를 개인적으로 만나서 여자 선수 비하 문제에 대해 질책했다. 나는 벌로 그를 훈련에서 제외시켰다. 이 선수는 두 여자 선수에게 사과를 하기 전까지 돌아올 수 없었다. 이 선수는 이틀 후에 돌아와서 두 여자 선수에게 사과를 했다고 했다. 이 선수를 훈련에 들어오는 것을 허락하기 전에 나는 두 여자 선수와 얘기를 했다. 그런데 그는 오직 한 여자 선수한테만 사과를 했다. 이 선수의 비정직함으로 인해, 나는 이 선수에게 또 다른 훈련을 금지시켰고 반드시 남은 여자 선수에게 사과하라고 했다. 2주후, 나는 이 선수가 여자 선수 중 한 명과 친근히 얘기하는 모습을 보았고, 이러한 모습을 보고 그 선수를 칭찬했다.

6 시나리오

대학 신입생 남자 선수가 코치가 모르는 사이에 일부 여자 선수에게 불경스럽게 행동을 한다. 결국 여자 선수들은 코치에게 이 선수의 부적절한 행동에 대해 얘기를 한다.

이 시나리오에서, 이 선수와 따로 개인적으로 이야기를 하는 것은 다음과 같은 이유로 중요하다. 우선, 이 선수를 공개적으로 망신을 주지 않음으로서 그 선수를 존중해줘야 한다. 그 결과, 우리의 만남에서 이 선수는 덜 방어적이었고 나의 비판과 개선 방향을 받아들이는데 더 개방적이었다. 남몰래 만나는 것은 동시에 공개적으로 팀 앞에서 지목이 되기를 피하고 싶어 하는 여성들의 권리를 존중한다. 마지막으로, 개인적인 만남은 이성과 논리로 왜 이 선수의 행동이 부적합하고 즉시 멈춰야하는지 문제가 되는 선수에게 설명하는 기회이다.

이 이야기의 교훈은 코치가 자신의 선수를 관찰하고, 올바른 사회 행동을 강화하고 부절적한 행동을 꾸짖어야하는 것이 필요하다는 것이다. 이 선수는 우리 팀의 목표와 행동 강령을 알고 있었지만, 이 선수는 옳지 못하게 행동했고, 나는 이 선수의 부적절한 행동을 억제하고 올바른 행동을 낙인 시키기 위해 행동을 취해야했다. 이 상황은 아마 일부 코치에게는 사소하게 보일 수 있지만, 내가 손을 쓰지 않았더라면 더 큰 문제로 악화가 되고 팀에 불화를 일으켰을 것이다.

많은 코치들이 팀의 개념 team concept 이 개인 스포츠에서도 중요하다는 사실을 간과한다. 팀워크 발달을 위해 좋은 사회 행동을 가르치는 것은 긍정적인 훈련 환경으로 이어지고, 궁극적으로 개인의 수행 향상으로 이어진다. 다른 말로, 선수들이 남을 도울 때, 궁극적으로 선수들 스스로가 자신을 돕고 있는 것이다.

▶ 학습 행동

코치는 반응 조건화의 원리를 적용해 성공적인 학습으로 이어지는 행동을 격려할 수 있다. 일부 이런 행동들은 아래에서 설명하고자 한다.

코치와 긴밀히 협력한다. 이 뜻은 주의를 기울이고, 지시를 기억하고, 지시를 따르는 것이다. 기본적으로 이런 행동은 높은 수준의 학습을 이끈다. 시나리오 4에서 선수가 코치의 말을 잊어버리는 것을 기억해보자. 선수가 애초에 목표가 무엇이었는지 조차 기억하지 못한다면, 원하는 목표에 도달하는 것은 거의 불가능할 것이다. 아래 대화는 아마 그 어떤 코치에게도 최악의 시나리오일 것이다.

코치: "내가 너한테 무엇을 하라고 했지?"

선수: "기억이 안나요."

운동을 집으로 가져간다. 성공적인 선수는 자신의 운동을 집으로 같이 가져간다. 이 말의 뜻은 연습에서뿐만 아니라 선수들은 집에서도 그날 훈련에 대해 생각을 한다. 선수들은 다음 날 훈련의 목표를 정한다. 선수들은 훈련 비디오나 자신과 같은 종목의 운동을 하는 위대한 선수들의 비디오를 본다. 선수들은 자신의 장점을 이해하려고 시도하고 약점을 없애기 위한 계획을 만든다. 만약 선수가 이런 행동을 하는 것을 본다면, 이 부분을 더욱 강화해야 한다.

배울 준비가 된 상태로 연습에 참여한다. 준비가 된 상태란 시간에 맞춰 도착하고, 충분한 휴식을 취하고, 수업과 과제를 따라가고, 올바르게 먹고, 구체적인 훈련 목표가 있고, 학습 태도를 수립하는 것을 뜻한다. 코치는 학습에 대한 준비성을 선수에게 제시간에 도착, 몸 관리, 학업에 뒤처지지 않고, 스트레스 극복, 훈련 목표 설정, 학습에 대한 좋은 사고방식의 형성의 중요함에 대해 설명함으로서 가능하게 할 수 있다. 선수들이 학습할 준비가 더 잘 되어 있을수록 선수들이 더 생산적이고 목표에 더 빠르게 도달할 것이라는 것을 상기시켜주어야 한다.

감정 조절을 잘 제어한다. 학습은 어떤 선수에게도 좌절스러울 수 있다. 아무리 최고의 선수여도 좌절을 경험할 수 있다. 선수가 훈련을 하고 향상되면서 선수들은 결코 진정 도달할 수 없는 완벽에 가까워지려고 시도한다. 따라서 가끔 좌절, 낙심, 분노, 그리고 다수의 다른 감정이 선수 안에 쌓일 수 있다. 이런 일이 일어나면, 선수는 감정 조절을 잃게 된다. 감정은 선수와 학습 목표 사이의 벽으로 작용할 것이다. 따라서 감정적 평형 상태를 유지하는 것은 좋은 학습 행동이다. 이 평형 상태는 선수에게 중요한 만큼 코치에게도 중요하다.

앞서 언급된 모든 행동들은 반응 조건화 원리를 통해 영향을 받을 수 있다. 코치와 시선을 마주치는 것에 기피하는 선수의 행동은 조형 shaping 을 통해 바뀔 수 있다(반복적으로 시선을 마주할 수 있도록 코치가 선수에게 자극을 제공하는 것처럼). 코치가 요구하는 것을 잊는 선수는 코치가 요구한 것을 기억했을 때 강화할 수 있다. 훈련의 준비가 안된채 도착하는 선수는 코치에게 그 행동에 대해 질책이나 처벌을 받을 수 있다. 그리고 감정 조절을 잃은 선수는 감정 조절을 유지할 때 강화하고 감정 조절을 잃을 때 벌을(예 : 타임아웃) 받을 수 있다.

▶ 운동 행동

운동 행동(움직임)을 가르치는 것은 코치의 주요 책임 중 하나이다. 이 장의 목적은 이러한 운동 행동을 가르치는 게 아닌 조작적 조건화 이론에 기반을 두어 운동 행동을 가르치는 간단한 방법을 알려주는 것이다.

오래된 습관은 쉽게 사라지지 않는다는 것을 기억한다. 다른 말로, 선수가 한 번 운동 기술을 배우게 되면, 그것이 얼마나 잘못되었는지에 상관없이 평생 지속될 수 있다('세살 버릇 여든 간다'라는 속담처럼). 이는 어느 정도 선수가 강화된 내적 피드백을 받았기 때문이기도 하다. 이런 선수의 예는 매우 많다. 나쁜 슛 기술을 쓰는 농구 선수, 어색한 투구 움직임을 보이는 쿼터백, 나쁜 스트로크 동작을 사용하는 수영 선수, 잘못된 백스윙을 하는 골퍼, 상대방에게 공격당할 때, 유니폼을 헐렁하게 하는 레슬링 선수 등이 있다.

요점은 학습 초기에 가능하면 실수(오차)를 줄여야 한다는 것이다. 처음부터 올바르게 이해시키는 것이 중요하다. 그렇지 않으면 선수는 아마 미래에 잘못된 행동을 바꾸는 것에 매우 힘들어 하거나 아예 불가능할 것이다. 따라서 선수가 함께 하는 첫 코치가 제일 중요한 코치이다. 만약 자신이 선수의 첫 코치라면, 움직임이 정확해질 때까지 기술을 훈련시키고 연습시켜야 한다. 예를 들면, 시나리오 2의 골퍼가 부정확한 백스윙을 계속해서 유지하는 것을 이 선수가 대학에 갈 때까지 그렇게 훈련하게 두지 말아야 한다. 오래된 습관은 쉽게 사라지지 않는다.

선수가 잘할 때를 찾아내 올바른 행동을 강화한다. 여기서 내가 이야기 하는 올바른 행동은 규율적인 부분이 아니라 동작적인 부분을 의미한다. 코치는 선수들의 나쁜 점에 집중하는 경향이 있다. 나는 내가 그랬다는 것을 알고 있다. 나는 선수들이 잘하는 것에 머무를 필요가 없다고 합리화 했다고 생각한다. 선수들이 이미 잘하고 있다. 그럴 필요가 없을 것이다. - 안 그런가? 하지만 선수에게, 특히 어린 선수에게, 잘한 점을 지적해주는 것은 중요하다. - 예를 들면, 완벽한 오버핸드 스매쉬 overhead smash, 골프 스윙에 대한 팔로 스로워 follow-through, 강속구를 정확하게 송구하는 투수, 수영선수의 효과적인 플립 턴 flip turn 또는 농구선수의 픽 앤드롤 pick and roll 과 같은 기술에는 정확한 의사결정과 실행이 있다. 기억해야 한다, 강화는 행동이 재발생하는 확률을 높여준다. 따라서 코치는 선수들이 오버핸드 스매쉬, 팔로 스로워, 정확한 강속구, 플립 턴과 픽 앤드롤에 대한 기술을 정확하게 수행했다면, 그 행동을 강화시켜야 한다.

일차 강화물과 일반화된 강화물 모두를 사용한다. 코치가 사용할 수 있는 몇 종류의 일차 강화물은 칭찬, 박수, 등 토닥이기, 공개적 칭찬과 그리고 3장에서 배웠듯이 잘 한 선수에게 젤리를 주는 행동 등이 있다. 코치와 선수의 짧은 일대일 만남은 좋은 움직임의 강화에도 큰 도움이 된다. 예를 들어, 선수가 마침내 올바르게 수행을 하면 코치는 그 선수를 불러 그 친구가 방금 얼마나 놀라웠는지 말해주고 등을 두드려준다. 이 모든 과정은 최대 몇 분밖에 소요되지 않는다.

일반화된 강화물의 유형은 매주 최우수 선수 선발하기, 특별한 티셔츠 선물하기, 연습 때 음악 선택하여 듣게 해주기, 선수의 좋은 성적 포스팅 해주거나 뉴스에 나온 기사 포스팅 해주기, 풋볼 헬멧에 스티커 부착해주기 등을 포함한다. 어린 선수에게 이러한 유형의 강화는 동메달에서 은메달로 올라가거나 새로운 개인 신기록으로 금메달을 받는 것이다.

인간미의 힘을 과소평가하지 않는다. 인간미는 매우 강력한 강화물이 될 수 있다. 선수에게 코치가 선수들을 인간으로서 진정으로 대하고 관심을 가지고 있고, 선수들이 선수로서 배우고 수행하는 것을 보는 것에 들떠 있는 것을 소통하는 것은 많은 도움이 될 수 있다. 과학적인 코치는 조작적 조건화의 원리를 이해한다. 예술적인 코치는 행동에 따른 결과를 무엇을, 언제, 어떻게 제공할지 감지한다. 때때로는 한 번의 악수, 등 토닥임, 하이파이브, 포옹은 행동 강화에 크게 도움이 될 수 있다.

제일 강력한 강화는 성공이라는 것을 기억한다. 따라서 코치는 선수의 나이나 능력 수준이 어떤지에 상관없이 도전을 할 수 있고 최종적으로 개인 노력으로 성공에 도달할 수 있는 훈련 환경을 마련해야 한다. 어린 선수와 함께할 때는 선수들의 현재 발전 단계를 인식한다. 만약 코치가 전직 선수라면 자신에게 쉽게 보이는 기술이 사실 여러 하위 기술로 이루어진 복잡한 기술이기 때문에, 그 기술이 어린 선수가 습득하기에 어렵다는 사실을 잊기 쉽다.

▶ 챔피언 행동

지금까지 사회 행동, 학습 행동과 운동 행동에 대해 설명했다. 또 다른 주목할 만한 분류의 강화할만한 가치가 있는 행동은 <u>챔피언 행동</u> champion behavior 이다. 챔피언 행동은 많은 노력, 격렬함, 긍정적인 태도, 리더십, 끈기, 헌신, 회복력과 같은 특성을 포함한다. 이런 모든 특성들은 모든 선수들에게 선수들 자신이 최고의 잠재력까지 도달하는데 필요하다.

높은 수준의 운동 전문성에 도달하려면 지금까지 설명한 세 종류의 행동(사회, 학습과 운동 행동) 이상이 수반된다. 예를 들어, **성공의 고찰** Reflections on Success 에서(Gibbons et al., 2003), 미국 올림픽 챔피언들은 선수들의 성공에 공헌했다고 생각하는 여섯 개의 개인 특성을 나열했다. 이러한 개인 특성은 전념(헌신), 끈기, 재능, 경쟁심, 집중, 그리고 근면성이다. 강화가 천부적 재능에 영향을 줄 수는 없지만, 확실히 운동적인 성공뿐만 아니라 운동 생활 후의 삶에도 중요한 다른 다섯 개의 특성에 영향을 미칠 수 있다. 선수가 좌절 후 다시 일어설 때, 선수들이 지쳤는데도 열심히 훈련을 할 때, 선수들이 패배 후에도 낙관적이고 긍정적일 때, 선수들이 이러한 챔피언 행동들에 대한 사례를 팀에서 원할 때, 코치는 선수들을 강화해야 한다.

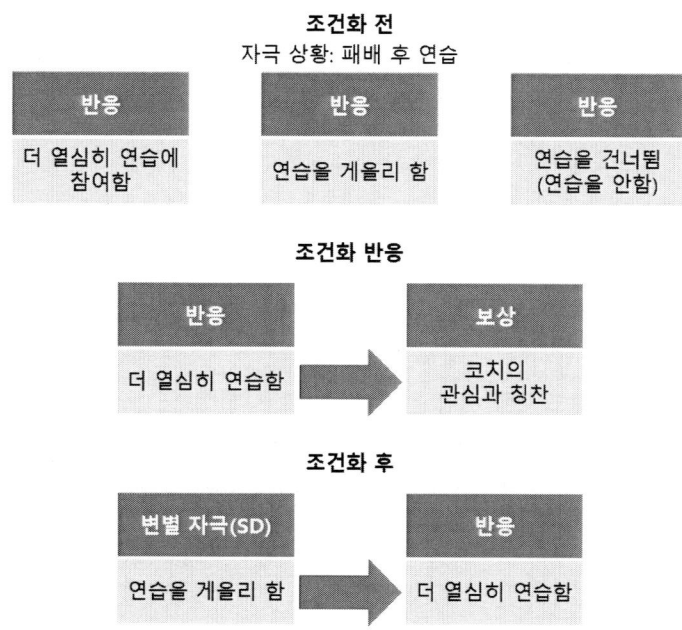

| 그림 4.3 | 패배 후 노력에 대한 조작적 조건화

마지막으로 패배 후의 노력이라는 행동에 대한 조작적 조건화 과정을 살펴보자(〈그림 4.3〉). 패배 후의 노력은 헌신, 끈기, 경쟁력, 근면이 챔피언 행동이라는 것을 보여준다.

많은 행동은 다시 일어나고 점차 습관화가 되기 위해서 강화할 가치가 있다. 아마 그 행동 중 제일 중요한건 바로 챔피언 행동일 것이다. 선수가 챔피언이 되기 전에, 선수들은 우선 챔피언처럼 행동하고 챔피언의 특징을 보여야한다(Huber, 2007). 따라서 코치는 선수들이 이런 특징을 보일 때마다 선수들을 보상한다. 스포츠는 삶과 마찬가지로, 승리만을 위한 것이 아니다. 올림픽 정신이 우리에게 상기하듯이, 그것은 승리 triumph 가 아니라 투쟁 struggle 이다.

▷ 코칭 상황에 조작적 조건화 이론을 적용하는 방법

선수를 이해하고 선수들이 무엇을 보람차게 느끼는지를 파악한다. 예를 들어, 어떤 선수에게 지속적인 칭찬은 약한 보상일 수 있다. 반대로, 자기 비판적인 선수에게는 그 선수의 운동 수행의 좋은 점에 대해 지속적으로 칭찬할 필요가 있다. 예를 들어, 인디애나대학교 다이빙 선수였던 Kirsten Kane는 크게 성공한 선수였지만, 자기 자신의 다이빙 기술에 매우 비판적인 완벽주의자였다. 이 선수는 미국 챔피언이었으며, 뛰어난 학생이었다. 그러나 극적인 자기 비판적 성격 때문에, 이 선수는 자기 자신이 얼마나 잘하고 있는지에 대해 자주 이야기를 해줘야 했다.

내가 지도한 선수 중 한 명은 한 때 새로운 다이빙 기술을 배우는 것을 매우 무서워했다. 그리고 나는 팀의 일부가 되는 것이 그 선수에게 최고의 강화라는 것을 확인했다. 그 선수는 새로운 다이빙 기술을 배우는 것을 극도로 무서워했지만, 팀에 계속 머물고 싶어 했던 마음은 그 선수에게 다이빙을 계속 배우도록 하는 동기가 되었다. 하지만 나는 그 선수의 다이빙 실력을 높여주고자 이 방법을 자주 사용했다. 나는 그 선수에게 이렇게 자주 이야기 했다. "너는 이 기술을 배우거나 아니면 팀을 나가야해!"라고 말하면 Alex는 항상 내가 요구한 것을 했다. Alex가 졸업 후, Alex의 조부모는 인디애나대학교에 Alex의 이름으로 장학금을 기부했다.

코치로서 결과를 선수들과 공유해야 한다. 코치는 자신의 의도와 정반대의 효과를 내는 일을 하고 있을 수 있다. 예를 들면, 일부 선수들은 자신이 지목되어 공개적으로 칭찬을 받는 경험을 보람차게 느낀다. 반대로, 일부 선수는 이런 경험을 부끄럽고 불편하게 느낀다. Alex에게, 팀의 일원으로 있는 것은 매우 보람찬 일이다. 그러나 또 다른 선수에게는 팀의 일원이라는 것이 그다지 보람 있지 않을 수 있다. 운동을 계속 하거나 아니면 팀에서 나가거나 둘 중에 선택을 할 수 있다면, 그 선수는 아마 팀에서 나가는 선택을 할 것이다. 이 선수에게는 그의 행동을 위한 대안을 주는 것이 좋다. 나는 일반적으로 운동을 하거나 또는 팀에서 추방시키는 등과 같은 최후 통첩식 결과에 반대한다. 개인 경험으로 보아 이것은 선수를 코너로 내몰고 선수들이 나중에 후회할 나쁜 결정을 하도록 유도한다. 예를 들어, 대단히 힘든 훈련과 체중 감량에 매우 지친 레슬링 선수는 아마 순간 발끈하여 코치의 지시를 따르기보다는 팀을 나가기로 결정할 수 있다.

외적 보상을 너무 자주 사용하거나 너무 크고 노골적인 보상을 주지 않는다. 강화의 과도한 사용은 차후의 동기에 악영향을 끼칠 수 있다(Leeper, 1981). 한 실험에서(Lepper & Greene, 1975), 두 집단의 아이들에게 퍼즐 문제를 풀라고 했다. 한 집단에게는 보상으로 장남감과 놀 수 있다고 얘기해줬고 다른 한 집단에게는 아무런 보상이 없는 것처럼 얘기했다. 그 뒤로, 자발적으로 퍼즐을 하고 있는지에 대해 두 집단을 몰래 관찰하였다. 보상이 없을 거라고 예상한 아이들이 훨씬 많이 보상을 받을 거라고 생각한 아이들보다 퍼즐을 잘 하며 놀고 있었다.

이 연구의 핵심은 외적인 보상이 너무 크거나 명백할 때, 동기와 관심은 보다 외적으로 변한다. 그리고 외적 보상 또는 보상의 가능성이 줄어들면, 동기도 같이 줄어들게 된다. 선수는 내적으로 훈련의 동기가 있어야 한다. 왜 그럴까? 훈련과 성공을 원하는 내적인 갈망은 주목, 상, 성공과 같은 외적 보상이 없을 때 남아서 선수들을 지탱할 것이기 때문이다. 또한, 인본주의 코치는 유능성 동기, 숙달 학습과, 자기실현과 같은 이론과 개념에 근거해 선수에게 내적 동기가 이미 있다고 믿기 때문이다. 따라서 코치는 이런 내적 동기를 양성할 수 있도록 선수들을 격려해야한다.

학습 환경을 구조화해서 선수에게 도전적이면서 달성할 수 있는 과제를 제공한다. 선수에게 자신의 현재 능력과 경험에 비해 너무 어려운 기술을 습득하라고 하는 것은 성공이나 내적 만족보다는 실패와 좌절로 이어지게 할 것이다. 그렇다고 선수에게 너무 쉬운 과제를 준다면 도전 정신이 매우 낮아지기 때문에 내적 강화도 거의 받지 않을 것이다. 적당한 난이도의 과제를 선택하면 선수가 내적 강화를 받는 것을 도울 것이다.

다른 선수와 비교하지 않는다. 사회적 비교는 선수가 자기 외적 평가만을 바라보고 강화의 외적 근원에 집중을 하게 한다. 팀원 간의 경쟁은 자연스럽고 훈련의 건전한 부분이기도 하지만, 각 선수의 궁극적인 목표는 다른 선수와 상관없이 자신의 최대 잠재력까지 도달하는 것이다. 하루의 연습이 끝난 후에, 선수는 오늘 자신의 최고 노력을 했다고 말할 수 있어야 한다.

의사결정 과정에 선수가 참여할 수 있도록 한다. 예를 들어, 선수에게 선수들의 훈련 일부분을 설계하게 한다. 또한, 선수들에게 자신의 수행을 기록한 비디오를 보고 자신이 무엇이 바뀌어야 하는지에 대한 생각을 묻고 답하게 하는 것이 좋다. Ames(1992)가 고찰한 연구에 따르면, 학생에게 자율성의 기회를 주는 교사는 숙달 성향을 높여줄 수 있다고 했다. Ames와 목표 이론에 따르면, 숙달 성향은 학습의 내적 가치에 집중하는 내적 자극과 목표 발전을 이끌어준다.

칭찬의 사용과 남용에 대해 숙지한다. 칭찬을 너무 많이 하면 선수에게 칭찬이 무의미해질 수 있다. 칭찬의 적절한 사용법에 대한 정보를 더 많이 보려면 10장에 기술된 내용을 참고하면 된다.

강화는 행동이 다시 일어나게 할 가능성을 높인다는 것을 기억한다. 따라서 코치의 말에 귀를 기울이는 등 특정 행동을 다시 일어나게 하고 싶다면, 선수가 정확한 백스윙을 치는 등 올바른 행동을 할 때 그 행동을 강화해야 한다. 다시 말해서, 선수가 잘하는 것을 더 잘 하도록 잡아 주어야 한다.

▷ Skinner 상자 안의 선수

Pavlov 식의 조건화 관점은 선수들을 열정적인 선수로 바꾸는데 유용하게 활용할 수 있다. Skinner의 조작적 조건화 관점도 <u>Skinner 상자 안의 선수(강화에 자극받는 선수)</u>로 선수들을 인지시키는데 유용하다. 연습 상황에서 이러한 관점은 코치가 조작적 조건화 방법을 사용함으로서 선수들의 행동을 코치가 통제하게 되는 큰 Skinner 상자가 될 수 있다. 즉, Skinner 상자 안에 생쥐의 행동을 Skinner가 통제하고 제어했듯이, 코치도 조작적 조건화 이론을 사용하여 Skinner 상자 안의 생쥐처럼 선수들의 행동을 강화시키고 통제시킬 수 있다. 다시 말해, 코치는 선수들을 강화시킬 수 있으며, 사회 행동, 학습 행동, 운동 행동과 챔피언 행동을 포함하는 적절한 행동을 형성하게 할 수 있다.

▷ Skinner 상자 안의 코치

　　코치는 강화와 처벌에 대한 결과를 실행하는 사람임과 동시에 그 결과에 영향을 받는 사람이다. 코치는 <u>Skinner 상자 안의 코치(강화에 자극받는 코치)</u>이다. 선수의 행동처럼, 코치의 행동도 선수, 학부모, 커뮤니티 멤버, 동료, 승리와 패배와 같은 여러 가지 결과와 같은 다양한 근원으로부터 동일하게 영향을 받을 수 있다. 코치의 행동을 형성하는 사람과 방법에 대해 인식하고 있어야 한다. 이 장 초기에 나온 나에게 지도를 받았던 선수 Jon은 나의 긍정적 코칭 행동을 강화한다. 반대로, 선수의 일부 행동은 코치가 부정적 행동을 하게할 수 있다. 예를 들어, 자신의 팀은 우수한 성과를 보이는 좋은 팀이지만, 짜증내고, 불쾌하고 혐오스러운 행동을 유발하게 하는 선수는 코치가 그 선수를 코칭하는 것을 피하거나 의사결정권을 포기하도록 만들 수 있다.

　　코치가 조작적 조건화 원리에 적용하여 자신의 행동을 통제하는 결과를 관찰하고, 자기 자신과 자신의 지도하고 있는 선수에게서 보기를 원하는 코칭 행동을 하게 한다. 예를 들어, 승리와 미래의 승리에 대한 기대는 일부 코치가 부적절한 행동을 하게 할 수 있다. 최근에, 미국 풋볼리그 뉴올리언스 세인츠의 코치는 뉴올리언스 세인츠 팀의 선수가 게임을 이기기 위해 상대방 선수에게 부상을 입혔을 때, 선수가 내는 벌금형의 잘못을 눈감아 주는 것에 대해 시즌 내내 중단했으며, 선수가 조사를 받으면서 허위 진술에 대해서 눈감아주는 것도 중단했다. 즉, 뉴올리언스 세인츠 코치는 자신의 선수들이 정정당당하게 싸워서 이기길 원했으며, 비윤리적인 행동이나 심한 반칙을 한 선수들은 당연히 그에 따른 벌금과 징계를 받아야 한다고 생각했다. 승리하기 위해 비윤리적이고 부적절한 행동을 강화시켜서는 안 된다. 선수의 불쾌하고 혐오스러운 행동은 멈춰야한다. 가령 성공적인 선수여도 말이다. 그리고 비윤리적이고 부적절한 행동들은 승리를 가져오더라도 피해야한다.

(코치의 도구상자)

　　이제 코치는 조작적 조건화 이론과 정적 강화와 부적 강화, 수여성 처벌과 제거성 처벌, 소거, 조형, 일반화, 변별 그리고 강화 계획과 같은 도구를 가지고 있다. B.F. Skinner처럼, 코치도 훈련을 Skinner 상자 안의 쥐의 행동처럼 바꿀 수 있다. Skinner 상자를 훈련 환경에 적용하여 선수를 쥐에 비유하는 것은 무례하고 원색적인 비유일 수 있다. 그러나 이 비유는 많은 의미로 적절하고 유용하다. 훈련 환경은 선수의 행동을 통제하기에 완벽한 자극 환경 stimulus context 이다. 지도자는 코치로서 선수의 반응에 어떤 결과가 따르는지 결정하는 데에 있어 높은 위치에 있는 사람이다. Skinner 박사가 동물의 반응을 형성한 것처럼, 코치도 조작적 조건화의 원리를 이용해 선수의 행동을 형성하는 것이 가능하다.

과학적이며 예술적인 코치

과학적인 코치는 조작적 조건화 패러다임을 이해하고, 이 지식을 사용해 나쁜 행동을 없애고, 좋은 행동(사회 행동, 학습 행동, 운동 행동과 챔피언 행동)을 강화하며, 새로운 행동을 형성한다. 과학적인 코치는 벌과 강화를 조작적 조건화 이론에서 만든 범위 내에 따라 사용하고 관리한다.

예술적인 코치는 개인적인 수준에서 선수를 알고 선수들이 무엇을 보람차게 느끼는지 알고 있다. 또한 예술적인 코치는 언제 그리고 얼마나 자주 강화와 벌을 사용해야하는 지 세심하게 알고 있다. 예를 들어, 과도한 칭찬은 긍정적인 평가를 무의미하고 효과가 없게 할 수 있다. 나는 코치를 오래할수록 칭찬을 더 적게 했다. 단, 나는 내가 특히 좋아하는 행동에 대해서 칭찬을 했고 이는 이 행동이 미래에 반복될 수 있게 강한 효과를 내었다. 바꿔 말하면, 이 행동은 미래에도 다시 일어날 가능성이 많아졌다.

인간 행동의 대다수가 강화를 통해 의식적으로 또는 무의식적으로 형성되었다. 때로는, 사람들은 의식을 못한 채로 행동을 형성하게 된다. 시나리오 7처럼, 코치는 무의식적으로 팀에 지장을 초래하는 선수에게는 더 많은 관심을 주고 매일 노력을 쏟고 모범이 되는 선수를 못 본 척하고 있을 수 있다. 또는, 코치는 무의식적으로 선수의 수행을 보고 비웃었을 수 있다. 이 모든 무의식적인 결과는 선수의 미래에 영향을 미칠 수 있다.

7 시나리오

> 선수 중 한 명은 매일 일찍 도착하고 열심히 훈련에 임하며, 단 한 번도 문제를 일으킨 적이 없으며 지도하기도 쉽다. 코치가 바르게 행동하는 선수들은 스스로 훈련에 임할 수 있고 신경을 쓸 필요가 없다고 생각해 팀에 지장을 주는 선수에게 거의 모든 시간을 할당한다.

시나리오 7의 선수는 매일 열심히 노력을 하지만 코치에게서 전혀 관심을 못 받는다. 이 선수는 점차 동료로부터 강화를 찾고 반응할 것이다. 이 상황은 좋은 가능성도 있지만 나쁜 가능성도 있다. 왜냐하면 선수가 어떤 행동을 강화하느냐에 따라 불경심, 부주의와 같은 원하지 않는 행동 및 정서 반응을 이끌어낼 수 있기 때문이다.

따라서 예술적인 코치는 자신이 나눠준 결과에 무의식적인 조작적 조건화 행동이 발생하지 않고, 잠재적 교육과정이 훈련 과정이나 프로그램에 포함되지 않도록 유의해야 한다.

> 코치가 이 3가지를 기억한다면

1. **어린아이들에게 가장 강력한 강화는 코치라는 점을 기억한다.** 코치의 의사전달, 코치의 얼굴을 보고, 코치의 바디 랭귀지, 그리고 정서적 반응은 코치가 제공하는 칭찬 또는 처벌이며, 코치가 제공하는 보상은 특히 어린선수들에게 올바른 행동을 형성하기 위한 강력한 자원이 된다. 또한, 처벌보다는 강화를 선택한다. 가장 효율적인 코치는 자신들의 선수에게 소리 지르거나 충고하는데 많은 시간을 할애하지 않는다. 그 대신에 효율적인 코치는 선수들을 강화시키고 지도하는데 많은 시간을 할애한다. 이런 코치 밑에서 지도받는 선수들은 좋은 연습이라는 것을 빨리 알아차리며, 졸업 후 코치에게 안부를 물을 것이다. 선수들은 도전적인 연습 계획에 적응하고 조작적 조건화 기법을 통한 긍정적인 연습 환경 속에서 연습한 선수들은 선수로서 성공적인 수행과 목표를 얻을 수 있을 것이다. 만약 코치가 정확한 수행을 하지 못하는 선수에게 계속 소리를 지른다면, 이는 선수의 문제가 아니라 코치에게 문제가 있는 것이다.

2. **사회, 학습, 운동과 챔피언 행동 등 4가지 행동 유형을 선수들에게 형성시켜 준다.** 나의 코치생활 초기에 Bruce Dart이라는 코치 밑에서 훈련 받은 많은 선수들이 나에게 지도를 받았다. 이 선수들은 Bruce Dart 밑에서 열심히 운동하고, 좋은 팀 멤버가 되고, 절대 포기하지 않는 행동들을 배웠으며, 내가 말하는 2가지 또는 3가지 행동 유형을 지니고 있었다. 나는 선수들에게 4가지 행동 유형을 가르쳐야 한다는 것을 알고 있기 때문에 실제로 이러한 행동 유형을 선수들이 배울 수 있도록 했으며, 그 결과 4가지 행동 유형은 나의 훈련 프로그램에 긍정적인 기여를 했다. 코치로서, 특히 지도자 생활을 시작할 때, 운동 행동에만 관심을 두기 쉽고, 운동 학습, 운동 수행과 챔피언이 되기 위해 필요한 다른 중요한 행동들을 도외시하기 쉽다. 코칭의 일부분으로 이러한 행동 유형을 포함시키는 것은 헛된 것이 아니다. 선수들은 인간적으로 성장할 것이며, 보다 좋은 학습자가 되고, 선수들의 운동 수행은 향상되고, 자신들의 선수시절과 은퇴 후에도 챔피언의 특성을 습득하게 해줄 것이다.

3. **도전적인 경험을 제공해주는 것은 어렵지만, 도전적인 경험이 선수들의 성공을 이끈다는 것을 기억한다.** 이는 코치에게 엄청나고 도전적인 일이며, 일부 전설적인 코치들에게 가장 중요한 코칭 공적 중 하나이다. 즉, 전설적인 코치들은 과제 난이도와 성공 사이에 균형을 잘 조절한다. 성공은 많은 선수들에게 가장 좋은 강화이며, 성공이란 경쟁 목표를 달성하거나 또는 연습 목표에 도달한다는 것을 의미한다. 그렇지만 과제가 너무 쉬워서 성공이 일부 쉽게 달성된다면, 그것은 성공이라고 볼 수 없다. 또한 과제가 너무 어려워서 성공보다는 실패를 경험한다면, 그것 또한 성공이라고 볼 수 없다. 이것은 코치의 도전이기 때문에 코치는 매일 선수 한명 한명과 대립해야 한다. 만약 코치가 이러한 대립을 적게 한다면, 과학적이

고, 예술적인 코치가 될 것이며, 언젠간 지혜로운 코치가 되고, 많은 경쟁에서 승리하게 될 것이다.

추천 도서

Huber, J. J. (2007). *Becoming a champion diver: Striving to reach your greatest potential.* DVD. Ames, IA: Championship Productions.

Schembechler, B. & Bacon, J. U. (2007). *Bo's lasting lessons: The legendary coach teaches the timeless fundamentals of leadership.* New York: Business Plus.

Skinner, B. F. (1971). *Beyond freedom and dignity.* New York: Knopf.

Walker, J. E. & Shea, T. M. (1999). *Behavior management: A practical approach for educators* (7th ed.). Upper Saddle River, NJ: Merrill.

PART 03 선수들을 이해하기 위한 인지주의 이론

제 3부는 사회 인지 이론부터 시작하는데(제 5장) 그 이유는 사회 인지 이론이 행동주의 이론 이면서도 인지주의 이론이기 때문이다. 그래서 제 2부에서 3부로 넘어갈 때, 자연스럽게 이어질 수 있다. 결과가 보상이 되었던, 처벌이 되었던 간에, 사람은 결과로 인해 많은 영향을 받고, 결과로 인해 학습하기도 한다. 하지만 Bandura가 설명한 것처럼, 사람은 인지적으로 영향을 받고 학습된다. 예를 들면, 다른 사람들의 행동을 관찰하고, 그 관찰한 행동을 모방하면 결과적으로 처벌 받을 것인지, 보상을 받을 것인지에 대해 예측하는 것이다. 이 장은 **모방능력이 뛰어난 선수** imitating athlete 에 대해 소개하며, 사회 인지 이론들을 적용하여, 선수들에게 올바른 행동과 태도를 유발하는 방법에 대해 배워볼 것이다.

제 6장은 선수들의 인지적 능력에 대해 연구하고, 인지적 능력이 얼마나 중요한 것인지에 대해 알아볼 것이며, 인지적 능력이 운동 학습과 운동 수행에 어떠한 영향을 미치는지를 알아보고, 결과적으로 선수들의 성장에 얼마나 많은 영향을 미치는지 공부할 것이다. 또한 3부에서는 **인지 능력이 뛰어난 선수** supercomputing Athlete 가 무엇인지에 대해 알아 볼 뿐만 아니라, 인지 이론들을 이해하고 적용하여 코치들이 선수들을 성장시킬 수 있는 방법에 대해서도 공부할 것이다. 선수들의 인지 능력을 향상시키고, 사고 능력을 발달시켜서 선수들의 인지적 능력뿐만 아니라, 운동 학습과 수행능력과 그리고 성적도 증진시키는 효과를 찾을 수 있도록 도와줄 것이다.

제 3부는 제 7장으로 마무리 짓는데, 이 장에서 우리는 **전문적인 선수** expert athlete; 숙련된 선수 와 **전문적인 코치** expert coach; 숙련된 코치 들의 역량에 대해 탐색할 것이다. 이 장은 엘리트 선수들과 코치들을 비교하여 엘리트 선수들과 코치들의 특정한 요소와 성격에 대해 알아볼 것이다. 그리고 이 장에서 우리는 **고도의 전문적인 연습** deliberate practice; 신중하고 정교하게 계획된 연습 이라고 불리는 특수한 연습 방식에 대해 알아볼 것이다. 고도의 연습은 엘리트 선수들이 높은 성과를 이룰 수 있도록 도와주는 효과적인 방법이며, 이 고도의 연습을 사용하는 방법에 대해 알아볼 것이다.

모방능력이 뛰어난 선수

사회 인지 이론의 적용

주요용어

- 정서적 유발성(affective valence)
- 각성 수준(arousal level)
- 챔피언 행동(champion behavior)
- 복잡성(complexity)
- 직접적인 강화(direct reinforcement)
- 허용 효과(disinhibitory effect)
- 변별성(distinctiveness)
- 유발 효과(eliciting effect)
- 기능적 가치(functional value)
- 모방능력이 뛰어난 선수(imitating athlete)
- 모방능력이 뛰어난 코치(imitating coach)
- 억제 효과(inhibitory effect)
- 학습 행동(learning behavior)
- 모델(model)
- 모델링 효과(modeling effect)
- 운동 행동(motor behavior)
- 관찰학습(observational learning)
- 조작적(operant)
- 과거의 강화(past reinforcement)
- 지각 설정(perceptual set)
- 보급성(prevalence)
- 감각 능력(sensory capacity)
- 설정(set)
- 사회적 행동(social behavior)
- 사회 인지 이론(social cognitive theory)
- 사회 학습(social learning)
- 상징적인 모델(symbolic model)
- 대리적 강화(vicarious reinforcement)

내 아들이 5살이 되었을 때, 나는 플로리다주에서 열리는 전국대회에 데려간 적이 있다. 그리고 저녁에 우리는 액션영화 한 편을 보았는데, 영화가 끝나고 난 후, 나는 아들이 욕하는 것을 들었다. 나는 한 번도 아들이 욕한 것을 들어본 적이 없었기 때문에 깜짝 놀랐지만, 잠시 생각해 보니 무슨 일이 일어났는지 알 수 있었다. 나는 영화를 보는 도중, 내가 욕을 하고 있다는 것을 못 느끼고 있었고, 아들은 나를 관찰하고 모방했기 때문에 나를 따라서 욕을 한 것이었다.

"선수들은(학생들은) 항상 코치를(교사를) 지켜보고 있다." 이 교훈은 모든 사람들이 알고 있고 명백하지만 스스로 잘 인지하지 못하고 있는 교훈이기도 하다. 아이들은 항상 자신을 돌보는 자, 자신의 롤 모델들을 지켜보고 있다. 그리고 이 교훈은 아이들뿐만 아니라 코치를 바라보고 있는 선수들에게도 똑같이 적용된다. 코치뿐만이 아니라 다른 선수들일 수도 있고, 상대편 선수, 자신이 존경하는 선수 등이 될 수 있다. 그리고 선수들은 이런 사람들을 관찰하고 모방할 준비가 되어 있다. 코치의 모든 행동을 관찰하고 있고, 모방할 수 있다는 이 개념은 지도자에게 다소 두려움을 줄 수도 있지만, 달리 생각해 보면, 코치는 지도자로서 선수들에게 가르침뿐만 아니라, 항상 큰 영향을 끼치고 있고 더 나아가, 선수들에게 훌륭한 사람과 선수가 될 수 있는 영감을 줄 수 있는 힘을 가지고 있는 것이다. 코치에게 이런 능력과 힘이 주어 졌으며, 코치는 지도자로서 이 도전을 받아들이고 훌륭하게 수행해야 할 책임이 뒤따르는 것이다.

내가 코치가 된지 얼마 안됐을 때, 어린 나이에 나는 미국 최고의 다이빙 코치와 아침을 먹을 수 있는 기회가 있었다. 밥을 먹는 동안, 그 코치는 나에게 코치는 팀에서 제일 헌신적이고, 제일 노력을 많이 하고, 제일 열심히 해야 되는 사람이라는 것을 계속 강조했다. 나는 그 코치의 말을 한 번도 잊은 적이 없었고, 나는 그 말을 처음 들었을 때에도 본능적으로 그 코치가 옳았다는 것이 느껴졌다. 솔직히 말해서, 매 순간에 내가 팀에서 제일 헌신적이고, 제일 노력을 많이 하고, 제일 열심히 해야 되는 사람은 아니었다. 때때로 일부 선수들이 나보다 더 헌신적이었고, 더 노력했고, 더 열심히 했다. 그리고 때때로 나는 선수들의 모든 잠재력을 일깨우고 도와주는 사람이 아니라, 장애물이며 방해하는 사람이 되기도 했다. 나는 그 코치와 함께 아침을 먹고 난 후, 집에 가서 내 선수들에 대한 기대치를 높이고, 내 자신의 태도도 올바른 방향으로 변하게 할 것을 내 자신과 약속했다.

선수들은 코치들의 신호를 인지할 수 있는 능력이 있다. 코치가 헌신적이면, 선수들도 헌신적으로 연습에 임할 것이다. 스포츠에 대한 열정이 코치에게 있다면, 선수들도 열정적일 것이다. 코치가 높은 목표를 세운다면, 선수들도 높은 목표를 세우고, 고난 앞에서 끈기 있는 자세로 해결한다면, 선수들도 끈기를 배울 것이다. 코치가 긍정적인 태도와 행동을 보이면, 당연히 선수들도 긍정적인 태도와 행동을 본받을 것이다. 선수들은 코치 외에도 수많은 사람들을 모방한다. 그리고 우리는 이 장에서 모델들이 강화되고, 처벌되는 것에 따라 선수들의 행동과 태도가 어떻게 변화되는지에 대해 알아볼 것이다.

관찰 observation 과 모방 imitation 을 통해 학습되는 과정을 사회 인지 이론이라고 일컫는다. 이 장에서 우리는 모방하는 선수가 무엇인지에 대해 알아보며, 코치들이 사회 인지 이론들을 사용하여 사회적, 학습적, 운동 수행 능력, 그리고 챔피언다운 행동과 태도를 만들어 선수들의 잠재력을 일깨우는 방법에 대해 알아볼 것이다.

개 요

이 장은 Bandura의 사회 인지 이론을 정의하는 것부터 시작한다. 그리고 선수들이 관찰학습의 4가지 행동과 태도를 알아볼 것이며, 관찰학습의 4가지 과정도 학습할 것이다. 그 이후에 우리는 강화의 원천이 무엇인지에 대해 살펴보고, 모방이 코칭하는데 어떤 효과를 불러일으키며, 사회 인지 이론을 적용하여 선수들의 행동과 태도를 올바른 방향으로 이끌어 가는 방법 또한 알아볼 것이다.

▷ 사회 인지 이론

반응적 조건화와 조작적 조건 형성 respondent and operant conditioning 을 연구할 때, Pavlov는 개를 사용했고, Skinner는 쥐와 새를 사용했다. 하지만 사람과 동물을 비교할 때 제일 큰 차이점은 사람은 자신이 하는 행동에 대한 결과를 예측할 수 있으며, 예측뿐만 아니라, 논리적으로 사고하여, 그 행동을 할지 안 할지에 대한 결론을 내릴 수도 있다. 행동주의 이론을 지지하던 학자들은 이런 인지적 능력을 무시한 건 아니지만, 행동주의 이론을 논의할 때 과학으로 설명할 수 없었고, 실험으로 조작할 수 없었던 요소들을 배제했다. 하지만 많은 심리학자들이 사람의 인지적 능력을 학습과 행동에 적용하는 반면에, 행동주의 이론을 지지하는 학자들의 과학적인 부분 또한 무시하지 않으려고 노력했다. 그리고 이런 심리학자들 중, Albert Bandura가 있었다.

Bandura는 조작적 조건 형성 원리를 사용하여 사회 학습법과 사람의 행동과 태도의 인지적 측면을 연구했다. 이 이론은 행동주의 이론과 인지주의 이론 사이에서 이행된다고 볼 수 있으며, Bandura는 이것을 사회 인지 이론 social cognitive theory 이라고 정의했다. <u>사회 학습</u> social learning 은 사회적으로 인정받는 어떤 행동과 태도를 하는 것이다. 다시 말해, 사회 학습은 어느 행동이 사회적으로 인정받는 행동인지, 인정받지 않는 행동인지를 구분하는 것이다. Bandura(1997)의 <u>사회 인지 이론</u>에 의하면 사회 학습법의 학습 과정의 대부분은 모방 imitation 을 통해 이루어진다고 했다. 이것을 <u>관찰학습</u> observational learning 이라고도 한다. 모방을 통해 이루어지는 과정은 조작적 조건 형성의 원칙을 통해 이해할 수 있다.

Bandura에 의하면, 관찰학습은 2가지로 요약할 수 있다고 했다.

1. **인간의 학습은 관찰과 모방을 통해 이루어진다.** 모방은 텔레비전이나 책에서 나오는 캐릭터에 의해서 나타날 수도 있고, 상징적인 다른 무엇을 통해서 나타날 수도 있으며, 대부분은 사람을 통하여 이루어진다. Skinner의 관점에서 보면 모방하는 행동은 <u>조작적</u> operant 조건 형성의 원리 중 하나이다. 자극의 대한 반응이라고 이해하면 되는데, 이 말은 모방하는 자가 반응을 할지 안 할지 결정하는 것이다.

2. **모방하는 행동과 태도가 긍정적인 결과를 일으키거나, 부정적인 조건을 제거한다면 그 행동과 태도는 강화된다**(Masia & Chase, 1997). 긍정적인 반응의 확률이 증가하면 강화되는 강도도 증가한다.

조작적 조건 형성의 원리뿐만 아니라, Bandura의 이론은 인지주의적인 요소들도 중요하게 생각했다. 상상하고, 어떤 물건에 상징을 부여하고, 원인과 결과를 찾을 수 있는 능력과 관찰하는 행동과 태도를 예측할 수 있는 힘 등이다. 다시 말해, 어떤 모델을 관찰할 때 우리는 인지적으로 무엇을 어떻게 해야 되는지 배우며, 그리고 그 행동이 어떤 결과를 유발할 것이지 예측할 수 있다는 것이다. 시나리오 1을 예로 들어보자. 고등학교 1학년 농구선수가 고등학교 3학년 에이스 선배 선수를 보며, 선배의 슛 스타일을 모방하기로 결심했다. 하지만 불행하게도, 고등학교 1학년인 농구선수는 고등학교 3학년 농구선수의 나쁜 태도와 경기스타일과 그리고 연습의 나쁜 행동 또한 관찰하고 모방했다.

1 시나리오

> 고등학교 1학년인 농구선수가 자신의 선배인 고등학교 3학년 에이스 농구선수가 슛을 하는 모습을 관찰하고, 그 선수의 슛 스타일을 모방하도록 했다. 하지만 이 어린 선수가 자신의 선배의 나쁜 행동과 태도도 모방하기 시작했다. 경기와 연습에서 다른 선수들의 도움을 인정하지 않는다거나, 상대편 선수들을 조롱한다거나, 수비에서 열심히 뛰지 않는 행동들을 모방한 것이다.

이 상황에서 고등학교 1학년인 선수는 자신의 선배의 슛 자세와 스타일뿐만 아니라 부적절한 행동과 태도, 그리고 올바르지 않은 매너까지 관찰했다. 1학년 선수는 선배가 슛을 하고 넣는 것을 보고 다른 선수들이 그 선배를 찬양하는 모습을 보며, 1학년 선수는 점점 그 선배의 슛 스타일을 모방하고 싶은 욕구가 강화되고 있다. 하지만 그 선배 에이스 선수가 명예를 얻고 인기가 높아지고 유명해지는 것도 보며, 1학년 선수는 올바르지 않은 행동 또한 모방하고 싶은 욕구도 강화되고 있는 것이다. 어린 선수는 다른 선수들의 중요성을 인정하지 않으려고 하고, 멋진 플레이를 했을 때 빨리 수비 위치로 돌아올 생각보다는 자신의 플레이에 만족감을 느껴 세리머니를 하고, 상대편 선수들을 조롱하고, 수비에는 열심히 하지 않으려고 한다.

어떻게 보면, 관찰학습은 운동 수행 능력을 좌우하는 모든 것이라고 해도 과언이 아니다. 예를 들어, 나는 Lawrence란 선수를 지도한 적이 있는데, Lawrence는 점프를 하기 전에 왼쪽 발을 꼬는 습관이 있었다. 나는 Lawrence에게 왜 그렇게 이상하게 점프하냐고 물어 봤는데, Lawrence의 답은 자신이 어렸을 때, 정말 멋졌던 Dave란 선배를 모방하고 있는 것이었다. 나중에 생각해 보니, 나는 Dave를 대학교에서 지도한 적이 있었다. 지금 Dave는 다른 대학교에서 코치를 하고 있다. 한 대회에서 나는 우연히 Dave를 만날 수 있었는데, 내가 Dave한테 왜 점프하기 전에 다리를 꼬는 버릇이 있냐고 물어보니, Dave는 Dave란 또 다른 선배를 모방하고 있었기 때문이었다. 희한하게도 나는 이 두 번째 Dave도 지도한 적이 있었으며, 이 두 번째 Dave한테 똑같은 질문을 했더니, Dave도 자신이 다리를 꼬는 습관은 또 다른 선배를 모방하고 있는 것이었다.

이 이야기를 통해 알 수 있지만, 누구를 모델로 삼고 모델을 모방하는 행동이 얼마나 큰 효과를 불러일으키는지 알 수 있다. 모방의 힘은 팀 전체뿐만 아니라 세대를 가로질러서 파동을 일으킬 수 있다. 어떤 행동과 태도가 모방되고 있는지에 따라 프로그램(코치의 지도 전략 및 훈련 방식)의 방향과 성공 여부까지도 좌우될 수 있는 것이다. 일부 프로그램들은 선수들이 그 프로그램에 전통과 자부심을 모방하도록 하는 반면에, 어떤 프로그램들은 파티하고 술 마시고 노는 문화처럼 부정적인 행동과 태도를 다음 세대에 던지기도 한다.

▷ 모방하기 좋은 4가지 행동 유형

사회 인지 이론이 중요한 이유는 코칭 프로그램(코치의 지도전략 및 훈련 방식)에 긍정적인 효과를 일으킬 수도 있고, 부정적인 효과를 유발할 수도 있기 때문이다. 사회적으로 올바른 행동과 태도뿐만 아니라, 올바른 학습 태도, 올바른 운동 수행 능력, 그리고 챔피언다운 행동을 유발할 수도 있다. 성공적인 코칭 프로그램들의 중요한 요소 중 하나는 성공적인 코치가 의식적으로 팀의 환경을 통제하고 있으며, 더 나아가 관찰학습에 대한 중요성을 이해하고 있고, 이 지식을 적용하여 올바른 행동과 태도를 유발할 수 있는 방법을 알고 있다는 것이다. 성공적인 코치들은 팀원들과 좋은 관계를 성립하는 행동(사회 행동), 코치의 말을 집중해서 듣는 행동(학습 행동), 운동 수행 능력과(운동 행동), 노력하는 모습(챔피언 행동)을 관찰학습을 통해 가르치며, 어린 선수들이 올바른 행동과 태도를 유발할 수 있도록 도와주며, 이 과정이 자연스럽게 이루어 질 수 있도록 올바른 모델을 제공해 준다.

올바른 <u>사회</u> 행동 social behavior 은 선수들이 팀원들과 코치, 상대편의 선수들을 존중하고, 너그러운 승자, 패배를 인정하는 매너를 갖추며, 팀원들을 지지하고, 어린 선수들에게 좋은 롤 모델이 되는 것을 의미한다. 이런 행동은 선수들뿐만 아니라, 코치, 팀의 관계자도 포함된다. 그 중 팀에서 고학년 선수들의 행동과 태도가 굉장히 중요한데, 그 이유는 어린 선수들이 고학년 선배들의 모습을 보고, 선배들을 따라 하기 때문이다.

올바른 <u>학습 행동</u> learning behavior 은 코치의 지시에 집중하는 모습, 코치의 지시를 이해하고 숙지하는 행동, 코치의 지시 중 이해되지 않는 부분은 질문하고, 코치가 무슨 말을 할 때, 눈을 보면서 대화하는 것 등이 있다. 효율적인 학습 행동은 학습의 첫 단계에서 아주 중요하다. 선수들이 코치와 가까워지면 가까워질수록 효율적이며, 이런 학습 행동을 가진 선수들을 가르칠 때의 학습 과정은 빠르고 신속하게 진행 될 수 있다.

<u>챔피언다운 행동</u> champion behavior 은 헌신과 노력, 끈기, 긍정적인 생각, 집중, 경쟁심 등이 있다. 이런 행동은 패배자와 승자를 좌우하는 요소들이다. 어떤 행동과 태도를 가짐에 따라 코칭 프로그램이 성공적일 수도 있고, 그렇지 않을 수도 있다. 성공적인 코칭 프로그램에서 이런 행동과 태도는 고학년 선배 선수들이 모델이 되어주며, 그 선수들은 코치의 모습을 보고 모방한 결과물이기도 하다.

<u>운동 행동</u> motor behavior 은 운동 수행 능력을 증가할 수 있도록 도와주는 제일 중요한 요소이기도 하다. 선수들은 어떤 동작을 배울 때, 올바르게 인지하고 인식해야지 만이 그 동작을 모방하고 따라할 수 있다. 그리고 올바른 동작을 모델 해주고, 시범을 보여줄 수 있는 고학년 선배 선수와 코치가 있어야지 만이 어린 후배 선수들을 키워줄 수 있다.

앞서 말한 행동과 태도들은(사회, 학습, 챔피언과 운동 행동들) 모델이 필요하다. 그럼 **"무엇"**이 모델이 될 수 있고, 그보다 중요한 것은 **"누가"** 그런 모델이 될 수 있을까?

▶ 모델

모델은 관찰자의 반응을 일으킬 수 있는 자극이라고 생각하면 된다. 주로 모델은 사물보다는 사람을 일컫는데, 다음 부분에서 우리가 배울 것이지만, 그 모델이 더욱 큰 힘과 가치를 소유하고 있다면, 관찰자는 그 모델을 모방하고 싶은 욕구는 강해질 것이다. 어린 선수들에게 모델이 중요한 이유와 개념은 아래 부분인 관찰학습의 4가지 과정에서 자세히 알아볼 수 있다.

모델은 사람으로만 제한되는 것이 아니다. 모델은 상징적인 무엇이 될 수 있는데, 상징적인 모델 symbolic model 은 살아있는 사람과 인간이 아닐 수도 있다. 수많은 상징적 모델이 존재하는데, 책, 매거진, 캐릭터, 사진, 차트, 텔레비전, 비디오, 옛날 선수들 등이 이에 해당된다.

상징적인 모델은 사람과 비슷하게, 모방하기 좋은 4가지 행동을 지니고 있다. 시나리오 2로 예를 들어보자. 부상을 당한 선수가 **스포츠 일러스트레이티드** Sports Illustrated 매거진에서 Tedy Bruschi 선수를 단독 취재한 기사를 읽었다. Tedy Bruschi는 New England Patriot(미국 미식축구 팀)의 전설적인 라인베커 Linebacker, 포지션 였는데, 이 기사에서 Tedy는 자신이 뇌졸중에 걸리고 부상을 당하고 시련이 있었음에도 불구하고, 그 모든 것을 이겨내어 아직도 프로의 무대에서 뛰고 있는 감동적인 이야기를 담고 있다. 이 이야기를 읽고 나서 부상을 당한 어린 선수는 Tedy Bruschi의 **챔피언다운 행동**을 모방하기로 결심했고, 재활치료에 열심히 임하기로 결정했으며, 자신이 언젠가는 다시 주전선수로 뛸 것이라는 믿음을 얻을 수 있게 되었다. 이렇게 Tedy의 기사는 부상을 당한 어린 선수에게 무언가를 더욱더 크게 상징하는 모델이 된 것이다.

❷ 시나리오

선수들 중 한 명이 큰 부상을 입고 난 후, 경기에 다시 복귀할 수 있을 것이라는 희망을 잃었다. 이 상태에서 이 선수는 **스포츠 일러스트레이티드** 잡지에서 New England Patriots 미식축구 팀의 Tedy Bruschi 선수를 단독 취재한 글을 읽었는데, Tedy Bruschi는 경기 후 뇌졸중에 걸린 사실에 대해서 이야기했다. Tedy는 당시 은퇴를 하려고 심각하게 고려했지만, 은퇴하지 않고 복귀하기로 결심했고 재활 훈련에 집중했으며 주전선수로 다시 유니폼을 입을 수 있었다. 기사를 읽고 난 후, 이 선수는 재활 훈련에 집중하도록 결심했고, 끈기 있게 노력하여, Tedy Bruschi처럼 주전 선수로 복귀할 것을 목표로 삼아 열심히 하기로 마음먹었다.

다른 예를 들자면, 어떤 선수가 신문을 보다가 자기 동네에 있는 다른 선수들이 어린 아이들을 위해서 봉사활동을 하고 있다는 기사를 읽었다고 가정해보자. 이 기사를 읽은 선수는 다른 선수들의 **사회 행동**을 모방하기로 결심했고, 자신의 동네에서 봉사활동을 하기로 결심하는 것이다. 상징적인 모델의 다른 예를 들자면, 어떤 한 선수가 투수 기본기에 대한 책을 읽고 **운동 행동**을 모방하기로 결심하는 것이다. 마지막으로 상징적 모델이 파동을 일으키는 예를 들자면, 처음으로 체조를 배우는 선수가 올림픽에 출전하는 선수들이 자신의 코치의 말에 집중하는 모습을 텔레비전으로 보면서, 자기 자신도 그 올림픽 선수의 **학습 행동**을 모방하여 자신의 코치가 이야기하는 모든 것에 집중하기로 결심하는 것이다.

이 네 가지 예를 보면, 상징적인 모델은 가지 각각 다른 행동과 태도의 색깔을 지닐 수 있다는 것을 알 수 있다. 상징적인 모델과 살아있는 모델 둘 다, 학습적인 면에서 큰 효과를 일으킬 수 있으며, 더 나아가 관찰학습법이 선수들에게 얼마나 중요한지를 알 수 있다.

▶ 관찰학습의 4가지 과정

관찰학습은 4가지 과정으로 이루어진다. 이 4가지 과정은 주의집중 과정 attentional process, 기억 과정 retention process, 운동 재현 과정 motor reproduction process 과 동기화 과정 motivation process 이다. 이 4가지 과정은 집중하는 과정, 보유하는 과정, 운동 재현 과정, 그리고 동기부여 과정이라고도 한다.

▶ 주의집중 과정

주의집중 attention 은 상당히 중요한데, 그 이유는 어떤 한 선수가 모델에 집중하지 않으면, 그 선수가 모델이 되는 행동, 태도, 움직임을 모방할 수 없기 때문이다. 사람들은 항상 많은 자극에 노출되고 있기 때문에, 인지를 하지 못하거나 의식적으로 무시하는 상황이 많이 일어난다. 사람들은 자신이 집중하는 행동, 태도, 움직임만 모방할 수 있다.

많은 요소들이 집중하는 과정에 의해서 좌우하는데, 이 요소들은 모델의 행동과 관찰자의 성향에 따라 달라진다. 이런 요소들이 집중하는 과정과 모방 결정을 좌우하기 때문에 코치는 이것을 꼭 인지하고 있어야 한다.

▶ 모델화된 행동의 특성

많은 요소들이 관찰자의 집중을 좌우할 수 있다. 이 부분에서 우리는 관찰자의 집중을 좌우하는 5가지 요소를 알아볼 것인데, 그 5가지는 변별성 distinctiveness, 정서적 유발성 affective valence, 복잡성 complexity, 보급성 prevalence, 그리고 기능적 가치 functional value 이다. 관찰자의 집중을 효율적으로 받기 위해서, 모델은 충분한 <u>변별성</u>이 있어야 한다. 다른 행동, 태도, 움직임, 모델과 달리 무언가 다르고 특출한 것이 필요하다는 뜻이다. 그리고 이 모델은 정서적 유발성도 지니고 있어야 하는데, 이 말은 한 원자 atom 가 다른 원자들과 결합하듯이, 그 모델은 정서적으로 충분한 매력을 소유하고 있어야 만이 요소들을 결합하려고 하고, 관찰자들의 집중을 얻을 수 있다는 의미이다.

복잡성 또한 중요한 요소인데 만약 모델의 행동, 태도, 움직임이 너무 복잡한 나머지 끝까지 집중할 수 없다면, 선수들은 그것을 보지 않으려고 할 것이다. 반대로 복잡하지 않고, 너무 쉽다면, 선수들은 흥미를 잃고 집중하지 않게 된다. 보급성이란 모델이 되는 행동, 태도, 움직임이 자주 보이지 않는다면 선수들이 관찰하는 횟수가 적기 때문에, 스스로 그 행동, 태도, 움직임을 모방하고 싶어도 충분한 정보가 없어서 집중하지 못하는 것을 의미한다. 스포츠에서 너무 선한 행동과 태도가 너무 자주 모델이 되면 안 된다. 스포츠의 성공이란 올바른 시간에 올바른 행동을 하는 것에 좌우되는 것인데, 선수들이 항상 선한 행동과 태도를 보인다면 사회적으로나, 학습적으로나, 챔피언다운 모습이나, 운동 행동적인 면에서도 선한 모습한 모방하기 때문에 위선적으로 보일 수도 있고, 성공하기 어려울 수도 있다.

마지막으로, 모델은 올바른 균형의 기능적 가치가 필요하다. 만약 모델이 보이는 행동, 태도, 움직임이, 관찰하는 자에게 아무런 가치가 없고, 적용할 필요가 없다고 느낀다면, 관찰자는 그 행동, 태도, 움직임에 집중하지 않을 것이다. 기능적 가치가 높아야 만이 관찰자는 그 모델에 집중할 수 있다. 기능적 가치는 낙하산을 가지고 비행기에서 뛰어내리려는 상황으로 설명할 수 있는데, 만약 한 사람이 처음으로 비행기에서 뛰어내린다면, 기능적 가치가 굉장히 높기 때문에 교관의 말을 처음부터 끝까지 집중해서 들을 것이다. 부가적으로 Brewer와 Wann(1998)은 모델의 영향력 power of the model 에 대해서도 연구했는데, 어떤 모델이 많은 경험을 하고, 성공적이며, 전문적인 기술이 뛰어난 성향의 힘을 소유하고 있다면, 관찰자는 자연스럽게 그 모델에 집중할 것이라는 결과를 제공했다.

▶ 관찰자의 특성

관찰자의 집중을 좌우하는 성향은 수많은 요소가 있지만, 대표적으로 4가지가 있다. 그 4가지는 감각 능력 sensory capacity , 각성 수준 arousal level , 지각 설정 perceptual set 과 과거의 강화 past reinforcement 이다. 감각 능력은 관찰자가 모델에 집중할 수 있는 능력을 의미한다. 예를 들어, 관찰자는 올바른 자세와 상황에서 모델을 관찰할 수 있는 환경이 제공되어져야 한다는 것이다. 각성 수준은 관찰자가 인지적으로 깨어있는 수준과 동기 수준을 의미하는데, 관찰자들이 모델을 모방하려고 하는 의지가 있어야 만이 학습이 이루어진다는 것을 일컫는다. 선수들이 졸고 있거나 모델에 대한 흥미가 없다면, 자극을 의식적으로 인지하지 못한다. 지각 설정은 자극에 집중할 수 있는 인지적으로 준비된 상태를 의미한다. 마지막으로 과거의 강화는 관찰자의 집중을 좌우하는 요소 중 중요한 부분인데, 선수들이 과거 모델에 집중하여 모방하는 행동이 강화되었다면, 그 행동을 다시 반복할 확률이 높다는 것이다.

▶ 기억 과정

모델에 집중하는 것도 중요하지만, 그것을 관찰한 선수가 아무것도 기억하지 못한다면 보지 않는 것보다 못하다. 주로 모델을 관찰하는 것과 모방하여 연습하는 과정에는 항상 지체되는 시간이 있지만, 그 모델과 자극을 모방하여 연습하기 위해서는 모델과 자극이 먼저 선수들에게 기억되어져야 한다. Bandura에 의하면, 정신 표상 mental representations 은 2가지 방법으로 표현되는데, 하나는 **시각적** visual 표현(상상적 표현)이 있고, 하나는 **언어적** verbally 표현이 있다고 했다. 그래서 선수가 한 모델을 관찰하고 나면, 그 선수는 모델을 시각적으로 저장할 수 있고, 중간 중간에 중요한 부분들을 언어적으로 숙지할 수 있는 것이다. 이렇게 모델이 선수들에게 시각적으로, 언어적으로 저장되고 나면, **정신적 시연** mentally rehearse 으로 반복하여 저장하고 보유되는 것이다.

예를 들어, 내가 어린 선수였을 때, 나는 올림픽 금메달리스트 Bernie Wright를 내가 살던 동네에서 볼 수 있는 기회가 있었다. 나는 Bernie의 다이빙 스타일을 관찰하고 난 후, 빨리 Bernie의 다이빙 스타일을 모방하고 싶었다. 하지만 내가 다이빙 보드 위에 설 때까지는 이틀이라는 시간이 걸렸고, 그 이틀 동안 나는 Bernie Wright의 다이빙 스타일을 내 머릿속에서 그리며 내 스타일과 Bernie Wright의 스타일의 다른 점을 찾아내어 혼자서 연습했다. 물론 다이빙 보드 위는 아니지만, 머릿속에 기억된 정보를 바탕으로 땅 바닥에서 점프하기 전 순간까지 혼자서 연습했다. 학교가 끝나고 집에 오면, 태양이 연습하기 좋은 위치에 있었기 때문에 나는 창문에서 비치는 나의 모습을 보면서 연습할 수 있었다.

이 장 서두에서 말했듯이, 운동 수행 능력뿐만 아니라, 모방되는 행동은 사회 행동, 학습 행동, 챔피언 행동에서도 찾아 볼 수 있다. 이런 행동 유형은 기억 과정에 굉장히 중요한 부분이기도 하다. 예를 들어, 내가 도미니카 공화국 수도 산토도밍고에서 개최한 전미 세계선수권 대회에서 코치를 맡았을 때, 나는 Jack Huczek이란 선수와 친해질 기회가 있었다. Jack Huczek은 당시 세계 선수 1위 라켓볼 선수였고, 나는 Jack의 금메달 결정전 경기를 관람할 수 있었다. Jack은 결국 금메달을 목에 걸었고, 나에게 결승전에서 자신이 사용했던 라켓을 나에게 선물했다. 나는 Jack의 헌신적인 태도와 적극적인 행동, 경기 스타일과 몸 상태를 보면서 감탄했다.

대회가 끝난 후, 2주 뒤에 집에 돌아왔을 때, 나는 Jack Huczek의 경기 스타일(운동 행동), 헌신적인 태도(챔피언다운 행동), 적극적인 모습(사회 행동)을 모방하기로 결심했다. 나는 2주 동안 그의 운동 수행 능력을 상상하며, Jack의 정서적 태도 또한 결합하여,

경기를 풀어나가는 모습을 머릿속에서 재현하고 있었다. 내가 집에 돌아와서 라켓볼을 칠 때, 그 경기는 내 인생 최고의 경기이기도 했다.

선수들이 좋은 경기를 관찰하고 관람하는 것은 큰 가치가 있다. 만약 선수들이 좋은 경기를 관찰할 수 있는 기회가 없다면, 선수들도 좋은 성과를 이룰 확률도 적어지는 것이다. 어린 선수들에게는 특히 더욱 그렇다. 그럼 좋은 경기는 무엇인가? 어떤 모습인가? 어떤 느낌을 지니고 있는가? 어떤 소리가 들리는가? 어떤 사회적 태도, 학습 태도, 운동 행동, 그리고 챔피언다운 모습을 보여주어야 하는가? 예를 들어, 성공적인 선수들은 경기 전, 중, 후에 어떤 행동을 하고 있는가? 내가 Bernie Wrigthson을 관찰했을 때, 나는 Bernie의 모든 것을 스펀지처럼 빨아드렸다. 수영장에 들어가기 전에 입는 옷, 워밍업 할 때의 습관, 다른 선수들과 어떤 모습으로 교류하는지, 경기 도중엔 어떤 모습을 가지고 있는지 등을 관찰하고 기억했다.

선수들이 좋은 경기에서 성공적인 선수들을 관찰하는 것도 좋지만, 성공적인 선수들이 어떻게 연습하는지 관찰하는 것도 큰 도움이 된다. 성공적인 선수들의 일상생활의 모습을 보면서, 그들이 어떻게 훈련하고, 어떻게 전설적인 선수들이 되었는지 볼 수 있는 과정이기도 하다. 선천적으로 능력이 있는 선수들은 처음에 운동을 시작했을 때부터 잘 했기 때문에 연습의 중요성을 느끼지 못한다. 선수들은 연습에서 열심히 하지 않아도 자신들의 선천적인 능력을 믿기 때문에 경기에서도 잘할 것이라고 믿는다. 이렇게 순수하면서도 고지식한 생각은 오래가지 않으며 언젠가 깨달음의 날이 온다. 이 깨달음의 날은 자신보다 못했던 선수들이 연습과 훈련으로 인해 자신의 선천적인 능력을 추월할 때 느껴지며, 이때 자신의 선천적인 능력을 믿었던 선수들은 믿었던 도끼에 발등이 찍히고 말게 되는 것이다.

▶ 운동 재현 과정

올바른 각성 수준, 관찰, 정신 시연 mental rehearsal 은 실제로 몸을 움직여서 연습하고 훈련하는 것을 따라잡을 수 없다. 선수들이 관찰하는 과정이 마무리되면, 코치와 선수들은 연습과 훈련을 통해 모델의 행동, 태도, 움직임을 모방하고 다듬어서 원하는 행동, 태도, 움직임을 성취할 수 있도록 노력해야 한다. Bandura(1997)에 의하면 자신이 원했던 행동, 태도, 움직임을 얻기 위해서 선수는 그 행동, 태도, 움직임을 모방할 수 있는 신체적 능력이 밑바탕 되어 있어야 하며, 학습 과정에선 올바르고 정확한 피드백을 받아야 하고, 재현하는 과정에서 코치가 항상 관찰하고 있어야 한다. 이러한 단계를 이제 설명하겠다.

신체적 준비 또는 신체적 능력을 정해준다. 선수들이 신체적으로 준비되어 있지 않은 상태라면, 모델이 보여 주었던 행동, 태도, 움직임을 모방할 수 없다. 예를 들어, 나는 매년 다이빙 여름 캠프를 개최하는데, 이 캠프에 참여하는 어린이들 중 반 이상이 다이빙 점프대에서 피크 포지션 pike position 으로 공중자세 방법(수영 다이빙 기술의 일종)을 배우고 싶어 하지만, 실제로 어린이들은 피크 포지션 자체를 따라할 수도 없다. 다른 예를 들자면, 어리고 미숙한 미식축구 선수가 더 경험이 많고 힘이 강한 미식축구 선수를 모방하고 싶다고 가정해 보자. 이 어린 선수는 더욱더 강한 어깨의 힘과 목의 근육을 키워야지 만이 경험이 많은 미식축구 선수의 태클 스타일을 따라 할 수 있는 것이다.

올바른 피드백을 제공한다. 여름 캠프를 진행하는 동안, 나는 어린 선수들이 경험이 많은 선배 선수들을 보면서, 자신도 그 동작과 움직임을 따라 하고 싶은 마음에 집에 돌아간 후, 자신들의 속한 팀 코치에게 가서 그 동작과 움직임을 어떻게 하는지 물어본다. 문제는 질문을 받은 그 코치들이 그 동작과 움직임을 어떻게 가르쳐야 되는지 몰랐기 때문에 올바르지 않고 부적절한 피드백을 아이들에게 제공하고 있었고, 결과적으로 아이들은 변경되고 왜곡된 움직임과 동작을 배우고 있는 것이었다. 그 다음 해에 다시 나의 캠프로 돌아왔을 때 나는 그 어린아이들을 보면서 도대체 그 동작과 움직임이 무엇인지를 이해할 수 없었다. 너무 왜곡되어 있고 변경된 나머지 기존에 있었던 동작과 움직임을 찾지 못했기 때문이었다. 이렇게 나는 자신이 정확히 이해하지 못하고 습득하지 못하는 동작과 움직임을 선수들에게 가르치는 것을 보았다. 이해하지 못하고 습득하지 못했기 때문에 피드백 또한 올바르지 않았다. 코치는 어떤 한 움직임과 동작을 가르치기 위해서 자기 자신이 그 기술과 동작에 대해 완벽하게 이해하고 숙지하고 있어야 한다.

재현 과정을 항상 관찰한다. 이 개념은 올바른 피드백을 주는 것과는 사뭇 다르다. 이 상황에서 선수들이 올바른 학습 방식으로 관찰한 행동을 배울 수도 있지만, 움직임과 재현 과정에서 코치는 항상 관찰하지 않는다면 올바르지 않은 움직임을 습득할 수 있기 때문이다. 재현 과정을 거쳐서 정확한 움직임과 동작을 얻기 위해선 수많은 노력, 그리고 큰 자극과 동기가 필요하다. 이 과정은 동작을 구현하는 단계라고 하기도 하는데, 이 말을 쉽게 하자면, 코치와 선수가 이와 같은 생각을 가지고 있는 것이다. "그래, 우리는 어느 방향으로 가야 할 지 알고 큰 틀은 잡았어. 우리가 이 동작을 배우기 위해서 어떻게 해야 되는지 정확하게 알고 있지는 않지만, 어느 정도는 이해가 되고 있어. 우리가 계속 노력하고, 이 움직임에 모든 것을 쏟아붓는다면, 언젠가는 우리는 이 동작을 우리의 것으로 만들 수 있어."

안전적인 차원에서라도 선수들이 신체를 사용하여 훈련하고 연습할 때, 선수들이 부상을 당하지 않도록 선수들을 항상 관찰하고 있어야 한다. 특히 어려운 동작이나 움직임, 그리고 부상의 염려가 높은 동작이나 움직임은 더욱 더 유의해야 하며, 체조의 철봉에서 날아가는 동작이나, 다이빙 보드에서 점프하는 움직임, 장대높이뛰기, 높이뛰기, 레슬링 등 같은 종목에서는 코치의 관찰과 안전에 대한 인식은 더욱 중요하다.

▶ 동기화 과정

하루하루를 살면서 사람은 수많은 행동과 태도를 관찰하지만, 어떤 행동과 태도를 절대 모방하지 않겠다고 결심을 하기도 하며, 어떤 때는 이런 행동과 태도를 이해하고 숙지하고 습득하지만, 그 행동과 태도를 표출하지 않겠다는 결정을 하기도 한다. 예를 들어, 우리가 인종차별적인 농담을 듣고 그 농담을 기억하지만, 그 농담의 인종차별적인 부분이 올바르지 않다고 느끼고, 스스로도 인종차별적인 발언을 하는 것을 원치 않기 때문에 그 농담을 하지 않는 것이다. 사람들이 관찰한 행동들 중에서 모방하는 행동을 선택하고 결정하는 것은 무엇인가? 사회 인지 학습 이론에 따르면, 그 답은 바로 동기이다.

동기는 관찰학습의 4가지 과정에서 제일 중요한 부분이기도 하다(〈그림 5.1〉). 동기가 없다면, 관찰자는 관찰한 행동을 모방하려는 의지나 생각이 없을 것이다. Bandura는 모방이 이루어지기 전 최종 과정이 동기 과정 motivation process 이라고 정의했고, 이렇게 동기는 관찰학습의 4가지 과정에 큰 영향을 미치기도 한다. 예를 들어, **주의 집중 과정**에서, 모델이 충분한 정서적 매력과 힘을 지니고 있어야지 만이 선수들이 그 모델을 집중할 수 있다. 그리고 관찰자는 올바른 각성 수준을 가지고 모델에 집중할 수 있어야 한다. 다음으로 관찰자는 모델을 관찰하고 난 후의 정보들을 습득하고 인지하고 머릿속에 정리하는 **기억 과정**을 거쳐야 하며, **운동 재현 과정**으로 넘어가서 관찰한 행동과 태도, 그리고 움직임을 연습해야 한다. 그리고 주의 집중 과정과 기억 과정을 연습하는 단계까지 동기부여 되지 않는다면, 다음 단계로 넘어가지 못한다.

2008년 올림픽 선발전을 관람하기 위해서, 나와 나의 몇 명의 선수들은 블루밍턴 지역에서 인디애나주에 있는 인디애나폴리스 지역까지 운전해서 10m 다이빙 워밍업을 볼 기회가 있었다. 그 날 후 나는 다이빙 선발전을 관찰했던 선수들이 굉장히 좋은 연습과 훈련을 했다는 것을 보고받았다. 선수들은 관찰한 모델을 잘 습득했으며, 충분히 동기부여 되었기 때문에 연습과 훈련에서도 좋은 성적을 이루었던 것이다.

관찰학습 관점에서 본다면, 예선전을 관찰한 선수들의 반응과 행동을 쉽게 이해할 수 있다. 올림픽 선발전을 본다는 것은 선수들에게 충분한 동기부여와 매력을 제공해주기 때문에 선수들의 집중력은 뛰어났으며, 관찰학습의 과정들을 거쳐 가기 위한 동기도 충분히 가지고 있었다(〈그림 5.1〉 참조). 올림픽 선발전에 참가한 다이빙 선수들은 엘리트 수준에서 경쟁하는 선수들이었으며, 그 선수들이 움직일 때 마다 받던 환호(정서적 유발성) 그리고 나의 선수들이 보고 싶어 했고, 선수들이 스스로 얻고 싶어 했던 수준(기능적인 가치와 힘)을 관찰할 수 있었던 것이다. 나의 선수들은 경기하고 있는 선수들의 준비 운동 단계부터 경기 중 상황까지 다 관찰했으며(보급성), 인지적으로 자신들이 관찰하고 있는 선수들의 움직임과 다이빙을 인식하고 이해할 수 있는 집중력과 인지 능력을 보유할 수 있었던 것이다(감각적 능력). 이것과 더불어 관람석에서 터져 나오는 환호성과 전국적으로 방영되는 텔레비전 채널 NBC 카메라, 그리고 선발전을 거쳐서 자기 자신이 한 나라의 대표 선수가 될 수 있다는 이 모든 분위기가 선수들의 동기를 강화하고 있었던 것이다. 이렇게 선수들의 집중력과 동기는 말할 수 없을 만큼 상승하고 있었으며, 선수들은 이 상황을 한 순간도 빠지지 않도록 집중했으며, 집으로 갔을 때 모방하고 싶은 자극은 상당히 높았을 것이다.

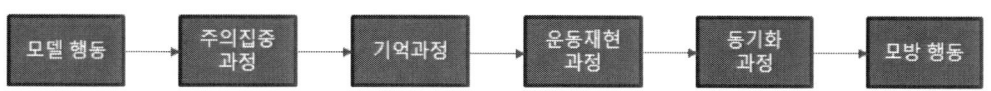

| 그림 5.1 | 사회 인지 학습 이론을 기반으로 한 관찰학습의 흐름

그럼 선수들이 모델을 모방하기 위해 동기부여는 어떻게 할 것인가? 조작적 학습 이론 operant learning theory 의 관점에서 본다면, 이 질문의 답은 강화 reinforcement 와 강화가 될 것이라는 예상을 통해 이루어진다고 설명 할 수 있다. 이와 반대로 우리는 선수들이 관찰한 행동과 태도, 그리고 움직임을 모방하지 않도록 어떻게 동기부여 해야 하는지에 대해서도 알아볼 것이다.

▷ 강화의 원천

어떤 행동과 태도 그리고 움직임을 모방하려는 강화의 원천은 2가지 요소로 나뉘어 질 수 있는데 하나는 **직접적인** 강화이고 하나는 **대리적인** 강화이다. 직접적인 강화 direct reinforcement 는 어떤 행동과 태도가 관찰자에게 직접적으로 강화되는 경험을 뜻한다. 다시 말해, 선수는 어떤 행동과 태도, 그리고 움직임을 모방하는 순간에 직접적으로 강화되는 것이다. 예를 들어, 시나리오 3에서 선수 중 한 명이 코치에게 감사하다는 말을 건네는 선수에게 코치가 미소를 보였다는 것을 보고 관찰했다. 그 다음날 그 미소를 본 선수는 관찰한 행동과 태도를 모방하여 코치에게 다가가 고맙다는 인사를 건넨다. 그 후 코치는, "그 선수에게 고맙다고 말을 해줘서 고맙구나. 나에겐 그 말이 큰 의미가 있고 많은 힘을 주는 구나."라고 말한다. 이는 코치의 말이 선수에게 직접적으로 강화한 것이며, 그 행동과 태도는 다시 발생할 가능성이 높다.

3 시나리오

> 팀의 에이스인 Darian이 연습이 끝나고 난 후, 코치에게 다가와 "선생님 오늘도 감사합니다!"라고 인사한다. 코치는 그 선수에게 미소를 지으며 "고맙다 Darian, 그 말을 들으니 나도 더욱더 열심히 해야 되는 마음이 생기고, 너를 지도할 수 있다는 것에 대해 감사하게 생각하고 있단다."라고 말했다. 반대로 Phil은 Darian처럼 고마움이 많은 아이는 아니다. 어떻게 보면 팀의 에이스인 Darian 보다 Phil에게 더욱더 많은 시간과 노력을 투자했지만, Phil은 코치에게 감사하다는 말을 한 적이 없다. 하지만 오늘 Phil은 Darian이 한 행동과 태도를 관찰했고, 그 다음날 Phil은 자신이 관찰한 행동과 태도를 모방하여 코치에게 감사하다는 인사를 했다. 코치도 Phil에게도 미소를 지으며 연습이 끝나고 가기 바쁨에도 불구하고, Phil에게 나에게 고맙다는 인사를 건네준 것에 감사하다고 이야기하며 내일도 열심히 해보자는 말과 함께 헤어졌다.

나는 개인적으로 시나리오 3같은 상황이 어떤 팀이든 간에 꼭 일어났으면 한다. 선수들이 지도자에게 감사함을 느끼고, 그 느낀 감정을 표현하는 것이 중요하다고 생각한다. 그 감사함이란 감정은 코치에게 뿐만 아니라, 살면서 주위에 있는 모든 사람에게 감사하다는 말을 건네는 것은 참 보람찬 일이기 때문이다. 만약 선수들이 지도자에게 고마움을 느끼지 않고 코치의 시간과 노력이 당연하다고 느껴지는 순간, 그 팀은 성공과 멀어질 수밖에 없다. 주로 코치란 직업을 택할 때, 돈보다는 내적인 무엇인가로 인해 움직인다. 선수들을 더욱더 훌륭한 선수뿐만 아니라 더욱더 훌륭한 사람이 될 수 있도록 도와주었다는 보람 같은 이유로 코치를 하기 때문이다. 그리고 선수들이 일상의 순간에서 감사함을 느끼고 지도자에게 그 감사함을 표현할 때, 그것은 코치가 선수들에게 들인 시간과 노력에 대한 보상이기도 하다.

내가 대학을 졸업했을 때, 나는 아버지 사업을 도우면서, 나쁘지 않은 월급을 받고 편하게 일하면서 살 수 있었다. 3~4년 후, 내가 택하지 않았던 그 자리에 들어와서 일하고 있었고, 자리를 지키고 있던 사람은 골프장 옆에 있는 집을 샀으며 컨트리클럽에도 가입했고 편안한 인생을 즐기고 있었다. 하지만 반대로 나는 2년 동안 아무도 모르는 사이프레스 대학에서 코치를 하고 있었고, 이 일을 하는 동안 돈을 받지 않고 일했었다. 3년째가 되고 나서야 나는 네브래스카 대학교에서 연봉 1,000만원에 계약할 수 있었고, 4년째가 되었을 때 나의 연봉은 1,200만원으로 올랐다. 하지만 그 다음해에 학교의 재정 문제로 인해 나는 돈을 받을 수 없었다.

이렇게 경제적으로 궁핍했지만, 나는 개인적으로 생각했을 때 올바른 선택을 했었다는 생각을 당시에도 하고 있었다. 나는 네브래스카 대학교에서 Cal Bentz란 코치 밑에서 일할 수 있었던 기회가 돈보다 더 소중한 경험이었다고 믿는다. Cal은 수영을 사랑했고 어린 선수들과 호흡을 맞추어 일하는 것을 사랑했다. 관찰을 통해 나는 Cal이 코칭하는 방법과 선수들과의 상호작용하는 특성 등을 배울 수 있었다. 그 뿐만 아니라 나는 Cal이 어린 선수들을 지도하고 있을 때 느낄 수 있었던 열정, 패기, 행복을 볼 수 있었으며, 나는 그런 행동과 태도를 모방하기 위해 수많은 노력을 했다. 그리고 나는 그런 행동과 태도를 모방함으로써 나의 선수들로부터 감사와 사랑을 느낄 수 있었으며, 지금도 그렇지만, 그 당시에도 이런 것들은 돈을 주고도 살 수 없다는 것을 알고 있었다.

행동과 태도를 모방하기 위한 또 다른 강화의 원천은 바로 <u>대리적 강화</u>-vicarious reinforcement 이다. 대리적 강화란 어떤 사람이 행동과 태도를 모방한 것이 강화되는 것을 관찰할 때 이루어진다. 이런 특성의 강화는 대리적이라고 하는데 그 이유는 직접적으로 이루어지는 상황이 아니라 말 그대로 대리적으로 강화되기 때문이다. 대리적인 강화는 Bandura의 사회 인지 이론의 인지적인 부분을 차지하는 바이기도 하다. 관찰자는 어떤 모델이 강화되는 모습을 보고 인지적으로 어떤 일이 벌어질지 예측하기 때문이다. 그렇기 때문에 관찰자는 똑같은 행동과 태도를 모방하면 비슷한 강화를 얻을 것이라고 믿는다.

대리적 강화는 사람들이 어떤 행동과 태도를 모방하고, 또 그런 자세를 직접적인 강화가 없어도 유지할 수 있게 할 수 있는 힘이 있다. 그리고 긍정적인 행동과 태도를 모방하도록 유인하는 것뿐만 아니라, 부정적인 행동과 태도를 모방하지 않도록 하는 것에도 적용될 수 있다. 많은 연구들이 보상과 처벌을 모델에게 가함으로써, 그것을 관찰하고 있는 주위 사람에게도 비슷한 효과가 있는 것이다. 그들이 직접적으로 강화되는 것처럼, 그들이 직접적으로 보상을 받거나 처벌 받는 것 같은 효과를 일으킬 수 있다.

Bandura(1962)는 어린 아이들을 대상으로 3집단으로 구분한 뒤 각 그룹에 속해있는 어린 아이들이 사람 모양의 풍선을 대하는 모델의 행동을 관찰하도록 한 후에 어떤 반응을 보이는지에 대한 연구를 수행했다. 3집단에 속해 있는 모델들은 서로 다른 사람 모양의 튜브 인형을 때리는 장면을 연출했다. 구체적으로, 첫 번째 집단은 튜브 인형을 때리는 행동에 대해 보상을 받는 집단이었으며, 두 번째 모델을 처벌을 받았으며, 세 번째 모델은 어떤 반응도 처벌도 없었다. 그것을 관찰한 3가지 그룹에 속해 있는 아이들은 실험 이후에 사람 모양으로 된 튜브 인형을 가지고 놀게 했는데, 결과는 때리는 행동을 보고 관찰한 아이들이 다른 두 그룹에 속해있는 아이들보다 더욱더 과격한 행동을 보였다.

이 결과는 큰 의미를 가지고 있는데, 그 이유는 선수들이 대리적으로 보상 받을 수 있고, 코치는 누가 모델인지 모를 수도 있으며, 강화가 어디서 어떻게 오는지 모를 수 있다는 것을 증명하는 연구이기 때문이다. 그리고 선수들이 부적절하고 부정당한 행동과 태도들이 코치가 모르는 사이에 꾸준히 강화되고 있을 수도 있으며, 이 대리적인 강화는 코치 혼자서 관리하기 어렵다는 것을 의미한다. 이런 결과들은 내가 어떻게 하면 훌륭한 코치가 될 수 있을까? 란 질문에 대답할 수 있도록 도와주는데, 이 질문에 대한 답은 나중에 이 장에서 토론해 보도록 할 것이다.

▷ 모방의 효과

Bandura와 Walters(1963)에 따르면 모방은 3가지 효과를 지니고 있다. 첫 번째 효과는 모델링 효과, 두 번째는 모방을 억제하거나 허용하는 효과, 그리고 마지막으로 어떤 반응을 유발하는 유도 효과가 있다.

<u>모델링 효과</u> modeling effect 는 관찰자가 새로운 행동과 태도 그리고 움직임을 모방함으로써 자기 자신에게 새로운 행동과 태도, 그리고 움직임을 터득할 수 있는 효과를 일컫는다. 여기서 **모델**이란 사람을 이야기할 수 있는 것일 수도 있고, 아니면 책이나 영화에서 나오는 상징적인 모델을 의미할 수도 있는데, 상징적인 모델과 실질적인 모델은 둘 다 관찰자에게 반응을 일으킬 수 있는 충분한 자극을 보여주는 역할을 한다.

<u>억제적 효과</u> inhibitory effect 는 말 그대로, 부적절하고 정당하지 않은(부정당한) 행동과 태도 그리고 움직임을 한 모델이 처벌을 받는 것을 관찰함으로써 부적절하고 부정당한 행동과 태도 그리고 움직임을 억제하려고 하는 효과를 일컫는다. 반대로 <u>허용 효과</u> disinhibitory effect 는 관찰자가 어떤 행동과 태도 그리고 움직임을 했을 때, 처벌을 받지 않거나 보상을 받았을 때, 그 행동과 태도 그리고 움직임을 모방하려고 하는 것을 의미한다. 시나리오 4로 예를 들어보자. 어떤 선수가 다른 선수들 앞에서 코치에게 말대꾸를 하기 시작했다. 말대꾸를 하는 선수가 다른 선수들에게 모델 같은 힘(그 행동을 보고 따라하게 되는)을 가지고 있고, 코치가 말대꾸를 하는 선수의 행동을 올바르게 대처하지 못하거나 처벌하지 않는다면, 그리고 다른 선수들이 이러한 장면을 목격했다면, 다른 선수들도 이와 비슷한 행동과 태도를 보일 것이다. 그리고 다른 선수들이 이런 상황에서 코치를 비웃거나 웃는다면, 이렇게 코치에게 말대꾸 하는 행동들은 강화될 수밖에 없다.

④ 시나리오

> 코치가 중요한 팀 미팅을 하기 위해 팀을 한 자리에 모았다. 코치가 이야기를 하는 동안 갑자기 어떤 선수가 일어나 다른 선수들이 앞에 있는 자리에서, 코치에게 모욕적인 발언을 하기 시작했다. 이 선수가 이런 행동과 태도를 처음으로 보여주는 것이 아니었으며, 코치에게 이런 행동과 태도가 지속되면 다른 선수들도 모욕적인 발언을 모방할 수 있고 코치로서 팀의 존중마저도 잃어버릴 수 있다고 생각하기 때문에, 더 이상 이런 행동과 태도를 용납할 수 없다는 것을 알고 있다. 하지만 어떻게 대처할 것인가?

<u>유발 효과</u> eliciting effect 는 관찰자가 관찰했던 행동과 태도를 똑같이 모방하지는 않지만, 비슷한 행동과 태도를 하는 것을 일컫는다. 예를 들어, 시나리오 5에선 팀에 속해있는 팀 주장 선수가 자신보다 능력이 부족한 어린 선수들에게 멘토가 되는 봉사활동을 한 것을

관찰했다고 가정해 보자. 유발 효과 때문에 그것을 관찰하고 있던 또 다른 선수는 팀의 주장과 똑같은 행동은 아니지만, 초등학교에 있는 어린 아이들을 위해 봉사활동을 하기 시작했다. 초등학교에서 봉사하는 것뿐만 아니라, 병원에서 봉사할 수도 있고, 어린 선수들과 더욱더 친하고 좋은 관계를 맺는 행동일 수도 있다.

이 책에 처음에 언급했듯이, 이론은 이론일 뿐이다. 그리고 이 말은 코치들에게 더욱더 큰 영향을 미친다. 이런 이론들이 코칭 방법에 적용되지 않고 포함되지 않는다면 아무런 의미가 없다.

5 시나리오

> 선수들 중 한 명이 자신보다 능력이 부족한 어린 선수들에게 멘토가 되는 봉사활동을 하기 시작했다. 그것을 관찰하고 있던 선수는 모델이 되었던 선수와 똑같은 행동은 아니지만, 초등학교에 있는 어린 아이들을 위해 봉사활동을 하기 시작했다.

▷ 코칭 상황에 관찰학습 이론을 적용하는 방법

이제부터 우리는 지금까지 배웠던 관찰학습 이론을 선수들에게 어떻게 적용시키고, 코치로서의 효율성을 높이며, 선수들의 성적을 올려서 훈련 프로그램을 좋은 방향으로 이끌어갈 수 있는 방법들을 알아볼 것이다.

선수들이 어떤 모델을 관찰하고 있는지 파악하고, 모방하려는 강화는 언제 어디서 어떻게 되는지를 알고 있어야 한다. 성공적인 프로그램의 특징 중 하나는 선수들이 항상 좋은 모델을 관찰하고 있고, 올바른 방법으로 모방되고 있으며, 부적절한 행동과 태도, 그리고 움직임은 통제되고 있다는 것이다. 이와 반대로 성공하지 못한 프로그램들은 올바른 모델이 없으며, 언제 어디서 무엇이 어떻게 강화되는지 모르고 있고, 부적절한 행동과 부정적인 태도들은 항상 모방되고 있다. 그럼 성공적인 코치는 이 상황을 어떻게 바꾸어 놓을 것인가? 사회 인지 이론에 따르면, 이 질문에 답은 조작적 조건 형성 use operant conditioning 에 있다.

조작적 조건 형성의 원리를 사용하여 모델을 통제하고, 특정 강화들을 사용해서 선수들이 올바른 행동을 모방할 수 있도록 도와주어야 한다. 다시 말해, 조작적 형성의 원리를 이용하여 선수들에게 올바른 행동과 태도, 그리고 움직임은 보상해주고, 선수들이 부적절하고 부정한 행동과 태도 그리고 움직임을 모방했을 때에는 처벌하여 선수들을 통제할 수 있어야 한다.

예를 들어, 내가 코치를 시작한지 얼마 되지 않았을 때, 나의 팀이 챔피언(우승)이 되지 않는다면 나는 내 직업을 잃을 것 같아서 걱정을 많이 했다. 하지만 나는 프로그램의 방향이 올바르지 않은 쪽으로 가는 것과 선수들이 부적절하고 부정한 행동과 태도를 배우는 것이 더욱더 두려웠다. 팀의 주장은 탁월한 실력을 가지고 있었고, 큰 대회에서 챔피언이 될 수 있었지만 아까운 점수 차이로 준우승을 했다. 하지만 그 선수는(주장) 성격적인 면과, 노력, 헌신 같은 면에서 올바른 모델이 될 수 없었다. 주장과 많은 시간을 할애하여 대화를 시도해 보았지만, 주장이 변하지 않을 것이라는 것을 깨닫고 난 후 내가 변해야겠다고 다짐했다.

다음날, 나는 내가 사랑하는 직장을 잃을 수도 있었지만, 주장에게 가서 너의 락커에 있는 모든 것을 치우라고 명령했다. 그리고 나는 당시 보잘 것 없었고 실력도 형편 없었지만, 제일 많이 노력하고 헌신적으로 연습에 임했던 1학년 선수에게 다가가서 그 선수가 우리 팀의 새로운 주장이 되었다는 것을 알려주었다. 전 주장, 새 주장, 그리고 나를 포함하여 우리 3명이 다 놀라는 순간이었다. 전 주장은 너무 놀라고 화난 나머지, 더 이상 팀에 머물러 있고 싶지 않았고, 1학년 선수는 갑자기 팀의 리더가 되었다는 사실에 너무 놀랐으며, 나는 내가 정말 이 일을 실천했다는 사실과 내년에는 다른 일을 찾아야 될 수 있다는 사실에 놀랐다. 다행히도 나는 나의 직업을 잃지 않았으며, 새로운 주장을 임명하고 팀은 노력, 헌신, 그리고 결심을 제공하는 모델을 다른 선수들에게 제공해 주고 그것을 다른 선수들이 모방함으로써 성공할 수 있었다. 4년 뒤에 우리는 전국 챔피언이 되어 있었다.

보이지 않는 모델과 강화를 주의하고 이런 요소들을 통제하여 코칭 프로그램에서 파악하지 못하고 커리큘럼에 포함되지 않는 모든 것을 알고 있어야한다. 때때로 강화는 보이지 않는 곳에서 이루어지기도 한다. 앞서 배웠던 대리적 강화를 상기시켜보자. 이 상황에서 관찰자는 직접적인 강화를 받지 않는다. 관찰자는 인지적으로 어떤 상황을 관찰하고, 자신이 그것을 모방했을 때의 반응과 결과를 예측함으로써 강화되는 것이다. 그렇기 때문에 강화를 실시하는 것에 끝내고 만족하는 것이 아니라, 코치로써 어떤 모델에 어떤 결과와 반응을 일으키는지에 대해 항상 주의하고 있어야 하며, 어떤 강화들이 선수들을 어떤 방식으로 강화하고 있는지도 파악하고 있어야 한다.

관찰학습은 광범위한 효과를 지니고 있다는 것을 기억해야 한다. 선수들이 관찰학습을 통해 무엇을 배울때, 그 선수들을 관찰하고 통제하는 것이 필요가 없다는 마음이 있다면 꼭 다시 생각하길 바란다. 앞서 언급했듯이, 관찰학습은 현재 관찰하고 있는 선수들의 행동과 태도뿐만 아니라, 미래의 선수들의 행동과 태도에도 영향을 미친다. 그렇기 때문에 코치는 선수들에게 올바른 모델을 제공하고, 선수들이 어떤 행동과 태도, 그리고 움직임을 모방하고 있는 것인지에 대해 그리고 그런 행동과 태도와 움직임이 어떤 방식으로 강화되고 있는지에 대해 파악하고 있어야지 만이, 미래의 선수들에게도 성공이라는 효과를 일으킬 수 있는 것이다. 새로운 선수들이 올바른 모델과 올바른 방식의 강화가 성립되어 있는 프로그램에 들어와 있을 때 올바른 행동과 태도 그리고 움직임을 모방하는 것이 쉽다는 것을 명심해야 한다. 새로 들어온 선수들이 자신의 선배들을 우려보고 있는 프로그램은 성공적이고 건강하고 올바른 방향으로 나가는 프로그램의 증거이기도 하다.

관찰학습과 강화는 행동과 태도의 4가지 영역을 모두 포함시키고 있어야 한다. 코치하는 입장에서 운동 학습의 중요성은 말할 필요가 없다. 선수들이 올바른 움직임과 탄탄한 기본기를 갖추어서 좋은 성적을 내기 원하는 것은 당연하다. 단거리 경주에서 뛸 때 올바른 동작으로 움직이고 레슬링에서 상대편 선수를 땅에 넘어트리고 테니스에서 좋은 백핸드와 포핸드를 갖춘 선수, 슛 폼이 좋은 농구선수, 스윙 폼이 좋은 골프선수 등은 성공하기 위한 중요한 요소 중 하나다. 하지만 관찰학습과 강화를 이런 운동 수행 능력을 가르치는 데 제한하지 않는 것이 좋다. 앞서 언급한 바와 같이, 선수를 코칭하는 것은 선수들을 더욱더 훌륭한 사람으로 만드는 것에 달려있기도 하다. 그렇기 때문에 선수들이 올바른 학습 태도, 사회적 행동, 챔피언다운 모습을 관찰하고 모방하는 것이 매우 중요하기도 하다.

선수들에게 올바른 행동과 태도를 솔선수범하여 먼저 보여준다. 선수들은 코치를 우려보고 있고, 존중하고, 리더로서 코치를 따르고 있다. 그렇기 때문에 코치는 선수들에게서 보고 싶은 행동과 태도를 먼저 솔선수범하여 보여주어야 한다. 선수들의 지도자로서 코치는 아주 중요한 모델이 되는 것이다. 그 모델로서 올바른 운동 수행 능력뿐만 아니라 올바른 학습 태도, 사회적 행동, 챔피언다운 모습, 헌신, 노력, 끈기, 열정, 집중, 경쟁 등과 같은 요소들을 보여주어야 한다. 이런 것뿐만 아니라 긴장감이 높은 상황에서 침착하게 대할 줄 아는 모습, 자신감이 높은 태도, 긍정적인 사고, 책임감의 중요성, 다른 사람들에게 항상 동정하는 모습과 운동을 지도하는 모습을 항상 배우려고 하는 자세 등도 선수들에게 보여주어야지 만이 그런 행동과 태도를 선수들이 모방할 수 있다.

지도자로서 성공적인 코치가 되도록 끊임없이 노력한다. USOC(Gibbons et at., 2002)에서 연구한 결과에 따르면, 선수들은 자신의 스포츠에 지식이 많다고 느끼는 코치, 전술적인 전략을 많이 아는 코치가 가장 효율적인 지도자라는 결론을 지었다. 그렇기 때문에 지도자는 스포츠에 대한 많은 지식을 쌓으면 쌓을수록 선수들에게 더욱더 많은 존중을 얻을 수 있으며, 정서적으로 높은 위치에 있다는 것을 보여주고 힘이 있는 코치와 모델이라는 것을 선수들에게 입증할 수 있는 방법이다.

코치가 팀에 주장을 정할 때, 좋은 운동 수행 능력 보다는 올바른 행동과 태도를 모델할 수 있는 선수로 택하여야 한다. 주장이란 선수들에게 많은 존중을 받아야 하며, 다른 선수들이 우러러보는 존재이기도 하다. 선수들이 주장이란 존재를 높이 평가함으로써 주장의 행동과 태도를 모방할 만한 가치가 있어야 한다. 그렇지 않다면 다른 선수들은 팀의 주장을 따르지 않을 것이며 팀의 궁합이 무너져 버릴 수 있다. 주장은 제일 뛰어난 선수이거나, 에이스이거나, 제일 좋은 운동 수행 능력을 가진 선수가 아니어도 된다. 하지만 주장이란 제일 열심히 운동하고, 노력하며, 팀의 목표를 위해 헌신할 줄 아는 사람이어야 하고, 자신이 원하는 것보다는 다른 사람들을 위해서 봉사할 줄 아는 사람이어야 한다. 또한 주장은 주장으로서의 중요성을 파악하고 있고, 주장이란 이름의 책임을 질 줄 알아야 하며, 쓴소리를 할 때에는 때와 장소를 구분할 줄 알아야 하며, 팀의 색깔과 정체성을 모델로 대표하는 존재이기도 하다. 좋은 모델과 주장은 팀의 성공을 좌우한다는 것을 잊지 말아야 한다.

어린 유망주 선수와 올바른 행동과 태도, 그리고 운동 수행 능력과 리더십, 경쟁력, 그리고 사회적으로 입증이 된 베테랑 선수와 짝을 지어준다. 입증된 베테랑 선수는 팀에 존재하는 다른 선수일수도 있고 외부에서 데리고 온 은퇴한 프로선수이거나 현역으로 뛰고 있는 프로선수 일수도 있다. 예를 들어, 나의 선수들 중 한명인 Mike가 1학년이었을 때 나는 러시아 국가대표 금메달리스트 Dmitri Sautin을 모방하라고 지시했다. 그리고 Mike는 몇 시간 동안이나 Dmitiri Sautin선수의 다이빙 테이프를 연구하고, 그 선수의 움직임을 모방하려고 노력했다. 연습이 시작되기 전에, Mike는 Dmitri의 다이빙 비디오를 나의 코치실에서 관람하고 난 뒤, 연습에서 항상 자신이 관찰한 것을 모방하려고 노력했다. Dmitri의 운동 수행 능력과 움직임뿐만 아니라, Dmitri의 내적인 부분, 강인함, 경쟁력, 집중력 등 까지도 모방하려 했다. Mike는 결국 훌륭한 선수시절을 보냈으며, 관찰학습은 Mike의 운동 수행 능력 부분뿐만 아니라, 정서적인 면과 인지적인 부분을 동시에 증가시킬 수 있었다.

많은 어린 선수들이 자기 자신을 다른 선수들과 스스로 짝을 맺는다. 어린 농구선수가 NBA에서 활약하고 있는 선수와 짝을 맺고, 어린 투수가 MLB에서 활약하고 있는 투수와 짝을 맺으며, 어린 하키 선수가 NHL에서 활약하고 있는 선수와 짝을 맺듯이 항상 자기 자신을 다른 선수들과 짝을 맺고 있다. 선수 중에 좋은 모델이 없다면, 그 선수가 다른 좋은 모델을 선택할 수 있도록 도와주어야 한다. 자신의 선수 중에 좋은 모델이 있지만, 올바르지 않는 모델이라면(그 모델과 선수의 신체조건이 맞지 않는다거나, 부적절한 태도를 따라 한다거나, 너무 어려운 동작을 모방하려고 하거나, 모델 그 자체가 부적절하다거나 등) 그 선수에게 더욱더 적합한 모델을 찾아 줄 수 있도록 도와주어야 한다.

▷ 모방능력이 뛰어난 선수

<u>모방능력이 뛰어난 선수</u> imitating athlete 는 이미 팀에 존재하고 있다. 사실 모방능력이 뛰어난 선수는 자신의 팀에 속해 있는 모든 선수들이다. 많은 학습이 관찰학습을 통해 이루어지고 있다. 모든 선수들은 관찰할 수 있는 행동과 태도를 선택하고, 그 선택한 행동과 태도를 모방하기로 결심한다. 그리고 어떻게 보면 모방을 제일 잘하는 선수들이 팀의 최고 선수들일 가능성이 높다. 그 선수들이 최고의 선수인 이유는 어떤 행동과 태도, 그리고 움직임을 관찰함으로써 그 행동과 태도, 그리고 움직임을 모방하고 배울 수 있기 때문이다. 모방능력이 뛰어난 선수는 모든 행동과 태도 그리고 움직임을 모방하는 선수들이 아니

라, 사회 행동, 학습 행동, 운동 행동 부분에서 올바른 행동들과 챔피언다운 태도를 잘 모델 하는 것들을 선택하여 모방하는 것이다. 이런 선수들은 관찰한 행동과 태도를 모방하는 것뿐만 아니라, 결과적으로 올바른 행동과 태도를 다른 선수들에게 모델로서 제공하는 것이다. 그리고 이런 모델은 처음으로 스포츠를 접하는 선수들과 팀에 속에 있는 다른 어린 선수들에게 큰 영향을 끼친다.

▷ 모방능력이 뛰어난 코치

모방능력이 뛰어난 코치 imitating coach 는 다른 사람들, 특히 다른 코치들을 관찰하고 난 후에 나온 경험을 통해 만들어진다. 우리는 관찰학습에 영향을 받은 사람들이다. 우리는 누구를 관찰했는지에 따라 만들어지며, 관찰하는 것의 옳고 그름 두 가지 면을 모두 습득한다. 우리는 항상 올바른 행동과 태도를 보이는 모델을 모방하려고 노력하고 그 행동과 태도를 강화하려고 노력하며, 반대로 올바르지 않은 행동과 태도는 예방하고 억제하려고 노력하고 그 행동과 태도를 제거하기 위해 강화와 처벌을 실시한다. 더 나아가 우리는 팀에 제일 중요한 모델이라는 것을 인지하고 우리가 행동하는 것에 따라 우리의 선수들에게도 큰 영향을 끼친다는 것을 알고 있다.

코치의 도구상자

코치의 도구상자 안에 또 다른 도구가 추가되었다. 관찰학습은 흔하게 실시되기 때문에 성공적인 코치가 되기 위해서는 사회 인지 이론의 개념을 완벽하게 이해하고, 그 이론을 학습 환경과 선수들의 행동과 태도에 적용시켜야 한다. 코치가 이 도구를 사용하여 선수들이 무엇인가를 학습하게 할 때에 관찰, 모방, 그리고 강화를 통하여, 올바른 사회 행동, 학습 행동, 운동 능력, 그리고 챔피언다운 행동과 태도를 가르칠 수 있어야 한다. 코치는 이러한 학습 이론 도구들을 사용하여 선수들에게 용기를 주고 올바르지 않은 사회 행동, 학습 행동, 운동 능력, 그리고 챔피언다운 행동과 태도를 없애는 방법 또한 알고 있어야 한다.

과학적이며 예술적인 코치

과학적인 코치는 사회 인지 이론의 중요성을 이해하고 있고, 이 이론을 적용시켜서 선수들의 행동과 태도를 만들어낸다. 코치는 관찰학습과 조작적 조건 형성의 원리들을 적용시켜서 올바른 행동과 태도를 모방할 수 있도록 도와준다. 이런 행동과 태도는 운동 수행적인 면에서만 제한 된 것이 아니며, 코치는 이 도구를 사용하여 올바른 사회 행동, 학습 행동, 운동 능력, 그리고 챔피언다운 행동과 태도를 형성해 낸다.

예술적인 코치는 선수들이 어떤 방향으로 가고 있는지에 대해 주의하면서 선수들이 어디로 가고 있는지에 대해서도 인지하고 있어야 한다. 다시 말해, 코치는 선수들의 어떤 모델들을 관찰하고 있고, 어떤 것을 모방하고 있는지도 알고 있어야 한다는 것이다. 더 나아가 강화의 원천은 어디에 있으며, 직접적인 강화뿐만 아니라, 대리적인 강화도 언제, 어디서, 어떻게 되고 있는지도 파악하고 있어야 한다. 만약 코치가 선수들이 방향이 올바르지 않은 곳을 향하고 있다는 것을 인지하고 있다면, 코치가 개입하여 선수들에게 새로운 모델을 제공해 주고 올바른 행동들을 강화하여 그 행동과 태도를 모방하게 하도록 도와주어 올바르지 않은 행동과 태도는 제거하는 것이다.

코치가 이 3가지를 기억한다면

1. **관찰학습은 코치가 원하든 원하지 않든 항상 발생하고 있다는 것을 기억한다.** 그렇기 때문에 코치는 팀에 있는 모델, 관찰자, 그리고 강화들을 항상 주의하고 주시하고 있어야 하며, 더 나아가 이런 요소들을 통제하여 선수들을 긍정적인 방향으로 이끌어 갈 수 있도록 도와주어야 한다. 쇠박새들 Black-capped chickadees 과(Hughes, Nowicki, & Lohr, 1998) 참새들도(Kaiser, Zentall, & Galef, 1997) 관찰과 모방을 통해 학습이 이루어진다는 사실이 흥미로울 것이다. 이처럼 자연스럽게 일어나는 현상들을 무시하지 말고, 선수들에게 이러한 현상이 항상 일어난다는 것을 기억해야 한다.
2. **행동과 태도의 범위를 제한하지 말아야 한다.** 선수들이 올바른 운동 수행 능력, 즉 올바른 점프 슛, 올바른 백핸드 스윙, 올바른 수영 자세 등만 모방하는 것에 만족해서는 안 된다. 강화를 통해 행동과 태도의 4가지 요소, 즉 사회 행동, 학습 행동, 운동 능력, 그리고 챔피언다운 행동과 태도를 모방할 수 있도록 도와주어야 한다.
3. **코치가 팀의 제일 중요한 모델이라는 것을 잊지 말아야 한다.** 나의 아들이 나를 관찰하고 나서 욕을 따라 했듯이, 코치도 선수들에게서 보고 싶은 좋은 모습들을 먼저 솔선수범하여 보여주어야 한다. 결국에 코치의 행동과 태도는 팀의 행동과 태도를 좌우하는 것이다. 코치의 행동과 태도는 자기훈련 self-discipline, 노력, 동기, 열정, 헌신, 다짐, 페어플레이, 윤리성, 스포츠에 대한 올바른 자세, 긴장되는 순간에서의 침착함, 끈질김 등과 같은 요소들이 포함되어 있어야 한다. 그 누구도 성공적이고 훌륭한 코치가 된다는 것이 쉽다고 말한 적이 없다.

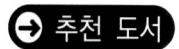 추천 도서

Bandura, A. (1963). *Social learning and personality development.* New York: Holt, Rinehart & Winston.

Bandura, A. (1977). *Social learning theory.* Morristown, NJ: General Learning.

Howard, G. A. (2000). *Remember the titans.*

CHAPTER 06

인지 능력이 뛰어난 선수
사회 인지 이론의 적용

주요 용어

- 동작 규칙(action clause)
- 행동 차별화(action discrimination)
- 행동-계획 재구조 가설(action-plan reconstruction hypothesis)
- 불안(anxiety)
- 각성(arousal)
- 속성(attributes)
- 정보처리 과정 모델(basic information processing model)
- 청킹(chunking)
- 폐쇄 기술(closed skill)
- 인지 단위(cognitive units)
- 구성화(composition)
- 개념(concept)
- 조건 규칙(condition clause)
- 조건 차별화(condition discrimination)
- 일정 연습(constant practice)
- 맥락 간섭 효과(contextual interference effect)
- 단서-유용 가설(cue-utilization hypothesis)
- 서술적 지식(declarative knowledge)
- 속성 규정화(defining attributes)
- 자유도(degrees of freedom)
- 차별화(discrimination)
- 이중 부호화 이론(dual coding theory)
- 잔향(echoic)
- 효과기 단계(effector level)
- 정교화(elaboration)
- 정교화 가설(elaboration hypothesis)
- 부호화(encoding)
- 일화적 기억(episodic memory)
- 실행기 단계(executive level)
- 예측된 감각귀결(expected sensory consequences)
- 특정 단위(focus unit)
- 망각 또는 분산 가설(forgetting or spacing hypothesis)
- 일반화(generalization)
- 일반화된 운동 프로그램(generalized motor program)
- 일반화된 운동 프로그램 이론(general motor program theory)
- 핵심요소(gist)
- 힉스의 법칙(Hick's law)
- 영상(iconic)
- 이미지 부호화 시스템(imaginal coding system)
- 입력(input)
- 불변 특성(invariant features)
- 지식 기반(knowledge base)
- 지식 편집(knowledge compilation)
- 연결(links)
- 장기 기억(long-term memory)
- 거시적인 동작 생성 규칙(macroproduction rule)
- 매핑(mapping)
- 기억(memory)
- 뇌에서 근육으로 전달되는 기술(mind-to-muscle skills)
- 기억의 유형 모델(modal model of memory)
- 움직임 출력 청크(movement-output chunks)
- 근육에서 뇌로 전달되는 기술(muscle-to-mind skills)
- 기억의 네트워크 모델(network model of memory)
- 마디(nodes)
- 개방 기술(open skill)
- 조직화(organization)
- 출력(output)
- 매개변수(parameters)
- 매개변수 값(parameter values)
- 지각 협소화(perceptual narrowing)
- 절차화(proceduralization)
- 절차적 지식(procedural knowledge)
- 동작 생성(production)
- 동작 생성 규칙(production rules)
- 동작 생성 시스템(production systems)
- 명제(proposition)
- 반응 시간(reaction time)
- 회상 기억(recall memory)
- 회상 도식(recall schema)
- 재인 기억(recognition memory)
- 재인 도식(recognition schema)

- 시연(rehearsal)
- 상대적 타이밍(relative timing)
- 반응 프로그래밍(response programming)
- 반응 선택(response selection)
- 인출 연습(retrieval practice)
- 묵상(ruminate)
- 도식(schema)
- 도식 활성화(schema activation)
- 의미적 기억(semantic memory)
- 단기 기억(short-term memory)
- 단기 감각 기억(short-term sensory storage)
- 정보처리과정 속도(speed of processing)
- 활성화 확산(spreading activation)
- 자극(stimulus)
- 자극 확인(stimulus identification)
- 자극 반응 대안(stimulus-response alternatives)
- 자극 반응 부합성(stimulus-response compatibility)
- 강화(strengthening)
- 인지 능력이 뛰어난 선수(supercomputing athlete)
- 인지 능력이 뛰어난 코치(supercomputing coach)
- 표면 특징(surface features)
- 조율(tuning)
- 가변 연습(varied practice)
- 언어 부호화 시스템(verbal coding system)

> "전통적으로 어떤 요인들이 기억 연구와 운동제어 연구에서 고려되어 왔는지를 알고 있다면 우리는 이들 연구와 운동 행동 연구 영역과의 연관성을 이해할 수 있을 것이다."
> R. A. Magill, 운동 학습: 개념과 응용

어린 남자 두 아이들이 동시에 한 팀에 들어갔다. 두 소년의 키와 몸무게는 비슷했고, 운동신경도 큰 차이가 없었다. 또한 두 소년은 성장과정도 비슷했고 나이도 똑같았으며 같은 학교를 다니고 있었다. 똑같은 시간을 동일한 코치 밑에서 항상 연습했고 동기와 욕망도 비슷했다. 하지만 두 소년에겐 큰 차이점이 있었다. 한 아이는 운동 능력이 빨리 향상됐지만, 다른 아이는 그렇지 못했다. 어떻게 이런 일이 일어날 수 있을까? 두 소년의 신체조건, 동기와 욕망, 코치, 그리고 훈련과 연습의 조건도 동일했다. 그렇다면 이들의 차이점은 정확히 무엇이었을까? 이들의 인지적 능력 때문이었을까? 정보처리과정 process information 이 다른 것이었을까?

인지 능력이 운동 학습과 수행에서의 차이를 보인다는 것을 2집단을 대상으로 조사한 Huber(1997)의 연구는 굉장히 흥미로웠다. 실험집단에 속한 4명의 선수들은 미국 국가대표 출신 선수들이었고, 비교집단의 4명의 선수들은 국가대표가 아니었다. 하지만 모든 선수들은 비슷한 시간의 경험을 가지고 있었고, 대학교에서 선수로 활약하고 있었으며, 나이도 비슷하고, 신체적으로도 비슷했다. 이 선수들은 모두 하나의 다이빙을 한 후, 자기 자신의 모습을 비디오로 평가하여, 스스로 어떤 생각을 하고 있었는지에 대해 구두적으로 설명하는 것이었다. 이 선수들이 움직임을 생성하기 전, 동안, 후에 대한 생각들을 구체적으로 설명한 것을 분석하고, 선수들이 설명한 내용과 구성을 바탕으로 비슷한 점과 다른 점을 찾아보았다.

이 연구 결과는 아주 흥미로웠다. 그 결과 선수들의 인지 능력에 대한 차이점은 명백하게 구분 지을 수 있었는데, 엘리트 집단(국가대표 출신)은 자신의 모습을 설명할 때의 구성과 내용은 비엘리트 집단과 달랐다. 엘리트 선수들은 정보처리 능력과 정보를 인지하는 능력이 달랐던 것이었다. 하지만 이것보다 더욱더 흥미로웠던 것은 이 실험을 실시하고 난 몇 년 후에, 엘리트 그룹에 있었던 두 명의 선수들은 올림픽에서 금메달과 은메달을 목에 거는 영광을 누릴 수 있었다.

인지 능력이 엘리트 선수들로 거듭나기 위해 큰 도움이 준다고 생각하는가? 다음 이야기로 넘어가보자.

Kristin은 북서 지방의 Puget Sound란 곳에서 자랐다. Kristin는 고등학교에서 주 챔피언을 두 번이나 했었고 학교에서도 우수한 성적을 받는 엘리트 학생이었다. Kristin의 어머니는 음악을 했고 아버지는 엔지니어였다. Kristin는 여름 때 주니어 전국대회에서 챔피언이 될 수 있는 충분한 자격을 가지고 있었지만, 어떤 이유 때문에 예선전에서 탈락했다. 그렇기 때문에 주니어가 아닌 시니어 전국대회에서 경쟁하는 것은 신체적으로 부족하다고 느꼈고, 심리적으로도 할 수 없다고 생각했다. Kristin가 훌륭한 선수가 될 능력과 잠재력은 모두 갖추고 있었지만, 그 잠재력을 깨워서 엘리트 선수가 될 수 있을지, 그리고 그렇게 될 때까지 얼마나 걸리지는 확실하지 않았다. 하지만 Kristin는 그 끝을 보고 싶었고, 대학에 입학해서도 계속 운동을 하기로 결심했다.

Kristin은 교실 안과 밖에서도 항상 최선을 다하는 흥미로운 학생이었다. 공부도 열심히 하면서도, 연습도 열심히 했으며, 어떻게 보면 슈퍼우먼처럼 슈퍼컴퓨터처럼 수많은 정보를 받아들이고 이해할 수 있었다. Kristin는 무엇이든 빨리 이해하고 정보들을 빨리 처리할 수 있었고, 코치가 어떤 정보를 주면 슈퍼컴퓨터처럼 그 수많은 정보들을 습득하고 자신의 운동 수행에 도움이 되도록 바로 적용할 수 있었다. 그 결과, Kristin이 주니어 올림픽 예선전에서 탈락 한 2년 후 대학교 2학년 때, 처음으로 미국 대학교 챔피언이 될 수 있었고, 자신이 경쟁하는 대학 수준에서 최고가 될 수 있었다.

우리는 지금까지 많은 선수들을 언급해 왔지만, Kristin은 신체적으로 더 우월한 선수가 아니었다. Kristin이 굉장한 속도로 다른 선수들보다 더 빨리 성장할 수 있었던 이유는 정보처리 능력과 운동 학습과 수행에서 정확한 정보를 사용할 수 있는 능력 때문이다. Kristin이 수많은 정보들을 습득하고 이해하며, 그 정보들을 사용하여 운동 학습의 시간을 줄이고, 성장하는 시간을 단축할 수 있었던 이유가 인지 능력이 뛰어났기 때문이다. 인지주의 관점에서 본다면 지금까지 언급했던 선수들의 차이는 하드웨어(신체 능력)가 아닌, 소프트웨어(인지 능력) 때문이라고 이야기할 수 있다. 다시 말해, 신체적 능력보다 인지적 능력이 더욱더 중요하다는 것이다.

이 장의 이야기는 인지 능력이 뛰어난 선수에 대한 이야기이며, 인지 학습 이론들을 훈련 프로그램에 적용하며, 선수들을 슈퍼컴퓨터처럼 수많은 정보들을 정리하고, 코치의 피드백을 적용하여 자신의 운동 학습에 도움이 되도록 스스로 도와주며, 선수들의 잠재력을 모두 일깨우도록 스스로 노력하는 선수들로 거듭날 수 있게 만들어 줄 수 있는 방법에 대해 알아볼 것이다.

개요

이 장은 4가지의 영역으로 나뉘어져 있고, 그 4가지의 영역에서 3개의 세부적인 단위로 나뉘어져 있다. 첫 번째 영역은 정보처리 모델 information processing model 에 대한 3가지 인간의 인지 모델을 알아 볼 것이며, 이 3가지 이론들의 특성과 한계점을 살펴보고 이러한 이론들이 운동 학습과 수행에서 어떤 영향을 미치는 지에 대해서도 논의할 것이다. 두 번째 영역은 운동 학습의 3가지 단계를 공부할 것이고, 선수들의 학습 과정이 어떻게 이루어지는지에 대한 패러다임을 이해하고 학습과정이 어떻게 이루어지는지에 대해 설명했다. 3번째 영역은 3가지 인지주의 이론들에 대해서 공부할 것인데, 그 3가지는 운동 프로그램 이론 motor program theory, 도식 이론 schema theory; 연습과 경험을 통해 형성된 지식의 형상으로 위계적으로 조직화된 기술 체계를 의미함, 그리고 ACT-R Adaptive Control of Thought-Rational 이론이다. 이 이론들이 슈퍼컴퓨터 같은 선수들을 성장시키는데 어떤 도움을 줄 수 있는지, 이 이론들을 어떻게 적용시킬 것인지에 대한 방법들을 알아 볼 것이다. 4번째 영역은 운동 수행 동안 발생하는 3가지 정보처리 단계 stages of information processing 를 알아볼 것이다. 3가지 정보처리 단계는 자극 확인 stimulus identification 단계, 반응 선택 response selection 단계, 반응 프로그램 response programming 단계로 구성되어 있으며, 엘리트 선수들이 어떻게 이런 과정들을 거치면서 학습되고, 어떻게 선수들이 엘리트 선수들을 모방할 수 있는지에 대한 방법들에 대해서 논의했다. 이 장은 인지 능력이 뛰어난 선수가 무엇인지에 대한 정의를 하는 것으로 마무리 한다.

▷ 컴퓨터에 비유한 인간의 행동

인지 학습 이론은 행동을 연구하는 행동주의 이론들보다 다소 다른 경향을 지니고 있다. 행동주의 이론에 나오는 반응 조건화 같은 개념들은 "코치의 도구상자"에 유익하게 사용될 수 있는 방법들이지만, 이 이론들은 인간의 행동에만 관심을 두었기 때문에 사람들의 사고력과 생각과 같은 인간 행동의 중요한 요인의 중요성을 놓칠 수도 있다. Pavlov의 개와 Skinner의 쥐와 비둘기와 다르게 사람들은 동물들보다 훨씬 더 뛰어난 사고력을 가지고 있고, 쥐, 새, 그리고 모든 동물들과 다르게 사람들은 정보를 받으면 해석하고, 정리하고, 부호화 시키고 다른 정보들을 상기시키고 연결시킬 수 있는 더 우월한 인지적 능력을 지니고 있다. 하지만 쥐같이 하찮은 동물들도 인지적 능력을 가지고 있다. 예를 들어, 쥐들에게 미로에서 훈련받게 하면 이 미로에 대한 기억을 인지 처리하는 매핑 mapping 능력을 지닐 수 있게 된다.

운동 학습이 인지 능력과 연관되는 이유는 인지적 능력을 바탕으로 운동 학습이 이루어지며, 모든 학습이 인지적 능력을 통해 이루어지기 때문이다. Magill(1985)이 제안한 것처럼, 기억 연구와 운동제어 연구는 운동 학습 연구 주제와 관련이 깊다. 다시 말해, 운동 학습이란 문장을 읽고 해석하고 이해하고, 수학 문제를 풀고, 새로운 정보를 습득하는 것처럼 똑같은 인지적 능력을 사용하는 것이다. 물론 우리가 뇌를 해부하여 분석할 수 있는 기술이 있으면 좋겠지만, 그것을 분석하는 것이 불가능하기 때문에 사실 우리가 할 수 있는 것은 사람들이 운동 학습이 인지적 과정으로 어떻게 이루어지는지 제 3자의 입장에서 연구하는 것이다. 그렇기 때문에 운동 학습을 연구를 할 때, 우리는 사람의 인지적 능력을 연구하고 공부하기 위해서, **컴퓨터에 비유하여** 분석하는 것이다.

인간행동을 이해하기 위한 행동주의 이론의 한계로 인해서 인지주의 이론의 핵심요소들이 각광 받으며 중요하게 연구되기 시작했다. 행동주의 이론은 언어 발달을 통한 인간들의 행동을 설명하기에 부족했고, 이렇게 성장하는 인간들을 설명하기 위한 증거가 부족했기 때문에 인지주의 이론을 기반으로 한 연구가 집중적으로 시작됐다(Bruning, Schraw, & Ronning, 1995). 하지만 인지주의 이론들의 혁신이 이루어 질 수 있었던 이유는 컴퓨터가 만들어지고 나서부터이다(Baars, 1986). 인지주의 이론들을 인간의 인지 처리과정을 컴퓨터에 비유하면서 인간의 행동과 운동 학습을 설명했다. 예로 들어 "만약 사람들의 뇌가 컴퓨터와 같다면"같은 질문들을 하기 시작했는데, 이런 흥미로운 질문들이 새로운 정보들을 어떻게 습득하고 수용하는지, 사람의 뇌가 오래된 정보들을 어떻게 저장하고 처리하며, 뇌는 어떤 소프트웨어로 인해 작동하는지에 대한 질문들이 생겨나기 시작했다.

인지주의 이론들은 운동 학습적인 면에서도 연구되기 시작했으며, 선수들의 뇌가 컴퓨터처럼 작동하지는 않는지, 인지 능력이 뛰어난 선수가 어떻게 생겼으며, 인지주의 이론들을 이용하고 적용하여 이런 선수들을 위해 어떤 도움을 줄 수 있는지에 대한 질문까지 던지기 시작했다. 이 장은 인간의 인지 능력에 대해 연구하고 정보처리과정 모델을 바라보면서 이런 질문들에 대한 대답을 찾으려고 노력할 것이다.

▷ 기억의 3가지 유형: 정보처리과정 모델

<u>정보처리과정 모델</u> basic information processing mode 은 주로 Atkinson과 Shiffrin(1968)의 연구결과들을 바탕으로 하여 만들어졌으며, 그리고 이 모델은 기억의 유형 모델 modal model of memory 이라고도 한다(Baddeley, 1997). 정보처리과정 모델은 3가지 유형으로 구분된다. 즉, 단기감각 기억 단계 short term sensory stage: STSS, 단기 기억 short term memory: STM, 그리고 장기 기억 long term memory: LTM 이다. 〈그림 6.1〉에서 볼 수 있듯이, 3가지 기억 단계들은 정보를 처리하는 과정을 설명해준다.

기억의 3가지 유형의 다른 점은 정보의 특성과 정보의 양에 따라 어떤 유형이 쓰이는지에 대해 달라진다. 여기서 **과정** processing 이란 심리적으로 어떤 정보들을 처리하고, 습득하고, 저장하는 것이라고 설명할 수 있다. 물론 정보처리과정을 보았을 때, 이것은 모델일

뿐이라는 것을 잊어서는 안 된다. 이 말은 이 모델이 절대적으로 옳은 것이 아니며 사람의 뇌에서 이루어지는 과정을 묘사한 것이라는 것이다. 어떻게 보면 이 모델도 사람의 뇌와 생각하는 과정을 비유한 것이며, 이것이 모든 사람에게 모든 상황에 적용되는 것이 아니다. 인지 학습 이론은 신경학적으로 세부적으로 자세하게 설명하지는 않지만, 사람이 생각하는 과정과 사고하는 능력을 쉽고 단순하게 표현한 것이며, 연구자, 교사, 그리고 코치들이 학습과 가르침에 대한 질문들을 대답할 수 있도록 만들어졌다. 이렇게 기억이 저장되는 과정과 정보처리과정 모델을 자세하게 알아보자.

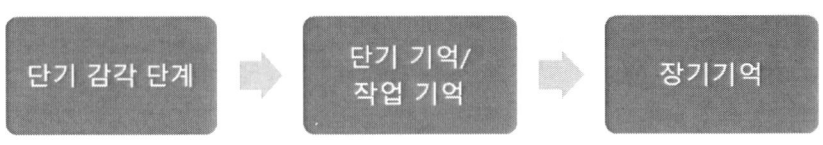

| 그림 6.1 | 정보처리과정모델과 정보처리 흐름

▶ **단기감각 단계**

사람들은 항상 수많은 외부 자극에 노출된다. 예를 들어 9~10살 아이들의 농구 연습을 보면 그들은 서로에게 얘기도 하고 농구공을 이러 저리 주고받으면서 자기들끼리 싸울 수도 있고 코치의 이름을 부를 수도 있으며 코치에게 질문하고 굴러다닐 수도 있다. 하지만 <u>단기감각 기억 단계</u> short-term sensory storage 는 이 모든 정보들을 습득하기도 하지만 거의 모든 정보들을 버리기도 한다. 단기감각 단계 기억은 잔향 기억 echoic storage 과 영상 기억 iconic storage 로 구분된다(Neisser, 1976). 잔향 기억은 당신이 다른 사람이 말하는 것을 듣고 나서 메아리가 울리는 것과 비슷하다. 예를 들어, 당신에게 어떤 사람이 이야기를 하고 있는 것에 집중하지 않고 있다가 갑자기 그 사람이 "내가 하고 있는 말을 듣고 있니?"라고 물어 봤을 때, 대답하지 못하는 것이다. 이 상황에서 당신은 어떤 메아리만 들리고, 마지막 정보만 단기감각 단계에 저장되는 것이다. 영상 기억은 당신이 어떤 상황을 시각적으로 보고, 순간적으로도 기억이 되는 것을 의미한다. 이 정보는 단기감각 기억에 1초 이내에 저장된다.

인지주의 관점에서 본다면 주의 attention 란 선수들이 수많은 외부 자극에 노출되어 있을 때, 그리고 단기감각 기억에 저장되어 있을 때와 그리고 단기 기억에서 저장되어 있을 때, 사용될 수 있는 기억으로 넘어가는 것을 의미한다. 이를 작업 기억 working memory; WM; 작동 기억이라고도 함 <u>으로도</u> 알려져 있다.

▶ 단기 기억(작업 기억)

단기 기억은 단기감각 기억에서 노출된 외적 자극들을 저장한 곳으로 생각하면 된다. 사람들이 외적 자극에 집중했을 때, 이것이 단기 기억으로 넘어가며, 단기 기억은 칠판에 쓰여 있는 글씨에 집중하거나 필기하는 순간순간에 짧게 기억되는 것을 의미한다. Calfee(1981)는 이 과정을 쓰고 지우는 작은 장난감에 비유하기도 한다. 단기 기억 연구 결과들은 보면 정보들을 저장하는 것보다 이런 과정들에 더욱더 초점을 맞추어서 연구하는데(Anderson, 1976, 1983), 그렇기 때문에 정보들을 일시적으로 보유하고, 각종 인지적 과정을 계획하고 순서화시키는 작업 기억이라는 새로운 개념이 탄생하기도 했다. 그래서 작업 기억과 장기 기억은 서로 같이 연결되고 연관되면서, 이 둘의 개념을 따로 보는 것이 아니라 같은 요소들이라고 생각하기 시작했다. 이제부터 우리가 단기 기억 단계의 이런 요소들을 작업 기억으로 표현하도록 하겠다.

사용될 수 있는 정보들이 작업 기억 단계에서 유지될 수 있는 시간은 20초 이상 되지 않는다. 하지만 이런 정보들을 집중하고 되풀이하면 지속적으로 유지될 수 있다. 그리고 이러한 과정이 작업 기억 단계에서 의식적으로 반복되면 저장되는 것이다. 작업 기억 단계에서 유지될 수 있는 정보의 양은 7개 정도 밖에 되지 않는다. 전 세계적으로 전화번호가 7개의 번호로 구성되어 있는 이유가 이 때문이기도 하다. 물론 사람마다 다르게 사용될 수 있는 기억정보와 작업 기억에 저장될 수 있는 정보의 양이 다를 수도 있다.

청킹 chunking 은 몇 개의 비슷한 정보들을 연결시키거나 묶어서 쉽게 기억할 수 있도록 도와주는 인지과정을 의미한다. 즉, 서로 관련된 이미를 하나의 덩어리로 만들어서 단기 기억의 용량을 확대시키는 효과를 지닌다. 예를 들어, 812-856-1212라는 전화번호를 외울 때, 812라는 숫자는 인디애나대학교의 코드이고, 856은 기숙사의 코드이기 때문에, 내가 외워야 할 것은 12층이라는 숫자와 12라는 호의 번호만 외우면 되는 것이다. 게다가 12가 두 번 반복되기 때문에 나는 1212도 청킹을 통해 쉽게 외울 수 있다. Miller(1956)는 7개의 동전만 소지할 수 있는 동전 지갑을 사람의 단기 기억 단계로 비유하여 표현했는데, 7개의 50원짜리, 7개의 100원짜리, 7개의 500원짜리로 덩어리로 구분한다면 그것을 10원짜리로 변환했을 때 더더욱 많은 돈을 그 동전지갑에 가질 수 있다고 표현했다.

요약하자면 작업 기억은 작은 정보들을 보유하고 사람들이 새로운 자극과 정보들에 노출될 때, 그 새로운 정보와 지각에 의미를 부여할 수 있도록 도와주며, 수학 문제를 풀 때나 운동 프로그램 또는 효율적인 움직임을 실행할 때 동원되는 전략을 결정할 때 도와줄 수 있는 역할을 한다. 사람들은 작업 기억을 사용하여 장기 기억 내에 새로운 정보를 저장한다.

▶ **장기 기억**

장기 기억은 정보들이 영구적으로 저장되는 것을 의미한다. 작업 기억에 저장되어 있는 정보들이 유동적으로 움직이는 것으로 표현된다면, 장기 기억에 저장되어 있는 정보들은 기억 그 자체를 의미한다. 그리고 우리는 이 장에서 장기 기억을 기억으로 설명할 것이며, 이런 정보들은 우리가 의식적인 단계에 저장되는 것이 아니다. 그렇기 때문에 작업 기억이 새로운 외부적인 자극들과 새로운 정보들에 노출되는 순간에, 혼란스럽고 헷갈리는 이유이기도 하다. 예를 들어, 어떤 선수가 자신의 코치 말에 집중하려고 노력하지만, 팀원이 시끄럽게 이야기하는 것 때문에 헷갈리고 혼란스러운 상황을 일컫는다. 하지만 반대로 기억에 저장되어 있는 정보들은 흔들리지 않으며, 시간이 지나서도 그 기억들을 다시 수면으로 이끌어 올릴 수 있다. 예를 들어, 춤을 전공하는 사람이 볼룸 룸바 Ballroom Rumba 가 라틴 아메리카 춤들 중에서 제일 느린 춤으로 평생 기억하는 것과 유사하다.

인지주의 관점에서 보면 단기감각 기억에서 선택된 정보들이 작업 기억에서 유지되고, 그것들이 다시 장기 기억으로 넘어가게 되는 것이다. 이렇게 새로운 정보들이 기억으로 넘어가는 것을 부호화 Encoding 라고 하는데, 부호화 과정은 새로운 정보들에게 의미를 부여하고, 추상적으로 관념화되어 기억으로 넘어가는 것을 일컫는다. Chi와 Glaser(1980)는 기억이라는 것을 설명할 때 기억은 지식 기반으로도 표현했다. 지식 기반 knowledge base 은 인생의 삶에 저장되어 있는 정보들을 의미한다. 〈표 6.1〉은 우리가 방금 논의한 기억의 3단계의 특징을 요약하여 설명한 것이다.

| 표 6.1 | 기억의 3단계

기억 단계	단기 감각 단계	단기 기억	장기 기억
대안 명칭	잔향 기억 또는 영상 기억	작업 기억 또는 일차 기억	이차기억 또는 기억
기억 저장 기간(시간)	1초 이내	20초 이내	무제한
기억 안정성	순식간	쉽게 분산됨	매우 안정적
기억 용량	극히 제한적	제한적(7±2개)	무제한
일반적 특성	정보를 순간적이고, 비의식적으로 받아들이는 인상적인 특성을 지님.	작업 기억으로 정보를 즉각적이고, 의식적으로 활성화되며, 시연으로 정보를 유지함.	지식(정보)의 기초가 되며, 기억 정보를 결합하고 부호화 시킴. 서로 다른 수준에서 정보를 처리함.

▶ 기억의 지식 유형

다양하고 수많은 정보의 유형들이 코치의 지식을 만든다. 그리고 이러한 정보들은 서술적 의미적 정보와 일화적 정보의 형성; semantic and episodic information , 심상적, 그리고 절차적 정보들로 구성되어 있다. 서술적 지식 declarative knowledge 은 명시적 explicit 정보를 의미하며, 의식적으로 장기 기억으로 넘어간 정보들이며, 사실적이고 진실적이며 우리의 경험과 더불어 우리가 이미 알고 있는 정보들을 의미한다. 서술적 지식들은 의미적 정보와 일화적 정보를 모두 포함하고 있다. 의미적 기억 semantic memory 은 한 부분에 국한되어 있지 않은 포괄적인 개념과 원리들이 포함되어 있는데, 예를 들어 선수들이 자신의 스포츠에 대한 규칙과 규율 즉, 야구의 인필드 플라이 규칙, 농구에서 퇴장되기 전까지 몇 개의 반칙을 할 수 있는지, 그리고 하키의 페널티 시간은 몇 분인지와 같은 기억들이 의미적 기억으로 구분된다.

일화적 기억 episodic memory 은 개인적인 경험들을 바탕으로 특정한 시간과 장소들을 연관시키는 것을 일컫는다(Tulving, 1983, 1985). 일화적 기억을 예로 들자면, 어떤 선수가 최강전 대회에 출전한 경험을 인상 깊게 느끼고, 그것을 영구적으로 기억하는 것이다. "우리가 대회가 열리는 날 저녁에 출발해서 진짜 마음에 드는 호텔에서 잤어. 아침에는 운동장에서 가서 워밍업을 했고. 그리고 대회가 있는 날 저녁에는, 관중들이 너무 많아서 경기장이 꽉 찼어! 소리가 너무 커서 내 목소리가 들리지 않을 정도였지! 물론 처음엔 정말 긴장했지만, 점점 적응되고 차분해지더라고, 그리고 결국엔 몇 초 남기지 않고, 결승전에서 이길 수 있었어!"와 같은 경험들이다.

심리학에서 인지 이론들을 이야기할 때, 심리기술의 한 부분으로써 심상 mental imagery 연구를 재차 언급한다. Alan Paivo(1971, 1986a)은 정보는 두 가지의 기억 시스템으로 저장된다고 설명했는데, 한 시스템은 언어 정보 verbal information 를 저장하고, 다른 시스템은 이미지 images 를 저장한다고 했다. Paivo에 의하면, 말, 단어, 문장, 이야기, 책, 대화 같은 영역들은 언어 부호화 시스템 verbal coding system 으로 저장되고, 그림, 느낌, 소리, 같은 정보들은 이미지 부호화 시스템 imaginal coding system 에 저장된다고 했다. Paivo's(1986b)의 이론은 이중 부호화 이론 dual coding theory 이라고 불리며, 이는 많은 정보들이 언어 부호화 시스템으로도 편성될 수 있고, 이미지 부호화 시스템으로도 편성될 수 있기 때문이다. 정보들을 저장하는 것을 부각하기 위해선 한 시스템에 정보를 저장하는 것보다 이 두 시스템에 모두 저장시키는 것이 현명하다. Paivo는 비언어적 기억 흔적 nonverbal memory traces 이 언어 기억보다 정보들을 더욱더 오래 지속적으로 소유할 수 있다고 했다.

이 책과 이 장에서 가장 중요한 지식 유형은 절차적 지식 procedural knowledge 이다. 절차적 지식은 우리가 무엇을 할 때, 그것을 어떻게 하는지에 대해 이해하고 인지하고 있는 정보들을 의미한다. 신발 끈을 묶는 방법, 수학 문제를 해결하는 절차, 차를 운전하는 방법, 외나무다리 서기를 하는 방법 등이 모두 절차적 지식이다. 절차적 지식은 말 그대로 절차에 대한 지식이기도 하지만(수학 문제를 풀어나가는 절차), 운동 기술(테니스에서 서브를 하는 방법), 그리고 조건적 조작 형성(빨간 불일 때, 브레이크를 밟는 것)을 의미하기도 한다.

▶ 기억 단위 유형

기억에서 서로 다른 유형을 보면, 인지 연구의 과제 중 하나가 인지적 작용이 어떤 식으로 이루어지는지에 대한 원리를 찾는 것이다(Bruning, Schraw, & Ronning, 1995). 인지 단위 cognitive units 의 4가지 유형은 개념 concepts , 명제 propositions , 도식 schemata 과 생성 productions 으로 이루어져 있다. 개념 concept 은 의미 있는 분류 meaningful category 로 표현되는 기억에서의 정신 구조를 의미한다. 즉, 어떤 사물이 기존에 알고 있던 사물과 연관시키는 것이다. 물체나 사물 간에 유사한 특징들을 속성 attributes 이라고 하며, 이 속성을 정의하고 묘사하는 작업을 속성 규정화 defining attributes 라고 한다. 예를 들어, 모든 게임은 규칙이 필요하고 경쟁이 필요하다. 그리고 속성 규정화를 통해 이런 개념들을 정리하고, 스포츠라는 결과물이 나오는 것을 일컫는다.

명제 proposition 는 지식의 제일 작은 단위의 유형이며 어떤 내용의 주장 assertion 으로도 분리할 수 있다. 명제란 생각하는 것과 작은 주장으로 이루어지며, 이런 정보들이 사실인지 그릇되었는지 판단하는 작업이다. 명제는 계획된 네트워크 propositional networks 라고 표현되기도 하는데, 예를 들면, "농구 골대가 땅에서 몇 미터 위에 있다"라는 정보들을 일컫는다.

도식 schema 은 가상화된 개념으로 정보의 부호화, 저장과 시연을 제어하고 정보를 기억에 저장하는 자료 저장소를 의미한다. 도식은 각각의 부서로 나뉘게 되는데 정보들은 각각의 부서들이 담을 수 있는 값에 해당되도록 저장된다. 도식은 불투명한 개념이기도 하지만, 이 개념을 이해한다면 선수들이 어떻게 학습하는지에 대해 이해할 수 있도록 도와줄 수 있다.

생성 production 은 만약-그렇다면 IF-THEN 규칙을 따르고, 특정한 행동과 그 특정한 행동이 실시되었을 때의 상황을 판단하는 것을 의미한다. 명제의 단계처럼 실행의 규칙은 실행 시스템이라고 불리는 네트워크에 따라 움직이는 것이다. 예를 들면 야구에서 번트하기 위한 실행 역할은 다음과 같다.

만약 당신의 목표가 번트라면
그렇다면, 당신은 손을 배트의 중심을 잡아야한다.

도식처럼, 생성은 선수들이 어떤 방식으로 학습이 이루어지는지에 대해 도와줄 수 있다. 이런 개념들은 이 장에서 더욱더 자세하게 묘사하도록 하겠다.

▶ 부호화의 유형

부호화는 새로운 정보들이 작동 기억에서 기억(장기 기억)으로 넘어가는 단계를 의미한다. 부호화의 과정은 시연 rehearsal, 정교화 elaboration, 조직화 organization 로 이루어진다. 시연 과정은 새로운 정보들을 되새김하는 것을 일컫는다. 예를 들어, 우리가 전화번호를 단기적으로 기억하고 바로 전화를 걸기 위해 마음속으로 계속 외우는 것이다. 시연은 새로운 정보들을 작동 기억 체계에 기억되게 도움을 주지만, 장기 기억으로 저장하기 위해서는 그리 효율적이지 않다. 아마도 이런 방식으로 저장하기 위해선 그 새로운 정보들이 독특하고 특이해야 하는데, 그렇지 않기 때문이다.

더욱더 효율적인 방법으로 부호화하기 위해서는, 정교화 과정이 효과적이다. 이 과정은 새로운 정보들에게 의미를 부여하고 특수화시키는 것인데, 우리는 새로운 정보들을 습득할 때, 자신이 기존에 알고 있었던 정보들과 연관시키거나 자신만의 방식으로 그 새로운 자극들을 독특하게 만들어서 저장하기도 한다(Craik & Lockhart, 1986). 예를 들어, 중국 올림픽에 참가하는 선수들은 올림픽 개회식의 시간과 날짜를 기억하기 위해 중국에선 숫자 8이 행운을 준다고 느끼는 것이다. 그리고 북경 올림픽 개회식의 시간과 날짜는 2008년 8월 8일 8시에 시작했다.

부호화의 3번째 단계는 조직화 과정이며 이 과정에서 선수들은 새로운 정보를 구조화하는 작업을 실시한다. 한 집단은 새로운 정보들을 기억하라고 했고, 다른 집단에게는 기억하지는 않아도 정보들을 정리하라고 한 후, 새로운 정보들에 대한 시험을 쳤을 때, 흥미롭게도 그 결과는 똑같았다. 다시 말해, 기억하고 정리하는 것은 똑같은 것이며 선수들에게도 구조화된 정보들을 제공함으로서 선수들이 더욱더 쉽게 새로운 정보들을 기억할 수 있도록 도와줄 수 있다. 예를 들어, 육상 경기에 대한 정보를 제공할 때, 육상의 영역들을 달리기, 뛰기, 던지기로 나뉘어서 선수들에게 제시한다면 학습자들은 더욱더 쉽게 기억할 수 있을 것이다.

▶ 기억의 구조

기억의 네트워크 모델 network model of memory 은 거미줄 같은 네트워크로 표현되며, 마디 nodes 하나하나가 인지적 단위 cognitive units 로 표현되며(개념이나 도식), 연결 links 은 인지적 단위들을 연결시키는 역할을 한다(Anderson, 1983). Collins와 Quillian(1969)은 마디는 서로서로 연결되어 있으며, 이 네트워크가 위계적으로 연결되어 정보를 처리한다는 연구 결과를 발표했다. 이 네트워크 모델은 서로 연관성 있는 다른 마디들과 연결된다. 〈그림 6.2〉는 Collins와 Quillian이 개발한 후에 기억의 네트워크 모델을 설명하는 것이다.

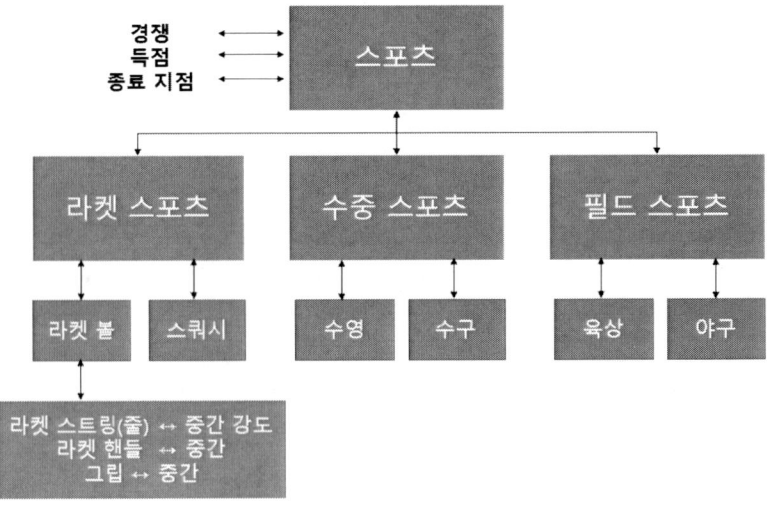

| 그림 6.2 | 기억의 네트워크 모델

   이 네트워크의 모델에 따르면, 기억을 다시 떠올릴 때, 네트워크에 따라서 자신이 찾으려고 하는 기억을 서로 연결되어 있는 링크를 통해 도움을 받는 것이다. 이러한 확장된 움직임은 <u>퍼지는 활성</u> spreading activation 이라고(나무의 뿌리처럼) 언급된다.
   그리고 효율적인 코치가 되기 위해서 기억과 정보는 마디와 링크를 통해 연결되어 있다는 것을 기억해야 하고, 이 개념을 적용시킬 줄 알아야 한다. 보시다시피, 기억과 정보는 마디와 링크로 연결되어 있다는 것을 이해한다면 선수들에게 새로운 정보를 주고, 그것을 인지하도록 큰 도움이 될 수 있다.

▶ 정보처리과정 모델을 적용하여 선수들을 가르치는 방법

   정보처리과정 이론들과 개념들이 이해 됐다면 이제 우리는 이 이론들과 개념을 적용시켜서 효율적인 코치가 되게 하고 자신의 선수들을 인지 능력이 뛰어난 선수들로 만들어 줄 수 있는 방법에 대해서도 알아볼 것이다.

▶ 단기감각 단계

   선수들을 지도할 때, 단기감각 단계 Short term sensory stage: STSS 에 대한 지침서를 참고하여 가르치는 것이 현명하다.
   새로운 정보들을 가르쳐줄 때, 외부의 자극들을 최소화시켜서 선수들이 집중할 수 있도록 도와준다. 인간의 감각(시각, 청각, 맛, 접촉, 냄새)은 항상 외부적인 자극에 범람되어 있지만 사람들은 모든 것에 집중할 수 없기 때문에 외적 자극들 중에서 필요한 것에만 초점을 맞춘다. 그렇기 때문에 외적 감각을 줄일 수 있는 방법 중 하나는 선수들이 집중할 수 있는 시간을 만드는 것이다. 연습 도중에 선수를 따로 불러서 개인적으로 지도하거나 일부 선수들만 모아서 짧은 시간에 강의를 하는 것이 선수들이 노출되는 외적 자극을 줄이고 효율적인 코치가 될 수 있는 방법 중 하나이다.

대회나 연습에 선수들이 자기 자신과 코치에게만 집중할 수 있도록 가르친다. 선수가 자신의 친구들과 같이 있다고 가정해보자. 한 친구는 선수의 왼쪽 그리고 한 친구는 선수의 오른쪽에 있는데, 그 선수들은 한 번에 다른 이야기를 하기 시작했다. 어떤 일이 일어날지 잘 알겠지만 그 선수는 한 친구에게 잠시 기다리라고 하고, 한 친구의 이야기를 먼저 듣기 위해 집중할 것이다. 한 사람이 두 개의 이야기에 집중하는 것은 불가능하다. 이처럼 선수들도 대회에서 자신의 상대편 선수에 집중하거나 팀원들에 집중하기 시작하면 코치의 말을 집중하거나 들을 수 없다. 이것은 당연한 이야기이지만, 막상 대회나 경기에 있을 때 이렇게 하기가 쉽지 않다. 많은 선수들이 특히 경험이 부족한 선수들은(경험이 많아도 어렵다) 지각기관과 감각기관의 과부화되기도 하는데, 그 이유는 선수들이 외부에서 들어오는 지각과 감각의 자극들을 정확하게 받아들이는 방법을 모르고, 필요 없는 자극들을 무시할 줄 모르기 때문이다. 선수들은 환경에서부터 나오는 시각적 그리고 청각적 자극에 마비되면, 제일 필요 없는 것에 집중하게 되는데, 그것은 바로 상대편 선수들이다.

나는 어떤 대회를 참가했을 때, 나의 선수들 중 한 명이 자신의 다이빙 할 차례를 기다리는 중에 다른 선수들을 보느라고 넋이 나간 표정으로 서 있는 것을 목격한 적이 있다. 그 선수는 일단 1m에서 점프한 선수들을 관찰하고 3m에서 점프한 선수들을 관찰하다가 플랫폼을 보고 또 다시 1m 선수를 관찰하는 행동을 계속해서 반복하고 있었다. 내가 그 선수의 이름을 불렀을 때, 그 선수의 시선은 1m 보드, 3m 보드, 플랫폼에 고정된 채 대답했다. 나는 일부러 그 선수의 시선을 가리려고 노력했고, 그 선수는 결국 나에게 "선생님 지금 뭐 하시는 거에요?"라고 나에게 물어봤다. 나는 그 질문에 "그럼 너는 뭐하고 있니?"라고 물어봤고, 다행히 그 선수는 그제야 자신이 무엇을 하고 있는지 인지했고, 나한테 사과했다.

제일 흥미로운 것 중 하나는 그 선수가 자신이 무엇을 잘못하고 있었는지 알고 있었던 것이다. 그 선수는 상대편 선수들에게 집중하는 것이 아니라 자기 자신과 나의 말에 집중하는 것이 옳다는 것을 알았지만, 막상 대회의 상황과 환경에 휩쓸려 자기 자신도 모르게 멍하니 바라보고 된 것이다. 그 대회에서 그 선수는 좋은 수행을 보이지 못했다. 하지만 그 이후에 전국대회에서는 정말 좋은 성적을 거뒀고, 은메달을 목에 걸 수 있었다. 모든 스포츠에서 이런 상황은 벌어진다. 선수들이 비슷한 행동과 태도를 보이는데, 그 선수들은 상대편 선수에게 홀린 나머지 자신들의 코치의 말에 집중하지 못하고 자신의 워밍업 루틴을 하지 못하며 경기 전략을 잊어버리거나 해야 할 일들을 하지 못하고 자신의 실력을 못 보이는 경우가 많다.

적절한 각성 수준을 유지할 수 있도록 가르친다. 선수들이 각성 수준이 너무 높거나 너무 낮으면 부적절한 단서나 너무 많은 단서에 주의 집중하여 좋은 수행력을 보이기 어렵다.

이 때문에 운동 수행시 선수들은 적절한 단서들을 활용하지 못하게 되어 많은 실수가 나타날 수 있다. 자극 확인 stimulus identification 에 대한 각성 수준의 효과는 이 장 후반부에서 논의하겠다.

▶ 작업 기억 단계

선수들을 지도할 때, 작업 기억 working memory 에서 적용될 수 있는 다음 사항들을 명심한다.

한 번에 너무 많은 정보를 제공하지 않는다. 인지주의 관점에서 본다면, 의식이란 단기 기억 단계에서 외부적인 자극에 집중할 수 있는 시간과 상황을 의미한다. 다시 말해, 우리는 어떤 외부적인 자극에 집중하기 시작한다면(의식하기 시작한다면), 그 정보들은 단기 기억 단계에서 사용될 수 있는 작업 기억 단계로 넘어가는 것이다. 앞서 설명했듯이 사용될 수 있는 작업 기억은 저장할 수 있는 공간이 한정되어 있다. 예를 들어, 자신의 선수들에게 너무 많은 도움을 주고 싶은 나머지 그들이 인지할 수 있는 정보들보다 더욱더 많은 정보들을 한꺼번에 줄 수 있다. 코치는 그 많은 정보들을 자신의 선수들 모두가 다 이해하고 습득할 수 있다고 생각할 수 있지만, 선수들과 코치의 경험, 시간, 그리고 연륜 차이(선수 경력 및 나이)를 생각하여야 한다. 코치가 너무 많은 정보들을 선수들에게 제공한다면 선수들은 그 정보들 때문에 과부화되는 현상이 일어날 수도 있다.

선수들에게 새로운 정보들이 소화될 수 있도록 충분한 시간을 제공한다. 코치가 올바른 양의 정보를 선수들에게 전달했어도, 선수들에게 그 정보들이 소화될 수 있도록 충분한 시간을 주지 않는다면, 선수들은 그 정보들을 이해할 수 없다. 사용될 수 있는 작업 기억의 특성 중 하나는 장기 기억 단계로 넘어가기 위해서 꾸준히 유지되어야 한다는 것을 상기시켜야 한다. 그렇기 때문에 이 단계를 사용될 수 있는 작업 기억 단계라고 한다. 선수들에게 충분한 시간을 주지 않고, 새로운 정보들을 부가적으로 주기 시작한다면 그 정보들은 없어지거나 불완전한 상태로 남아 있을 수 있다. 선수들이 정보를 습득했는지 판단하기 위해서 제일 쉬운 방법은 선수들의 움직임을 관찰하여 운동학적으로 잘 이해했는지 판단하는 것이다. 선수들에게 새로운 정보들을 주기 전에 지난번에 가르쳤던 정보들을 기억했는지 물어보는 것도 좋은 방법이다. 선수들에게 전달된 정보가 작업 기억 단계에서 장기 기억 단계로 넘어갔는지 확인한다.

선수들의 나이를 고려한다. 사용될 수 있는 작업 기억의 한계를 검사하기 위한 제일 좋은 방법은 바로 숫자 키보드 누르기 검사 digit span test 를 통해 확인하는 것이다(숫자 기억하기). 이 검사에서 선수들에게 아무 의미 없고 연관성 없는 숫자들을 불러주고 끝난 후, 선수들에게 그 숫자들을 기억하라고 한다. 청소년과 어른들은 주로 7가지 숫자나 (7+2) 그 이상의 숫자를 외울 수 있지만, 6살 이하의 아이들은 2개에서 3개의 숫자밖에 외울 수 없다. 그렇기 때문에 어린 아이들을 가르칠 때, 아주 작은 정보들만 제공해 주는 것이 좋다.

선수들에게 청킹 기술을 가르친다. 사용될 수 있는 작업 기억은 한정되어 있기 때문에 청킹을 통해 이 한계점을 늘릴 수 있다. 선수들은 수많은 정보 때문에 과부화 될 수도 있다. 한 번씩 선수들이 "아! 이해할 것이 너무 많아!"라고 소리 지르는 것을 들었을 때를 과부화 됐다고 볼 수 있다. 선수들에게 전달된 정보들을 덩어리로 지어서 6가지의 정보들을 2~3가지고 압축시켜서 이해하거나 외우도록 도와주는 것이다. 선수들에게 어떤 동작을 가르칠 때 그 동작을 나누어서 하나하나의 움직임으로 보여주면서 정보의 양을 줄이고, 그 정보들이 습득될 수 있는 시간을 충분히 주고 나서 청킹을 통해 하나하나의 움직임을 한 동작으로 만들어서 인지할 수 있도록 도와주는 것이다.

▶ 장기 기억 단계

이 책에서 앞서 이야기 했듯이, 학습을 다른 말로 정의하자면 **변화** change 로 이야기할 수 있다. 하지만 실제 학습(실제 변화)은 오랜 시간과 노력 없이는 이루어지지 않는다. 인지주의 관점에서 봤을 때에도 이러한 변화가 기억에서 유지되어야 실제 학습이 이루어졌다고 생각한다. 그렇기 때문에 코치들의 제일 큰 목표 중 하나는 자신이 전달한 정보들이 기억에 유지될 수 있도록 도와주는 것이다. 앞서 논의했던 정보처리 과정에는 기억 속에서 정보를 변환시키는 부호화 과정이 있으며, 이 부호화 과정은 시연 rehearsal, 조직화 organization 와 정교화 elaboration 등 3단계를 거쳐서 처리된다.

선수들에게 시연 연습을 강조한다. 시연은 기억 속에 정보를 유지시키기 위한 하나의 방법이며, 새로운 움직임을 시연하는 습관을 선수들에게 습관화 될 수 있도록 가르치는 것이다. 예를 들어, 한 동작을 가르칠 때, 선수들의 몸이 올바른 동작을 생성할 수 있도록 도와주고 나서, 그 새로운 동작을 꾸준히 계속 연습할 것을 강조하고 경기와 대회 때 그대로 구현할 수 있도록 강조하는 것이다. 이렇게 연습하게 되면 시연은 선수들의 수행 루틴의 한 부분이 될 것이다. 요약하면, 기억 속에 새로운 정보를 부호화하기 위해서는 선수들이 혼자서 연습할 때에도 코치가 알려준 정보를 기반으로 시연(신체적 움직임)하면서 훈련해야 한다.

선수들에게 새로운 정보를 인지적으로 조직화할 수 있도록 가르친다. 선수들에게 인지적 조직화를 효율적으로 도와주기 위해선 새로운 정보들을 조직화해서 전달하는 것이 좋다. 조직화된 정보들을 통해 큰 단원부터 시작하여, 자신이 하고 있는 스포츠에 세부적인 면도 이해할 수 있기 때문에 선수들을 이렇게 가르치는 것이 현명하다. 예를 들어, 선수들에게 어떤 정보를 전달할 때, 완화, 인내, 리듬, 집중 같은 개념들을 물리학의 원칙과 연관시켜서 운동역학적으로 설명하여 강의한다면, 그 선수들은 새로운 정보를 더욱더 쉽게 정리할 수 있고, 이것을 통해 선수들은 운동 기술과 수행을 많이 상승시킬 수 있다.

새로운 정보를 가르칠 때, 정교화를 사용한다. 성공적인 코치들은 자신들의 선수들에게 새로운 정보를 제공할 때, 정교화 방법을 숙련되게 잘 사용한다. 이 방법을 통해 코치들은 더욱더 효율적으로 선수들을 가르칠 수 있게 된다. 다시 말해, 코치들은 선수들이 새로운 정보를 기존에 있던 정보들과 연관시키는 방법을 알고, 이런 방식을 통해 쉽게 기억하고, 그 새로운 정보가 독특하게 받아 드려지도록 도와주는 것이다. 정교화 과정은 수많은 방법과 방식으로 진행될 수 있다. 예를 들어, 처음에 이 정보에 대해 소개할 때, "이 움직임은 벌써 알고 있던 ○○움직임과 비슷한데……" "이 움직임을 할 때, 기억해야 할 사항 중 하나는……" "이 움직임을 하기 위해서 제일 중요한 점은……"같은 식으로 설명하는 것이다. 주로 선수들은 자신의 운동 종목뿐만 아니라, 다른 분야의 스포츠도 경험해봤기 때문에 새로운 움직임이나 동작을 설명할 때, 다른 스포츠의 비슷한 움직임을 설명해서 보여주는 것도 좋다. 예를 들어, 농구의 회전축, 즉 피벗 하는 방법을 가르칠 때, 어린 아이들에게 벌레를 문지르는 듯이 움직여야 한다고 가르치는 것이다.

이중 부호화 dual coding **를 사용하여 선수들을 지도한다.** 새로운 정보들이 기억 속에 유지되기 위해선 언어적 부호화 시스템과 시각적 부호화 시스템 모두가 작동해야 한다. 그렇기 때문에 코치는 선수들에게 새로운 정보들을 전달할 때, 전달하려는 정보와 관련된 그림을 보여주거나, 느낌과 소리 같은 다른 감각들도 사용하여 가르치는 것이 현명하다. 예를 들어, 야구의 스윙에 대해서 가르칠 때, 선수들의 무게가 뒤쪽 발에서 앞쪽 발로 넘어가는 그 느낌에 집중하게 도와주는 것이다. 체조 선수들은 하나의 루틴을 성공적으로 수행하고 난 후, 그들에게 눈을 감고 나서, 방금 했던 루틴을 생각하게 하고, 그 성공적인 루틴이 경기나 대회에서 실시될 수 있도록 이미지 트레이닝을 하는 것도 좋다. 이미지 트레이닝은 체조뿐만이 아니라, 다른 모든 스포츠 종목에서도 실시하는 것이 현명하다.

운동 기술을 효율적으로 기억하기 위해서 무선연습을 사용한다. 많은 연구들에 의하면, 무선연습 random practice 을 실시한 선수들은 구획 연습 blocked sequence 방식을 한 선수들보다 효율성이 떨어진다고 했다. 그렇지만, 일정한 시간이 지나고 다시 검사를 하면, 무선연습을 실시한 선수들이 운동 실력과 움직임, 동작에 대한 기억력이 구획 연습 방식을 한 선수보다 더욱 뛰어났다. 이러한 연구결과를 다른 연구들에서도 재현되었다(Lee & Magill, 1983; Shea, Kohl, & Indermill, 1990; Ste-Marie, Clark, Findlay, & Latimer, 2004). 이런 현상들은 <u>맥락 간섭 효과</u> contextual interference effect 라고 하는데, 이 현상은 연습 단계에서는 무선연습 조건이 처음에 수행을 감소시키지만, 시간이 지나 후에 수행에 대한 파지 검사 retention test; 기억검사 를 했을 때, 향상된 학습 성과를 보이게 된다.

맥락 간섭 효과를 설명하기 위한 2가지 이론이 있다. 이 이론들은 인지적 특성과 독특한 기억의 특성을 지니고 있다. 맥락 간섭 효과를 설명하기 위한 첫 번째 이론은 <u>정교화 가설</u> elaboration hypothesis 로서, Shea와 Zimmy(1983)는 무선연습을 하면 각각의 움직임과 동작에 의미가 부여되고, 독특해지기 때문에, 기억에 잘 보존된다고 설명했다. 이들은 무선연습을 할 때, 한 훈련에서 다음 훈련으로 넘어 갈 때, 그들은 다른 훈련에서의 움직임과 동작의 차이, 비슷한 점, 특이한 점에 더욱더 민감해지고 예민해진다는 결과도 보고했다. 정교화 과정은 수많은 정보들을 기억에 저장하기 위한 큰 역할을 한다. 그 과정이 특징적으로 정교화 될수록 기억 속에 오래 남고 저장되기 쉽다.

무선연습의 긍정적인 효과 중, 또 다른 점은 망각 또는 분산 가설forgetting or spacing hypothesis 인데, 이것은 무선연습을 수행하면 똑같은 움직임과 동작을 반복적으로 하는 것이 아니기 때문에, 망각이 생기고 쉽게 망각되기 때문에, 그 연습을 하고 싶은 욕구가 생겨나게 도와주는 것이다. 이 망각 가설은 행동-계획 재구조 가설action-plan reconstruction hypothesis 이라고도 하는데(Lee & Magill, 1985), 이 가설을 제일 쉽게 이해하기 위해선 수학의 예로 드는 것이 좋다.

10살 아이가 3가지의 다른 수학 문제를 풀어야 한다. 즉, 첫 번째 문제는 12 나누기 4(12÷4), 두 번째 문제는 12 곱하기 4(12×4), 그리고 마지막 문제는 12 빼기 4(12-4) 문제이다. 구획 연습을 통해 이 아이는 첫 문제인 12 나누기 4를 풀고, 올바른 정답을 찾기 위해 노력한다. 다음에 그 똑같은 문제를 풀 때, 그 과정을 기억하는 것보다는 똑같은 문제를 계속 풀었기 때문에 답만 외우게 된다. 하지만 무선연습은 12 나누기 4와 비슷한 문제들을 풀고, 12 나누기 4라는 문제를 풀기 때문에 답만 외우는 것이 아니라 그 과정을 이해하도록 도와주는 것이다.

무선연습은 선수들에게 운동 기술 문제를 해결하기 위한 동작 생성을 할 수 있게 하는 능력을 길러주고 선수들이 그 문제를 스스로 해결할 수 있도록 도전할 수 있는 과제를 주는 것이다. 이 과정은 인출 연습retrieval practice 이라고도 하는데, 그 이유는 무선연습을 하면, 선수들은 올바른 정보들을 자신의 기억에서 인출해야 되기 때문이다(Bjork, 1975; 1979). 이런 인출과정은 무선연습이 새로운 정보를 기억하고 유지하는데 왜 효과적인지 잘 설명해준다. 어떻게 보면, 이 연습이 학습과정을 더욱더 독특하게 만드는 것이기도 하다. 선수는 한 동작을 생성하고 실행할 때, 적절한 운동 정보를 자신의 기억에서 꺼내고, 그로 인해서 더욱더 정교화 되는 것이다. 무선연습은 조직화 과정에도 큰 도움이 되는데, 조직화 과정은 새로운 정보를 기억에 저장해 두기 위한 중요한 요소이기도 하다. 다시 수학 문제를 푸는 것으로 되돌아가서 무선연습을 통해 어린 선수들은 나누기, 곱하기, 빼기의 문제들을 정리하기 시작하고 이 과정을 통해 문제 푸는 방식이 다르다는 것을 인지하기 시작한다. 그래서 그 학생이 문제를 풀 때, 정리된 정보들을 사용하여 이 문제가 어느 영역에 있는지를 파악하고(덧셈인지 곱셈인지 등) 정답을 찾는 것이다. 이렇게 수학 문제를 푸는 과정은 운동 학습 과정에도 적용되는데 선수들은 상황에 따라서 필요한 정보들을 자신의 기억에서 인출하고, 그 상황이 다른 상황과 다른 점을 파악하고, 올바른 움직임과 동작을 선택하여 행동으로 옮기는 것이다. 예를 들어, 야구공을 던지고 받는 연습을 하고 있을 때, 코치가 공을 무작위로 던져서, 선수들이 땅으로 굴러오는 공이나 공중에서 떨어지는 공이나, 지면에서 튀기는 공이나, 오른쪽으로 오는 공, 왼쪽으로 오는 공 등을 받을 때, 더욱더 익숙하게 받을 수 있도록 도와주는 것이다.

학습이 원활하게 이루어지기 위해, 학습 전략을 가르친다. 선수들이 새로운 정보들을 더욱

더 쉽게 기억하기 위한 좋은 방법은 선수들이 좋은 학습 전략을 가질 수 있게 도와주는 것이다. 그리고 쉬운 학습 전략을 통해 코치도 더욱더 좋은 교사로 거듭 날 수 있다. 예를 들어 어린 다이빙 선수들에게 나는 RIPS라는 두문자어로(낱말의 머리글자를 모아서 만든 준말 또는 명칭) 학습 전략을 가르치는데, 이 RIPS는 선수들이 다이빙을 하고, 물에 들어갈 때, 물이 튀기는 것을 최소화시키기 위한 방법을 가르치는 것이다. RIPS는 학습 전략을 도와줄 수 있는 좋은 예다.

- **R**: Review(복습) – 다이빙을 하기 전에, 코치가 했던 말을 다시 복습한다(생각 또는 기억한다).
- **I**: Immediately(즉각적으로) – 다이빙이 끝나고 나면 즉각적으로 코치를 바라본다.
- **P**: Pose(제안) – 코치의 말이 이해가 안 된다면 항상 물어본다.
- **S**: Strategize(전략) – 시연, 정교화 조직화 과정을 통해 코치의 말을 되새기고, 다시 첫 번째 단계로 돌아간다.

선수를 지도할 때 코치의 상상력을 사용하여 자신만의 두문자어를 만들어도 좋고, 자신의 스포츠 종목의 독특한 면을 이용하여, 학습 전략을 만드는 것도 좋다. 예를 들어 RUNS는 야구에 사용될 수 있는데. 복습 Review, 이해 Understand, 변화 인지 Note Changes, 전략 Strategize 식으로 만드는 것이다. 나는 개인적으로 MURDER을 좋아하는데 Dansereau(1985)가 더욱더 복잡한 학습 전략을 교실에 적용될 수 있게 만들었지만, 다양한 스포츠 종목에도 쉽게 사용될 수 있다.

- **M**: Mood(마음가짐) – 연습 전에 올바른 마음을 갖는다.
- **U**: Understand(이해) – 연습을 통해 무엇을 얻고 싶은지 파악한다.
- **R**: Recall(상기) – 지난 시간에 무엇을 배웠는지 기억한다.
- **D**: Digest(소화) – 코치의 말을 잘 소화한다.
- **E**: Expand(확대) – 정보를 확대한다.
- **R**: Review(복습) – 실수한 것을 복습(기억)한다.

▷ 운동 학습의 3단계

이제는 기억과 운동 학습 이론들이 운동 학습과 수행과 어떻게 관련이 되어있는지에 대해 많이 궁금할 것이다. 코치들은 선수들이 생각하지 않고 반응하는 것을 원하지 않는다. 코치들은 선수들이 **본능적으로 자동적으로** 움직일 것을 원하는 것이다. 특히 어렸을 때 이루어지는 운동 학습은 움직임과 동작에 대한 개념을 이해하면서부터 시작된다(Gentile, 1972). 다시 말해, 운동역학적으로 표현하자면, 움직임에 대한 협응의 기본적인 패턴을 이해하는 것부터 시작되는 것이다(Newell, 1985). 이런 목표를 이루기 위해서 학습자들은 인지 과정(Fitts & Posner, 1967)과 언어 과정(Adams, 1971)을 둘 다 사용하여 문제를 해결해야 한다. 그렇기 때문에 Fitts는 움직임과 동작을 얻기 위해선 3가지 단계가 있다고 제안했으며, 이 단계에는 인지 단계, 연합 단계(연습 단계) 그리고 자동화 단계이다.

코치로서 나는 이 단순한 패러다임이 운동 학습 과정을 이해하고 그 과정을 가속화시키고 안내해주는데 큰 도움을 받았다. 개인적으로 이 패러다임이 굉장히 중요하기 때문에 이 3가지 단계를 논의하고, 효율적인 코치가 되기 위해서 이런 이론들을 어떻게 적용할 수 있는지에 대해 알아볼 것이다.

▶ 인지 단계

새로운 학습자에게 인지 단계에서 문제를 해결할 때 제일 처음으로 해야 될 것은 자기가 하고자 하는 과제를 이해하는 것이다(Schmidt & Lee, 2005). 어떤 동작이나 움직임을 배우기 전에 아무런 정보가 없고 그 움직임에 대한 아무런 지식이 없다면 그 동작과 움직임을 배우는 것은 거의 불가능하다. 정보와 지식은 언어적으로나 시각적으로 동시에 전달되어야 한다. 수영의 접영을 예로 들자면, 많은 사람들이 접영이라는 것이 배우기 힘들고 부자연스러운 동작이며, 발과 다리와 팔 움직임이 다른 수영법 보다 상당히 다르다는 것을 알고 있을 것이다. 만약 수영을 오래 접하지 않았던 사람이 접영에 대해 아무것도 모르고, 접영에 대해 들은 것도 없으며 접영을 본적이 없다면, 접영을 배우는 것은 불가능하다. 다시 말해 운동 학습은 인지 단계에서 시작되고, 정보처리과정에서 시작되는 것이다.

물론 접영을 배우려는 사람은 어떻게든 접영과 가까운 움직임을 하려고 노력할 것이다. 수많은 시행착오 학습을 통해, 수많은 시간과 노력을 통해, 수많은 실험을 통해, 그리고 창의적인 문제 해결법을 통해 접영을 어떻게든 배울 수 있기는 하지만, 만약 접영에 대한 정보와 지식을 인지적으로 습득했다면 학습 과정이 상당히 단축 될 수 있다.

인지 단계는 인지주의 이론가들이 제일 주목하는 단계이기도 한데, 그 이유는 정보처리 과정이 이 단계에서 진행되기 때문이다. Adams(1971)는 이 단계를 언어-운동 단계 verbal-motor stage 라고도 표현했는데, 그 이유는 전달하는 과정(언어)과 새로운 정보를 습득하는 과정(인지)이 포함되기 때문이다. 그렇기 때문에 이 단계에서 인간은 새로운 정보를 습득하기 위해 필요한 지식을 인지적으로 이해하려고 노력하고 움직임과 동작에 필요한 변수를 찾는 것이다.

골프를 처음 접하는 아이들로 예를 들어보자. 그 아이들은 처음으로 골프라는 운동을 접해봤기 때문에 들뜬 마음으로 골프연습장에 오지만, 한 번도 골프 선수가 공을 치는 모습을 보지 않았고 백지 상태에서 모든 것을 받아들일 수 있는 준비가 되어 있다. 아이들은 골프연습장에 있던 다른 골프 선수들을 보면서 시각적으로 수많은 정보들을 받기 시작한다. 그리고 교사가 골프 스윙에 대해서 설명해 주고, 골프의 기본적인 자세와 골프채를 잡는 방법을 설명하기 시작하는데 여기서 그 어린 선수들은 언어적으로 수많은 정보를 전달받는 것이다. 다시 말해, 아이들은 그냥 연습장에 와서 골프를 치는 것이 아니다. 그 정보들을 자기 것으로 만들기 위해 모든 사람들이 습득과정을 거쳐서 인지적으로 이해하는 것이다. 이 인지 단계에서 처음으로 스포츠를 접하는 선수들은 전달받은 정보들을 소화하기 시작하고 의미를 부여하고 정리하여 자신만의 운동 프로그램 motor program 으로 입력하는 것이다.

인지 단계에서 사람들은 수많은 동작과 움직임을 습득하기도 하지만, 결과적으로는 사람들의 수행 능력에 있어서 일관성이 떨어진다. 이 단계에서 학습자들은 지도가 필요하고 가이드 역할을 하고 그 움직임을 몇 단계로 나눠서 훈련하고 자신의 수행 모습을 비디오로 촬영해서 다시 복습하고 피드백을 제공하는 것이 가장 효과적이다(Schmidt & Lee, 2005). 제 4장에서 우리가 논의한 Adams의 폐쇄회로 이론 closed-loop theory 과 초기 학습 단계에서 오차 해결 학습 error-free learning 의 중요성을 기억해야 한다. 이러한 인지 단계에서 학습자는 필요한 정보들을 받아들이고, 지도해주는 코치나 교사가 필요하며 움직임과 동작을 습득할 수 있는 충분한 시간이 필요하다. 물론 실수를 해도 괜찮고, 만약 학습자가 실수를 했을 때에는 코칭에 대한 건설적인 접근 방법과 도식 이론을 기초로 지도하는 것이 현명할 것이다.

▶ 연합 단계

연합 단계(연습 단계)의 특징은 수행력이 감소하지만, 의식적으로 움직임과 동작을 수행하며 움직임과 동작을 조정할 수 있다. 그렇지만 동작을 조정하는 능력이 아직 어색하고 부자연스러우며, 완성되기 까지는 오랜 시간이 걸린다. 이 단계에서 선수들은 자신의 움직임을 조정하고, 작은 단위로 나눠었던 움직임은 한 동작으로 만들기 위해 노력한다. 이 단계는 운동단계 motor stage 라고도 하는데(Adams, 1971) 그 이유는 연합 단계에서 해결해야 할 문제는 어떤 동작과 움직임을 수행하는 것이기 때문이다. 인지주의 관점에서 본다면 연합 단계는 선수들이 서술적 지식을 절차적 지식으로 바꾸는 단계이다. 다시 말해, 선수들은 무엇을 배우는 것이 아니라 어떻게 할 것인지를 배우는 것이다.

다이빙의 역사상 지금까지 모든 영역에서 10점을 받은 선수는 없다. 그 말은 항상 개선할 점이 있다는 것이다. 사실 이 이야기는 모든 스포츠에 해당이 되는데, 야구의 투수로 예를 들자면, 그들은 새로운 투구를 배운다거나 기존에 있던 투구들을 다듬을 수 있고, 장대높이뛰기 선수들은 새로운 장대를 쓰는 것을 연습하거나 새로운 기술을 연마할 수 있으며, 체조 선수들은 새로운 루틴, 농구선수들은 슈팅 폼을, 수영 선수는 자신의 스트로크 하는 방식들을 연습하고 학습할 수 있다. 사실 스포츠 종목에서 이러한 예는 수없이 많다. 성공적인 선수들과 코치들을 보면, 그들은 항상 무엇인가를 개선하여 더 나은 코치, 더 좋은 선수로 거듭나기 위해 노력한다. 그렇기 때문에 그들은 항상 인지 단계로 다시 돌아오고, 연합 단계에서 운동 학습을 다시 거친다. 이 단계로 다시 돌아오는 것은 재학습 과정 relearning process 이라고 한다.

　나는 몇 년 전에, 중국 베이징에 있는 칭화 Tsinghua 대학교에서 근무하는 Yu Fen 교수와 일할 수 있는 기회가 있었는데, 이 교수는 중국 내 최고의 다이빙 코치였으며, 수많은 올림픽 챔피언들과 세계 챔피언들을 지도한 사람이다. 내가 Yu Fen 교수와 일하고 나서 배운 점은 운동 습득 과정의 첫 번째 단계와 두 번째 단계로 다시 돌아와서 재학습을 하는 것이 얼마나 중요한지를 깨달을 수 있었다. 그들이 얼마나 훌륭한 선수였는지는 중요하지 않다. 예를 들어, 어떤 수영 선수가 다이빙 점프대 피크 위치에서 고난이도 기술을 계속해서 실수를 한다면, Yu Fen 코치는 그 선수를 트램폴린에 다시 데리고 가서 기본적인 점프와 공중제비 한바퀴 single somersault 와 같은 쉬운 기술을 연습하도록 지시했다. Yu Fen 코치의 연습 중에 나는 올림픽 금메달리스트 Tian Liang이 1m 보드에서 처음으로 다이빙을 배우는 선수들이 하는 똑같은 훈련을 무한 반복하는 것을 본 적도 있다.

　다른 프로그램에서 운동했던 새로운 선수가 우리 팀 훈련 프로그램에 들어왔다. 그 선수가 팀을 옮긴 이유는 그 선수에게 정체기가 왔고 실력이 향상되기는커녕 감소하고 있었기 때문이다. 지도자는 그 선수를 관찰하고 나서 그 선수가 정체기에 머물러 있는 문제가 바로 기본기에 있다는 것을 깨달았다. 그 선수의 기본기는 형편없었으며 그것을 교정하기 위한 방법을 찾아야 하는데, 코치는 어디서부터 시작해야 하는지 고민했다. 현재 이 선수는 자신이 지도하고 있는 선수도 아니었고 다른 데서 올바르지 않은 습관을 들이고 난 후에 훈련 프로그램에 들어왔기 때문에 무엇을 어떻게 할지 잘 모를지도 모른다. 하지만 코치는 운동 습득 과정에 대해 이해하고 있고 선수의 실력을 향상시키기 위해 그 선수에게 많은 것을 고쳐야 한다고 설명해 주어야 한다. 그리고 잘못된 동작을 수정하고 고치는 과정에서 그 선수의 습관뿐만 아니라, 새로운 기본기를 배우는 과정을 거쳐야 하고, 처음부터 다시 시작하는 마음으로, 운동 학습의 3가지 단계를 다시 거쳐야 한다고 알려줘야 한다(인지 단계, 연합 단계, 자동화 단계). 이러한 재학습 과정은 새로운 정보를 전달 받고(인지 단계), 정말 힘들고 불만스럽고, 짜증나는 연합 단계를 또다시 거쳐야 한다는 것을 의미한다.

　선수들에게 어떤 것을 다시 학습하라고 말하는 것 자체가 코치에게는 어려운 부분이기도 하다. 일부 어린 나이에 일찍 성공한 선수들은 "저기요, 제가 이런 방식으로 고등학교 때 챔피언이 되었고, 지금 무엇을 바꿀 필요가 없어요. 게다가 이 새로운 동작하고 움직임이 너무 부자연스러워서 실력이 하락하는 것 같아요."라고 말할 수 있다. 여기서 코치들은 "네가 만약 이 방식대로 했다면 더욱더 훌륭한 선수가 될 수 있었어!"라고 말하겠지만, 이런 이야기는 선수들에게 익숙하지 않고, 새로운 동작과 움직임을 하라고 하면, 부자연스럽고 편하지 않기 때문에 선수들이 이 변화를 위해 지속적으로 노력하는 것이 힘들다. 운동 학습의 3가지 단계에서 언어적 정보들로 새로운 기술에 대해 설명해 준다면, 선수들은 도식 학습 learning schema 을 더욱더 활성화시키거나 쉽게 만들어 줄 수 있다. 그리고 선수들에게 변화해야 할 이유와 새로운 관점을 주기 때문에 이 변화를 이루기 위한 노력과 동기를 지속적으로 유지할 수 있도록 도와 줄 수 있다. 그리고 다음 단계는 그 기술의 제일 간단한 유형으로 훈련해서 그 기술이 완벽하고, 자동적이며, 운동 프로그램에 통합 될 수 있도록 반복학습을 해야 한다.

▶ 자동화 단계

Fitts와 Posner의 패러다임에 의하면, 운동 학습의 마지막 단계는 자동화 단계이다. 자동화 단계로 넘어가기 위해선 수많은 시간의 노력과 훈련이 필요하다. 하지만 엘리트 선수들은 모두 다 이 단계에 도달해 있다. 운동 수행 능력 자체가 자동적이며, 인지적 과정의 필요성이 거의 없는 선수들은 다른 정보들을 처리하고 집중할 수 있는 능력을 지니고 있다. 이러한 다른 정보들은 수비수의 위치, 경기 전략, 아이스 스케이팅이나, 댄스, 수중발레 같은 스포츠에서는 움직임의 유형과 스타일을 파악하는 능력을 가질 수 있다(Schmidt & Lee, 2005). 이 단계에서 선수들은 생각하는 것이 아니라(생각을 해도 최소화 시키고) 몸이 자동적으로 반응하는 것이며, 어떤 상황을 보고, 올바른 행동과 움직임을 본능적으로 선택하는 것이다. 그리고 이 단계에서 선수들은 몰입 flow 할 수 있는 능력을 지니고 있다.

자동화 단계에서는 단점과 장점을 둘 다 찾아볼 수 있는데, 자동화 단계에서의 장점은 어떤 운동을 수행할 때 집중력과 인지적 능력의 필요성이 없어진다는 것이다. 그렇기 때문에 수행하는 선수가 다른 것에 집중할 수 있도록 도와주는데, 어떤 피아니스트가 피아노를 치면서 수학 문제를 풀 수 있는 능력을 예로 들 수 있다(Shaffer, 1980). 그리고 미식축구의 쿼터백이 경기 도중에 수비의 위치를 파악하고, 어떤 형태의 전략으로 공격할 것인지 판단할 수 있는 능력을 일컫는 것이다(이중과제 수행 능력이 우수하다).

자동화 단계의 단점은 동작을 수행할 때 인지적 능력의 필요성이 없어지기 때문에, 쓸데없는 생각을 하거나, 집중력을 방해할 수 있는 생각들이 선수 자신을 괴롭힐 수 있다는 것이다. 엘리트 선수들이 올림픽 예선전에서 올림픽 팀에 합류할 생각에 너무 집중한 나머지, 자신이 지금 하고 있는 루틴이나, 수영 경기나, 레슬링 대회에 집중을 하지 못하고 탈락하는 것을 볼 수 있다. 체조 선수가 굉장한 루틴을 만들었지만, 마지막에 실수를 할 수 있다. 어느 수영 선수가 경기 내내 멋진 모습을 보여주다가 마지막 순간에 다른 선수가 더 빨리 벽을 터치하는 모습, 레슬링 선수가 큰 득점으로 리드하고 있다가 몇 초 남기지 않고 폴을 당해 지는 경우, 사실 집중하지 않으면 수많은 변수와 상황이 일어날 수 있다. 등산할 때에도 산의 꼭대기에 오르기 직전에 집중력을 잃고 치명적인 실수로 인한 사고가 많이 발생한다. 이런 실수가 생기는 이유는 엘리트 스포츠에서도 마찬가지로 경험이 많은 등산가들이 지금 밟고 있는 스텝에 집중하지 않고, 꼭대기에 올라가는 생각에 집중하는 나머지 일어나는 일이다. 즉, 기본적인 것에 충실하지 않고, 소홀히 하게 되면서 치명적인 실수가 발생할 수 있다.

| 표 6.2 | Fitts와 Posner(1967)의 운동 학습의 3단계

단계	과정	특징	다른 명칭
인지 단계	정보 수집	많은 정보를 받아들이고, 수행의 일관성이 떨어짐	언어-운동 단계
연합 단계	실제 동작 수행	주요 정보만 받아들이고, 의식적 노력으로 인해 수행의 일관성이 향상되기 시작함	운동 단계
자동화 단계	많은 시간 할애와 연습	수행이 비의식적이고 자동적이고 자연스럽게 나타남	자동화 단계

자동화 단계의 또 다른 단점은 선수들이 실수하는 동작임에도 불구하고 그 움직임이 강화되는 것이다. 올바르지 않은 동작을 하면서도, 그 동작이 편하고 익숙해지고, 자동적으로 이루어지기 때문에 그 동작이 계속 강화되는데, 어떤 움직임이 자동적으로 수행될 수 있다고 해서 그 움직임이 옳거나 유지되어야 하는 것이 아니다. 더 나아가 인지 단계와 연합 단계에서 선수들이 자신의 움직임에 대해 생각하지 않게 되면, 그들은 그 올바르지 않은 움직임으로 동작을 생성하고 수행하게 될 것이다. 그로 인해 오래되고 올바르지 않은 움직임이 그 선수에게 입력되는데, 이것은 자동화 단계의 큰 문제점이기도 하다. 운동 학습의 3단계는 〈표 6.2〉에 요약하여 제시했다.

▷ 코칭 상황에 운동 학습의 3단계를 적용하는 방법

학습 과정의 초기 단계에선 선수들에게 정보를 구체적으로 제공한다. 선수들이 올바르게 운동 기술을 수행하는 것을 원한다면, 선수들에게 올바른 정보를 제공해 주어야 한다. 이 말은 코치가 무엇을 말하는 지에 대해 이해하고 있어야 하며, 코치가 선수들에게 어떤 지시를 내릴 때, 명확하고 정확하게 정보를 전달해야 한다는 것이다. 만약 코치가 선수들이 무엇을 해야 하는지 이해하지 못한다면, 선수들은 당연히 올바르게 행동에 옮길 수 없다. 그리고 만약 선수들이 이해를 못했다면 선수들에게 문제가 있는 것이 아니라 코치에게 문제가 있는 것일 수도 있다. 다시 말해, 코치는 선수들과 소통할 때 정확하고 명백하게 코치가 원하는 것을 전달하고 선수들이 코치의 말을 이해할 수 있도록, 선수들의 눈높이에 맞추어서 이야기해야 한다. 선수들이 인지적으로 어느 단계에 있는지 파악하고, 선수들의 인지적 수준에 이해할 수 있도록 도와주어야 한다. 예를 들어, 코치는 어떤 움직임과 동작에 대한 물리적 이론을 이해할 수 있지만, 선수들이 물리적 이론들의 각 운동량angular momentum, 전단력shear force, 관성의 법칙, 작용 반작용action-reaction 같은 이론들을 알고 있지 못한다면, 코치는 선수들과 제대로 소통하고 대화할 수 없다.

선수들에게 운동 학습의 3가지 단계를 설명해 주고 재학습 과정도 설명한다. 재학습

relearning은 처음에 올바르게 이루어지는 학습보다 더욱더 어려울 수 있다. 이 어려움은 선수들에게 좌절을 줄 수도 있으며, 이 좌절은 시멘트벽처럼 자신의 목표를 막고 있는 큰 장애물로 여겨질 수도 있다. 선수들에게 운동 학습의 단계를 이해할 수 있도록 도와주고 어떤 단계에서 재학습이 이루어지는지 가르쳐 주는 것이 현명하다. 선수들에게 지속적으로 선수들이 코치를 믿는다면, 그리고 이 새로운 동작을 배우기 위해 땀을 흘리고 노력을 한다면, 이 움직임과 동작이 자동화 될 것이며 선수들의 수행력에 큰 도움이 될 것이라는 것을 계속 알려주어야 한다. 물론 이 새로운 동작과 움직임이 부자연스럽고, 기존에 익숙해 있던 움직임과 동작보다는 어려울 수도 있다. 그 이유는 선수들이 연합 단계에 있기 때문이라는 것을 충분히 설명해 주며, 시간과 노력으로 인해 그 새로운 동작과 움직임이 자동적으로 자연스럽게 느껴질 것이고, 더욱더 중요한 것은 기존에 했던 행동과 동작보다는 훨씬 더 효과적일 것이라는 것을 알려 주어야 한다. 일부 코치들은 이렇게 동작과 움직임을 지도하는데 익숙지 않고 효율적이지 못하다. 어떤 코치들은 처음에 어떻게 올바른 방식으로 가르쳐야 한다는 것을 이론으로 이해하지만, 나쁜 행동과 습관을 고치는 방법을 잘 모른다. 인지주의 이론을 이해하고 인지주의 이론을 도입하여 가르치는 방법을 알고 있다면, 더욱더 효과적인 코치로 거듭나게 도와줄 것이다. 이 이론을 잘 활용하는 지도자는 처음부터 선수들을 올바르게 가르치고 나쁜 습관이 있다면, 그것 또한 고칠 수 있는 코치가 될 수 있다.

연합 단계에 있는 선수들을 지도할 때 인내심을 가진다. 이제 우리는 학습단계를 이해했기 때문에, 움직임과 동작이 부자연스럽고 이상하게 느껴진다면, 그것이 우리가 연합 단계에 있다는 것을 알 수 있다. 물론 처음부터 모든 것이 자연스럽고 잘할 수는 없다. 이것이 바로 학습과정이 존재하는 이유이기도 하다. 만약 선수들이 처음부터 모든 것을 잘 할 것이라고 코치가 기대한다면, 그 코치는 크게 실망할 것이며 좌절할 수도 있다. 하지만 학습과정을 이해하고 있다면, 이런 상황을 걱정하지 않아도 된다. 인내심을 가지고 선수들의 학습과정을 더욱더 쉽게 만들어 줄 수 있도록 도와주어야 한다. 선수들에게 인내심을 가지지 않고 코치가 조급하기만 한다면, 선수들도 조급해 질 것이며 학습 과정에 부정적인 영향을 초래할 것이다. 그러나 만약 코치가 인내심을 가지고 차분하게 선수들을 기다려 준다면, 선수들이 큰 자신감을 가지고 동기부여가 충분히 필요한 연합 단계에서 수많은 긍정적인 효과를 불어 줄 수 있을 것이다.

선수들에게 긍정적인 정보가 작업 기억에 얼마나 중요한지 각인시킨다. 코치의 목표 중 하나는 선수들이 어떤 행동과 움직임을 수행할 때, 그것을 자동적으로 할 수 있게 도와주는 것이다. 하지만 앞서 언급한 것처럼, 자동화 단계에선 작업 기억에 빈 공간을 만들기 때문에 선수들이 그 빈 공간에 의도하지는 않지만, 부정적인 기억으로 채울 수 있고, 그것을 되새길 수 있다. 묵상 ruminate 이란 어떤 부정적인 생각과 비생산적인 생각에 집중하여, 그것을 쓸데없이 되새기는 것을 의미한다. 예를 들어, 선수들이 경기와 대회의 결과에 집중하기 때문에 **"만약 내가 지면 어떡하지?"**라고 계속 생각하는 것이다. 이런 생각들은 주로 무의식적으로 진행되고, 계속해서 반복적으로 재생되기 때문에 작업 기억에 심한 타격을 주게 된다. 어떤 큰 대회에서 선수들이 멍한 표정으로 서 있다면, 자신의 내적인 생각 때문에, 외부적인 것에 집중할 수 없고, 현재에 해야 할 것을 못하게 되는 것이다. 선수들에게 자신의 생각을 항상 관찰할 수 있도록 도와주며, 선수들의 생각을 멈출 수 있는 말을 해 주고, 선수들의 생각을 다른 것에 집중할 수 있도록 도와주며, 자기 자신과의 대화를 긍정적으로 이루어질 수 있도록(혼잣말), 그리고 부정적인 생각을 긍정적인 방향으로 이끌어 주어야 한다.

▷ 3가지 인지 운동 학습 이론

| 그림 6.3 | 인지수행과 운동 수행의 개념적 모델

이 장에서 처음에 강조했던 것처럼 선수들이 모두 똑같을 수 없다는 점을 기억한다면, 운동 학습과 운동 수행에 인지주의 이론들이 얼마나 큰 영향을 미치는지를 알 수 있다. 시나리오 1의 투수를 예로 들어 보자. 이 투수는 현재 고등학교 챔피언십 경기에서 공을 던지고 있다. 이 선수는 무슨 생각을 할 수 있을까? 제일 먼저, 이 선수는 현재 상황에 대한 정보를 수집하기 시작한다. 베이스에 주자가 있는지, 몇 회 인지, 점수는 몇 대 몇인지, 그리고 타자에 대해서도 생각하고 있을 것이다. 그 다음에 이 선수는 어떻게 반응할지에 대해 선택하기 시작하는데, 이 상황에서 이 선수는 자신의 투구 중 타자가 제일 치기

힘든 공을 던질 것이다. 이 선수는 직구를 타자의 몸 쪽 아래로 붙여서 던지기로 결정했다. 〈그림 6.3〉은 운동 수행 과정에서 활용되는 인지 역할의 개념적 모델을 설명해주고 있다.

> **1** 시나리오
>
> 고등학교 챔피언십 경기에서 공을 던지고 있는 투수가 있다. 여기서 이기는 팀은 전국 야구대회에 나갈 수 있는 자격이 주어진다. 9회 말, 2사 1루와 2루엔 주자가 있는 상황이다. 다음 타자를 상대로 공을 던지기 직전에 어떤 정보들이 투수의 생각을 지배하고 있을까? 투수는 인지적으로 어떤 과정을 거치고 있을까?

실행 단계 executive level 는 정보처리과정에 포함된다. 시나리오 1에 설명된 것처럼, 작업기억은 어떤 반응을 선택할 것인지를 일컫는다. 외부적인 자극과 정보들을 어떻게 처리하고 있는지(게임의 상황, 아웃카운트, 타자의 정보), 최선의 반응을 선택하는 과정(어떤 공을 던질 것인지), 그리고 기억에 있는 프로그램들 중에 어떤 프로그램을 선택하고 진행할 것인지(빠른 직구 프로그램을 진행)가 포함된다. 효과기 단계 effector level 는 선택한 프로그램을 실행하는 것을 일컫는다. 이 단계에서, 선택된 운동 프로그램이 기억에서부터 시작되어 척추 신경에 전달되어 근육의 동시수축이 발생하면서 움직임이 행동으로 옮겨지는 것이다.

지금까지 우리는 이 장에서 정보를 처리하는 과정과 그 새로운 정보들이 기억에 저장되는 것에 집중했다. 하지만 정보가 기억에 저장되는 순간엔 어떤 형태로 정리되는가? 어떤 정보들이 기억에 저장되고, 어떤 것들이 운동 프로그램으로 편성되어 선택에 대한 반응으로, 행동으로 옮겨질 수 있는가? 아직까지 아무도 이 운동반응의 구성과 정리되는 과정을 본적은 없지만, 인지주의 이론을 통해 이러한 과정이 어떻게 구성되어 있는지 알 수 있으며, 학습하는 과정에서 선수들에게 긍정적인 영향을 끼칠 수 있도록 도와줄 수 있다. 이제 이 3가지 이론들에 대해 알아보도록 하겠다. 이 3가지 이론은 일반화된 운동 프로그램 이론 general motor program theory, 도식 이론 schema theory 과 그리고 ACT-R Adaptive Control of Thought-Rational 이론이다.

▶ 일반화된 운동 프로그램 이론

수많은 운동 기술들 중에서 짧고 빠르면서 똑같은 상황과 장소에서(다이빙보드, 체조의 도마, 농구의 자유투, 수영의 시작 단계, 레슬링의 테이크 다운) 실행되는 행동들과 움직임들은 선수들이 이런 행동과 움직임들을 먼저 선택을 하고, 생각을 하거나, 변형이 되기 전에 프로그램을 실행한다. 프로그램이 진행되기 시작되면 정보처리과정을 발생시키기 위한 시간이 상당히 짧기 때문에 의식적인 제어 conscious control 없이 움직임 동작이 개시된다. 빠른 움직임들은 흔히 보는 동작이기도 하지만, 기술을 단순화 시키기 위해서는 모든 근육과 관절의 활성을 고려하는 단계를 지니고 있다(컵을 들어 물을 마시고, 그 컵을 다시 내려놓는 움직임). 각각의 움직임에 대한 독립적인 구성요소와 움직임을 생성해내는 각 구성요소를 이해할 수 있는 방법은 <u>자유도</u> degrees of freedom 라는 개념으로 설명하고 있다. 운동 수행에서는 자유도를 제어하고 관리하는 방법을 학습해서 제일 효과적인 방식으로 움직임을 실행한다(Schmidt & Wrisberg, 2008). 그러면 자유도는 어떻게 제어되고 관리되며, 빠른 움직임에서는 어떤 방식으로 제어하고 관리되는가?

<u>일반화된 운동 프로그램 이론</u> General motor program theory 은 일반화된 운동 프로그램 generalized motor program 이 이러한 자유도(움직임)를 제어한다고 설명한다. 이 이론에 따르면, <u>일반화된 운동 프로그램</u> generalized motor program 은 특정한 움직임과 동작을 의미하는 것이 아니라, 움직임의 패턴 pattern of movement 이라고 정의한다. 물론 이렇게 구체적으로 정의되지 않은 것이 선수들에게 인지 처리과정 중 실행 단계에서 요구되는 환경 상황에 적합한 움직임 패턴의 변화를 발생시켜 선수들이 일반화된 프로그램을 채택하는 것을 도와준다. 이 이론에서 최소한 두 가지 부분이 코치들에게 도움을 제공해 준다. 그것은 상대적 타이밍 relative timing 과 정보처리과정 속도 speed of processing 이다.

상대적 타이밍은 움직임의 시간적 구조(타이밍)를 의미한다. 일반화된 운동 프로그램은 가변성(변화하는)과 불변성(변화하지 않는) 특징을 지니고 있다. 이에 대한 연구들에 의하면 상대적 타이밍은 일반화된 운동 프로그램의 일부분이지만, 흥미롭게도, 이 프로그램은 불변적인 특징(변하지 않는 성질 또는 특징)을 지니고 있다. 선수들은 움직임의 속도 speed, 크기 amplitude, 힘 force 또는 궤적 trajectory 을(즉, 변화는 성질 또는 특징) 변화시킬 수 있지만, 이 상황에서 움직임의 상대적 타이밍은 동일하게 유지된다. 다시 말해, 전체 움직임 시간의 각 부분에 대한 시간 비율 ratio of the time 은 변화하지 않고 불변적인 특징을 지니게 된다(Armstrong, 1970). 전체 움직임의 각 부분들은 한 단위로 빨라질 수도 있고 더 느려질 수도 있지만, 부분적으로는 비슷한 시간으로 실행된다.

상대적 타이밍을 더욱더 쉽게 이해하기 위해서, Schmidt와 Wrisberg(2008)은 축음기의 녹음 과정을 통해 비유하면서 설명했다. 이들은 일반화된 운동 프로그램을 축음기에 노래를 녹음하는 과정으로 비유했고, 관절과 근육을 스피커로 비유하여 설명했다. 그들이 설명하는 것을 자세하게 이해하기 위해선, 일반화된 운동 프로그램 축음기판 The Phonograph Record Analogy for Generalized Motor Program 을 읽으면 더욱더 쉽게 이해할 수 있다.

<u>정보처리과정 속도</u> Speed of processing 는 선수들이 실행단계에서 외부의 자극들을 파악하고, 반응을 선택한 후, 반응을 프로그램 시키는 시간을 일컫는다. 정보처리과정 속도는 대안적인 자극 반응 대안 수와 자극 반응 부합성 stimulus-response compatibility 에 의해서 영향을 받는다. <u>Hick의 법칙</u> Hick's Law 에 의하면 선택 반응 시간 choice reaction time

과 자극 반응 대안 수 간에 안정적인 선형 관계 linear relationship 가 존재한다고 한다. 다시 말해, 대안 수가 증가하면 할수록 선수들이 반응을 선택하는데 더욱 오랜 시간이 걸린다는 것을 의미한다. Hick의 법칙은 농구나 미식축구 경기 중에 공격수가 페이크(속임수)를 사용하여 수비수를 헷갈리게 만드는 것을 일컫는 것이다(자극 반응 대안). <u>자극 반응 부합성</u>은 자극과 반응 간의 관계가 선형적으로 자연스럽게 부합되는 것을 의미한다. 만약 외부의 자극과 반응의 부합성이 작다면 선택 반응 시간이 더욱 오래 걸리게 된다. 예를 들어, 만약 오른손잡이인 농구선수가 왼쪽으로 돌파할 수밖에 없다면, 왼손으로 레이업 슛을 해야 하기 때문에 선택 반응 시간이 더욱더 오래 걸리지만, 오른쪽으로 돌파하고 오른손으로 레이업 슛을 하는 것은 자연스럽기 때문에 선택 반응 시간이 더 짧게 걸릴 것이다.

일반화된 운동 프로그램 축음기판

일반화된 운동 프로그램을 비유하기 위해서 우리가 가장 맘에 들어 하는 방법은 오래된 축음기판과 비유하는 것이다. 옛날에는 큰 레코드판을 사용해서 음악을 들었는데, 이 레코드판은 증폭기 amplifier 안에 녹음된 신호를 내보내는 레코드 회전판과 바늘로 구성된 전축을 통해서 음악을 재생시켰다. 즉, 회전판 위에 레코드판을 올려놓고 바늘을 위에 올려놓으면 스피커로 음악을 들을 수 있었다. 축음기판은 일반화된 운동 프로그램과 관련시켜 비유하면, 스피커는 인간의 근육과 사지로 볼 수 있다. 레코드는 사건의 순서에 관한 정보(예 : 드럼 연주전에 트럼펫 연주가 나오는 것처럼, 오른손잡이의 오른손이 왼손보다 먼저 움직이는 것처럼)와 사건의 기본적인 타이밍 구조(리듬 또는 상대적 타이밍, 소리 또는 움직임)와 그리고 출력의 상대적 크기(첫 드럼 소리가 한 소리로 나오는 것처럼, 다리의 햄스트링 부분 근육이 한 참 움직였을 때 보다 처음에 움직일 때 보다 힘이 덜 들어가서 수축하는 것처럼)와 같은 움직임에 대한 일반화된 운동 프로그램의 모든 특징으로 일컫는다. 이러한 정보는 일반화된 운동 프로그램과 같은 방식으로 레코드판에 완고하게 구조화되어 있다. 단지 서로 다르게 기록되어 있는 레코드판이 다른 음악 유형을 재생하며(락, 블루스, 클래식, 컨트리, 재즈, 랩), 서로 다르게 뇌에 저장된 일반화된 운동 프로그램(던지기, 점프, 자동차 기어 변속)도 서로 다른 종류의 움직임을 생성시킨다. 이 두 경우 모두 각각의 레코드판 또는 프로그램에 서로 다르게 저장된 정보 패턴을 담고 있다.

레코드판의 출력 또는 일반화된 운동 프로그램은 고정되어 있지 않다는 것을 유념해야 한다. 상대적 타이밍(리듬)은 동일하게 유지되지만 음악의 속도 또는 움직임의 속도(축음기판에서 돌아가는 회전반 속도 또는 근육으로 전달되는 명령 속도)는 증가될 수 있다. 유사하게 출력의 크기도 변화될 수 있다(볼륨을 키우거나 근육의 동시수축의 힘을 증가시키거나). 또한 실행기 effectors 도 변화시킬 수 있다(자신의 방에 위치한 두 번째 스피커의 출력을 조정하거나 또는 핸드볼 슛을 왼손 또는 오른손 중 어느 한손으로 던지거나; Schmidt & Wriserg, 2008)

▶ 코칭 상황에 일반화된 운동 프로그램 이론을 적용하는 방법

다른 일반화된 운동 프로그램을 인지시킨다. 서로 다른 움직임 속에는 수많은 일반화된 운동 프로그램이 존재한다. 예를 들어 킥을 날릴 때, 펀치로 때릴 때, 뛸 때엔 각각의 다른 일반화된 운동 프로그램이 있다. 스포츠를 선수들에게 가르칠 때, 이 점을 명심해야 한다. 스포츠의 수많은 부분 중에서 코치는 선수에게 스포츠의 일부분만 가르치고 있을 수도 있다. 예를 들어, 야구 코치가 자신의 선수들에게 스윙 하는 것을 가르치고 있지만, 뛰는 방법에 대해선 아예 안 가르치고 있을 수도 있다. 물론 공을 치는 것이 중요하지만, 치고 나서 1루로 뛰는 것도 중요하다.

상대적 타이밍의 중요성을 인지시킨다. 상대적 타이밍은 동작의 기본이고 움직임의 핵심 구조의 기본이다. 예를 들어, 선수들에게 한 동작을 이루는 전체 부분을 하나로 아주 빠르게 움직이라고 요구할 수 있지만, 그 중 동작의 일부분만 빨리 움직이라고 요구하는 것은 거의 불가능하다. 그 이유는 움직임의 한 부분은 전체 움직임에 대한 상대적 타이밍을 변화시키기 때문이다. 결과적으로 전체 움직임에 대한 상대적 타이밍을 변화시키는 것은 상당히 어려운 일이기 때문이다. 동작의 일부분만 빨리 하라고 요구하는 것은 똑같은 동작을 다시 가르치고 배우는 것과 똑같다고 생각해야 하며, 만약 이런 요구를 코치가 선수에게 할 시에는 인내심을 가지고, 운동 학습의 3가지 단계를 다시 거치도록 노력해야 하고 선수들이 그 동작에 대한 새로운 리듬(타이밍 패턴)을 찾을 수 있도록 도와주어야 한다.

정보처리과정 속도를 향상시킨다. 선수들의 정보처리과정 속도를 향상시키기 위해선 수많은 방법이 있다. 당연히 연습을 하는 것이 제일 효과가 크며 연습을 대처할 수 있는 것은 아무것도 없다. 예를 들어, 오른손잡이인 농구 선수가 더욱 오랜 시간 동안 왼손 레이업 슛을 연습한다면, 나중에 경기에서 왼손으로 레이업 슛을 할 때, 자연스러워 졌기 때문에 어려움 없이 그 동작을 부드럽게 수행할 것이다. 선수들이 연습 상황에서 더 많은 페이크(상대선수를 속이는 기술 및 동작) 훈련을 받으면 받을수록, 경기에서는 그 페이크에 속지 않을 것이다.

일반화된 운동 프로그램에는 단서 활용 cue utilization, 예측 anticipation, 자동화 automaticity 와 각성 관리 arousal management 와 같은 요소들이 적용될 수 있다. 성공적인 선수들이 이런 단서들을 사용하는데, 예를 들어 상대편 선수들의 눈이 움직이는 방향, 하키 선수의 스틱이 어느 쪽으로 기울어져 있는지, 농구 선수들의 엉덩이 위치 등을 고려하여, 더욱더 빨리 자신의 운동 프로그램 움직임 motor program movement 을 선택할 수 있도록 도와준다. 자동화는 정보처리과정이 거의 이루어지기 않기 때문에 움직임 선택과 결정에 도움을 준다. 이 장에 앞서 언급했듯이 어떤 외부적인 자극들은 작업 기억을 거치지 않고, 자동적으로 장기 기억에서 운동 프로그램을 실행할 수 있도록 도와준다. 각성 관리는 선수들이 극도로 긴장되지 않도록 도와주며, 긴장을 잘 조절하여 그들이 경기나 대회 때, 올바른 선택을 할 수 있도록 도와주는 것이다.

▶ 도식 이론

처음으로 Head(1926)가 도식 schema 개념을 설명했고, 그 이후에 Bartlett(1932)가 도식의 개념을 강조했다. 도식은 Piaget가 인지 구조에서 단위를 설명하기 위해 사용한 용어이다. 도식은 사건, 이야기, 또는 숙련된 동작에 대한 추상적인 기억 표상 abstract memorial representations 을 설명하기 위해서 사용되는 개념이며, 여기서 표상 representation 은 개념, 일반화로 생각할 수 있으며, 또는 실제로 구체화할 수 없는 많은 것들에 관한 개념으로 생각할 수 있다. Rumelhart(1981)에 따르면, 도식 스키마타라고도 함, schemata 은 시간의 가치 범위 range of slot values 로서 기억의 내용 contents of memory 을 보유하고 있는 자료 구조 시간이라고 가정했다. 이후에 이 개념은 운동 학습 영역에서 확대되었다. Rumelhart는 도식이 동작의 순서에 적용할 수 있다고 했다. Schmidt(1975)는 Adams의 이론의 문제점을 지적하고 운동 반응 도식 motor response schema 이 움직임을 제어한다고 주장하면서 도식 이론을 개발했다.

도식학습 schema learning 에 대한 Schmidt's의 주요 관점은 프로그램이 어떻게 실행되는지를 결정하는 변수들 parameters; 또는 파라미터라고 함 에 의해서 조정되는 변하지 않는 <u>불변적인 특징</u>(임펄스 타이밍, 상대적 타이밍과 변하지 않는 상대적 힘을 일반화된 운동 프로그램의 특징임)을 일반화된 운동 프로그램 GMP 의 개념이라고 했다. Schmidt에 의하면, 일반화된 운동 프로그램이 선택되면, 움직임이 발현되고, 정보의 4가지 유형은 작업 기억에 잠깐 머문다고 한다. 정보의 4가지 유형은 다음과 같다.

1. 첫 조건 initial conditions; IC 정보(예 : 볼의 무게, 골대와 자신간의 슛 거리).
2. 일반화된 운동 프로그램에 할당된 변수 parameters; P 들(예 : 지속기간, 힘).
3. 움직임 결과 movement outcome; MO 피드백(예 : 볼을 던지는 거리, 볼을 던지는 속도).
4. 움직임의 감각귀결 sensory consequences; SC (예 : 어떻게 움직임을 느끼고, 듣고, 볼 것인지).

도식 이론에는 회상 기억 recall memory 과 재인 기억 recognition memory 등 2가지 기억 유형이 있다. <u>회상 기억</u>은 현재 수행하고자 하는 움직임과 유사한 과거의 운동 결과를 근거로 새로운 움직임을 계획하는 움직임 생성 movement production 을 담당하며, <u>재인 기억</u>은 피드백 정보를 통해서 잘못된 동작을 평가하고 수정하는 움직임 평가 movement evaluation 를 담당한다. 회상 기억은 상당히 빠른 움직임에서 중요한 역할을 하는데, 즉, 움직임이 생성된 후에 말초적 피드백 peripheral feedback 이 적게 관여되는 운동 프로그램과 변수들을 구조화시켜 순간적으로 빠르게 움직이는 탄도적 움직임 ballistic movement 에 중요한 역할을 한다. 이에 반해, 재인 기억은 움직임을 완료한 후에 움직임과 관련된 피드백 movement-produced feedback 을 평가하기 위해 사용된다.

도식 이론에 따르면(Schmidt, 1975), 학습자들이 다양한 움직임을 연습할 때, 이들은 서로 다른 동작을 생성하기 위해 필요한 프로그램과 변수 값(Rumelhart가 제시한 시간의 값과 유사한)을 형성하기 위해 사용한 규칙의 순서를 습득하게 된다. 그렇게 습득된 도식은 자신이 원하는 결과를 얻기 위한 동작의 변수 값에 대한 동작과 관련된 다양한 결과와 관련된 규칙의 순서를 세우게 된다. 또한 변수 parameters 는 평면 특징 surface features 으로도 언급되는데, 평면 특징은 속도, 크기와 근육과 그리고 일반화된 운동 프로그램에서 사용된 사지 등과 같은 변경 가능한 특징들이다. 변수 값 parameter values; 또는 파라미터 값 은 특정 환경상황에서 요구되는 동작에 부합하는 움직임 패턴을 제어하는 일반화된 운동 프로그램의 변수를 실행하면서 할당되는 값을 의미한다. 예를 들어, 다이빙 선수가 공중에서 한 바퀴 반을 도는 공중회전 동작을 수행하면서 물속에 들어가기 전에 팔을 빠르게 움직여서 바른 자세를 잡고 물속으로 들어가기 위해 팔을 제어하게 될 것이다. 이렇게 동작을 수행하는 과정에 다른 동작 요소들을 조정하거나 제어하는 것을 변수 값을 조정한다는 것이라 할 수 있다.

도식을 발달시키면서 학습자(수행자)는 과거 운동 프로그램 속에 있는 기술들을 기반으로 힘, 움직임 시간, 움직임 거리와 움직임 높이와 같은 요인들에 대한 변수와 변수 값을 설정한다. 이러한 과정을 통해 학습자는 새로운 도식을 형성하고 도식을 강화 및 발달시킬 수 있다. 즉, 수행자는 숙련된 움직임을 효과적으로 발현시킬 수 있는 능력을 지니게 된다.

도식 이론에 따르면, 회상 도식 recall schema 과 재인 도식 recognition schema 등 2가지 도식 유형이 움직임에 영향을 미친다고 한다. 회상 도식은 움직임 생성/발현에 있어서 중요한 역할을 담당하며, 회상 도식은 첫 조건 IC 에 따라서 변수 크기 P 와 움직임 결과의 특성 MO 들(앞서 설명한 정보의 4가지 유형) 사이의 관계를 추정하면서 발달되어진다.

회상 도식과 유사하게 재인 도식도 움직임 평가를 위해서 중요한 역할을 담당하며, 첫 조건 IC , 움직임 결과 MO 와 감각귀결 SC 들 사이의 관계를 추정하면서 발달한다. 선수들이 움직임을 수행하기 전에 움직임 결과와 첫 조건이 선택되고, 그리고 나서 움직임을 발현할 때 재인 도식을 사용하여 감각귀결을 추정한다. 이러한 감각귀결은 예측된 감각귀결 expected sensory consequences; ESC라고도 하며, 예측된 감각귀결은 Adams가 사용한 지각흔적 perceptual trace 과 같은 방식으로 움직임을 평가하기 위해서 사용된다.

▶ 코칭 상황에 도식 이론을 적용하는 방법

가변 연습을 통해 선수들이 올바른 변수와 변수 값을 갖춘 도식을 만들 수 있도록 도와준다. 많은 학습 상황에서 특히 기초 학습 단계에서 실수를 줄이고 가변성(일관된 동작을 생성해 내지 못하는 것)을 감소시키는 것이 굉장히 효율적이며, 가변성이 크고 실수가 많을수록 운동 학습에 부정적인 영향을 미칠 수 있다. 하지만 이런 연구들은 특정한 상황에서 적용되는 것이며, 다른 수많은 연구들에 의하면 가변 연습이 운동 학습에 큰 도움을 제공한다고 한다(Shea & Kohl, 1990, 1991). 가변 연습 방법은 다양한 방식으로 연습하기 때문에 선수들에게 올바른 도식을 만들 수 있도록 도와주며, 변수와 변수 값을 파악하고 인지할 수 있도록 도와주기 때문이다.

일부 특정 동작들은 속도, 힘, 방향, 거리 등과 같은 요소들이 많이 변화되는 동작들이다. 예를 들어, 어떤 선수가 야구공을 던질 때, 짧은 거리에 던질 수도 있고, 먼 거리에 있는 목표에 던질 수 있으며, 높게 던지거나, 아주 낮게 던지거나, 수많은 방향으로 던질 수 있다. 일정 연습 constant practice 은 한 동작과 움직임을 계속 반복해서 연습하는 것을 일컫는데, 예를 들어 20m의 거리에 있는 목표에 20번 던지는 것을 의미한다. 반대로 가변 연습 varied practice 은, 한 동작을 연습하지만, 한 동작에 변화를 주어서 10m에 있는 목표지점에 10번 던지고 15m에 있는 목표지점에 10번, 20m에 있는 목표지점에 10번 던지는 것으로 정의할 수 있다.

가변 연습은 스윙을 배우고 있는 테니스 선수들, 공을 던지는 미식축구 선수들, 슛을 하는 농구 선수들에게 다양한 위치와, 각도, 속도, 방향 등에서 연습할 수 있는 기회를 주며 올바른 도식을 형성하는데 큰 도움을 준다. 어떤 농구 선수가 마지막 슛을 던지는 연습을 코트의 모든 곳에서 연습하는 것, 미식 축구선수가 공을 던질 때, 균형이 잡히지 않은 상태에서 던지는 연습을 하는 것, 그리고 테니스 선수들이 다리 사이로 치는 연습을 하는 것 등의 상황을 고려해 보자. 가변 연습을 통해 선수들은 변수의 값을 파악할 수 있도록 도와주고, 움직임의 결과를 예측할 수 있도록 도와주며, 자극의 대한 반응을 형성할 수 있도록 도와주는 것이다.

선수들이 올바른 도식을 활성 시킬 수 있도록 지도한다. 도식 활성화 schema activation 란 어떤 학습 활동이 이루어지기 전에 올바른 도식을 활성화하는 것을 의미한다. 도식 활성은 새로운 정보들을 기존에 유사한 정보들과 연결시켜 주는 중요한 역할을 하고, 그 새로운 정보들이 기억에 부호화될 수 있도록 도와준다(Pearson, 1984). 만약 학습 과정에서 올바른 도식이 활성 되지 않는다면, 새로운 정보들을 입력하는 것이 어려워진다. 올바른 도식 활성을 통해 선수들은 어떤 것에 집중해야 되는지 알려주고, 새로운 정보에 의미를 부여하고, 어떤 정보들을 부호화해야 하는지와 어떤 정보들은 기억에 남기고 배울 것인지 정해주는 역할을 한다. 만약 올바른 도식이 활성 되지 않는다면, 새로운 정보들을 기억하고 학습하는 과정이 지체된다.

가변 연습을 사용할 때, 학습자의 나이를 고려한다. 도식을 형성하기 위해 가변 연습을 사용하는 것이 좋지만, 학습자의 나이를 고려하는 것 또한 매우 중요하다. 일부 연구들에 의하면, 어린 아이들은 단순하며, 반복적이고, 개방 기술 open skill 을 연습하는 것이 더욱더 효과적이라고 한다(Wrisberg & Mead, 1983). 개방 기술이란 어떤 동작과 움직임을 실행할 때, 환경을 예측할 수 없고, 예측할 수 없는 변수들에 따라서 자신의 동작과 움직임을 변화해야 하는 것을 일컫는다. 미식축구, 농구, 하키 같은 종목들은 운동 환경들은 항상 예측할 수 없기 때문에, 이런 스포츠들은 개방 기술을 필요로 하는 종목들이다. 반대로 폐쇄 기술 closed skill 은 환경이 항상 동일하며 예측할 수 있는 것을 의미한다. 투포환 동작, 야구공을 던지는 것, 골프 스윙, 양궁 등이 이에 속한다.

도식의 범위를 고려한다. 도식의 범위를 고려하고, 연습과 훈련을 할 때, 선수들의 변수 값을 넘지 않도록 도와주고, 항상 선수들이 편한 상태에 있는 것이 올바르지는 않지만, 지나치게 어려운 과제를 주지 않는 것도 중요하다. 다시 말해, 선수들에게 다양한 변수에 노출시키는 것이 중요하고, 그 변수들을 통해 새로운 변수를 찾아주는 것이 중요하지만, 지나친 변수의 범위에 노출되지 않도록 통제해야 한다. 모든 코치들이 선수들의 학습 단계에서 너무 큰 변수의 범위를 노출시킨 나머지, 그 선수들이 나쁜 습관을 가지지 않도록 도와주어야 한다. 투수가 이상한 동작을 가지고 있는지, 농구 선수의 점프 슛이 불안정한지, 다이빙 선수가 점프하는 과정에 나쁜 습관이 있는지, 테니스 선수가 스윙을 할 때 어색한 움직임을 가지고 있는지, 나쁜 습관은 끝이 없다.

▶ 도식 이론은 Adams의 폐쇄회로 이론의 문제를 해결했다.

Adams의 폐쇄회로 이론 closed-loop theory 의 문제점 중 하나는 저장 공간의 제한점이다. 저장하는 공간의 제한점을 도식 이론이 해결할 수 있었던 이유는 하나하나의 동작으로 나뉘어서 저장하고, 하나하나 고친 점을 따로따로 저장하는 것이 아니라, 기술이나 동작에 대한 핵심요소 gist 를 사용하여, 새로운 정보를 저장할 때, 기존에 있었던 경험을 사용하여 규칙적인 관계를 맺도록 하는 것이다. 운동 학습 관점에서 보면 회상 도식은 움직임의 변수와 움직임의 결과를 파악할 수 있도록 도와준다. 재인 도식은 환경을 판단하여 지각적으로 결과를 예측할 수 있도록 도와준다. Schmidt와 Lee(2011)는 "운동 학습은 규칙을 배우는 것이지 하나하나의 동작을 배우는 것이 아니다"라고 설명했다.

도식 이론은 운동 상황에서 새롭게 발생하는 문제도 해결하는데, 도식 이론에 따르면 어떤 일반적인 규칙을 가지고 운동 프로그램을 변경시킬 수 있다고 주장하기 때문이다. 그렇게 변형된 프로그램들은 새로운 동작과 움직임을 만들어 낼 수 있으며, 지금까지 보지 못했던 움직임들을 시행할 수 있도록 도와준다. 다시 말해, 도식 이론은 어떤 새로운 움직임을 만들기 위해서 그 움직임을 꼭 수행하지 않아도 된다는 것을 의미한다. 연구들을 통해 알 수 있듯이 가변 연습을 통해 비슷하지만 똑같지 않은 반응들을 일으킬 수 있으며, 이런 움직임들은 반복적으로 연습된 같은 동작들처럼 정확하게 생성된다(Catalano & Kleiner 1984).

도식 이론들은 기존에 이론들에서 무시했던 행동주의 부분들에 다시 집중할 수 있도록 도와주며, 운동 학습과 제어 과정에서 사람의 심리적인 부분과 인지적인 부분을 다시 초점을 맞출 수 있도록 도와준다. 도식 이론은 운동 학습과 제어 과정에서 인지적 역할이 얼마나 중요한지에 대해 항상 언급하고 있다. 도식 이론에 따르면, 인간의 뇌는 정보처리과정에 큰 역할을 하고 있으며, 선택하고, 추상화하고, 조직화하고, 저장하며, 도식을 만드는데 굉장히 중요하다는 것을 설명해주고 있다.

▶ 도식 이론의 제한점과 문제점

많은 이론들처럼 도식 이론도 제한점과 문제점을 지니고 있다. 물론 도식 이론은 코치의 도구상자에 큰 도움을 줄 수 있는 요소 중 하나이기도 하지만, 코치의 모든 요구와 모든 학습 상황을 완벽하게 해결할 수는 없다. 도식 이론의 문제점 중 하나는 구조에 대한 문제 structure problem 이기도 한데, 이 책을 읽은 사람들도 느꼈다시피, 도식의 개념이 명확하게 정의되지 않는다. 도식이 정확히 무엇인가? 도식은 어떤 규칙이며 정보의 구조라고 이야기 하지만 이런 규칙과 구조는 어떤 방식으로 만들어지는가? 도식의 개념은 명백하지 않다는 이유로 그리고 너무 일반화된 관계로 많은 비평을 받았다(Alba & Hasher, 1983).

도식 이론의 다른 문제점 중 하나는 정의하는 과정 definition problem 에서 일어난다. 도식을 연구하는 많은 연구자들은 도식을 각각 다르게 표현하고 정의했다. 대본이라고 일컫기도 하고, 규칙, 표현, 정보의 구조, 일반화 등 도식을 정의하는 이름들이 너무 많았다. 이렇게 명백하지 않기 때문에, 학자들끼리도 개념을 정의를 하는 데에 큰 어려움을 겪었다.

도식 이론의 다음 문제는 적용 application problem 에서 찾을 수 있다. 도식 자체가 모호하기 때문에, 도식을 사용할 수 없고, 컴퓨터 시뮬레이션 모델에도 적용하기도 어려우며 코칭하는 상황에서도 어떻게 정확하게 적용할 수 있는 방법을 찾을 수가 없다. 도식이 일반화된 운동 프로그램으로 활성 된다면, 운동 수행에 적용시키는 것도 큰 문제를 일으킬 수 있다.

도식 이론의 4번째 문제는 행동적인 부분 action problem 이다. Anderson(1983)은 "도식 이론의 제일 큰 문제점 중 하나는 도식을 통해 어떤 행동을 할 수 있는지 모른다는 것이다" 라고 설명했다. 정보처리과정에서 바라본다면, 도식이 어떤 방식과 과정을 통해 행동으로 이어지는지 설명할 수 없다. 설명할 수 없는 이유 중 하나가 도식은 절차적 지식에 가깝기 보다는 서술적 지식(선언적 지식)에 가깝기 때문이다. 절차적 지식 procedural knowledge 이란 무엇을 어떻게 하는 지식을 의미한다(동작의 순서). 예를 들어, 신발 끈을 묶는 방법, 수학 문제를 푸는 절차, 라켓을 스윙하는 동작 등이 절차적 지식의 대표적인 예이다. 하지만 서술적 지식 declarative knowledge 은 정보와 사실을 의미한다. 이것의 또 다른 문제는 도식의 지식이 너무 크고, 자기 자신의 행동과 움직임에 제한을 두기 때문에 일어난다(Anderson, 1976). 이렇게 지나치게 과학적인 원리들은 도식 이론이 너무 어렵고, 도식 이론이 더욱더 효율적이기 위해서는 쉽게 풀이해야 할 과제가 남아 있다고 제시한다.

이런 이유들 때문에, 새로운 이론들이 나왔고, 도식 이론보다는 더욱더 명백하고 애매모호하지 않은 운동 프로그램의 구조가 탄생했는데, Anderson(1983)은 도식을 동작 생성 규칙 production rules 으로 이해하는 것이 올바르다고 했다.

▶ ACT-R 이론

Anderson(1976, 1983, 1990, 1993, 2007)은 새로운 기억의 구조와 인지에 대한 새로운 이론들을 제시하고, 이 새로운 이론이 부호화, 저장, 그리고 인출하는 과정을 서술적 지식과 절차적 지식에 올바르게 적용될 수 있는 이론적 구조를 제시했다. 이 이론은 도식 이론의 제한점과 문제점을 보완했는데, 우리는 이 부분에서 Anderson의 ACT-R 이론에 대해 알아보고, 이 이론이 무엇이며, 효율적인 코칭과 효율적인 학습과정이 이루어 질 수 있도록 적용하는 방법에 대해서도 공부할 것이다.

ACT-R 이론에서는 기억의 기본 형성 구획 basic building blocks of memory 을 제안했다. 이 제안은 사실 또는 거짓으로서 판단되는 것과 단정 assertion 들을 분리함으로써 가장 작은 지식의 단위 unit of knowledge 가 된다는 것이다. Anderson에 따르면, 기본적인 인지적 단위 basic cognitive unit 는 단위 마디 unit node 로(제안) 이루어져 있으며, 하나의 기억 단위 unit in memory 로 부호화되는 요소들의 설정 set of elements 으로(제안의 관계와 변수) 이루어져 있다고 한다.

다른 인지주의 이론들처럼 ACT-R 이론도 기억을 연쇄적으로 활성화시키는 활성화 확산 spreading activation 의 기억 네트워크 모델이다. 활성화 확산이란 네트워크 모델에서 투입된 단위들이 기존에 연결되어 있는 단위들을 활성화하여, 반응하는 단위들로까지 확산하고, 움직임을 일으키게 하는 것이다. 활성은 특정 단위 focus unit 에서 시작되는데, 이 위치를 시발점이라고 생각하면 된다. 예를 들어, 내가 지난 여름에 결승전에서 경쟁하고 있을 때를 기억하면, 이 특정 단위의 활성화 확산을 통해 거기에 있었던 다른 선수들, 시간과 결과 등을 떠올릴 수 있도록 도와주는 것이다. 작업 기억은 모두 다 연결되어 있기 때문에 이 활성은 장기 기억에 있는 기억들을 작업 기억을 통해 인출할 수 있는 것이다.

ACT-R 인지 모델은 처음에 잘 배워두었던 개념들이 더욱더 쉽게 활성화 될 수 있다고 주장하며, 반대로 잘 배우지 못했던 개념들은 인출하기 어렵다고 한다. 이렇게 강하게 활성화 되어 있는 개념들은 다른 기억들과도 강하게 연결되어 있고, 넓게 연결되어 있다. 다시 말해, 잘 배워둔 기억들은 더욱더 쉽게 접근해서 필요할 때마다 별 어려움 없이 기억해 낼 수 있고, 새로운 정보들을 배울 때 큰 도움이 될 수 있다고 이야기한다.

▶ 동작 생성 규칙

Anderson은 생성 규칙이 도식보다는 절차적 지식이라고 생각하는 것이 더욱더 현명하다고 이야기한다. 앞서 언급했듯이 동작 생성 규칙 production rules 은 만약-그러면 구조를 의미하는데, "만약"이라는 조건 규칙 condition clause 이며 "그러면"은 동작 규칙 action clause 을 의미하는 것이다. 조건 규칙은 언제 동작 규칙이 활성 해야 되는지 알려준다. 이를 차를 운전하는 상황으로 예를 들어 보자.

만약 신호등이 빨간색이라면,
그러면 브레이크를 밟아야 한다.

Anderson(1983)은 학습이 5가지 기전을 지니고 있으며, 이 기전들이 동작 생성 규칙 production rules 의 발달과 구조에 영향을 미친다고 발표했다. 이 5가지 기전은 구성화 composition, 절차화 proceduralization, 차별화 discrimination, 일반화 generalization, 그리고 강화 strengthening 이다. 이 5가지 개념은 2가지 학습과정으로 나뉘는데, Anderson은 이것을 지식 편집 knowledge compilation 과 조율 tuning 이라고 한다.

▶ 지식 편집

구성화와 절차화를 통틀어서 Anderson은 이것을 지식 편집이라고 정의했다. <u>지식 편집</u> knowledge compilation 의 과정은 새로운 동작 생성 규칙이 시스템에 들어올 때 시행된다고 했다. Anderson은 구성화와 절차화를 통해 생성 규칙이 기억으로 입력되면, 그들의 행동과 움직임은 기억을 통해 제어된다고 했으며, 작업 기억 단계를 거치지 않는다고 했다. 다음은 구성화와 절차화에 대해 자세하게 알아볼 것이다.

▶ 구성화

<u>구성화</u> composition 는 동작 생성 규칙이 붕괴되는 과정으로 정의했는데, Anderson은 이를 <u>거시적인 동작 생성 규칙</u> macroproduction rule 이라고 했다. 예를 들어 수동 자동차를 운전하는 상황에서 동작 생성 규칙을 다음과 같이 표현될 수 있다.

만약 기어를 변속하기 원한다면
그러면 엑셀에서 발을 떼어라
만약 엑셀에서 발을 떼었다면
그러면 클러치를 밟아라
만약 클러치를 밟았다면
그러면 기어를 변속하라
만약 기어가 변속되었다면
그러면 엑셀을 다시 밟아라

처음에 수동으로 움직이는 자동차를 운전하는 초보자들에게는 이 연합 단계에서 학습과정이 이렇게 이루어질 수 있다. 운전 초보자들은 과정 하나하나를 의식하고 있으며, 작업 기억에서 시작되고 한 단계 한 단계를 거쳐서 원하는 결과를 얻을 수 있다. 운전면허를 취득하기 위해 처음 배웠을 때의 느낌을 되살려 보면, 이 학습 과정이 어떻게 이루어지는지 쉽게 이해할 수 있을 것이다. 하지만 동작 생성 규칙도 어느 정도 형성이 되고 나면, 이 규칙들이 거시적인 동작 생성으로 연속적으로 분리되기 시작한다. 다음 상황이 이를 표현해준다.

    만약   기어를 변속하고 싶다면
    그러면   엑셀에서 발을 떼고
             클러치를 밟고
             기어를 변속하고
             엑셀을 밟아라

▶ 절차화

Anderson에 의하면, 절차화 proceduralization 과정에서 동작 생성 규칙이 자동화되는 것으로 정의했다. 절차화가 끝나고 나면, 동작 생성 규칙은 작업 기억을 지나치지 않고, 자동적으로 활성화되며, 장기 기억에서 바로 인출될 수 있다. 이 자동화되는 과정에서 작업 기억을 사용하지 않아도 되기 때문에 그 공간을 추가적인 정보를 저장하는 것으로 사용될 수도 있다. 그렇기 때문에 수동 변속기 자동차를 운전하는 예로 들자면, 거시적인 동작 생성 규칙이 활성되고, 작업 기억을 거치지 않으며, 기억에서 바로 인출될 수 있는 힘을 가지고 있다.

▶ 조율

학습은 지식 편집 단계가 마무리 되어도 지속된다. Anderson(1983)은 이 지속된 학습을 조율 tuning 이라고 정의했다. 이 개념은 Rumelhart와 Norman(1978)이 정의하는 것과 비슷하다. Anderson, Kline과 Beasley(1977, 1980)은 조율에 3가지 학습 기전이 포함되어 있다고 했는데, 그 3가지는 차별화, 일반화, 그리고 강화이다.

차별화 Discrimination 는 규칙들의 적용되는 범위가 좁아지는 것을 일컫는다. 다시 말해, 이 차별화 과정에서 동작 생성 규칙이 적용되는 곳이 더욱더 엄격한 환경과 상황에서 사용된다는 것이다.

차별화가 완성되기 위해서는 2개의 하위 과정이 필요한데, 그 두 가지는 행동 차별화와 조건 차별화이다. 행동 차별화 action discrimination 는 새로운 학습이나 행동의 변화를 기존의 상황에서 시행될 때 이루어진다. 행동 차별화를 통해, 동작 규칙들은 더욱더 세부적이고, 구체적이며, 적절한 환경에서 활성화 된다. 조건 차별화 condition discrimination는 기존의 행동들에 제한을 두는 것이다. 자동차 기어를 변속하는 예를 다시 돌아가서, 그 운전자가 이제는 차로 경주를 하고 싶다면,

만약　　경주에서 기어를 변속하고 싶다면
그러면　엑셀에서 발을 떼고
　　　　클러치를 빨리 밟고
　　　　기어를 신속하게 변속하고
　　　　엑셀을 즉각적으로 밟아라

　이 새로운 규칙들은 더욱더 세부적이고, 구체적으로 바뀌어 졌는데, 그 이유는 조건 규칙이 더욱더 한정적으로 구성되어 있으며, 동작 규칙이 더욱더 명백해졌기 때문이다.
　<u>일반화</u> Generalization 과정은 규칙들의 범위가 넓어지면서 적용되는 범위도 넓어지는 것을 의미한다. 다시 말해, 조건 규칙의 범위가 넓어지고, 다양한 상황에서 적용될 수 있다는 것이다. 일반화는 조건 규칙을 넓히거나, 조건 규칙에 설치했던 제한점들을 해제하고 변경하면서 범위를 늘릴 수 있다. 다시 말해, 조건에 대한 제한은 없어지면서 적용되는 범위가 많아지는 것이다. 기어를 변속하는 거시적인 규칙을 예를 다시 보면, 이 규칙을 조율하여 경주할 때만이 아니라, 범위를 넓히면서 일반화 시키는 것이다.

만약　　경주에서 기어를 변속하고 싶다면
그러면　엑셀에서 발을 떼고
　　　　클러치를 빨리 밟고
　　　　기어를 신속하게 변속하고
　　　　엑셀을 즉각적으로 밟아라

　규칙을 잘 보면 이러한 과정이 일반화되었기 때문에 범위가 경주뿐만이 아니라, 빨리 출발하고 싶은 모든 상황에서 적용 될 수 있다는 것을 알 수 있다. 물론 어떻게 보면 제한적일 수도 있는데 기어를 변속하는 모든 상황이 아니라, 빨리 출발하는 순간에만 적용되기 때문이다.
　<u>강화</u> Strengthening 는 피드백을 사용한 체계인데 제일 올바르고 적절한 동작 생성 규칙을 실행하고, 부적절하고 필요 없는 동작 생성 규칙을 제거하는 과정이다. 동작 생성 규칙을 강화하는 것의 장점은 다른 동작 생성 규칙과 경쟁함으로서, 더욱더 올바른 규칙만 남게 되는 것이다. 그럼으로써 제일 강하고 올바른 규칙만 사용될 수 있고, 부적절하고 필요 없는 규칙들은 제거된다.
　강화의 좋은 예 중 하나는, 엘리트 선수들이 움직임의 결과에서 갑작스러운 변화가 있거나 동작을 변화시키기 위한 과정으로 설명할 수 있다. 만약 운전자가 클러치를 너무 빨리 떼거나, 엑셀을 밟지 않은 관계로 엔진이 꺼졌다고 생각해 보자. 초보 운전자는 엔진이 꺼지도록 놔 주겠지만, 경험이 많은 운전자들은 즉각적으로 클러치와 엑셀을 밟으면서 엔진이 꺼지지 않도록 노력할 것이다. 동작 생성 규칙은 <u>동작 생성 시스템</u> production system

의 네트워크로 연결되어 있으며, 엔진이 꺼지기 시작할 때, 경험이 많은 운전자들은 새로운 동작 생성 시스템을 동작 생성 규칙에 입력시킨다.

만약 엔진이 꺼지기 시작한다면
그러면 클러치와 엑셀을 함께 꾹 밟도록 하여라

강화는 무선연습과 훈련에서 볼 수 있는 기억 파지 효과를 설명할 수 있는데, 무선연습과 훈련에서 선수들은 지속적으로 기억에서 인출하는 단계를 거치고, 올바른 동작 생성 규칙을 활성화하기 위해 노력한다. 이렇게 연습과 훈련에서 지속적으로 강화되고 활성화하면, 경기나 대회에서도 쉽게 올바른 동작 생성 규칙을 시행할 수 있다. 다시 말해, 연습과 훈련량이 많으면 많을수록, 엘리트 선수들로 거듭 날 수 있다는 것이다.

▶ 코칭 상황에 ACT-R 이론을 적용하는 방법

선수들에게 올바른 동작 생성 규칙을 가르친다. 효율적인 코치들은 자신의 선수들에게 올바른 동작 생성 규칙을 가르치는 방법을 안다. 다시 말해, 그 코치들의 선수들은 정확히 무엇을 **어떻게(활성화) 언제(상황)** 올바른 동작 생성 규칙을 시행하는 방법을 알고 있으며, 주저하거나 망설이지 않는다. 반대로, 비효율적인 코치들은 자신의 선수들에게 **언제 동작 생성 규칙을 시행하는 것**을 가르쳐도 무엇을 **어떻게 하는 방법**을 가르치지 않을 수도 있다. 그런 코치의 선수들은 좋은 기술을 가지고 있을지는 몰라도 경기나 대회 상황에서 많이 망설일 수도 있다. 만약 자신의 선수들이 이렇다면 선수들에게 올바른 동작 생성 규칙을 가르치고 어떤 행동들이 어떤 상황에서 이루어져야 하는지도 가르치는 것이 현명하다.

선수들에게 동작 생성 규칙을 다듬는 방법을 가르친다. 코치는 선수들에게 올바른 상황에서 올바른 동작 생성 규칙을 시행할 수 있도록 가르쳤다. 하지만 선수들의 동작 생성 규칙은 얼마나 정확한가? 동작 생성 규칙을 다듬는 과정은 인지적으로 절차화, 일반화, 그리고 강화 단계를 거치는 것인데, 훌륭한 코치 밑에서 배운 선수들은 무엇을 어떻게, 언제 시행해야 되는 것을 아는 것뿐만 아니라, 부적절한 행동이 무엇인지 알며, 언제 어떤 규칙을 사용하면 안 되는지도 알고, 상황에 따라서 새로운 것을 해야 한다는 것도 인지하고 있다. 다시 말해, 이런 선수들은 절차화, 일반화, 그리고 강화 단계를 지속적으로 거치고 연구하여 더욱더 적합한 반응을 만들기 위해 노력하는 것이다. 축구 경기에서 팀의 수비가 조직화 되어서, 하나의 기계처럼 움직이는 것을 보는 것보다 멋진 것이 없다. 각각의 선수들은 어떤 상황에서 어떤 동작 생성 규칙을 시행해야 될지 알고 있으며, 11명의 선수들이 하나의 마음을 가진 것처럼 움직일 수 있도록 코치가 가르쳐줘야 한다.

선수들을 절차화 단계와 일반화 단계에서 가르칠 때, 선수들에게 상황을 정확하게 설명해 주고, 올바른 규칙이 무엇인지 가르쳐주며, 하나하나 일일이 단계적으로 선수들에게 보여주는 것이 중요하다. 나의 경험상 선수들은 자기 자신이 하는 행동이 올바르다고 생각하고 있지만, 선수들의 생각이 틀린 적이 많다. 선수들에게 상황만 설명해 주고 그들에게 올바른 행동이 무엇인지 물어보는 것도 현명한 방법이다. 주로 선수들은 정확히 무엇을 해야 되는지는 몰라도, 어느 정도 올바른 방향의 생각은 가지고 있다. 어리거나 처음으로 스포츠에 접하는 선수들은 절차화 단계와 일반화 단계를 피하는 것이 현명하며, 그 선수들이 조금 더 경험을 쌓고 스포츠에 대한 이해도가 높아지고 나서 시작하는 것이 좋다.

선수들이 절차화 단계와 일반화 단계를 거치고 있을 때, 코치는 선수들에게 이론적으로 많은 것을 설명해 주는 것이 좋다. 선수들에게 이론적으로 어떤 한 요소가 자신에게 맞는다고 생각하면, 그 요소들을 다르지만 비슷한 곳에 적용시킬 수 있다는 것을 알려 줘야 한다. 예를 들어, 다이빙 선수가 180° 공중회전 다이빙 기술에 대해서 잘 이해하고 있다면, 이 지식을 뒤로 공중회전 기술을 배울 때도 적용할 수 있는 것이다.

또한 선수들이 올바른 동작 생성 규칙을 강화하기 위해 무선연습과 가변 연습을 사용하여 훈련시키는 것이 좋다. 연습과 훈련에서 예측하지 못한, 어리둥절할 만한 실수 후 상황을 제시해 주고, 선수들이 그런 상황에 올바른 반응을 보여줄 수 있도록 가르치는 것이 좋다. 이렇게 하면서 선수들은 부적절한 동작 생성 규칙을 제거하고 새롭고 올바른 동작 생성 규칙을 찾기 위해 노력한다. 예를 들어, 연습과 훈련에서 선수들이 "아 어떻게 해야 할지는 알고 있었는데, 왜 그 상황에서 하지 못했지?"라고 말하는 것을 많이 들을 수 있다. 코치와 선수들이 제일 싫어하는 말은 "아 그때 이렇게 해야 됐었는데"이다. 연습과 훈련을 통해, 선수들은 부적절한 동작 생성 규칙을 제거함으로서, 올바른 동작 생성 규칙을 생각하지 않고, 자동적으로 시행할 수 있는 선수들이 될 수 있도록 도와주어야 한다.

선수들이 스스로 동작 생성 규칙을 구성할 수 있도록 도와준다. 구성화 과정은 동작 생성 규칙을 깨고 감소시킴으로써 어렵고 복잡한 동작 생성 규칙을 더욱더 쉽고 간단하게 만드는 것이다. 선수들에게 이렇게 동작 생성 규칙을 올바르게 구성하여 적절한 수행 단서 performance cue에만 집중할 수 있도록 도와주어야 한다. 많은 선수들은 자신의 운동 종목을 너무 어렵게 생각하는 나머지, 너무 많은 수행 단서에 집중하려고 한다. 선수들이 올바르고 적절한 수행단서에만 집중하게 도와주고, 선수들이 자동적으로, 자율적으로 움직일 수 있는 훌륭한 선수들로 거듭날 수 있게 해야 한다. 예를 들에 내가 라켓볼에서 백핸드를 할 때, 나의 어깨를 자연스럽게 돌리고, 오른손이 왼쪽 귀를 닿게 하면 큰 도움이 되는 것을 알 수 있었다. 내가 이 두 개의 수행 단서에만 집중하면, 나의 백핸드는 거의 완벽하게 생성됐다.

선수들에게 자신만의 동작 생성 규칙을 절차화 시키도록 도와준다. 절차화는 연습의 기능이기도 하다. 반복 연습의 시간이 어느 정도 지나면, 동작 생성 규칙은 자동화되기 시작하고, 기억에서 직접적으로 인출된다. 다시 말해, 선수들이 어떤 한 움직임을 실행할 때,

생각하지 않아도 된다는 것이다. 예를 들어, 많은 연습과 훈련 후에는 내가 백핸드를 할 때 그 두 가지 수행 단서를 생각하지 않아도 되었다. 내가 백핸드를 해야 할 상황이 오면, 자연스럽게 반응했고, 더욱더 훌륭한 선수가 될 수 있었다. 선수들에게 더욱더 많은 연습 시간과 상황을 제시해 주고, 선수들의 동작 생성 규칙을 절차화 되도록 도와주어야 한다.

선수들이 예비 동작 생성 규칙도 강화할 수 있도록 도와준다. 예비 동작 생성 규칙 backup production rules 은 첫 동작 생성 규칙에 이상이 생길 때 시행되어야 한다. 예를 들어, 초보 운전자가 클러치를 너무 빨리 놓거나, 엑셀을 밟지 않았을 때, 예비 동작 생성 규칙이 즉각적으로 시행 되어야 차가 멈출 것이다. 초보운전자들은 예비 동작 생성 규칙이 없기 때문에 차가 멈추지만, 경험이 많은 운전자들은 차가 멈추는 상황이 거의 없다. 나는 얼마 전에, 비슷한 상황에 놓인 두 개의 다른 미식축구 경기를 볼 수 있었는데, 두 경기는 3분 정도의 시간이 남아 있었고, 점수는 동점이었다. 한 쿼터백은 NFL 프로 리그에서 뛰었던 선수였고, 다른 쿼터백은 대학교 1학년 선수였다. 두 선수가 똑같은 상황에 직면하게 되었는데, 공을 잡고 나서, 던져서 받을 수 있는 다른 동료 선수를 찾지 못하고 있었다. 그 상황에서 NFL 프로 리그에서 뛰었던 선수는 그의 예비 동작 생성 규칙을 시행했는데, 그것은 "만약 던질 곳이 없다면, 그러면 공을 계속 소유하고 있어야 한다"였다. 하지만 대학교 1학년 선수는 첫 동작 생성 규칙밖에 시행을 하지 못했는데, 그것은 "만약 공을 잡았다면, 그러면 공을 던져야 한다"였다. NFL에서 뛰었던 선수의 팀은 정규시간에 비기고 난 후, 연장전에서 이겼지만, 대학교 1학년 선수는 공격권을 넘겨준 나머지 그 게임에서 졌다.

선수들에게 예비 동작 생성 규칙을 가르친다. 주로 경기 전에 세웠던 전략처럼 잘 풀리는 경우는 드물다. 그렇기 때문에 연습과 훈련에서 예비 동작 생성 규칙을 시행하고 다듬어 줄 수 있도록 도와주어야 한다. 연습과 훈련을 통해 예비 동작 생성 규칙도 자동적으로 만들 수 있게 도와주고, 코치는 선수들이 경험이 많은 운전자들처럼 차의 시동이 안 꺼질 수 있도록 만들어야 한다.

▶ 운동 학습의 정보처리과정 3단계

방금 우리는 운동 학습의 3가지 이론을 배웠고, 이 이론들을 기반으로 정보처리과정에서 엘리트 선수들은 경기의 상황 자극 확인: stimulus identification 을 파악하고, 어떤 반응을 시행할지 고민하고 반응 선택: response selection , 움직임을 하기 전에 부적절한 것들은 제거하며, 눈 깜빡할 시간에 동작을 실행하기 시작한다 반응 프로그래밍: response programming. 정보처리과정에서 처리 속도와 정확성은 굉장히 중요한데 이 요소들 없이는 훌륭한 선수가 될 수 없기 때문이다. 예를 들어, 테니스 선수가 상대방의 공이 어디로 갈지 빨리 파악하지 못한다면 다시 그 공을 네트로 넘길 확률은 매우 적다.

밑줄 <u>자극 확인</u> stimulus identification 은 정보처리과정의 첫 번째 단계이며, 말 그대로 외부의 자극을 인지하고 파악하는 것을 일컫는다. 우리는 이 단계에 대해서 앞서 언급했는데, 〈그림 6.3〉을 보면 더욱더 자세하게 알 수 있다. 이 단계에서 선수들은 새로운 정보를 파악하는데, 이 절차를 자극 또는 자극에 대한 정보 <u>입력</u> input 단계라고도 하고, <u>자극 확인</u> 단계라고도 한다. 다시 말해, 선수들은 환경의 정보들을 분석하는 과정이며 촉각, 미각, 시각, 청각, 후각의 5가지 감각을 사용하여 자신이 있는 상황을 인지하고 파악하는 단계이다. 예를 들어, 축구의 수비수가 자신의 마크를 따라다니고 있는 와중에 갑작스럽게 공이 자신의 골대로 흘러가는 상황에 이루어지게 되었다. 이 상황에서 그 선수는 수많은 요소들을 파악하기 시작하는데 공격 대 수비의 인원은 몇 명인지, 골키퍼의 스피드와 공이 흘러가는 속도, 공격수가 슛을 할 수 있는 위치, 다른 선수들의 움직임 등을 재빠르게 계산한다. 그리고 상황이 어느 정도 파악됐다면. 정보처리과정의 반응 선택 단계로 넘어갈 수 있다.

<u>반응 선택</u> response selection 단계에서 선수들은 자극 확인 단계에서 인지되고 파악된 외부의 자극을 토대로, 반응을 선택하는 절차이다. 앞서 얘기했던 축구 선수의 예를 다시 사용하자면, 수비수는 반응을 꼭 선택해야 하며 만약 선택을 하지 못한다면 공격수가 골을 넣을 것이다. 그 선수가 공을 쫓아가서 먼저 공을 쳐 내려고 할 수도 있고, 선수를 막아서 골키퍼가 처리할 수 있도록 도와줄 수도 있고, 아예 골대까지 달려가서 거기에서 수비를 할 수도 있다. 이 외에 수많은 선택권이 있지만, 무엇을 하든 빨리 선택해야 한다.

반응이 선택되었다면, 선수는 빨리 올바른 운동시스템 motor system 을 준비해서, 그 움직임을 실행하여야 한다. 이 단계를 <u>반응 프로그래밍</u> response programming 단계라고 하는데, 정보처리과정을 통해 어떤 행동을 취하는 것을 <u>동작의 출력</u> output 이라고도 한다. 3번째 단계에서는 더욱더 많은 과정이 일어나는데, 운동 프로그램 준비, 시행, 그리고 움직임을 올바르게 시행하기 위해서 운동 프로그램 명령은 뇌에서 시작되어 근육까지 전달된다 (Schmidt & Wrisberg, 2008).

축구 선수로 예를 다시 들어서, 만약 수비수가 선택한 행동이 공격수를 막는 것이었다면, 그 선수는 "상대선수를 따라 붙자."라는 명령을 시행했을 것이다. 그 명령은 그 선수의 근육까지 전달되어, 그 선수의 몸을 움직여주고, 그 선수의 눈은 공격수에게 초점을 맞추어서 어디에서 막는 것이 제일 현명한지 파악한 뒤, 자신의 위치를 공격수와 제일 밀착된 자세로 가서 서 있을 것이다.

▶ 코칭 상황에 정보처리과정을 적용하는 방법

사람의 뇌가 컴퓨터와 비슷하다고 생각하고, 컴퓨터의 특성과 제한점이 무엇인지 알고 있다면 사람들도 외부 자극 정보에 대한 입력과 출력을 하는 과정에서 수많은 명령, 방해,

그리고 절차가 일어나는지를 이해할 수 있을 것이다. 운동하는 상황에서 선수들이 인지 능력이 뛰어난 선수가 되기 위해서 어떻게 해야 되는지 알아보도록 하겠다.

선수들에게 올바른 단서를 정확하게 파악할 수 있도록 가르친다. 자극 확인 단계에서, 우리는 단기감각 기억과 작업 기억에 저장할 수 있는 정보 공간이 매우 적고, 짧은 시간 동안만 저장할 수 있다는 것을 배웠다. 다시 말해, 선수들은 수많은 외부의 자극들 중에서 몇 개의 자극에만 집중할 수 있다는 것이다. 그렇기 때문에 선수들에게 제일 중요하고 적합한 단서에만 집중하고, 필요 없는 단서들을 무시하는 방법을 가르쳐야 한다. 예를 들어, Bard와 Fleury(1981)가 아이스하키의 골키퍼들을 연구한 결과를 보면, 엘리트 골키퍼들은 아마추어 골키퍼보다 반응 속도가 훨씬 빨랐는데, 그 이유는 엘리트 선수들이 공을 보고 반응하는 것이 아니라, 선수들의 스틱을 보고 반응하기 때문이라고 발표했다. 다시 말해, 엘리트 골키퍼들은 선수들의 스틱을 단서로 삼아, 공이 어디로 갈지 예측할 수 있다는 것이었다.

William와 Davids(1998)도 축구 선수들에게서 비슷한 결과를 확인할 수 있었는데, 축구 수비수들이 1대1 상황에 놓여 있을 때, 엘리트 수비수들의 눈은 공에 있는 것이 아니라, 공격수의 허벅지에 초점을 맞추고 움직이고, 아마추어 선수들은 공에만 집중한 나머지 공격수를 막지 못하는 경우가 많다. 하키 선수들뿐만 아니라 Starkes와 Deakin(1984)은 다른 스포츠에서도 이러한 연구를 진행했고, 비슷한 결과를 확인할 수 있었다.

선수들에게 패턴을 인지하는 방법을 가르친다. 모든 코치들은 선수들이 외부의 자극을 인지하고 즉각적으로 반응하기를 원한다. 반응 시간을 줄이기 위한 제일 좋은 방법은 외부의 자극들을 빨리 파악하고, 게임 상황에서의 구조나 패턴을 얼마나 빨리 인지할 수 있는지에 달려 있다. Allard, Graham과 Paarsalu(1980) **의미 있는 단위** meaningful units 라는 것을 발표했다. 의미 있는 단위란 자신의 스포츠에서 의미 있는 요소들과 움직임 등을 일컫는데, 이런 것들이 합쳐져서 의미 있는 단위로 만들어진다. 흥미로운 점 중 하나는, 엘리트 선수들과 아마추어 선수들 중에서 의미 없는 요소로 구성되어 있는 것을 보고 기억하라고 했을 때, 결과적으로 두 그룹의 차이는 찾지 못했으며, 자신의 스포츠에 의미 있는 단위로 구성되어 있는 것을 기억하라고 했을 때는 엘리트 선수들이 더욱더 많은 정보들을 기억할 수 있었다. 그렇기 때문에 선수들에게 게임 상황이나, 패턴, 구조 등의 상황에 의미를 부여하고, 올바른 반응을 시행할 수 있도록 훈련시켜주는 것이 현명하다. 수많은 문제들이 그렇듯이, 문제를 해결하기 위한 최선의 방법은 제일 먼저 문제를 인지하고 인식하는 것이며, 이를 파악을 하고 난 후에 문제에 대한 해결책을 찾는 것이다. 예를 들어, 직각삼각형 ABC가 주어졌을 때 밑변 BC를 한 변으로 하는 정사각형의 면적은 다른 두 변 AB, AC를 한 변으로 하는 두 정사각형의 면적의 합과 같다면, 피타고라스의 정리로 인지하는 것처럼 선수들도 경기 상황을 재빠르게 인지할 수 있도록 도와주어야 한다.

선수들에게 인출 속도를 높일 수 있도록 도와준다. 반응이 자동적으로 이루어지기 위해서는 운동 프로그램이 기억에서 즉각적으로 이루어져야 한다. 이런 반응들이 자동적으로 이루어지고 있지 않다면, 기억에서 인출되어, 작업 기억을 거치고 난 후에 움직임이 시행된다. 이렇게 인지적으로 한 단계를 더 거치게 되면, 반응 속도가 느려지기 때문에, 선수들에게 충분한 연습과 훈련 시간을 부여해서 움직임이 자동적으로 시행될 수 있도록 도와주어야 한다. 선수들에게 올바른 반응 프로그램(움직임 & 행동)을 올바른 패턴과 단서(상황)에 맞추어서 시행할 수 있도록 도와주고, 올바른 동작 생성 규칙을 성립할 수 있도록 훈련시켜야 한다.

마지막으로 선수들에게 여러 반응 프로그램들을 하나로 통합할 수 있는 방법을 가르쳐 줘야 한다. 앞서 말했듯이 Anderson(1983)은 이러한 통합(청킹)을 거시적인 동작 생성 규칙이라고 했고, Scmidt와 Wristberg(2008)은 이를 <u>움직임 출력 청크</u> movement-output chunks 라고 이야기했다. 청킹을 통해 선수들은 하나하나의 움직임을 일일이 하나의 단위로 저장하는 것이 아니라, 하나의 덩어리로 움직임들을 통합시켜 저장함으로써 하나의 회로로 연결시켜서 기억에 입력하는 것이다. 청킹을 가르치기 위해서 선수들은 똑같은 움직임을 반복적으로 연습하고 연결시킴으로써 하나의 회로로 된 동작으로 만들어야 한다. 주로 선수들은 몇 개의 동작을 연결시키기 위해 짧은 단어로 의미를 연관 지어서 연습하는 경우도 많다. 나는 미국 올림픽대표 코치가 자신의 선수들에게 "딴 따 라"같은 소리에 의미를 붙여서 가르치는 모습을 보았는데, 이런 식으로 의미를 붙여서 가르친다면, 쉬울 뿐만이 아니라 잘 기억되기 때문에 효율적으로 가르쳐 줄 수 있다.

선수들에게 빠르고 정확한 의사결정을 할 수 있도록 도와준다. <u>반응 속도</u> Reaction Time: RT 는 선수들이 특정 동작을 선택할 때의 속도와 효율성을 판단하는데 아주 좋은 기준이기도 하다. 반응 속도와 의사결정 decision making 을 하기 위해선 몇 가지 요소들이 있는데, 하나는 자극 반응 대안 수와 자극 반응 부합성이다. Hick's의 법칙에서 배웠듯이, 자극 반응 대안 수의 수가 많으면 많을수록 반응 시간도 더 길어지는 것이다. 그렇기 때문에 만약 자극 반응 대안 수가 줄어들면 반응 시간도 줄일 수 있다. 이렇게 자극 반응 대안 수를 줄이기 위해서, 선수들에게 올바른 패턴과 단서에만 집중할 수 있도록 도와주고 의미 없는 요소들은 무시할 수 있도록 도와주고 중요한 움직임에만 집중하여 상대방의 다음 행동을 예측할 수 있도록 가르쳐줘야 한다. 상대방의 움직임을 예측할 수 있다면, 더욱더 빨리 올바른 반응을 선택할 수 있고, 반응 시간을 줄일 수 있기 때문이다. 그리고 반대로 상대편이 자신의 선수들의 움직임을 예측할 수 없도록 도와주기 위해서, 야구의 투수를 가르치고 있다면, 그 투수가 직구를 던지든 변화구를 던지든 똑같은 움직임으로 공을 던질 수 있도록 가르쳐줘야 한다.

자극 반응 부합성은 운동반응이 특정한 외부 요소와 자극에 반응했을 때 얼마나 자연스러운지를 의미한다. 예를 들어, 누가 갑작스럽게 당신에게 무엇을 던졌다면, 당신은 그 물건을 더 잘 잡을 수 있는 손을 들어 올릴 것이다(오른손잡이 이면 오른손, 왼손잡이 이면

왼손). 예를 들어 스쿼시, 라켓볼, 테니스 같은 스포츠에서 백핸드로 스윙을 하는 것보다는 포핸드로 스윙하는 것이 더욱더 자연스러울 것이다. 다이빙에서도 앞쪽으로 공중회전을 하는 것이 뒤로 공중회전 하는 것보다 더욱더 자연스럽다. 각각의 선수들에게 제일 자연스러운 움직임이 무엇인지 찾아주고, 만약 어떤 움직임이 자연스럽지 않다면, 많은 훈련과 연습을 통해 그 움직임이 자연스럽게 될 수 있도록 도와주어야 한다.

선수들의 각자의 최적의 각성과 불안 수준을 유지할 수 있도록 도와준다. <u>각성</u> arousal 은 선수들의 중추신경계가 얼마나 활성화되어 있고, 얼마나 긴장되어 있는지를 의미한다. 그리고 <u>불안</u> anxiety 은 선수들이 어떤 상황과 과제를 시행할 때의 불쾌함과 스트레스 수준을 의미하는 것이다. 불안이 증가되면 증가될수록 각성도 같이 증가한다. 각성과 불안은 정보처리과정에 큰 영향을 미치는데, 다른 수준에 따라 시야를 좁혀질 수 있으며, 단서를 활용할 수 있는 능력도 하락할 수 있다. <u>지각 협소화</u> Perceptual narrowing 는 선수들의 각성이 높아지면 높아질수록 집중력이 하락되고, 시야가 좁혀지는 현상을 일컫는다. 이러한 협소화는 선수들에게 도움을 줄 수 있는데, 그 이유는 수많은 외부 자극들 중에서 필요 없는 요소들은 제거되고, 필요한 요소들에게만 집중하여 외부의 자극을 올바르게 인지하고 재빨리 반응을 선택하여 최고의 운동 프로그램을 시행할 수 있도록 도와주기 때문이다. 하지만 반대로 시야가 좁아지는 현상이 선수들에게 해가 될 수 있는데, 그 이유는 <u>단서 유용화 가설</u> cue-utilization hypothesis 에서 찾아 볼 수 있다.

<u>단서 유용화 가설</u>(Easterbrook, 1959)은 선수들이 몇 가지의 단서를 사용하여 움직임을 선택하는 것을 의미하는데, 이러한 단서들을 활용할 수 있는 능력은 각성의 수준에 따라 달라진다는 것이다. 각성 수준이 너무 낮다면 시야가 넓어지면서 단서들이 너무 많아진다. 그렇기 때문에 단서가 너무 많아지면, 선수들이 그 모든 단서들을 인지하고 있어야 되기 때문에 정보처리과정이 지체되고 필요 없는 단서들에 집중한 나머지 중요한 단서들을 놓치게 되어 선수들의 능력이 하락하게 되는 것이다. 반대로 각성 수준이 너무 높다면 시야가 너무 좁아지고 제한되는 요소들이 더욱더 많아진다. 이렇게 되면, 선수들은 필요한 단서를 찾지 못하게 되며, 능력이 하락되는 것이다. 선수들에게 긴장을 풀거나 긴장을 활용하는 방법을 가르쳐 주어, 최적 각성 상태에 머물 수 있도록 도와주어야 한다. William과 Harris(2006)는 긴장을 활용할 수 있는 두 가지 방법을 제시했는데, 첫 번째는 근육에서 뇌로, 두 번째는 뇌에서 근육으로 전하는 방법이다. <u>근육에서 뇌로 전달하는 기술</u> Muscle to mind skills 은 신체를 활용하여 각성을 제어하는 방법이다. 숨쉬기 운동, 긴장 완화 운동 등을 사용하여 뇌의 긴장을 풀거나 올바른 수준에 이를 수 있도록 도와주는 것이다. <u>뇌에서 근육으로 전달되는 기술</u> Mind to muscle skills 은 인지적으로 각성을 제어하는 것인데, 명상, 이미지 트레이닝, 자기 자신과의 대화, 인지적 재구성 등의 방법으로 근육의 긴장을 풀거나 올바른 수준에 이를 수 있도록 도와주는 것이다.

▷ 인지 능력이 뛰어난 선수

이장을 처음에 시작했을 때, 우리는 두 명의 아이들을 예로 들고, 두 아이의 조건이 모두 같다면 운동 학습과 운동 수행 부분에서 차이가 나는 이유는 아이들의 하드웨어가 아니라 소프트웨어에서 발생한다는 내용으로 시작했다. 다시 말해, 이 두 선수들의 제일 큰 차이점은 인지적인 부분이었으며, 신체적인 부분도 중요하지만 그렇게 중요한 요소는 아니라는 것을 의미한다. 두 선수들은 비슷한 키, 체중, 점프력, 힘, 유연성, 반응 속도를 가지고 있었다. 하지만 정보를 처리하는 과정에서 큰 차이를 보였고, 이런 인지적인 차이는 엘리트 선수들과 아마추어 선수들에게도 찾아볼 수 있다. 이런 차이점은 인지 능력이 뛰어난 선수가 무엇인지 보여준다. 그러면 정확하게 인지 능력이 뛰어난 선수는 무엇인가?

Huber(1997)의 연구 결과에 의하면, 엘리트 선수들과 아마추어 선수들의 인지적 차이는 상당히 큰 것으로 확인되었다. 이런 차이점은 엘리트 선수들뿐만이 아니라, 자신의 분야에서 엘리트라고 불리는 사람들에게도 비슷한 차이점을 찾아 볼 수 있었는데, 물리학자, 수학자, 체스, 하키, 농구, 배구 등의 분야에서 엘리트와 아마추어의 차이점을 확인할 수 있었다. 인지 능력이 뛰어난 선수들은 자신의 스포츠와 운동 수행에 대해 광범위한 지식을 가지고 있었다. 다시 말해, 엘리트 선수들은 아마추어 선수들보다 더욱더 많은 지식을 가지고 있다는 것을 확인할 수 있었다. 이와 더불어 이 선수들의 지식은 스포츠에만 제한되어 있는 것도 아니었다. 인지 능력이 뛰어난 선수들은 어떤 문제를 과학적으로 접근하고 긴장 완화, 이미지 트레이닝, 혼잣말, 훈련과 연습의 중요성, 최적 각성 상태, 집중력, 자동화, 운동과 운동 학습에 대한 수많은 이론들과 지식에 대해서도 인지하고 있다는 것을 알 수 있었다(Huber, 1997).

동작 생성 규칙 분석 production rule analysis 을 사용하여 인지 능력이 뛰어난 선수들은 더욱더 복잡한 지식 구조를 저장하고 사용하고 있다는 것을 Huber(1997)의 연구를 통해 알 수 있었는데, 선수들이 동작 생성 규칙을 수립할 때, 지식 편집(구성화 & 절차화) 단계와 조율(차별화, 일반화, 강화) 단계는 아마추어 선수들보다 훨씬 더 복잡하다는 것을 의미한다. 구성화 단계는 인지 능력이 뛰어난 선수의 동작 생성 규칙이 더욱더 압축되어 있고, 기억에서 자동적으로 인출될 수 있도록 하는 것을 의미한다. 인지 능력이 뛰어난 선수는 어떤 행동과 움직임을 실행하기 위해서 인지적으로 생각하는 단계를 아예 거치지 않거나, 거의 생각하지 않아도 된다. 이 차이점은 아마추어 선수들과 엘리트 선수들의 차이라고 할 수도 있는데, 아마추어 선수들은 스포츠를 할 때, 신체적으로도 지치는 것뿐만 아니라 인지적으로도 지친다.

동작 생성 규칙 분석 관점에서 보면, 인지 능력이 뛰어난 선수들의 규칙은 엘리트 수준에서 경쟁할 수 있도록 성립된다. 다시 말해, 이 선수들은 엘리트 수준에서 경쟁하는 것이 어느 정도인지를 정확하게 파악하고 인지하고 있다는 것이다. 이 선수들의 규칙은 구성화 단계에서 아주 복잡한 절차를 거치기 때문에, 특정한 상황이나 미묘한 차이를 구분할 수 있는 능력이 있으며, 그 차이에 따라 올바른 동작 생성 규칙을 시행할 수 있도록 도와준다. 선수들은 언제 일반화 시켜야 되는지도 알며, 얼핏 보기에는 비슷한 상황일지는 몰라도, 똑같은 상황이 아니라는 것을 인지하며, 항상 올바른 동작 생성 규칙을 실행할 수 있는 능력이 있다. 상황에 따라서 선수들은 부적절한 동작 생성 규칙을 제거할 줄 알며, 강화 단계를 통해 올바른 동작 생성 규칙을 실행할 수 있는 능력을 증폭시킨다. 인지 능력이 뛰어난 선수들은 "아 그때 무엇을 할지는 알았는데, 몸이 반응을 하지 못했어."같은 변명을 사용할 필요가 없다. 그 이유는 선수들이 즉각적으로 반응하고 생각하는 단계를 거치지 않아도 되기 때문이다.

인지 능력이 뛰어난 선수들은 자신의 동작 생성 규칙에 어렵고 복잡한 요소들을 입력할 수 있는 능력이 있다. 완화, 이미지 트레이닝, 집중력, 물리학의 규칙 등은 어렵고 복잡한 요소들인데, 그 이유는 언제 어디서 어떻게 사용되고 활용해야 되는지를 정확하게 구분할 줄 알아야지 만이 사용할 수 있기 때문이고, 행동과 움직임에 대해서 직접적인 연관성이 없기 때문에 이 요소들을 동작 생성 규칙에 적용하는 것은 매우 어렵다. Chi 등(1981)은 아마추어 선수들이 좋은 점프, 좋은 신체, 빠른 움직임, 강력한 직구 등을 가지고 있지만, 인지 능력이 뛰어난 선수들은 움직임에 보이지 않는 요소들도 구분할 수 있다는 것을 설명했다. 예를 들어, 높이뛰기에서 좋은 점프를 하는 것은 좋은 테크닉, 근육의 완화, 집중, 물리학적 규칙, 인내심 등이 필요하다는 것을 아는 것이다. 다이빙에서도 뒤로 한 바퀴 반을 공중회전 하는 기술을 수행할 때에도, 뉴턴의 3번째 법칙인 작용 반작용 이론에 의해서 올바른 공중회전이 이루어진다는 것을 안다는 것이다.

인지 능력이 뛰어난 선수들은 정보처리과정의 입력과 출력 단계에도 차이를 보이는데, 선수들은 의미 있는 단서, 구조, 패턴 등을 재빠르게 파악하고 인지할 줄 알며, 올바른 반응을 선택하기 위해 기억에서 수많은 정보들을 순식간에 인출할 수 있는 능력을 가지고 있다. 이 선수들은 아무리 압박이 심한 상황에서도 침착할 줄 알며, 각성과 불안 같은 인지적 특성들이 정보처리과정과 운동 수행에 큰 영향을 끼치고 있다는 것도 알고 있다. 선수들은 각성과 불안을 잘 통제하여 이 요소들을 자신의 것들로 만들고, 이 요소들을 사용하여 자신을 스스로 더욱더 훌륭한 선수로 만들 수 있는 방법을 알고 있다.

▷ 인지 능력이 뛰어난 코치

인지 능력이 뛰어난 코치는 수많은 인지 학습 이론들을 알고 있으며, 인지 능력이 뛰어난 선수의 뇌의 구성은 어떻게 되어 있고, 인지 능력이 뛰어난 선수들이 어떻게 생각하는지도 알고 있다. 인지주의 관점에서 본다면, 인지 능력이 뛰어난 코치는 소프트웨어를 다운로드하고 선수들에게 설치하는 방법을 알며, 이 설치를 통해, 선수들을 인지적으로 바꾸고, 인지 능력이 뛰어난 선수로 프로그램 하는 방법을 알고 있다. 인지 능력이 뛰어난 코치는 자신의 스포츠 종목에 대해 광범위하고 깊고, 부유한 지식을 가지고 있는 것뿐만이 아니라, 그 의외의 지식에도 수많은 이론들과 지식도 가지고 있다. 더 나아가 인지 능력이 뛰어난 코치는 문제를 과학적인 방법으로 접근할 줄 알며, 표면에 놓여있는 문제를 심도 있게 파고들어 인지적으로 요구되는 것이 무엇인지, 무엇이 선수들을 변화시킬 수 있는지에 대해서, 어떤 입력이 들어가면 어떤 출력이 나올지에 대해서 예측할 수 있는 힘을 가지고 있다. 이런 코치들은 자신의 선수들에게 항상 "무슨 생각을 하고 있니?"라고 물어보는데, 그 이유는 자신의 선수들이 인지적으로 무엇을 생각하고 있는지를 파악하려고 노력하는 것이며, 인지하는 것이 운동 학습과 수행에도 얼마나 큰 영향을 끼칠 수 있는지도 알고 있기 때문이다.

코치의 도구상자

인지주의 학습 이론은 코치의 도구상자에 정말 유용하게 사용될 수 있는 도구가 될 수 있다. 정보처리과정 모델은 선수들이 인지적으로 어떤 정보를 이해하고, 기억하고, 그 새로운 정보들을 행동으로 옮길 때의 특성, 제한점, 그리고 과정을 이해할 수 있도록 도와줄 수 있다. 운동 학습 이론의 3단계는 선수들이 새로운 기술을 배울 때, 인지가 얼마나 중요한지 가르쳐준다. 일반화된 운동 프로그램 이론은 선수들이 새로운 정보들을 받아들이고 운동 수행을 실행할 때, 뇌를 **소프트웨어**로 변경시키는 과정으로 이해할 수 있다. 도식 이론은 운동 프로그램의 중요성뿐만 아니라, 가변 연습, 변수와 변수 값 parameter and parameter values , 그리고 새로운 정보들을 습득할 때, 기억에 저장되어 있는 비슷한 정보들을 활성화하는 것이 얼마나 중요한지에 대해서도 배웠다. ACT-R 이론은(특히 동작 생성 규칙) 운동 프로그램의 개념을 더욱더 뚜렷하게 묘사하여 정확하게 이해할 수 있게 도와주었으며, 선수들의 움직임을 학습하고 실행할 때, 어떤 방식으로 선수들에게 좋을 영향을 끼칠 수 있는 방법을 알아냈다. 마지막으로 정보처리과정의 3단계는 선수들의 운동 학습이 이루어질 때, 인지적으로는 무엇이 요구되는지 알게 되었으며, 선수들을 인지 능력이 뛰어난 선수로 어떻게 만들 것인지도 배웠다.

과학적이며 예술적인 코치

인지주의 학습 이론들은 선수들의 뇌를 심층적으로 조명하는 것이다. 그 전에는 선수들의 뇌를 심도 있게 조명하는 이유가 선수들을 조정하고 선수들이 무슨 생각을 하고 있는

지에만 집중하고 있었다면, 이 새로운 인지주의 이론들은 선수들을 컴퓨터로 비율적으로 표현하여 선수들의 학습이 어떻게 이루어지는지에 대해 정확하게 이해할 수 있다. 과학적인 코치로서 이 장에서 배운 수많은 패러다임, 모델, 이론들을 통해서 선수들이 어떻게 배우고 시행하는지를 이해할 수 있도록 도와줄 뿐만 아니라, 더 중요한 것은 코치가 어떻게 가르쳐야 되는지도 배웠다. 예를 들어, 선수들이 스포츠 외에도 더 많은 지식을 가지고 있어야지 더욱더 훌륭한 선수가 될 수 있다는 것을 알고 있어도, 갑작스럽게, 너무 빨리, 그리고 너무 많은 정보들을 한꺼번에 주고, 그 정보들을 이해하고 습득할 수 있는 시간을 충분히 주지 않는다면, 오히려 해가 될 수 있다. 하지만 선수들을 가르칠 때 스포츠의 대한 지식으로만 제한하고 가르치면 안 된다. 스포츠의 대한 지식뿐만이 아니라, 우리가 이 장에서 배웠던 완화하는 방법, 시야가 좁아지는 현상, 물리학에 규칙 등 또한 가르쳐줘야 한다.

인지주의 학습 이론들이 과학적인 부분으로 볼 수도 있지만, 이 이론들은 예술적인 면도 갖추고 있다. Bruning, Schraw와 Ronning(1995)이 얘기했듯이 "도식이 활성화 될 때, 새로운 정보를 접하는 모든 학습자들은 기존에 비슷한 정보들이 입력되어 있기 때문에 가능한 것이다"라고 말했다. 여기서 제일 중요한 단어들은 "나이", "관련성"과 "관련된" 정보들이다. 성공적인 코치들은 선수들의 뇌에는 어떤 정보들이 있는지 파악하고 있으며, 새로운 정보들을 가르칠 때, 비슷한 정보들을 사용하여, 더욱더 효율적인 방법으로 가르친다. 이것이 바로 예술적인 코치를 의미하는데, 선수들의 나이에 불문하고, 선수들의 과거 경험들과 학습된 내용들이 무엇인지 이해하고 있으며, 선수들의 흥미와 취미까지 파악하고, 도식이 활성될 수 있도록 도와준다. 과학적인 코치는 도식 이론을 사용하여 연습과 훈련을 구성할 수 있고, 예술적인 코치는 기존에 있는 정보들을 새로운 정보와 연결시킬 수 있는 훌륭한 지도자로 거듭날 수 있다.

코치가 이 3가지를 기억한다면

1. **선수들은 정보를 처리하는 컴퓨터와 비슷하다는 것을 기억한다.** 물론 이 장에서 우리가 이 내용에 대해 지속적으로 설명했지만, 나는 수많은 코치들이 선수들의 인지적 능력을 무시하는 것을 많이 봤다. 많은 코치들이 선수들을 사람으로 대하지 않고, 개를 훈련시키는 것처럼 선수들을 가르친다. 하지만 선수들은 개, 쥐, 새 같은 동물이 아니다. 선수들은 사람이며 사람들은 수많은 정보를 처리할 때, 특정한 단계를 거치고, 하나의 시스템처럼 움직인다. 그래서 인지주의 학습 이론을 사용하여 선수들을 인지 능력이 뛰어난 선수로 만들 수 있도록 해야 한다. 선수 지도에 필요한 모든 것은 코치의 도구상자에서 찾을 수 있으며, 인지적으로 가르치고 싶은 것을 골라서 가르치면 된다.

2. **동작 생성 규칙 개념을 기억한다.** 이 개념은 단순하지만 아주 효율적이며, 이해하기도 쉽고 적용하기도 어렵지 않다. 어떤 스포츠에 상관없이 연습하는 시간에 가서 한번 관찰해보도록 한다. 주로 코치가 "만약", "그러면"같은 말들을 들을 수 있으며, "언제"와 "지금"같은 단어들도 자주 들릴 것이다. 코치 스스로도 자기 자신이 말하는 것들을 직접 들어보는 것이 필요하다. 코치 본인이 동작 생성 규칙에 관련된 단어들을 얼마나 사용하는지에 대해서 본인 스스로 놀랄 것이다. 자신이 말하는 것을 의식적으로 인지하고 절차적 지식을 바탕으로 연습과 훈련을 구성하여, 더욱더 효율적인 코치가 되고, 올바른 상황에서 올바른 운동 수행을 실행할 수 있는 선수들을 육성하는 코치가 될 수 있다.
3. **운동 학습의 3가지 단계를 기억한다.** 정보처리과정 모델과 동작 생성 규칙 개념처럼, 운동 학습의 3가지 단계는 단순하지만 효율적인 패러다임이다. 이것을 사용하여 코치는 선수들을 더욱더 쉽게 이해하고, 선수들을 가르칠 때, 더욱더 쉽고 빠르게, 그리고 정확하게 코칭할 수 있다. 이 패러다임은 선수들과 코치의 인내심을 키워줄 수 있으며, 운동 학습이 이루어지는 과정이 얼마나 힘들과 고된 여정인지를 인지할 수 있도록 도와주는 것이다.

➔ 추천 도서

Anderson, J. R. (1983). *The architecture of cognition.* Cambridge, MA: Harvard University Press.

Schmidt, R. A. & Wrisberg, C. A. (2008). *Motor learning and performance: A situation-based learning approach* (4th ed.). Champaign, IL: Human Kinetics.

전문적인 선수
고도의 전문적인 연습과 전문성 이론의 적용

주요용어

- 고도의 활동(deliberate play)
- 고도의 전문적인 연습(deliberate practice)
- 자아성향(ego orientation)
- 전문적인 선수(expert athlete)
- 전문적인 코치(expert coach)
- 전문성 이론(expertise theory)
- 참여 기회(involvement opportunities)
- 상위 인지(metacognition)
- 지각된 유능성(perceived competence)
- 즐거움(sport enjoyment)
- 타깃(TARGET)
- 과제 성향(task orientation)
- 가르치는 게임(teaching games)

테니스 선수인 Andy는 미국의 주 챔피언이 되고 싶었다. Andy는 14살밖에 안됐지만 어렸을 때부터 계속 테니스는 해 왔었다. Andy가 아주 어렸을 때는 테니스공을 집 벽에 치면서 놀았고, 아버지와 친구들과 함께, 축구, 농구, 야구, 그리고 심지어 레슬링까지 자신의 집 뒷마당에서 하면서 놀기도 했다. 나이가 들면 들수록 Andy는 스포츠에 더욱 재미를 느꼈고, 축구, 농구, 야구 같은 스포츠를 자신의 뒷마당에서 노는 것이 아니라 더욱 더 체계적인 리그에서 전문적으로 운동을 배우기 시작했다. 시간이 지나고 나서, 고등학교를 처음 시작했을 때, Andy는 자신의 모든 에너지를 한 곳에 쏟아 부어서 주 챔피언이 되고 싶었다. Andy는 어렸을 때부터 주위에 있는 동호회에 가입했는데, 그 동호회 안에는 훌륭한 선수들이 많이 있었고, 그들은 대학교에서 선수였었거나, 현재 대학교에서 선수로 활동하고 있었던 사람도 있었다.

하루는 Andy가 학교를 마친 후, 집에 가서 어머니에게, "엄마 이제는 나의 모든 에너지와 노력을 테니스에 집중해서, 테니스로 제가 얼마나 성장할 수 있는지 알고 싶어요."라고 이야기했다. 부가적으로 그는 "엄마하고 아빠가 나의 목표를 성취하기 위해 노력해주시고 도와주셨으면 좋겠어요."라고 전했다. 당연히 Andy의 부모님들은 Andy를 전적으로 지지했다. 그 다음날 Andy는 테니스 프로선수를 만났으며, 그 프로선수에게 자신의 목표를 이야기했고, 그 프로선수는 Andy를 제자로 받아들이기로 결심했다. 그 프로선수는 Andy의 헌신과 열정을 보며 흐뭇해했고, And가 나날이 성장하는 것을 보면서 고등학교 최고의 선수가 될 수 있다는 잠재력과 자신이 Andy를 지도하기를 잘했다는 생각이 들었다.

Andy가 어렸을 때부터 꾸준히 해왔던 축구, 농구, 야구는 스피드와 훌륭한 신체 능력, 큰 힘을 지닌 팔, 강한 심리적 요인들을 성립할 수 있었던 배경이 되어 주었다. Andy는 테니스만 한 것은 아니었지만, 다른 스포츠를 통해 테니스에 적용될 수 있는 많은 요인들을 배울 수 있었다. 더욱이 다른 스포츠를 하면서 테니스까지 함께 했기 때문에, 테니스에 대한 애정과 열정이 불타오르고 있었으며, 테니스에 대한 애정과 열정은 훈련에 더욱더 많은 노력, 강인함, 끈기, 헌신 등을 심어줄 수 있었다.

Andy가 처음에 클럽에 들어왔을 때, 제일 먼저 했던 것은 클럽의 최고 에이스인 Paul이란 선수와 같이 훈련할 수 있도록 한 것이다. Paul은 고등학교 때 주 챔피언이었으며, 대학교에서도 상위 5위 랭킹에 들어가는 선수이기도 했다. 처음에 Andy에게는 Paul과 같이 훈련하면서 매번 지는 것을 당연한 것으로 받아들이지 않았지만, Andy는 끈기로 인해 그런 시간들을 견뎌 낼 수 있었다. Andy는 자신의 선배들이 어떻게 스트레칭을 하는지, 어떤 방식으로 워밍업을 하는지, 경기 전에 어떤 절차를 밟는지, 선배들의 훈련 강도는 어떤지, 선배들의 습관은 어떤지, 경기와 훈련이 끝나고 나면 어떻게 하는지, 다시 말해, Andy는 자신의 선배들의 모든 행동을 관찰하고 있었다. Andy는 외부적인 부분과 신체적인 부분뿐만 아니라, 선배들의 심리적인 부분들도 모두 관찰하고 알아내려고 노력했다. 선배들의 목표는 무엇인지 등을 알려고 노력했다. Andy는 클럽에 있는 프로선수와 가깝게 지냈고, 그 선수가 말하는 모든 것에 집중했으며, 프로선수가 하라고 하는 것을 다 하려고 노력했다. 일 년 반이 지나고 나서 Andy는 이제 Paul과 같은 수준의 선수가 되어가고 있었고, 고등학교 2학년이 되었을 때는 Paul을 처음으로 이겼다. 경기가 끝나고 나서 Paul은 Andy를 축하해 주었으며, Paul은 Andy에게 "잘했어 꼬맹이! 드디어 나를 이겼구나! 축하한다!"라고 이야기했다.

경기가 끝나고 나서, Andy의 부모님은 Andy가 어떻게 그렇게 빨리 좋은 선수로 거듭났는지에 대해 궁금해 했고, Andy의 대답은 "글쎄요, 그냥 제가 챔피언이 되고 싶으면, 챔피언처럼 훈련해야 된다고 생각했고, 그랬기 때문에 매일 매일 Paul이 하는 것을 따라 하려고 했고요, 코치 선생님이 하라는 것을 다 하려고 노력했죠."라고 이야기했다.

이 장은 전문적인 선수의 대한 이야기이며, 전문성 이론들과 수많은 노력을 통해 선수들이 엘리트 선수들처럼 훈련하고, 선수들의 가지고 있는 모든 잠재력을 이끌어서 챔피언이 될 수 있는 방법을 찾으려고 하는 데 있다.

개요

이 장은 전문성에 대한 연구를 정의하고 전문가들의 특성이 무엇인지에 대해 소개한다. 그리고 나서 전문적으로 훈련시키는 방법 중 고도의 전문적인 연습 deliberate practice; 심의적 연습 또는 계획적인 주도면밀한 연습이라고도 함 방법에 대해 알아보고, 선수들이 발달 단계를 거쳐서 고도의 전문적인 훈련을 어떻게 실시할 수 있는 지에 대해 공부할 것이다. 다음으로, 고도의 전문적인 연습의 특성을 선수들과 코칭 연습 프로그램에 도입하고 개발하여 고도의 전문적인 연습을 더욱더 효과적인 방법으로 실시할 수 있도록 도와줄 것이다. 마지막으로 전문적인 선수들에게 전문적인 코치가 왜 필요한지에 대해 논의하고, 전문적인 코치의 특성은 무엇인지에 대해서도 토론해 볼 것이다.

▷ 전문성 이론

전문적인 선수들을 훈련시키거나, 엘리트 수준의 성적을 얻기 위해서는 Andy처럼 훌륭한 선수들을 모방하는 것이 제일 쉬운 방법이기도 하다. 하지만 왜 전설적인 선수들은 어떻게 전설적인 선수들이 되는가? 일반적인 선수와 전설적인 선수들의 차이점과 어떤 요소들이 이를 구분 짖게 하는 요인인지를 찾는 것이 쉽지 않다. 전문성 이론 expertise theory 은 전문적인 선수들이 수많은 운동 행동 및 특성들을 연구하여, 전문적인 선수들과 그렇지 않은 선수들의 차이점을 알아보고, 어떤 요소들이 이를 나누는 지에 대해 공부하며, 어떻게 전문적인 선수들이 더욱 우수한 성과를 내는지에 대해 연구하는 이론이다.

1973년에 Herbert Simon과 William Chase는 최고 수준의 체스 선수 grandmaster 와 그렇지 않은 체스 선수들 간의 지각-인지 차이 perceptual-cognitive differences를 비교했다. 그 결과 이 두 선수층의 차이점은 기억력의 차이보다는 정보를 어떻게 처리하는지에 대한 정보 조직화 organize information 에서 차이가 난다는 것을 확인했다(de Groot, 1978; Chase & Simon, 1973). Simon과 Chase(1973)는 정보를 어떻게 관리하고 정리하는 능력을 향상시키는 훈련 방법을 찾아보려고 노력했고, 그 결과, 최고 수준의 체스 선수가 되기 위해서는 처음 체스를 접해 본 선수가 10년 동안 꾸준히 열심히 연습하거나, 10,000시간 이상 연습해야 한다는 원리를 알아냈다.

10년 또는 10,000시간의 원리(만 시간의 법칙)는 인지 과학을 연구하는 수많은 학자들에게 전문적인 선수들은 선천적으로 타고난 것이 아니라 후천적인 노력을 통해서 만들어진다는 것을 알려줄 수 있게 되었다. 이 수많은 학자들 중, Anders Ericsoon은 전문적인 선수들과 그렇지 않은 선수들의 차이는 연습을 어떻게 하는 지와 연습량의 차이일 뿐이지, 선천적으로 가지고 태어난 유전적 요인은 중요하지 않다고 주장했다. Ericsson 등은 모든 연습과 훈련이 선수들을 전문적으로 만드는 것이 아니라, 전문적인 선수가 되기 위해서라면 **고도의 전문적인 연습** deliberate practice 을 해야 한다고 했다.

지금까지 나는 코치라는 직업을 수행하면서, 수많은 엘리트 선수들과 함께 같이 훈련할 수 있는 기회가 있었다. 이 선수들은 신체적으로 우월한 조건을 가지고 있었지만, 그보다 중요한 것은 선수들이 신체적으로 우월한 조건을 가지고 있었던 다른 선수들과 달랐던 제일 큰 차이점은 그들이 어떻게 연습에 임하고, 훈련에 어떤 자세를 가지고 실시했다는 것에 있다고 생각한다. 선수들은 매 연습과 훈련 때마다 똑같은 열정, 노력, 동기, 집중, 그리고 전문전인 선수가 되기 위한 목적과 목표가 있었다. 이 장의 핵심은 코치가 선수들에게 엘리트 선수들처럼 훈련할 수 있는 선수들이 있다면, 선수들이 상상하지 못하고 어마어마한 능력을 가질 수 있는 선수들로 만들 수 있다는 것을 알려주기 위해서이다.

그렇다면 전문적인 선수들의 특징은 무엇일까? 고도의 전문적인 훈련의 특징은 무엇일까? 선수들이 고도의 전문적인 훈련을 하기 전에 어떤 단계를 거쳐야 할까? 선수들이 전문적인 선수들이 되기 위해서는 어떤 훈련과 연습을 실시해야 할까? 이 질문을 대답하기 전에, 우리는 전문성의 특징이 무엇인지에 대해 토론해 볼 것이다.

▷ 전문성의 특징

정확히 전문적인 선수는 무엇일까? 전문적인 선수들을 정의한다는 것은 정확한 수치를 가지고 평가할 수 없고, 상대적이기 때문에 쉽지 않은 일이다. 주로 사람들이 어떤 사람을 전문가라고 이야기를 할 때, 그 의미는 다른 사람들과 비교해서 그 사람이 우월하기 때문에 전문가라고 하는 것이다. 전문가들이란 자신의 분야에서 상위 1% 내지 5%를 의미한다. 전문성을 연구하는 학자들은 많은 특성들과 특징을 연구하여 더 우월한 전문가를 만드는 요인이 무엇인지에 대해 알아보았다(de Groot, 1978; Chase & Simon, 1973). Chase와 Simon(1973)은 미식축구, 음악, 체스 분야의 전문가들은 선천적인 유전적 요인으로 인해 전문가가 된 것이 아니라, 그 분야에 필요한 영역 즉 특성과 특징에 대한 연습으로 인해 전문가가 되었으며, 그 분야의 지식과 패턴을 통한 훈련을 통해 전문가가 된 것이라고 설명했다.

신체적 조건들, 즉, 사람의 키, 몸과 팔다리 비율 등이 바뀌는 것은 불가능하다. 하지만 전문성을 연구하는 연구자들은 전문가가 되기 위한 특성과 특징은 자신의 노력으로 인해 발달될 수 있으며, 이러한 정보는 선수들과 코치들에게 유용하다고 판단했다. 신체적 조건들을 제외하고 한 분야의 전문가가 될 수 있는 특성은 다음과 같다.

전문가들의 특성
- 지식 기반
- 문제 표상
- 회상 능력
- 수행 속도
- 문제 해결 전략
- 준비시간
- 고도의 전문적인 연습

▶ 지식 기반

엘리트 수준에서 활동하고 있는 스포츠 선수들(예: 레슬링, 아이스 스케이팅, 다이빙)과 스포츠를 제외한 전문가들(예: 체스, 과학자들)을 대상으로 한 연구에 따르면, 그들은 각자의 분야의 대한 수많은 지식 knowledge base 을 가지고 있다. 이들 전문가들의 지식에 대한 특징을 보면, 지식은 완전하고, 구체적이고, 자신의 분야와 상당히 밀접한 관계를 가지고 있으며, 정리 정돈이 깔끔하게 되어 있고, 언제나 자신의 지식을 실천으로 옮길 수 있는 힘을 가지고 있다. 전문가들의 지식이 제일 중요한 점은 그 지식이 자신의 영역의 핵심이 무엇인지 정확하게 알고 있으며, 다른 지식들이 핵심과 상당히 밀접한 관계를 가지고 있다는 것이다. 반면에 전문가들이 아닌 일반인들은 자신의 영역에 대한 지식이 부족하다.

Huber(1997)는 경험이 많지만 엘리트가 아닌 다이빙 선수들과 경험도 많고 세계적인 대회에 참가한 선수들의 차이점에 대해 연구했다(Huber, 1997). 서로 다른 집단에 속해 있는 선수들의 경험 차이는 크지 않지만, 엘리트 수준에서 경쟁하고 세계적인 대회에서 경험을 한 선수들은 더욱더 구체적이고 밀집도가 높은 지식을 가지고 있었다. 이 결과는 야구선수들을 대상으로 한 연구에도 동일하게 확인되었는데(French, Spurgeon, Graham, Rink, & McPherson, 1996; French, Spurgeon, & Nevett, 1995), 야구선수들뿐만 아니라, 농구선수들(French & Thomas, 1987), 테니스 선수들(McPherson, 1999), 그리고 운동 영역이 아닌 체스 선수들(Pfau & Murphy, 1988), 심지어 수학 연구자들에게도 똑같은 결과를 보였다(Webb, 1975). 이 결과를 통해 우리는 경험이 많다고 해서 전문가가 되지 않는다는 것을 알 수 있다. 엘리트 수준에서 경쟁하기 위해서는 자신이 경험한 것을 인지적으로 이해하고 있어야 하며, 경험하는 동안에도 학습이 일어나야 하고 수많은 정보들에 노출되어 있는 동안에 그 정보들을 정리하여 나중에 사용할 수 있도록 만들어져야 하고, 이 모든 것들이 실행되어야지 만이 자신의 경기력을 향상시킬 수 있다.

▶ 문제 표상

엘리트 선수들과 그렇지 않은 선수들의 차이점 중 하나는 문제 표상 problem representation 을 어떻게 하느냐에 따라 달려있다. Chi, Feltovich 그리고 Glaser(1981)는 문제를 잘 풀지 못하는 사람들, 그리고 집중적으로 물리학에 대한 문제를 풀려고 하는 사람들을 연구했다. 문제를 잘 풀지 못하는 사람들은 문제를 풀 때, 문제 표상을 잘 이해하지 못했다. 하지만 물리학 문제를 잘 풀 수 있는 엘리트들은 문제가 과학적인 관점에서 의미하고 있는 바가 무엇인지에 대한 문제 표상을 이해하며, 문제를 풀지 못하는 사람과는 문제를 접근하는 방식부터 다르다. 예를 들어, 물리학 문제를 풀기 전에 문제가 과학적인 관점에서 의미하고 있는 것을 표상하는 것을 이해하는 엘리트들은 물리학에서 응용되는 힘, 모멘트, 에너지 등의 지식을 활용하여 문제를 접근하는 반면에, 그렇지 않은 사람들은 무엇을 어디서 어떻게 시작해야 되는지 모른다는 것이다(Chi et al., 1981; McDermott & Larkin, 1978)

이와 같이, 엘리트 수준에서 경쟁하고 있는 다이빙 선수들은 다이빙 동작에 대한 문제가 일어났을 때, 그것을 해결하기 위해 다이빙에 대한 지식을 가지고 문제에 대해 접근한다. 엘리트 선수들이 문제를 접근할 때 침착함, 자기 자신과의 대화, 집중, 이미지 트레이닝, 적정 수준의 각성, 움직임에 대한 원리(예: 뉴턴의 법칙 등), 시연과 수행(대회, 경기)과 연습 등을 사용한다(Huber, 1997). 테니스 선수들을 연구했을 때에도(McPherson, 1999), 엘리트 수준에서 경쟁하는 선수들은 테니스가 단순한 게임이 아닌, 정교하고, 세련되고, 복잡한 수준의 운동이라고 생각하고, 테니스에 대한 모든 문제를 이런 방식으로 해결하려고 한다. 한 게임의 점수 차이, 상대방의 위치, 상대방의 장점과 단점에 대한 정보 등으로 테니스의 경기가 좌우된다고 생각하며, 그렇기 때문에, 경기와 대회가 시작되기 전에 어떤 방식으로 상대방을 이길 것인지 연구하고, 경기가 시작되기 전에 이길 수도 있고 질 수도 있다고 믿는다.

▶ 회상 능력(기억의 정확성)

연구 결과에 따르면, 엘리트 수준에서 경쟁하는 선수들과 전문적인 선수들은 시간이 지나면 지날수록 스포츠에 대한 경험과 상식이 쌓이는 것뿐만 아니라, 기억력도 향상된다는 것을 보여주었다. 예를 들어, 엘리트 수준에서 경쟁하는 체스 선수들에게 아주 잠시 동안 체스 판을 보여 주었을 때, 체스의 말들의 위치를 엘리트 수준에서 경쟁하지 않는 선수들보다 훨씬 더 정확하게 기억할 수 있었다. 회상능력은 체스 선수들이 배웠던 것과 큰 상관관계를 보였다. 이 의미는 체스 선수들이 체스보드를 볼 때, 체스의 말들의 위치가 무작위로 놓여 있다면 전문적인 체스 선수나 아마추어 체스 선수 둘 다 체스 말들의 위치를 기억하는 정확도가 비슷했지만, 만약 체스 게임의 상황과 비슷한 위치에 말들이 놓여 있다면 전문적인 체스 선수들의 정확도가 훨씬 높았다.

이렇게 회상능력은 엘리트 선수들과 엘리트 수준에서 지도하고 있는 코치들과 비슷한 결과를 보였는데, 엘리트 수준의 코치들은 연습 상황이나 게임 상황이나 중요한 순간, 실수, 분위기, 움직임, 숫 등을 기억할 수 있다는 점을 발견했다. 엘리트 수준의 선수들과 코치들의 기억 정확성은 매우 뛰어나며, 특히 전설적인 야구 타자들은 투수가 자신에게 던진 모든 투구를 하나하나 기억하고 있다는 것을 알 수 있었다.

▶ 수행 속도

전문적인 선수들에게 흔히 볼 수 있었던 또 다른 특징은 바로 수행 속도 speed of performance 이다. 이 특징은 최고 수준에서 경쟁하고 있는 체스선수들은 체스보드를 본 뒤,

다음 움직임에 대해서 생각하고, 게임의 계획을 성립하고, 다음 동작을 아주 짧은 시간 안에 실행한다. 농구선수들도 수비하는 도중에 공격하는 선수들의 움직임을 파악하고, 올바른 수비 자세와 형태로 변경할 수 있는 힘이 있다. 체조하는 선수들도 플로어 루틴 Floor Routine 을 할 때, 생각하기 전에 자신의 몸이 먼저 반응하듯이 움직인다. 이와 같이 다이빙 선수들의 수행 능력 속도도 뛰어나다. 엘리트 수준에서 경쟁하는 다이빙 선수들은 점프를 준비하는 과정에서 자신의 동작을 들어가는데 생각하지도 못할 만큼 빠른 시간 내에 모든 것이 이루어진다. 이것보다 더 신기한 것은 만약 엘리트 다이빙 선수들이 실수를 했을 때, 선수들은 자신의 실수를 재빠른 시간 내에 고칠 수 있는 능력을 지니고 있다(Huber, 1997). 그 선수들은 자동적으로 실수한 동작을 고치도록 프로그램 되어 있으며, 비행기 조종사가 코스를 이탈하면 재빨리 수정하듯이, 체조선수가 넘어지기 전에 자신의 무게중심을 올바르게 잡듯이, 야구 타자가 공을 치기 위해 자신의 스윙을 도중에 바꾸듯이, 배의 선장이 자신의 돛대를 바람의 방향에 맞도록 조정하듯이, 모든 엘리트 수준의 선수들은 자신의 실수를 고칠 수 있는 능력을 가지고 있다.

수행 속도는 어떤 움직임에 대한 선택을 얼마나 빨리 할 수 있는지에 달려있으며, 어떤 움직임을 선택하기 전에는 패턴과 사물을 파악하고, 올바른 신호를 구별할 수 있는 능력과 시각적으로 모든 것을 찾아 낼 수 있는 힘에 달려있다. 예를 들어, 엘리트 수준에서 경쟁하고 있는 농구선수들은 자신의 스포츠와 관련된 패턴과 코트 위에 있는 포메이션, 즉 팀의 형태와 선수들의 위치를 파악할 수 있는 능력이 크게 발달 되어있다(Allard, Graham, & Paarsalu, 1980). 그리고 엘리트 수준에 있는 배구선수들은 눈으로도 따라가기 힘든 배구 공의 방향과 속도, 그리고 위치를 파악할 수 있는 능력이 있다(Allard & Starkes, 1980). 이렇게 엘리트 수준의 선수들은 자신의 스포츠와 올바른 능력을 가지고 있고, 어떤 움직임에 대한 선택을 하기 위해 숙련되어 있다.

▶ 문제 해결 전략

엘리트 선수들은 문제를 파악하는 방식이 아마추어 선수들이 문제를 파악하는 방식과는 다르다. 그렇기 때문에 문제를 해결하는 방식도 다를 수밖에 없다. Chi, Feltovich, 그리고 Glaser(1981)는 물리학 문제를 전문적으로 푸는 사람들이 그렇지 않은 사람과는 문제를 접근하는 방식이 다르다는 것을 확인했다. 보통 사람들이 물리학 문제를 풀 때, 알려지지 않은 답부터 시작하여 문제에서 알려진 부분으로 해결하려고 하지만, 전문적으로 물리학 문제를 푸는 사람들은 문제에서 알려진 부분부터 시작하여 답을 얻으려고 한다.

유사하게, 엘리트 수준에서 경쟁하고 있는 다이빙 선수들도 그렇지 않은 선수들과 문제를 해결하는 방식이 다르다는 것을 찾아 낼 수 있었다(Huber, 1997). 엘리트 선수들은 다이빙과 관련된 문제를 해결할 때, 다이빙의 기초와 움직임을 파악하고, 거기서 깊이 있게 파고들어, 자동성 automaticity 과 집중력 attentional focus 으로 문제를 풀려고 한다. 엘리트 선수들과 그렇지 않은 선수들이 문제를 해결할 때의 다른 점은 크게 2가지이다. 첫 번째 다른 점은 엘리트 선수들이 문제를 해결하려고 할 때, 결과에 집중하는 것이 아니라 원인에 집중하는 것이다. 다시 말해, 엘리트 선수들은 어떤 특정한 움직임(예: 몸의 위치와 타이밍)이 좋은 결과를 일으키는지를 본다. 유사하게, 물리학을 전문적으로 푸는 사람들과 엘리트 다이빙 선수들은 결과보다는 원인부터 시작하여 문제를 해결하려고 한다. 이와 반대로 보통 사람들이 물리학 문제를 풀 때 집중하며, 아마추어 다이빙 선수들은 원인보다는 결과를 보고 문제를 해결하려고 한다. 아마추어 선수들뿐만 아니라 아마추어 수준에서 지도하고 있는 코치들도 비슷한 방식으로 문제를 해결하기 때문에, 아마추어 코치들의 충고와 조언들은 "좀 더 빨리, 좀 더 높이, 좀 더 강하게"에서 끝나는 이유이기도 하다.

다이빙 선수들뿐만이 아니라 아마추어 야구선수들도 공을 더 세게 치려고 하는 것에만 집중하는 것과 비슷하다. 하지만 전문적인 타자들은 공을 더 세게 치려는 것보다 자신의 배트 스윙 속도를 높이려고 하거나, 공과 접촉을 늘릴 수 있는 방법을 연구하여 하체 근육을 단련시키고, 상체는 가볍게 하고, 몸의 중심을 빨리 회전하며, 하체와 상체에 있는 모든 에너지를 공에 전달하려고 노력할 것이다.

두 번째 다른 점은 엘리트 수준의 다이빙 선수들은 상위 수준의 문제를 해결하기 위한 전략으로 자동성과 집중력 같은 상위 개념 순서를 전환시킬 수 있는 <u>상위 인지</u> metacognition; 메타인지라고도 함 를 동원하여 문제를 해결한다는 것이다. 상위 인지는 자신이 생각하는 과정 그 자체에 대한 지식이다(예: 우리가 안다는 것을 아는 것). 상위 인지의 전략 활용 방법 중 하나는 자신의 생각을 관찰하는 것, 집중력의 방향을 변경하는 것, 자기 자신과의 대화, 그리고 인지적으로 자신의 근육과 신체를 제어할 수 있는 능력 등이 있다. 만약 문제의 질문이 "내가 더 높이 뛰려면 어떻게 해야 되지?"라면, 엘리트 다이빙 선수들은 이 문제를 손의 움직임이나 타이밍 같은 특정한 원인이라고 파악하고, 상위 인지를 활용하여 자신의 생각을 이 원인에 집중하며, 자기 자신과의 대화에서 새로운 해결책을 찾으려고 노력하고, 어느 정도 생각하는 과정이 완료되었다고 느끼면, 생각을 멈출 줄 알고, 자신의 몸에 맡겨서 행동에 옮길 수 있는 힘을 가지고 있다(Huber, 1997).

위와 같은 상황은 거의 모든 스포츠에 해당된다. 전문적인 타자들은 스윙의 질이 중요하다는 것을 인지하고 있지만, 그보다 공과 접촉하는 그 자체에 해결책을 찾으려고 노력한다. 그 선수들의 집중력, 그리고 스윙을 하기 전의 마음가짐이 공과 접촉할 수 있는 해결책이라고 믿는다. 특히 경기 도중에는 타자가 투수보다 더욱더 자신감 있는 마음가짐과 더욱더 강한 정신력을 가지고 있어야지 만이 공을 칠 수 있다는 것을 알고 있다.

▶ 준비 시간

많은 사람들이 어떤 분야에서 전문가가 되기 위한 가장 중요한 요소는 선천적으로 타고난 능력이라고 생각한다. 하지만 생리적 정보가 이 믿음이 틀렸다는 것을 보여준다(Ericsson et al., 1993). Simon과 Chase(1973)은 체스 선수들이 최고 수준에 도달하는 데 까지 10년 이하로 걸린 사람들이 없다는 것을 확인했다. 비슷하게 음악 분야에서도 전문적인 사람이 되기까지 10년 이상이 걸린다는 것을 Hayes(1981)가 밝혀냈다. 그 뿐만이 아니라 수학(Gustin, 1985), 테니스(Monsass, 1985), 수영(Kalinowski, 1985), 장거리 뛰기(Wallinford, 1975) 등에서도 Simon과 Chase가 언급한 것처럼 전문가가 되기 위해서는 10년 또는 10,000시간 이상 연습하고 학습해야 한다는 것이다. 어떤 분야에서 전문적, 또는 엘리트가 된다는 것은 그만큼의 준비 시간이 필요하다는 것을 명심하여야 한다. 그리고 자신의 분야에서 전문적 또는 엘리트가 되기 위해서는 의미 없는 준비 시간만 늘리는 것이 아니라 고도의 전문적인 연습이 필요하다.

▶ 고도의 전문적인 연습

엘리트 수준에서 경쟁하고 전문적인 선수가 되기 위해서 선천적인 능력을 무시할 수는 없다. 많은 코치들이 이 말을 부인하지는 않을 것이다. 하지만 신체적 능력은 주로 제한되어 있고 이러한 이유로 신체적 능력은 후천적으로 많이 변화시킬 수는 없다. 다시 말해, 어떤 위대한 코치라도 선천적으로 타고난 능력보다 더 많은 것을 가르칠 수는 없는 것이다. 하지만, 올바른 훈련 방법으로 인해 사람들은 항상 향상되고 더욱더 발전할 수 있으며, 타이핑같은 기술이나(Dvorak, Merrick, Dealy, & Ford, 1936), 모스부호 Morse Code 를 작동하는 사람들(Brayn & Harter, 1897), 그리고 자신의 분야에 있는 모든 사람들은 (Norvell, 1922) 고도의 전문적인 연습을 통해 자신의 분야에서 실력과 능력을 향상시킬 수 있다는 것을 보여주었다.

그렇다면, 이렇게 능력을 향상시킬 수 있는 훈련은 무엇일까? 지금까지 많은 연구자들이 연습의 강도, 구조, 그리고 목표와 상관없이 시간만 투자하고 오랫동안 연습한다면 능력을 향상시킬 수 있는 훈련이라고 믿었다. 하지만 Ericsson 등(1993)은 "결과적으로, 오랜 시간 동안 연습하고 훈련하거나, 많은 경험이 있다고 해서, 항상 실력이 향상되는 것은 아니다"라고 설명했다. 다시 말해, 그냥 연습 시간을 채운다고 해서 엘리트 선수들이 되는 것이 아니다. 각 분야에 있는 전문가들을 대상으로 연구한 결과, 어떤 특정한 훈련과 연습이 전문가들과 그렇지 않은 사람들을 구분짓게 하는 결정적인 요인이며, 고도의 전문적인 연습은 향상된 실력을 이끈다는 것이다.

▷ 고도의 전문적인 연습의 특징

고도의 전문적인 연습은 고도의 활동 deliberate play 과 같은 연습과는 다른 개념이다. 이 둘의 개념은 매우 중요하지만 고도의 활동은 스포츠 상황에서 어린 선수들이 하키나 축구 같은 게임을 할 때, 직접적인 경쟁과 특정한 규칙을 따라서 행동하는 것을 일컫는다(Cote & Hayes, 2002; Ericsson, 2003). 고도의 활동은 어린 선수들이 추후에 고도의 전문적인 연습을 할 수 있도록 돕는 중요한 전 단계이기도 하다. 어렸을 때, 어린 선수들은 고도의 전문적인 연습보다는 고도의 활동으로 인하여 스포츠를 접하게 되고(Cote & Hayes, 2002), 고도의 전문적인 연습으로 이어지는 것은 이 장 처음에 언급했던 테니스 선수, Andy로 예를 들 수 있다.

선수들이 자신의 스포츠에 심층적으로 다가갈수록 고도의 전문적인 연습 횟수는 자연스럽게 증가하게 되는 것이다. 고도의 전문적인 연습은 최소 13가지 특징으로 구분 지을 수 있다. 우리는 다음 부분에서 이 특징들에 대해서 논의해 볼 것이다.

고도의 전문적인 연습의 특징
- 동기와 욕구
- 기존 지식
- 명확한 목표
- 높은 관련성
- 높은 수준의 노력
- 높은 수준의 집중력
- 본질적으로 즐겁지 않은 연습
- 높은 구조화
- 주의 깊은 관찰
- 지도자와의 친밀성
- 정보에 대한 즉각적인 피드백
- 자신을 다듬기 위해 색다른 방식의 피드백에 대한 반응
- 시간과 에너지

▶ 동기부여 및 욕구

고도의 전문적인 연습을 시행할 때, 엘리트 선수들이 가지고 있는 첫 번째 특징은 선수들의 욕구가 높고, 동기부여 상태가 최고치에 도달된 상태로 임한다는 것이다. 그 선수들이 연습에 임할 때는 항상 자신의 모든 노력을 쏟아 부을 준비가 되어 있으며 높은 강도의 집중력과 동기부여로 모든 훈련에 최선을 다할 자세가 되어 있다. 그 선수들의 욕구는 자

신이 연습에 세운 목표와 훈련의 계획을 모두 소화하려고 동기부여 되어 있으며, 이런 연습과 훈련을 통해 자신들의 실력은 자연스럽게 향상된다. 많은 상황에서 그 선수들의 욕구는 그들이 가지고 있는 두려움, 피로, 의심, 실망, 그리고 신체적 한계까지도 뛰어 넘을 수 있는 힘을 가지고 있다. 좋은 스케이팅 선수가 되는 예를 들자면, 엘리트 수준에서 경쟁하는 선수들과 코치들은 욕구가 좋은 선수로 거듭나기 위한 제일 중요한 조건이자 특징이라고 이야기했다(Starkes et al., 1996). 선수에게 높은 수준의 욕구가 없다면, 고도의 전문적인 연습은 이루어질 수 없다. 이 책에서 앞서 언급했듯이, 욕구는 훌륭한 선수들이 되기 위한 제일 중요한 요소이기도 하다.

▶ 기존 지식

고도의 전문적인 연습을 하기 위한 또 다른 중요한 특징 중 하나는 바로 기존 지식이다. 엘리트 선수들과 그렇지 않은 선수들의 큰 차이점 중 하나는 자신들이 하고 있는 스포츠에 대한 지식이다. 엘리트 선수들은 지식의 폭과 넓이가 깊고 넓으며, 그 선수들의 운동 수행 능력에 관한 수많은 정보들도 보유하고 있다. 쉽게 말하자면, 엘리트 선수들은 엘리트 선수들이 아닌 사람들보다 운동 수행 능력에 관한 지식이 풍부하다는 것이다. 부가적으로, 그 선수들의 지식의 폭과 넓이는 스포츠에 관한 기초에서부터 시작하여, 수많은 개념들과 각각의 움직임에 대한 정보, 특정한 움직임에 대한 역학 지식들과 더불어 생리학, 운동의 법칙, 스포츠 심리학, 인지적 지식 등을 가지고 있다.

엘리트 선수들의 지식이 더 넓고 더 깊은 이유는 그 선수들이 엘리트 수준에서 경쟁하고 있기 때문이기도 하다. 엘리트 수준에서 경쟁하는 선수가 되기 전에 아마추어 단계에 있는 수많은 선수들은 먼저 스포츠의 기초 지식을 배우는 학생이 되어야 하고, 학생 같은 자세로 스포츠에 대한 다양한 지식과 정보를 습득해야지 만이 엘리트 선수로 거듭날 수 있다. 그 선수들의 지식과 정보가 커지면 커질수록, 선수들의 실력도 자연스럽게 향상된다. Richman 등(1996)은 "결과적으로 사람들이 자신의 분야에서 전문가가 되는 큰 원인은 오랜 시간을 통해 자신의 분야에서 쌓아온 경험, 지식, 정보를 활용하여, 선수들이 어떤 문제와 부딪쳤을 때, 그 문제를 해결할 수 있는 해결책을 자신이 쌓아온 경험, 지식, 정보에서 찾아내는 것에 달려있다"라고 설명했다.

▶ 명확한 목표

엘리트 수준에서 경쟁하는 선수들은 항상 매 연습과 훈련 때, 명확한 목표를 가지고 운동을 시작한다. 그 선수들이 매 연습과 훈련 때 성립한 목표는 결국 자신이 선수로서 더욱 더 향상된 모습을 얻기 위해서다. 그 선수들은 이전에 성과들만 보고 멈추지 않고, 자신의 월계관을 보면서 만족하지 않는다. 어떻게 보면 이 이야기들이 당연한 이야기들이지만, 엘리트 수준에서 경쟁하지 않는 선수들의 목표는 그냥 연습과 훈련에 참여하는 것에 의미를 둔다. 그 선수들은 연습과 훈련에 참여하는 것으로 만족하며, 그들이 연습과 훈련에 참여함으로써 자동적으로 자신의 실력이 향상되고 있다고 믿지만, 전문가들은 그렇지 않다는 것을 안다.

실력이 향상되고 싶은 목표뿐만이 아니라, 전문가들은 매 연습과 훈련 때 특정한 목표를 가지고 있으며, 그 특정한 목표를 넘어서기 위해서 그 목표와 관련된 연습과 훈련 계획을 짜기 시작한다. 목표를 세우기 전까지 전문적인 선수들의 훈련은 말할 것도 없고, 워밍업도 하지 않으며 심지어 움직이지도 않는다. 외부의 사람들이 보았을 때, 선수들의 움직임이 스포츠와 관련되어 있지 않다고 느끼고, 아무런 도움이 되지 않을 것이라고 생각하지만, 이런 선수들은 움직임과 동작 하나하나에 의미가 부여되어 있다. 연습과 훈련이 시작되기 전에 선수들은 항상 자신에게 질문한다. "내가 더욱더 훌륭한 선수가 되기 위해서 지금 내가 할 수 있는 것이 무엇인가?"

▶ 높은 관련성

엘리트 선수들의 연습의 모든 동작과 움직임은 자신의 스포츠와 관련성이 높다. 이 상황에서 **관련성** relevant 이란, 자신이 더욱더 훌륭한 선수가 되기 위한 그 무엇이다. 만약 자신의 움직임과 동작이 어제보다 더 나은 오늘이란 결과를 얻지 못한다면, 그 움직임과 동작은 훈련에서 배제되고 새로운 훈련 방식과 연습 계획이 추가된다.

전문적인 선수들은 자신의 연습과 훈련이 실전 상황과 비슷하면 비슷할수록, 그리고 그 연습과 훈련의 관련성이 실제 상황과 같으면 같을수록, 연습과 훈련에 큰 의미를 부여한다 (Starkes, Deakin, Allard, Hodges, & Hayes, 1996). 다시 말해, 관련성이란 자신이 더욱더 훌륭한 선수가 되기 위한 그 무엇뿐만이 아니라, 실제 상황에서 이 연습과 훈련이 자신에게 얼마나 많은 도움이 될 것인지에 대해서 파악하는 것이다. 전문적인 선수들은 이처럼 자신의 인지적 훈련을 신체적 훈련보다 연습과 훈련 상황에서 더욱더 중요하다고 생각한다. 인지적인 훈련을 할 때, 그 선수들은 더욱더 강도가 높고, 중요한 것에 초점을 맞추고, 그것에 집중할 수 있도록 연습하는 것이다. Starkes 등(1996)의 연구 결과를 보면, Strakes가 설명한 인지적 훈련은 Ericsson 등(1993)이 제시한 집중력 훈련과 똑같은 내용이기도 하다.

▶ 높은 수준의 노력

전문적인 선수들은 지속적이고 높은 수준의 노력이 훌륭한 선수가 될 수 있는 필수 조건이라고 생각한다. 인지적 노력도 중요하지만, 엘리트 선수들은 신체적 노력이 제일 중요하다는 것을 알고 있다. 예를 들어, 엘리트 수준에서 경쟁하는 레슬링 선수들과 피겨 스케이트 선수들에게 훌륭한 선수가 되기 위해서 어떤 요소가 제일 중요한지를 물어 보았는데 (Starkes et al., 1996), 그 선수들은 신체적 노력이 제일 중요하다고 답했다. 레슬링 선수들이 얘기한 신체적 노력은 매트 위해서 한 연습, 헬스장에서 훈련하는 것, 그리고 체력 단련이 있었는데, 그 중에서 제일 중요하다고 평가한 것은 매트 위에서 하는 연습이라고 대답했다. 이와 비슷하게 피겨 스케이팅 선수들도 아이스 링크 위에서 한 연습, 헬스장에서 훈련하는 것과 코치와의 1대1 지도가 중요하다고 느꼈으며, 이 중에서도 링크 위에서 하는 연습이 제일 중요하다고 답했다.

선수들이 엘리트 수준에서 경쟁하는 것을 원한다면 높은 수준의 노력과 훈련이 매일 필요하다는 것을 알고 있어야 한다. 주말에 쉬었기 때문에 월요일에 에너지 넘치게 훈련할 수 있을지 몰라도, 그 남은 주는 어떻게 할 것인가? 엘리트 선수들은 항상 높은 강도의 노력을 모든 훈련과 연습에 쏟아 부어야 한다. 높은 강도의 노력을 유지한다는 것은 엘리트 선수가 되기 위한 지름길이도 하다.

▶ 높은 수준의 집중력

고도의 전문적인 연습을 하는 선수들의 노력과 집중 그리고 관련성을 서로 긍정적인 상관 정도가 높다. 다시 말해, 관련성, 노력, 집중이란 이 3가지 요소가 전문적인 연습을 하기 위해 필요하다는 것이다. 집중력은 신체적인 훈련뿐만 아니라, 이미지 트레이닝, 비디오 평가, 그리고 지시를 들을 때 같은 보조적인 훈련을 할 때에도 꼭 필요한 요소이기도 하다. 예를 들어, 레슬링 선수들과 피겨 스케이팅 선수들에 대한 연구를 했을 때(Starkes et al., 1996), 훈련 중에서 집중력이 필요하다고 생각했던 훈련들은 매트 위에서 하는 훈련, 코치와 함께 하는 훈련, 비디오, 이미지 트레이닝 이였으며, 이 중에서도 집중력이 제일 많이 요구되는 훈련은 매트 위에서 하는 연습이라고 대답했다. 그리고 피겨 선수들은 아이스링크 위에서 하는 훈련, 코치와 함께 하는 훈련, 그리고 이미지 트레이닝이라고 대답했다.

짧게 이야기하자면, 전문적인 선수들은 모든 순간에 집중을 하고 있다는 것이다. 연습을 하거나, 이미지 트레이닝을 하거나, 코치가 지시사항을 내릴 때에도 선수들은 정신적으로 항상 집중할 수 있는 능력을 지니고 있다. 선수들이 가지고 있는 높은 강도의 집중력은 습관이 되어 있으며, 이 습관은 엘리트 수준에서 경쟁할 수 있도록 도와준다.

▶ 본질적으로 즐겁지 않은 연습

전문적인 선수들에 대한 연구 결과를 살펴보면, 그 선수들은 이런 고도의 전문적인 연습이 본질적으로 즐겁게 하지 않는다는 것을 알 수 있었다(Ericsson, Krampe, & Tesch-Romer, 1993; Starkes et al., 1996). 다시 말해 선수들은 즐거워서 연습을 하는 것이 아니다. 전문적인 선수가 아닌 사람들은 이와 반대이다. 일반인들이 연습을 하는 이유는 이 스포츠가 재미있고, 이 스포츠와 관련된 모든 훈련과 연습들이 자신들에게 즐거움을 주기 때문이다. 하지만 전문적인 선수들이 연습을 하는 이유는 이 훈련과 연습이 자신에게 성공을 가져다 줄 것이라는 믿음 때문에 하는 것이다. 그 선수들이 즐거움을 느끼는 것은 새로운 움직임을 터득했을 때, 자신의 루틴이 일관성 있게 지속 되었을 때, 그리고 동작이 완벽하게 수행되었을 때 즐거움을 느낀다. 농구공이 연속으로 10번씩 림 네트 안으로 빨려 들어가는 공의 모습, 야구공을 던졌을 때 자신이 원하는 곳에 정확히 들어갔을 때, 체조 동작을 하고 나서 완벽하게 착지 했을 때, 좋은 테니스 스윙을 했을 때 등이 이에 속한다.

엘리트 선수들은 그렇지 않은 선수들과 조금 다르게 만들어졌을 수도 있다. 새가 선천적으로 겨울에는 남쪽으로 이동해야 된다는 것을 알듯이, 엘리트 선수들도 선천적으로 자신의 움직임과 동작들을 완벽하게 하고 싶은 욕구가 있을 수 있으며, 어떤 아이들은 똑같은 동작을 무한 반복하여, 자신이 원하는 움직임이 나올 때까지 연습하는 선수들도 있다. 하지만 코치는 재미와 즐거움이 어린 아이들과 선수들에게는 제일 중요한 요소라는 것을 잊어서는 안 된다. 이 즐거움과 재미가 어린 아이들과 선수들에게 스포츠를 계속 하고 싶은 동기와 이유이기도 하고, 이것이 지속적으로 유지되면, 자기 자신이 스스로 고도의 전문적인 연습(심의적인 훈련)을 시작할 수 있도록 돕기 때문이다. 엘리트 수준에서도 즐거움과 재미가 있어야지 만이 긍정적인 훈련 환경이 만들어질 수 있고, 이 스포츠에 대해서 긍정적인 시선으로 바라볼 수 있게 해준다.

일부 연구결과에 의하면, 엘리트 선수들은 결국에 고도의 전문적인 훈련과 연습에서도 즐거움과 재미를 찾는다고 했다. Starkes 등(1996)은 고도의 전문적인 연습들이 사회적 상호작용과 높은 관련성이 있을 때, 엘리트 선수들도 즐겁고 재미있게 훈련한다는 것을 확인했다. Csikszentmihalyi, Rathunde와 Whalen(1993)은 엘리트 선수들뿐만 아니라, 높은 재능을 가지고 있는 어린 선수들에서도 비슷한 연구결과를 보인다고 설명했다. 개인적으로 지도하면서 얻은 경험은 동기부여가 되어 있고, 열정적인 선수들이 성공을 하기 위해서는 노력과 땀이 필요하지만, 노력하고 있는 과정과 땀을 흘리는 과정에서 즐거움과 재미를 찾지 못한다면, 그 선수들은 성공하지 못한다는 것이다. 그리고 이 말은 선수들뿐만 아니라 모든 코치에게도 해당된다. 노력하는 자는 즐기는 자를 이기지 못한다고 했듯이, 성공적인 코치가 되기 위해서는 동기부여와 열정뿐만 아니라, 자신이 하고 있는 동안 즐거움과 재미를 찾아야 한다.

▶ 높은 구조화

모든 엘리트 선수들이 훈련과 연습 때에 공통되는 목표 중 하나는 바로 어제보다 성장한 오늘이다. 이 목표를 얻기 위해서 모든 훈련과 연습의 **구조화**가 아주 잘 되어있어야 한다. 구조화 되었다는 의미는 각각의 훈련과 연습의 단계가 명확하고, 다른 단계로 넘어

갈 때에는 분명하고, 쉽고, 빨리 넘어가도록 구성되어 있다는 것이다. 연습과 훈련의 시간 중에서 기다리는 시간이 아예 없거나, 거의 없어야 한다. 엘리트 선수들은 다른 선수들보다 연습 시간 자체가 작을 수도 있지만, 그렇다고 해서 훈련양이 적다는 것이 아니라, 연습과 훈련 시간에서 불필요하게 버려진 시간이 아예 없다는 것이다. 사실 엘리트 선수들은 보통 선수들이 훈련하는 시간보다 일찍 연습이 끝났어도 훈련했던 양과 질을 따지고 보면, 엘리트 선수들이 훨씬 뛰어나다고 볼 수 있다.

▶ 주의 깊은 관찰

연습의 구조 안에 지속적인 관찰이 필요하고, 지속적인 관찰을 통해 실수와 옳고 그름을 바로잡을 수 있어야 한다. 실수가 탐지되면 그 실수들을 바로잡기 위해 또 다른 훈련과 연습이 추가되며, 추가된 연습과 훈련에서도 실수가 일어나지 않도록 지속적으로 관찰하고 있어야 한다. 만약 선수들이 추가된 연습과 훈련에서도 실수를 한다면, 또 다른 훈련과 연습을 계획해서 실수가 없어질 때까지 반복한다.

주의 깊은 관찰은 고도의 훈련이 일어나는 동안 매일매일 관찰해야 하며, 일주일 동안 주기적으로 관찰한 내용들을 정리해야만 한다. 관찰을 할 때, 비디오를 사용하거나, 생화학적인 분석, 문서화된 자료, 감정상태의 기록, 피 검사 등을 사용해서 더 정확한 정보를 얻을 수도 있다. Ericson 등(1993)의 연구한 결과에 보면, 전문적인 선수들을 주의 깊게 관찰해야 하는 사람은 당연히 코치지만, 선수들의 전문성이 높아지고, 엘리트 수준에서 경쟁을 하는 경험들이 많아지면, 스스로를 관찰하는 것이 습관이 되어, 그들이 자기 자신의 관찰하는 것에 대해 더 많은 책임감을 가진 자세로 모든 훈련과 연습을 임한다.

▶ 지도자와의 친밀성

Starkes 등(1996)의 피겨 스케이팅 선수들과 레슬링 선수들을 대상으로 한 연구 결과들을 따르면, 선수들이 고도의 전문적인 훈련과 연습을 할 때, 제일 중요한 요소는 링크 위와 매트 위에서의 연습이라고 답했다. 그리고 2번째로 중요한 요소는 코치와 함께 훈련한 시간이라고 대답했다. 다시 말해, 엘리트 선수들이 고도의 전문적인 훈련을 할 때, 자신이 경기에서 직접 수행할 행동과 움직임을 직접적으로 신체적으로 연습하는 활동과 함께 코치를 포함한 그 스포츠 종목에 대한 지식이 많은 권위자들과 함께한 시간들이 제일 중요하다고 대답한 것이다.

많은 연구자들과 지도자들은 한 교사가 많은 학생들을 가르치는 것보다 한 교사와 한 학생이 있을 때 더욱 큰 효과를 일으키는 것을 전반적으로 다 알고 있다. Bloom(1984)은 학생들이 무작위로 선택된 교사들과 1대1 과외를 받은 학생들이 일반적인 교실에서 수업을 들은 학생들보다 더욱 향상된 실력을 보인다는 것을 확인했다. 엘리트 선수들은 이렇게 자신의 코치들과 권위자들과 높은 친밀감을 형성하는 것이 얼마나 중요한지 알고 있으며, 그 친밀도가 자신의 성적과 비례할 수 있다는 가능성도 잘 이해하고 있다.

하지만 엘리트 수준에서 경쟁하지 않는 선수들은 자기 자신을 스스로 가르치고 싶어 하며, 어떤 때에는 코치의 말을 듣지 않고, 권위자의 충고와 조언을 무시할 때도 있지만, 엘리트 선수들은 오히려 이런 충고와 조언들을 듣고 싶어 한다. 엘리트 선수들의 유일한 관심사는 더욱 훌륭한 선수가 되고 싶은 바램뿐이다. 훌륭한 선수들은 연습이 항상 재미있지 않다는 것과 항상 우호적인 분위기에서 이루어 질 수 없다는 것을 알고 있다. 하지만 연습과 훈련은 생산적이야 하며, 선수들의 성적을 올리기 위한 준비라는 것을 알고 있다. 그리고 이런 목표를 이루기 위해서 선수들은 코치들과 친해져야 한다는 것도 알고 있다.

▶ 즉각적인 정보적 피드백

모든 분야의 전문가들은 즉각적이며, 정보적인 피드백을 받길 원한다(Ericsson et al., 1993). 우리가 앞서 고도의 전문적인 연습이 무엇인지에 대해 논의했기 때문에 이 연구의 결과가 생소하지는 않을 것이다. 모든 선수들의 훈련과 연습의 공통되는 목표는 더 좋은 선수가 되고픈 것이기 때문에, 엘리트 수준의 선수들은 자신이 어떤 한 동작과 움직임을 할 때에도, 올바르게 하고 있는지, 올바르게 하고 있지 않다면, 어느 부분을 고쳐야 하는지 알고 싶어 하며, 그 연습과 훈련의 목표를 이루기 위해서 무엇을 해야 하는지 알고 싶어 한다. 즉각적인 피드백은 진행 방향과 속도를 알려주며, 방향과 속도가 괜찮을 때까지 지속적으로 이 피드백을 찾는다. 피드백을 통해 방향과 속도가 아예 올바르지 않다면, 새로운 방향을 찾기 위해 노력한다.

엘리트 선수들은 자신의 능력을 향상시키기 위해 내일까지 기다리지 않는다. 지금 이 시간과 순간에도 더욱더 훌륭한 선수가 되기를 원하며, 자신의 경쟁자들도 매일매일 향상되고 있다고 생각하기 때문에, 이 선수들이 내일 향상되기를 원한다면, 그들은 자신의 경쟁자들에게 자신의 위치를 내주는 것과 다를 바 없다는 것을 안다. 엘리트 선수들은 훈련과 연습을 절박한 마음가짐으로 임하며, 즉각적인 정보적 피드백을 듣기 원한다.

▶ 다른 방법을 통해 피드백에 반응하는 자세

전문가들은 비전문가들보다 적응이 빠르며, 자신이 일하는 분야에서 더 새로운 방법을 찾거나, 기존에 자신이 사용하고 있는 방법들의 오류와 자신의 기대치에 못 미친다면, 그것을 보완하려고 노력한다. 다시 말해, 전문가들이 자신의 방법에 오류가 있다고 판단되거나, 자신의 방식이 비효율적이라고 느낀다면, 선수들은 새로운 방법을 터득하고, 기존의 방식을 보완하기 위해, 연습하고 훈련한다. 일부 사례를 살펴보면, 기존에 자신이 가지고 있는 방식을 버리고, 새로운 방식과 방법을 터득할 때 더욱더 성공적인 전문가로 거듭날 때도 있다. 예를 들어, 어느 한 골프 선수가 자신의 스윙이 마음에 들지 않는다면 코치와 상의해서 훈련과 연습을 할 때, 고무줄로 자신의 자세를 고정시켜서 새로운 스윙 방법을 터득하는 것이다. 우리가 잘 알고 있는 Tiger Woods도 기존에 훌륭했던 자신의 스윙을 고쳐서 더욱더 훌륭하고 전설적인 선수가 되었다.

이렇게 보완하고, 도전적이고, 창조적인 엘리트 선수들의 이미지는 그렇지 않은 선수들과 많은 차이를 보인다. 엘리트 선수들이 아닌 이들의 이미지는 비창조적이고, 보수적이며, 기계적이고, 유지하고 싶은 마음이 더 크다. 이런 선수들은 똑같은 레스토랑에 가서 똑같은 음식을 주문하는 사람들과 똑같다. 그들은 어떤 단계에 이르고 나면, 거기에서 멈출 수밖에 없다. 그들은 항상 똑같이 움직이며, 똑같이 행동하고, 자신을 스스로 평가하는 시간이 거의 없으며, 자신의 행동과 움직임을 바꾸려고 하지 않고, 새로운 것을 하거나, 도전적이지도 않다.

▶ 시간과 에너지

당연한 이야기 이지만, 고도의 전문적인 연습은 충분한 시간과 에너지가 있어야지 만이 가능하다. 아이스하키 선수가 아이스 링크 위에서 있는 시간이 별로 없다면, 그 선수가 성장한다는 것은 불가능하다. 그리고 아이스링크에 오른다면, 그 아이스하키 선수의 에너지를 모두 사용해야 아이스 링크 위에서 효율적으로 연습할 수 있다. 이 상황은 모든 선수들에게 해당된다. 모든 선수들이 시간을 들여서 노력을 하지 않는다면, 당연히 성장할 수 없다.

이 시간과 에너지가 필요한 점은 선수에게만 해당되는 것이 아니라, 선수를 둘러싼 모든 관계자에게 해당되기도 한다. 전문가들은 어렸을 때부터 운동을 시작했기 때문에 어린 선수들을 연습에 데려가기 위해 부모님들은 일찍 일어나서 아이들을 연습하는 곳에 데려다 주고, 유니폼과 운동복을 빨래하고, 끼니를 거르지 않기 위해 요리하는 등의 시간과 에너지를 요구한다. 그것뿐만이 아니라, 경기가 있다면, 시합 경기장까지 운전해주며, 아이들을 응원하고, 원정 경기가 있다면 숙박까지 해야 하며, 토너먼트나 대회가 있다면 주말과 휴가는 모두 다 소진되기 마련이다. 만약 선수들을 둘러싼 모든 관계자들이 에너지와 시간이 없으면, 그 선수가 전문적이고 엘리트 수준에서 경쟁할 수 있는 확률은 매우 낮다.

▷ 고도의 전문적인 연습을 시작하는 방법: 발달의 3단계

어떤 분야에서 전문가가 되기 위해서는 고도의 전문적인 연습이 필요하다. 하지만 선수들이 이런 고도의 전문적인 연습을 하기 위해서 동기부여 되기까지 어떻게 성장시키고 발달시킬 것인가? Bloom(1985)은 세계적으로 국제적인 무대에서 경쟁하는 다양한 종목과 스포츠에서 운동하고 있는 선수들을 인터뷰하여 고도의 전문적인 연습을 하기 위한 발달의 3단계가 있다는 공통점을 알아냈다.

1단계는 어렸을 때, 어떤 특정 분야에 들어가게 되고 그 분야에 호기심을 가지며, 거기에서 흥미와 재미를 느끼는 것이 첫 단계이다. 일정한 시간이 지나고 나면 그들은 그 분야에서 재능을 보일 수도 있으며, 그 재능으로 인해 전문가가 될 수 있는 가능성을 보여줄 수 있다. 제 1단계에서는 고도의 훈련에 대한 소개와 가르침에서 끝난다.

2단계에서는 고도의 전문적인 연습을 준비하고 대비하는 시간이 길어지며, 제 3단계로 넘어가기 전에 그들은 연습 일정을 모두 소화할 수 있어야 한다.

3단계는 그 분야가 거의 자신의 모든 시간을 활용한다는 단계로 생각하면 된다. 선수들이 연습과 훈련을 통해서 전문적이고 엘리트 수준의 경쟁력을 갖추어서 선수들이 자신의 분야에서 프로가 되는 것으로 끝난다. 만약 프로가 되지 못한다면, 대다수는 여기에서 모든 것을 포기하기도 한다.

Ericson 등(1993)은 **4단계**가 필요하다고 주장했다. 그리고 4단계에서는 자신이 프로가 된 이후에도, 더욱 노력하고, 코치가 요구하지 않아도 코치가 자신의 문제점을 발견하지 못해도 스스로 자신을 향상시키려고 하는 노력을 제 4단계라고 주장한다.

최근에 Cote 등(2008)은 발달의 3단계가 아닌, 스포츠 참여 발달 모델 Developmental Model of Sport Participation: DMSP 을 설명하면서 선수들이 자기 자신을 엘리트 수준의 선수로 만들기까지를 기존에 제시된 발달의 3단계보다 구체적으로 풀이하여 제시했다. 스포츠 참여 발달 모델도 DMSP 3가지 단계가 있는데, 그 단계들은 참여 sampling years 단계(유아기 6~12), 전문화 specializing years 단계(청소년기 13~15), 그리고 투자 investment years 단계(청년기 16+)라고 나누었다.

참여 단계에서 선수들은 수많은 스포츠에 대해 접하고, 고도의 전문적인 연습 보다는 놀이 활동에 대해 집중하여, 스포츠를 즐기는 것을 일컫는다. 앞서 얘기한 바와 같이, 고도의 활동 deliberate play 은 뒷마당에서 하는 미식축구공 던지기, 야외 코트에서 농구공을 튀기는 것 등을 의미한다. 스포츠의 대한 규칙은 어린 선수들이 쉽게 접할 수 있도록 변형될 수도 있으며, 어른들도 스포츠가 경쟁하는 것보다는 즐길 수 있는 것에 대해 초점을 맞춘다. Cote와 Fraser-Thomas(2008)에 의하면 고도의 활동은 내적 동기를 유발할 수 있고, 즉각적인 만족감을 안겨주며, 흥미와 재미에 큰 비중을 두고 있다. 우리가 이 장을 처음 펼쳤을 때, 테니스 선수인 Andy를 기억하면 된다. Andy가 처음에 테니스를 접할 수 있었던 이유는 어렸을 때, 아버지와 친구들과 함께 테니스 공과 라켓으로 놀았기 때문에 시작한 것이었다. 고도의 활동은 선수들의 동기부여, 스포츠에 대한 열정 유지, 그리고 나중에 전문화 단계와 투자 단계로 넘어 갔을 때, 매우 중요한 역할을 한다. 그리고 이 단계에서 모든 것이 순조로워야지 만이 고도의 전문적인 연습을 할 수 있게 된다.

전문화 단계에서 아이들은 포괄적인 스포츠를 접하는 것보다 자신의 종목과 분야를 좁히고, 아이들은 고도의 활동이 고도의 전문적인 연습으로 자연스럽게 이어지는 단계이기도 하다. 이 단계에서 Andy는 아이들과 놀면서 하는 단순한 운동이 아니라, 조직화된 팀에 들어가서 스포츠를 접하기 시작한다. Andy는 축구, 농구, 그리고 야구 종목에서 학교 대표선수로 뛰었지만, 레슬링이란 스포츠는 포기하기로 했다. 이렇게 전문적인 단계는 참여 단계에서 투자하는 단계로 넘어가는 디딤돌이라고 생각할 수 있다.

투자 단계에서 선수들은 주로 하나의 스포츠에만 집중하고, 고도의 활동보다는 고도의 전문적인 연습에만 초점을 맞춘다. Andy는 15살이라면 고등학교 즈음인데, Andy도 이때부터 다른 스포츠들과 종목들은 포기하고, 테니스에만 집중하며, 모든 시간을 고도의 전문적인 연습에 투자하기 시작했다.

▶ 코칭 상황에 스포츠 참여 발달 모델 적용하기

주로 코치들은 선수들을 너무 빨리 투자 단계로 이끌어 가거나, 너무 늦게 투자 단계로 들어서게 한다. 선수들이 투자 단계를 너무 일찍 접하기 시작하면, 고도의 활동을 할 수 있는 시간이 줄어들고, 스포츠에 대한 열정과 동기가 하락할 수 있으며, 고도의 활동 단계에서만 배울 수 있는 기회를 가지지 못할 수 있다(예: 다양한 스포츠를 접하면서 특정한 스포츠에서만 배울 수 있다는 것). 반대로 만약 투자 단계를 너무 늦게 시작하게 되어버리면, 아이들이 배울 수 있는 중요한 시기를 놓칠 수도 있다(예: 몇 가지의 동작과 움직임을 익히기에는 너무 늦었거나, 이 수준에서 경쟁할 수 없을 만큼 뒤쳐져 있을 수도 있다). 스포츠 참여 발달 DMSP 모델은 코치들이 선수들의 발달 단계의 개념을 이해할 수 있도록 도와주며, 선수들이 성장함에 따라, 코치가 요구하는 것도 달라질 수 있으며, 또한 코치가 선수들이 현재 어느 정도 단계에 있는지 파악하여, 고도의 활동에 집중할 것인지, 고도의 전문적인 연습에 집중할 것인지에 대한 결정을 내리는 데에 도움을 줄 수 있다.

▶ 선수들의 발달 단계 파악하기

Andy의 클럽 코치는 Andy가 다양한 스포츠를 경험할 수 있도록 허락해 주었고, 그 다양한 스포츠를 접할 수 있었기 때문에, 참여 단계에서 수많은 스포츠의 즐거움을 느낄 수 있었다. 그 코치는 Andy가 테니스에 큰 재능을 가지고 있었다는 것을 일찍이 파악했지만, 그 코치는 Andy가 테니스란 스포츠를 자기 자신이 선택할 수 있도록 기다렸다. 코치는 테니스란 스포츠를 선택하게 했고 Andy가 100%의 시간을 테니스에 집중하게 하여 고도의 전문적인 연습을 실시할 수 있었지만, 코치는 Andy가 재미를 느끼고, 다른 스포츠를 접하고 난 후에, 테니스를 정하면, 더욱더 큰 효과를 불러일으킬 수 있고, Andy 스스로가 고도의 전문적인 연습을 할 것이라는 것을 알고 있었다. 코치가 선수들의 발달 단계를 파악하는 것은(참여 단계, 전문화 단계, 투자 단계) 선수를 지도할 때 스포츠 활동에 집중할 것인지, 고도의 전문적인 연습에 집중할 것인지 도와줄 수 있으며, 더 나아가 얼마만큼의 피드백을 줄 것인지, 다른 스포츠를 경험할 수 있는 허락을 내릴 것인지, 그리고 과정보다는 결과에 초점을 맞출 것인지에 대한 도움을 줄 수 있다.

Andy의 상황을 보면 Andy가 스스로 선택하여 투자 단계로 이르렀다. 물론 이런 경우는 드물긴 하지만, 아예 없는 것도 아니다. 종종 선수들이 스스로의 잠재력, 기회, 장점, 그리고 자신이 투자한 결과를 파악할 수 있기도 하다. 반대로, 똑같이 이것을 파악하고 포기하는 선수들도 많다. 우리는 이제부터 스포츠 참여 발달DMSP 의 3단계를 살펴보면서, 코치가 어떻게 다양한 개개인의 맞추어서 연습을 구성할 것인지 알아볼 것이다.

▶ 참여 단계에 있는 선수들

아이들이 어떤 스포츠를 접하고, 그 스포츠에 대한 열정을 꾸준히 유지하여 엘리트 수준에서 경쟁할 수 있는지 없는지는 이 참여 단계에서의 경험이 좌우한다고 해도 과언이 아니다. 그렇기 때문에 발달 단계에서 선수들을 코칭한다면 코치의 초점은 아이들을 양육하고 양성하여 선수들의 내적 동기를 부여하는 것에 맞추어야 한다. 이 목표를 성취하기 위해서 코치는 아이들에게 힘을 주고, 칭찬을 많이 함으로써 아이들이 고도의 전문적인 연습보다는 스포츠 활동에 집중할 수 있도록 도와주어야 한다. 그리고 한 스포츠에만 집중하는 것이 아니라 다양한 스포츠를 경험할 수 있도록 도와주어야 한다. 이 단계에서 코치는 결과보다는 과정에 집중하되, 노는 것에만 집중하는 것이 아니라, 경쟁이 무엇인지에 대해서 가르쳐줘야 한다. 아이들에게 너무 많은 것을 가르치려 하는 것도 해가 되지만, 아예 가르치지 않아도 해가 된다. 아이들에게 모든 스포츠에서 활용될 수 있는 포괄적이고 기초적인 움직임과 행동은 가르쳐 주어서, 다른 스포츠를 경험할 때에도 적용될 수 있도록 도와주어야 한다. Cote 등(2008)은 스포츠 활동은 80%, 고도의 전문적인 연습은 20%의 비율로 가르쳐야 한다고 설명했다.

연습의 재미를 더하기 위해서, 선수들에게 가르치는 게임teaching games 을 실시하게 해주는 것이 좋다. 가르치는 게임이란 재미와 흥미를 사용하여 스포츠에 대한 이해도를 높여주는 것이다. 시나리오 1로 예를 들자면, 이 시나리오에서 코치는 어리지만 좋은 재능을 가지고 있는 선수들의 코치이다. 코치는 이 아이들은 먼 훗날에 좋은 선수들로 거듭날 수 있다는 것을 파악했지만, 그 선수들이 아직 참여 단계에 있기 때문에, 전문화 단계로 넘어가기에는 너무 이르다는 것도 안다. 하지만 나중에 아이들이 전문화 단계와 투자 단계를 거칠 때, 이 스포츠가 얼마나 재미있었는지에 대한 경험을 안겨주고 싶기도 하다. 그렇기 때문에 코치는 그 선수들이 이 스포츠를 꾸준히 사랑할 수 있도록 가르치는 게임을 사용하여, 아이들이 이 스포츠에서 기초적인 움직임을 배울 수 있도록 도와주어야 한다. 코치는 선수들이 다른 스포츠를 경험할 수 있도록 허락해 주며, 이 스포츠의 연습을 빠져도 괜찮다는 것을 알려주어야 한다.

1 시나리오

> 선수들 중 한 아이가 자신이 좋아하는 스포츠에서 훌륭한 선수로 거듭날 수 있는 재능을 가지고 있다. 하지만 아직 그 선수는 어리고, 다른 스포츠에도 관심이 많다. 코치는 당연히 이 스포츠에 집중하게 만들고 싶지만, 그 선수를 밀어붙여서 타인의 의해 이 스포츠에 집중하게 만들기 보다는 먼 훗날에 스스로 선택하여, 자신의 모든 시간과 노력을 100% 집중하게 만들고 싶다. 코치는 이 목표를 어떻게 성취할까 고민하고 있다. 코치는 이 선수의 관심을 항상 지금 하고 있는 스포츠 활동에 머물러 있게 도와주고 싶지만, 그것을 어떻게 할 것인가?

가르치는 게임을 통해 아이들이 스포츠를 배우고, 고도의 전문적인 연습보다는 스포츠 활동 그 자체에 집중하며, 다른 스포츠를 경험할 수 있도록 도와주는 것은 흥미와 재미를 유발할 수 있는 연습 환경을 만들어 줄 뿐만 아니라, 그들의 자율성, 결단력, 적성, 그리고 그들의 능력을 올려주는 방법이기도 하다. 그리고 이 모든 것을 갖추어야지 만이 아이들이 엘리트 수준에서 경쟁할 수 있는 선수들로 거듭날 수 있다.

▶ 전문화 단계에 있는 선수들

이 단계에서 코치는 선수들에게 다양한 스포츠를 접하는 것보다는 선택의 폭을 좁혀서 자신이 선택한 스포츠에 더욱 많은 시간을 할애하기 시작한다. 그리고 선수들은 훈련과 연습을 더욱 진지한 마음가짐으로 임하기 시작한다. 이 단계에서 고도의 전문적인 연습 비율이 스포츠 활동 비율보다 커지기 시작한다. Cote 등(2008)은 이 단계에서 고도의 전문적인 연습과 스포츠 활동 비율이 각 50%가 적합하다고 이야기하지만, 선수들의 재량에 따라 그리고 코치의 판단에 따라 이 비율은 항상 조절할 수 있다.

이 단계에서 코치가 선수들에게 즐겁고 흥미롭지는 않지만, 다음 수준으로 넘어 갈 수 있는 엘리트 수준에서 경쟁할 수 있도록 고도의 전문적인 연습을 할 수 있도록 권유하고, 그런 연습 환경을 만들어 줘야 한다. 그 선수들에게 이런 훈련 시간들이 지금 뿐만 아니라, 추후에 다음 단계에서 경쟁을 할 때에도 도움이 될 수 있다는 것을 충분히 설명해 줘야 한다. 시나리오 2는 어린 농구 선수가 지금 전문화 단계에 있고 이 선수가 엘리트 수준에서 경쟁하고 싶다면, 그 선수의 슈팅 폼을 고쳐야 한다는 것을 설명해 줘야 한다. 그래서 코치는 선수와 함께 대화하며, 슈팅 폼을 바꿔야 한다는 것을 설명해 주고, 슈팅 폼을 바꾸기 위해선 매일 피나는 노력을 해야 된다는 것을 알려준다. 그리고 제일 중요한 점은 선수에게 연습에서 즐거움을 많이 느끼지 못하고, 친구들이랑 놀면서 5대5를 하는 것보다 훨씬 재미도 없을 것이지만, 선수가 성장하기 위해서는 이 연습이 필요하다는 것을 꼭 알려 줘야 한다. 마지막으로 코치는 선수에게 농구를 즐길 수 있는 시간을 충분히 보장할 것이라고 알려주어야 한다.

2 시나리오

> 13살인 한 선수가 농구를 잘 하지만, 슛을 할 때, 어렸을 때의 버릇을 고치지 못해 아직도 두 손을 사용하여 던진다. 코치는 그 선수가 정말로 훌륭한 선수로 거듭날 수 있다는 것을 알고 있지만, 그 선수가 엘리트 수준에서 경쟁하고, 더욱 좋은 선수로 성장하기 위해서는 슛 폼을 바꿔야 하는 것도 안다. 지금 그 선수는 전문화 단계에 있다. 그리고 슛 폼을 바꾸기에는 지금이 제일 좋은 시기이기도 하다. 선수에게 어떻게 말할 것이며, 어떤 방식으로 접근하여, 그 선수에게 이 모든 것을 설명할 것인가?

▶ 투자 단계에 있는 선수들

투자 단계에 있는 선수들은 주로 한 스포츠와 종목에만 집중하고, 훈련에 집중하고 성적에 초점을 맞춘다. 선수들의 훈련 시간은 거의 고도의 전문적인 연습 시간으로 이루어지기도 하다. Cote 등(2008)은 이 단계에서도 스포츠 활동이 필요하다고 주장했다. 선수들이 스포츠에 대한 즐거움, 열정, 그리고 내적 동기를 유지하기 위해서는 그리고 그것을 상기시키기 위해서는 모든 시간을 고도의 전문적인 연습에 초점을 맞추기에 부적절하다고 설명했다. 이 단계에 있는 선수들은 경쟁적인 분위기의 연습과 실전에서 활용할 수 있는 훈련에 집중해야 하며, 경쟁을 함으로서 결단력과 지각을 향상시키고, 부담감, 긴장감, 스트레스, 그리고 압박감이 심한 상황에서도 잘 이겨낼 수 있는 능력을 가르쳐줘야 한다.

시나리오 3의 상황에 마주쳤다고 가정해 보자. 선수들 중 한 명이 좋아하는 스포츠에 자신의 모든 것을 투자하고 싶다고 이야기 했다. 그 선수는 투자 단계에 이를 준비가 되어 있으며, 자신의 모든 시간과 노력을 고도의 전문적인 연습에 할애하고 싶고, 앞서 언급했던 Andy와 같이 훌륭한 선수가 되고 싶은 마음으로 가득 차 있다. 코치는 그 선수가 어렸을 때부터 투자 단계에 이르기를 기다려 왔기 때문에 한편으로는 기쁘지만, 또 다른 한편으로는 걱정되기도 하다. 이 선수가 이렇게 결심한 만큼, 코치도 시간과 노력을 투자할 결심을 내려야 하고, 이 선수가 엘리트 수준에서 경쟁할 수 있도록 도와줘야 되기 때문이다. 그날 밤, 코치는 연습과 훈련을 더욱더 구조화시키기 위한 작업에 들어갔고, 뚜렷한 목표와 세부적인 부분에 집중하여, 훈련 메뉴가 완벽할 때까지 연구했다. 이와 더불어, 코치는 코칭 세미나에 참석하고, 비디오를 더욱더 세밀하게 관찰하며, 또 책을 읽으면서 코치로서 더욱더 성장할 수 있도록 노력하기 시작했다. 자신의 선수가 성장하기 위해서는 코치도 성장해야 된다는 것을 잘 알고 있기 때문이다.

3. 시나리오

> 자신이 고등학교 여자 배구팀 코치라고 가정해 보자. 그리고 16살인 선수가 코치에게 다가와 더 많은 연습과 연습시간이 필요하다고 이야기한다. 그 선수는 이 스포츠에 자신의 모든 것을 쏟아 붇기를 원하며, 배구가 그 선수의 모든 생각을 점령했다고 이야기 했다. 그 선수는 최선을 다해서 연습하고, 자신이 배구로 얼마나 더 많이 성장할 수 있을지 알고 싶다고 이야기했다. 그 선수는 코치에게 자신의 신뢰, 미래를 맡겼고, 코치는 이 선수를 더욱더 훌륭한 선수로 만들어야 하는 책임감을 받았다. 그 선수의 결심은 코치에게 어떤 의미를 갖는가? 코치로서 어떻게 성장할 수 있겠는가?

▷ 창의적인 고도의 전문적인 연습

고도의 전문적인 연습은 하루아침에 이루어지는 것이 아니다. 고도의 전문적인 연습은 선수와 코치의 협력이며 상호작용 된 작품이자 결과물이기도 하다. 앞서 제시한 13가지의 고도의 전문적인 연습 특징을 기억해야 한다. 코치는 연습과 훈련 프로그램에서 어떻게 이 특징들을 살려 낼 것인가?

▶ 선수들의 욕구와 동기를 증가시키는 방법

모든 선수들이 고도의 전문적인 연습을 달게 받지 않는다. 대체로 선수들이 고도의 전문적인 연습을 거부하는 것이 아니지만, 그래도 이런 형식을 갖춘 훈련과 연습에 익숙하지 않다. 선수들은 고도의 전문적인 연습 보다는 스포츠 활동에 더 익숙해져 있고, 그것을 더 선호하기 때문이다. 무엇보다 더 중요한 것은 선수들이 고도의 전문적인 연습의 개념을 아직 잘 모르기 때문이다. 1학년 선수인데 어렸을 때부터 재미에 초점을 둔 스포츠 프로그램에 속해 있던 새내기가 있다. 물론 이렇게 재미에 초점을 둔 스포츠 프로그램 덕분에 꾸준히 스포츠에 대한 열정과 사랑을 유지할 수 있었지만, 목표와 노력, 집중, 구조화된 연습과 훈련, 변화에 따른 적응력, 그리고 이외의 고도의 전문적인 연습의 특성을 잘 이해하지 못하고 있었다. 그 선수는 전문화 단계를 거치지 않고, 참여 단계에서 투자 단계로 바로 넘어간 것이다. 다시 말해 그 선수는 90%의 스포츠 활동과 10%의 고도의 훈련에서, 90%의 고도의 전문적인 연습과 10%의 스포츠 활동으로 구성된 연습 환경에 들어간 것이다. 이 변화는 말할 필요도 없이 그 선수에게 무척 힘들었다.

코치가 선수들이 고도의 전문적인 연습을 할 수 있도록 도와주고, 그 선수들을 어떻게 동기부여하며 이와 동시에, 그 선수들이 스포츠에 대한 열정과 사랑을 유지시킬 수 있도록 해 줄 것인가? 다음 부분은 이 질문에 대한 답을 찾아 줄 수 있다.

▶ 선수 스스로가 지각된 유능성을 높이는 방법

지각된 유능성은 말 그대로, 자기 자신이, 자기 자신의 능력과 실력을 어떻게 인지하는 것을 의미한다. 자기 자신의 능력을 인식할 때, 높이 평가한다면 성공할 수 있다는 기대를 할 수 있으며, 스포츠에 대한 사랑과 열정을 유지할 수 있고, 도전적인 과제를 선택하고, 스스로가 항상 많은 노력을 한다. 그리고 이런 특징들은 고도의 전문적인 연습을 할 수 있도록 도와준다. 그렇기 때문에, 코치는 선수들을 격려해주고, 고도의 전문적인 연습을 할 때, 그리고 선수들이 스스로를 인식할 때, 높게 평가할 수 있는 훈련 환경을 만들어 주어야 한다. 스스로가 인식한 능력을 높게 평가하기 위해서는 3가지의 원인이 필요한데, 하나는 성공적인 경험들이고, 두 번째는 다른 모델을 관찰하고 난 긍정적인 정보들이고, 마지막은 타인의 설득력이다.

성공적인 경험 successful past experiences 을 보장해주기 위해서, 어렸을 때, 스포츠를 처음 접하고 배우는 단계에 이르렀을 때, 어렵지만 성취할 수 있는 도전 과제들을 제공하는 것이 중요하다. 연습 시간들을 잘 배분하여, 선수들에게 어려운 도전 과제들을 변형 시키거나 단순화하고, 필요한 도구들을 사용하여 도움을 주거나, 움직임과 동작들을 나누어서 선수들이 목표를 성취할 수 있도록 해야 한다. 스트레스와 압박감을 다룰 줄 알고, 노력이 무엇인지 가르쳐 주며, 목표를 성취하는 즐거움도 알려 주어야 한다. 스트레스와 압박감을 다루는 방법과 노력이 무엇인지 가르치기 위해서는 결과보다는 과정에 집중하고, 이기고 지는 것보다는 최선을 다하는 것이 더 중요하다는 것을 항상 가르쳐줘야 한다.

스스로 인식한 능력이 높다고 평가하기 위해서 고도의 전문적인 연습을 하려는 동기부여가 필요하다. 이것을 얻기 위해선 다른 모델을 보고 **긍정적인 정보** positive information 를 받거나, 스스로에 대한 긍정적인 정보를 인식해야 한다. 시나리오 4는 어린 체조 선수가 스스로를 평가할 때, 새로운 기술을 습득할 수 없다고 생각한 상황이다. 이 상황에서 코치는 이 선수가 움직임을 습득할 수 있도록 동작을 단순화 시키거나 몇 개의 동작으로 나누어서 습득할 수 있도록 도와주어야 한다. 코치는 그 선수가 스스로의 모습을 녹화하여 비디오로 다시 볼 수 있게 하는 방법을 사용할 수 있다. 이렇게 스스로를 관찰하는 것은 자기 자신을 높게 평가할 수 있는 계기가 될 수 있으며, 새로운 동작을 습득할 수 있다는 자신감을 심어줄 수 있다.

4 시나리오

어린 체조 선수가 새로운 기술을 습득하고 그것을 안전하게 그리고 완벽하게 수행할 수 있는 자신감이 없다. 그 선수는 그 새로운 기술을 시도할 때 마다 실패했으며, 이제는 다칠 수 있다는 생각마저 들기 때문에, 그 움직임을 시도할 자신감이 없다. 코치는 그 선수가 이 기술을 할 수 있다고 믿지만, 정작 본인은 자기 자신이 이 기술을 못한다고 생각하며 두렵기

> 만 하다. 그렇기 때문에 그 선수는 이 기술을 습득할 용기분만 아니라 동기부여가 전혀 되지 않는다. 최근에 그 선수는 중요한 연습시간을 빠진다거나, 자신의 연습과 훈련에 집중하기 보다는 어린 선수들과 함께 어울리는 것을 더 선호한다.

코치가 선수들이 스스로를 높게 평가하게 도와주기 위한 방법은 **언어적 설득** verbal persuasion 이다. 선수들이 코치에게 믿음을 가지고 있고, 신뢰하며, 스포츠에 대한 지식이 많다고 인정한다면, 선수들은 코치의 말을 믿을 것이고, 자신들이 할 수 있다고 말할 때, 그 말에 대한 무게감을 느끼고 신뢰도도 높을 것이다. 예를 들어, 시나리오 4의 상황에서 다른 선수들의 모습을 보여주거나, 그 선수에게 동작을 나누는 방법보다 그 선수와 함께 대화하여 선수가 이 기술을 습득할 수 있는 충분한 실력을 갖추고 있다고 이야기하는 것이다. 그 선수가 가지고 있는 능력을 충분히 설명하고, 그 선수가 과거에 했던 경험들을 상기시켜주며, 그 선수가 할 일은 코치를 믿고, 자기 자신을 믿으면 된다는 것을 알려주어야 한다.

▶ 결과보다는 과정에 집중하도록 도와준다(과제 성향 촉진하기)

결과보다는 과정에 집중하게 도와주는 것은 과제 성향 task orientation; 노력성향이라고도 함 이라고도 하는데, 이 개념은 결과보다는 과정에 집중하게 도와주고, 노력과 시간에 비해, 결과적으로 더 좋은 성적을 낼 수 있도록 도와주는 자아성향 ego orientation; 경쟁성향이라고도 함 과는 다르다. 결과보다는 과정에 집중하게 도와주는 것은 스스로 인식한 자신의 능력을 높게 평가할 수 있게 도와주지만, 코치는 이런 연습 환경을 어떻게 제공할 것인가? 이 질문의 답은 배우는 과정에서 이루어지며, 결과보다는 노력에 집중하고, 한 기술을 완벽하게 소화하는 시간, 목표를 성취하기 위한 노력, 스스로를 성장시키려는 땀, 협력, 개인 도전과제, 노력, 그리고 자기 자신의 대한 평가에 초점을 맞추어야 한다. 이런 연습 환경을 제공하기 위해서 코치들은 TARGET 개념을 적용시키면 좋다.

- Task(과제): 연습과 훈련에 대한 과제를 선수들한테 제시할 때, 선수들이 그 과제를 성취하고 스스로에 대한 평가가 긍정적으로 이루어질 수 있도록 도와주어야 한다. 그리고 선수들이 자기 자신을 다른 선수들에게 비교하는 것보다 자기 자신의 기준에 초점을 둘 수 있도록 도와주어야 한다.
- Autonomy(자율성): 자율성을 키우기 위해서 코치는 선수들에게 선택권을 주어야한다. 선택권과 자유를 주되, 자유에 대한 책임도 져야 한다는 것도 인지시켜주어야 한다. 선수들이 한 번씩 필요한 훈련을 선택할 수 있게 도와주며, 선수들이 스스로를 평가할 수 있도록 물어보는 것도 현명하다.
- Recognition(인정): 인정은 코치가 선수들을 평가할 때, 선수들의 행동이나 어떤 것을 보고,

그것에 대한 보상을 주고 싶을 때 일어난다. 보상은 긍정적인 정보와 피드백으로 이루어지며, 그 선수가 새로 습득한 능력이나, 챔피언다운 행동이나, 노력에 대해 언급할 수 있다.

- Grouping(집단화): 집단화는 사용하지 않는 것이 좋다. 왜냐하면 선수들이 서로 다 다르고, 성숙 정도, 경험, 나이 등이 다르기 때문이다. 선수들마다 성공에 대한 주관적 잣대가 다르며, 자칫하면 선수들의 가치와 다른 그룹화로 인해 오히려 자신감이 하락하는 등 해가 될 수도 있다. 항상 개인적인 훈련을 할 수 있도록 도와주며, 만약 이것이 불가능하다면, 그룹의 인원수를 최소화 시키는 것이 현명하다.
- Timing(시간부여): 시간부여는 선수들이 특정한 과제를 성취할 수 있는 시간대를 일컫는다. 코치는 융통성 있게 시간을 배분해야 하며, 선수들의 개인적인 특성도 고려하여, 각자 목표를 성취하는 시간이 다를 수도 있다는 것을 알고 있어야 한다.

12살 정도의 나이가 되면, 어린 선수들은 자기 자신의 능력을 다른 선수들과 비교하여 평가하기 시작한다. TARGET 같은 개념을 연습에 적용시킨다면, 선수들이 결과보다는 과정에 집중할 수 있도록 도와줄 수 있고, 이렇게 되면 추후에 또 다시 스포츠 활동에 참가하여 스스로를 평가할 때, 높은 점수를 자기 자신에게 부여할 수 있다.

▶ 강화 사용

선수들을 동기부여하기 위한 좋은 방법 중 하나는 바로 강화 reinforcement 이다. 강화를 사용하는 방법은 많고 이 모든 방법은 선수들을 동기부여 하고, 스포츠에 대한 열정과 사랑을 유지할 수 있도록 도와준다. 강화는 부모님, 코치, 그리고 더 나아가 한 집단이 될 수 있다. 한 연구 결과를 따르면, 강화의 제일 효과적으로 사용하기 위해서는 부모님의 영향이 제일 크다는 것이 확인되었다. 부모님은 아이들에게 스포츠를 시작하게 해주고, 코치를 찾아주고, 연습의 루틴을 잡아주며, 스포츠의 의미와 가치를 부여하고, 높은 기대치를 형성한다. 부모는 칭찬과 보상을 강화로 사용할 수도 있다.

부모가 아무리 중요하다고 해도, 코치의 중요성을 무시해서는 안 된다. 특히 그 선수가 처음으로 경험한 코치나 어렸을 때 경험했던 코치의 영향은 더욱 크다. 엘리트 수준에서 경쟁하는 선수들은 코치를 통하여 다음 시즌에도 열심히 노력해서 더 좋은 선수가 될 것이라는 강화를 받는다고 보고했다. Bloom(1985)와 Young과 Medic(2008)의 인터뷰 연구 결과에 의하면, 코치가 강화로 사용할 수 있는 도구가 4가지가 있다고 발표했다. 그 네 가지는 아이들에 대한 관심, 칭찬과 찬양, 보상과 상품, 그리고 밀접하고 지속적인 관찰이다.

▶ 자기 자신을 규제하는 것을 권장한다.

Bloom의 연구결과에 따르면, 코치의 긍정적인 강화가 7살부터 11살의 아이들에게 2~3년 동안은 동기부여 하는 데 결정적인 역할을 한다고 했다. 하지만 아이들이 엘리트 수준에서 경쟁하고 싶다면, 결국엔 **자기 자신을 규제** self-regulation; 자기조절 할 줄 알아야 한다. 이 말은 연습과 훈련, 관찰과 평가는 결국 자기 자신이 책임감을 갖고, 자기 자신이 할 줄 알아야 한다는 것이다. 그렇기 때문에 선수들이 성장하기 위해서 강화하는 비율은 점점 줄어들고, 자기 자신을 규제하는 것을 추구하는 것이다. 엘리트 수준에서 연습하려는 동기와 열정, 그리고 자기 자신을 규제할 줄 아는 것은 선수에게 달려있다.

Cleary와 Zimmerman(1998)은 자기 자신을 규제할 수 있도록, 4가지 단계의 순환 모델 four-step cyclical model 을 제시했다. 제 1단계는 목표설정, 2단계는 관찰과 목표 성취를 위한 실행 전략 세우기, 3단계는 훈련의 결과를 평가하고, 4단계에서는 포괄적으로 자기 자신을 평가하는 것이다. 이 장에서 앞서 이야기 했듯이, 이 4단계는 고도의 전문적인 연습을 하기 위한 과정이기도 하다.

▶ 스포츠에 대한 즐거움을 높여준다.

선수들이 고도의 전문적인 연습을 동기부여하기 위한 또 다른 좋은 도구 중 하나는 스포츠에 대한 즐거움을 높여주는 것이다. 스포츠에 대한 즐거움은 긍정적인 경험, 행복, 그리고 재미와 흥미를 일컫는다. 다양한 스포츠에 속해 있는 가지각색의 어린 선수들을 연구한 결과, 아이들이 스포츠를 얼마나 즐거워하는지에 따라, 아이들이 스포츠를 계속 할 것인지 안 할 것인지를 좌우한다. Scanlan, Russell과 Beals(2003)의 연구에 따르면, 국제적인 무대에서 경쟁하는 럭비선수들은 즐거움과 재미가 그들의 헌신을 좌우한다고 대답했다. 선수들은 재미와 만족감을 스포츠 활동, 배움의 즐거움, 성공, 그리고 한 기술을 습득하는 것이라고 대답했다.

선수들은 경쟁에서 즐거움을 찾을 수도 있다. 즐거움은 승리하는 것처럼, 결과에서 찾아볼 수도 있고, 자신의 플레이에 대한 만족감, 입상, 사회적 인지도가 높아지는 느낌, 새로운 친구들을 사귀거나, 새로운 경험을 하고, 아니면 단순히 여행하는 것을 통해 얻을 수도 있다. 제 3장에서 언급했던 것처럼, 행복과 성공 같은 긍정적인 감정을 스포츠에 연결시키면, 그 스포츠에 대한 사랑과 열정을 유지할 수 있는 힘이 될 수 있다. 그렇기 때문에, 코치는 선수들에게 스포츠를 통해 긍정적인 경험을 할 수 있도록 도와주어야 한다.

▶ 스포츠에 참여할 수 있는 기회를 늘린다.

<u>참여 기회</u> involvement opportunities 는 선수들이 스포츠를 참여하면서, 즐거운 상황을 경험할 것이라는 기대이다. 선수들이 스포츠를 통해 더욱더 많은 기회와 즐거움을 경험할 것이라고 느낀다면, 선수들은 그 스포츠에 더욱 더 헌신적인 자세로 임할 것이다. 이런 기회들은 새로운 친구, 여행, 보상, 국가대표 선발, 그리고 사회적으로 인지도가 높아지는 것을 일컫는다. 참여 기회를 늘리는 것은 이 스포츠에 대한 기회와 기대를 늘리면서,

그 선수를 동기부여하고, 고도의 훈련을 할 수 있도록 도와주는 방법이기도 하다. 예를 들어, 모든 선수들이 어떤 상을 받을 때, 코치가 추천하지 않는 이상 후보로 올라가지 않는다. 그리고 선수들은 특정한 팀원으로서 스카우트 제의를 받고, 여행을 하고, 훌륭한 프로그램으로 편입하거나 하는 상황은 코치가 추천하고, 추진하지 않는 이상 이루어지지 않는다.

▶ 올바른 성장 경로로 선수들을 이끌어 준다.

선수들은 결국에 한 스포츠에 전문화되고 집중하지만, 어렸을 때, 다양한 스포츠를 경험하지 않는 이상, 고도의 전문적인 연습을 시도하기 힘들다. 그 이유는 다른 스포츠를 경험함으로서, 자신이 특정한 스포츠를 선택하고 집중했을 때, 이 스포츠만이 가능성이 있고, 자기 자신에게 기회를 줄 것이라는 판단이 서기 때문이다. 참여 단계에서 어린 선수가 한 스포츠에 집중하는 것은 나중에 그 선수가 그 스포츠에 대한 즐거움을 잃어버릴 수 있고, 부상뿐만 아니라, 설령 엘리트 수준에서 경쟁을 할 수 있었어도, 일찍 은퇴하는 경우가 많다. 코치는 선수들에게 동기부여하고 고도의 전문적인 연습을 먼 훗날에 하기 위해서라도 어린 아이들이 다른 스포츠를 경험하도록 허락해주고, 그 어린 선수가 한 스포츠만을 선택하게 압박감을 주지 않도록 주의하여야 한다. 그리고 그 선수가 다른 스포츠를 경험할 수 있도록 연습 시간을 조정해주는 것도 현명한 방법이다. 하지만 스포츠를 가르칠 때, 코치는 선수들이 스포츠를 더욱 즐거워하게 도와주어야 하며, 전문화 단계에 이르렀을 때, 자신이 지도하는 스포츠를 선택할 수 있도록 유도해야 한다. 그리고 선수가 다른 스포츠를 선택할 때, 비슷한 움직임이나 동작을 사용하는 스포츠를 선택하게 설득하여, 결국엔 스포츠를 할 때, 코치는 더욱 더 훌륭한 선수로 거듭나게 도와줄 수 있다.

▶ 기초 지식을 키워준다.

엘리트 선수들이 고도의 전문적인 연습과 훈련을 하기 위해 필요한 요소 중 하나는 바로 그 스포츠에 대한 지식의 기초와 바탕을 키우는 것이다. 선수들이 스포츠에 대한 지식이 많으면 많을수록, 그리고 자기 자신에 대한 지식이 많으면 많을수록, 자기 자신에게 더욱더 큰 힘이 되고, 더 많은 통제력을 부여해주며, 나중에 고도의 전문적인 연습을 실시할 때에 큰 도움이 될 수 있다. 이러한 기초지식은 포괄적인 지식을 의미하고, 선택에 대한 반응과 움직임과 동작을 수행할 수 있는 실질적인 지식과 이론이 필요하다. French와 McPherson(2004)의 연구결과는 이런 지식의 기초는 동작 계획 프로파일, 현재 동작 프로파일, 게임 상황, 경쟁 상황과 운동 영역과 관련된 전략과 같은 스포츠의 대한 기억과 적응 그리고 구조를 일컫는다.

코치는 선수들이 풍부하고 다양한 기초지식을 키우기 위해 수많은 방법으로 도와줄 수 있다. 예를 들어 연습 후 10분 동안 이론을 배울 수 있는 시간을 남겨두는 행동, 일주일에 한 번씩 프린트를 준비하여 스포츠에 대해 모르는 부분을 가르치는 것, 게스트를 초청하여 스포츠에 대한 강의를 하는 것, 연습이 끝난 후에 동영상을 시청하는 것, 잡지나 책에서 인상 깊었던 내용을 복사하여 선수들에게 나누어주는 것, 선후배 간의 토론할 기회를 제공해 주는 것, 게임 영상을 다시 시청하는 것, 주위에 있는 사람들과의 대화하는 방법 등 이외에도 방법은 다양하고 많다.

기초지식을 키우는 것이 중요한 이유 중 하나는 성장할 수 있는 잠재력이 상당히 증가한다는 것이다. 성장의 끝은 없으며, 엘리트 선수들이 30살이 넘어도 꾸준히 성장하는 이유이기도 하다. 하지만 이렇게 성장하기 위해서 코치와 선수가 함께 새로운 지식을 찾아야 한다. 나무가 물과 태양이 없으면 자라날 수 없듯이, 선수들도 새로운 정보를 접하지 않는다면 성장할 수 없다. 기초지식을 키우기 위한 책임은 선수뿐 아니라 코치에게도 있다. 엘리트 수준에서 경쟁하는 선수들은 엘리트 수준에서 경쟁하는 코치가 있어야 하며, 그 코치는 많은 경험과 풍부한 지식을 가지고 있고, 엘리트 선수들에게 새로운 정보를 제공해 주고 고도의 전문적인 연습과 훈련을 할 수 있도록 도와주어야 한다. 그렇기 때문에, 엘리트 수준에서 경쟁하는 코치가 되고 싶다면, 평생 동안 공부하고 배워야 하며, 항상 새로운 지식과 정보를 찾고, 자기 자신을 성장할 수 있는 기회와 경험을 쌓아야 하며, 많은 독서량과 다양한 흥미와 취미를 가지고, 그 다양한 취미와 경험을 바탕으로, 선수들에게 새로운 정보를 항상 제공해주고 선수들이 고도의 전문적인 연습과 훈련에 집중할 수 있도록 도와주어야 한다.

▶ 명확한 목표설정

엘리트 선수들이 연습할 때, 훈련의 모든 부분을 보면 항상 명확한 목표를 세우고 시작한다. 선수들이 연습을 하거나 하지 않을 때에도, 선수들의 모든 행동은 그 명확한 목표에 맞추어서 시행한다. 코치는 선수들이 두 가지를 할 수 있도록 도와주어야 한다. 하나는 항상 목표에 맞추어서 행동하도록 하고, 또 하나는 자기 자신이 스스로 목표를 세울 수 있도록 도와주어야 한다. 선수들을 가르칠 때, 선수들에게 매일, 매주, 매달 성취할 수 있는 목표를 세우도록 해야 한다. 코치가 직접 손으로 써서 그들에게 줄 수 있고, 아니면 말로 선수들에게 설명할 수도 있다. 내가 중국에서 한 연습을 관찰했을 때, 나는 코치가 각각의 선수들에게 쪽지를 주고, 선수들이 스스로 연습과 훈련에 대한 목표를 쓰는 것을 보았다. 그리고 여기서 꼭 기억해야 할 점은 신체적으로만 제한하지 않아도 된다는 것이다. 선수들은 워밍업 할 때의 루틴에 대한 목표를 세울 수도 있고, 이미지 트레이닝, 기초 훈련 등일 수도 있다. 그리고 부가적으로, 선수들에게 스포츠에 대한 목표설정을 집에서도 생각할 수 있도록 권유한다. 집에서 일기를 통해 하루 동안의 연습, 경기, 대회를 돌이켜볼 수 있는 시간을 가지고, 그 이후에 새로운 목표를 세우거나, 지금까지 세운 단기적 장기적 목표에 대한 평가를 해도 좋다.

선수들이 엘리트 선수들로 거듭나도록 도와주기 위해서는 선수들이 스스로 목표를 세우고, 자기 자신이 세운 목표를 점검하고 평가하여, 스스로 세운 목표를 성취할 수 있도록 책임감을 부여해주어야 한다. 선수들이 이 과정을 시작하게 도와주기 위해서는 목표를 설정할 때, 선수들을 포함시켜야 한다. 코치는 목표를 설정할 때 선수들을 참여시켜야 하며, 선수들이 스스로 세울 목표가 무엇인지 물어보고, 그것을 실제 목표에 포함시켜야 한다. 시간이 지나면 지날수록 선수가 목표를 세울 때, 코치의 역할은 사라지고, 선수 스스로 목표를 세우고 성취할 수 있는 책임감을 심어주는 것이 코치의 역할이자 목표이다.

▶ 연습의 연관성 찾기

다른 분야의 전문가들이 정의한 것처럼, 연습은 항상 자기 자신의 분야와 목표에 연관성이 있어야 하고, 실전에 사용할 수 있는 훈련을 실시해야 한다. 그렇기 때문에, 연습에서 하는 모든 것들은 경쟁 상황에서 활용할 수 있어야 하며, 연습 시간에 실전에 사용할 수 있는 모든 기술과 전략들을 훈련해야 한다.

연습의 연관성을 높이기 위해서는 다양한 방법을 사용할 수 있다. 연습의 루틴, 훈련 패턴, 과제 등을 꼼꼼히 점검하고, 연습의 모든 시간은 실전 상황에서 사용할 수 있는 여부와 선수들의 실력이 향상되고 있는지에 대한 평가를 수시로 해야 한다. 연습에는 항상 뚜렷한 목표가 있어야 한다. 코치가 하는 모든 것이 선수들의 실력을 향상시켜 주는가? 를 스스로 평가하고, 점검한 후, 코치는 자신의 루틴이나 연습을 수정할 수 있는 열린 마음을 가지고 있어야 한다. 만약 연습에 문제가 있다면 모든 부분을 전면 재검토 하고, 처음부터 다시 시작할 수 있는 용기도 가지고 있어야 한다. 그리고 항상 더 좋은 훈련 방식, 테크닉, 연습 규정을 찾아보고 있어야 한다. 엘리트 선수들과 코치를 유심히 지켜보고, 선수들이 연습의 연관성을 어떻게 높이는지도 관찰한다. 선수들과 토론하여 새로운 제안을 받는 것도 좋다. 결국엔 선수들이 땀을 흘리고 노력하는 것이기 때문에, 선수들이 좋은 아이디어를 가지고 있을 수도 있다. 마지막으로 방심하지 마라! 항상 깨어있어야 한다.

▶ 계속적인 노력

엘리트 수준에서 경쟁하고 싶은 선수들은 자신이 원하는 것을 알고 있지만, 그 길을 걷기 위해서 얼마나 많은 노력과 땀을 흘려야 되는지 모를 수도 있다. 엘리트 수준에서 경쟁하지 않는 선수들은 노력을 직접 경험하지 않았기 때문에 자신들의 노력을 왜곡할 수도 있다는 것이다. 더 자세하게 세밀하게, 선수에게 엘리트 선수가 되기 위해 얼마나 많은 노력이 필요한지 설명해 줘야 한다. 만약 코치 자신이 엘리트 수준에서 경쟁했던 선수였다면 직접적으로 알려주어도 좋고, 만약 그렇지 않아도 엘리트 수준에서 경쟁할 수 있는 선수들을 알고 있다면, 그 선수를 초청하여 선수들에게 소개시켜주는 것이 좋다.

시나리오 5는 어떤 한 선수가 엘리트 수준에서 경쟁할 수 있는 선천적인 능력을 갖추고 있지만, 노력하지 않고, 연습과 훈련에 소홀히 하는 선수이다. 이 시나리오는 실화를 바탕으로 한 것이며, 그 선수의 이름은 Amelia이였다. 내가 Amelia에게 챔피언이 된다는 것이 무엇인지 물어봤을 때, 그 선수의 대답은 "경기에서 그 누구보다 더 우월한 성적을 내는 것입니다."라고 대답했다. 하지만 나는 "자기 자신이 가지고 있는 모든 노력과 시간을 이 세계에서 다른 사람이 할 수 없을 만큼을 노력을 매일 매일 하는 것이다."라고 답했다. 우리의 대화는 즉각적인 반응으로 이어졌고, 그 누구보다 더 열심히 노력하고 피땀 나는 시간을 투자했다. 그 다음 해에, Amelia는 무명의 선수였지만, 자신의 리그에서 기록을 세우며 전국제패를 하게 되었다.

5 시나리오

팀에 무명이지만 어마어마한 재능을 가진 1학년 선수가 있다. 선천적인 능력을 봤을 때 코치는 그 선수가 훌륭한 선수가 될 것이라는 것을 짐작했지만, 그 선수는 연습과 훈련에서 열심히 하지 않고, 노력이 부족하다는 것을 인지했다. 코치는 그 선수가 챔피언이 될 수 있다고 믿지만, 노력 없이는 이것이 불가능하다는 것도 알고 있다.

말하는 것만으로도 부족할 수 있다. 봐야지 만이 알고, 이해하는 선수들도 많다. 그렇기 때문에 자신의 팀을 데리고, 엘리트 수준에서 경쟁하는 선수들의 연습을 한번 참가해 보는 것도 좋다. 코치가 먼저 직접 찾아가서 그 팀의 코치를 만나 양해를 구하고 실시할 수도 있다. 나는 나의 팀 선수들을 데리고 국가대표들이 훈련하던 체육관을 찾아가 물과 땅 위에서 실시한 연습을 관찰하게 한 적이 있다. 모든 선수들이 놀랐지만, 특히 1학년과 2학년 선수들에게는 큰 충격을 주었다. 만약 여건이 된다면, 연습이 끝난 후, 국가대표 선수들이나 코치들이 선수들과 이야기를 할 수 있는 시간을 만들어 주어도 좋다.

피 땀나는 노력, 더 정확하게 지속되는 노력이 엘리트 선수들과 그렇지 않은 선수들을 구분 짓는 특성이기도 하다. 수많은 선수들이 챔피언이 되기를 갈망하지만, 피 땀나는 노력을 유지하는 선수들만이 챔피언이 될 수 있는 것이다.

▶ 집중력 높이기

좋은 성적을 내기 위해선 올바른 집중력을 발휘하는 것이 중요하다. 집중력은 다른 기술과 비슷하다. 그렇기 때문에 집중력을 높이고, 높은 집중력을 유지하기 위해서는 연습을 해야 하고, 그래야지 만이 집중된 상태를 오랫동안 유지할 수 있다. 개인이 각각의 고도의 전문적인 연습과 훈련이 시작될 때의 시간은 제한될 수밖에 없다. 제한되는 이유는 신체적으로 준비되는 시간이 필요하기 때문에 그럴 수도 있지만 정신적으로도 준비가 되어야 하며, 정신적으로 준비된 상태로 이루어지기까지, 그리고 고도의 전문적인 훈련과 연습을 실시할 수 있기 전까지 수많은 노력과 시간이 필요하다. 그렇기 때문에 어리고 아직 초보 단계에 머물러 있는 선수들은 고도의 전문적인 훈련과 연습을 할 수 없다.

선수들이 자신의 스포츠에 대한 더 많은 지식을 쌓을수록, 그들은 올바른 시간과 장소에 집중할 수 있는 능력을 가질 수 있으며, 연습을 통해 집중된 상태를 오랫동안 유지할 수 있는 힘이 생긴다. 선수들은 모든 것에 집중을 할 수 없기 때문에, 그리고 집중할 수 있는 것이 제한되어 있기 때문에, 그리고 사람은 몇 가지에만 집중할 수 있기 때문에, 좋은 수행을 이끌기 위한 집중력 기술을 연습해야 한다. 결국에 선수들은 올바른 것에 집중을 해야 하며, 실전 상황에서 활용할 수 있고, 관련성이 높은 곳에만 집중할 수 있어야 한다. 선수들의 집중력을 향상시키기 위해서 어떤 사물에 집중해야 하고, 어떤 것은 무시해야 되는지 알아야 하며, 선수들이 하는 것이 연관성 있다는 것을 인지하여 고도의 전문적인 연습에 동기부여 될 수 있도록 도와줘야 한다. 결국에 코치가 선수들을 동기부여 하고, 연습의 연관성을 높이기 위해서는 코치의 집중력을 향상시킬 수 있어야 한다.

▶ 연습을 즐겁게 하는 방법

앞서 고도의 전문적인 훈련과 연습이 즐겁지 않다고 이야기했던 건과 달리, 엘리트 수준에서 경쟁하는 선수들은 연습을 굉장히 즐거워한다. 만약 그 선수들이 연습을 즐거워하지 않는다면, 선수들이 스포츠의 대한 사랑과 열정을 유지할 수 없고, 그렇게 되면 그 선수들은 엘리트 선수들이 될 수 없다. 그 선수들이 연습을 좋아하는 것은 엘리트 수준에서 경쟁하지 않는 선수들과는 다르게 연습을 좋아해야 한다. 엘리트 선수들은 자기 자신을 향상시키고, 자기 자신이 스스로 더욱더 훌륭한 선수가 되는 것에 대한 즐거움을 찾는다. 하지만 그렇지 않은 선수들은 스포츠를 접한다는 그 자체가 즐거운 것이다. 선수들이 성장하고 싶은 마음이 없다는 것은 아니지만, 선수들이 연습을 좋아하는 것은 성장에 초점이 맞추어져 있는 것이 아니다. 선수들이 연습을 좋아하는 것은 스포츠 그 자체를 사랑하기 때문이다.

엘리트 수준에서 경쟁하는 선수들이 연습을 즐겁게 하기 위한 제일 좋은 방법은 연습을 잘 구성하여, 선수들이 매 연습 때마다 매 경기 때마다 자신들이 점점 더 성장하고 있다는 느낌을 받게 하는 것이 제일 현명하다. 많은 사례들을 살펴보면, 엘리트 선수들이 기존의 코치를 떠나는 이유는 그 코치의 방식과 방법에 대해 지루해 지거나, 재미가 없거나, 무엇보다 더 중요한 것은 그들이 더 성장하고 있다는 느낌을 받지 않기 때문이다. 이러한 이유 때문에 코치들은 항상 새로운 방법들을 찾아야 하며, 기존에 있었던 방식이 도움을 주지 않는다고 생각하면 변경할 줄 알아야 하고, 포기할 줄 아는 넓은 마음을 지니고 있어야 한다. 이렇게 생각해 보라, 만약 연습이 매일, 매주, 매달, 매년 똑같이 진행 된다면, 선수들은 과연 성장할 수 있을까?

하지만 이것도 기억해야 한다. 엘리트 수준에서 경쟁하는 선수들이라고 해서 모든 시간을 고도의 전문석인 훈련과 연습에 투자해서는 안 된다. 선수들이 이 운동을 하면서, 얼마나 재미있고 얼마나 즐거운지를 잊어버리지 않기 위해, 그들이 어렸을 때, 그 감정과 느낌을 잊지 않기 위해, 참여 단계에 있었던 그들의 초심을 잊지 않기 위해, 스포츠 활동 시간을 포함시키는 것도 아주 중요하다. 그렇게 해서 선수들에게 동기부여하고, 사기와 자신감을 높일 수 있다. 특히 어린 선수들에게는 스포츠에 대한 즐거움이 이 운동을 꾸준히 유지하기 위한 제일 중요한 요소이며, 선수들이 고도의 전문적인 훈련과 연습을 시작할 수 있게 도와주는 제일 중요한 부분이기도 하다. 하지만 이런 선수들이 더 이상 어리지 않다고 해서, 그리고 투자 단계로 넘어 갔다고 해서, 스포츠 활동을 아예 배제시키는 것은 현명하지 않다.

엘리트 수준에서 경쟁하는 선수들이든 코치든 동기부여 되고, 집중력이 강하고, 헌신적이더라도, 세상의 모든 일이 그렇듯이, 지나치면 오히려 해가 될 수밖에 없다. 그렇기 때문에 유머와 스포츠 활동, 올바른 관점, 그리고 즐거움은 고도의 전문적인 연습을 하기 위한 중요한 요소인 것을 잊어버리면 안 된다. 때때로 우리는 선수들에게 그리고 자기 자신에게 "자 너무 무겁게 생각하지 말고, 이것은 하나의 게임일 뿐이야. 물론 우리가 열심히 노력하고, 우리의 모든 잠재력을 깨워서 최고가 되는 것이 우리 목표야. 그리고 우리는 그 목표를 달성할 거야. 하지만, 오늘 그렇지 않다고 해서 죽는 것도 아니고, 매 훈련과 연습 때마다 이렇게 어두운 모습으로 있다면 그것을 올바르지 않아."라고 항상 즐거움이 중요하다는 것을 상기시켜주어야 한다.

▶ 연습 구조화하기

연습을 구조화한다는 것은 모든 연습의 스케줄이 만들어져 있고, 하나의 훈련에서 다른 훈련으로 넘어갈 때는 부드럽고 신속하게 진행되어 있다는 것을 의미한다. 이런 연습을 구성하기 위해서도 많은 시간과 노력이 필요하다. 더 나아가 연습은 항상 개개인이 필요한 부분들, 개개인의 다른 점, 개개인의 목표, 시간과 장소 등을 고려하고 나서 연습을 구성해야 한다. 이런 것들을 고려한다면, 연습을 구조화하는 것이 절대 쉬운 일이 아니라는 것을 알게 될 것이다. 개인적으로, 올림픽 예선전이 열리는 날까지 3개월 동안의 연습 스케줄을 구성했을 때, 10시간 이상이 걸렸다.

연습을 구조화할 때, 일 년 동안의 틀을 먼저 잡고, 큰 대회가 있기 전까지, 어떤 훈련과 연습을 할 것인지에 대한 개요를 만드는 것이 현명하다. 그러고 나서, 매 연습 후, 그날을 평가하여, 다음 날 연습이, 오늘의 연습과 연관되도록 노력하며, 오늘의 연습의 목표는 이루어졌는지, 그리고 그 목표를 다음날 연습에 연결되도록 만들어야 한다. 이처럼 단기적으로 보는 것만 아니라, 더 나아가 앞서 만들었던 일 년 동안의 틀도 고려하여, 챔피언이 어떻게 될 것인지, 이번 시즌의 목표는 이루어지고 있는지도 평가하여, 장기적으로도 포괄적으로도 볼 수 있는 힘이 있어야 한다. 다시 말해, 연습을 구성하는 것은 매일매일 이루어지는 것이며, 코치에게만 책임이 있는 것이 아니라, 선수들에게도 책임이 있으며, 수많은 상황과 요소들을 고려해야 하고, 미래의 연습이 과거의 연습들과 연결되도록 해야 한다.

▶ 연습과 선수 관찰하기

엘리트 선수들에게 제일 중요한 것은 성장이기 때문에, 코치로서 제일 큰 책임감을 가지고 있어야 할 요소 중 하나는 자신의 선수들이 성장하고 있는지 아닌지를 파악하고 있어야 한다는 것이다. 성장하는 것을 계측하는 것은 매우 어렵다. 예를 들어, 코치가 선수들을 성장시키기 위해 지옥 훈련을 실시했다고 가정해 보자. 선수들의 실력이 향상되기는커녕 하락하는 것 같고, 항상 피곤해 보이는 것 같기도 하다. 하지만 그것은 어떻게 보면 지극히 정상이다. 매일매일 지옥 훈련을 하고 있는데 성장할 수 있는 힘이 남아 있기는 할까? 본인은 올바른 연습을 시행하고 있는 것인가? 오히려 지나친 훈련 때문에 선수들은 퇴보하고 있지는 않은 것인가? 모든 선수들이 훈련을 통해, 신체적으로 비슷하게 반응하는가? 아니면 선수들이 훈련하는 양을 늘려야 하나? 줄여야 하나?

엘리트 선수들은 아무리 힘들고 고된 훈련이라도, 자신들이 성공하고, 더 좋은 선수가 되기 위해서는 그 어떤 것과 부딪치기 위한 준비가 되어 있다. 하지만 또, 그렇기 때문에 지나친 훈련은 오히려 화를 일으킬 수 있다. 지나친 훈련은 선수들에게 부상과 고통을 안겨줄 수 있기 때문에, 코치는 선수들의 신체적 반응들을 관찰하고 있어야 한다. 때때로 선수들을 잡고, "자 이제, 오늘은 여기서 마무리하자."라고 이야기할 수 있어야 한다. 개인적으로 내가 코치를 하고 있을 때에도 지나친 훈련과 연습은 정말로 위험한 부상을 일으킬 수도 있으며, 어떤 경우에는 더 이상 운동을 할 수 없을 정도의 끔찍한 부상이 발생하기도 했다.

코치가 훈련을 관찰하고 있을 때, 코치에게 주어지는 책임은 자신의 선수들이 고도의 전문적인 훈련과 연습을 하고 있는지를 파악하는 것이다. 자신의 선수들 그리고 엘리트 선수들은 올바른 연습 환경이 주어지지 않는다면, 그리고 그 올바른 연습 환경이 유지되지 않는다면, 선수들은 성장할 수 없다. 그렇기 때문에 코치로서 자기 자신에게 이런 질문을 하고, 대답할 수 있어야 한다. 나의 연습은 고도의 전문적인 연습과 훈련의 특징을 지니고 있는가? 나는 스포츠에 대한 지식을 알려주고 있는가? 나의 연습은 연관성이 있는가? 나는 선수들에게 항상 최선의 노력과 최고의 집중력을 요구하고 있는가? 나의 연습은 선수들에게 즐거움을 주고 있는가? 연습에서 즐거움을 주고 있더라도, 그 연습이 나의 선수들이 성장할 수 있도록 도와주고 있는가? 나의 연습은 잘 구조화 되어 있는가? 나는 그 연습들을 항상 관찰하고 있는가? 나는 선수들과 가깝게 지내며, 선수들에게 즉각적인 피드백을 주고 있는가? 나는 연습이 긍정적인 방향으로 개선되기 위한 노력을 항상 하고 있는가? 새로운 방식과 방법들을 찾고 있는가? 그리고 제일 중요한 질문은 나는 선수들의 모든 잠재력을 깨울 수 있도록 노력하고 있는가? 이다.

고도의 전문적인 연습과 훈련은 고도의 전문적인 코치 deliberate coach 가 없으면 불가능하다. 그리고 이 말은 선수들에게도 해당된다. 전문적인 선수는 전문적인 코치가 있어야지만이 태어날 수 있다. 코칭 프로그램은 단순히 선수들을 성장시키는 것뿐만 아니라 그 선수들의 잠재력을 깨우는 것이 코치로서의 의무이기도 하다.

▶ 코치와 선수는 가깝게 지내야 한다.

선수와 코치 관계는 선수가 성공할 수 있는 제일 큰 요소라고 해도 과언이 아니다. 엘리트 피겨 스케이팅 선수들과 레슬링 선수들은 선수-코치 관계가 고도의 전문적인 훈련과 연습을 할 수 있기 위해서 두 번째로 중요한 요소라고 말했다(Starkes et al., 1996). 그렇다면 코치는 이 선수-관계를 어떻게 더 돈독하게 만들 것인가?

인본주의 관점에서 보자면 관계를 돈독하게 만들기 위해서는 열린 마음으로, 진솔하게, 진실적으로, 신뢰감을 쌓고, 서로에 대한 믿음이 두터워야 한다고 한다. 이런 인본주의 개념들은 코치와 선수들과의 관계에 의미를 부여해 주고, 돈독하게 만들어 주고, 더욱더 끈끈하게 만들어 준다. 그리고 코치와 선수들의 목표와 목적이 똑같다면, 그 효과는 배가 된다. 선수들이 단기적 목표와 장기적 목표를 세우는 순간 그 목표들은 코치의 목표이기도 하다는 것을 명심해야 한다.

Sean McCann(2002)는 미국 올림픽 스포츠 심리학 위원장이다 United States Olympic Committee; USOC . McCann는 선수와 코치의 관계를 돈독하게 만들어 줄 수 있는 방법과 방식을 연구하고 있고, 엘리트 수준에서 경쟁하는 선수들에게 초점을 맞추고 있다. McCann가 첫 번째로 강조하는 것은 **선수들의 감정을 무시해서는 안 된다**는 것이다. 코치는 선수들의 감정과 정서적 상태를 파악하고 있어야 하고, 그것에 세밀하게 관찰하여 한다고 McCann가 말했다. 제 9장에 제시된 것처럼, 정서는 수행과 성적에 큰 영향을 미친다. 그렇기 때문에 코치는 선수들의 정서 상태를 잘 파악하고 있어야 한다.

McCann이 강조하는 또 다른 것은 **좋은 질문을 만들어라** 이다. 선수들에게 무언가를 일방적으로 가르치는 것보다는 질문을 통하여 그들에 대한 더 많은 정보를 수집할 수 있는 습관을 들여야 한다는 것이다. 질문을 하면, 선수들의 사고방식, 정서적 상태, 신체적 상태 등을 알아 낼 수 있고, 코치가 선수들에게 문제에 대한 해결책을 직접 전하여, 선수들이 코치의 말을 일방적으로 따르는 것이 아니라 질문을 함으로서 선수들이 스스로 자신만을 해결책을 찾아낼수록 도와줄 수 있다. 다음은 코치가 질문을 할 때, 유용하게 쓸 수 있는 문장들이다.

- 지금 신체적으로 어때?
- 지금 정서적으로 어때?
- 지금 정신적으로 어때?
- 지금 해야 될 것이 뭐야?
- 지금 생각하고 있는 것이 뭐야?
- 다음 연습의 목표는 뭐야?
- 지금 다르게 하고 싶은 것은 뭐야?
- 네가 나한테 권유할 사항이 있니?
- 너는 어떻게 생각해?

McCann은 선수들과 **신뢰를 쌓아야지** 만이, 선수들이 코치에게 단점과 약한 모습을 보여줄 수 있다고 이야기 했다. 일부 엘리트 선수들은 정신적으로 강하다는 것이 부정적인 생각, 두려움, 긴장, 자기 자신에 대한 불안과 의심을 무시하는 것이라고 착각한다. 선수들은 이런 생각과 말을 한다는 것이 약하다는 증거이며, 그것을 코치에게 표출했을 때에는 코치는 선수들을 굉장히 부정적으로 생각할 수 있다고 생각하기 때문에, 그런 감정을 살펴보지 않고, 무시하는 것이 올바른 판단이라고 생각한다. 사실 이런 감정들은 꼭 인지되어야 하며 치료되어야 한다(Grand & Goldberg, 2011). 만약 선수들이 이런 감정에 대한 해결책을 찾지 못하고 대처하는 방식을 모른다면, 선수들의 연습과 경기에서 특히 스트레스가 많고, 긴장감과 압박감이 심한 상태에서 완전히 무너져 버릴 수가 있다. 선수들이 코치에게 자신의 단점과 약점을 보여줄 수 있도록 다가가며, 선수들이 열린 마음으로 코치와 대화할 수 있는 환경을 만들어야 한다. 그래야지 만이 선수와 코치는 이 정서적 문제를 같이 해결할 수 있다.

마지막으로 McCann은 코치는 **좋은 침묵과 나쁜 침묵**이 무엇인지 알아야 된다고 이야기했다. 다시 말해, 선수들이 준비가 되어 있는지, 준비 되어 있지 않는지를 알고 있어야 한다는 것이다. 선수들이 조용한 이유가 준비가 되어 있지 않고, 긴장했거나, 부담감을 느끼고, 안절부절 못하기 때문일 수도 있다. 하지만 그 반대로, 선수들이 침묵한 이유가 더 이상의 말은 필요가 없고 준비되어 있기 때문일 수도 있다는 것을 알고 있어야 한다. 나는 중요한 대회 중 첫날에 나의 선수들 중 한 명이 아예 준비가 되어 있지 않다는 것을 파악하지 못했다. 그 선수는 워밍업을 할 시간에 매우 늦게 왔으며 얼굴이 좋아 보이지 않았고 한마디도 하지 않았다. 당연히 이것은 나쁜 침묵이었다. 그 다음날 나는 그 선수에게 워밍업 할 시간보다 더 일찍 오라고 요구 했고, 같이 앉아서 대화도 나누고, 농담도 주고받으면서 그 선수의 루틴과 비슷한 워밍업을 만들었으며, 목표들을 다시 검토하고, 대회에 대한 목표와 전력을 새로 세우면서, 관계를 더욱더 돈독하게 만들 수 있는 시간을 가졌다. 그 날 아침, 워밍업 하는 시간이 끝나고 나서 다행히 그 선수는 내가 알던 선수로 돌아 왔으며, 좋은 성적을 낼 것이라는 믿음을 가지고 있었다. 결국 그는 내가 기대했던 것보다 더 좋은 성과를 이루었고, 챔피언이 되었다.

▶ 즉각적인 피드백 제공하기

전문적인 선수들은 항상 즉각적이면서도 구체적인 피드백을 원하고, 특히 지식에 대한 욕구가 많다. 선수들이 제일 정확하고, 즉각적인 피드백을 가질 수 있는 것은 자기 자신을 촬영한 비디오를 시청하는 것이다. 몇 년 전부터, 수많은 스포츠를 위한 수많은 프로그램들이 나왔지만, 이런 프로그램들은 즉각적이고 정확하면서도 코치가 할 수 있는 모든 것을 대처할 수는 없다. 이런 시스템과 프로그램들은 즉각적인 정보와 피드백을 제공해주지만, 어떤 움직임이 잘못되었고, 어떤 동작을 변경해야 하며, 선수들의 노력과 비디오가 담을 수 없는 외부적인 것에 대한 평가를 할 수 없다. 이런 이유들과 더불어 수많은 다른 이유들 때문에 코치가 필요한 것이다.

코치에게 제일 어렵고, 도전적인 과제 중 하나는 몇 초 안에, 순간적으로, 즉각적인 피드백을 주어야 하며, 그 즉각적인 피드백과 정보가 포괄적이면서도, 세부적이며, 연관성 있고, 정확해야 한다는 것이다. 항상 모든 연습에서 코치는 올바른 시간과 장소에서 즉각적으로 간결하게 피드백을 해줘야 한다. 내가 인디애나 주립대에서 어린나이에 코치직을 처음 수행하고 있을 때, 나는 미래 올림픽 금메달리스트 Mark Lenzi와 일할 수 있는 시간이 있었다. 나는 Mark와 같이 일하면서 내가 코치로 더욱더 성장해야 된다는 느낌을 처음부터 받았다. 만약 내가 Mark의 다이빙을 보고 즉각적으로 피드백을 줘서, 올바른 점과 틀린 점을 얘기하지 않는다면, Mark는 나에게 왜 이야기 하지 않는지에 대해 항의했고, 만약 나의 피드백이 올바르지 않는다면, 틀렸다고 이야기 해줬다. 나는 Mark를 통하여 나의 지식도 부족하다는 것을 느꼈으며, 수많은 연구 결과들에서 발표했듯이 엘리트 수준에서 경쟁하는 선수들을 지도하는 코치들은 그 스포츠에 대한 상당한 지식과 이론, 그리고 전략들을 가지고 있어야 한다고 생각했다. 그렇기 때문에 코치들은 평생 학생다운 마인드를 가지고 있어야 하며, 항상 새로운 아이디어, 방식, 그리고 방법들을 찾아야 하고, 그 스포츠에 대한 지식을 항상 공부하고 있어야 한다.

마지막으로 코치는 선수들에게 두 가지 유형의 피드백을 줘야 한다는 것을 기억하고 있어야 한다. 수행 지식 Knowledge of Performance; KP: 수행 과정에 대한 정보 , 그리고 결과지식 Knowledge of Results; KR: 결과에 대한 정보 이다. 엘리트 선수들은 항상 자신의 움직임과 동작에 대한 피드백을 원하지만 수행 지식; KP , 그 선수들은 또 경기나 대회에 나갔을 때, 어떻게 평가되는지에 대해서도 궁금해 한다 결과지식; KR . 앞서 언급했듯이, 엘리트 선수들에게 제일 중요한 것은 어제보다 더 성장한 오늘이며, 특히 경기와 대회 같은 실전 상황에서 성장한 자기 자신이기 때문에, 코치로서 결과지식 KR 과 수행 지식 KP 피드백을 제공해야 한다.

▶ 피드백에 효과적으로 반응시키기 위한 강화 방법과 다른 강화 방법 사용하기

엘리트 수준에서 경쟁하는 하키 팀의 코치를 연구한 결과, Horton과 Deakin(2008)은 연습 시간에 끊기는 경우가 거의 없다는 것을 확인했다. 만약 연습이 끊긴다면, 그 이유는 훈련하고 있는 것이 코치가 생각했던 만큼 효과를 내지 못했기 때문이었으며, 이런 상황에서 코치는 다른 훈련으로 신속하게 넘어가거나 변경해야 한다. 한 훈련에서 다른 훈련으로 넘어 갈 때, 신속하고 자연스럽게 넘어갈 수 있도록 연습을 구성할 때, 준비를 하고 평가하고 수정하는데 수많은 시간과 노력이 코치에게 필요하다는 것을 제시했다 (Horton & Deakin, 2008). 다시 말해, 새로운 방법을 찾고 기존의 방식을 개선하는 것이 우연이 아니며, 코치의 시간과 노력이 있기 때문에 가능한 일이었다는 것이다. 그리고 코치뿐만이 아니라 선수들에게도 책임이 따른다. 혼자서 하는 것보다 두 세 명에서 같이 하는 것이 효율적이며, 선수들 중 경험이 많은 선수들에게 연습을 구성할 때, 도와달라고 부탁하는 것도 아주 현명한 방법이다.

평가에 대해서 이야기 하자면, 객관적인 피드백을 잘 정리해서 자신의 방식과 방법이 올바르고, 성공적인 선수들을 만들 수 있는 조건인지 검토해 볼 줄 알아야 한다. 그리고 만약 그렇지 않다면, 새로운 방식을 찾거나 만들고 기존에 있던 방법들을 개선해야 한다. 객관적인 피드백은 신체 역학적인 분석, 비디오 분석, 피검사, 문서화된 정보, 경쟁하기 전의 모의평가 등이 있다. 객관적인 피드백 없이는 코치는 자신의 방법과 방식을 정확하게 분석할 수 없다. 예를 들어, 나의 한 선수가 부진했기 때문에, 나는 개인적으로 나의 방식과 방법이 잘못 되었다고 생각했다. 하지만 객관적인 피드백을 통해 나는 나의 방식과 방법이 틀리지 않았고, 그 선수는 내가 요구한 데로 잘 따르고 있었으며, 내가 정서적으로 불안했기 때문에, 그 선수가 부진한 성적을 내는 것이라고 느꼈을 뿐이다.

▶ 시간과 에너지를 모두 투자하기

어떤 선수가 투자 단계로 넘어가는 것을 결정했고, 자신의 시간과 에너지를 모두 쏟을 것이며, 한 스포츠에만 집중하고 고도의 전문적인 훈련과 연습에 모든 것을 투자할 것이라는 결심을 했다. 이 상황에서 제일 큰 문제 중 하나는 그 시간과 에너지를 어떻게 확보할 것인가이다. 이 분야에서 연구하고 있는 학자들은(Sloane, 1985), 이렇게 프로가 되고 싶은 선수들이 그룹을 지어서, 서로에게 힘을 북돋아 주고, 고도의 전문적인 연습을 할 수 있도록 서로의 시간과 에너지를 감시하고 관찰할 수 있도록 하는 것이 현명하다고 했다. 어떤 한 선수를 엘리트로 만들고 프로의 무대에서 경쟁하기 위해서는 한 집단이 똑같은 목표를 가지고 있어야 한다. 물론 이 집단에서 제일 중요한 사람들은 부모와 제일 가깝게 지내는 지인들이다. 가깝게 지내는 지인들은 그 선수가 이 시간과 에너지를 확보하기 위해서 밥도 해주고, 운전도 해주고, 대회가 있을 때에는 자신들의 시간도 희생한다. 이들의 스케줄은 그 선수의 스케줄에 맞추어야 하고, 이런 것뿐만 아니라 그 선수들에게 정신적인 지주가 될 수 있도록 항상 격려하고 칭찬하고 훈련과 연습에 대한 보상을 줄 준비가 되어 있어야 한다.

　이외에 코치, 의사, 과외 교사, 학교 교사, 멘토, 친구들 등의 다른 사람들도 이 선수가 고도의 전문적인 훈련과 연습을 할 수 있도록 항상 도와주어야 한다. 예를 들어, 선수들은 어쩔 수 없이 연습을 빠질 수밖에 없는 상황에 이르게 되는데, 나의 고등학교 코치 Morry는 내가 시간이 있을 때 와서 훈련할 수 있도록 자신의 시간을 희생했다. 그 선수가 만약 그만큼의 시간, 노력, 그리고 에너지를 희생한다면, 그 선수와 관련되어 있는 모든 지인들도 자신의 시간, 노력, 에너지를 희생할 수 있는 준비가 되어 있어야 한다. 많은 어린 선수들이 학교의 의무를 집에서 시행한다거나 인터넷을 통해 교육을 받는다. 그래야지 만이 더 많은 시간을 훈련과 연습에 투자할 수 있는데, 그 선수가 그런 결정을 내리기 까지는 주위에 있는 모든 사람들이 그럴 수 있는 환경과 준비가 되어 있어야 한다.

▷ 전문적인 선수

　전문적인 선수들은 엘리트 수준에서 경쟁하고 다른 선수들 보다 더 뛰어난 성과를 내며, 비전문적인 선수들 보다 더 좋은 정신적, 신체적, 결단력, 기억력, 민첩성, 능력 등을 가지고 있는 사람들을 일컫는다. 전문적인 선수들은 자기 자신의 선택으로 인해 고도의 전문적인 훈련과 연습을 실행하며, 동기부여 되고, 욕구가 충만하고, 성공을 위해 모든 것을 헌신할 준비가 되어 있다. 선수들은 그 스포츠에 대한 상당한 지식을 갖고 있음에도 불구하고, 항상 새로운 지식을 찾으려고 노력하며, 매 연습마다 열정과 최선의 노력을 투자할 수 있는 자세로 후년에 임한다. 그 선수들이 연습할 때의 집중력은 말로 표현할 수 없으며, 연습의 즐거움을 추구하기 보다는 연습을 통해 자신의 목표를 이루려고 노력하며, 자신들의 목표를 세울 때뿐만 아니라, 습관적으로 자신을 관찰하고 평가하며, 자신의 연습과 훈련이 훌륭하게 구성 될 때까지 쉬지 않는다. 이러한 선수들은 코치들과 가깝게 지내며, 항상 즉각적인 피드백을 갈망하고 그 피드백을 받을 준비가 되어 있으며, 자신이 성장하기 위한 과정을 중요시하고, 상당한 시간과 노력을 투자하여 자신의 잠재력을 모두 깨우고 싶은 욕망을 가지고 있다. 짧게 말해서 전문적인 선수들은 코치가 항상 꿈꾸던 선수이기도 하다.

▷ 전문적인 코치

Arnove(2009)가 자신의 책, **뛰어난 능력: 숙련된 교사의 프로파일과 최고 수행**Talent Abounds: Profiles of Master Teachers and Peak Performers 에서 이야기 했듯이, 어린 아이들은 전문가가 되기 위해서는 전문적인 지도자가 필요하며, 그 분야가 음악의 재즈, 오페라, 춤, 지휘, 체스, 수학, 스포츠이든 상관없이 자기 혼자서의 힘으로는 전문가가 될 수 없다. 어떻게 보면 이 장의 제목은 전문적인 선수 이지만, 사실적으로 봤을 때, 이 장을 보면서 우리는 전문적인(숙련 된) 코치가 무엇인지에 대해 알아보았다. 이제는 큰 그림으로 전문적인 코치가 무엇을 의미하는지에 대해 알아보자.

▶ 숙련된 코치

전문적인 코치는 항상 고도의 전문적인 훈련을 실시하는 전문적인 선수와 비슷하다. 전문적인 선수와 마찬가지로, 전문적인 코치들은 항상 최고를 향해 달리며, 그 목표를 이루기 위해 충분한 동기부여가 되어 있다. 숙련된 코치는 자신의 스포츠에 대한 수많은 지식을 가지고 있으며, 자신의 선수들을 위해 자기 자신을 위해 명확한 목표를 세운다. 더 나아가, 이런 코치들은 자신의 연습이 실전에서 유용하게 적용될 수 있도록 자신의 훈련의 연관성에 대해 매우 중요하게 생각한다. 숙련된 코치는 많은 노력과 집중력으로 선수들을 즐겁게 훈련시키고, 선수들의 능력을 항상 향상시키기는 데에 집중한다. 또한, 자신의 연습을 잘 구성하고 자신의 연습을 항상 객관적으로 평가하고 있으며, 선수들과 가깝게 지낸다. 숙련된 코치는 즉각적인 피드백을 줄 수 있는 지혜가 있으며, 새로운 방법이나 방식을 사용하는 것을 꺼리지 않는다. 마지막으로 전문적인 코치는 자신의 모든 것을 프로그램에 투자할 준비가 되어 있으며, 선수들이 더 좋은 선수로 거듭날 수 있도록 자신의 시간과 에너지를 희생하는 것을 꺼리지 않는다.

전문적인 코치의 이미지를 더욱더 구체화 시키는 능력을 지녔다. Horton과 Deakin(2008)은 전문적인 코치들이 연습에서도 실제 상황과 비슷한 환경을 창조하여 선수들에게 압박감, 긴장감, 그리고 열정 같은 감정들을 경기에서 더 쉽게 소화할 수 있도록 도와준다. 또 다른 연구 결과들은 전문적인 코치가 자신의 연습 시간이 허비되지 않도록 연습을 구성하는 데 수많은 시간을 할애하며, 연습이 끝나고 나면 항상 자기 자신의 연습을 평가한다고 했다.

▶ 코치의 능력

앞서 이야기 했던 특징과 더불어, 전문적인 코치는 다른 능력이 필요하다.
Pankhurst(2009)가 미국 올림픽 위원회에서 실시한 설문조사의 결과에 따르면, 올림픽 코치들이 제일 중요한 능력이 무엇인지에 대해 대답했다.

코치들은:

1. 상호 의사소통 능력
2. 스포츠에 대한 지식
3. 선수의 기술 개발 능력
4. 팀을 성장시킬 수 있는 능력
5. 열정

이렇게 답한 코치들에게 자기 자신의 직업에 대해서 서술하고, 이 직업을 하기 위해 제일 중요한 것이 무엇이었는지에 대해 서술했는데, 흥미롭게도, 코치들의 대답은 위에 서술한 대답과 달랐다.

1. 기술적인 지식
2. 계획과 조직화 기술
3. 가르치는 능력
4. 대인 관계 능력
5. 경험과 리더십

▶ 평생 학습자

어떤 스포츠이든 상관없이, Pankhurst는 전문적인 코치가 가지고 있어야 할 몇 가지의 다른 능력을 발표했다. 제일 첫 번째로 전문적인 코치들이 가지고 있어야 할 특성 중 하나는 **평생 배우려고 하는 자세** lifelong learners 이다. 이런 코치들은 자신의 연습과 코치의 능력을 향상시키기 위해 꾸준히 노력한다. 또한 이런 코치들은 책을 읽는 것을 매우 좋아하며, 자신들의 스포츠뿐만 아니라 수많은 다른 분야의 책을 즐겨 읽는다.

미국 올림픽 위원회는 엘리트 수준에서 지도하고 있는 코치들에게 다른 코치들이 꼭 읽어야 할 책 5가지를 선정했는데, 그들은 다음과 같은 책들을 추천했다.

밥 바우먼 Bob Bowman 추천 도서: 미국 올림픽 수영 코치, 마이클 펠프스 Michael Phelps 코치
- *Theory and Methodology of Training*, Tudor Bompa
- *Mindset: The New Psychology of Success*, Carol Dweck

- *The Science of Winning*, Jan Olbrecht
- *My Personal Best*, John Wooden
- *The Tao of Leadership: Lau Tzu's Tao Te Ching Adapted for a New Age*, John Heider

가이 베이커 Guy Baker 추천 도서: 미국 올림픽 여자 수구 팀 코치(2000년과 2008년 올림픽 은메달, 2004년 올림픽 동메달)
- *Peak Performance*, Clive Gilson, Mike Pratt, Kevin Roberts, & Ed Weymes
- *Built to Last*, James C. Collins & Jerry I. Porras
- *Sacred Hoops*, Phil Jackson
- *Vision of a Champion*, Anson Dorrance
- *Who Will Do What By When?*, Tom Hanson

아담 블릭크니 Adam Bleakney 추천 도서: 세계장애인 올림픽 미국 코치(금, 은, 동메달 리스트 육성)
- *Theory and Methodology of Training*, Tudor Bompa
- *Flow: The Psychology of Optimal Experience*, Mihaly Czikszentmihaly
- *Athletic Development: The Art and Science of Functional Sports Training*, Vern Gambetta
- *Emergence: The Connected Lives of Ants, Brains, Cities, and Software*, Steven Johnson
- *Sport Specific Speed: The 3S System*, Gary Winckler & Vern Gambetta

번 감베타 Vern Gambetta 추천 도서: 시카고 화이트 삭스와 뉴욕 메츠(야구) 팀 전문 트레이너 코치/ 미국 남자 월드컵 축구 팀 컨설턴트
- *Running: Biomechanics and Exercise Physiology Applied in Practice*, Frans Bosch & Ronald Klomp
- *You've Got to Be Believed to Be Heard: The Complete Book of Speaking in Business and In Life*, Bert Decker
- *Mindset: The New Psychology of Success*, Carol Dweck
- *Mastery: The Keys to Success and Long-Term Fulfillment*, George Leonard
- *A Whole New Mind: Moving from the Information Age to the Conceptual Age*, Daniel Pink
- *Presentation Zen: Simple Ideas on Presentation and Delivery (Voices That Matter)*, Gar Reynolds

다음은 나에게(이 책의 저자인 Jeffrey J. Huber) 영감을 준 몇 권의 책 목록이다.
- *The Physiological Basis of Physical Education and Athletics*, Edward L. Fox & Donald K. Mathews
- *New Voices in Counseling The Gifted*, Nicholas Colangelo & Ronald T. Zaffrann
- *Emotions in Sport*, Yuri Hanin
- *Motor Control and Learning*, Richard A. Schmidt & Timothy D. Lee
- *Psychology for Teaching*, Guy Lefrancois
- *The Force of Character-And the Lasting Life*, James Hillman

Janelle와 Hillman(2003)은 엘리트 수준의 지위를 가지기 위해서 선수들은 4가지 영역에서 다 성공해야 한다고 설명했다. 그 4가지 영역은 신체적, 기술적, 인지적(전술적, 결단력), 그리고 정서적(감정 조절 및 정신력) 이다. 전문적 코치들이 얼마나 깊고 넓은 영역의 지식을 가지고 있다는 것을 보면, 그들이 왜 평생 공부해야 하는지 알 수 있을 것이다.

▶ 전문적인 코치들의 다른 특징들

전문적인 코치들은 문제 해결사들이다. 만약 어떤 문제가 생긴다면, 코치들은 그 문제에 대한 답을 찾기 위해 항상 노력한다. 코치들은 기존에 있었던 방식을 변경하고, 개선하는 데 아무런 문제가 없으며, 심지어 모든 것을 삭제하고 처음부터 시작한다고 해도 두려워하지 않는다. 그 뿐만이 아니라 코치들은 새로운 방법과 방식을 찾으려고 노력한다. 이 코치들이 이렇게 용기 있게 행동할 수 있는 이유는 자신들 주위에 도움을 주는 고문들이 많으며, 코치는 고문들에게 자신의 문제를 얘기하고 같이 해결책을 찾기 위해 노력한다.

전문적인 코치들은 리더이다. 전문전인 코치는 자신의 선수들과 프로그램의 모든 관계자들의 충성심을 받는다. 전문적인 코치는 팀이 스포츠적인 면에서의 성과를 내는 책임감뿐만 아니라 팀 안의 세부적인 모든 부분들에 대한 책임도 지니고 있다.

전문적인 코치들은 관계를 중요시한다. 전문적인 코치들은 모든 사람들과 관계를 맺고, 맺은 관계들을 유지할 수 있는 힘을 가지고 있다. 전문적인 코치와 전문적인 선수들의 관계는 장기적으로 유지되며, 주로 8년 이상 같이 일하고 땀을 흘린다. 이 관계는 신뢰와 존중에 의해 쌓아지며, 정신적으로도 두 사람이 똑같은 목표와 목적을 가지고 한 방향으로 전진한다. Pankhurst에 의하면, 코치-선수 관계에서 제일 좋은 예는 코치가 가이드 역할을 하는 것이다. 선수는 자율성 있게, 자기 자신의 선택에 대한 책임을 질 줄 알되, 코치의 충고와 조언을 주의 깊게 듣고 그것을 실천하는 관계가 최고라고 발표했다.

전문적인 코치들은 열정적이며, 자신이 엘리트 수준에서 코치하고 있다는 그 자체에 큰 자부심을 가지고 있다. 엘리트 선수들이 고도의 전문적인 훈련과 연습을 위한 큰 요소들이 시간과 에너지라면, 고도의 전문적인 연습을 진행하는 코치들에게도 시간과 에너지가 중요한 요소들이다. 선수들이 집에 가고 나면, 전문적인 코치들은 그 다음 날의 연습을 구성하기 위해 이메일과 문자를 대답하기 위해, 집에 간 선수들과 전화하여 문제를 해결하기 위해 다음 대회의 여행 일정을 만들기 위해서 수많은 시간과 에너지를 소비한다. 인디애나 대학교의 전설적인 축구 코치 Jerry Yeagley가 생각나는데, 그 당시에 Yeagley 코치는 선수들의 유니폼을 빨래하고, 축구장의 선들을 그렸고, 다음 원정 경기를 가기 위해 여행 계획을 만들었다. 전문적인 코치들은 자신들이 하는 일에 대한 크나큰 열정을 가지고 있으며 선수들만큼 자신의 팀이 성공할 수 있도록 수많은 시간과 에너지를 희생할 준비가 되어 있다.

코치의 도구상자

코치의 도구상자에 큰 도움을 줄 도구가 여기 있다. 전문성 이론을 이해하고, 스포츠 활동과 고도의 전문적인 연습과 훈련에 대한 이론을 안다는 것이 코치를 더욱더 지혜롭고, 더욱더 지식적이고, 더욱더 효과적인 코치로 만들어주며, 전문적인 코치로 만들어 줄 수 있다. 어떻게 보면 굉장히 단순하고 쉬운 일이다. Andy처럼 최고의 선수들을 보고 관찰하며, 선수들이 하는 것을 모방하는 것인데, Andy의 상황을 보면, Andy는 자신의 클럽 안에서의 최고 선수밖에 볼 수 없었다. 전문성에 대한 연구는 수많은 영역이 있으며, 각각의 분야에 대한 특성이 있다. 이 중에서 필요한 특성들을 자신의 프로그램에 적용하면 큰 도움이 될 것이다.

과학적이며 예술적인 코치

전문적인 코치가 갖추어야 할 특성을 발표한 Pankhurst의 설문조사를 보면, 그것은 흥미롭게도 과학과 예술의 조화이다. 올림픽 코치들에 의하면 과학적인 코치들은 스포츠에 대한 지식, 개인과 팀을 성장할 수 있는 지식, 계획 구성 능력, 가르치는 능력, 그리고 정리하고 프로그램을 조직화할 수 있는 능력이 필요하고 했다. 반대로, 과학적인 코치에 대해 이야기 했던 올림픽 코치들도 예술적인 코치의 특징도 필요하다고 대답했다. 예술적인 코치들은 선수들과 대화하고, 소통하고, 인본주의적인 특성들을 지닐 뿐만 아니라, 리더십 능력과 열정이 있어야 한다. 성공한 올림픽 코치들은 효율적인 코치들을 이야기할 때, 과학적이면서도 예술적인 코치가 되어야 한다는 것을 알고 있다.

고도의 전문적인 연습에 대해 논의할 때, 과학적인 코치는 수많은 지식을 가지고 있어야 한다. 그렇기 때문에 전문적인 코치들은 수많은 책을 읽고 과학적인 책들에 대한 관심이 많다. 아는 것이 힘이며 자신의 스포츠에 대한 지식이 쌓이면 쌓일수록, 선수들을 향상시킬 수 있는 힘이라는 것도 알고 있다. 과학적인 코치는 스포츠에 대한 기술적인 면을 이해하고 있으며, 고도의 전문적인 연습에 필요한 13가지의 특징 뿐만 아니라 그 특징들을 자신이 지도하는 방법과 훈련과 연습에 적용할 수 있는 힘을 지니고 있다.

과학적인 코치는 고도의 전문적인 연습의 시간과 스포츠 활동 시간을 조절할 줄 안다. 선수들의 실력이 향상하면 향상할수록 고도의 전문적인 연습 시간을 늘려야 한다. 고도의 전문적인 연습은 몇 살 때, 언제 어디서 해야 하는 공식은 존재하지 않는다. 하지만, 선수들이 그 스포츠에 대한 경험이 얼마나 되었는지를 먼저 파악하고 나이를 고려해야 한다. 그렇기 때문에 고도의 전문적인 연습을 실시할 때에는 선수들의 경험을 먼저 생각하여 실시하여야 한다.

Ericsson 등(1993)은 피아니스트와 바이올리니스트에 대해 연구했고, Starkes 등(1996)은 피겨 스케이팅과 레슬링 선수들을 대상으로 연구했다. 이들이 피아노와 바이올린 그리고 피겨를 시작한 나이와 하고 있는 영역과 스포츠가 다르다는 점을 고려해도, 이들의 고도의 전문적인 훈련과 연습에 사용된 시간은 거의 다 비슷했다. 일부 선수들은 더욱더 많은 시간을 할애하긴 했지만, 그 시간엔 워밍업, 조깅, 스트레치, 헬스 등의 시간도 포함되어 있었다. 이렇게 고도의 전문적인 훈련과 연습을 제외한 다른 시간들을 제외하면 다른 영역에서 훈련하고 있는 선수들의 고도의 전문적인 연습 시간은 거의 비슷했다.

다음 소개할 지침서는 선수들이 고도의 전문적인 연습과 시간을 늘리기 위해서 참고할 수 있다. 첫 번째로, 아이들이 어린 나이에 스포츠를 시작했다면, 10~20분 정도의 시간을 고도의 전문적인 연습에 할애하는 것이 좋다. 이런 아이들은 일주일 동안의 연습 스케줄을 이해하고 적응하게 도와주는 연습을 하는 것이다(Bloom, 1985). 연습 자체의 시간은 길지 몰라도 고도의 전문적인 연습을 하는 시간은 10~20분이 좋다.

그리고 어느 정도 시간이 지나고 아이들의 실력이 향상되었으며, 고도의 전문적인 연습을 하는 시간과 연습 스케줄에 대한 적응이 되었다면, 아이들의 고도의 전문적인 연습 시간을 늘려도 좋다(Ericsson et al., 1993). 하지만 서서히 올려야 한다. 만약 너무 빨리 그리고 너무 많은 고도의 전문적인 연습을 실시한다면 과부화가 될 수 있으며(Silva, 1990), 생기가 없고(Raglin & Wilson, 2000), 탈진(Baily & Martin, 1998), 실망감, 실패, 부상(Erisson et al., 1993)과 같은 것을 겪을 수 있다. 〈표 7.1〉은 고도의 전문적인 연습을 일주일 안에 얼마나 실시하면 좋은지에 대한 지침 표이다.

이 연구 결과는 수많은 영역의 선수들을 토대로 한 결과이기 때문에(피아니스트, 바이올리니스트, 피겨 스케이팅과 레슬링 선수들), 다른 요인이 존재할 수 있다. 예를 들면, 6년 동안 스포츠를 경험했던 선수들은 일주일에 8~16시간 동안 고도의 전문적인 훈련을 하는 것이 현명하다고 표기되어 있다. 하지만, 이 숫자는 절대적인 것이 아니며, 이것을 참고하여 시간을 정해야 한다. 고도의 전문적인 연습은 스트레치, 헬스, 비디오 관람, 스포츠 활동과 같은 시간들이 포함되지 않는다는 것을 기억해야 하며, 선수들이 서로 다 다르다는 점도 잊어서는 안 된다. 어떤 어린아이들은 선천적으로 더 많이 동기부여 되어 있을 수도 있고, 더 많은 시간을 헌신할 수 있는 준비가 되어 있을 수도 있지만, 모든 아이들이 그렇지 않다는 것을 기억하고 있어야 한다.

| 표 7.1 | 고도의 전문적인 훈련과 연습 할애 시간

스포츠의 경험 (년)	고도의 전문적인 연습 (일주일에 몇 시간)
2	5-7
4	6-11
6	8-16
8	12-17
10	17-21
12	22-26

전문적인 코치들의 흥미로운 점들 중 하나는 항상 과학적인 책들만 고집하는 것이 아니라, 리더십과 경영에 대한 예술적인 책들도 많이 읽는다는 것이다. 이런 결합은 아주 좋다. 코치들은 자기 자신의 스포츠에 대한 지식을 가지고 있을지는 몰라도 자신들이 존중 받지 못하고, 선수들의 충성심과 신뢰를 받지 못한다면, 그리고 선수들과 가깝게 지내지 못한다면, 그 프로그램과 선수들이 성공하기 위한 필수요소 중 하나인 선수-코치 관계가 형성되지 못하고, 고도의 전문적인 훈련과 연습을 실시하지 못할 것이며, 그렇기 때문에 대회와 경기에서 좋은 성적을 낼 수 없다.

마지막으로, 예술적인 코치는 열정적인 코치이다. 엘리트 수준에서 경쟁하는 선수들의 특징 중 하나는 바로 선수들의 열정이다. 선수들의 열정으로 인해 동기부여 되고, 노력과 집중력으로 변화한다. 예술적인 코치들은 자신들의 선수보다 더욱더 많은 열정을 지니고 있어야 하며, 선수들보다 더욱더 동기부여 되어 있어야 하고, 더 노력하고, 더 집중하여, 프로그램을 성공으로 이끌어 가야 한다. 열정이라는 것을 수치로 나타낼 수 없지만 고도의 전문적인 훈련과 연습을 실시하고, 선수들을 향상시키기 위해서는 열정이 얼마나 중요한지 말로 표현할 수 없다.

> 코치가 이 3가지를 기억한다면

어린선수들에게 고도의 전문적인 연습보다는 스포츠 활동이 더 중요하다는 것을 기억한다. 코치가 코칭 프로그램을 전설적으로 만들고, 전문적인 선수들을 만들 것이라는 욕심 때문에 선수들을 자신의 스포츠 종목에 묶어 두는 것이 제일 중요하다고 생각할 수 있다. 하지만 코치가 선수들에게 어린 아이들을 다루듯이, 스포츠 활동이라는 것을 경험할 수 있도록 도와준다면, 아이들은 그 스포츠에 더욱더 큰 흥미를 가지고, Andy처럼 추후에 고도의 전문적인 연습을 할 때, 후회하지 않고 자신의 모든 것을 투자할 수 있는 내적인 힘을 실어줄 수 있다. 그렇기 때문에 앞서 언급했던 Andy처럼, 코치는 선수들이 다른 스포츠를 경험할 수 있도록 도와주고, 전문화 단계에 있더라도 지속적으로 다른 스포츠를 하는 것을 지지한다고 알려주어야 한다. 아이들에게 마지막 선택을 해야 된다는 상황을 주지 말고, 아이들이 원하지 않을 때 잡으면 안 된다.

1. **고도의 전문적인 연습의 13가지 특징을 기억한다.** 이런 특징들을 사용하여, 선수들의 행동과 태도, 연습 스케줄, 훈련 환경, 습관 등을 형성하는 것이 좋다. 코치는 설계도를 가지고 있고, 그 설계도를 따라서 건설하면 된다. Andy처럼, 선수들이 최고의 선수들을 관찰하고, 그 선수들을 모방할 수 있도록 도와주어야 한다. 선수들을 전문적인 선수들을 코치하듯이 가르치고 본인도 스스로 전문적인 코치가 되어야 한다는 것을 잊으면 안 된다.
2. **전문적인 선수는 전문적인 코치가 필요하다는 것을 기억한다.** 선수들은 엘리트 수준에 혼자 갈 수 없다. Andy처럼, 그를 지도하는 코치가 없었다면, Andy는 엘리트 수준에서 경쟁하는 선수가 될 수 없다. 선수들은 아마추어에서 프로가 되기 위해선 전문적인 코치가 필요한데, 본인은 어떤 수준의 코치인가? 본인은 더욱더 훌륭한 코치가 되기 위해 무엇을 하고 있는가? 본인이 원하는 전문적인 코치란 무엇인가? 본인의 행동과 특성들을 선수들에게 보고 싶은 모습인가? 전문적인 선수들을 만들기 전에, 본인 스스로 전문적인 코치가 되어야 한다.

> 추천 도서

Arnove, R. F. (2009). *Talent abounds: Profiles of master teachers and peak performers.* Boulder, CO: Paradigm.

Bloom, B. S. (1985). *Developing talent in young people.* New York: Ballantine.

Colwin, G. (2008). *Talent is overrated.* New York: Penguin.

Ericsson, K. A. (1996). *The road to excellence: The acquisition of expert performance in the arts and sciences, sports and games.* Mahwah, NJ: Lawrence Erlbaum Associates.

Fried, R. L. (1995). *The passionate teacher.* Boston: Beacon Press.

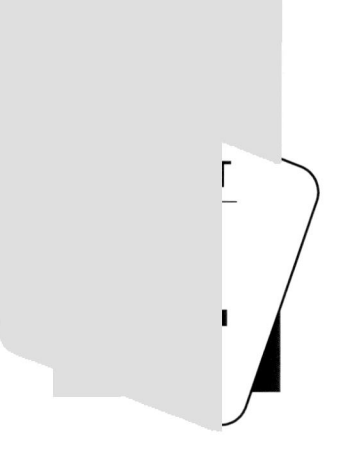

선수들을 이해하기 위한 인본주의 이론

4번째 부분은 이전의 7개의 다른 장들과는 다른 주제를 다루고 있다. 지금까지 인간을 개, 쥐, 새, 컴퓨터와 비교했지만, 인본주의 이론을 이야기할 때는 인간을 다른 동물이나 물건과 비교할 수 없다. 인본주의는 어느 한 인간이 자신이 가지고 있는 모든 잠재력을 발휘하는 것이 목표이며, 어떤 한 선수의 **운동 능력** athletic ability 만 이야기하는 것이 아니다. 하지만 인본주의가 선수의 모든 운동 능력을 끌어올릴 수 있는 절대적인 기능이 아니라, 그 목표를 달성할 수 있게 도와줄 수 있는 간접적인 도구라는 것을 다음 두 장에서 설명할 것이다.

제 8장에서는 Carl Rogers가 제시한 인본주의 학습 이론의 중요한 부분 즉, 학습의 접근성부터 시작하여, 인본주의와 밀접한 관련이 있는 다른 이론들을 소개하고, 그 5가지 이론들을 코칭 상황에서 어떻게 사용할 수 있는지 자세하게 살펴볼 것이다. 이 장은 **전인적인 선수** fully human athlete 가 무엇을 의미하는지를 소개하고 비지시적인 코칭을 통해 선수들이 변화하는 환경을 더욱더 쉽게 받아들일 수 있는 방법 또한 배울 수 있다. 그리고 이 장은 인본주의 학습 이론 중 하나인 구성주의로 마무리한다.

제 9장에서는 선수의 인간적인 면, 즉 정서적 차원을 다룰 것이다. 정서적 기능이 운동 학습과 운동 능력과 어떤 관계를 지니고 있으며, 어떻게 상호작용 하는지에 대한 흥미로운 부분을 배울 수 있다. 구체적으로 선수마다 각기 다른 정서적 유형과 범위가 있으며 **정서적인 선수** emotional athlete 가 무엇을 의미하는지 소개할 것이다. 정서적 영역을 연구할 때, 당연히 제일 주의 깊게 다루었던 부분은 어떤 감정이 운동 능력을 손상시키고 향상시키는 것인지에 대해서다. 많은 코치와 선수들을 대상으로 한 정서 연구 결과를 보면서 놀라우면서도, 자기가 기존에 가지고 있던 지식과는 사뭇 다르다는 것을 느낄 것이다. 그리고 이 장에서는 선수가 자신의 감정을 통제하여 운동 능력을 손상시키지 않고, 대처 전략을 통해 예방하고 방지하는 방법을 배울 수 있을 것이다.

전인적인 선수
인본주의 학습 이론의 적용

주요용어

- 진실성(authenticity)
- 정화(catharsis)
- 조화(congruence)
- 구성주의(constructivism)
- 직접적 교수(direct instruction)
- 발견 학습(discovery learning)
- 감정 강화(emphasizing affect)
- 실존주의(existentialism)
- 전인적인 선수(fully human athlete)
- 전인적인 코치(fully human coach)
- 진실(genuine)
- 인본주의(humanism)
- 인본주의 심리학(humanistic psychology)
- 숙달 학습(mastery learning)
- 비지시적(nondirective)
- 비지시적 코칭 모델(nondirective model of coaching)
- 인간 중심 치료(person-centered therapy)
- 현상학(phenomenology)
- 긍정적인 자아(positive self)
- 성공적인 교수를 위한 피라미드(pyramid of Teaching Success in Sport)
- 자아실현(self-actualization)
- 자기결정성(self-determination)
- 과제 분석(task analysis)

하루는 내가 오랫동안 알고 지내던 친구를 우연히 만날 기회가 있었다. 내가 이 친구를 처음으로 만났을 때는 13살 아니면 14살의 유망주 선수로 지냈을 때이다. 그 당시 그 친구는 운동을 그렇게 잘하지는 않았다. 하지만 꾸준한 노력으로 인해 운동 능력 부분에서의 향상 속도는 대단히 빨랐다. 그 친구가 전국 대회에서 우승하기 까지는 그렇게 시간이 오래 걸리지는 않았지만, 그 시기에 그 친구의 부모님이 이혼했고, 부모님의 이혼 직후 바로 그 친구는 교통사고를 겪었다. 많은 사람들은 사고가 난 원인이 술이나 마약 때문일 것이라고 생각하거나 의심했다. 그 친구는 큰 수술과 일 년의 재활 이후 대학에 입학하여 새로운 선수의 삶을 살기 시작하기로 결심했다.

대학에 들어가서도 운동에서는 누가 뭐라 할 것 없이 훌륭했지만, 삶의 측면에서는 점점 더 나빠지고 있었다. 하지만 그 친구는 삶의 측면과 운동 측면에서는 확실하게 구분 짓고 생활하면서 올림픽 예선전을 통과해서 메달까지 받는 큰 영광을 두 번이나 얻었다. 그 친구의 인생은 표면상 아무 문제없이 보였다. 그렇기 때문에 이 친구보다 어린 선수들은 그 친구를 우상으로 섬기며 그를 따라 하려고 했지만, 정작 본인은 자신의 개인적인 삶이 선수의 삶을 한 순간에 파괴시킬 수 있었던 고비를 몇 번이나 아슬아슬하게 넘기면서 살아왔다. 한번은 목숨을 잃을 정도의 큰 자동차 사고도 경험했다.

그날 그 친구와 이야기를 나누었을 때, 자신의 삶을 터놓고 얘기할 기회가 있었다. 선수생활을 하는 동안의 인생과 은퇴 이후의 인생, 올림픽 메달을 두 번이나 얻었던 영광과 엘리트 선수로서 국내적으로, 그리고 해외적으로 사랑 받았던 명성에 대해서 이야기를 나눴다. 하지만 그 친구는 자신의 삶이 얼마나 엉망이었는지 이제서야 인정하고 나에게 털어 놓았다. 친구는 몇 년 동안 심리치료와 상담을 받고 있었고 좋은 사람이 되고 싶은 끝없는 노력으로 인하여 지금은 평화와 행복, 그리고 자기 자존감을 회복할 수 있었다. 마지막으로 그 친구가 했던 말이 아직도 기억에 남는다. "내가 만약 내 인생이 그렇게 혼란스럽지 않았더라면, 선수로서 어떤 업적을 남겼을지 궁금해." 그 친구는 두 번의 올림픽 메달을 얻었음에도 불구하고 자신의 인생이 안정되었다면 선수로서 더욱 위대한 유산을 남겼을 것이라고 믿었고, 그 친구를 잘 알기 때문에 나도 친구 생각에 동의했다.

코치와 선수들에게 개인적인 삶과 자아를 개선하는 것이 무슨 도움이 될까? 명성은 바람처럼 날아가고 메달은 썩기 마련이다. 그럼 영원하고 의미 있는 것은 무엇일까? 장기적으로 봤을 때 좋은 선수라는 것은 무엇일까? 선수의 삶과 개인적인 삶이 일치할 때, 자존감과 자아가 건강한 사람이 더욱 더 훌륭한 선수가 될 수 있다고 생각하는 사람은 많다.

이 장은 **전인적인 선수**의 대한 이야기이다. 이 장은 인본주의 이론을 이해하고 이 이론들을 선수에게 어떻게 적용할 것인지에 대해 알아 볼 것이다. 그리고 인본주의 이론을 통해 선수들이 자신의 최고 잠재력을 운동 측면에서뿐만 아니라, 인간적인 면에서도 능력을 발휘할 수 있도록 더 나은 사람이 될 수 있도록 도와 줄 것이다.

개요

이 책의 많은 부분은 과학적 추구방식을 통하여 선수들은 어떻게 배우며 코치들은 어떻게 가르치는지에 대해 설명하고 있다. 과학적 추구방식은 할 가치가 있고 필요한 부분이지만, 선수들이 사람이라는 것을 배제시키는 느낌이 있다. 과학적 추구방식은 선수들이 감정과 개인적인 생각, 성장, 그리고 다른 중요한 인간적인 부분들을 무시하기 때문에 이 장에서는 이런 인간적인 부분들을 선수들이 어떻게 배우고, 코치들은 어떻게 가르치는지에 대해 많은 영향을 끼친다는 것을 알게 될 것이다.

이 장은 Carl Rogers가 제시했던 인본주의 이론들을 이해하고, 인본주의 학습에 관련된 5가지 핵심 이론들을 살펴보고 난 후 이 이론들이 코치의 입장에서 어떻게 적용되는지에 배울 것이다. 인본주의 학습 이론을 더 심층적으로 살펴보면서 선수와 코치간의 상호작용에 대해 설명할 것이며, 마지막으로 구성주의 이론을 통해 더욱더 효과적인, 그리고 실직적인 코치가 되는 방법을 알게 될 것이다. 부가적으로, 이 장에서 제시한 "성공적인 교수방법 피라미드 pyramid of teaching success"를 읽고 나면 7가지의 인본주의 이론을 적용하고 실천할 수 있게 될 것이다.

▷ 인본주의 심리학

인본주의 심리학은 Jean-Paul Sartre, Martin Buber, 그리고 Karl Jaspers 같은 철학자들의 사색 musing 에서 시작되었다. 이 철학자들은 인간의 목적과 본성에 대해 많이 고민 했으며 인간이 존재하는 이유를 찾기 위해 숙고했다. 여기서 실존주의 existentialism 란 용어가 탄생했으며, 이 이론은 인간의 의미는 무엇이며, 인간이란 말이 개개인의 사람에게 무엇을 의미하는지에 대한 연구이기도 하다.

인본주의 심리학 humanistic psychology 은 사람의 존엄성과 자존감을 생각하고, 각 개개인의, 인간의 진귀함 uniqueness 에 초점을 맞춘다. 이 진귀함은 인본주의 심리학의 핵심이라고도 얘기할 수 있다. 인본주의 학자들은 객관적으로 관찰할 수 있는 인간이나 동물의 행동만을 연구대상으로 하는 행동주의 이론과 비슷한 맥락의 이론들의 주장을 반대한다. 그 이유는 가르치는 과정과 학습한 결과만 보기 때문에 너무 객관적으로 분석하는 느낌이 들기 때문이다. 인본주의 이론은 각각 개개인의 진귀함에 집중하여 사람마다 배우고 가르치는 방식이 다른 것을 인정하는 것이 제일 중요한 부분이라고 이해할 수 있다.

▶ Roger의 인본주의 이론

Carl Rogers는 인본주의 학습 이론에 제일 영향력이 큰 사람이다. Rogers는 정신치료사였으며 사람들의 성격을 이해하고 개선하여 슬픔 대신 행복이 가득 찬 삶을 주려고 했다. Rogers는 당시 인기가 많았던 Freud의 정신치료법과 행동주의 이론 보다는 사람다운 치료법, 즉 각 개개인의 존재를 존중하며 자기에 대한 사랑과 가치에 많이 집중했다. Rogers의 정신치료법은 대중보다는 개개인에 초점을 두었으며 다른 실존주의 철학자들과 비슷하게 인류와 존재에 관한 질문들을 답하려고 노력했다. 사람들은 세상을 어떻게 보고 있는가? 사람들은 어떤 감정을 느끼는가? 다른 사람들과의 관계에 대한 생각은 무엇인가? 자신이 변해야 된다는 생각을 가지는 요인은 무엇인가? 등이다.

Rogers의 이론은 과거에서부터 시작해서 지금까지 정신치료법과 상담 영역에 많은 영향을 미쳤다. Rogers의 이론은 과학적 추구 방식과 많이 다르며 교사들이나 코치들에게 자신의 학생들과 선수들을 기존에 있던 방식보다는 색 다르게 다루는 방식을 제시하고 있다. Rogers의 이론을 이해하기 위해선 몇 가지의 중요한 개념들을 짚고 넘어가야 한다.

첫 개념은 인간 중심 치료법 person-centered therapy 이다. Rogers의 치료법과 접근성은 의뢰인을 치유하는데 목적이 있다. Roger는 치료를 위해 상담하는 것과 코치가 가르치는 것은 모두 의뢰인과 선수가 중심이 되어야 하지, 상담자나 코치가 중심이 되면 안 된다고 강조했다. 즉, 의뢰인과 카운슬러의 관계는 비지시적 nondirective 관계이다. 그렇기 때문에 지시적인 요법은 효과적이지 않으며 의뢰인이 문제를 먼저 제시하고 같이 답을 찾아야 하는 것이 최선이며 소위 말해 "갑"과 "을"의 존재가 되면 인간 중심 치료법이 불가능하기 때문에,

상담자와 의뢰인은 수직적인 관계가 아니라 수평적인 관계가 되여야 한다는 것을 강조했다.

두 번째는 현상학 phenomenology 이다. 현상학에서 "현실"이란 개념은 의뢰인과 개개인의 "현실"이 무엇인가에 따라 다르다는 것이다. 그래서 상담자는 의뢰인의 "현실"세계에 집중해야지, 대중적이거나 다른 사람에 비교한 "현실"을 의뢰인에게 투사하면 안 된다.

세 번째는 인본주의 humanism 다. 과거 인본주의는 인간의 가치, 성장, 그리고 투지에 집중했으며, Rogers의 이론 또한 이런 관념에 영향을 받았다. Rogers의 이론에선 물질적인 목표를 경시하는 반면에 개인의 가치를 성장시키는 것을 강조했으며, 성장적인 면에서 제일 중요시 여겼던 개념은 자아실현이다. Rogers에게 자아실현 self-actualization 이란 전인적인 사람이 되기 위한 노력이며, 모든 인간은 전인적인 사람이 되고 싶은 내적 동기가 있다고 제안한 바 있다.

마지막으로 Rogers는 개인의 자기결정성 self-determination 개념을 강조했다. Rogers는 의뢰인이 자율성을 얻는 것을 중요시 여겼으며, 자기 자신을 규제하는 방법을 터득하는 것이 인간 중심 치료법을 강조하는 이유다. 인간 중심 치료법의 궁극적인 사람이 자기 자신의 문제를 파악하고, 해결하며, 살아가면서 자기가 선택한 행동에 대한 책임을 지는 것이다.

이 장 후반부에 코치와 선수들이 Rogers의 개념을 코칭, 훈련, 그리고 학습에 적용하는 방법을 배울 것이지만, 적용하는 방법을 배우기전에 Rogers 이론의 특징을 정의하는 것부터 짚고 넘어가야 한다.

▶ Rogers 이론의 5가지 주요한 특징

제 11장에서 나오는 "**내담자 중심요법** Client-Centered Therapy "에서 Rogers는 19가지의 치료 접근 방법을 제의했다. 그 중에서 가르치는 것과 코칭에 연결된 5가지 방법을 우리는 이 장에서 심층적으로 다룰 것이다. 이 특징들은 선수를 이해하고 같이 효과적으로 상호작용하는 방법을 배울 것이며, 인본주의와 Rogers의 이론을 더욱 쉽게 이해하기 위해서는 Leo Buscaglia 만든 "전인적인 사람이 되기 위해서 On Becoming Fully Human "(1984)라는 오디오 북을 들을 것을 추천한다. 그리고 이 책은 이 장 마지막 "참고 도서"에 자세하게 인용되어 있다. Leo Buscaglia는 인본주의자는 아니지만 Leo Buscaglia의 학문은 인본주의적 입장을 잘 표현하고 있다.

▶ 현실은 현상적이다.

"우리들 중 그 누구도 같은 세계를 가지고 있지 않다." (Buscaglia, 1984a)

Rogers 이론의 첫 번째 특징은 개인의 현실은 개인마다 경험한 것에 따라 다르다는 것이다. 한 사람이 생각한 현실이 다른 사람과 똑같을 수 없다는 것이며, 같은 종목을 하는 선수들도 그 스포츠에 대한 관념이 모두 다 다르다는 점을 알고 있어야 한다. 스포츠를 경쟁이라고 생각하지 않는 선수가 기억나는데, 이 선수에게는 경쟁이 없다는 개념이 신기하게도 그 선수의 경기력을 향상시켜주었다. 아직도 나는 그 선수에게는 스포츠가 무엇인지 정의할 수 없다.

이와 같이 외부인이 개개인의 경험을 통해 얻은 현실을 완벽하게 이해할 수는 없다. "맞아 나도 그렇게 비슷한 경험을 한 적이 있어."라고 얘기할 수 있을지는 몰라도 "나도 똑같은 경험을 했어."라고는 이야기할 수 없다는 것이다. 그렇다고 해서 개인의 입장을 생각하지 말라는 것은 아니며, 이해를 하려고 할 때, 공감하려고 하는 노력이 인본주의 코칭 방식에 제일 효과적인 방법 중 하나인 것을 알고 있어야 한다.

"우리들 중 그 누구도 같은 세계를 가지고 있지 않다"라는 말을 들으면 낙담하게 되고 관계에 대한 의욕이 꺾일 수도 있지만, 바로 이점이 코치라는 직업이 재미있고, 도전적이고, 보람 있는 것이다. Buscalia가 이야기 했듯이, 우리의 공통점이 함께하게 도와주지만 우리의 차이점이 인생을 더더욱 흥미롭고 신나게 만들 수 있는 것이다.

▶ 행동은 개인의 현실 상황에서 발생한다.

"논증 argument 을 짧게 하지 말고, 길게 해라. 길게 논증하면서 자기가 주장하는 것이 무엇인지 정확히 알도록 해라." (Buscaglia, 1984a)

두 번째 특징이 제의하는 것은 사람들이 행동할 때, 자신이 경험했던 것을 기억하며 반응한다는 것이다. 어느 한 사람의 행동을 이해하기 위해서는 그 사람의 입장이 되어서 생각하는 것이며, 이것이 인본주의가 비판을 반대하고 의사소통을 강조하는 이유다. 어느 한 사람의 입장을 이해하기 위해서는 서로 자신의 감정을 솔직하게 표현하는 것이 제일 중요하며, 코치가 선수의 입장을 고려하지 않고 비판하는 것은 잘못된 것이라고 제의한다.

만약 두 사람의 의견이 다르고 동의하지 않기 때문에, 논쟁이 일어난다면, 충분한 의사소통을 통해 서로의 입장을 이해하는 것이 제일 중요하며, 그래서 Buscaglia가 길게 논의하는 것이 중요하다고 이야기했던 이유다.

▶ 개인이 자아를 구성한다.

"나는 너의 모습을 통해 내가 누군지 알아간다." (Buscaglia, 1984a)

Rogers에 따르면, 모든 사람들의 자아는 자신의 둘려 쌓인 환경과의 직접적인 경험을 통해서 구성된다고 했다. 선수들이 어떤 경험을 할 것인지, 그 경험을 통해 사랑, 소속감, 성공 등에 대한 관념을 형성하게 할 수도 있으며, 이런 과정을 통해 <u>긍정적인 자아</u> positive self 를 형성하고 발달하게 한다.

직접적인 경험뿐만 아니라 간접적인 경험을 통해 긍정적인 자아가 형성되기도 하는데, 코치는 자신도 모르게, 자아가 아직 성립되지 않은 어린 선수들에게 상당한 영향력을 끼치고 있다. 코치의 정보나 의견을 통해 선수들의 자아가 구성되기 때문에 어린 아이들의 코치는 항상 긍정적인 피드백과 신념을 심어주어서 긍정적인 자아가 생성되도록 도와주어야 한다. 칭찬도 훌륭한 방법이지만, 건설적인 비판을 이용하는 것도 좋고, 건전한 기대는 필수다.

▶ 인간의 행동은 자신들의 자아를 따른다.

"내가 만약 두렵다면, 나는 두려움을 가르칠 것이다. 내가 만약 안정(평온)적이면, 너를 안정시키기 위해 도와 줄 수 있다." (Buscaglia, 1984b)

사람은 자신의 자아와 일치하게 행동한다. 예를 들어, 어느 한 선수가 성공할 것이라는 믿음이 있다면, 성공하는 행동을 할 것이고, 다른 선수가 자신이 실패할 것이라고 믿는다면, 실패하는 행동을 하는 것이다. 다시 강조하는 바이지만 성공하는 자아, 긍정적인 자아가 성립되기 위해 어린 선수들을 가르치는 코치의 책임감은 말로 표현하지 못할 만큼 크다.

선수뿐만 아니라 코치도 긍정적인 자아가 필요하다. 코치가 성공할 것 같은 믿음이 있으면, 성공을 가르치고, 코치가 두렵다면, 두려움을 가르치는 것이다. 자신은 어떠한가? 선수들이 자신을 어떻게 보았으면 좋겠는가? 완벽할 필요는 없다. 하지만 긍정적인 자아는 훌륭한 코치와 리더의 필수 조건이다.

▶ 행동은 자아실현 욕구에 의해서 동기화된다.

"너의 잠재력은 너의 실제보다 크다." (Buscaglia, 1984a)

Rogers에 의하면, 모든 사람은 전인적이고, 건강하고, 유능한 사람이 되고 싶은 욕망이 있다. 이것을 다르게 얘기하면 한 사람이 가진 모든 잠재력을 발휘하는 것인데, 이 목표를 얻기 위해서는 자기 자신의 자유 안의 통치 self-government, 통제력 self-regulation 과 자율성 autonomy 이 필요하다. 자아실현이란 것은 인본주의자들의 대표적인 개념이기도 하며, 더 좋은 사람이 되고 싶은 궁극적인 목표가 있다는 점에서 유사하다. 그리고 이 개념은 선수에게만 제한되는 것이 아니며, 코치도 하나의 인간이기 때문에, 선수와 코치 둘 다 같은 방향을 긍정적인 마음으로 접근할 수 있기 때문에 참 아름다운 개념이기도 하다.

시간이 지나면서, Buscaglia가 얘기했던 "너의 잠재력은 너의 실재보다 크다"라는 말이 제일 마음에 와 닿는다. 이 개념이 내가 코치의 자리로 매번 돌아오게 하고 싶은 마음을 주기도 한다. 1학년 학생들이 들어 올 때나 여름방학 방과후 프로그램을 만날 때에도, 첫 만남과 그 만남으로 인해 보이는 수많은 잠재력이 내가 코치로서 해야 할 도전, 책임, 그리고 열정을 다시 불태워준다. 코치로서 나는 수많은 아이들이 더 좋은 선수뿐만 아니라, 더 좋은 사람이 되는 과정을 몸소 체험해 봤으며, 이 과정이 내가 코치를 선택한 것에 대한 보람과 감사를 느끼는 바이다.

▷ 4가지 인본주의 특징을 코치 방식에 적용하는 방법

인본주의 특징을 코치 방식에 적용되는 방식이 4가지가 있다. 그 4가지는 감정 affect, 자아개념 self-concept, 의사소통 communication, 그리고 개인적 가치 personal values 이다.

▶ 감정

감정 강화 emphasizing affect 이란 자신의 주의를 사고와 감정에 집중하면서 특정한 정보와 기술에 대한 주의를 낮추는 것이다. 다음은 감정을 강화시키기 위한 몇 가지 제안방법이다.

정서적 목표를 설정한다. 구체적인 정서적 목표를 설정하면 인본주의 개념을 통합하려는 노력을 의식적으로 지속되게 할 수 있다. 정서적 목표의 예를 들자면 코치가 선수들에게 스포츠에 대한 열정과 사랑을 표현하고 선수들에 대한 존중과 연민을 몸소 보여주는 것이다. 선수를 집단적으로 나누는 것보다 선수 각각, 개개인의 문화, 종교 등이 다른 것을 인정하며 존중하는 것과 코치 자신이 전인적인 사람이 되려고 하는 노력하는 모습을 선수들에게 보여주는 모습도 좋은 정서적 목표 중 하나다.

선수들의 감정에 집중한다. 선수들이 어떻게 지내는지, 무슨 생각을 하고 있는지에 대한 진심 어린 걱정과 선수들이 자신의 이야기를 하고 있을 때 집중하면서 듣는 모습, 그리고 선수들의 정서적 반응이 어떠한지를 주의 깊게 관찰하는 것들이 코치로써 해야 할 의무 중 하나다.

선수들이 다른 팀원들의 감정에 인식할 수 있도록 도와준다. 다른 팀원들의 감정을 인식하는 것은 자아중심성인 인간에서 벗어날 수 있도록 도와준다. 다른 팀원들의 감정 인식을 높이기 위해서는 자기가 가지고 있던 솔직한 마음을 터놓을 수 있는 자리를 마련해 주는 것이 좋다. 이런 자리를 통해서 선수들은 연습 때 서로를 도와줄 수 있고, 경기 때 서로를 지탱할 수 있으며 스포츠를 벗어나 인생에서도 서로 지지할 수 있는 중요한 사람이 서로에게 될 수 있다. 그리고 만약 팀 안에서 불만이 일어나거나 의견충돌이 일어났을 때, 감정적으로 의사소통이 원활해졌기 때문에 예전보다 더 쉽게 문제를 해결할 수 있는 방안을 찾을 수 있다.

사고와 학습의 중요성을 강조한다. Rogers에 의하면 정서적 영향을 향상시키는 것은 사고력을 향상시키는 것과 똑같은 것이다. 사고력을 향상시키면 정보와 실력은 학습하는 과정에서 비중이 자연스럽게 작아진다. 그리고 인본주의 코칭 방식 중 중요한 점 하나는 선수들의 학습력을 높이는 것이다. 선수들이 연습을 시작하기 전 이미지 트레이닝으로 인해 예습하고, 연습이 끝나고 나서 복습하는 방식으로 진행한다면, 한 연습을 통해 배울 수 있는 훈련량과 질, 둘 다 향상될 것이다. 많은 선수들은 연습이 끝나는 동시에 더 이상 연습에 대해 생각하지 않는다. 하지만 만약 선수들이 위에 제시한 바와 같이 정보를 정리하고, 그것에 의미를 두고, 다음 연습을 실시할 때 기억할 수 있다면, 보다 나은 결과와 실적을 내는 것은 자연스럽게 따라 올 것이다.

▶ 자아개념

선수들에게 긍정적인 자아개념을 가르치는 것은 인본주의적 코칭 방법 중 하나이다. 선수들은 자신들의 개념을 코치와의 상호작용과 의사소통을 통하여 성립되는 것을 기억해야 한다. 이것을 보다 수월하게 진행할 수 있는 방법은 무엇일까?

항상 선수들을 긍정적인 시선으로 바라보고 최고의 기대치를 가진다. 선수들의 한계를 코치가 설정하고, 이 설정한 한계를 선수들에게 무의식적으로 전달하고 있을 수도 있다. 그리고 이런 생각은 무의식적으로, 코치가 선수들에게 무엇을 가르칠 때, 선수들의 한계를 교육과정에 반영하고 있으며, 이것은 선수들의 한계를 낮추는 것뿐만 아니라, 코치의 능력에 한계를 두는 것이기도 하다. "이 선수는 정신력이 약해.", "이 선수는 프로에 가기엔 부족해.", "이 선수는 A를 잘하지만 B는 잘 하지 못해.", "이 선수는 아마추어에서도 살아남기 힘들 거야." 선수들에게 한계를 두지 말아야 한다. 항상 최고의 선수가 될 수 있는 잠재력을 갖추고 있다고 믿어야 한다. 만약 이것을 진심으로 믿고 있다면, 선수들도 자신이 가지고 있는 최대치의 잠재력을 보여줄 때가 많다. 어느 한 선수도 예외로 두지 말아야 한다. 내가 코치한 아이 중 Jimmy는 뼈밖에 없었고, 내가 기대했던 만큼 발휘하지 못할 거라는 생각을 항상 가지고 있었지만, 이런 아이들이 나를 매번 놀라게 만들었다.

코치가 항상 긍정적으로 바라보고 있고, 최고의 실력을 발휘할 것이라는 기대를 말과 행동으로 보여준다. 이런 생각들을 코치가 가지고 있는 것도 중요하지만 선수들에게 전달하는 것도 매우 중요하다. 항상 자신이 믿고 있는 것과 행동하는 것이 일치하도록 노력해야 한다. 시간을 내어, 선수 개개인을 코치로서 어떻게 생각하고 있는지, 코치로서 선수들에게 기대하는 점들은 무엇인지를 정확하게 이야기해야 한다. "그래, 이번에는 실패 했지만 다음에는 꼭 성공할 것이라고 믿는다."라고 얘기하는 것도 좋은 예다. 그리고 말 뿐만 아니라 행동으로도 코치가 선수들에게 자신감을 가지고 있다는 것을 표현해야 한다. 만약 어느 한 선수가 몇 번만 더 개인적은 연습을 하면 우승할 수 있다고 믿고 그렇게 얘기했다면, 연습시간 이후에 따로 만나서 같이 있어주는 것 그 자체만으로도 행동으로 보여줄 수 있는 좋은 예다.

선수들을 긍정적으로 바라보는 마음과 최고의 잠재력을 발휘할 것이라는 기대치를 내적 믿음과 외적 표현을 통해 유지한다. 코치들은 자신의 선수들이 주위에 없을 때 무시하는 경향이 있다. 답답하고 짜증나서 그것을 풀려고 하는 것은 코치로서 자연스럽게 할 수 있는 행동이지만, 선수들을 믿고 있다면, 그 선수들이 보지 않는 공간에서 자신의 생각을 더욱 엄격히 통제할 줄 알아야 한다. 인본주의 코치란 전인적인 사람이 되는 것과 똑같은 것이다. 전인적인 인간이란 앞서 언급했던 것과 같이, 자신이 생각하는 것과 행동하는 것이 일치해야 한다는 것이다. 인간이라면 스트레스에 대응하는 자연스러운 방법 중 하나이지만, 코치라는 이름에는 항상 선수들에게 <u>진실하게</u> genuine 대해야 된다는 책임감이 따른다. 위선적인 것을 떠나서, 외적으로 한 행동을 표현하고는 내적으로 다르게 믿는다면, 소문은 발보다 빠르기 때문에, 그 선수가 없을 당시에 했던 말들은 그 선수의 귀에 들어가게 되어 있으며, 그렇게 된다면 당연히 코치와 선수의 관계는 흐트러질 수밖에 없다.

선수들을 비난하지 말고 칭찬한다. Purkey와 Novak(1996)에 의하면 교사들은 자신의 학생들에게 자발적으로 목표를 설정하고, 그 목표를 달성하기 위한 충분한 능력을 갖추고 있고, 교사의 입장에서 학생이 성공할 것이라는 것을 기대하면, 자존감과 자신감이 자연스럽게 올라간다고 제시했다. 반대로, 교사가 학생들의 목표를 설정하는 것부터 시작해서 자발적으로 학생들은 아무것도 할 수 없게 제한하고, 아무리 최선을 다해도 최고와 비교해서 비난하는 교사라면, 학생들의 자존감과 자신감은 당연히 떨어질 수밖에 없다. 코치로서 자신은 어떠한가?

실패 보다는 성공을 추구하는 코치가 된다. 성공을 촉진하기 위해서는 학습할 내용을 작고, 획득할 가능성이 높은 단계들로 나누는 게 현명하다. 때때로 코치는 선수들에게 너무 많은 것을 너무 빨리 원한다. 한 운동의 움직임 안에는 수많은 작은 움직임이 포함되어 있다는 것을 기억하고 있어야 한다. 선수들에게 한 움직임을 가르칠 때에는 그 작은 움직임들부터 완벽하게 학습한 후, 다음 단계로 넘어가는 것이 좋다. 만약 선수들에게 너무 많은 것을 너무 빨리 요구한다면 실패할 수밖에 없다. 그리고 만약 이 패턴이 반복된다면 그 선수의 자존감은 약해지고, 자신을 통제할 수 있는 능력이 없다고 생각할 수 있으며, 결국엔 선수 자체가 무력화 될 수 있다는 것을 기억하고 있어야 한다.

성공을 촉진하고 긍정적인 자아개념을 형성하기 위해서는 숙달 학습을 시행한다(Bloom, 1976). <u>숙달 학습</u> mastery learning 은 이론적으로 선수들은 모든 것을 배울 수 있고, 선수들의 유일한 차이점은 학습할 때 걸리는 시간뿐이다. Bloom의 숙달 학습은 운동 학습 영역을 얘기하고 있지는 않지만, 이 개념은 운동 학습에도 포함된다. 모든 선수들이 엘리트 체육의 수준에서 활동하는 것은 불가능하지만, 많은 선수들은 코치가 요구한 움직임을 능숙하게 숙달할 수 있다. 인본주의 코치의 정의는 자신의 능력과 경험을 통해, 각각의 선수들이 각각의 스포츠에서 최대한 많은 기술을 습득하게 하는 것이다.

숙달 학습이란 하나의 움직임을 배우기 위해 작은 움직임들부터 완벽하게 배우고 나서야 다음 단계로 넘어가는 것이다. 이 방법은 선수와 코치 둘 다 더 많은 시간과 인내를 요구하지만, 미래를 생각한다면 숙달 학습이 최고라는 것을 명심해야 한다.

▶ 의사소통

인본주의 접근 방법의 3번째 특징은 의사소통이다. 의사소통은 사람과 사람들이 올바른 관계를 형성하기 위해 기본적인 것이며, 효율적으로, 진술하게, 그리고 건설적인 비판과 충고를 통해 인간관계의 갈등을 해결하는 것이기도 하다. 효율적인 의사소통을 코칭 상황에 적용시키는 방법을 알아보자.

효율적인 인간관계를 진술함과 명료함을 통해 형성한다. 진술하고 명료한 의사소통 법이란 자신의 선수들에게 솔직하고, 다가가기 쉽고, 선수들의 의견을 끝까지 경청해주는 코치가 되는 것이다. 많은 코치들의 단점은 자신의 선수들이 이야기를 할 때 경청하려고 노력하지 않는다는 점이다. 다른 사람들의 이야기를 듣는 것이 쉽지는 않지만, 때때로는 선수가 필요했던 것이 충고나 조언이 아니라, 누군가 자신의 말을 들어주는 사람일 수도 있다.

나도 나의 선수들과 관계를 형성하기 어려웠던 때가 있다. 나는 내 선수가 내 말을 듣지 않고 있는 것 같아서 화가 났고, 시즌이 지나면서 서로의 감정적 거리는 계속 멀어지고 있었다. 결국엔 팀에 있었던 다른 선수가 나에게 그 선수와 대화를 해야 한다고 이야기 했지만, 나는 처음엔 거절했다. 그러나 생각하면 할수록 나도 그 선수와 대화를 해야 하는 필요성을 느꼈고, 결국엔 같이 이야기 하도록 마음먹었다. 이야기를 하는 동안 내가 생각하고 느꼈던 감정을 표현하기는 했지만, 나는 그 선수가 얘기하는 것을 경청하려고 노력했다. 그런데 신기하게도 내가 그 선수의 말을 들으려고 노력하는 만큼, 그 선수도 나의 말을 듣기 위해 노력하는 모습이 보였다. 나는 우리의 대화가 그 시즌의 전환점이라고 믿는다. 우리가 만나고 난 다음날이 NCAA 결승전이였고, 그날 그 선수는 자신의 최고기록을 갱신했다.

하루의 일상에서 선수들과 의사소통하는 것을 습관화한다. 선수들이 스트레칭을 하거나, 연습에 들어오기 몇 분 전일 수도 있고, 연습이 끝나고 나서 얘기할 수도 있다. 개인적인 대화가 늘어나면 늘어날수록 관계형성은 그만큼 두터워진다. 코치의 사무실에서 1대1로 만나는 것도 좋다. 항상 자신의 사무실이 열려있다는 것을 이야기하고, 선수들이 스스럼없이 들어올 수 있도록 노력해야 한다. 각각의 선수들과 만나서 목표를 설정하는 것도 코치와 선수 관계 측면에서도 향상 되지만, 목표를 설정하면서 자신의 감정과 개인적인 이야기를 할 수 있기 때문에, 선수적인 측면에서뿐만 아니라 인간적인 측면에서 그 관계는 더욱 더 두터워질 수도 있다.

팀 목표를 설정하고, 대화를 나눌 수 있는 회의를 자주 만든다. 이런 회의는 선수들이 선수들과 서로 대화를 나눌 시간을 제공해 준다. 처음에는 선수들과 같이 들어가서 규칙과 규율을 정하고 회의의 목적을 정확히 제시하고 나오는 것이 중요하다. 하지만 그 이후부터는 선수들이 책임을 지고, 그 회의에서 효율적으로 그리고 의미 깊은 시간을 코치가 없는 공간에서 시행 되도록 해야 한다. 토의 주제로는 선수들이 서로에게 스포츠 내외적으로 어떻게 도와줄 수 있는지, 효율적으로 의사소통하기 위한 방법은 무엇인지, 그리고 팀 안의 문제들을 어떻게 해결할 것인지 등 수많은 주제가 존재한다.

인본주의 이론과 Roger의 이론을 적용하여 문제의 해결방안을 찾는다. 아무리 효율적인 코치이거나 최고의 선수들을 보유하고 있어도, 관계에서 생기는 문제는 언젠가는 발생한다. 그리고 그 문제가 빠르게 해결될수록 좋다. 그 문제가 코치와 선수일 수도 있고, 선수와 선수일수도 있으며, 선수와 부모, 공격과 수비, 심지어 스태프 멤버들 사이에서도 문제가 생긴다. 문제가 발생하는 곳은 제한이 없으며 선수와 코치 둘 다 인본주의 이론과 Roger의 이론을 배우면 이 문제들을 해결할 수 있도록 준비할 수 있다.

인본주의 이론과 Roger의 이론에 의하면, 문제를 해결하기 위한 최선의 방법은 대화다. 사람은 앞서 이야기 했듯이 서로 다양한 생각을 가지고 있으며 행동하는 방식도 다르다. 하지만 대화를 통해 서로를 이해하려고 노력할 수 있으며 인본주의 이론은 자기가 혼자서 문제의 해결책을 찾는 것을 기반하고 있기 때문에, 이것에 대한 책임은 해결해야 되는 책임은 자신에게 있다는 것도 명심해야 한다.

▶ 개인적 가치

개인적 가치는 코치의 철학과 방식에 포함시킨다. 알게 모르게 코치는 개인적 가치를 선수들에게 가르친다. 그러나 자신의 가치가 무엇인지 정확하게 모른다면, 자신이 무엇을 가르치는지도 모르는 교사가 되어버린다. 앞서 말했듯이 효과적인 교사와 코치는 자신이 정확히 무엇을 가르치는지 알고 있다. 그렇기 때문에 자기가 선수들에게 어떤 가치를 가르치는지, 그리고 수업 지도안에도 이러한 요소들을 포함시켜야 한다. 지도안이 완성 된 후 그것을 다시 개인적으로 평가함으로서 긍정적인 면은 부각시키고, 부정적인 면은 제외함으로써 더욱더 효과적인 교사와 코치가 될 수 있다.

선수들이 자신의 가치를 찾을 수 있도록 용기를 주고 도와준다. Simon, Howe, 그리고 Kirschenbaum(1972)은 학생들이 자신의 가치를 정교하게 찾기 위한 79가지의 계획을 제시했다. 개인적 가치란 자기 자신을 사랑하는 것뿐만 아니라 다른 사람도 사랑할 줄 알며, 자신의 실수와 단점들을 포용하고 인정하는 동시에, 높은 자아존중감과 자부심을 가지고 있는 것이다. 선수들은 경기나 대회에서 우승하는 것보다 노력을 더 높게 생각하는 것도 포함되어야 한다. 하지만 다른 가치들보다 더욱 더 중요하고 꼭 가르쳐야 할 개념은 바로 책임감이다. 인본주의 이론은 항상 자율성을 중요시했다. 그리고 자유는 항상 책임이 따르기 때문에, 책임감 없이는 자신의 삶을 통제하기 어렵다는 것을 가르치는 것이 아주 중요하다.

자신에 대한 책임감이 중요하다는 것을 강조한다. 책임감을 가르치는 방법은 다양하다. 선수들이 자신의 목표를 설정하고, 그 목표를 달성하기 위해 무엇을, 어떻게, 구체적으로 할 것인지 계획할 때, 선수들은 자신의 삶에 대한 통제력과 자율성을 느낄 수 있다. 그리고 목표를 설정할 때, 긍정적이고 성공적인 방향으로 계획하도록 도와주었다면, 선수들은 자기 자신이 목표를 설정했기 때문에, 자신이 설정한 대로 행동하는 방법과 성공은 자신에게 달려있다는 내적 통제력을 얻을 수 있다. 귀인 이론에 의하면 내적 통제력을 가지고 있는 선수들은 성공이 운 같은 외적인 요소로 정해지는 것이 아니며, 자신의 땀과 노력으로 이루어진다고 믿는다. 다시 말해 내적 통제력을 가지고 있는 선수들은 성공을 다른 누가 아닌 자기 자신에게 달려있다고 알고 있다.

문제 해결 능력이 중요하다는 것을 강조한다. 선수들의 문제를 코치가 해결하는 것보다는 선수들이 자신의 문제를 혼자서 해결할 수 있게 도와주는 것이 더욱더 현명하며, 이 방식은 Rogers 치료방식의 핵심이다. Rogers 이론에 의하면 비지시적인 치료법이 자신에 대한 책임감을 키울 수 있는 훌륭한 방법이라고 제시한다.

▷ 비지시적 코칭 모델

비지시적 코칭 모델 nondirective model of coaching 은 Joyce, Weil와 Calhoun(2009)이 제시한 비지시적 티칭 모델 nondirective teaching model 을 토대로 만들어 졌다. Joyce 등(2009)의 모델은 Carl Rogers의 인본주의 이론을 바탕으로 하며 사람들은 항상 무엇을 배우고 싶은 마음을 가지고 있어야 하며, 배움에 대한 책임감도 있어야 한다고 이야기 한다. 그리고 이 모델은 사람들이 당장 맞서고 있는 문제를 해결하거나, 어느 날 문제가 하루아침에 치료되는 것이 아니라, 장기적으로 봤을 때 서서히 변하는 것을 강조한다.

이 모델의 제일 중요한 목표는 사람들이 자신의 잠재능력을 최고로 발휘하고, 자아실현을 하는 것이다. 다음 목표는 자각하는 능력과 통찰력을 얻을 수 있는 학습 환경을 만들어 주는 것이다. 자각하는 능력과 통찰력을 꼭 바꿀 필요는 없어도 선수들이나 학생들이 무엇을 어떻게 인식하고 있는지를 확인하고, 인식하고 난 후 선택방식이 어떤지도 알아 볼 필요도 있다.

비지시적 코칭 모델이 코치의 유일한 방법이라고 말하는 것은 아니지만, 꼭 포함되어야 한다. 이 모델은 개인적인 문제가 있는 선수들을 상담할 때나 자신의 성적에 대해서 낙담하고 있는 선수들을 도와 줄 때 효과적이며, 코치가 선수들의 모든 문제를 해결해 주는 것보다 선수들이 스스로 해결책을 찾는 것이 이 모델의 핵심 방법이다. 그리고 이 모델은 행복하고, 문제없고, 성공적인 선수들을 다룰 때에도 효과적이다. 비지시적 모델은 목표를 세우고, 목표설정에 대한 중간 점검, 그리고 미래의 목표를 세울 때에도 도움이 될 수 있다.

부가적으로, 이 모델은 선천적으로 타고난 선수들과 소통할 때 제일 도움이 된다. 이렇게 타고난 선수들은 대부분은 긍정적인 자아를 가지고 있으며, 선택권과 그 선택에 대한 책임감에 대한 중요성을 알고 있다. 이런 선수들에게 자기 자신의 목표 설정을 스스로 하게 도와주고, 선택권을 준다면, 선수들에게 더욱 큰 자유를 줌으로써, 더욱 큰 책임감에 대한 중요성을 배울 수 있다.

▶ 분위기 설정

Rogers에 의하면, 효율적으로 소통할 수 있는 분위기 atmosphere 에는 4가지의 특성이 존재한다. 이 특성들은 선수와 코치가 소통할 때에도 적용할 수 있다. 첫 번째, 코치는 선수들에게 따뜻함과 말에 호응하며, 이야기에 관심을 보여줘야 하며, 이 행동들이 선수들을 받아들이려고 하는 마음이 깊은 곳에서 우려 나와야 한다. 두 번째, 코치는 선수들의 사고를 자유롭게 표현할 수 있다는 것을 보여줘야 한다. 다시 말해, 선수들의 생각을 비난하거나, 표현의 방식이 잘못 되어도 그것을 받아들여야 할 준비가 되어 있어야 하는 것이다. 세 번째, 선수는 자유롭게 자기 자신을 표현할 수 있지만, 코치를 통제하려고 하는 생각이 행동으로 나오면 안 된다. 그렇기 때문에 소통하기 전에, 시간, 책임감, 애정, 공격적인 행동 등에 대한 규칙과 규율을 정해야 한다. 네 번째, 소통하는 도중에는 코치가 압박하거나 강제적으로 협박하는 행동을 금해야 한다. 다시 말해, 코치는 자기 자신에 대한 생각을 표현하되, 개인적인 감정에 의해서 행동하면 안 되며, 아무리 선수가 잘못했더라도 비난해서는 안 된다.

코치와 선수가 소통하고 있는 중에는 코치는 조력자이며 반영자 reflector 이다. 선수들이 자신의 감정과 문제를 스스로 찾고, 문제에 대한 책임을 질 줄 알아야 하며, 자기 자신이 문제를 어떻게 해결할 것인지에 대한 목표를 같이 설정해 주는 존재인 것이다. 기존에 있었던 강화하는 방식이나, 처벌을 통한 개선 방법을 사용해서는 안 되며, 그런 방식보다는 받아들이고 이해하고 공감할 수 있는 코치가 되어야 한다.

▶ 비지시적 소통에 의한 개인성장 과정

비지시적 소통이 이루어지는 동안에, 선수는 4가지의 성장과정을 거치게 되며, 마지막 5번째 단계에서는 자신에 대한 새로운 방향과 성향을 창조하는 것이 비지시적 소통의 목표이다.

비지시적 소통에 의한 개인성장 과정
- 1단계: 감정 표현 – 정화
- 2단계: 통찰력 – 자신에 대한 새로운 인식
- 3단계: 행동 – 의사결정: 새로운 목표와 그것을 행동하기 위한 동기부여
- 4단계: 통합 – 독립성 및 자신감
- 5단계: 새로운 방향과 성향 – 새로운 인식을 통한 성장

개인적인 차원에서뿐만 아니라 팀 차원에서도 이런 성장과정을 거칠 수 있다. 예를 들어, 세 번째 시나리오에서는 이 성장과정이 팀 차원에서 어떻게 이루어지는지 볼 수 있을 것이다.

▶ 모델

소통을 할 때에는 예측할 수 없는 상황이 벌어 질 수 있다. 하지만 Rogers는 성장과정의 단계를 하나씩 통과할 때 나타나는 특징이 있다고 이야기한다. 다음은 이 5가지 과정을 코치와 선수가 소통할 때에 어떻게 적용하며, 통과할 때 어떤 특징이 나타나는지 알아 볼 것이다.

1단계: 도움을 줄 수 있다는 것을 정확히 표현한다.

첫 번째 단계를 시작하기 전에, 선수가 들어오면 긍정적인 분위기를 만들 수 있도록 따뜻한 인사를 건네야 한다. 선수에게 던지는 첫 인사말은 상당히 중요한데, 그 이유는 선수가 그 첫 마디로 인해, 코치의 느낌과 분위기를 느낄 수 있기 때문이다. "무슨 일이 있어서 왔니?", "요새 무엇인가 너를 불편하게 만드는 것 같은데, 나랑 한번 이야기 해보는 건 어떻니?" 등의 인사말은 코치가 선수들을 봐서 행복하다는 것과 문제가 있다면 도움을 줄 수 있다는 것과 선수들이 하는 말에 들을 수 있는 준비가 되어있다는 분위기를 설정한다.

소통이 시작되고 나면, 선수들은 자유롭게 자신의 사고를 표현할 수 있는 기회를 주어야 하며, 절대로 표현한 것에 비난하거나 고치려고 하면 안 된다. 선수가 이야기하는 문제를 파악하고, 코치가 파악한 문제가 선수가 생각하는 문제와 일치한지 확인하고 다음 단계를 준비하는 시간이다.

1단계가 시작되면, 선수가 갑작스럽게 엄청난 양의 감정을 쏟아 부을 수도 있다. 화나거나, 울거나, 걱정하거나, 안절부절 할 수도 있는데, 이것은 선수의 정화 catharsis 과정이다. 이 정화 과정은 쌓아왔던 개인적인 감정을 한꺼번에 토해 냄으로써, 나중엔 논리적으로 문제를 파악할 수 있고 해결할 수 있게 도와준다. 이 쌓아왔던 개인적인 감정이 다 나오고 나서야 정확하게 무엇이 문제였는지 찾을 수 있고, 이것은 2단계의 목적이기도 하다.

2단계: 문제 탐구

이 단계에서는 코치가 선수에게 문제가 무엇인지 파악할 수 있도록 도와줘야 한다. 1단계와 같이 코치는 선수들이 하는 모든 말을 들어주고 비지시적인 방법을 사용하여 선수들이 자기 자신에 대한 이야기를 계속하는 동안 문제가 무엇인지 스스로 파악할 수 있게 해야 한다. 받아들이기, 감정에 대한 반영, 그리고 선수가 이야기한 것을 요약하는 것 등이 비시적인 방법들 중 하나다.

시간이 지나고 나면, 선수들은 자신의 문제를 정확히 찾지 못하거나 요점에서 벗어난 이야기를 할 수도 있다. 이 때 코치는 비지시적인 지도법을 사용하여 대화의 방향을 바꿀 수 있어야 한다. 지향적 질문, 구조화, 그리고 선수들이 자신의 생각을 정리할 수 있게 도와주는 것이 비지시적인 지도방법이다. 구조화 단계에서는 코치가 선수들의 말을 체계화 시켜주는 것을 뜻한다("그럼 네가 말한 3가지 문제는..."). 지향적인 질문이란 선수가 요점에서 벗어나지 않게 질문을 사용하여 대화의 흐름을 잡아주는 것이다(네가 말한 3가지 문제들 중, 두 번째 문제를 좀 더 자세히 설명해 주겠니?) 때로는 선수가 아예 자기 자신의 문제를 찾지 못할 수도 있는데 그 때 코치는 좀 더 강하게 질문하는 방식도 괜찮다(지금 3가지 문제가 있는데, 그 중에서 너는 어떤 것이 제일 시급하다고 생각하고, 어떻게 해결할 수 있을 것 같니?).

지향적인 질문들을 할 때, 지시적인 단어는 삼가는 것이 좋다. 지시적인 단어들의 문제점은 답이 "예"와 "아니오"로 한정되기 때문에 선수들이 자기 혼자 탐구할 기회가 생기지 않는다. 지시적인 단어 대신, 비지시적인 질문들을 던진다면 선수들은 자연스럽게 이야기해야 할 것이 많아진다. 예를 들어 "대체적인 방안을 생각 해 볼 수 있겠니?"에 대한 답은 "예"와 "아니오"로 나누어지지만, "이 문제에 대한 대체적인 방안은 무엇일까?"라고 묻는다면 코치는 선수와 함께 더욱더 깊이 있는 대화가 이루어 질 수 있다.

〈표 8.1〉은 코치가 선수와의 대화에서 색다른 감정을 표현 했을 때, 비지시적으로 반응할 수 있는 방법들과, 코치가 비지시적으로 대화를 흐름을 이끌어 갈 수 있는 방법을 요약한 것이다.

| 표 8.1 | 비지시적 반응

감정에 대한 반응	대화 흐름을 주도하는 방법
받아들이기	구조화
감정 돌이켜 보기	지향적인 질문
대화 요약하기	선수들이 혼자 문제를 파악하게 도와주기
	비지시적인 질문을 사용한 대화
	선수가 이야기할 수 있도록 도와주기

3단계: 문제 이해하기

문제가 파악 되었다면, 코치는 선수가 자신의 문제를 진지하게 꺼내어 대화할 수 있도록 도와주어야 한다. 이 단계에서는 문제를 파악한 후, 그 문제에 대해 이해하며, 통찰력을 키우기 위해 그 문제에 둘러싼 많은 측면들도 봐야 한다.

이 모델은 작은 문제에 더욱 더 적합하다. 자살이나 이와 같이 큰 문제들은 전문가에게 맡겨주는 것이 좋으며, 만약 이런 문제점이 생기면 전문가에게 바로 연락해야 한다.

4단계: 계획과 의사결정

지금부터는 행동단계이다. 이 단계에서는 선수가 문제를 해결하기 위한 방안을 설계해야 한다. 그리고 이 문제를 해결하기 위한 방법이 몇 가지 만들어지면 코치는 선수가 최고의 방안을 선택할 수 있도록 도와주어야 한다. 이 단계에서 코치는 선수들이 말 한 내용들을 인용해서 선택할 수 있게 도와주고, 선수들이 생각하지 못했거나, 아예 이야기 하지 않았던 측면들도 발견해서 설명하는 것이 좋다.

4번째 국면에서 선수가 문제에 대한 해결책이나 방안을 선택하면 끝난다. 이 대화를 끝내기 전에 선수들과 다시 만날 날짜와 시간을 꼭 설정해야 한다. 두 번째 미팅에서는 이 해결책과 방안이 선수에게 도움이 되었는지 안 되었는지를 파악할 수 있는 시간이며, 만약 도움이 되지 않았다면 두 번째 미팅에서는 새로운 방법을 만들 수 있기 때문이다.

미팅이 끝나고 나면 선수는 코치와 같이 만든 방안을 꼭 실행해야 한다.

5단계: 통합

문제를 해결하기 위한 방안이 시행되고 나면, 선수는 코치와 다시 만나서 시행할 때의 느꼈던 점과 개선할 방향에 대해 토론해야 한다. 두 번째 만남에선 코치가 선수들에게 잘 하고 있다는 칭찬과 문제를 해결할 수 있다는 믿음을 심어주어야 하며, 더 나아가 새로운 통찰력을 얻기 위해 용기를 줘야 한다. 만약 다시 만나서 이야기할 것이 많다면, 또 다른 미팅을 통해 개선할 점에 대해 이야기해도 좋다.

향후에는 새롭게 공식화된 계획의 효과성을 다시 평가하기 위해 정해진 장소와 시간에 맞춰서 선수와 코치의 행동 계획을 심도 있게 알아봐야 한다.

▶ 새로운 방향과 성향

새로운 방향과 성향을 성립하는 것이 마지막 5번째 단계이다. 코치의 도움으로 비지시적 코칭 모델은 선수들이 문제를 스스로 해결할 수 있는 통찰력을 얻고, 그 새로운 통찰력으로 인해 삶에 대한 방향과 성향을 개선하고, 새로운 인식을 통한 성장이 이 모델의 마지막 단계이다.

▶ 비지시적 코칭 모델

1단계: 문제 파악 – 코치는 선수들에게 자신의 감정을 표현할 수 있게 도와준다.
2단계: 문제 탐구 – 코치는 선수가 혼자서 자신의 문제를 찾기 위해 도와준다. 코치는 선수들의 다양한 감정을 받아들이고 선수들이 이야기한 점을 명확하게 이해해야 한다.
3단계: 통찰력 성립 – 선수는 문제를 코치와 논의하고 코치는 선수의 이야기를 진심으로 들어준다.
4단계: 계획과 의사결정 – 선수는 문제를 해결하기 위한 방법을 선택한다. 코치는 다양한 측면들을 제시해주며, 선수는 선택한 방법을 시행한다.
5단계: 통합 – 선수는 새로운 통찰력으로 인해 삶에 대한 방향과 성향을 개선하고, 새로운 인식을 통해 성장하기 시작한다.

▶ 모델의 긍정적인 효과

왜 비지시적인 모델을 사용해야 할까? 그냥 선수에게 문제가 무엇인지 알려주고 하나하나 수정하는 것이 효율적이지 않은가? 인본주의 관점에서 봤을 때, 이 질문에 대한 답은 선수들에게 해결책을 직접적으로 제시하는 것보다 옆에서 지켜보고 도와주면서 미래에 새로운 문제점과 부딪혔을 때 스스로 문제를 파악하고 해결할 수 있는 것을 가르쳐 주는 것이 이 모델의 최종적 목표이기도 하다.

선수는 자신의 문제를 스스로 해결하는 방법을 배운다. 바로 앞에 있는 문제를 곧바로 해결 해주는 것이 중요할지 몰라도 장기적으로 봤을 때, 미래에서 새로운 문제점이 생기면 혼자서 해결할 수 있는 방법을 가르쳐 주는 것이 긍정적인 효과 중 하나다. Rogers(1995)는 "내 가설은 개인이 자기 자신과 함께 소통하고 심도 있게 사고하면서 삶에서 마주칠 수 있는 다양한 문제를 구조화시키고, 자신의 지혜를 통해 해결하는 것이 삶의 질을 올릴 수 있는 방법이다"라고 설명했다.

비지시적 과정을 통해, 선수는 자신의 삶을 통제할 수 있는 방법을 배우며, 외부적인 요소들을 무시할 수 있는 힘이 생긴다. 이런 새로운 의식은 삶을 통제할 수 있게 도와주며 향상된 자아효능감을 얻을 수 있다. Rogers(1995)는 "의식이 개선되면, 개인은 자신을 현실적으로 볼 수 있게 된다. 그는 자기가 원하는 삶을 살 수 있으며, 자신의 대한 자신감과, 확신, 사랑, 존경이 향상된다"라고 기술했다.

스스로 해결할 수 있는 방법을 배우고 나면, 향상된 자아효능감을 얻을 수 있고, 이것을 통해 자신에 대한 책임감이 커지며 자주적인 삶을 살 수 있게 된다. Rogers(1995)는 "스스로 스트레스를 해결할 줄 아는 방법을 배우며, 스트레스에서 빨리 회복될 수 있다. 그는 성장하고, 새로운 환경에 적응할 수 있고, 방어적인 태도는 줄어들며, 모든 상황에서 긍정적인 것을 창조할 수 있게 된다. 자신감 self-confident 있고, 자주적인 self-directing 선수를 만드는 것이 인본주의적 코치의 최종적인 목표이다"라고 기술했다.

선수는 사회적 측면과 스포츠적인 면에서 긍정적인 목표를 세우고, 그 목표를 성취하기 위해 효율적인 방법을 세울 수 있는 능력을 가진다. 선수가 인간적인 면에서도 성장하면서, 새로운 통찰력과 성향을 바탕으로 선수는 효율적으로, 책임감 있게 문제를 파악하고 해결할 수 있는 능력을 얻을 수 있으며, 나아가 리더가 될 수 있는 자격을 가지게 된다. Rogers(1995)는 "다른 사람들의 개인차를 받아들일 수 있는 능력이 증폭되고, 다른 사람들이 자신과 크게 다르지 않다는 것을 인지하게 된다"라고 설명했다. 선수는 효율적으로 도전할 수 있는 목표를 세울 수 있고, 그 목표를 성취하게 됨으로써, 더욱 더 어렵고 비현실적인 목표도 현실적으로 바라 볼 수 있게 된다.

▶ 코칭 상황에 비지시적인 모델을 적용하는 방법

코치는 비지시적인 모델을 성향이 다른 4가지 문제를 해결하기 위해 적용할 수 있다(개인적인 문제, 사회적인 문제, 실제적 문제, 그리고 팀원들과의 문제). 4가지 시나리오를 통해 실질적인 예를 보면서 이 모델이 어떻게 적용되는지 알아보자.

1 시나리오

한 선수가 지금 개인적인 문제 때문에 힘들어 하고 있다. 이 선수는 결과적인 측면에서 자신의 종목에서는 승승장구 하고 있다. 이 선수는 자신의 종목에서 국내와 해외에 있는 대회에 참가할 수 있는 자격을 갖추게 되었다. 하지만 이 선수의 어머니는 선수에게 수많은 혼란을 주기 시작했다. 대회에서 시간이 남거나 대기하는 동안에는 어머니는 선수가 자신과 더욱 더 많이 같이 있기를 원했다. 더 나아가 어머니와 같이 있을 때에는 선수가 대회의 외적인 측면에서, 몇 가지 습관과 행동을 바꾸면 더욱더 성공할 수 있다고 하면서 많은 지시를 하신다. 소위 말해 엄청난 잔소리를 한다. 지금 이 선수는 정신적으로 한계점에 도달했기 때문에 코치에게 와서 도움을 요청한다.

Coach: 안녕 Sally? 나를 찾아와서 반갑구나. 그래 오늘 날 찾아온 이유가 무엇이니? 얼굴이 안좋아 보이네?

Sally: 안녕하세요 코치님. 바쁘실 텐데 시간을 빼앗아서 죄송해요. 요즘 기분이 너무 안 좋네요(울기 시작한다).

Coach: 기분이 안 좋다니, 무슨 일 있니?

Sally: 잘 모르겠어요, 저 이제 대회에 나가기 싫어요(더 울기 시작한다).

Coach: 대회에 나가기 싫다고?

Sally: 네, 대회를 나가면 더 이상 즐겁지 않아요.

Coach: 왜?

Sally: 잘 모르겠어요, 그냥 즐겁지 않아요.

Coach: 그래도 이유가 있지 않니? 아무 이유 없이 이러지는 않을 텐데.

Sally: 사실, 저희 어머니가 저를 너무 방해해요(우는 것을 멈춘다).

Coach: 무슨 말이야? 어머니가 방해한다니?

Sally: 어머니와 같이 대회에 나가면, 엄마는 저랑 오랫동안 시간을 보내고 싶어 해요. 그렇지만 하루가 끝나면 피곤하고, 내일에 있을 시합을 위해 쉬고 싶은 마음이 더욱 더 크죠.

Coach: 어머니가 그렇게 하면 기분이 어떠니?

Sally: 저를 정말 화나게 만들어요. 엄마란 존재를 저를 도와주기 위한 것이지, 또 다른 코치님이 아니죠. 코치님은 제 앞에 있는 분이지. 그리고 이제 이 일에 대해 얘기하고 싶지 않아요, 다른 것을 이야기 하고 싶어요.

Coach: 그럼 무엇에 대해 이야기 하고 싶니?

Sally: 어머니가 저를 어떻게 도와주어야 되는지 알려드리고 싶어요.

Coach: 어떻게 가르쳐주지?

Sally: 일단, 엄마랑 몇 시간 동안 밥 먹으면서 저를 앉혀두고 잔소리하는 건 그만 했으면 좋겠어요.

Coach: 그리고?

Sally: 자신을 코치라고 생각하지 않았으면 좋겠어요. 코치님은 여기 계시잖아요.

Coach: 좋은 지적이네, 또 다른 건?

Sally: 엄마가 그리고 제 감정을 알고 있었으면 좋겠어요, 근데 어떻게 이야기해야 될지 모르겠어요, 하지만 꼭 알고 있어야 되요. 대화를 어떻게 시작해야 할까요? 코치님이 얘기해줄 수 있어요? 아니 코치님이 규율을 만들어서 주면 안되요?

Coach: 부모님에게 규칙과 규율을 만드는 것은 어렵지 않지. 그럼 모든 부모님을 다 모아서 이야기 하는 게 좋겠다. 너희 어머니만 따로 이야기하면 감정이 상하실 수 있으니까.

Sally: 좋은 생각이시네요. 정말 감사해요. 그럼 제가 집에 가서 규칙과 규율을 만들어서 내일까지 보내 드릴까요?

Coach: 알겠어. 그럼 나는 그걸 보고, 수정할 거 있으면 수정하고, 너한테 다시 보여줄게. 그리고 부모님들에게 전송하면 되겠네. 어때?

Sally: 좋아요!

Coach: 그래 그럼 내일 같은 시간에 만나서 다시 이야기 하도록 하자

Sally: 코치님 비지시적인 모델로 문제를 해결해 줘서 감사해요! (물론 샐리가 이 말을 하지는 않겠지만 도움을 주었던 코치는 이렇게 생각할 수도 있다).

첫 번째 시나리오는 실제로 내가 경험했던 상황이다. 선수가 비지시적 모델의 5단계를 다 거치는 모습을 볼 수 있다. 자신의 감정을 쏟아 붙고, 통찰력을 얻고, 자신의 문제를 해결하기 위해 움직이기 시작한다. 두 번째 시나리오는 운동 수행 문제에 대해 고민을 앓고 있는 선수가 찾아온 상황이다.

2 시나리오

두 번째 시나리오는 운동 수행 문제에 대해 고민을 하고 있는 선수가 찾아온 상황이다. 문제는 이 선수가 슬럼프에 빠졌다는 것인데, 해결하지 못하고 어떻게 할 수 없어서 코치에게 도움을 요청하러 왔다.

Coach: 안녕 Asha? 와줘서 고맙네, 무슨 일 있니?

Asha: 안녕하세요 코치님, 저 이제 운동 그만두려고요(선수는 낙담하고 있다).

Coach: 운동을 그만둔다니 무슨 말이니? 아니, 게다가 너는 주전이잖아? 무슨 일 있니?

Asha: 코치님, 이제 더 이상 못하겠어요. 제 지난 4경기 못 보셨어요? 저는 운동 능력이 부족한 것 같아요. 아무것도 제대로 못해요. 뭘 해도 잘 못하는 것 같아요.

Coach: 무슨 말이야? 뭘 해도 잘 못하는 것 같다니?

Asha: 그냥 말한 그대로 에요. 전진하지는 못할 망정, 더 퇴보하는 것 같아요. 경기를 뛸 이유가 없어요. 코치님, 부모님, 그리고 팀까지 실망만 안겨주고...

Coach: 정확히 무슨 말인지 이해가 안 되네. 좀 더 자세하게 설명해 줄래.

Asha: 그래요? 알겠어요. 저 더럽게 못해요! 저를 팀에서 자르는 게 더 좋을 거에요(울기 시작한다).

Coach: 잘 들어 Asha야. 만약 네가 주전이 아니였다면, 내가 너를 주전을 시킬 이유가 없다. 그리고 지금도 주전이 아니였다면, 바로 너를 후보로 뺐을거야. 너 자신에게 너무 혹독하게 대하는 거 아니니? 그리고 나를 위해서나 부모님을 위해서 경기를 뛰는 게 아니라, 너는 네 자신을 위해서 이 스포츠를 사랑하고 최선을 다하는 게 너의 몫이야. 그리고 넌 충분히 지금 그것을 하고 있고.

Asha: 하지만 모든 사람이 저에게 실망하고 있잖아요.

Coach: 아무도 그렇게 생각 안한다.

Asha: 하지만 지금 이 슬럼프에서 헤어 나올 수가 없어요.

Coach: 내가 알기로는 슬럼프란 기술적 아니면 정신적 문제인데, 내가 봤을 때 너의 기술엔 별로 문제가 없는 것 같아.

Asha: 그럼 제 멘탈의 문제인가요?

Coach: 글쎄, 너는 정신적 문제라고 생각하니?

Asha: 글쎄요. 제가 제 자신에게 너무 많은 압박감을 집어넣는 것 같기도 해요. 부모님, 코치님, 그리고 팀원들한테도 부끄럽지 않도록. 사실 어렸을 때는 그냥 스포츠 자체가 즐거웠는데...

Coach: 흥미로운 생각이네. 그럼 지금은 즐겁니?

Asha: 팀 주장이 되기 전까지는 즐거웠던 것 같아요. 근데 주장 되고 나서는 팀원들이랑 코치님한테 실망을 가져다주기 싫어서 부담감이 좀 큰 것 같아요.

Coach: 실망을 어떻게 하지?

Asha: 이기지 않으면 그렇죠.

Coach: 올림픽의 정신을 생각해봐, "성공은 업적을 남기는 것이 아니라 투쟁한 그 행위 자체"라고 얘기했듯이, 나도 이 팀에 바라는 바는 신체적으로, 정신적으로, 정서적으로 최선을 다하는 것이야.

Asha: 알아요, 그건 알지만, 그래도 저는 주장이잖아요.

Coach: 주장의 임무가 무엇이지?

Asha: 연습이나 학교에서 최선을 다 하고, 좋은 롤 모델이 되고, 팀원들을 도와주고, 리더가 되어야 하죠.

Coach: 그 중에 이겨야 한다는 말은 없는데?

Asha: 그렇네요. 죄송해요 코치님 잠시 헷갈렸나 봐요.

Coach: 괜찮아 헷갈릴 수도 있지. 그래, 그럼 이제 어떻게 할거니?

Asha: 리더가 되고 싶어요. 주장이 해야 할 임무를 수행하고 싶어요.
Coach: 그래, 그리고 네가 앞서 말한, 즐기는 것, 그것도 잊으면 안 된다.
Asha: 네, 제가 이 스포츠를 얼마나 사랑하는지 잊어버리고 있었네요. 즐겼던 그때로 다시 돌아가려고 노력할께요.
Coach: 그것은 어떻게 할건데?
Asha: 단순하죠, 원래 했던 데로 하면 되요. 최선을 다하고, 즐기는 것.
Coach: 어떻게 즐길건데?
Asha: 원래 스포츠를 사랑했던 그 마음가짐으로 돌아가고, 최고가 되려는 노력을 하면 되죠.
Coach: 단순하지만 아주 훌륭한 계획이구나. 그럼 이번 주 네가 말한대로 한 번 해보고, 금요일 날 똑같은 시간에 만나서 어땠는지 얘기해보자.
Asha: 제 이야기 들어줘서 감사해요 코치님. 지금 기분이 훨씬 낫네요.
Coach: 그래 열린 마음으로 날 찾아와서 대화하니 기쁘구나. 나도 고맙고 금요일 날 보자!

    시나리오 2에서 Asha는 첫 단계에서 잠시 주춤하는 모습을 보이기 시작하니까 코치가 Asha를 다음 단계로 넘어가기 위해 도와주는 모습을 볼 수 있었다. 모든 대화가 완벽하지 않고, 어느 한 대화가 다른 대화와 똑같지 않다. 어떤 선수들은 이런 대화에서 쉽게 다음 단계로 넘어갈 수 있지만, 이 같은 경우는 선수가 다음 단계로 넘어가지 못하는 것을 인식하고 코치로서 도움을 줘야 했던 경우를 예로 들었다. 그리고 이때 시즌 중 굉장히 중요한 시기였으며, 서로 오랫동안 만날 시간과 여유가 개의치 않았다.

    문제는 다를 수도 있지만, 모든 선수들은 한 단계를 거친 후 다음 단계로 넘어간다. Rogers(1995)는 비지시적인 대화법이 수많은 문제와 관계에서 우려 나온 논쟁들을 해결하기 위한 훌륭한 방법이라고 제시한다. "나는 이 방법이 사람과 사람 관계에서 생기는 모든 문제들을 해결할 수 있는 가설을 세울 수 있다는 것에 정말 기쁘다."

    시나리오 3은 새로운 문제점을 예로 든다. 이번엔 코치가 팀원들에 대한 불만이 있었다. 코치는 이 문제를 해결하기 위해 비지시적인 모델을 사용한다.

③ 시나리오

    코치와 팀원들은 팀 차원에서 문제를 앓고 있다. 팀원들은 강한 훈령강도를 유지하지 못하고, 주말에 가까울수록 흐지부지해진다. 금요일 날 아침이 되면 팀은 신체적으로, 정신적으로, 정서적으로, 아예 폐쇄되는 느낌이다. 그냥 월요일 훈련을 위해 쉬는 느낌까지 들고 있다. 코치로서 비지시적인 방법을 통해, 팀원들에게 문제점을 제시하고, 팀원들이 이 문제를 해결해야 할 책임이 있다는 것도 상기시켜준다.

Coach: 얘들아, 지금 우리가 문제가 있는데, 이 문제를 해결하지 못하면 우리가 시즌 시작하기 전에 세웠던 목표들을 달성할 수 없어. 월요일 아침부터 토요일 아침까지, 신체적으로, 정신적으로, 정서적으로 훈련의 강도가 유지되지 않고 있어. 일주일 동안 최선을 다하고 강도가 일정해야지 목표를 달성할 수 있지, 이런 식으로 하면 불가능해.

Player: 저는 그런 거 못 느꼈는데요?(선수는 살짝 화나고 방어적인 태도를 보인다)

Player: 저도 잘 모르겠는데요?(이 선수도 살짝 화나 있다)

Coach: 그럼 다른 사람들도 아무런 문제를 못 느꼈니?

Player: 그럼요!(이 선수도 화나 있다) 금요일이 되면, 저 혼자 열심히 연습 하는 것 같아서 지긋지긋해요. 우리는 매일 같이 열심히 해야지 며칠만 골라서 하면 안되죠.

Coach: 다른 사람들은?

Player: 네, 저번 주엔 저도 금요일 날 최선을 다하지 않았던 것 같아요.

Coach: 그래 솔직하게 얘기해서 고맙다. 이렇게 솔직하게 대화를 나누고 이야기를 해야지 우리의 문제를 해결하고, 한 팀으로서 헤쳐나갈 수 있지. 그래 우리의 목표를 달성하기 위해, 이 문제를 어떻게 해결하지?

Player: 일단, 문제가 파악이 된 것 같네요. 열심히 해야죠.

Player: 그래도 말로만 그렇게 한다고 해서 되는 건 아니지. 문제를 조금 더 살펴보고, 해결책을 좀 더 자세하게 알아보자.

Coach: 그래 좋은 생각이다. 그럼 이 문제를 해결하기 위해 자유롭게 토론해보자. 옳은 생각이나 틀린 말은 없다고 생각하고 다른 사람의 의견을 존중하도록. 그럼 자신의 생각들을 얘기해봐, 내가 필기할게.

Player: 그럼 유명한 명언들을 우리 개인 사물함에 놔두는 것 어때요? 그걸 보면서 항상 최선을 다하는 것을 기억할 수 있도록.

Coach: 좋은 생각이네

Player: 연습 때 서로 감시하는 방식은 어때요?

Player: 그래, 그리고 만약 누군가 이야기를 해도 불평하지 않기로.

Player: 그리고 일주일 동안 최선을 다한 선수한테 상을 주는 것도 좋은 것 같아요.

Coach: 좋은 생각들이야! 계속 해봐.

Player: 그럼 챔피언이 되기 위한 행동들도 사물함에다가 붙이죠.

Player: 연습하는 공간들도요.

Player: 그리고 연습할 때뿐만 아니라, 헬스장에서도, 스트레칭 할 때도, 무엇을 하든 최선을 다하는 것도 좋은 것 같아요, 교실 안 에서도요.

Coach: 좋아.

Player: 그리고 최선을 다하지 않으면, 다음 경기 때 뛰지 못하게 하는 것도 괜찮은 것 같아요.

Coach: 그래 그것도 아주 좋은 생각이군, 또 다른 사람?

> **Player**: 근데 말 한다고 해서 다 되는 게 아니잖아요. 코치님이 항상 얘기했듯이 계획한 것을 시행해야 의미가 있는 것이죠.
> **Coach**: 그럼 어떻게 하는 것이 좋을까?
> **Player**: 규칙을 정하죠. 연습이 끝나고 또 다른 미팅을 해서 다 같이 규칙을 정하는 거예요. 그리고 나면 어디에다가 붙이고 선수들이 서로 감시할 수 있죠.
> **Player**: 연습 때 분만 아니라 스포츠 외에서도 할 수 있도록 하죠.
> **Coach**: 아주 좋아.
> **Player**: 내가 그럼 써 놓을게, 나 연필이랑 종이 있어.
> **Coach**: 좋아. 그럼 한 15분 동안만 더 자유롭게 토론하고. 내일 미팅을 열어서 이것에 대해 더 자세하게 이야기해보자. 내가 하고 싶은 말은 이 팀은 너희들이 팀이고, 방향을 설계한다는 것도 너의 몫이며, 성공하는 것도 너희들에게 달려 있다는 것을 기억하기 바란다.
> **Player**: 감사합니다 코치님.

시나리오 3에서 비지시적 코칭은 문제를 제시하고, 그 문제를 해결할 수 있는 다양한 해결책을 토론하게 할 수 있는 점이 중요하다. 코치는 미팅에서 문제를 제시하고, 자유롭게 토론할 수 있는 분위기를 설정하고, 의견들을 받아들이며, 지시적 질문들을 통해 조력자 역할을 한다. 선수들은 자신의 생각과 의견을 표현하고, 해결책을 찾으려고 하는 역할을 한다.

많은 코치들은 자신의 시간과 노력을 100% 코칭하는 행동 그 자체에 쏟아 붙고 싶다고 이야기하지만, 사실 코치는 수많은 가면을 쓸 줄 알아야 하며, 그 중 하나는 소방관의 역할이다. 코치는 화력이 너무 커지기 전에 작은 불씨를 끌 줄 알아야 하며, 만약 그 불이 엄청나게 번져서 걷잡을 수 없이 커져 있더라도 그런 불도 꺼야 할 상황에 있을 수도 있다. 싫든 좋든, 선수들은 항상 문제를 지니고 있다. 그리고 선수가 성공하기 위해서 팀이 더 나아지기 위해서 프로그램 자체를 강화하기 위해서는 조력자의 역할을 통해 선수들이 스스로의 해결책을 찾을 수 있도록 도와줘야 한다. 비지시적 코칭은 이렇게 선수들이 스스로 해결책을 찾을 수 있게 할 수 있는 최고의 도구이다. 비지시적 코칭을 통해 이러한 문제를 해결하면 팀원들과 함께 마음을 가다듬고, 초점을 다시 맞추어서, 배우고, 훈련하고, 좋은 성과를 얻을 수 있는 준비된 자세를 만들어 줄 수 있다.

▷ 구성주의 학습 이론

<u>구성주의</u> constructivism 학습 이론은 무엇인가를 가르칠 때, 초점은 항상 학습자의 학습 과정을 중시한다. 의미 있는 배움은 학습자가 생산하고 경험하는 것이며, 누군가에게 가르침을 전달 받는 게 아니라는 것을 이야기한다. 구성주의는 다른 용어로 <u>발견 학습</u> discovery

learning 이라고도 하는데, 그 이유는 학습자가 자기 탐구를 통해 지식을 얻고, 문제에 대한 해결책을 찾기 때문이다.

　구성주의 학습 이론은 코치가 학습과정에서 배제되어 있는 형태를 제시하는 것이 아니며, 학습자가 모든 것을 혼자 배워야 한다는 이론도 아니다. 코치의 책임은 선수의 능력을 파악하고, 준비성, 그리고 목표를 설계하는 데에 있다. 선수들의 능력을 측정하기 위해 코치는 과제 분석 task analysis 을 해야 한다. 과제 분석을 통해 선수들의 기술 수준을 설정하고, 한 움직임을 수행하기 위한 수준도 결정해야 한다. 여기서 코치는 선수의 기술 수준과 움직임을 수행하기 위한 수준을 비교해서 학습과정을 더 수월하게 진행할 수 있다. 구성주의 학습 이론을 실시할 때 중요한 원리들이 있다.

- **다양한 신체적 상황을 제공해준다.** 선수들에게 다양한 상황, 시나리오, 훈련 방법과 연습을 제공해서 스스로 탐구하고, 발견하고, 배울 수 있도록 도와주는 것이 좋다. 운동 학습 관점에서 이런 다양한 상황들은 스스로 각자의 운동 프로그램 motor programs , 자극 확인 stimulus identification 과 반응 선택 response selection 을 구조화할 수 있게 도와준다(예 : 도식과 움직임 생성 역할).

- **최적의 난이도를 제공한다.** 만약 요구한 사항들이 너무 어렵거나 쉬우면 학습하는 양은 거의 없다. 너무 쉬운 것은 선수들이 벌써 습득한 내용이기에 당연히 학습할 내용이 없을 것이다. 그리고 너무 어려운 사항들은 선수들에게 실패감만 안길 것이며 학습한 내용도 없을 것이다. 앞서 책에서 지속적으로 반복했듯이 최적의 난이도를 찾는 것은 굉장히 중요하다. 여기서 최적의 난이도의 중요성은 발견 학습이 순조롭게 진행되기 위해서 중요하다.

- **아이들이 어떻게 생각하는지 이해한다.** 아이들은 항상 합리적으로, 논리적으로, 추상적으로, 성숙한 생각을 하지 않는다(물론 어른들도 똑같지만). 그래서 항상 중재하고 방향을 제공해 주며 조언과 구체적인 예를 들 수 있는 준비를 하고 있어야 한다. Piaget(1972)는 어린 아이들은 추상적인 개념과 원리를 이해하는 능력이 부족하다고 설명했다. 추상적인 개념과 원리의 예를 들자면 뉴턴의 제 3법칙이다. 뉴턴의 제 3법칙은 어떤 물체에 힘이 작용할 때에는 항상 두 물체가 관련되어 한 쌍의 힘으로 나타나는데, 그 중 한 힘을 작용이라고 한다면 다른 힘은 반작용이 된다는 것이다. 이 개념을 움직임에 적용시키는 방법을 가르치려면 몸소 보여주는 것이 좋다. 그리고 어린 선수들은 자신이 어떤 움직임을 소화시키지 못해서 화나고 짜증낼 수도 있기 때문에, 이때 코치는 조언을 해 줄 수 있는 능력을 갖추고 있어야 한다.

- **사회적 상호작용을 할 수 있는 기회를 제공한다.** 선수들에게 협동하고 같이 상호작용하는 기회를 제공하는 것이 좋다. "**백지장도 맞들면 낫다(한 사람이 하는 것보다는 두 사람이 하는 것이 낫다)**"는 속담은 구성주의 학습 이론과 팀 전체가 성공할 수 있는 방법에 적용된다. 선수들이 상호작용하는 것을 격려하고 도와주면, 학습하는 과정에서 긍정적이고, 성공한

선수가 되려는 동기부여가 된다. 두 선수가 하나의 움직임을 배우려고 하는 상황이 사회적 상호작용의 예다. 같이 배우려고 노력하면서, 서로 피드백을 주고, 움직임 자체에 대한 개인적인 생각을 토론하며, 개선할 점을 서로에게 알려준다. 필자의 경험으로 선수들은 상호작용하는 학습법을 선호한다는 것을 안다. 코치가 5초마다 한 번씩 피드백을 주는 것보다, 선수들이 서로 피드백을 주는 것은 연습의 효과를 더욱 높일 수 있다. 사회적 상호작용은 어린 선수들에게 서로의 감정과 사고를 이해할 수 있도록 도와주며, 도덕과 규칙을 배우고, 스스로 배우고 연습하는 개인적인 논리적 사고방식 방법을 만들어 주게 도와 줄 수 있다.

- **선수들의 준비성을 강조한다.** 나의 팀과 나는 겨울에 캘리포니아에서 전지훈련을 진행한 적이 있다. 그리고 어느 한 다이버가 10m 플랫폼에서 뛰고 싶다고 얘기했었다. 그 선수는 10m에서 한 번도 뛰어 본적이 없었기 때문에, 호기심이 큰 나머지 도전하고 싶어 했다. 나는 10m 높이에서 뛰기 전에, 5m와 7.5m 높이에서 물에 뛰어 들었을 때의 충격을 경험하는 방법을 제시했지만, 그 선수는 내 말을 듣지 않고 바로 10m 플랫폼으로 올라갔다. 그 선수는 첫 시도에 어깨 탈골이라는 큰 부상을 얻었다. 선수가 무리한 목표를 성취하기 전에 코치는 선수들의 준비성을 강조해야 한다. 처음으로 야구를 배우는 선수한테 시속이 150km/h 이 넘는 공을 던지고 치라고 하지 말고, 그리고 처음으로 수영을 배우는 선수를 깊은 물에 빠트리고 "자! 수영하는 방법을 찾아봐!"라고 하는 것은 절대 안 된다.

선수의 준비성을 이야기하는 것은 당연한 말이지만, 수많은 코치들은 이 규칙을 자기도 모르게 어기는 경우가 많다. 코치가 선수한테 어떤 한 동작을 요구하는데, 그 선수가 신체적으로, 정신적으로, 정서적으로 준비가 안 되어 있는 것을 본적이 있는가? 코치가 선수들에게 부정적인 말을 하기 원하는 사람을 없을 것이지만, 때때로 "잠시만, 일단 그 동작은 나중에 해보자. 아직 준비가 안 된 것 같아. 그 동작을 하기 전에 X, Y, Z 란 동작들을 먼저 습득하고 해 보자."란 말을 할 수 있어야 한다.

이렇게 구성주의 코칭에 대해 많은 이야기를 했다. 선수가 자신의 역량을 증명하는 능력을 인식하는 것, 구성주의 이론은 발견 학습, 합동학습, 그리고 선수가 스스로 운동 학습에 참여하는 것도 설명했다. 하지만 때로는 구성주의 학습이 올바르지 않은 학습이 되는 상황도 있다. Adam's 폐쇄회로 운동 학습 이론 Closed-loop motor learning theory 에 따르면, 학습의 효율성을 높이기 위해서는 학습과정 초기에는 실수가 가능한 없어야 한다고 주장한다. 그러나 구성주의 학습에서는 실수가 학습을 촉진하기 때문에 많은 실수를 경험하는 것이 좋다고 주장한다. 구체적으로 학습 초기에 실수를 많이 경험하고 이를 통해 학습하게 된다면, 미래의 챔피언을 꿈꾸고 있는 어린 선수들의 기본기를 더욱 탄탄하게 하는데 큰 도움이 된다는 것이다. 모든 운동 능력 중에 그것이 농구의 슛이든, 골프나 테니스의 스윙이든, 바이올린을 키는 기술, 미식 축구공을 던지는 방법, 야구공을 던지는 방법 등 기본기가 아주 중요하다. 이 기본기를 바탕으로 대단한 성과를 낼 수 있도록 도와주어야 한다.

어떻게 이 다른 두 방법들을 조정할 수 있을까? 구성주의 학습과 오차 기반 학습 error free learning 의 좋은 점을 결합할 수는 없을까? 성공하는 코치가 되기 위해서 구성주의 이론과 직접적 교수 direct instruction; 코치가 직접 코칭하는 교수방식 의 적절한 비율을 찾는 것이 코치의 기술 중 하나이기도 하다.

▷ 성공적인 교수를 위한 피라미드

제 1장에서 Maslow의 위계적 욕구를 기반으로 기본 욕구와 상위 욕구가 선수들의 성장에 얼마나 중요한지 제시했다. 위계적 욕구 이론 또한 인본주의 이론들과 유사한 점이 많은데, 앞서 계속 이야기 했던 안전, 소속감, 자존감, 사랑, 인지적 욕구와 미적 욕구뿐만 아니라 자아실현, 즉 자신의 잠재적 능력을 최고치로 발휘할 수 있는 것이 최종 목표라는 것도 비슷하다. Maslow의 욕구 이론처럼, 성공적인 교수를 위한 피라미드 Pyramid of Teaching Success in Sport; PofTSS 도(Gilbert, Nater, Siwik, & Gallimore, 2010), 단계별로 나뉘어져 있으며, 인본주의 이론이 중요시 했던 개념들 사랑, 우정, 협동, 자기성찰 (코치가 자신을 개발할 수 있는 중요한 개념) 등과 겹치는 부분이 많다. 이 피라미드는 효과적인 코치가 되기 위한 방법을 보여준다.

첫 번째 층은 코치가 성공을 가르치기 위한 기초 단계로 다섯 가지 블록으로 나누어진다. 이 블록은 사랑, 우정, 충성 loyalty , 협동, 그리고 균형이란 개념으로 형성되어 있다. 저자는 이 많은 초석 중, 두 가지 개념을 우선적으로 생각하는데, 그 중 첫 번째는 사랑이다. 사랑이라는 단어를 정의할 때, 저자는 사심, 이타주의적, 무조건적인 헌신이라고 했으며, 이런 코치들이 자신의 선수들을 성공으로 이끌어 갈 수 있다고 제시했다. 두 번째 중요한 개념은 균형이다. 균형이란 적당함, 관점, 그리고 적합함이라는 개념들이 조화롭게 통합하는 자세로 유지하는 능력을 일컫는다. 쉽게 얘기하자면, "코치가 생각하는 것, 말하는 것, 그리고 행동하는 것이 일치할 때"라고 생각하면 된다. 5가지의 개념 중 초석인 첫 단계에서 중간에 있는 우정, 충성, 그리고 협동은 인본주의 학습이 이루어질 수 있는 환경이 형성 되도록 도와주며, 관계를 구축하고, 협동하고, 신뢰할 수 있도록 한다.

두 번째 층은 코치의 학습 집단이라고 하는데, 그 이유는 선수들은 코치없이 학습이 이루어지거나 진행되지 않기 때문이다. 선수들은 전 코치, 다른 팀의 코치, 자신의 코치, 다른 팀 코치 등 거의 모든 사람들에게서 배운다. 두 번째 층의 4가지 개념인 근면성, 호기심, 지략, 그리고 자기성찰로 나뉘어진다. 이 개념들은 지식을 높여주고, 감정적인 내구성을 향상하고, 인격과 개성을 성립할 수 있다. 근면성이란 신체적으로 열심히 일하고 지적으로도 열심히 공부하는 것을 뜻한다. 호기심은 코치가 항상 **"왜?"**란 질문을 통해, 자신의 코칭 방법을 개선하고, 더 나은 방향으로 찾으려고 하는 동기를 부여해 준다. 좋은 코치란 호기심이 많고, 자신이 질문한 것에 대한 답을 찾는 능력, 문제를 해결할 수 있는 능력,

새로운 상황에서 당황하지 않고, 새로운 답을 생성할 수 있는 재치가 있다. 자기성찰은 개인의 성장을 위한 끊임없는 배움을 말하고, **"내가 더욱 더 좋은 교사와 코치, 그리고 더 좋은 사람이 될 수 있는 방법이 무엇일까?"** 라는 질문을, 지속적으로 자기 자신한테 던지는 것을 의미한다. 저자는 "자기성찰은 미래의 성장을 가능하게 하는데, 그 이유는 약한 아이디어와 비효율적인 연습 방법을 과감하게 버리고, 새로운 목표를 세우고 추구할 수 있게, 자신의 행동과 생각을 일치시키려고 노력하며, 사랑과 균형을 중요시 하는 것이다."

세 번째 층은 피라미드의 심장이라고 생각할 수 있다. 그 심장에는 효과적인 가르침을 위한 핵심요소가 들어가 있는데, 그 요소는 교육학적 지식, 자기 과목에 대한 지식, 그리고 조건화가 있다. 아무리 인본주의적인 코치가 있다고 해도 가르치는 방법(교육학적 지식)과 자기 과목에 대한 지식이 없다면 아무 의미가 없다. 효과적인 코치들은 효과적인 교사이기도 하다(이 책을 쓰는 이유이기도 하다). 지도자들은 수많은 교육학적 지식을 이해하고 있으며, 이 이론들이 어떻게 적용되는지도 알고 있다. 조건화는 코치가 신체적, 정신적, 정서적, 사회적, 그리고 도덕적면에서 한 연습이나 한 시합뿐만이 아니라, 지속적으로 올바른 자세를 유지하는 것을 이야기 한다. 이 개념들을 지속적으로 유지하는 것이 코치의 최고 고난이기도 하다. 한 번씩 지도하는 것은 쉽다. 하지만 항상 매일매일 지도하는 것과는 천지 차이다.

네 번째 층은 용기와 헌신이다. 코치의 삶에서 코치하는 것이 세상에서 제일 어렵게 느껴지는 순간이 온다. 훌륭한 코치가 되기 위해서는 용기와 헌신이 필요하다. 자신의 생각이 맞는다고 믿으면 그 믿음을 위해 싸울 수 있는 용기가 필요하다. 그것이 프로그램 자체에 대한 생각이든, 목표, 기준, 철학, 행동, 선택, 가치이든. 다른 사람들이 편리함과 평범함을 외쳐도, 돈과 명예를 위해 무엇이든 하는 사람들에게도, 이런 사람들과 맞서 싸울 수 있는 용기가 필요하며, 자신의 선수들을 선수 차원에서만 성장하는 것이 아니라, 사람으로서도 더욱 더 좋은 사람으로 성장하게 도와 줄 수 있는 용기 또한 필요하다. 이 용기는 헌신을 통해 강화되며, 자신이 정의한 가치와 원리가 바탕이 될 수 있도록 자신만의 철학에 헌신해야 한다.

피라미드의 꼭대기엔 가르침이 있다. 성공적인 코치들의 최종적인 목표는 바로 가르침이다. 코치의 성공을 정의할 때, 저자들은 "코치가 만약 선수들이 배울 수 있도록 최선을 다 했다면, 그 코치는 피라미드 꼭대기인 가르침 위치에 있다. 용기와 헌신의 단계처럼, 가르침이란 무엇인가 노력하고, 무엇인가 되는 것이 아니라, 피라미드의 첫 3층의 12가지 개념들을 성취하려는 꾸준한 노력을 통해 어느 한 상태에 머물러 있는 것을 말한다." 이 관점은 인본주의 그 자체다.

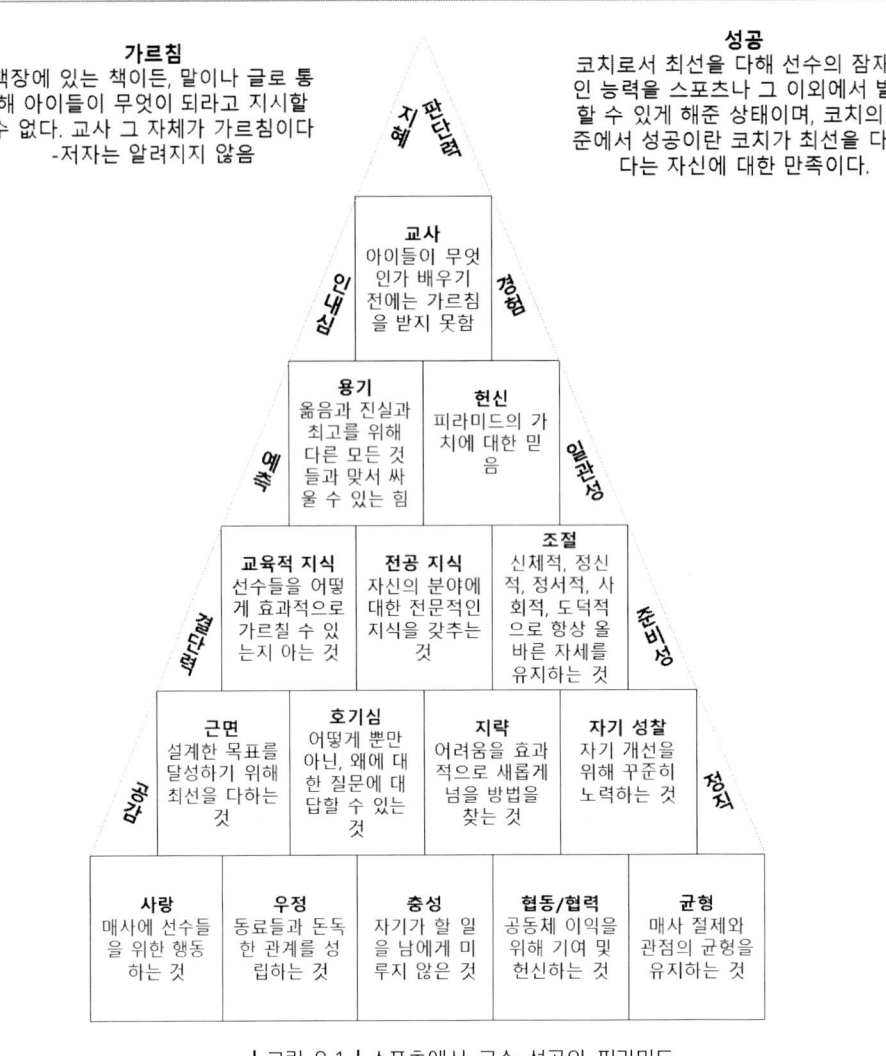

| 그림 8.1 | 스포츠에서 교수 성공의 피라미드

- 교사: 아이들이 무엇인가 배우기 전에는 아무것도 가르치지 않았다.
- 용기: 옳음과 진실과 최고를 위해 다른 모든 것들과 맞서 싸울 수 있는 힘
- 헌신: 피라미드의 가치에 대한 믿음
- 교육학적 이론: 선수들을 어떻게 가르칠 수 있는지 아는 것
- 과목에 대한 지식: 과목에 대한 전문적인 지식
- 조절: 코치가 신체적, 정신적, 정서적, 사회적, 그리고 도덕적면에서 항상 올바른 자세를 유지하는 것
- 근면: 설계한 목표를 달성하기 위해 최선을 다하는 것
- 호기심: 어떻게 뿐만 아닌, 왜에 대한 질문에 대답할 수 있는 것
- 지략: 장애물을 효과적으로 새롭게 넘을 방법을 찾는 것

- 자기성찰: 자기 개선을 위한 꾸준한 노력
- 사랑: 매사에 선수들을 위해 행동하는 것
- 우정: 튼튼한 관계 성립
- 충성: 자기가 할 일을 남에게 미루지 않는 것
- 협동: 자신의 집단에 기여하는 것
- 균형: 적당함과 관점의 균형을 유지하는 것

피라미드 그림을 보면, 옆에 언급하지 않은 10가지 개념들을 볼 수 있을 것이다. 이 10가지 추가된 개념들은 피라미드 전체를 탄탄하고 충격을 견디어 낼 수 있게 만들어주는 역할을 해 준다. 이 개념들을 자신의 코치 철학에 포함시키는 것이 좋다.

공감 empathy, 예측 anticipation, 경험 experience, 정직 honesty, 일관성 consistency, 판단력 judgment, 결단력 initiative, 인내심 patience, 지혜 wisdom, 준비성 preparation

▷ 코칭 상황에 7가지 인본주의 원리를 적용하는 방법

인본주의 코치 humanistic coach 를 쓴 Lombardo(1987)는 7가지 인본주의 원리를 코칭 방식에 적용될 수 있다고 이야기했다. 이 요소들과 적용법은 〈표 8.2〉에 제시했다.

- **성공의 촉진.** Lombardo는 성공을 촉진하기 위한 최고의 방법은 선수들이 스스로 의미 있는 목표를 설정하고 그 목표를 달성하기 위해 자기 자신을 스스로 평가하는 것이 좋다고 제시했다. 선수들에게 개인의 목표를 스스로 설정할 수 있는 자유를 주고, 그 평가 또한 스스로 진행되게 해 준다면 코치가 선수들의 자기결정성과 자기 평가 능력을 믿는다는 것을 몸소 보여주는 것이다. Lombardi(1987)는 "선수들이 독립적으로 목표를 설정하는 과정은 성공을 촉진하는 것과 똑같은 것이다"라고 설명했다.
- **긍정적 존중.** 긍정적으로 존중하는 방식을 적용하려면 선수로 뿐만 아니라 인간으로서 존중하는 것을 일컫는다. 선수들을 유니폼과 장비로 보지 말고, 선수들 개개인의 특성과 인간적인 면을 받아들일 줄 알아야 한다. 코치는 선수들에게 용기를 주고, 수락하고, 지지하고, 옹호해주고, 영감을 줄 수 있도록 노력하며, 만약 부정적인 피드백을 해야 할 상황에 있다면, 항상 선수적인 면과 인간적인 면을 구분해서 이야기해야 한다. 선수의 경기력이 마음에 안 들지는 몰라도, 그렇다고 해서 사람을 싫어하면 안 된다. 항상 존중해주며, 그 긍정적인 에너지로 인해 성장하고 잠재력을 발휘할 수 있도록 도와주어야 한다.
- **개입/참여.** 인본적인 관점에서 프로그램을 운영하면, 선수들은 자신이 개인적으로 개입되는 부분이 많기 때문에 신이 나고, 의욕이 생기고, 열정적이고, 활기가 넘치고, 에너지가 생긴다. 자기 자신들이 프로그램에 대한 결정권을 내리기 때문에 이 프로그램이 자신의 프로그램이라고 느끼게 되는 것이다. 자기 자신을 그대로 표현하면서 그것이 받아 드려지

는 것도 느끼며, 코치가 설정한 목표를 위해 달리는 것이 아니라, 자기 자신이 설정한 목표를 위해 달리는 것이기 때문에 의미가 부여되는 것이다. 자기 자신 그대로가 받아 드려지는 프로그램은 자유, 기쁨, 그리고 열렬하게 진행될 수밖에 없고, 이것은 선수가 초점이 된 코칭 방법의 중요한 부분이기도 하다.

- **상호작용.** 상호작용은 선수들이 어떻게 이야기하고, 경청하는 태도에 따라 달라진다. 인본주의 프로그램은 선수가 항상 이야기할 수 있는 분위기가 설정되어 있으며, 선수가 자신의 생각을 자유롭게 표현하고, 질문하고, 개입하고, 제안하는 것을 격려한다. Carron과 Bennett(1977)의 연구는 상호작용이 많으면 많을수록, 그리고 선수와 코치, 둘 다 통제력과 선택권을 가지고 있으면, 선수들의 동기는 지속되며, 운동을 그만두는 선수들의 숫자도 줄어들었다. 상호작용은 코치가 선수들과 같이 소통하는 능력을 이야기 하는 것이기도 하다. Lombardo(1987)는 "인본주의적 리더는 선수가 말하는 것을 경청할 수 있는 능력과 선수의 관점에서 공감 하는 능력, 선수의 메시지가 정확히 무엇인지 파악하는 능력, 그리고 선수가 언어로 이야기하지 않았던 무의식적인 부분까지 파악할 수 있는 능력이 포함되어 있다"고 이야기한다.

- **인지처리 과정.** 인본주의적 코치는 선수들이 생각하는 능력을 인정하고, 존중하고, 격려한다. 그리고 선수의 인지적 능력을 향상시키기 위해, 선택, 문제 해결, 목표설정, 자기평가, 자기성찰, 연습일정 등을 스스로 수립할 수 있도록 도와준다. 인본주의 프로그램에 있는 선수들은 의견이 다르면 다르다고 표현할 수 있는 능력과 자유를 주며, 독립적으로 생각할 수 있도록 한다. 이런 환경에서 인본주의적 코치는 자신의 생각과 다른 관점들을 수용하지는 않아도 사고에 포함할 수 있는 능력과 동의하지 않을 때, 의견이 다를 때, 이런 상황에서도 올바르게 표현하는 방식도 알고 있어야 한다.

- **조화.** 조화 congruence는 한 사람의 행동이(정서적, 느낌, 생각, 행동), 자신이 생각하고 있는 것과 일치할 때를 일컫는다. 조화와 비슷한 개념은 진실성 authenticity 이다. 진실성은 한 사람이 가면을 쓰지 않고(코치, 선생, 지도자) 자기 자신을 있는 그대로 생각하고 행동하는 것이다. 진실적인 코치(선수들도)는 가면을 쓴 다른 사람이 아니라, 자신의 본 모습을 다른 사람 앞에 당당하게 보여 줄 수 있다. "선수들간에 갈등을 해소하기 위해 "무서운 코치"의 가면을 써서 해결 하는 것이 아니라, 있는 그 모습 그대로 대처하는 것이다" (Lombardo, 1987). 조화로운 코치, 진실적인 코치는 자신의 약점을 보이기 두려워하거나 자신이 실수 했다는 것을 인정하지 못하는 사람이 아니다. 코치는 항상 열려있고 솔직하고, 자신의 신체적 행동이 언어적 행동과 일치한다. Heitmann와 Kneer(1976)는 "비언어적인 메시지들이 언어적인 메시지들을 부인하는 행동과 느낌을 줄 때가 있다. 사람들이 주로 행동과 비언어적인 메시지를 더 믿고 선호하는 이유는 행동을 숨기거나 속이기 어렵기 때문이다". 선수들은 다른 사람들과 똑같이 몸짓을 통한 감정을 볼 수 있는 능력을 가지고 있다. 정말 훌륭한 코치들은 조화와 진실성을 통해 말보다 몸짓의 언어로 선수들의

신뢰를 쌓고 관계를 형성한다.

- **공감.** 공감을 할 수 있는 코치들은 선수들의 감정에 예민하며, 선수가 지금 이 상황에서 선수적인 측면과 인간적인 측면에서 항상 무엇을 느끼고 경험하는지 알고 있다. 코치가 물론 선수가 무엇을 경험하고 느끼고 있는지 완벽하게 알 수는 없지만, 공감할 수 있는 코치들은 선수의 입장에서 경험하고 느낀 점을 이해하려고 노력한다. 이런 코치는 선수들의 존엄성을 존중하고 생각할 줄 알며, 더 나아가 선수들과 개인적으로 소통할 때나 대중적으로 소통할 때의 차이도 구분할 줄 안다. Lombardo의 책에서 훌륭하고 효과적인 코치의 행동을 더 자세하게 설명하는데, 그 7가지 요소는 인본주의 이론에 포함된다.

| 표 8.2 | 7가지 인본주의 원리를 코칭 방식에 적용하는 방법

원리	적용 방법
성공의 촉진	선수가 스스로 목표를 설정하고 달성한다.
긍정적 존중	코치는 선수를 인간적으로 존중해준다.
개입/참여	선수들의 관심을 사로잡고 들뜨게 만든다.
상호작용	선수들은 생각을 자유롭게 표현하고, 코치는 이해하려고 노력한다.
인지처리 과정	선수들은 학습전략을 사용하고, 생각한다.
조화	코치는 진실적으로 행동한다.
공감	코치는 선수들의 감정을 존중해 준다.

▷ 전인적인 선수

전인적인 선수와 코치는 어디에도 존재하지 않는다. Rogers에 의하면, 자아실현(자신의 잠재력을 최고치로 발휘하는)은 끝이 없는 과정이라고 한다. 잠재력은 무한하기 때문에, 아무도 그 끝에 도달할 수 없다. 전인적인 선수는 선수적인 측면뿐만 아니라, 인간적인 면에서도 더 좋은 사람이 되고 싶은 끝없는 노력이다. 더 좋은 선수, 학생, 친구, 시민, 롤 모델, 아들, 딸 등이다. 그래서 전인적인 선수 fully human athlete 는 자신의 의사결정, 방향 제시, 목표설정, 문제 해결, 행동에 대한 책임 등을 발견 학습을 통해 성장하고, 노력하고, 이 상태를 지속적으로 유지하는 것이다. 선수는 자신에 대해 긍정적으로 평가하고 높은 자존감뿐만 아니라, 다른 사람들도 존중할 줄 알며, 자신의 삶을 통제할 수 있는 능력과 개인의 가치를 성립하려고 노력해야 한다.

전인적인 선수는 한 선수를 의미하는 것이 아니다. 모든 선수를 의미하는 것이다. 개개인의 특성과 특별한 점을 팀에 포함시킴으로써, 자신에 대한 존중감은 물론 다른 팀원들도 존중하는 것이다. 선수의 행동은 자아실현을 위한 동기부여가 되어야 하며, 높은 자존감이 형성될 수 있도록 전인적인 코치가 필요하다.

▷ 전인적인 코치

전인적인 선수와 비슷하게, 전인적인 코치 fully human coach 도 지속적으로 더 좋은 사람이 되려고 노력하는 것을 의미한다. 더 나은 코치, 리더, 롤 모델, 시민, 스포츠에 대한 열정, 배우려고 하는 의지 등이다. 전인적인 코치는 자아에 대해 굉장히 긍정적으로 생각하고 있기 때문에 자기가 능숙하고 효과적인 코치라고 믿는다. 또한 코치는 배려하고, 이해심이 깊고, 조화되어 있으며, 진실적이고, 선수들의 감정에 집중할 줄 알며, 더 나아가 선수의 감정, 느낌, 경험, 말, 관점까지 이해할 줄 알아야 한다. 전인적인 코치는 선수에 초점에 두고 학습을 진행하며, 인본주의 이론을 매사에 포함하고 적용할 줄 아는 것뿐만 아니라, 비지시적인 코칭 방식을 사용해서 선수들을 향상시킨다.

전인적인 코치는 자신의 실수를 인정하는 것을 두려워하지 않으며, 사랑, 우정, 충성, 협동, 그리고 균형 같은 인본주의 이론의 중요한 개념들을 포용하는 사람이다. 코치는 선수가 성공할 수 있도록 도와주며, 선수들을 긍정적으로 존중하며, 선수들과 자유롭게 상호작용하는 것을 통해, 비판을 수용할 줄 알고, 자기 평가를 통해, 더 나은 코치와 사람이 될 수 있도록 지속적으로 노력한다.

(코치의 도구상자)

코치의 도구상자 안에 평범한 도구가 있다. 이 장을 읽으면서 인본주의 이론은 앞서 이야기 했던 다른 이론들과 사뭇 다르다는 것을 느낄 수 있을 것이다. 하지만 이 다르다는 점이 제일 효과적인 도구가 될 수도 있다. 반응 조건화 같은 이론처럼 인본주의 이론은 다른 운동 학습 교재나 책에서는 찾을 수 없을 것이다. 하지만 이 이론을 잘 사용하면 코칭하는 방식뿐만 아니라, 선수들에게도 큰 영향을 끼칠 수 있다.

종단적 분석에 따르면, 인본주의 학습은 선수들에게 장기적인 변화를 일으키는데 더 효과적이다. 인본주의 코칭 방식을 적용시킨다면, 선수들을 선수적인 측면뿐만 아니라, 인간적인 측면에서도 성장하게 도와 줄 수 있는 장점이 있다. 자기가 스스로 성찰하고 개선해 나가면서, 개인의 통찰력, 성숙함, 통제력, 자신감, 문제 해결 능력을 향상시키고 배울 수 있으며, 이 능력들을 통해 선수 시절 삶의 질을 높이고, 선수의 삶이 끝이 나도 더 좋은 사람이 될 수 있게 한다.

과학적이며 예술적인 코치

책에서 앞서 이야기했던 이론들과 달리, 인본주의 코치는 예술적인 부분이 있다. 따라서 결과적으로 볼 때, 정확한 것을 찾고 측정하기 어렵다. 예를 들어 선수의 자기개념과 존중감이 향상 됐다는 것을 어떻게 평가할 수 있는가? 선수가 더 성숙해지고 더 좋은 사람이 되었다는 것을 어떻게 측정할 수 있는가? 문제 해결 능력이 향상됐다는 것은? 이런 측면들은 측정하기 어려울 뿐만 아니라 불가능 하다.

인본주의 코치의 논쟁 중 하나는 예술과 과학의 차이이며, 코치가 행동주의/인지주의 방법으로 접근할 것인지, 인본주의 방법으로 접근할 것인지 선택해야 한다. 하지만 현실적으로 그 어떤 것도 정확히 구분되기는 어렵다. 인본주의 관점으로 봤을 때 행동주의와 인지주의 이론들은 그렇게 기술적으로 지향하는 이론들이 아니다. 그리고 인본주의자들은 주로 행동주의와 인지주의 이론에서 많이 빌려왔다. 과학적이든 인본주의적이든 학습적인 면에서 서로 배울 점이 많으며, 사실 인본주의 이론들은 행동주의와 인지주의 이론들과 그리 다른 것도 아니다.

인본주의는 예술적 부분에 가깝고, 인본주의자들은 과학적인 접근방법도 나쁘지 않고, 때로는 과학적인 방법이 학습과정에서는 필요하고 효과적인 방법이라는 것도 알고 있다. 앞서 말했듯이 인본주의 학습은 측정하기 어려우며(예: 자아실현, 올바른 감정 표현, 소통 방법, 진실성 등이 향상됐거나 개선됨을 평가), 인본주의자들은 측정이 가능한 과학적 학습방법이 인간 그 자체를 존중할 수 있는 요소를 포함시킨다면 사람을 개나, 쥐나, 새나, 컴퓨터에 비교하지 않는다면, 비슷한 점이 많다.

과학적이며 예술적인 코치로서 행동주의자이면서 인지주의자면서 인본주의자의 장점을 섞을 수 있는 사람이 되기 바란다.

코치가 이 3가지를 기억한다면

1. **인본주의가 코칭 방식과 프로그램에 스며들 수 있도록 노력한다.** 인본주의가 정확한 코칭 방식은 아니지만, 훌륭한 코치가 되기 위한 요소들을 포함시키고 있다. 이 요소들이 코칭 방식과 프로그램에 스며들 수 있도록 해야 한다. 이 요소들은 다음과 같은 부분들은 강조해야 한다.
   - 무엇을 배웠는가를 측정하기보다 학습과정을 강조한다.: 배울 수 있는 학습 전략과 선수들이 스스로 배우고 생각할 수 있도록 도와줘야 한다.
   - 자기결정성을 강조한다.: 선수들이 자신의 삶을 책임지고, 자율적으로 자신의 방향을 설정하고, 자기평가를 할 수 있도록 도와줘야 한다.

- 개인의 성장을 강조한다.: 선수적인 측면뿐만 아니라, 인간적인 측면에서도 성장하도록 도와줘야 한다.
- 의사소통을 강조한다.: 선수들이 서로의 말을 들으려고 노력하고 서로를 이해할 수 있도록 도와줘야 한다. 코치가 소통적인 면에서 좋은 롤 모델이 되어야 한다.
- 개인의 개성을 강조한다.: 팀은 중요하다. 하지만 개개인의 선수들도 중요하다. 개인의 특성을 존중할 수 있는 환경을 만들어 줘야 한다.
- 감정의 중요성을 강조한다. : 선수들의 감정과 개인의 경험은 무엇을 가르치는 것보다 더욱 더 중요할 때가 많다. 선수의 감정과 경험을 공감하고 이해하려고 노력해야 한다.

2. **인간적인 측면에서의 성장은 곧 선수적인 측면의 성장이다.** 선수들이 인간적인 측면에서 성장함을 도와주고 있을 때, 사실 선수적인 면에서도 성장하고 있는 것이다. 사실 코치가 선수만 키우는 것이 아니다. 사람을 키우는 것이다. 선수의 삶이 끝나고 나서도, 더욱 더 질 높은 삶을 살 수 있도록 도와주는 것이다. 비지시적 코칭 방식을 통해 선수들의 성장을 도와주어야 한다.

3. **인간적인 측면에서의 성장은 관계 형성에서 시작된다.** 코치가 선수들과 관계를 형성할 때, 열린 마음과 진실성으로 다가가고, 선수들 개개인의 차이를 존중하며, 선수들의 입장을 이해하는 마음이 중요하다. 코치가 선수들에게 인본주의 방식으로 접근할 때, 선수는 개인적인 사고를 통해 자신에 삶을 통제할 수 있는 능력이 생기며, 자신감이 향상된다. 더 나아가, 문제 해결 능력과 서로를 이해하려고 하는 노력, 그리고 자신의 사고를 자유롭게 표현할 수 있게 된다. 성공을 가르치는 피라미드는 코치가 선수들과 탄탄한 관계를 맺기 위한 방법을 제시하고 있다. Rogers(1995)는 상담자와 내담자의 관계형성에 대해 설명하고 있지만, 사실 Rogers는 모든 인간관계에 대해 설명하고 있다. 훌륭한 관계형성이란 "한쪽의 입장이라도 서로의 성장, 향상, 성숙함, 자기 통제력, 그리고 더불어 살아가기 위해 개선하려는 노력"이라고 정의했다. 인본주의 관점에서 봤을 때, 코치와 선수의 관계는 개인과 개인관계뿐만 아니라, 개인과 집단의 상호작용이기도 하다. 그래서 결국엔 훌륭한 관계는 코치와 팀의 상호작용이다.

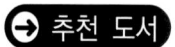
추천 도서

Benjamin, A. (1981). *The helping interview.* Boston: Houghton Mifflin.

Bloom, B. S. (1976). *Human characteristics and school learning.* New York: McGraw-Hill.

Buscaglia, L. (Speaker). (1984a). "Love."Cassette recording titled *On being fully human.* Chicago: Nightingale-Conant.

Buscaglia, L. (Speaker). (1984b). "Love."Cassette recording titled *Together with Leo.* Chicago: Nightingale-Conant Corporation.

Joyce, B., Weil, M., & Calhoun, E. (2009). *Models of teaching.* Englewood Cliffs, NJ: Prentice Hall, 328.

Rogers, C. R. (1995). *On becoming a person.* New York: Houghton Mifflin.

Rosenthal, R. & Jacobson, L. (1968). *Pygmalion in the classroom: Teacher expectations and pupils' intellectual development.* New York: Holt.

Simon, S. B., Howe, L. W., & Kirschenbaum. H. (1972). *Values clarification: A handbook of practical strategies for teachers and students.* New York: Ballinger.

CHAPTER 09

정서적인 선수
정서 이론의 적용

주요용어

- 행동 경향(action tendencies)
- 불안(anxiety)
- 각성(arousal)
- 정서의 귀인 이론(attribution theory of emotion)
- 소진(burnout)
- 인지 평가(cognitive appraisal)
- 인지 방해(cognitive interference)
- 인지적 재구조화(cognitive restructuring)
- 통제력(control)
- 단서 유용화 가설(cue utilization hypothesis)
- 부정(denial)
- 단호한 대처(determined coping)
- 주의 방향(direction of attention)
- 고통(distress)
- 비기능적 효과(dysfunctional effect)
- 불쾌감(dysphoria)
- 자아중심(ego involved)
- 정서(emotion)
- 정서 게임(emotion game)
- 정서적인 선수(emotional athlete)
- 정서적인 코치(emotional coach)
- 내재된 정서적 반응(hardwired emotional responses)
- 개인적정기능영역(individual zones of optimal functioning)
- 내적 게임(inner game)
- 개인 간 결과(interpersonal consequences)
- 개인 내 결과(intrapersonal consequences)
- 직관적 평가(intuitive appraisal)
- 상황(locus)
- 피로응장애증후군(maladaptive fatigue syndrome)
- 부정적인 정서(negative emotions)
- 적정(optimal)
- 최적의 효과(optimal effect)
- 분석에 의한 무능력 현상(paralysis by analysis)
- 신체적 변화(physiological changes)
- 긍정적인 정서(positive emotions)
- 반성적 평가(reflective appraisal)
- 7가지 R(seven Rs)
- 안정성(stability)
- 상태 불안(state anxiety)
- 정지시킬 수 있는 기술(stop technique)
- 주관적 경험(subjective experience)
- 과제 중심(task involved)
- 특성 불안(trait anxiety)
- 인정되지 않은 고통(unacknowledged distress)

미국 전국대회의 우승 후보였던 Mike는 중요한 시합에서 모든 사람이 깜짝 놀랄만한 성과를 냈다. Mike 본인과 코치는 그렇게 놀라지는 않았지만, 사실 시합 당일 그 둘은 굉장히 불안해했다. 첫 경기가 시작되기 전에 Mike의 워밍업 단계는 형편없었다. 이전에도 주로 준비 운동 단계에서 무언가 맞지 않으면 Mike는 화가 난 상태에서 경기에 임했고, 화가 나면 대회의 성적도 형편없었다. 그런 상태에서 경기가 끝나고 돌아오면 화가 분노로 변하여 난동을 부리거나 정서적으로 돌아올 수 없는 상태가 되었다. 한번은 라커를 주먹으로 때려서 손이 부러지는 경우도 있었다. Mike가 정서적으로 화가 나거나 불안한 상태에 도달하면 신체적으로도 심리적으로도 건강이 악화되었다. 하지만 최근 몇 개월 동안 Mike는 정서에 대한 책을 많이 읽었고, 정서가 인식, 지각, 인지력뿐만 아니라 운동 수행에도 영향을 끼칠 수 있다는 것을 배웠다. Mike의 코치는 정서지능에 대한 책을 꾸준히 읽어보라고 권장했으며(Goleman, 1997), 분노 같은 정서적 감정이 인지적인 측면과 운동적인 측면에서 어떻게 부정적으로 적용되는지에 대해서도 설명해 주었다. Mike와 코치는 선행적인 상황(결과를 일으키는 원인)들이 어떻게 부정적인 생각을 유발하는지 연구했으며, 다양한 정서적 감정들이 Mike의 수행에 어떻게 작용하는지에 대해 오랜 시간을 고민하고 생각하며, 수많은 정서적 감정과 운동 수행 간의 상관관계를 알아냈다. 그 둘은 수많은 심리적 상황에 대한 작전을 세우면서 Mike의 감정(정서)을 통제하는 방법을 연구하고, 습관적으로 분노 상태로 빠져들고 경기를 망치는 덫을 피해가기 위해 노력했다. 이 전략을 연습과 게임 때 이용하여 Mike는 서서히 나아지고 있었고, 매번 성공한 것은 아니지만, 감정(정서)을 통제하는 능력은 서서히 향상되고 있었다.

그 전략은 자기 관찰 self-monitoring, 자신과의 대화 self-talk; 혼잣말, 자주적 방향 결정 self-direction, 그리고 이완을 주무기로 사용했다. Mike는 살짝 긴장하거나 약간의 화가 나 있으면 대회의 결과도 좋았지만, 이런 정서적 감정들이 분노로 넘어가지 않도록 주의해야 했다. Mike는 분노가 자신의 최대 약점이라는 것을 인지하고 있었으며, 이제는 분노 상태로 넘어가는 순간, 모든 것이 물거품이 된다는 것을 잘 알고 있었다. 항상 Mike는 자기 자신을 관찰하고 있었는데, 전국대회 날에도 Mike는 자기 자신의 화가 조금씩 올라온다는 것을 느꼈다. 그래서 워밍업 이후, Mike는 자신의 심리적 전략을 실행했다. Mike는 재빨리 자기 자신에게 침착하라는 혼잣말과 함께 자신의 사고와 정서적 감정을 자신의 목표와 목표에 대한 성공에 집중했고, 몸과 마음을 이완시키려고 노력했다. 예선에서 그렇다 할 만한 성과를 이루지는 않았지만 결승전에 참가할 수 있는 자격이 주어졌다. 그리고 결승전에서는 예선전에서 나온 성적보다 훨씬 더 좋고, 사람들이 깜짝 놀랄 만한 성과를 이루었다. Mike는 갑자기 신들린 것처럼 다른 사람이 되어버렸다. 3번째이자 마지막 대회에서 Mike는 개인 최고기록을 갱신했고, 최우수상 Athlete Performance Award 도 받으면서, 미국 국가대표로 선발되어 스페인 팔마 데 마요르카 Palma de Mallorca 에서 개최된 세계대학대회에 나갈 수 있었다. 거기서도 Mike는 팀의 주장이 되었는데 그 이유는 정서를 잘 통제할 수 있고 흐름을 제어할 수 있다는 장점 때문이었다.

이 놀라운 이야기는 Mike가 스카우트 되지 않았던 무명인 루키 때부터 시작해서, 자신의 분야에서 최고의 선수가 되기까지의 대한 감동적인 이야기다. 그리고 이렇게 아름다운 사연이 될 수 있었던 계기는 순간적으로 자신의 생각과 감정(정서)을 통제할 수 있었던 몇 초가 쌓여서, 위기의 상황을 잘 극복해 내고 최고가 될 수 있었던 선수의 이야기다.

이 장은 정서적인 선수에 초점을 맞추었다. 그리고 정서와 수행이 얼마나 큰 상관관계를 지니고 있는지에 대해서도 알아볼 것이다. 코치가 자신의 선수들에게 어떻게 각자의 정서를 통제할 수 있는 방법을 가르쳐주고, 그 정서를 이용하여 자신의 성적과 성과를 올리고, 정서를 제거하거나 증가시키면서 최고의 수행을 얻게 할 수 있는 방법까지도 알아볼 것이다.

개 요

이 장에서는 제일 먼저 정서가 의미하는 것이 무엇인지 파악하고, 그 다음에 단순하면서도 효율적인 패러다임을 통해 정서가 어떻게 나타나고, 그 이후 어떤 정서들이 운동 수행과 어떻게 상호작용 되는지도 알아 볼 것이다. 이전 경험, 즉 정서를 일으키는 앞선 사건들부터 연구하고, 수많은 정서들 중 걱정과 흥분에 대해서 깊이 있게 살펴 볼 것이다. 부가적으로, 이 장에는 각 선수들 마다 다른 최적 정서 영역 optimal range of emotion 에 대해 공부하며, 정서가 각자 다른 선수들에게 어떻게 작용하는지도 파악할 것이다. 그 결과들은 놀라울 수도 있다. 그리고 나서 어떤 정서들이 어떤 결과를 유발하는지에 대해 연구하고, 결과가 운동 수행 쪽으로만 보는 것이 아니라, 정신과 <u>신체적인</u> 건강에도 어떻게 작용되는지도 알 수 있게 될 것이다. 마지막으로 정서에 대해 효과적인 전략을 알아보고, 또 부정적인 결과를 일으키는 정서적 감정들에 대해서 예방하는 방법도 알 수 있다. 또한, 각각 선수들의 최적 정서 영역을 찾는 방법을 습득해서 자신의 선수들에게도 유용한 정보를 제공해 줄 것이다.

▷ 정서와 수행

선수의 정서 emotion 와 수행은 서로 함께하기가 어렵다. 분노와 화란 정서가 이 장 처음에 어떻게 표현되어있는지 생각해 봐도 알 수 있다. 미식축구 선수들은 분노를 이용해 괴물로 변신하여 엄청난 괴력을 발휘한다. 하지만 반대로, 골프선수들은 화가 나면 퍼팅도 실수하고 다음 홀에서도 아주 쉬운 일상적인 스윙도 하지 못하게 된다. 화와 분노는 미식축구 선수들에게는 이득이 될 수 있지만, 골프 선수들과 Mike에게는(수영선수) 독이 되는 감정이자 정서이다.

다른 정서들도 생각해 보자. 어떤 농구선수가 경기 전, 긴장하고 불안한 상태일 수 있지만, 경기 중에는 화려한 플레이를 보여주며 MVP가 될 수도 있다. 하지만 다른 농구선수가 불안하고 긴장한 상태에서 농구 경기를 임할 때 그 선수는 끔찍하게 못할 수도 있다. <u>체조선수</u>의 경우에도 긴장하고 불안한 상태였다가 최고의 성적을 낼 수도 있고, 또 다른 선수는 긴장하고 불안한 상태에서 최악의 수행력을 보일 수 있다.

긴장하고 불안한 상태가 당연히 나쁘고, 편안하고 안정된 상태가 당연히 좋다고 생각할 수도 있다. 그리고 만약 한 정서의 상태가 좋은 결과를 <u>이끌었다면</u>, 다른 선수에게도 그 똑같은 정서가 좋은 결과를 얻게 해 줄 수 있을 것이라고 생각할 수 있다. 하지만 이것이 과연 사실일까? 어떤 정서들이 수행을 향상시킬까? 어떤 정서들이 수행을 하락시킬까? 어떤 정서가 어떤 스포츠에 적합할까? 최적 정서 영역 optimal range of emotion 은 과연 적절하게 제시할 수 있을까? 최적 정서 영역은 선수마다 달라질까? 선수들이 최적 정서 영역을 유지할 수 있는 방법은 무엇일까?

이런 질문들을 하기 전에 먼저 우리는 **정서에 대한 정의**를 내려야 한다. 사람들은 주로 선수들의 수행을 설명하기 위해서 정서라는 단어를 사용한다. "저 선수는 오늘 기분이 좋았어요.", "오늘 저 팀은 분위기가 안 좋네요?", "선수들에게 안 좋은 일이 생긴 것 같아요.", "너무 감정적으로 경기하는 것 같은데요?" 등으로 표현한다. 결국 **정서**라는 것은 무엇일까?

Deci(1980)은 정서를 다음과 같이 정의했다.

정서란 어떤 사건(현실이든 상상이든)의 반응이다. 정서는 사람 복강의 내장 viscera 과 근육조직이 변하고, 주관적인 경험으로, 그러한 변화가 얼굴 표정과 행동으로 표현되며, 그 행동들의 활력을 불어 넣거나 중재할 수도 있다.

Deci의 정의를 살펴보면, 정서 emotion 란 어떤 사건(현실이든 상상이든)의 반응이며, 결과적으로, 심리적으로, 경험적으로, 행동적으로 선수들을 변화시킬 수 있는 것이다. 그리고 정서가 선수들에게 어떻게 영향을 미치는지를 자세하게 알려면 〈그림 9.1〉의 정서 패러다임 emotion paradigm 을 보면 된다.

▶ 정서 패러다임

정서 패러다임은 선수들의 정서를 이해하고, 그러한 정서들이 인간의 행동에 어떻게 작용하는지 알 수 있는 단순하면서도 효율적인 코치의 도구가 될 수 있다. 선행적인 상황들이란 어떤 한 감정이 생기기 전에 일어난 현실적, 상상적 사건들이다. 즉, 정서는 기분, 감정과 느낌, 그리고 분위기를 뜻한다. 결과는 감정들을 통해 심리적, 생리적 현상을 말하는 것이다. 이 3가지 부분들을 확대한 것이 정서 패러다임이다.

선행적인 상황들이란, 구체적인 정서를 유발시키는 사건들을 뜻한다. 당연히 이 사건들은 선수들의 정서와 절대적으로 상호작용한다. 경기의 상황이 갑작스럽게 바뀌거나, 경기에서 질 것 같은 가능성이 높아지거나, 상대방 선수들의 놀림이나, 관중의 환호가 될 수도 있다. 하지만 모든 사건들이 정서와 상호작용 하는 것은 아니다. 선수가 인지할 수 있고, 평가할 수 있는 사건들만 정서에 영향을 미친다. 그리고 선수들은 3가지의 정서에 대한 결과를 내리는데 그 3가지는 인지적 cognitive , 직관적 intuitive , 그리고 반성적 reflective 이다.

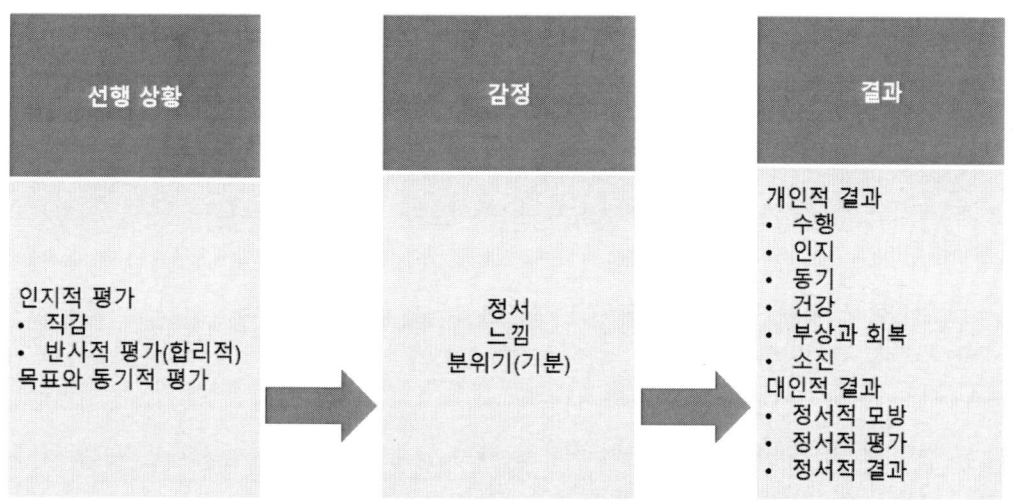

| 그림 9.1 | 정서의 패러다임: 정서의 선행변인과 결과

▶ 인지 평가

뇌는 정서가 유발되기 위해 제일 큰 역할을 한다. 인지 평가 이론가들은 선행적인 상황에서 나타나는 많은 정보에 의미를 부여하고, 그 사건에 대한 인지 평가cognitive appraisal를 한 후, 사건에 대한 반응, 즉 정서가 나타나는 것이라고 설명하고 있다. 이런 평가들은 사건 그 자체보다 더욱 더 큰 의미를 지닌 정서를 일으킬 수 있으며, 사실 보통 사람들도 사건 그 자체보다는 감정에 더욱 더 큰 의미를 둔다.

Weiner(1995)의 정서의 귀인 이론attribution theory of emotion에 따르면, 한 선수가 사건을 어떻게 평가하는 것에 따라 경험하는 정서도 달라진다고 설명한다. 예를 들어, 만약 선수가 노력을 성공의 원인으로 여긴다고 가정하면, 그 선수는 행복할 것이다. 하지만 운을 성공의 원인이라고 생각하면, 자기 도취감에 빠져들 수도 있다. 다시 말해, 결과에 대한 원인을 어디에 부여하는지에 따라 정서 또한 달라진다는 의미다.

Weiner에 의하면, 정서란 3가지 원천에서 제공된다고 한다. 첫 번째 원인은 사건이 정서에 얼마나 큰 영향이나 충격을 줬는지에 따라 달라진다. 예를 들어 계속 행복하니 꾸준히 성공하고, 계속 슬픔 속에 있다보니 꾸준히 실패한 경험이 있는 선수가 있다고 가정해 보자. 이렇게 정서에 의존하는 선수들은 주로 자신의 과거 경험이 정서에 큰 영향을 미치기 때문에, 정서에 따라 결과가 달라진다고 생각한다. 두 번째 원인은 선수들이 결과를 보고 그 결과의 원인에 대해 자기 자신이 평가한 점수에 따라 달라진다. 예를 들어 노력과 땀이 성공에 대한 원인이라고 생각하는 선수들에게 좋은 결과가 나타난다면, 당연히 자부심을 느낄 것이다. 마지막 원천은 원인적 차원casual dimension 또는 인과 관계이다. 이런 정서는 서서히 오랫동안 많은 것을 경험하면서 나타난다. 원인적 차원은 또한 3가지 원천이 있는데, 첫째는 상황locus, 즉 이 원인이 선수의 내부적인 면

인지 외부적인 면인지 구분하는 것이다. 둘째는 안전성 stability, 즉 이 원인이 꾸준한지 변화하는지 구분하는 것이다. 마지막으로 통제력 control, 즉 이 원인이 선수가 직접적으로 통제할 수 있는지 없는지를 알아보는 것이다.

이렇게 정서의 3가지 원인과 원천을 이해하기 위해서는 어떤 투수가 정말 공을 잘 던져서 자신의 팀이 결승전에서 이겼다고 가정해 보자. 그 선수는 이겨서 정말 기쁘겠지만, 자기 자신이 정말 잘 던졌던 것에도 행복할 것이다. 하지만 오늘 잘 던진 이유가 자신이 열심히 노력한 결과인지, 아니면 오늘만 모든 것이 잘 맞아서 잘 던진 것인지에 대해 생각하기 시작한다. 일단 결승전이고 우승했기 때문에 사건 그 자체의 충격은 크다. 그리고 만약 그 선수가 자신이 잘 던진 이유가 노력과 땀이라고 생각하면 자부심을 느낄 것이다. 이렇게 결과는 외적인 이유가 아닌 내적인 이유라고 생각하면 점점 더 자신감도 생길 것이며, 더 많은 평가를 통해 자신이 오늘 이루었던 결과는 나중에도 자신을 통제하여 이룰 수 있는 결과이며, 미래에도 똑같이 할 수 있다고 믿게 되는 것이다. 이런 믿음을 통해 이 선수는 자신의 대한 자부심과 자기효능감이 향상되며 다음 경기에도 멋진 모습을 보여줄 수 있다.

▶ 직관적 평가

선수들은 계속해서 직관적 평가를 하고 있고 이런 평가들은 구체적인 정서를 유발한다. 하지만 이런 평가들이 항상 의식되거나 깊이 처리되는 것 또한 아니다. Vallerand(1987)는 직관적-반사적 평가 모델 intuitive-reflective appraisal model을 제시했다. 직관적 평가 intuitive appraisal는 주관적이며, 작지만 자동적으로 인지하는 평가 방식이다. 골프 선수가 첫 번째와 두 번째 홀에서 아주 나쁜 성적을 냈다고 가정해 보자. 대회는 36개의 홀로 나누어져 있지만, 두 번째 홀 이후부터는 자기 자신을 직관적으로 평가하여 자신감이 떨어지면서 동시에 기분이 침체될 수 있다. 이렇게 자기 자신을 부정적으로 평가하기 시작하면 더 좋은 플레이를 할 수 없고, 다음 홀로 넘어가도 수행이 나아지지 않을 것이다. 이렇게 자기 자신에 대한 직관적 평가가 36개의 수많은 홀 중 두 번째 홀에서 벌써 포기하게 되는 것이다.

▶ 반성적 평가

직관적 평가와 달리, 반성적 평가 reflective appraisal는 합리적인 생각과 내외적인 환경과 기억 등의 모든 정보들을 심사숙고하여 인지적으로 평가하는 방식이다. 반성적 평가는 인지적 평가가 이루어진 이후에 생기기 시작한다. 반성적 평가는 인지적 평가의 결과를 조절, 축소, 증가시켜 자신의 정서에 반영된다.

예를 들어, 한 수영 선수가 자신의 라이벌 학교와 3가지 종목에서 경쟁한다는 가정을 해 보자. 경쟁이 끝나고 난 후, 이겼다면 성공에 대한 기쁨과 결과에 대한 만족감, 그리고 지금까지 연습해 왔던 것에 대한 보람을 느낄 수 있다. 하지만 그 다음날 자기 자신을 되돌아본다면, 반성적 평가를 통해 그때 그 당시의 정서와 결과를 조금 더 주관적인 관념에서 생각할 수 있기 때문에 자신이 기존에 평가 했던 것을 변경하여 새로운 감정을 일으킬 수도 있다. 그 수영 선수는 나중에 되돌아봤을 때, 경기 그 자체의 내용은 별로 좋지 않았고 결과를 봤을 때도 자신의 최고 기록보다 훨씬 뒤떨어졌다는 것을 알 수 있다. 이제 수영선수는 기쁨이 아니라 자기가 못했다는 것에 대해 화가 날 수도 있고, 지금까지 훈련했던 방식이 틀렸다는 불안감도 생길 수도 있다. 그래서 다음부터는 더욱 더 열심히 할 것이라는 다짐을 하는 계기가 될 수도 있다.

▶ 목표와 동기 평가

많은 이론가들이 목표 goal 와 동기가 정서를 유발하는데 있어서 굉장히 중요하다고 한다(Frijda, 1988; Lazarus 1991a, 1991b; Mandler, 1984; Ortony, Clore, & Collins, 1988). Mandler(1984)는 정서가 목표를 방해했을 때 나타난다고 하고, Ortoney 등(1988)은 정서가 목표에 대한 평가와 자기 자신에게 얼마나 상호작용 되는지에 대한 판단을 통해 생긴다고 한다. Frijda(1988)은 "정서란 중요한 상황에서 개인의 목표, 동기, 그리고 걱정에 대한 반응으로 발생한다고 설명했다." 이것은 어떻게 보면 당연한 말이기도 하다. 선수가 경기에 지고 나서 정서적으로 실망을 표현할 때 보면 느낄 수 있고. 또, 이겼을 때도, 그 기쁨과 행복을 표현했을 때도 볼 수 있다. 목표와 동기, 그리고 정서가 서로 상호작용 한다는 것이 아무리 당연하다고 해도 이것을 이론적으로 이해하고 선수들에게 설명할 수 있는 것이 중요하다. 나중에 선수와 적합한 목표와 동기에 대한 계획을 세울 때에도 올바른 평가를 통해 신체적 건강과 수행을 향상시킬 수 있는 감정(정서)을 찾을 수 있다.

▶ 목표성향

Ames와 Duda(1992)의 연구의 따르면 사람들이 스포츠를 하는 이유는 누군가에게 과시하고 싶어 하는 자아중심 ego involved 성향과(경쟁성향이라고도 함) 기술성취와 스포츠 활동에서 즐거움을 얻기 위해 끊임 없이 노력하는 과제 중심 task involved 성향으로(노력성향이라고도 함) 나눌 수 있다고 한다. 즉, 자아중심 성향은 스포츠 참여가 자신이 잘하는 것을 보여주기 위한 이유로 생각하면 되고, 과제 중심 성향은 도전할 수 있는 과제를 하나하나씩 헤쳐 나가는 것을 의미한다. Nicholls(1984)는 이런 두 가지의 다른 선행적 형태의 목표나 동기 성향은 또 다른 정서를 유발하며, 성향에 따른 수행결과를 보았을 때 서로 아주 다른 결말(결과)을 확인할 수 있다고 한다.

과제 중심 성향 선수들은 더욱 더 많은 기쁨, 자부심과 만족감을 얻고(Duda & Nicholls, 1992) 걱정이 적지만, 자아중심 성향 같은 경우는 스포츠를 할 때, 더 많은 지루함을 느낀다(Newton & Duda 1993). 또한, 자아중심 성향 선수들은 과제 중심 선수들보다 인지적 불안이 더 높다(Duda, Chi, & Newton, 1990).

주로 많은 연구들이 자아에 초점을 맞춘 성향이나 목표들은 부정적인 정서들과 연결되며, 과제에 초점을 맞춘 성향이나 목표들은 긍정적인 정서들과 연결된다. 그렇기 때문에, 목표성향 이론은 코치, 부모, 그리고 선수들과 함께 같이 일하는 모든 사람들에게 중요한 의미를 가지고 있으며, 선수들이 과제 중심 성향의 인간이 될 수 있도록 도와주어야 한다. 다시 말해 지금 반복적으로 되풀이되는 훈련, 기술을 갈고 닦는 노력을 중요시 하는 선수들을 되도록 격려하고 지도해야 한다. 선수들이 자기가 가지고 있는 능력을 뽐내서 자신의 실력을 과시하거나, 다른 선수들보다 더 잘하는 것이 중요하지 않다는 것을 가르쳐야 한다. 누구를 이기거나, 다른 사람들의 생각이 어떻거나, 이겼거나 졌거나 까지도 중요하지 않다. 제일 중요한 것은 자기 자신과의 싸움에서 이겼는지, 정서적으로, 신체적으로, 심리적으로 최선을 다했는지는 중요한 것을 깨우치게 하는 것이 소중하다.

▷ 각성, 불안과 수행

항상 대회가 시작하기 전에 부당한 일과 모욕을 당하고 아주 화가 난 사람처럼 발을 쿵쿵거리며 돌아다녔던 선수가 있었다. 처음에 이 선수의 행동을 봤을 때 나는 무언가 말하고 싶었지만, 수행과 결과가 좋아서 무슨 일을 당했던 간에 그렇게 크게 걱정할 만한 일은 아니라고 생각해서 가만히 있었다. 다음 대회에서도 똑같은 행동을 보이고, 또 좋은 수행과 결과를 냈다. 대회가 시작하기 전, 그 선수의 행동들이 계속 반복되자 나는 결국 궁금증을 참지 못해서 물어봤다. "Lawrence야 너는 대회가 시작하기 전에 왜 이렇게 화가 나 있는 거니?"라고 묻자, 그가 "코치님, 저는 대회가 시작하기 전에 화가 나 있으면, 실제로 경기력이 좋아지는 것 같아서 매번 이렇게 하고 있어요!" 어린 코치 시절이었던 나는 그의 말을 새겨들었고, 정서가 각자의 선수들에게 얼마나 중요하며, 그 감정과 정서들이 수행과 능력에 긍정적으로 도움 되는지도 알기 시작했다.

조금 더 시간이 지나, 나는 또 다른 선수가 대회에서 좋을 성적을 거두기 위해 이런 저런 방법을 찾고 있는 중이었다. 시즌 초반기였고 이 대회가 그렇게 중요하지도 않았기 때문에 나는 어떤 정서들이 다른 선수들에게 긍정적으로 적용할까? 란 궁금증을 풀기 위해 실험을 했다. 대회가 시작하기 전에 나는 한 선수에게 화내보라고 했다. 하지만 결과는 최악이었다. 그리고 그 선수는 나중에 나에게 "코치님 이 스타일은 저하고 맞지 않는 것 같아요, 저는 화나면, 너무 흥분 돼서 집중을 못해요." 아무리 최악이었을 지라도, 그 선수와 나는 이 정서가 긍정적으로 작용되지 않는 것을 알았다. 그래서 나는 그 선수에게, "그럼 네가 좋은 성적을 이루었을 때 어떤 감정이나 정서를 느끼고 있었는지 기억나니?"라고 묻자 그 선수는 "제가 그냥 즐기고 있고, 재미있을 때 제일 잘하는 것 같아요 라고 했다." 그래서 나는 "그래 그럼, 다음엔 그렇게 해 보자."라고 했다.

두 번째 학기에서 우리는 미국 전국대회 결승전까지 올라왔고, 이 결승전은 광저우 중국 세계선수권 대회에서 티켓을 딸 수 있는 기회이기도 했다. 나는 그 선수에게 10m 다이빙 경기 전에 "Amy야 올라가서 재미있게 즐기고 와라!"라고 얘기해 주었고, 그 선수는 정말 행복하게 즐기고 있었다. Amy는 네이퍼빌 Naperville 이라는 작은 마을에서 태어나, 결승전도 처음 경험하는 무명의 선수였지만, 그날 그 선수는 자신의 최고 경기 성적을 거뒀다. 다이빙 2종목에서 모든 사람들을 놀라게 했으며, 그때 다이빙 랭킹 1위 선수도 제치며 세계선수권대회를 참가할 수 있는 자격도 획득할 수 있었다.

정서를 다루고 통제할 수 있다면, 이것은 중요한 경기나 긴장되는 상황에서 선수들에게 큰 무기가 될 수 있다. 그리고 만약 선수들이 자신의 실력을 폭발시킬 수 있는 최적의 정서 상태를 찾을 수 있다면, 잠재력은 어마어마해진다. Lawrence는 화와 분노가 적합했지만, Amy에게는 아니었다. 수많은 정서 중 각성과 불안은 제일 많이 연구되는 정서이기 때문에 우리의 초점도 이 두 가지 정서에 맞추어 보자.

운동 수행과 정서에 대한 수많은 연구에서 정서는 주로 각성과 불안으로 <u>나뉜다</u>. 각성 arousal 이란 심리적 신체적으로 활성화된 상태이며, 어떤 수행을 위해서 보다 더 준비된 상태를 말한다. 그 강도는 아주 낮아서 자고 있는 상태로 시작하여 극도로 지나친 상태가 될 수도 있다. Spielberger(1972)는 <u>불안</u> anxiety 을 위험한 상황에 대한 반응이라고 정의했다. 이 자극과 요인은 <u>불쾌감</u> dysphoria 으로 불쾌한 생각과 감정을 일으키면서, 신체적으로도 선수를 흔들어 놓을 수도 있다(Raglin & Hanin, 2000). 이런 신체적 변화는 증가된 심장박수와 긴장된 근육으로 확인할 수 있다. 불안의 중요한 요소는 선수가 사건과 상황을 어떻게 인식하는지에 따라 달라진다. 만약 한 사건에 대해 <u>인지할</u> 때, 선수가 그것을 위험 요소라고 생각하지 않는다면, 불안뿐만 아니라, 아무런 변화가 일어나지 않을 것이다. 하지만 각각의 선수가 인지하는 것에 따라, 상황에 도움이 되거나, 위험하다고 느끼거나, 아무렇지 않을 수도 있다. 그렇다면 각성과 불안이 수행과 어떻게 상호작용 될까?

▶ **역 U 가설**

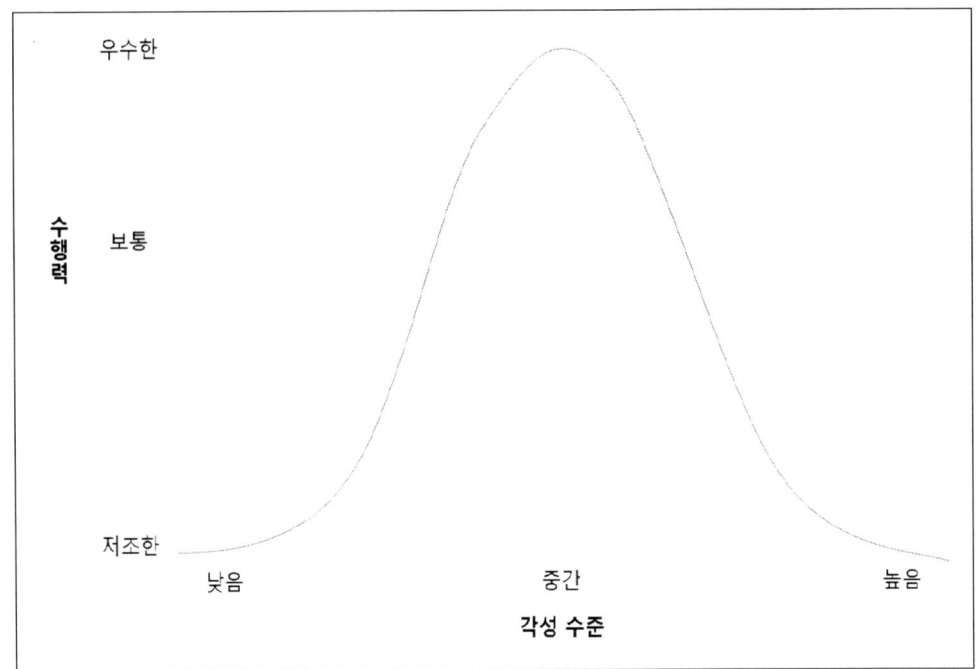

| 그림 9.2 | 역 U 가설: 불안-각성과 운동 수행 간의 관계

Yerkes와 Dodson(1908)의 연구에서 강도가 다른 전기 충격을 자극으로 하고, 수준이 다른 미로를 사용해 쥐가 자극에 어떻게 반응하는지, 그리고 전기 충격의 강도와 수준이 다른 미로가 어떻게 상호작용 되는지 실험했다. 연구결과, 전기 충격의 강도가 최고였을 때 미로를 통과하는 능력이 감소하는 것을 확인했고, 전기 충격이 최고치와 최소치의 중간이었을 때 통과하는 능력이 최적의 상태였다는 것을 알 수 있었다.

Yerkes와 Dodson의 연구 결과는 동기, 학습, 교육, 추동 등 다른 분야에서도 적용되는 경우가 많았지만, 결국 이 가설은 각성과 관련성이 가장 높았다(Teigen, 1994; Winton, 1987). 각성의 강도는 심장 박동 증가, 긴장된 근육, 피부에 소름이 돋는 신체적 현상과 반응으로 측정했으며(Gould & Krane, 1992), 각성은 주로 불쾌함과 불안함에 관련되어 있다(Duffy, 1957).

결론적으로 역 U 가설 inverted-U hypothesis 은 불안과 각성이 높아지면, 수행도 높아지는데, 어느 한 지점에서 멈춘다는 가설이다. 불안과 각성의 강도가 특정 지점을 넘기면, 수행은 감소된다는 것을 뜻한다. 〈그림 9.2〉는 각성과 불안이 수행에 미치는 영향을 그래프로 보여준 것이다.

▶ **수정된 역 U 가설**

〈그림 9.2〉에서 제시된 역 U 가설에서 약점 중 하나는 각각의 스포츠 종목마다 서로 다른 운동 수행을 요구한다는 것을 고려하지 못한 것이다. 예를 들어, 골프, 당구, 피아노를 치는 운동은 정확성과 정밀함이 중요하고 운동량이나 강도는 그렇게 중요하지 않다 (Oxendine, 1970). 골프나 당구 같은 운동에서 좋은 수행을 거두려고 한다면, 역 U 이론의 그래프가 왼쪽으로 움직여져야 한다. 하지만 미식축구나 역도처럼 운동량과 강도가 높은 스포츠는 각성과 불안이 증가해야지만 좋은 수행을 거둘 수 있다. 이런 운동들은 역 U 이론의 그래프가 오른쪽으로 움직여져야 한다. 이러한 설명을 〈그림 9.3〉에서 알 수 있다.

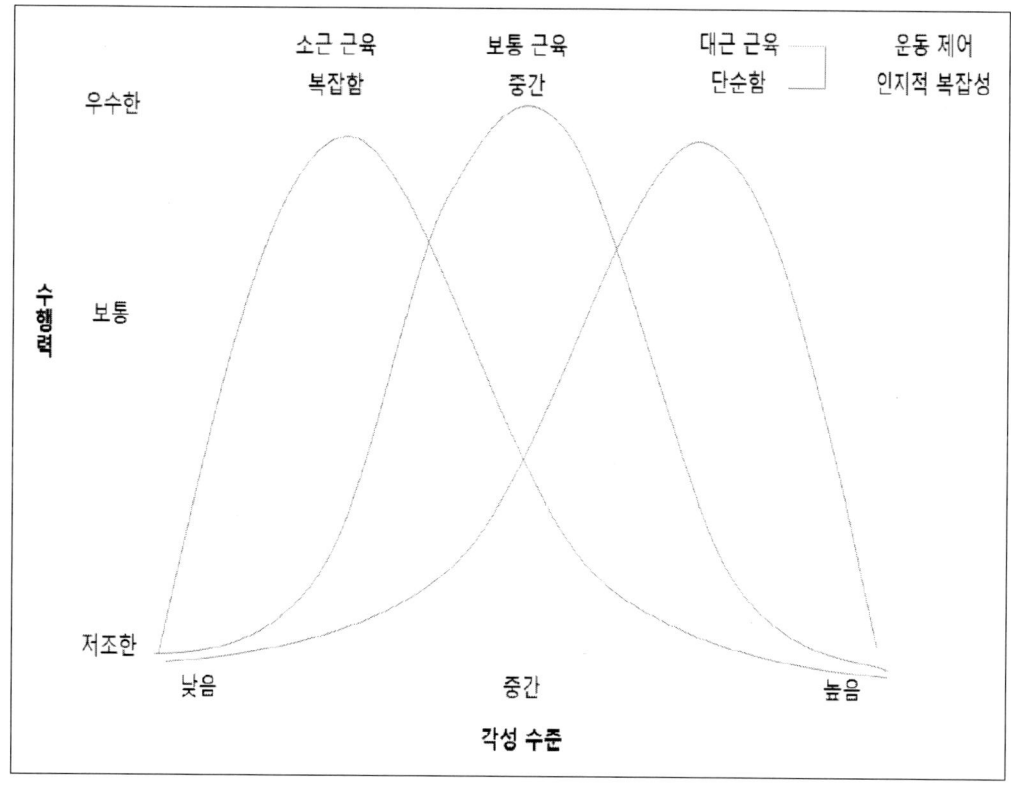

| 그림 9.3 | 높은 불안과 낮은 불안 그리고 각성이 요구되는 스포츠 종목에서의 역 U 모형

역 U 가설은 또한 각각의 선수들의 능력 차이에 따라 변경된다는 점도 생각하지 않았다. 기술이 좋은 선수들은 각성과 긴장이 높은 상황에서 더 좋은 성과를 낼 수 있고, 기술이 아직 미흡한 선수들은 각성과 긴장이 너무 높으면 좋은 성과를 낼 수 없다는 것이다 (LeUnes & Nation, 1996). 다시 말해, 모든 스포츠는 각성과 긴장의 최적상태가 기술이 좋은 선수들에게는 높고, 기술이 미흡한 선수들은 낮을 것이다.

▶ 역 U 가설의 문제점

　수정된 역 U 가설이 부족한 점을 많이 보완했지만, 모든 문제점을 보완하기에는 불가능하다. 첫째로, 불안과 긴장의 부정적 영향을 인지적으로 처리하는 능력과, 선수가 주위를 얼마나 잘 인식할 수 있는 지에 대한 능력을 규명할 수 없고, 연구결과의 일관성이 없다는 것도 역 U 가설의 문제점이다(Raglin & Hanin, 2000). 두 번째는 신체적으로 활성화되고 흥분되었다고 해서 무조건 정밀함과 정확성을 요구하는 스포츠에 부정적인 영향을 미치는 게 아니라는 것이다(Landers & Boutcher, 1998). 긴장된 근육상태와 신체적으로 변화된 경험과 실험에 의한 증거가 부족하기 때문에 이 신체적 변화는 불안과 긴장에 대한 수행 결과에 아무런 영향을 미치지 않는다고 생각한다(Eysenck & Calvo, 1992). 세 번째, 각성 수준, 즉 심장박동 증가가 높은 불안 수준으로 이어지지 않는다(Aronson, Carasiti, McBane, & Whittaker-Axmitia, 1989). 즉, 심장 박동이 증가한다고 불안이 높아지는 것은 아니다. 네 번째, 다른 스포츠 연구에서는 역 U 가설을 증명하기 어렵다는 연구 결과가 나오기도 했다(Fazey & Hardy, 1988; Krane, 1992; Raglin, 1992). Kleine(1990)의 연구에서는 역 U 가설에 대한 연구결과가 너무 부족한 나머지 이용할 수 없다고 했다.

　마지막으로, 역 U 가설의 제일 큰 문제점은 각각의 선수들이 불안과 각성, 긴장에 대한 반응이 서로 다르다는 것이다(Fazey & Hardy, 1988; Krane, 1992; Raglin, 1992). 다시 말해 모든 선수들이 똑같은 각성과 불안의 상태에서 동일한 수행과 결과를 유발하지 않는다는 것이다. 기술이 좋은 선수들은 흥분과 긴장이 높은 상황에서 더 좋은 수행을 낼 수 있고, 기술이 아직 미흡한 선수들은 각성과 긴장이 너무 높으면 좋은 성과를 낼 수 없다는 것은 앞서 이야기 했다. 나도 예전에 한 선수는 항상 강도가 높은 각성과 불안한 상태에서 좋은 결과를 이루었던 것이 기억난다. 마치 한 학기 동안 계속 못하다가, 마지막 시험에서 피 땀나는 노력을 통해 엄청난 점수를 받아서 간신히 F를 받지 않는 학생 같았다. 예선전에서 계속 부진하다가 마지막 기회에서 엄청난 성적을 내서 결승전에 진출한 <u>선수는 결국 결승전에서 우승했다</u>. 마치 이런 선수와 학생은 과도한 불안과 긴장의 상태를 즐기는 것 같았다. 나중에 그 선수는 수많은 미국 전국대회에서 우승했.

　역 U 가설의 문제점을 보안하기 위해서 그리고 선수가 서로 다 다르다는 점을 보안하기 위해서, Hanin(1995)은 개인적정기능영역 Individual Zones of Optimal Functioning; IZOF 모델을 제시했다. 다음 부분에선 이 모델에 대해 더 자세히 설명하고, 선수들이 더 좋은 수행을 얻기 위해 어떻게 해야 되는지 알아 볼 것이다.

▶ 개인적정기능영역

　개인적정기능영역 IZOF 모델은 수천 명의 선수들의 불안을 대회전에 어떻게 반응하는지에 대해 연구하는 방식으로 시작되었다. 상태불안질문지 State-Trait Anxiety Inventory; STAI 가 제시한 자료를 토대로, 일반적인 수치의 불안을 분석하기 시작했다. Hanin(1978)은 불안이 집단수준 group level 에서는 아니지만, 개인적인 수준 individual level 에서 선수의 수행에 제일 크게 상호작용을 하고 있다는 것을 규명했다. Hanin은 <u>개인적정기능영역</u> Individual Zones of Optimal Functioning; IZOF 모델을 개인에 초점을 두었으며, 각각의 선수들마다 최대 운동 수행을 위한 불안 영역 또는 최적의 영역을 지니고 있다고 가정했다. 이러한 영역은 선수들마다 다르며, 불안의 수준 또한 다를 <u>수밖에</u> 없다. 다음 부분에서 우리는 개인적정기능영역 IZOF 을 더 깊이 있게 살펴 볼 것이다.

▶ 개인

개인적정기능영역 IZOF 모델은 선수와 개인에 초점을 둔다. 개인적정기능영역은 정서의 상태와 성공적인 결과에 따른 **개인차** individual differences 가 분명히 존재한다고 했다. 예를 들어, 어떤 선수는 높은 강도의 불안에서 성공적인 결과를 이루었고, 어떤 선수는 낮은 강도의 불안에서 성공할 수 있었다. 개개인의 차이점에 초점을 맞추는 개인적정기능영역 IZOF 모델은 역 U 가설과는 많이 다르다. 역 U 가설은 모든 선수와 스포츠는 정서와 상태에 똑같은 반응을 보인다고 했다. 이렇게 개개인에 차이점에 초점을 둔 것이 스포츠 심리학을 심층적으로 연구하려는 학자들이 많이 늘어난 이유이기도 하다(Gould & Krane, 1992; Weinberg, 1990; Vanden Auweele, Cuyper, Mele, & Rzewnicki, 1993).

▶ 영역

개인적정기능영역 IZOF 모델을 따르면, 모든 선수들이 자신만의 최고의 수행을 이룰 수 있는 <u>영역</u> zones 이 있다. 이 영역의 가변성은 수많은 선수들과 수많은 스포츠에 적용하여 연구되었으며, 어떤 영역의 정서가 어떤 수행을 유발하는지 확인했다(Hanin 1978, 1983a). 이러한 연구를 통해 몇 가지의 가설이 확인되었는데, 하나는 정확한 영역을 찾을 수 없다는 것이다. 아무리 똑같은 스포츠를 할지라도, 한 선수가 어떤 정서를 지니고 있어서 좋은 성적을 거뒀을 때, 다른 선수가 똑같은 정서를 가져도 좋은 수행결과를 얻는 것과는 아무런 연관성을 찾지 못했다. 둘째는 이 적정기능영역은 광범위하지 않고, 좁은 지역이나 특정한 구역에서만 보인다는 것이다. 다시 말해서, 가변성이 존재하나 가변성의 차이는 그렇게 크지는 않다는 것을 확인했다.

▶ 적정

개인적정기능영역 IZOF 모델에서 <u>적정</u> optimal 이란 스포츠를 할 때에 최고의 운동 수행을 발휘할 수 있는 지점을 뜻한다(Hanin, 2000). 적정 수행은 소위 말해 부정적이고 긍정적인 정서들이 모두 포함된다. 부정적인 정서도 선수에 따라 최고의 운동 수행을 발휘할 수 있게 한다. 그리고 적정이란 개념은 다차원적이다. 다시 말해, 정서의 상태는 강도의 차원에서뿐만 아니라, 형태, 시간, 상황에도 영향을 받는다. 예를 들어, 분노란 감정을 연습에 사용하는 것이 도움이 될 수 있지만, 시합에서 분노보다는 살짝 불만에 가까운 감정들이 도움이 될 수 있는 경우(형태)도 있다. 분노란 정서가 시합 전에는 도움이 되지만, 경기 중에는 도움이 되지 않는 경우(시간)와 분노란 정서를 내 자신에게 써서 도움이 될 수 있지만, 그 정서를 심판이나 다른 선수들에게 투사하면 도움이 되지 않는 경우(상황)에 사용할 수 있다.

▶ 기능

기능 functioning 이란 의미는 어느 한 정서가 어떻게 수행을 향상시키는지, 아니면 감소시키는지를 평가하는 것을 의미한다. 이 모델은 엘리트 선수들이 일반적인 생활에서 정서가 수행을 얼마나 좌우하는지를 연구한 결과다. 이 연구는 선수들이 다양한 강도와 상태에서 정서를 경험할 때 그 정서가 어떻게 작용되는지에 대한 많은 연구를 했다.

좋은 수행을 얻기 위해서는 에너지를 증가시키고 주위에 있는 수많은 자극과 자원을 얼마나 유용하게 사용 하는지에 달려있다. 선수들이 성공하기 위해서는 흥분되고 의욕적이면서도 차분하게 필요 없는 주위에 자극들과 자원을 버리고, 성공하기 위해 집중해야 할 자극들과 자원만 활용하는 것이다. 예를 들어, 어느 한 선수가 너무 흥분되고 의욕만 넘치면, 오버페이스로 인해 경기를 망칠 수가 있다. 그리고 개인적정기능영역 IZOF 모델은 정서와 운동 수행의 관계를 크게 2가지로 구분한다. 하나는 정서에 대한 에너지 증가와 에너지 감소, 그리고 정서가 혼란된 상태와 집중된 상태에서 어떤 상호작용이 일어나는지 알아보는 것이다. 다시 말해, 긍정적인 작용은 신체적으로 증가된 에너지와 심리적으로 단결된 마음이고, 반대로 부정적인 작용은 신체적으로 감소된 에너지와 심리적으로 혼란된 마음이라고 생각하면 된다.

개인적정기능영역 IZOF 모델은 정서가 수행에 미치는 영향뿐만 아니라, 수행이 정서에 어떻게 영향을 미치는지에 대해 알아보기도 했다. 시나리오 1을 보면, 우승 후보인 높이뛰기 선수가 긴장을 해서 첫 점프에서 실수했다. 그러면 두 번째 점프에서도 첫 시도의 실수 때문에 불안감이 높아질 수밖에 없다는 것이다.

1 시나리오

> 대회가 시작하기 전에, 우승이 유력한 선수가 관중과 방송 매체에 부담감을 느끼고, 주위에 있는 사람들도 이 선수가 우승할 것이라고 믿었기 때문에, 과도하게 긴장된 마음이 불안감으로 변하기 시작했다. 서서히 이 선수는 개인적정기능영역에서 멀어지기 시작했고, 첫 번째 시도에서는 점프할 타이밍을 놓쳐 실수했기 때문에 선수의 불안감은 더욱 커졌다. 매일매일 쉽게 연습했던 높이인데도, 일상적으로 아무 생각 없이 접근했던 것임에도 불구하고, 두 번째 시도에서 또 실수를 했고, 결국 우승하지 못했다.

이렇게 개인적정기능영역 IZOF 모델은 엘리트 선수들이 큰 무대에서 생기는 과도한 스트레스와 매일 매일 강도 높은 훈련의 상황을 잘 받아들이기 위한 좋은 도구다. 이 모델을 참고하여 선수들의 프로파일을 만들어서 개개인의 개인적정기능영역을 찾아 좋은 수행을 이룰 수 있게 도와줄 수 있다. 이 장에 뒷부분에는 엘리트 선수들에게 이 모델을 어떻게 더 잘 작용시킬 수 있는지에 대해서도 알아 볼 것이다.

▶ 개인적정기능영역 모델과 역 U 가설

개인적정기능영역 IZOF 모델은 역 U 가설의 문제점들을 많이 보완해 준다. 개인적정기능영역 IZOF 모델은 불안과 각성의 부정적 영향을 인지적으로 처리하는 능력과 한 선수가 주위를 얼마나 인식할 수 있는 능력을 증명할 수 없다는 연구에 일관성이 없는 역 U 가설의 문제점을 보완했다. 그리고 큰 신체적 변화들이 정밀함을 요구하는 스포츠 종목에서 영향을 받지 않는 선수들에 대한 이해도 높아졌으며, 왜 많은 선수들이 불안이란 하나의 정서에 수많은 반응이 있는지도 알게 되었다. 개인적정기능영역 IZOF 모델에 따르면, 개개인의 적정기능영역이 있기 때문에 전체적으로 초점을 맞춘 역 U 가설과 다른 연구 결과들이 나온 것이다.

만약 개인적정기능영역이 있고, 이것이 선수들에게 좋은 성적을 거두기 위해 도움이 된다면, 개인적정기능영역을 어떻게 찾을 것인가?

▶ 개인적정기능영역 찾기

Hanin은 개인적정기능영역을 찾기 위해 2가지 방법을 제시했다. 그 방법은 **직접적 방법 direct method**과 **간접적 방법 indirect method**으로 나뉘는데, 직접적 방법은 경기가 시작하기 전에 강도가 다른 불안감을 선수에게 제시하는 것이다. 개인적정기능영역, 즉 좋은 수행을 발휘했던 강도를 중심으로 하여, 상위 부분과 하위 부분은 불안감의 1/2 표준편차를 더하거나 빼서("4가지 불안 단위"라고 하기도 한다) 추정한다. 이 직접적 방법에는 몇 가지 문제가 생기는데, 첫 번째 문제는 최고의 수행을 냈을 때까지 이 실험을 진행해야 한다는 것이다. 이렇게 되면 다소 많은 시간이 걸리는데, 몇 주부터 시작하여 몇 달 까지 걸릴 수도 있다. 또 다른 문제는 직접적 방식을 사용할 때, 대회가 시작하기 전에 자기 자신의 상태를 꼼꼼히 살펴보아야 하고 분석해야 되는데, 이 방법도 불가능한 경우가 생길 수도 있고, 잊어버릴 수도 있으며, 그냥 하기 싫을 수도 있다. 이렇게 꼼꼼하게 살펴보고 분석하는 것이 대회 자체에 집중하는데 문제가 될 수 있으며, 개인적 종목이 아니라 팀 스포츠라면 엄청난 시간과 노력이 요구된다.

이런 직접적 방법의 문제들 때문에, 간접적 방법들이 만들어졌다. 간접적 방법은 상태불안질문지 State-Trait Anxiety Inventory; STAI를 먼저 작성한다(Spielberger, Gorsuch, & Lushene, 1970; Spielberger, Gorsuch, Lushene, Vagg, & Jacobs, 1983). 선수들은

최고의 수행을 달성했을 때의 상황과 느낌, 정서들을 기억해 내도록 하여 질문지를 작성한다. 답변들을 분석하여 직접적 방법과 비슷하게, 좋은 수행을 발휘했던 강도를 중심으로 하여, 상위 부분과 하위 부분은 불안감의 1/2 표준편차를 더하거나 빼서 추정한다(Jokela & Hanin, 1997; Randle & Weinberg, 1997). 이렇게 찾은 개인적정기능영역은 직접적 방법을 사용했을 때와 그렇게 큰 차이는 없으나, 많은 비평가들은 기억을 통해 개인적정기능영역을 찾는 것은 신뢰할 수 없다고 말한다. 하지만 많은 연구들이 간접적 방법이 타당하다고 생각하고 직접적 방법을 사용해서 나타나는 문제점을 잘 보강할 수 있다고 믿는다(Harger & Raglin, 1994; Turner & Raglin, 1996).

▶ 개인적정영역에서의 불안의 가변성

개인적정영역 IZOF 모델은 선수 개개인에 대한 불안의 차이점을 개인적정영역을 통해 찾을 수 있다고 제안한다. 앞서 말했듯이 한 선수는 불안한 상태에서 좋은 성적을 이룰 수 있고, 어떤 한 선수는 불안한 상태에서 절망할 수 있다. Hanin(1978, 1986)의 연구결과에 따르면 높은 긴장감도 좋은 성적을 거둘 수 있게 해 준다고 한다. 회상방법 recall method 을 사용하여 북미 선수를 조사한 결과 이러한 연구결과가 재차 확인되었다(Morgan, O'Connor, Sparling & Pate, 1987).

▶ 불안감 예측

Hanin(1978, 1986)의 연구는 많은 선수들이 경기가 시작되기 전에, 얼마나 긴장하는지 그리고 얼마나 불안한 지에 대해서 예측할 수 있다고 했다. 연구를 통해 Hanin은 선수들이 대회가 시작하기 며칠 전에 자신의 정서가 어떤 상태인지 조사했다. 그리고 경기 몇 분전, 똑같은 질문을 선수들에게 다시 했을 때, 60%~80% 선수들의 답이 전과 같이 일치했다. 결승전처럼 중요한 대회나 경기에선 더욱 더 높은 상관관계를 보였다.

선수들의 개인적정영역을 알고, 정서를 예측할 수 있다면, 그 선수가 그 대회에서 어떤 수행을 이루어 낼 것인지 알 수 있다. 그래서 만약 어떤 선수가 나쁜 수행을 보일 것 같다면 코치가 개입하여 좋은 수행을 낼 수 있도록 도와 줄 수 있다. 시나리오 2에서는 선수가 예선전에 좋은 수행을 거두어서 결승전 티켓을 따는 예다.

> **2 시나리오**
>
> 어느 한 선수가 예선전에서 좋은 성적을 거두고, 결승전으로 가게 되었다. 결승전에 대해 이야기를 나누는 동안, 선수는 예선전과는 다른 높은 불안감이 생겼다는 것을 느꼈다. 이 선수는 이 느낌이 자신의 개인적정영역에서 벗어났다는 것을 파악하고, 자신의 코치와 함께 개인적정영역을 벗어나지 않기 위한 전략을 짜기 시작했다.

시나리오 2는 항상 개선하고, 향상하고, 발전하는 선수들에게는 흔한 모습이다. 선수들이 더 발전하고 나아지면서 더 높고 중요한 대회에서 경기하는 것은 당연하다. 하지만 더 높고 중요한 경기는 더욱 더 높은 불안감을 안겨주는 것 또한 당연하다. 예를 들어 지역 예선전에서 잘하면 전국대회로 나간다. 전국대회에서 좋은 성적을 이루면, 세계선수권대회에 나간다. 세계선수권에서도 잘하면 올림픽에도 나가는 것이다. 이렇게 한 단계 한 단계 높아질수록, 선수의 불안감 또한 커 질 수밖에 없다.

개인적정영역 IZOF 모델은 불안감뿐만 아니라, 선수들이 느낀 많은 정서들도 고려한다. Hanin(1997a)의 연구를 보면, 다양한 스포츠와 나이를 고려하여 어떤 부정적인 정서와 긍정적인 정서가 좋은 수행에 어떻게 영향을 미치는지 알 수 있다. 다음 부분에서 이 다양한 정서들에 대해 살펴 볼 것이다.

▶ 다양한 감정들

많은 이론가들과 정서가 3가지 요소와 부분들로 나뉘어져 있는데, 그것은 신체적 변화 physiological changes, 행동 경향 action tendencies 과 주관적 경험 subjective experience 이다. 신체적 변화는 심장맥박과 혈압 증가, 긴장된 근육, 그리고 피부의 반응이다. 어떤 학자들은 (Arnold & Gasson, 1954; Frijda, 1986) 행동 경향이 정서에 더욱 더 큰 역할을 한다고 주장한다. 예를 들어 두려움은 그 상황에서 도망치게 만들려고 한다. 슬픔은 무기력을 유발한다는 것이다. 많은 사람들이 정서는 스포츠와 운동에 많은 영향을 끼친다고 생각한다. 예를 들어 자기 연민에 빠진 선수는 역경을 견디지 못한다. 하지만 분노를 잘 이용할 수 있는 선수는 똑같은 상황에서 공격적으로 헤쳐 나아갈 수 있는 것이다. 주관적 경험은 개인이 감정적으로 느끼는 것을 주관적으로 경험하는 것이다.

정서와 운동 행동에 영향을 미치는 연구들은 부정적 정서와 긍정적 정서가 좋을 수도 있고 나쁠 수도 있다고 주장한다. 쉽게 말해, 긍정적인 정서 positive emotions 들은 말 그대로 좋은 수행을 이끌어 낼 수 있을 만한 감정이자 정서이다. 느긋한, 태평스러움, 고요함, 편안함, 만족함 등이 이에 속한다. 부정적인 정서 negative emotions 들은 말 그대로 나쁜 수행을 유도할 수 있는 감정이자 정서이다. 긴장, 불만, 분노, 짜증, 불쾌 등이 부정적 정서에 속한다. 하지만 놀랍게도 긍정적인 정서들이 사실 수행에 나쁜 영향을 끼칠 때가 있고, 부정적인 정서들이 좋은 결과를 이루게 해 줄 때가 많다.

최적의 효과 optimal effect 는 수행을 상승시키는 효과로 정의되며, 비기능적 효과 dysfunctional effect 는 수행을 손상시키는 효과로 정의된다. 정서를 개인적정영역 IZOF 모델로 분석했을 때, 높은 기술을 소유한 선수들은 자신의 주관적 감정과 경험을 수행에 어떤 영향을 끼치는지에 대해 잘 알고 있고 보고할 수 있다고 한다. 그래서 결과적으로 이 평가들은 선수들이 자기 자신을 스스로 평가한 보고서이기도 하다(Zevon & Tellegen, 1982).

| 표 9.1 | 최적 또는 비기능적인 15가지 긍정적인 정서 유형

최적의 긍정적(P+) 정서(%)			비기능적인(P−) 정서(%)		
	P+	P−		P−	P+
힘이 넘치는(Energetic)	39.9	5.8	느긋한(Easygoing)	30.4	6.5
열정적인(Charged)	39.9	3.6	흥미진진한(Excited)	22.5	18.8
동기수준이 높은(Motivated)	37.7	−	평온한(Tranquil)	18.1	2.9
확신적인(Certain)	30.4	13.8	이완된(Relaxed)	16.7	10.3
자신감 넘치는(Confident)	29.0	2.2	기운찬(Animated)	16.7	0.7
목적이 분명한(Purposeful)	29.0	−	매우 기쁜 희열(Overjoyed)	15.2	0.7
적극적인(Willing)	22.5	2.2	두려움 없는(Fearless)	15.2	8.7
단호하고 결의에 찬(Resolute)	21.7	−	만족감(Satisfied)	14.5	3.6
방심하지 않은(Alert)	21.0	1.4	의기양양한(Exalted)	13.8	6.5
흥미진진한(Excited)	18.8	22.5	확신적인(Certain)	13.8	30.4
원기를 회복한(Rested)	18.1	7.2	즐겁고 유쾌한(Pleasant)	13.0	1.4
활기찬(Brisk)	18.1	2.2	편안함(Comfortable)	13.0	1.4
쾌활한(Cheerful)	14.5	5.1	멋진(Nice)	10.9	−
열렬한(Enthusiastic)	14.5	3.6	대담한(Daring)	10.1	3.6
용감한(Brave)	13.8	0.7	차분함(Calm)	9.4	9.4

n = 138명의 선수, 7 종목
P+ = 긍정적이고 최적 수행에 도움이 되는 정서
P− = 수행에 있어서 비기능적인 역할을 하지만 긍정적인 정서

⟨표 9.1⟩과 ⟨표 9.2⟩를 보면 긍정적 정서와 부정적 정서가 효율적인지 비효율적인지를 선택한 빈도수를 나타낸다. 이 결과들은 7가지의 스포츠 종목(배드민턴, 빙구, 오리엔티어링, 마라톤, 스키, 수영, 스쿼시, 축구)의 138명의 높은 기술을 소유한 선수들을 바탕으로 조사된 내용이다(Hanin 2000b).

긍정적 정서들은 수행에 최적의 효과를 가져오기도 하지만 비기능적인 효과도 가져온다. 예를 들어 긍정적인 정서에서 "활력"은 좋은 수행을 이루는데 필요한 정서 중에서도

39.9%의 비중을 차지한다. 반대로, "느긋함"과 "태평스러움"은 좋지 않은 수행을 이끄는 정서로 30.4%의 비중을 차지한다. 부정적인 감정 중, "긴장"은 제일 좋은 수행을 이루는 데 필요한 정서 중 하나로 49.3%를 차지했고, "피곤함"은 좋지 않은 성적을 거두는데 영향을 미치는 정서로 44.2%의 비중을 지니고 있었다.

〈표 9.1〉을 보면, 상위 15개의 효율적인 긍정적 감정들 중, 활기찬, 충전된, 동기 부여된, 의미 있는, 강함, 같은 느낌들은 행동 경향적 정서들이며, 이들은 힘과 탄력, 그리고 좋은 수행을 이루기 위해 많은 도움을 준 것으로 추측할 수 있다(Hanin 2000b). 하지만 상위 15개의 비기능적인 긍정적 정서들 중, 태평스러움, 느긋함, 만족함, 유쾌함, 같은 느낌들은 자기만족에 빠져들게 할 수 있으며, 최선을 다 하지 않고, 좋은 수행을 이룰 수 없게 할 수 있다. 내가 태평스러움, 느긋함, 만족함, 유쾌함, 같은 느낌들을 꼭 설명하고 싶은 이유는 이런 감정들이 좋은 수행을 낼 것이라는 생각을 가지고 있는 코치가 많기 때문이다. 나는 지금까지 선수들이 갑자기 놀라운 성적을 이루었을 때의 감정이 태평스러움, 느긋함, 만족함, 유쾌함, 같은 느낌들을 가지고 있었던 선수는 없었다. 사실 선수들이 이런 정서를 가지고 있을 때, 나는 더 걱정되고 의심스럽다.

최적의 긍정적 정서들처럼, Hanin(2000b)은 최적의 부정적 정서들도 9.2에 제시해 놨다. 이 정서들을 보면, 힘이 있고, 강렬하고, 신중한 시도를 요구하기 때문에 수행이 높아질 수 있다고 생각한다. 예를 들어, 한 경기에 자신이 보여줄 수 있는 능력을 보여주지 못하고, 계속 실수하고 있다면 화를 내서라도 공격적인 상태로 변신하여 헤쳐 나갈 수 있는 능력을 발휘해야지, 불확실하고, 우울하고, 하기 싫다면, 무기력해지는 부정적인 정서로 빠질 수 있다. 대학교 2학년 때, Amelia는 결승전에 갈 수 있는 기회를 두 번씩이나 놓쳤다. 두 번의 실패 후 Amelia의 정서는 짜증내고 불만을 표시하는 경향으로 변했다. 하지만 다음 경기에서 Amelia는 신기록을 세우면서 전국대학대회에 나갈 수 있는 자격을 거머쥐었다. 전국대회에서 나는 이 선수에게 짜증나고 불만스러운 정서를 유지하라고 했고, 개인전에서 우승은 못했지만 준우승까지 하면서, 멕시코 과달라하라 Guadalajara 에서 개최하는 범미주 경기 대회 Pan American Games 를 갈 수 있는 티켓을 얻어냈다. 거기서 이 선수는 자신의 파트너와 함께 10m 싱크로나이즈 synchronized 다이빙 종목에서 우승했다. 이처럼 정서란 선수의 잠재력을 깨울 수 있는 좋은 도구다.

| 표 9.2 | 최적 또는 비기능적인 15가지 부정적인 정서 유형

최적의 부정적(N+) 정서(%)			비기능적인(N-) 정서(%)		
	N+	N-		N-	N+
긴장한(Tense)	49.3	10.1	피곤한/지친(Tired)	44.2	2.9
불만족(Dissatisfied)	49.3	5.8	마음이 내키지 않는(Unwilling)	39.9	1.4
공격적/비난적인(Attacking)	34.5	-	불확실한(Uncertain)	37.0	5.1
격렬한(Vehement)	24.6	-	부진한(Sluggish)	29.0	0.7
열렬한(Intense)	21.7	2.9	침체된(Depressed)	26.8	-
예민한(Nervous)	20.3	10.1	태만한/게으른(Lazy)	23.2	0.7
성난(Irritated)	19.6	4.3	고뇌하는(Distressed)	20.3	5.8
격분한(Provoked)	13.0	4.3	슬픈(Sorrowful)	17.4	-
화난(Angry)	12.3	4.3	두렵고 걱정스러운(Afraid)	15.9	3.6
격노한(Furious)	10.9	2.2	탈진한(Exhausted)	14.5	-
불쾌한(Uneasy)	10.1	2.2	낙담한(Dejected)	11.6	-
엄격한(Tight)	8.7	8.7	슬픈(Sad)	11.6	-
초초한(Restless)	8.0	5.1	걱정된(Concerned)	10.9	6.5
걱정된(Concerned)	6.5	10.9	불행한(Unhappy)	10.9	-
고뇌하는(Distressed)	5.8	20.3	예민한(Nervous)	10.1	20.3

n = 138명의 선수, 7 종목
N+ = 최적 수행에 도움이 되지만, 부정적인 정서
N- = 수행에 비기능적인 역할을 하지만 부정적인 정서

　　최적의 부정적 정서들과 함께 비기능적인 부정적 정서들도 표기한 것을 살펴보면, 상위 15개의 비기능적인 부정적 정서들 중, 피곤함, 불확실, 두려움, 같은 감정은 힘이 없고 무기력화 시키는 감정들이다. 이 정서들은 행동의 힘을 빼앗고, 집중력을 흩트리며, 큰 경기에서 부담감을 견디어 내지 못하는 상황에 빠질 수 있게 된다.

▷ 정서의 결과

여기까지 우리가 이야기했던 것은 정서가 평가되는 과정과 정서의 효율성을 평가했다. 하지만 이런 정서들이 어떤 결과를 유발할까? 어떤 정서들이 선수들의 수행, 신체적, 심리적, 신체적 웰빙에 어떤 결과를 발생시키는가? 다른 팀원들과의 관계는? 다음 부분에서는 이런 결과적인 부분에 초점을 두고 알아 볼 것이다.

▶ 수행에 있어서 정서의 대인관계 결과

Izard(1993)에 따르면, 정서는 동기 시스템을 구성하는데 아주 큰 역할을 하며, 개인 내 intrapersonal 그리고 개인 간 interpersonal 결과를 지닌다. 개인 내 결과 intrapersonal consequences 는 정서가 선수 개인의 내적 요인에 영향을 받는 것을 의미한다. 그래서 정서의 내적 결과는 선수의 개인 마음속에서 일어나는 변화와 결과를 의미한다. 반대로 개인 간 결과 interpersonal consequences 는 정서가 선수들 간 대인관계 속에서 영향을 받는 것을 의미한다. 이제부터는 정서의 개인 내에서 발생하는 내적 결과에 대해 초점을 맞출 것이다.

▶ 수행 결과

제일 눈에 잘 띄고, 어떻게 보면 제일 중요한 결과 중 하나는 정서가 선수에게 어떤 결과를 이루게 해 준다는 것이다. 많은 코치들은 정서를 유형 요인과 무형 요인에 관심을 갖지만, 정서처럼 실체 없는 무형 요인들을 간과하는 성향이 있다.

나는 중국 베이징 칭화 Tsinghua 대학교에서 강의를 한 적이 있다. 그 강의의 내용은 생각, 정서와 운동 수행 간에 어떤 상관관계가 있는지에 대한 수업이었다. 재미있는 질문을 받은 적이 있는데, 그 질문의 내용은 다음과 같다. "**중국 선수들은 높은 강도의 훈련 때문에 정서에 무뎌져 있는 상태이기 때문에, 강의한 내용은 우리와 상관이 없다.**"라고 말했다. 그 일이 있던 몇 년 후, 이태리 로마에서 개최한 세계선수권 다이빙대회에서 마지막 다이빙 시도까지 누가 우승할지 몰랐던 경기를 관람한 적이 있다. 점수 차이가 거의 없어서, 중국 대표 2명, 호주 대표 1명, 그리고 1명의 영국 대표, 이렇게 4명이 다 우승할 수 있는 대회였다. 그 중 4위는 Thomas Daly의 영국 대표였는데, 이 선수는 반대방향으로 3바퀴 반을 도는 다이빙을 완벽하게 수행하여 10점을 받았다. 2명의 중국 대표 중 한 명은 그나마 높은 점수로 앞서면서 유리한 위치에 있었고, 남은 호주 대표는 지난 대회 우승자였으나, Thomas Daly의 마지막 시도를 보고는 긴장하면서, 모든 선수들이 마지막 시도에서 어처구니 없는 실수를 했다. Thomas Daly는 그 당시 15살, 10m 다이빙 대회에서 제일 어린 나이로 우승한 기록을 세운 Thomas는 그날 세계를 깜짝 놀라게 했다. 중국선수들이 정서에 정말 무뎌진 사람들일까? 나는 절대 그렇게 생각 하지 않는다.

어떤 높은 강도의 훈련을 사용하고 있더라도, 사람이라면 감정에 무뎌질 수 없고, 감정에 면역체를 지닐 수 없다. 만약 그렇게 믿지 않는다면, 코치는 선수들이 사람 그 자체란 것을 무시하는 것이다. 사람이란 감정에 민감하고, 영향 받기 쉬우며, 실수하는 것이 바로 인간이다. 그리고 이런 특성들이 인간과 사람의 제일 고귀한 점이기도 하다. <u>끊임없이 도전하는 선수, 회복력이 좋은 선수, 열정적인 선수,</u> 이런 특성들은 강한 감정과 생각을 가지고 있다는 사람의 증거이며, 목표와 열정, 결심과 의지가 있다면 불가능한 것이 없다는 것을 보여주는 선수들이다. 정서는 결과에 당연히 큰 영향을 미친다. 코치와 선수들은 이렇게 정서를 향상시켜 줄 수 있는 부분과, 감소시키는 부분을 잘 공부하고 이해하여, 정서를 훈련에 도입시켜 대회에서도 우승할 수 있는 무기로 사용할 수 있게 만들어야 한다.

▶ 인지적 결과

감각처리과정 sensory processing 에 대해 연구하고 있는 학자들은(LeDoux, 1993, 1994) 뇌의 회로는 기존에 연구결과들에서 제시된 것과 조금 다르게 이루어졌다고 본다. 그렇기 때문에 극한 감정을 느꼈을 때, 뇌의 기능과 역할도 극하게 변한다는 것을 확인했다. 사람이 극한 감정을 느끼고 있을 때 감각이 자극한 것을 한 눈과 귀로 먼저 받아들이고 간뇌의 시상 thalamus 으로 먼저 전달되며, 하나의 시냅스 synapse , 신경 세포의 연접을 따라서, 편도체 amygdala 로 전달된다. 편도체에서 수신된 두 번째 신호는 신피질 neocortex 로 전달되는데, 이곳은 뇌가 생각하는 공간이다. 이 공간은 신피질이 반응하기 전에 편도체가 먼저 반응하기 시작한다. 편도체는 공격-도피 반응과 연관된 곳인데, 여기서 어떻게 반응하는지에 따라, 몸도 같이 반응하게 된다.

이 연구에 의하면, 사람들은 감정에 따라 행동한다는 것을 알 수 있다. 만약 당신이 정서적으로 안정된 상태에 있으면 편도체를 지나 신피질이 생각할 시간을 주지만, 정서적으로 불안한 상태에 있다면 생각하기 전에 행동하게 되는데, 이 이유는 편도체를 지나기 전에 몸이 벌써 반응하기 시작했기 때문이다. 물론 이렇게 이성적으로 생각하기 전에 감정적으로 몸이 먼저 반응하는 것이 도움이 되는 경우도 있다. 미식축구경기에서 짐승처럼 다른 선수들과 몸싸움해서 태클하는 상황 등이 이에 속한다. 하지만 이렇게 감정적으로 먼저 반응하면 세밀함을 요구하는 운동에서는 독이 될 수 있다. 골프 선수가 연속으로 실수해서 일상적인 퍼팅도 못하는 경우가 이에 해당한다. 아니면 화나서 보통 때는 하지 않는 행동, 예를 들어, Mike처럼 락커를 주먹으로 치는 경우, 동점 상황이고 몇 초 남지 않은 농구경기에서 흥분했기 때문에 심판에게 테크니컬 파울을 받아 팀이 지는 경우, 이런 경우들은 편도체에서 반응한 행동일 가능성이 높다.

분노 같은 감정(정서)뿐만 아니라 다른 감정들도 다른 인지적 결과를 일으킬 수 있다. 예를 들어, 지난 올림픽 때 우승했던 Russ는 이번 올림픽 예선전을 신체적으로 심리적으로 준비된 상황에서 참가 했다. Russ는 지난 올림픽 때 우승한 경험이 있기 때문에 예선전은 별 걱정이 없을 것이라고 생각할 수도 있지만, 이번 올림픽을 앞두고 갑작스럽게 건강이 안 좋아진 아버지는 현재 휠체어에 앉아, 무기력한 모습으로 Russ 경기를 지켜보고 있었다. Russ는 건강했던 아버지의 이런 모습에 마음이 안 좋았고 무엇보다 앞으로 아버지가 다시는 건강해지지 않을 <u>것이라는</u> 생각이 극한 감정을 불러냈다. 결국 Russ는 이러한 부정적인 자신의 감정을 통제하지 못하고, 경기에 집중하지 못했고, 인지적으로 불안했으며, 자신의 실력을 충분히 발휘하지 못했다. 결국, Russ는 예선전에서 4위로 통과하며 결선 진출에 실패했다.

감정(정서)은 인지적으로 선수들을 변하게 하며, 수행에도 많은 영향을 끼친다. 그 중 Smith(1996)가 제안한 인지 방해cognitive interference; 인지 간섭 에 의하면,

> 인지는 자극하는 특성과 반응하는 특성이 둘 다 있는데, 인지 방해는 해야 될 과제와 필요가 없는 자극이 과제에 집중하지 못하게 방해하거나, 극한 감정 변화처럼 색다른 반응을 일으켜서 해야 할 과제를 못하게 만드는 것이다.

다시 말해, 인지 방해는 선수가 해야 할 과제와 관련 없는 생각을 할 <u>때를</u> 말한다. 경기가 시작을 하기도 전에 결과부터 생각을 한다면, 이런 쓸데없는 생각들은 불필요한 감정들을 유발하고, 걱정과 불안이 더욱 높아진다. 걱정하고 불안이 높아지게 되면, 해야 할 일에 집중하지 못하고, 실수하고 실패하게 된다. 예를 들어, 모든 것이 완벽하게 준비된 선수가 자신의 능력을 다 보여주지 못 할까 봐 걱정하기 시작한다. 예선에서 탈락하고, 우승하지 못해 국가대표가 되지 못하는 생각을 한다. 결국, 그 선수는 인지 방해에 빠져들었고, 집중하지 못하며, 경기에서 좋지 못한 모습을 보여주게 되는 것이다.

인지 방해에는 3가지 요소가 있다(Carver, 1996). 하나는 인지 방해가 될 흐름에 빠져서 자기가 할 일에 집중하지 못하는 것을 이야기한다. 예를 들어, 어떤 선수가 "이기지 못하면 어떡하지?", "내가 결승전에 올라가지 못하면 어떡하지?"같은 생각을 경기가 시작하기도 전에 예상한다면, 걱정, 불안, 두려움 같은 감정이 올라오기 시작할 것이다. 그리고 이런 부정적인 감정들은 인지 방해가 될 만한 생각들을 또 만들어 낸다.

인지 방해가 되는 흐름에서 빠져 나오는 것은 선수들이 자기 자신을 인식할 수 있게 도와주고, 경기 중에도 자기 자신을 돌아볼 수 있게 해준다(Smith, 1996). 스포츠에서 자기 인식self-awareness 은 <u>지나친 분석에 의한 무능력 현상</u> paralysis by analysis; 분석에 의한 마비 이라고 하는데, 이것은 원래 자동적으로, 무의식적으로 했던 움직임을 의식적으로 생각하고 인지하는 것을 뜻한다. 선수들이 자신의 모든 잠재력을 발휘하고, 최고의 수준에 도달했을 때는, 모든 움직임이 자동적으로, 무의식적으로, 인지되지 않고 행동한다(Williams, 1986). **그냥 날려 버려** Grip it and Rip it; 그냥 해 라는 표현은 성공적인 수행이 자동적으로 나타난다는 것을 보여주는 뜻이다. 유명한 야구선수 Yogi Berra는 **생각하면서 배트를 휘두르는**

것은 불가능 하다고 했다(의사결정이 이루어졌다면 수행은 자동적으로 이루어진다).

인지 방해의 두 번째 요소는 자기 자신에 대한 신념 상실과 같은 자기 회의감이다. 자기 회의감에 빠져들면 선수들은 더 향상할 이유와 동기를 잃게 되고 이것은 실패의 지름길이 된다. 이 상황에서 선수가 어려운 상황에 부딪혔을 때 부정적 생각에 빠져들게 되면, 자기 회의감뿐만 아니라 자기 자신이 "선수가 될 자격이 없다"라고 생각할 수도 있다(Carver, 1996). 이런 감정들이 스스로 선수를 신체적으로 포기할 수 있게 할 수 있고, 심리적으로도 다른 생각을 가지거나, 쓸데없는 망상을 하거나 불필요한 요소들에 집중하면서 포기할 수 있다. 이런 자기 회의감은 지속적으로는 꾸준히 유지될 수 없지만, 과제를 수행하기 위한 집중력을 흩트리도록 만들게 하기는 충분하다. 이렇게 되면 산발적으로 방해되고, 자기 자신을 평가했을 때도 부정적으로 평가할 수밖에 없으며, 결국엔 운동 그 자체에 흥미를 잃고 손을 놔 버리게 된다. 이런 늪에 빠지면 부정적 감정은 꾸준히 유지되고 인지 방해가 되는 요소들은 증가될 수밖에 없다.

고등학교에서 그럭저럭할 만한 실력을 가진 한 학생이 대학교 1학년으로 입학했다. 이 학생은 코치를 설득하고 설득해서 결국 자신의 학교 대표팀과 함께 훈련할 수 있었다. 그 학생은 대표팀과 같이 훈련하면서 스스로 자기 자신은 대학교에서도 그럭저럭할 만한 성적을 낼 것이라고 믿었다. 그런 생각을 가지고 연습을 했고 결국 그 학생은 연습에서 자신이 많은 사람들보다 뒤쳐져 있다는 마음이 들었다. 사실 그 학생의 실력은 그렇게 나쁘지 않았지만, 연습 도중 몇 번의 어처구니없는 실수를 했다. 이렇게 첫 주의 연습이 끝나고 자신의 생각에서 위기가 찾아 왔을 때, 그 학생은 자기 회의감과 신념을 상실하기 시작했다. 결국 다음 주에는 심리적으로 불안한 상태로 훈련했으나, 첫 주 보다 더욱 더 안 좋은 연습 결과가 나왔다. 훈련과 연습은 계속 해야 하지만, 2주 연속 훈련에서 만족할 만한 성과가 없었기 때문에 더욱 더 늪에 빠져버렸고, 그 학생의 실력은 온데 간데 없었다. 결국 그 학생은 두 달을 견디지 못하고 운동을 그만 두기로 결심했다.

마지막으로 인지 방해를 일으키는 세 번째 요소는 자신의 성공을 자부심과 자존감에 연관시키는 것이다. 선수들도 자신의 수행을 보며, 그것을 자부심과 자존감에 연결시키는 경우가 많은데, 만약 이렇게 되면, 수행에 따라 자신의 대한 생각도 바뀌게 된다. 자신의 수행이 감소되고 있다면, 자기 자신에 대한 자아의 생각도 부정적으로 바뀌어 버릴 수 있고, 두려움과 불안함 같은 감정들이 생기면서, 운동적인 부분에서 실수하거나 실패한 것이 아니라, 내 자신이 나의 모든 것이 실패했다고 생각할 수 있다. 이렇게 수행이 감소되면, 부정적 감정들이 증가되고, 선수는 더욱더 인지적 방해를 일으키는 생각들, 성공할 수 있는 생각에 집중하지 못하고, 자기 자신이 무력하다는 생각이 커질 수밖에 없다. 경기의 결과를 항상 자신의 자아와 연결시키는 것은 선수들의 특징이다. 자기가 이긴다면, 자신에 대한 좋은 생각과 감정을 가지게 되고, 행복한 마음으로 동기부여가 되며 더욱 더 좋은 선수가 되도록 노력할 것이다. 하지만 지게 된다면, 경기 결과를 자아에 연관시키면서 선수로써의 패배가 아닌, 인간으로써의 패배라고 느끼며 우울하며 슬퍼지게 된다. 이런 사고방식을 가지면 다음 경기와 대회에서 좋은 성적을 가질 마음도 잃고 집중력 또한 떨어지며, 의욕도 잃게 된다. 결국 다음 대회에서는 바로 앞에 있는 경기만 집중하는 것이 아니라, 자신의 자아를 보호해야 하기 때문에 엄청난 부담감을 가지고 경기에 임하게 된다.

감정이 인지 방해를 일으키는 또 다른 요소는 감정 그 자체이다. 사람은 모든 자극을 인식할 때, 자신의 감정 상태에 기반으로 하여 생각한다(Niedenthal & Setterlund, 1994). 예를 들어 불안감이 극적으로 높은 선수들은 심판의 점수에 강박될 수 있다. 사실 심판의 점수란 선수가 잘 하면 잘 나오는 결과물이지만, 선수들은 인지 방해로 인해 이 개념을 인식하지 못하고, 자신에게 집중하는 것이 아니라 "심판들이 나를 잡으려고 작정 했구나!"같은 생각에 사로잡히는 것이다. 감정에 사로잡히면, 당연히 불안감이 높아질 수밖에 없다.

감정을 일으키는 또 다른 결과는 자신의 주의력을 분산시키거나 좁아지게 하는 것이다. Easterbrook's(1959)가 제시한 단서유용 가설 cue-utilization hypothesis 은 각성 수준에 따라서 발생하는 운동 수행력의 차이를 설명하는 데에 많은 근거를 제시하고 있다. 극도로 높은 불안감과 흥분된 상태에서, 선수들은 주의력이 너무 좁아지기 때문에 많은 단서를 놓치게 될 수 있다. Nideffer(1989)는 주의력의 방향 direction of attention 을 제시했는데, 이 가설에 의하면, 주의력은 흥분이란 감정에 두 가지 차원에서 영향을 받는데, 하나는 넓어짐과 좁아짐 broad or narrow, 그리고 내적과 외적 internal or external 차원에서 영향을 받는다고 했다. 〈그림 9.4〉는 이에 대해 설명해주고 있다.

	주의력 폭	
	좁은	넓은
내적	왼쪽 무릎의 느낌	골프 풀 스윙의 느낌
외적	야구 야수의 글러브 중앙	상대 선수의 움직임

(주의력 방향)

| 그림 9.4 | 주의의 방향

주의력은 흥분에 많은 영향을 받기도 하고, 다른 영향을 받기도 하는데, 그 이유는 선수들이 극도로 흥분된 상태에서는 가지각색의 반응을 일으키기 때문이다. 어떤 선수들이 주의가 분산되어 집중을 할 수 없거나, 너무 한가지에만 집중하여 시야가 좁아 질 수도 있다. 또 어떤 선수들은 내적으로만 초점을 맞추어서 행동하거나, 외적의 자극에만 집중하여 생각할 수 있다. 내적으로만 집중하는 선수들은 느낌, 생각, 감정, 혼잣말(스스로와의 대화), 그리고 자기 자신을 통제함으로써 더 좋은 성과를 내려고 하는 것이다.

선수들의 운동 수행력을 높이기 위한 또 다른 중요한 부분은 시간이다. 이 시간적인 차원은 과거, 현재, 미래를 다 포함한다. 〈그림 9.5〉는 시간이란 차원을, 앞서 언급했던 두 요소와 연관시켜 그림으로 나타낸 것이다.

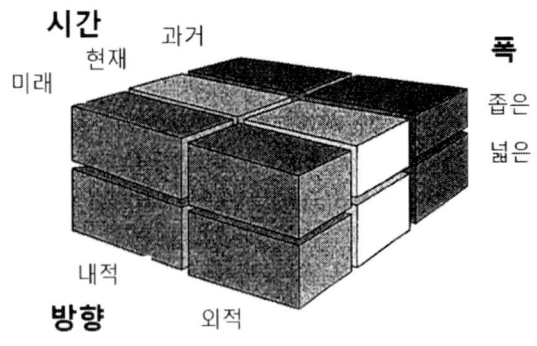

| 그림 9.5 | 시간이란 차원에서의 주의 방향

시간이란 개념을 이해하기 위해서는 어느 한 농구선수가 점프 슛 하는 과정을 생각하면 된다. 이 선수는 슛 동작 후, 발이 코트에 닿기 전에 미래를 예측하고 생각하여, 백코트해서 수비할 준비를 할 수 있다. 하지만 선수가 현재에 집중하여 자신의 슛이 들어가는지 안 들어가는지를 끝까지 볼 수도 있는 것이다. 그리고 만약 그 농구선수가 슛을 넣지 못하고 과거에 집중한다면, 수비로 돌아올 타이밍을 놓칠 수도 있다.

감정이 운동 수행력에 미치는 또 다른 결과는 개인 판단 능력이다. 선수들이 자신의 능력을 판단할 때, 주로 자신의 감정을 토대로 하여 평가하는 경우가 많다(Schwarz, Strack, Kommer, & Wagner, 1987). 예를 들어 농구 선수가 자신의 삶의 만족도를 경기에서 이기고 난 뒤에 평가하라고 한다면, 그들은 현재 좋은 감정들을 기반으로 해서 평가할 것이다. 하지만 만약 경기에서 졌다면, 삶의 만족도 평가의 점수는 극히 떨어질 것이다(Clore, Schwarz, & Conway, 1994; Schwarz & Strack, 1991).

▶ **동기적 결과**

많은 연구자들이 다양한 정서를 포함하는 감정들이 동기를 부여하는데 큰 도움을 준다고 제시했다(Arnold, 1960; Deci, 1980; Frijda, 1986; Weiner, 1977). Arnold와 Gasson(1954) 그리고 Frida(1986) 같은 학자들이 이런 행동경향은 감정에 내제되어 있다고 설명했다. 분노나 화 같은 특정한 감정들은 동기를 유발하는데 도움이 되지만, 두려움이나 무기력함 같은 감정들은 오히려 의욕을 없어지게 만든다고 했다. Izard(1993)는 동기부여 되는 모든 의욕은 감정에서 우려 나온다고 했다.

Weiner(1997)는 감정이 동기를 유발하는 제일 큰 결정 요인이라고 제시했고, 또한 특정 감정은 특정 동기를 유발한다고 했다. 예를 들어 화와 분노 같은 감정은 공격적인 동기가 형성되고, 연민은 도움을 주려는 동기를 형성한다고 했다. 사실 이 가설은 그렇게 많은 연구 결과로 입증 되지 않았지만, 많은 학자들과 이론들이 Weiner의 가설을 토대로 연구하고 있다. 많은 코치들이 감정이 동기부여를 북돋는 것이라고 믿고 있으며, 이것은 어린 선수가 새로운 것을 시도하기 두려워서 연습에 나오기 싫은 것과 똑같다.

▶ 건강적 결과

감정과 건강의 상관관계는 심리학을 비롯해 많은 의료집단에서 관심을 가지고 있다(Vallerand & Blanchard, 2000). 감정과 건강의 상호 관계는 3가지 요소가 있다(Oatley & Jenkins, 1996). **첫 번째 요소는 내적 갈등으로 인한 질병이다**. 정신분석적 시점에서 보면(Alexander, 1950), 아직 해결되지 않은 내적 갈등은 신체적으로 나타난다고 했다. 비슷한 예로, 어떤 선수가 운동을 그렇게 잘 하지 못하거나 운동신경이 없다고 해도, 그만두지 않고 계속 운동을 하는 이유가 부모님에게 실망을 주지 않기 위한 것이라면, 신체적으로 이상을 보일 수 있다. 유감스럽게도, 나는 이 상황을 너무 많이 보았다. 이런 상황은 주로 무의식적으로 진행되기 때문에 문제를 파악하기 어려우며, 이렇게 지속적으로 내적 갈등이 해결 되지 않으면, 신체적으로, 심리적으로 질병이 생길 수 있다.

두 번째 요소는 자신의 감정표현을 자주 할 수 있는 사람은 질병에 걸릴 확률이 낮아진다는 것이다. 잊을 수 없을 정도의 큰 정신적 충격을 준 경험을 자주 이야기하거나 그 경험에 대해 대화하고 도움을 받는다면, 감정 표현을 안 하는 사람들보다 훨씬 건강해 질 수 있다고 한다. Pennebaker와 Beall(1986)의 연구에 따르면, 자신의 경험을 3-5일 동안 글로 자세하게 표현할 수 있었던 연구 참여자들은(실험 집단) 그냥 제목만 적거나, 대충 썼던 연구 참여자들(통제 집단) 보다 건강했다고 한다.

이 연구는 선수들이 자신의 감정을 표현할 수 있도록 도와주는 것이 선수들 입장에선 큰 도움이 될 수 있다는 것을 제시한다. 시즌이 길거나 지옥 훈련을 한 후, 그리고 큰 대회에서 온 부담과 피로가 쌓인 후에 감정을 표현할 수 있는 상황의 효과는 배가 된다. 코치는 선수들에게 항상 자신의 사무실 문은 열려있고, 자유롭게 들어와 자신의 생각을 털어놓을 수 있는 환경을 만들어주고, 코치와 선수의 대화는 항상 비밀리에 유지된다는 것을 알려주어야 한다(제 8장의 비지시적 코칭 모델을 복습하는 것도 좋다). 대학최강전이 있을 무렵, 어느 날 한 선수가 내 사무실에 들어와 "내 다이빙의 모든 것이 잘못 됐어요!"라고 흐느적거리던 선수가 있었다. 15분 동안 울부짖고, 세상에 모든 불만을 호소하고 난 후, 그 선수는 자신의 감정을 추스를 수 있었고, 솔직한 대화를 시작할 수 있었다. 그 선수는 자신의 인생의 어려운 점을 이야기 했다. 부모님의 압박감으로 인해 전공을 선택했다는 것이 제일 힘들었다고 했고, 그 선수는 결국 자신의 다이빙에 문제가 있었던 것이 아닌 것을 인지했다. 그 선수는 무의식으로 잠재된 내적 갈등을 찾았고, 나와 같이 해결 방안을 알아보기 시작했다. 나는 그날, 그 선수가 자신의 내적 갈등을 호소하지 않았더라면, 신체적으로, 심리적으로 건강에 이상이 있는 것으로 생각했을 것이다.

인간의 면역체계는 인생 또는 삶의 스트레스와 질병을 중재, 조정하여 성립시킨다는 것이 세 번째 요소이다. 이 말은, 만약 선수가 과도한 스트레스 같은 이유로 정서적으로 불안정하다면, 면역체계가 가동되어 선수를 건강하게 보호하려는 것을 뜻한다. 하지만 이 정서적 불안정이 오랜 기간 동안 유지된다면, 면역 체계가 무너지면서 건강을 해칠 수 있는 것이다. 스포츠 측면에서 면역체계와 정서(감정)의 상관관계를 연구한 경우는 많지 않지만, 선수의 정서적인 상태가 건강에 어떤 영향을 미치는 지에 대해서는 많은 정보를 가지고 있다. 스포츠 측면에선 감정과 부상, 회복, 그리고 체력 소진에 대한 관계를 집중적으로 보고 있으며, 불안, 우울, 슬픔, 두려움 같은 부정적 감정들은 부상을 당할 수 있는 확률이 올라가게 하고, 회복시간도 길어지며, 체력이 소모되는 시간이 짧아진다.

▶ 부상과 회복에 대한 결과

Andersen과 Williams(1988)는 감정과 부상의 관계성을 설명하기 위한 모델을 수립했다. 이 모델에서 3가지 요소를 분석했는데, Andersen과 Williams(1988)는 성격(예: 유전적 불안), 스트레스를 일으키는 과거 경험(인생 경험), 그리고 대처할 수 있는 능력(스트레스를 통제할 수 있는 기술)이 선수가 어떤 상황을 판단할 시, 이것을 어떻게 받아들이고 평가하는지에 대해 알아보았다. 만약에 상황이 부정적이라고 느낀다면, 이 반응이 신체적으로 어떤 결과를 일으키고, 주의력이 어떻게 감소시키는지, 그리고 이런 요소들이 부상의 확률을 어떻게 높이는지에 대해 연구했다. 연구결과는 모델이 제시한 몇 가지의 가설을 뒷받침하는데, 많은 연구 결과들에서 자신의 인생 경험과 부상의 연관성을 찾아 낼 수 있었다(Bramwell, Masuda, Wagner, & Holmes, 1975; Cryan & Alles, 1983; Hardy & Riehl, 1988). Hanson, McCullagh와 Tonymon(1992)도 대학생 선수들을 대상으로 경기 전 불안한 감정의 강도를 통해, 부상의 강도도 예측할 수 있다고 했다. 스트레스와 부상의 상관관계는 스트레스를 통제할 수 있는 능력이 떨어지는 선수들에게 더 큰 부상을 안기기도 했으며, 그 스트레스의 원인 중 압박감을 통제할 수 있는 능력이 부족하거나, 사회적으로 잘 적응하지 못한 선수들에게는 더욱 큰 상관관계를 보였다(Smith, Smoll, & Ptacek, 1990).

정서적으로 보았을 때, 감정과 부상의 상관관계뿐만 아니라, 부상을 당한 후, 감정이 회복시간에도 영향을 미치는 것을 알 수 있었다(Vallerand & Blanchard, 2000). 처음에 부상과 감정의 연관성을 확인한 연구들이 Dr. Elizabeth Kubler-Ross(1969)의 연구를 토대로 이루어졌다. 이 연구는 시한부 환자들이 자신의 상황을 어떻게 받아들이는지를 단계별로 정리했는데, 그 단계는, 부인, 분노, 거래(타협), 우울(억울함), 그리고 수용이다. 고통과 고난의 감정은 부상이 정서적으로 선수들에게 끼치는 영향을 뜻하는데, 불안, 우울, 두려움, 분노, 그리고 죄책감을 정서적 예로 들 수 있다. 미묘한 고통과 고난의 감정들은 저항과 외면, 또는 자신의 처지를 표현하는 방식으로 나타나기도 한다(Heil, 2000). 예를 들어 선수들이 부상을 당했을 때, 자신의 부상을 코치의 탓으로 돌리거나, 훈련하는 방식이 부상의 원인이라고 생각하기도 한다. 고통 distress 은 선수들의 정서적 균형을 깨뜨리는 것으로 언급된다. 고통은 불안, 우울, 두려움, 화와 죄책감을 포함하고 있다. 고통의 미묘한 형태들은 화난 이유가 다른 사람 때문이라고 탓하거나, 투덜거리고 그리고 자기 회의 self-doubt 와 같은 저항적인 행동들로 나타난다(Heil, 2000). 예를 들어 선수들이 부상을 당하거나, 트레이너, 훈련 프로그램 또는 코치에게 직접적으로 화를 내는 행동들이 이에 속한다.

Heil은 부정 denial; 자신의 행동을 부인하는 것을 인정되지 않은 고통 unacknowledged distress 이라고 정의했다. 다시 말해, 부상이 심리적 내적 갈등을 만들며, 무의식적으로 인정하지 못하거나, 의식적으로 인정하지 않는 행위를 뜻한다. 유순한 단계에서부터 시작하여 격심한 상태까지 강도가 다양하며, 부정이란 감정과 행동은 외면, 과소평가, 쇼크, 불신, 그리고 부상을 현실적으로 받아들이지 못하는 상태 등으로 표현된다. 부정은 긍정적으로 작용할 수도 있고, 부정적으로 작용할 수도 있는데, 부정이란 감정을 자신의 부상에 너무 신경쓰지 않고 연민하지 않으며, 긍정적으로 생각하기 위해 적용한다면 긍정적으로 사용하는 것이다. 하지만 만약 자신의 부상을 무의식적으로 인정하지 못하거나, 의식적으로 인정하지 않는 행위는 의사의 권위를 거부하거나, 치료를 반대하는 행위로 나타날 수 있으며, 그렇게 되면 회복하는 기간이 길어질 수밖에 없다.

Heil의 3번째 요소는 단호한 대처 determined coping 행동이다. 단호한 대처란 자신의 상황을 빨리 판단하여 수용하는 단계까지 올라가서, 자신의 지식, 기술, 에너지, 행동과 생각을 모두 동원하여 회복시간을 최대한 줄이려고 하는 결심을 뜻한다. 해결책을 찾기 위해 조사하거나, 자신의 목표를 뚜렷하게 세우거나, 주위의 자원을 사용하고, 더 나은 방안을 찾고, 새로운 기술을 획득하는 행동과 결심하는 마음이 긍정적 대처 행동의 좋은 예다.

부상이 회복되기 까지 선수들은 Heil이 제시한 사이클에 따라 진행되는데, 이 말은 선수들이 고통과 고난의 단계, 부인과 부정의 단계, 그리고 단호한 대응행동의 단계의 사이클을 회복하는 동안 계속해서 되풀이할 수 있다는 것이다. 어떤 선수가 3학년 때 어깨 수술을 받았다. 그 선수는 3개월 후 훈련에 참가할 수 있다고 생각한다. 하지만 그 선수의 회복기간은 2년이나 걸렸다. 이 기간 동안 그 선수는 이 사이클을 계속 반복할 수 있다. 2년 후, 이 선수의 어깨 느낌이 괜찮아지면서 훈련할 수 있다는 생각에 기분이 좋아지고 행복할 수 있으며, 수많은 사이클을 거쳐 다시 운동을 시작할 수 있는 긍정적인 감정을 받을 수 있다. 검사 결과 후, 자신의 어깨 통증이 아예 없어졌다는 것을 알고, 자신의 지식, 에너지, 긍정적인 사고, 그리고 결심을 총 동원해서 하루 빨리 팀과 훈련할 수 있도록 최선을 다한다. 회복을 위한 프로그램을 성실히 수행하고, 물리치료 및 재활을 위한 모든 의료원을 다니며 대회에 참가하기 위한 장애물을 하나하나씩 처리하기 시작한다. 이 선수의 어깨 상태는 놀랄 정도로 좋아졌지만, 회복을 위해 제일 중요한 요소는 스트레스와 부정적인 감정을 통제할 수 있었던 사고와 부상에 대한 단호한 대처 행동을 잘할 수 있을 것이라는 결심에서부터 시작되었다. 실제로 Kimberly는 미국 전국대회에서 여러 차례 우승하며 올림픽 국가대표가 되었다.

▶ 소진의 결과

소진 burnout 이란 개인의 성취(업적)에 대한 감소된 느낌과 정서적으로 소진된 상태와 비개인화된 선수의 상황 등을 포함하는 다차원적 증후군이다(Maslach & Jackson, 1986). 연구에 따르면, 모든 선수들 중 47%에 해당되는 많은 선수들이 소진에 많은 영향을 받는데(Silva, 1990), 이 증후군은 만성적으로 지속된 스트레스로 인해 생기는 현상이라고 했다(Dale & Weinberg, 1990). Smith(1986)는 소진의 대한 연구를 앞서 언급했던 불안함에 대한 모델을 기반으로 하여 수행했다. Smith의 소진 모델은 상황을 평가하는 과정에서 상황과 자극 중, 무엇이 스트레스로 인지되는지에 대해 초점을 맞추었다. 인지적 평가는 사람의 성격(예: 유전적 불안)에 대해 달리 반응하며, 동기부여의 요소(성공하려는 이유), 그리고 신체적, 정서적, 행동적 결과 상태에 따라 소진으로 정의한다고 했다. 초기 연구결과들은 선수들이 상황을 정서적으로 인지할 때, 스트레스와 관련된 감정들을 살펴보면 소진을 예측할 수 있다고 했다(Kelley & Gill, 1993; Taylor, Daniel, leith, & Burke, 1990; Vealey et al., 1992).

부가적으로 훈련 프로그램과 정서적 상태의 관계를 살펴보면, 극도로 높은 훈련은 부정적인 정서 상태를 일으키며, 소진으로 이어질 수 있는 확률이 높다는 연구결과도 있다(Morgan, Brown, Raglin, O'Connor, & Ellickson, 1987). 예를 들어, 41명의 주니어 독일 대표 조정 선수들을 상대로 관찰한 연구에 따르면, 선수들은 훈련 강도가 높아지면, 정서적 불안이 오고, 훈련 강도가 낮아지면 정서적 안정을 찾았다(Kellmann, Kallus, Steinacker, & Lormes 1997). 사실, 체력 한계가 도달할 때까지 소진이 온다는 가설은 있지만, 이 가설을 뒷받침할 수 있는 가설은 아직 존재하지 않고 있다.

▶ 수행에 대한 감정의 대인관계 결과

지금까지 우리는 감정에 대한 내적 결과로써 개인 내 결과 intrapersonal consequences 즉, 경험에서 우러 나온 감정이 어떻게 사람을 내적으로 변화시키는지에 대해 초점을 맞추었지만, 이제는 외적으로 감정이 대인관계 interpersonal consequences 에 어떻게 영향을 미치는지에 대해 알아보고, 선수와 선수 사이에 어떻게 상호작용되는지에 대해 알아볼 것이다.

사실 감정에 관한 대인관계 결과에 대한 연구는 그렇게 많지 않다(Vallerand & Blanchard, 2000). 하지만 Vallerand(1983)는 감정이 대인관계에 어떻게 작용하는지에 대해 3가지 요소를 제시했다.

▶ 감정 모방 : 정서적 행동에 미치는 영향

한 선수가 자신의 감정을 표현하는 것은 다른 선수들에게도 영향을 끼친다. 예를 들어, 어떤 한 선수가 연습에서 행복하고 흥분한 상태를 표현한다면, 그 팀에 속해 있는 다른 선수들도 행복하고 기쁠 수 있다. 하지만 화나고 짜증난 상태를 표현한 경우에는 다른 선수들도 동료에게 서로 화내고 짜증내면서 훈련 분위기가 나빠질 수 있다. 그렇기 때문에, 모범을 보여줄 수 있는 선수가 중요하다. 긍정적인 감정을 전달해 줄 수 있는 선수는 매일매일 연습하는 동안 분위기를 설정하고, 연습을 임하는 자세나 노력하는 차원에서뿐만 아니라, 다른 선수들이 좋은 감정을 모방할 수 있도록 최선을 다 해야 한다. 주로 코치가 정서적 리더 역할을 하기도 한다.

▶ 감정 평가 : 정서적 메시지

내가 한 선수의 정서적 메시지를 전달 받았을 때, 다시 말해, 코치가 다른 선수의 감정을 평가했을 때, 나의 감정을 성립하는데도 영향을 받는다. 다른 선수의 감정을 내가 어떻게 받아들이는지에 따라 내 감도도 달라진다는 것이다. 예를 들어, 만약 코치가 다른 선수의 성적을 애석하게 받아들이고 동정한다면, 코치는 그 선수가 더 좋은 성적을 이룰 수 없다는 메시지를 보내는 것이다. 이런 메시지를 보낸다면 그 선수는 자신에 대한 연민과 슬픔으로 받아들이고, 더 열심히 해서 좋은 성적을 이루겠다는 의지나 동기를 잃을 수 있다. 하지만 똑같은 상황에서 코치가 분노와 불만이라는 감정을 보인다면, 그 선수는 정서적으로 더 잘할 수 있는데 못했다는 메시지를 받아들이며 더욱 더 좋은 결과를 보여주기 위해 열심히 할 것이다.

정서적 메시지가 꼭 직접적으로 전달되야 되는 것은 아니다. 예를 들어 성공한 다른 선수의 경기 비디오를 보며, 동기부여가 될 수 있고 열심히 할 의지가 생긴다면, 이 또한 메시지를 주고받는 방법 중 하나이다. Hackfort(1996)는 비디오를 보는 것만으로도 정서적 메시지가 전달될 수 있으며, 자신의 목표를 설정하거나 강화시킬 수 있고, 더 열심히 하려는 의지가 생기며, 훈련 도중 지구력이 증가하는 것을 목격할 수 있었다고 한다.

▶ 감정의 결과 : 미래의 정서적 행동 개선

코치가 외적으로 표현한 감정들은 미래의 대인관계 행동과 사고에 영향을 끼친다. 다시 말해, 코치의 감정에 대한 반응이 미래에도 적용된다는 것이다. 예를 들어 코치가 이유 없이 심판에게 불만을 보이고 화를 낸다면, 그 심판도 당연히 화가 날 것이다. 그리고 만약 앞으로 있을 다른 대회에서도 그 심판이 경기를 평가한다면, 코치나 팀에게 불리하게 돌아올 것이다.

결합되고 유대감이 높은 팀을 만들기 위해서는 감정의 외적 결과들이 긍정적으로 작용될 수 있도록 코치가 도와주어야 한다. 코치와 선수들, 특히 주장과 모범적인 선수들에게는 좋은 모델이 될 수 있도록 해야 하며, 코치는 선수들에게 긍정적인 정서적 메시지를 전달하기 위해 노력해야 한다. 감정의 부정적 결과는 팀의 갈등, 부조화, 그리고 분열을 일으킬 수 있다.

▷ 코칭 상황에 정서 이론을 적용하는 방법

지금까지 공부했던 것을 코칭 방법에 적용시키지 못한다면, 아무 의미가 없다. 선수들이 좋은 수행을 발휘하기 위해 최적의 영역을 찾고 유지할 수 있도록 도와 줄 수 있는 방법이 무엇일까? 〈표 9.3〉은 우리가 다음 부분에서 배울 것을 잘 요약해서 설명해 준다.

▶ 예방 전략

최적의 영역을 유지하기 위해 제일 쉽고 효율적인 방법은 그 영역에 들어가고 난 후, 최적 영역과 부적절한 감정들을 회피하는 것이다. 지금부터 우리는 몇 가지의 예방 전략을 알아보며 선수들이 정서적으로 안정될 수 있게 해 줄 수 있는 방법에 대해 배워 볼 것이다.

| 표 9.3 | 정서적 영역에서 최적의 상태를 유지하기 위한 예방과 대처 전략

예방 전략	대처 전략
정서적으로 효율적인 경기 펼치기	소진 대처하기
경기력을 향상시키는 감정(정서)들을 이용하기	피로적응장애증후군을 위한 대처 전략 사용하기
경기력을 하락시키는 감정(정서)들 피하기	인지적 관찰과 재구조화를 사용하기
최적의 정서 영역을 만들기	내적 갈등 해결하기
최적의 정서 영역을 유지하기	감정 표현하기
대회 전 불안을 예측하기	자기 자신과 대화하기(혼잣말 사용하기)
적절한 자기 평가하기	자신의 몸과 부상을 살피기
심리적 방어 대처 전략 개발하기	단호한 대처 능력 연습하기
개인의 상태 특성 불안을 측정하기	불필요한 정서적 메시지 무시하기
성공 기대하기	신체언어 바꾸기
피로적응장애증후군과 소진을 예방하기	해야 할 것에만 집중하기
지루함을 피하기	
예기치 않은 상황에 대비하기	
내재된 반응을 무시하기	

▶ 정서적으로 효율적인 게임을 펼친다.

선수들에게 감정과 운동 수행 능력의 높은 연관성을 가르쳐주고, 신체적인 부분뿐만 아니라 정서적인 부분에 주의를 높여서 경기를 임할 것을 강조해야 한다. 내적 게임 inner game 이 중요한 골프와 테니스는 선수들의 감정과 사고가 경기에 많은 영향을 미친다. 그래서 스포츠의 정서적 게임 emotion game 은 감정과 운동 수행 능력에 초점을 맞춘다. 다음 부분에서는 선수들이 최적 영역을 벗어나지 않고, 그 영역을 유지하기 위한 방법을 알아 볼 것인데, 첫 번째 단계는 감정과 운동 수행 능력의 중요성을 인지하는 것이다.

▶ 경기력을 향상시키는 감정들을 사용한다.

선수들은 신체적으로 똑같을 수 없고, 정서적으로도 다르다. 선수들마다 각자 자신들만의 방식이 있다. 자신의 정서적 성격을 받아들이고 수많은 감정들 중 경기력을 향상시키는 감정들을 스스로 찾아야 한다. 어떤 선수들에게 화와 분노는 경기력을 향상시켜준다. 그렇지만 그렇다고 해서 화와 분노가 모든 선수들에게 똑같이 작용되는 것이 아니다. 긍정적인 감정들과 부정적인 감정들을 복습하고, 마치 새로운 신발을 사는 것 같이 선수들에게 많은 감정들을 신어보게 하는 것이 좋다. 많은 감정을 비교하고 분석한 후, 각자의 선수들에게 가장 편안하고 적절한 자신의 감정을 찾을 수 있도록 도와주어야 한다. 경기력을 향상시키는 감정을 찾아야지 만이 그 감정을 이용할 수 있는 다음 단계로 넘어갈 수 있다.

▶ 경기력을 하락시키는 감정들은 피한다.

이것은 어떻게 보면 당연한 얘기지만, 놀랍게도 많은 선수들이 인지하지 못하고 있다. 지금은 도움이 되지 않지만, 어렸을 때 한번 이런 감정을 사용하여 좋은 성과를 이루었기 때문에, 경기력을 하락시키는 감정을 계속 사용하고 있을 수도 있다. 예를 들어, 내가 지도 했던 선수들 중 한 명은 큰 대회가 있기 전에 갑자기 말 수가 많아지고, 즉흥적이고, 경솔해지면서도, 생기가 발랄한 감정들을 표현하고 있었다. 그 선수는 어렸을 때 이 감정들을 사용하여 좋은 성과를 거두었지만, 대학 입학 이후에는 이 감정들이 그 선수의 경기력을 하락시키고 있었다. 그 선수를 내 사무실로 불러서, 새롭고 올바른 감정을 찾도록 권유했다. 그럼에도 불구하고, 그 다음 해에 그 선수는 NCAA 챔피언십에서 예전과 똑같은 감정을 사용하고 예선전에서 초라한 성적을 얻었다. 그날 저녁에 나는 그 선수에게 새로운 감정을 찾으라는 것을 더욱 더 강력하게 표현했고, 다음날 그 선수는 동메달을 목에 걸 수 있었다.

▶ 최적의 영역을 수립한다.

선수들에게 자신의 정서적 한계가 어디쯤인지 인지할 수 있도록 훈련과 연습 때 도와줘야 한다. 많은 코치들이 시간적 그리고 인적 자원의 부족으로 상태 특성 불안 척도 State-Trait Anxiety Inventory; STAI 를 이용하여 선수들의 불안을 조사하는 것이 어렵다고 한다. 그렇지만, 이 척도는 짧은 시간을 통해서 선수들의 정서적 한계를 대회나 연습, 그리고 훈련 전 후 때 물어보고 알아 낼 수 있다. 이렇게 수집한 정보들은 각각 선수들의 최적의 영역을 찾아 줄 수 있다. 선수들의 정서적 한계를 찾는 또 다른 방법은 선수들의 기억력을 이용해, 대회에서 좋은 결과를 거뒀을 때와 초라한 성적을 냈을 때의 감정을 기억하게 하는 방법을 통해 선수들의 정서적 정보를 알아 낼 수 있다. 모든 일이 그렇듯이, 최고의 학습은 실패할 때 이루어지기 때문에, 초라한 결과를 거뒀을 때의 기억을 토대로 하여 정보를 수집하는 것이 좋다.

그렇지만 초라한 성적을 냈을 땐 많은 선수들이 자신의 감정을 솔직하게 표현하지 않는 경우가 많다. 솔직하게 표현하면 약하게 보이거나, 불안, 두려움, 무서움 등의 감정을 보이면 코치가 자신을 안 좋게 평가할 수 있다고 생각하기 때문이다. 긴장해서 비참한 결과가 나왔더라면, 그것이 결과다. 그 이상도 그 이하도 아니다. 그래서 코치들은 선수들에게 자신의 감정을 표현하는 것이 약한 모습이 아니라는 것을 항상 이야기 해주며, 오히려 솔직하게 말하는 것이 선수 자신이나 팀에게 도움이 된다는 것을 알려줘야 한다. 솔직하고 정직하게 자신의 감정을 표현할 수 있을 때 정서적으로 더 나은 선수가 될 수 있다는 것도 강조해야 한다. 문제를 해결하기 위해서는 먼저 문제를 파악하는 것이 중요하듯이, 정서적인 문제도 인지하고 파악하는 것이 문제를 해결하기 위한 제일 중요한 첫 단계이다.

12월에 열린 미국선수권 대회는 올림픽 예선전을 치를 수 있는 자격이 주어지기 때문에 Darian한테 많은 부담감을 주었다. 그래서인지 Darian은 초라한 성적을 거뒀고, 자기가 긴장해서 초라한 결과가 나왔다라는 것을 인정하는데 20분이 걸렸다. 모든 선수들은 자신의 선수 인생에서 한번쯤은 비참한 결과를 내거나 경험한다. 하지만 위대한 선수와 평범한 선수의 차이는 이 상황을 어떻게 극복하는지에 달려있다. 20분 동안 자신의 결과를 부인하고 실수를 부정하다가, 갑자기 그는 "코치님, 제 잘못이에요, 머리가 하얘지면서 아무 생각도 안 났어요."라고 이야기했다. 그래서 나는 "좋아! 너는 모든 선수들이 겪는 것을 너도 지금 겪고 있어, 그리고 너는 방금 너의 잘못을 인지하고 인정했으니, 과거는 과거에 놔두고, 이제부터 어떻게 해야 할 지, 이 대회를 어떻게 우승할지에 대해 생각해 보자."라고 타일러 주었다. 두 번째 점프를 놔두고 오랜 기간 동안 이야기 한 뒤, 나는 "Darian 너는 다음 학기엔 위대한 선수가 될 것이다"란 말 만 남긴 채 뒤돌아섰다. 2개월 후, 그는 빅텐 경기연맹 대회 Big Ten Conference [1] 에서 우승했고, NCAA 최우수선수 All-American 로 선정되었다.

---

[1] 미국에서 가장 오래된 대학미식축구 경기연맹.

▶ 최적 영역을 유지한다.

선수가 자신의 최적 영역에 머무르고 있다면, 그보다 더 좋을 순 없다. 하지만 최적 영역에 머무르지 못한다면, 의미가 없다. 선수가 최적영역에 머물러 있는 것은 실수나 우연으로 일어나는 일이 아니다. 엄청난 시간과 노력으로 이루어지는 것이다. 선수들이 최적영역에 들어가 있을 때, 거기에 계속 머무를 수 있도록, 자기 자신들을 관리하고 조절할 수 있게 도와주어야 한다. 최적 영역에 벗어나려고 할 때, 자기 자신에 대한 점검을 신속하게 하고, "나는 지금 조금씩 짜증나는 것 같으니까, 침착하고 집중하자."와 같은 자기 자신과의 대화가 최적 영역에 머무를 수 있게 해 준다. 최적 영역에서 벗어나 다시 들어가려고 하는 것보다, 그 영역에 머물러 있는 것이 훨씬 더 쉽다. 최적 영역에서 나오는 힘을 이용할 수 있다면, 그보다 더 좋은 무기는 없다.

대회에서 실수를 안 하는 선수는 없다. 그 실수가 크던 작든, 선수가 실수에 대해 어떻게 반응하는지에 따라, 정서적으로 영향을 미친다. 최적 영역에 머무를 수 있게 할 수 있는 좋은 방법은 7가지 R을 기억하는 것이다: 여기서 R은 책임 Responsibility, 인지 Recognize, 반응 Respond, 방출 Release, 재편성 Regroup, 집중 Refocus, 그리고 준비 Ready 이다. 책임은 자신의 실수에 대해 연민하거나 그것에만 집중하는 것이 아니라, 자신의 실수에 대한 책임을 지고, 다음 상황에 준비하는 것을 말한다. 인지는 이 상황을 인지하고 빨리 대응하는 것을 의미하고, 반응은 실수 한 후, 긍정적인 행동을 할 것을 의미한다. 해방은 자신의 부정적인 생각과 사고를 정서적인 면에서 빨리 잊어버리는 것을 의미하는데, 이 단계는 어느 선수에게나 힘든 과정이다. 재편성은 과거의 사건들을 빨리 잊어버리고, 자신의 최적 영역으로 다시 돌아갈 수 있게 집중하는 것이다. 재편성 단계는 세계의 위대한 선수들에게도 어려운 숙제지만 7가지의 R을 충분히 연습한다면 가능하다. 집중은 다음 동작을 하기 위해 현재 상태에 집중하는 것이며, 준비는 다음 동작을 수행하기 위해 신체적으로, 심리적으로, 정서적으로 준비된 상태에 있는 것이다.

▶ 대회 전 불안을 예측한다.

Raglin과 Hanin(2000)은 대회가 시작되기 전 선수들의 불안 수준을 어느 정도 예측할 수 있다고 설명했다. 불안은 직접적 평가와 간접적 평가로(Darian처럼 솔직하다면), 선수들이 대회 전 자신의 영역에 벗어날 수 있는 감정들을 인지할 수 있다. 이것을 역이용하여 코치는 선수들과 함께 앉아서, 몰락을(최악의 상황) 예방할 수 있는 전략을 세울 수 있다(예: 이완, 가시화, 인지적 복원 등등). 하지만 대회에서 이런 방법들을 찾고 적용시키기에는 너무 늦고, 만약 그렇게 된다면 초라한 결과가 나타날 수밖에 없다.

▶ 적절한 자기평가를 한다.

평가는 감정에 많은 영향을 받기 때문에, 선수들에게 올바르고 적절한 평가를 통해, 동기, 열정, 강렬함, 단호함 같은 감정들이 감소되지 않도록 도와주어야 한다. 선수들에게 실력과 수행, 그리고 <u>운동 수행 능력이</u> 증가되고 있음을 항상 보여줘야 한다. 비디오를 보여주거나, 평균 점수 같은 자료와 정보를 총동원해서 선수들의 기량이 향상되고 있으며, 자신의 목표에 가까워지고 있고, 조금만 더 노력하면 목표지점에 도달할 수 있다는 것을 항상 상기시키도록 해야 한다.

대회가 끝나고 나서, 짧고 직관적인 평가는 피한다. 대회가 끝나고 나면, 성적이 좋든 안 좋든 선수들은 정서적으로 불안할 수밖에 없다. 그리고 대회에서 비참한 결과가 나왔다면 말할 필요도 없다. 그래서 그 순간에 코치도 자신의 감정에 휘말려서 나온 직관적인 평가를 하기 보다는 시간이 지나고 논리적으로 이성적으로 생각하고 사고하며, 대회의 모든 점을 반영하고 반사하고, 심사숙고 한 뒤, 평가를 해 주는 게 좋다. 나는 대회가 끝나고 난 직후, 다른 팀에 속한 코치와 선수 둘 다 정서적으로 불안정할 때, 대회의 문제점과 잘못된 점을 토론하려고 했던 것을 본적이 있다. 그리고 그 상황은 토론이라기보다는 뜨거운 열기의 논쟁에 가까웠다. 앞서 이 장에서 말했던 것과 같이, 사람이 정서적으로 불안정하면, 논리적으로 이성적으로 생각하고 사고하기에는 거의 불가능하다.

평가를 할 때에, 운동 수행 부분에선 항상 객관적으로, 정확하게 평가해야 한다. 다른 선수들의 코멘트나 팀원들의 격려와 꾸중이나 부모님의 말씀이나 자기 자신이 아닌 다른 사람의 모든 말은 조심스럽게 다루어야 한다. 선수들의 과정을 검토하고 평가하는 것이 그렇게 어렵게 보이지는 않겠지만, 때때로 이것만큼 어려운 일도 없다. 예를 들어, 어떤 한 선수가 자신의 최고 기록을 갱신했지만, 랭킹에서는 전보다 더 뒤떨어졌을 <u>때를 상기시키게 한다.</u> <u>이 상황에서</u> 선수가 랭킹만 본다면 실망하겠지만, 그 선수가 자신의 최고기록을 갱신했다는 것에 집중한다면, 행복할 것이다.

▶ 심리적 방어 대처 전략을 개발한다.

Smith(1996)는 경쟁과 긴장이 높은 상황에서, 그 의미를 왜곡하는 심리적 방어 대처 전략을 이용할 줄 안다면, 부정적인 감정에 대한 대처 행동으로 사용할 수 있으며, 불안한 정서적 상태를 안정하게 만들 수 있다고 제시한다. 지금까지 노력해왔던, 모든 것이 걸려 있는 큰 대회의 의미를 왜곡시켜서 이 상황의 개념을 바꿔서 인지한다면, 선수들은 불안하고 긴장된 감정에서 벗어날 수 있다는 것이다. 예를 들어, 큰 대회에서 항상 자신이 잘하지 못할 것이라는 핑계를 찾는 선수가 있었다. 팔이 아프다거나, 감기가 걸렸다거나, 개인적인 문제가 생겼다거나 등의 핑계를 댄다. 하지만 주로 그 선수는 그럼에도 불구하고 큰 대회에서 좋은 성적을 거두었다. 그 선수의 핑계는 심리적 방어 대처 전략이었으며,

자신이 대회에서 실수하고 좋은 성적을 못 이루더라도, 아프니까, 피곤하니까, 개인적인 문제 때문에, 같은 핑계가 초라한 결과에서 빠져나갈 구멍을 스스로 만든 것이다. 못해도 빠져나갈 구멍이 있으니, 그 선수가 대회에서 느끼는 부담감을 낮아지고, 불안감과 압박감은 줄어든 것이다. 다른 사람들과 대화하지만, 마치 자기 자신에게 얘기하듯이, "얘들아 나 오늘은 잘 못할 것 같아, 개인적으로 집안에 문제가 생겨가지고… 그래서 너무 나한테 기대는 하지 않았으면 좋겠어." 현실적으로, 팀의 모든 선수가 그 선수에게 기대할 만큼, 매번 놀라운 성적을 거뒀으며, 그 선수는 미국 National Championship을 몇 번이나 우승하며 올림픽 국가대표로 선발되기도 했다.

   Smith에 의하면, 선수들은 4가지 성향의 평가를 한다고 제시했다.

- **요구에 대한 평가**: 이 상황에서 나에게 요구되는 것은 얼마 만큼인가?
- **상황에 대한 기량과 자원에 대한 평가**: 이 상황에서 나는 우승할 기량과 역량이 있을까?
- **실패에 대한 평가**: 만약에 내가 실패하면 어떻게 되지?
- **개인적으로 의미를 부여한 평가**: 이 경기에서 지면 나는 어떻게 되지?

   선수들이 이 상황을 얼마나 긍정적으로 평가하는지, 아니면 부정적으로 평가하는지에 따라, 정서적 불안과 안정성이 달라진다. 위대한 선수들은 모든 상황을 너무 어렵게 평가하지도 않고, 너무 쉽게 평가하지도 않다. 항상 적당한 경계심과 긴장감을 포함하여 평가하고, 자기 자신이 위대하다는 자만심에 빠지지 않지만, 자기 자신이 충분히 노력했기 때문에 우승할 것이라는 자신감을 가진다. "내가 실패하면 어떻게 되지?"라는 질문엔 항상 "실수할 수 있지, 다음에 잘하면 되지."같은 답이 준비가 되어 있으며, 선수들이 자기 자신의 자존감은 이기거나 지거나 달라지지 않는다는 것을 스스로 인지 하고 있다.

▶ 개인의 상태 특성 불안을 측정한다.

   <u>상태불안</u> State Anxiety 은 한 상황과 자극의 반응을 일컫는다(불안 수준). <u>특성불안</u> Trait Anxiety 은 상황과 자극이 주어졌을 때, 주로 나타나는 반응을 의미한다. 선수들은 불안이라는 감정에서 서로 다른 수준을 보인다. 선수들이 만약 높은 수준의 특성불안을 가지고 있다면, 큰 대회에서도 높은 수준의 불안함을 느낄 것이다(Martens, Vealey, & Burton 1990). 다시 말해, 스포츠 이외의 상황과 자극에서 주로 긴장하고 불안한 반응을 보인다면, 큰 대회에서도 똑같이 극도로 불안할 것이라는 것이다. 그래서 선수들에게 자기 자신이 누구인지 알고, 큰 대회에서 <u>더 많이 긴장하는 성향이나 성격을 지녔다면</u>, 그것을 예방할 수 있도록 도와주어야 한다. 코치의 입장에선 특성불안이 높은 선수들을 잘 지켜봐야 한다. 높은 수준의 긴장감과 불안이 선수에게 좋은 결과를 불러준다면 다행이지만, 만약 그렇지 않다면, 불안함을 줄일 수 있는 방법을 생각해 보아야 한다.

▶ 성공을 기대한다.

성공을 기대하도록 만들기 위해선 자신감, 확신, 그리고 강력한 동기부여가 필요하다. 하지만 성공하지 못할 것이라는 생각은 선수들이 노력할 이유가 없어지며, 자신을 의심하고 부족하다고 느끼게 된다(Carver, 1996). 선수들은 적극적으로 훈련했고, 연습을 빠진 <u>경우</u>도 거의 없으며, 대회를 위해 <u>많이</u> 준비했다. 그러면 당연히 성공을 기대하는 것이 맞지 않는가? 긍정적으로 자기 자신에게 대화하고, 훈련한 시간과 성적에 관한 자료들을 보여주고, 코치가 자신에게 성공할 것이라는 기대를 품고 있다면, 선수들도 그렇게 될 것이다.

▶ 피로적응장애증후군과 소진을 예방한다.

<u>피로적응장애증후군</u> Maladaptive Fatigue Syndrome; MFS 은 심리적, 신체적, 그리고 사회적 스트레스에서 누적된 신체적 피로와 심리적 피로를 일컫는다. Gould(1996)는 피로적응장애증후군을 한때 즐거웠고, 재미있었던 활동이 이제는 신체적으로, 심리적으로, 정서적으로 회피하는 행동이라고 <u>정의했다.</u> 피로적응장애증후군은 우울, 불안, 슬픔 같은 감정과 높은 연관성이 있기 때문에 선수와 코치는 이 감정을 회피하기 위해 많은 노력을 해야 한다(Henschen, 2000). 이 증후군을 예방하기 위해서 올바른 훈련과 적절한 휴식, 단조로움을 멀리하고, 코치의 긍정적인 지원, 대회 전후의 불안을 통제하고, 정서적으로 안정될 수 있도록 도와주며, 자신이 해야 할 일에만 집중하고, 선수가 자신의 활동이 즐거울 수 있도록 도와주어야 한다.

▶ 지루함을 피한다.

지루함과 권태는 피로적응장애증후군의 제일 큰 원인이기도 하다(Henschen, 2000). 만약 선수가 지루함을 느낀다면, 코치는 선수와 함께 지루함을 회피하고, 새롭고 즐겁게 연습할 수 있는 방안을 찾아야 한다. 지루함과 권태를 피할 수 있는 방법 중 하나는 연습을 일정한 단위로 나누는 것이 아니라 랜덤이나 무작위로 작성하여 인지적 주의력을 높이고, 학습 능력 또한 상승하게 만드는 것이다(Shea & Morgan, 1979). 또 다른 방법은 연습과 훈련이 선수의 능력을 시험하고, 도발적이고, 매력적으로 만드는 동시에, 그 훈련이 달성할 수 있는 만큼의 수위를 조절해 줘야 한다. 훈련 강도가 너무 낮으면 선수들은 자기만족에 빠지게 되고, 훈련 강도가 너무 높으면 시도할 엄두조차 나지 않는다. 훈련 강도의 중간 지점을 찾아서 선수의 흥미와 동기를 유발할 수 있도록 해야 한다. 융통성 있는 연습환경의 매력적인 점은 선수와 코치가 대화함으로서 훈련을 강화하거나 변경할 수 있는 것이다. 연습이 매일 새롭고, 재미있고, 흥미롭고, 궁금하고, 가치가 있다면, 선수뿐만 아니라 코치에게도 많은 즐거움을 줄 수 있다. 연습의 재미 또한 얼마나 중요한지 기억하고 있어야 한다.

▶ 예기치 않은 상황에 대비한다.

물론 예기치 않은 상황에 100% 대비할 수 없다. 하지만 몇 가지 연습을 통해, 예기치 않은 상황에 당황하지 않고, 만약 그런 일이 닥쳐도, 정서적으로 안정된 자세를 <u>취하면서</u> 잘 해결할 수 있도록 연습해야 한다. 예기치 않은 상황을 연습하는 것도 큰 도움이 된다. 선수가 어떤 운동을 수행하기 전에, 일부러 좋은 수행을 보인 선수 뒤에 하는 것이다. 이렇게 되면 운동을 수행하기 위해 준비하고 있는 선수는 잘 했던 선수에 기죽지 않고, 응원소리도 차단할 수 있으며, 자기 자신도 <u>잘할 수</u> 있는 것만 집중할 수 있도록 연습할 수 있다. 이렇게 예기치 않은 시나리오들을 연습하는 것은 모든 스포츠 상황에서도 볼 수 있다. 많은 농구선수들은 게임이 좌우되는 마지막 슛을 연습하고, 골프선수들은 홀인원 <u>하는 것을</u> 항상 이미지 트레이닝 image training 에 포함시키고 있다. 자신의 상상력을 이용하면 수많은 상황을 심리적으로 <u>그리고</u> 정서적으로 연습할 수 있다.

이렇게 이미지 트레이닝을 이용해 많은 상황을 상상해서 연습할 수 있는데, 나는 올림픽 선수들이 이 방법을 이용해 예기치 못하는 수많은 시나리오들을 머릿속으로 연습하여 아무리 당황스러운 사건이 있어도 준비된 자세를 유지할 수 있도록 하는 것을 알고 있다. 뒤쳐지고 있는 상황, 피곤한 상태, 아픔을 견뎌내는 방법, 경기 결과가 나빠도 최선을 다하는 자세, 일기예보와 다른 날씨에 대한 준비, 새로운 환경에 대한 적응, 관중의 소리, 낙후된 경기장에서 열리는 대회, 그리고 집중력을 흩트릴만한 모두 요소를 포함하여 대비한다.

이미지 트레이닝을 하기 위해서 연습이 끝난 후 10~15분 동안 누워서 실시하는 게 좋다. 성공하는 상상이나, 예기치 못한 상황에 대비, 그리고 앞서 말했던 모든 시나리오를 생각하여 집중력을 높여주는 것이다. 이런 이미지 트레이닝을 훈련 일정에 포함시켜도 되지만, 어떤 선수들은 이렇게 눈을 감고 상상하는 것보다, 의식적으로 사고하여 대비하는 방법을 선호하는 선수들도 있다는 것을 알고 있어야 한다.

▶ 내재된 반응을 무시한다.

위대한 선수가 되기 위해서는 정서적으로 얼마나 안정되어 있는지가 중요하다. 정서적 안정을 얻기 위해서는 선수들이 선행적 상황과 자극(결과를 일으킨 원인)에서 부정적으로 반응하는 현상들을 막아야 한다. 부정적으로 반응하는 현상 중, <u>내재된 정서적 반응</u> hardwired emotional responses 을 특별히 조심해야 되는데, 이 반응들은 특정한 자극과 상황에 무의식적으로 작동되는 반응을 일컫는다. 성공한 선수들은 이런 반응들을 무시할 줄 안다. "내가 이길 수 있을 것 같아!", "내가 질 수 있을 것 같아.", "우리 부모님이 <u>화나셨어.</u>" 등을 무시할 줄 안다. 이런 생각들은 주로 부정적인 감정들을 유발한다. 갑자기 분위기가 다른 팀으로 넘어갈 때, 어떤 선수들은 "뭐 어때?"라고 반응하며 정서적으로 안정된 자신감과 집중력을 발휘해서 경기 자체에만 집중할 수 있는 능력을 키워야 한다.

하지만 내재된 반응을 무시하는 것이, 말로는 쉽지만 행동으로 옮기기에는 수많은 노력과 땀이 필요하다. 내재된 반응은 선천적으로 신체와 심리 상태 속에 프로그램 되어 있는 성격이기 때문에 쉽게 바뀌지 않는다. 이런 반응들을 예방하고 차단하는 방법은 이 장에서 충분히 제시되어 있다. 하지만 제일 쉬운 방법은 특정한 자극과 상황에 대한 반응을 의식적으로 바꾸어야 한다. 이를 위한 방법으로는 **자신과의 대화(혼잣말), 인지 재구조화, 체계적 둔감화** systematic desensitization, **회피, 이완, 이미지 트레이닝과 자기 모니터링** self-monitoring 등의 방법이 있다.

▶ 대처 전략

대처 전략은 예방 전략을 도입하기 전에 너무 늦었거나 예방 전략이 아무 효과가 없을 때 필요하다. 다시 말해, 선수뿐만 아니라 코치도 정서적으로 불안정 상태에 빠져 있을 땐 어떻게 해야 할까? 모든 선수들은 이런 상황에 있었던 적이 있을 것이다. **정서적으로 불안한 상태에서 어떻게 빠져나갈 것인가?**

▶ 소진을 적절하게 대처한다.

Maslach과 Jackson(1986)은 코치와 선수의 소진을 측정할 수 있는 <u>Maslach</u>의 소진 척도 Maslach Burout Inventory; MBI 를 개발했다. MBI는 3가지 영역의 소진을 측정하는데, 이 3가지 영역은 정서적 소진, 비개인화(다른 사람이나 자기 자신과의 정신분열), 그리고 수행 감소에 대한 개인의 인지적 행동을 측정한다. 소진이 무엇인지 정확하게 정의하기 위해 Freudenberger(1974)는 소진을 3가지 증상으로 나누었다.

- **생물학적이고 신체적인 증상**: 피로, 고갈, 병에 걸리는 경향, 그리고 복부의 고통
- **행동적이고 정서적인 증상**: 성급함, 우울, 소리를 지르거나 잘 우는 경향, 망상증, 위험이 큰 행동을 하거나, 냉소주의적 행동
- **인지적, 사회적, 운동 수행 능력 영향**: 융통성 없는 사고, 무의미한 연습시간, 사회적 소외

선수들은 코치의 에너지에 영향을 받기 때문에, 코치도 자신의 소진에 대한 문제를 재빨리 처리하여 항상 지도자의 역할을 지킬 수 있도록 노력해야 한다. 코치가 사용할 수 있는 대처 전략은 연습 도중의 짧은 휴식, 융통성 있는 방법을 이용해 새로운 <u>코칭</u> 방법을 짜고, 며칠 동안만 코치들이 연습하게 하고, 다른 코치들과 대화하거나, 자신의 감정을 올바르게 표현하고, 연습이 선수들뿐만 아니라 자기 자신에게도 재미있도록 도와주는 것 등이 있다. Kallus와 Kellman(2000)은 소진과 과훈련 overtraining 을 계산하는 방법을 제시했다.

스트레스 누적 + 불충분한 회복 + 부족한 대처 능력 = 소진

이 공식과 Maslach가 제시한 소진의 정의에 따르면, 선수가 스트레스를 얼마나 잘 받아들이고, 충분한 휴식과 연습시간을 줄이고, 쉬는 날도 포함시키며, 연습 시간이 더 재미있는 방법을 찾고, 스포츠가 부담감이 아니며, 노력과 땀이 이루어낸 결과가 얼마나 행복한지 알고 행동하는 것이 대처 능력에 포함 될 수 있다는 것을 알 수 있다.

▶ 피로적응장애증후군을 위한 대처 전략을 사용한다.

앞서 설명한 전략들과 함께, 피로적응장애증후군 MFS 을 대처하는 전략은 정신 활성화 mental revitalization 를 독려하고, 지루함을 감소시키는 적절한 휴식과 심리적 자극을 결합시 키는 지적인 도전 과제를 통한 규칙적인 운동을 통해 휴식기간을 충분히 제공하는 것이다 (Henschen, 2000). 또한, 선수들이 자신들의 훈련 프로그램과 좋은 수행을 찾을 수 있도 록 도와주고, 시즌 동안 다른 시점에서 향상 정도를 알려주는 것이 좋다.

▶ 인지적 관찰과 재구조화를 사용한다.

선수들은 인지적으로 행동하려고 하는데, 이것은 정서적 불안으로 이어질 수 있다. 만약 부정적인 생각과 사고를 꾸준히 유지한다면, 우울증과 다른 부정적인 감정들을 유발할 수 있다. 이런 정서적 불안이 계속되면 선수들은 무의식적으로 피로, 두려움, 스트레스 같은 다른 감정들을 찾아 연결시킬 수 있으며 더 이상 운동하고 싶은 마음이 아예 없어질 수 있다. 그래서 선수들은 항상 자신의 인지를 관찰하고 생각과 사고를 정지 시킬 수 있는 기술 stop technique 이 필요하다. 이 기술은 자신의 생각과 사고가 불필요하고, 무기력하고, 부정적인 방향으로 흘러갈 때, 그것을 인지하고, 멈추게 하며, 긍정적인 반응을 통해 새로 운 사고와 생각을 해서 정서적 안정을 찾는 것이다.

인지적 재구조화 또한 중요한 기술이다. 인지적 재구조화 cognitive restructuring 는 생각과 사고가 부정적인 방향으로 흘러갈 때, 합리적이고, 논리적이고, 이성적인 반박을 통해 새 로운 사고와 생각을 통해서 정서적 안정을 찾는 것이다. 예를 들어, 한 선수가 대회에서 좋은 성적을 거둬야 된다는 부담감을 가지고 있다면, 인지적 재구조화 기술을 이용해 자신 이 경기하는 이유와 스포츠를 하는 목적과 개인적 목표에만 집중하여 새로운 사고를 창조 하는 것이다. 또 다른 예는 자신의 자존감을 걸고 경기하는 선수들이다. 이 선수들도 인지 적 재구조화 기술을 이용해 경기의 결과와 자존감은 아무 연결고리가 없으며, 자신이 할 수 있는 것에만 집중하고, 경기 내용과 자존감은 무관하다는 것을 명심해야 한다.

▶ 내적 갈등을 해결한다.

큰 문제들은 더욱 더 그렇지만, 모든 문제들은 그것을 무시한다고 해서 없어지거나 해 결되지 않는다. 그래서 선수들에게 직접 그 문제들과 대면하여 해결하도록 격려해 줘야 한다. 문제들을 무시하면 산 꼭대기에서 굴러가는 눈 덩어리처럼 커지고 커져서, 나중엔 더 이상 해결할 수 없게 될 수도 있다. 내적 갈등을 해결하는 것은 정신적으로, 신체적으로, 정서적으로써의 안정을 돕는다. 내적 갈등 해소는 선수들이 환경에 잘 적응하고, 책임감 있고, 자율성 있는 사람이 되도록 도와준다. 예를 들어, 한 선수가 다른 선수와 갈등이 있다고 하자. 이 두 선수가 갈등을 올바르게 해결하는 것이 팀 전체에 정서적 안정을 준다. 하지만 이 갈등을 해결하지 않고 놔두거나 무시해 버린다면, 이것이 쌓이고 쌓여서 결국 팀 자체의 정서적 불안정과 신체적인 피로나 질병처럼 직접적인 영향을 받을 수 있고, 부정적 감정이 불꽃 튀는 분위기가 형성될 수 있다. 이렇게 정서적으로 불안정한 팀은 훈련과 운동 수행 능력뿐만 아니라, 동기, 사기, 그리고 의욕에도 영향을 끼칠 수 있다.

▶ 감정을 표현한다.

선수들이 감정을 표현할 수 있도록 격려한다. 감정을 표현하는 것은 치유할 수 있는 효과가 포함 되어 있으며, 선수들의 기분을 더 좋게 만들 수 있고, 건강을 유지할 수 있는 긍정적인 감정들을 유발할 수 있게 도와줄 수 있다. 자신의 감정을 표현하면 다른 선수들도 어떻게 느끼는지 알 수 있으며, 만약 표현을 안 한다면, 선수와 코치는 추측할 수밖에 없다. 최고의 팀들은 자신의 감정을 표현할 수 있는 분위기가 형성되어 있고, 선수들이 코치의 사무실로 자유롭게 들어와 모든 것을 털어놓을 수 있도록 해주는 것도 인간적인 면에서 큰 도움이 된다.

▶ 자기 자신과 긍정적으로 대화한다.

제일 설득력 있는 목소리는 자기 머릿속에서 나오는 목소리다. 사람들은 수시로 자기 자신과 대화를 한다. 그리고 이런 대화에서 자기 자신이 어떤 사고와 생각을 가지고 있으며, 자기 자신에게 무엇을 얘기하고 있는지 정확히 파악해야 한다. 때로는 선수의 적은 다른 선수가 아니라 자기 자신이다. 어떤 선수는 다이빙을 하고 나서 항상 자기 자신에게 부정적으로 이야기한다. "형편없었어.", "다이빙을 할 가치도 없어." "내가 다이빙 선수라고 어디 가서 말하지 마." 등이다. 이렇게 자기 자신을 깎아 내리면 내릴수록, 경기 결과도 하락할 수밖에 없다. 연습 후, 나는 그 선수에게 자기 자신과의 부정적인 대화가 경기력에 어떤 영향을 미치는지에 대해 설명했다. 얘기를 하면 할수록, 그 선수는 스포츠에서뿐만 아니라, 인생의 모든 면에서 이런 습관이 배어 있다는 것을 인지했다. 우리는 그 선수가 더 긍정적인 방향으로 자기 자신과 대화할 수 있는 방법을 알아보았지만, 오랫동안 길들여져 있던 습관을 고치기에는 쉽지 않았다. 수많은 시간과 노력 끝에 그 선수는 자신의 부정적인 습관을 고칠 수 있었고, 이것은 그 선수의 경기력에 엄청난 효과를 불어주었다. 의식적으로 자기 자신에게 긍정적인 메시지를 던져주었으며, 그 해에 그 선수는 전국대회 결승 전까지 올라갈 뻔한 좋은 성적을 이루었다.

▶ 자신의 몸과 부상을 살핀다.

한 선수가 대학교 2학년이 끝날 때 즈음, 매서운 눈매를 가지고 내 사무실을 찾아온 적이 있었다. 자신이 이야기할 것을 정리 못하고, 갑자기 횡설수설 하더니, 대화의 흐름은 아예 다른 방향으로 흘러가고 있었다. 그 선수는 정서적으로 불안했고, 자신의 문제가 정확히 무엇인지는 몰랐지만, 한마디로 애매모호하면서도 막연했다. 내가 왜 그랬는지 모르겠지만, 잠을 잘 자고 있냐고 물었었다. 그 선수는 3주 동안 불면증 같은 증상을 앓고 있었고, 하루에 2~3시간 동안 눈만 감고 있는 것이었다. 그래서 우리는 수면습관을 고치기 위해 계획을 짰고, 잠을 많이 자면 잘수록 선수의 성적도 향상되었다.

선수들에게 자기 관리가 얼마나 중요한지 일깨워 줘야 한다. 건강한 신체는 건강한 심리와 안정된 정서를 준다. 선수들이 연습할 때, 잠을 못 자서 피곤하고, 아침에 늦게 일어나서 밥을 못 먹은 상태로 연습에 참여했다고 가정하자. 사람이 배고프면, 피로 누적, 우울, 스트레스, 혼란 같은 부정적인 감정이 쌓일 수밖에 없다. 선수들에게 이렇게 단순한 개인 관리조차 얼마나 중요한지 설명 해주며, 신체적인 면뿐만 아니라, 심리적 건강과 정서적 건강에도 신경 써야 되는 중요성도 각인시켜야 한다.

▶ 단호한 대처 능력을 연습한다.

단호한 대처란, 자신의 상황을 인지하는 것에서 끝나는 것이 아니라, 자신의 지식, 능력, 에너지를 총 동원해, 부상, 갈등, 그리고 정서적 문제가 될 만한 요소들을 해결하는 것을 뜻한다. 사실 많은 선수들이 자신의 문제에 대해 불평할 줄만 알지, 그것을 해결하려고 대면한 적은 별로 없을 것이다. 선수들에게 그런 문제들은 짐밖에 되지 않으며, 결국 피해를 입는 것은 본인이라고 얘기해 줘야 한다. 이것은 코치에게도 마찬가지다. 만약 연습에 무슨 일이 생겨서 문제가 생긴다면, 자신이 가지고 있는 모든 방법을 총 동원하여, 그것을 해결해야 한다. 단호한 대처 능력은 정서적 불안에 빠지지 않도록 예방하는 방법이기도 하다.

▶ 불필요한 정서적 메시지를 무시한다.

스포츠는 사회의 작은 모델이라고 할 수 있다. 선수, 코치, 관중, 부모 등의 많은 사람들이 자기만의 부정적인 긍정적인, 생각, 사고, 의견, 제안, 조언 등이 있다. 이런 의견과 제안을 할 때마다 항상 그 뒤에 감정도 같이 따라온다. 그 감정이 유감이 될 수도 있고 "결승 전에 올라가지 못했지만, 그래도 정말 잘했어." (정서적 메시지: 너는 실력이 부족해서 애초에 결승전엔 못 올라갔을 것이다)나 질투가 될 수도 있다. "오늘 참 잘했지만, 사실 다른 팀들이 못하네." (정서적 메시지: 네가 잘 한 게 아니라, 다른 팀이 못한 것이다). 하지만 많은 사람들의 코멘트는 주로 긍정적이다. 확신일 수도 있고 "결승전에 올라가지 못했어, 이제 어느 정도인지 알았으니 더 열심히 노력해야 해." (정서적 메시지: 너는 더욱 더 좋은 선수가 될 수 있어). 긍정적인 불평일 수도 있다. "이긴 것은 축하해 하지만, 더 잘할 수 있었잖아." (정서적 메시지: 나는 너의 가능성과 잠재력을 믿는다).

코치와 선수들은 많은 정서적인 메시지를 무시하거나 거를 수 있어야 한다. 긍정적으로 도움이 되는 것은 듣고, 부정적인 메시지들은 무시하도록 노력해야 한다. 자신과 제일 가까운 사람, 자신을 제일 잘 아는 사람들만의 메시지를 들어야 하며, 아무리 가까운 사람의 메시지라도 자신에게 이득이 되는 것에만 집중하고, 해가 되는 것은 차단해야 한다.

몇 년 전, 전국대학대회에서 나는 올림픽 코치가 자신의 선수들을 언어로 폭행하는 장면을 목격한 적이 있다. 당연히 그 이유는 대회에서 자신의 기량을 못 보여주기 때문이지만, 그 코치의 잔인한 발언들은 솔직하면서도 충격적이었다. 너무 솔직해서 나는 혼자 "너무하지 않았나? 방금 자신이 잘못했다는 것을 알 텐데, 그리고 대회에서 졌으니 기분도 안 좋을 텐데 너무 그러지는 말지." 근데 나는 그 선수의 반응을 보면서 특이한 점을 발견했다. 그 선수는 울거나 화나지도 않았다. 그냥 거기서 코치가 말하는 것을 침착한 자세로 듣고 있었다. 나의 실수는 코치의 말에만 집중하고 있었고, 코치가 전했던 정서적인 메시지를 못 들었던 것이다. 실제로 그 코치는 선수에게 "나는 너를 믿고 있다, 지금보다 훨씬 더 잘할 수 있다, 너의 잠재력은 무한하다"라는 정서적 메시지를 보내고 있었고, 결국 그 선수는 그 다음날 결승전에서 우승했다.

정서적인 메시지를 받을 때만 걸러내는 것이 아니라, 선수들에게 보낼 때에도 걸러야 한다. 경기를 지고 나서, 강도 높은 훈련 후, 슬럼프에 빠졌을 때, 그 선수에게 전달할 언어를 잘 선택해야 한다. 코치의 정서적인 메시지는 코치의 말과 언어보다 더 많은 힘과 영향력을 지니고 있다. 그렇기 때문에 코치가 느끼는 감정이 코치가 말하고 싶은 언어와 일치하는지 확인하는 것도 좋다. 그리고 항상 코치는 선수들이 보내는 정서적 메시지에 신경을 쓰고 있어야 한다. 그래야지 만이 팀의 정서적 위치를 파악할 수 있으며, 팀 내에서 오고 가는 메시지들이 올바른지 파악할 수 있다.

▶ 신체언어를 바꾼다.

주로 선수들이 걷는 자세나, 머리의 위치나, 어깨의 움직임, 얼굴 표정, 같은 몸짓 gesture 을 사용해 자신의 감정을 표현하고 있다. 만약 선수들이 투지와 단호함 같은 감정을 가지고 있으면, 이 감정들이 선수들의 눈빛에 보일 것이다. 반대로 두려움과 불확실함 같은 감정들도 신체언어 Body Language 로 표현 된다.

선수들에게 자신들의 신체언어만 바꾸게 해도, 감정의 흐름을 바꿀 수 있다. Lisa는 좋은 능력을 가지고 있는 선수였고, 어려운 다이빙 기술도 배울 수 있어서, 더 높은 대회에 참가할 수 있었다. 나는 Lisa에게 다이빙 보드에서 뛰기 전, 자신의 얼굴이 비행기에서 낙하산 없이 떨어지려는 얼굴을 하고 있다는 것을 말해 주었다. 그래서 나는 그 선수에게 그런 표정보다는 투지와 단호함, 자신감, 그리고 약간의 분노를 섞어서 신체언어를 바꾸라고 지시했다. 결국 Lisa는 두 종목에서 NCAA 최우수 선수가 되는 꿈을 이루었다. 신체언어를 바꾸는 것은 정서적 흐름을 긍정적인 방향으로 인도하기 위해, 제일 간단하면서도 효율적인 전략이다.

선수들뿐만 아니라 코치의 신체언어에도 집중해야 한다. 코치로써 연습이나 대회에서 어떤 신체언어를 보내고 있는가? 많은 코치들이 연습 도중에 축 처진 자세로 앉아 있거나, 얼굴을 찌푸리며 가만히 서 있는 경우가 많다. 이런 신체언어는 선수들에게 지루하고, 무기력하고, 무정하다는 것을 보여준다. 반대로 코치가 에너지가 넘치고, 투지와 열정이 넘치는 동시에, 웃는 얼굴로 선수들의 동기를 유발할 수 있는 감정들을 보여준다면, 선수들 또한 그런 메시지를 모방하기 시작한다. 대회나 경기에서 신체언어는 더욱 더 중요한 역할을 한다. 편안한 자세와 투지가 가득한 눈빛, 여유 있는 발걸음 등은 자신감과 위풍당당함을 보여준다. 이렇게 선수들이 중요한 경기에서 코치의 정서적 메시지를 모방한다면, 경기나 대회에서 우승 확률이 높아지지만, 반대로 코치가 정신없이 왔다 갔다 하고, 선수들에게 소리 지르고, 두렵고 불안한 감정들은 보인다면, 결과는 어느 정도 예측할 수 있다.

선수들과 다르지 않게, 코치들도 자신의 신체언어를 긍정적으로 바꿔서 선수들에게 전달할 수 있다. 신체언어를 바꿀 수 있는 3가지 방법은 관찰학습, 신체언어 분석, 그리고 이미지 트레이닝이 있다. **관찰학습** observational learning 은 성공한 코치들을 관찰하고, 지도자들의 신체언어를 모방하는 것이다. 미식축구 코치의 전설 John Robinson이 벤치에서 코치하는 모습은 아름다움 그 자체다. 특히 마지막까지 누가 이길지 모르는 경기나 상황에서, 어떤 선수가 실수를 할 때, 그가 한 행동들은 모든 코치가 꼭 배워야 한다. 나 자신도 (저자) John Robinson 코치한테 신체언어에 대해 많은 것을 배웠다. 성공한 다른 코치들도 훌륭한 신체언어를 가지고 있고, 당신도 당신만의 신체언어의 철학과 방식을 찾아야 한다.

신체언어 분석 body language analysis 은 자신이 코칭하는 모습을 비디오로 촬영해서 분석하는 방법이 제일 좋다. 이런 분석은 코치의 자존심과 마음을 상하게 할 수 있지만, 나중에 엄청난 효과를 불러 올 수 있다. 나의 선수들이 자신의 다이빙 비디오를 보면서 분석 당하듯이, 나도 화면 끝에 잡힌 나의 모습을 보며 몰래 분석하는 경우가 많다. 나도 마음에 들지 않고 쑥스럽기까지 한 신체언어를 본적이 많다. 하지만 이런 분석을 통하여 다음에는 절대 그렇지 않도록 주의할 마음이 생기고, 자신의 문제를 인식할 수 있다. 그리고 혼자 스스로 분석하는 것보다 객관적인 시점에서 분석하기 위해서, 다른 코치에게 부탁해 분석을 맡기는 것도 좋다. Atul Gawande(2011)는 흥미로운 기사를 썼는데, 그 기사내용은 선수와 가수처럼, 수술하는 의사에게도 코치가 필요한 이유가 무엇인지에 대해 제시했다. 만약 의사들도 코치가 필요하다고 느낀다면, 선수들을 코치하는 코치들도 코치가 필요하지 않을까?

이미지 트레이닝 image training 은 신체언어를 바꾸기 위한 또 다른 방법이다. 항상 당신이 어떤 모습의 코치가 되길 원하는지 상상하고 있어야 한다. 자신이 벤치에서 하는 행동, 연습과 훈련할 때, 대회 중, 그리고 코치를 하는 모든 공간에서 선수들에게 표출되는 모습과 감정이 어떤 것인지 상상하고 기억하고 있어야 한다. 나는 올림픽 예선전이나, 세계선수권대회처럼 큰 경기가 열리기 전에는 항상 고도의 스트레스를 받는다. 그리고 이런 상황에서 이미지 트레이닝을 사용하여 어떤 감정을 느끼고, 어떤 행동을 해야 하는지 상상하면, 많은 도움이 된다는 것을 느꼈다. 큰 대회가 있기 전에 나는 항상 대회가 열리는 장소의 사진을 크게 만들어서 우리가 연습하는 공간에 걸어놓는다. 나를 포함해서 모든 선수들이 이미지 트레이닝을 할 때 현실을 상상의 세계에 포함시키는 것이 큰 도움이 되는 것을 알기 때문이다.

▶ 해야 할 것에만 집중한다.

인간이라면 집중력을 꾸준히 유지하는 것처럼 힘든 과제가 따로 없다. 한 선수는 내 사무실로 들어와 자신 이외의 모든 사람들에 대해 뒷담화 하던 선수가 있었다. 그 선수는 다른 선수가 무슨 잘못을 하고 있고, 어떻게 개선되어야 하는지도 생각하고 있었다. 그 선수가 팀을 생각하는 마음과 지지하는 모습은 감사했지만, 조금 과도하고 지나쳤다. 나는 그 선수는 너무 많이 다른 선수들에게 집중하다 보니, 자신의 사고력은 산만해 지고 있었고, 정서적으로 불안한 상태로 빠져들었기 때문에, 그 선수의 훈련과 연습에도 지장이 가고 있었다. 주로 사람들은 자신이 어떻게 할 수 없고, 조치할 수 없는 다른 사람의 사생활에 신경을 많이 쓰며, 쓸데없는 생각을 하다 보니, 자신이 해야 할 일에 집중하지 못한다. 이런 상황이 지속되면, 선수들은 정서적으로 불안해지고 자신들의 목표 또한 흐트러질 수 밖에 없다. 자신이 해야 할 일에만 집중하면 정서적 안정은 그대로 따라온다. 자기 자신과 자기가 속해 있는 프로그램, 자신의 성과, 그리고 자신이 책임질 수 있는 것에만 집중한다, 자신이 통제할 수 없는 것에 집중하다 보면, 아무것도 할 수 없고, 무기력 해진다.

▷ 정서적인 선수

이제 정서적인 선수가 무엇을 의미하는지에 대해 배웠다. 정서적인 선수란 자신의 감정을 통제할 수 있고, 긍정적인 효과를 주는 감정에 집중하고, 긴박한 상황에서 자신의 마음을 다스릴 줄 알며, 강도 높은 훈련에서, 실패하는 경험에서, 그리고 몇 초 남지 않은 경기에서, 정서적으로 안정된 자세로 임할 수 있는 선수들이다. 정서적인 선수가 되기 위해서는 객관적 평가와 자극과 상황에 자신이 어떻게 반응하는지 분석하고 이해하며, 큰 대회가 있기 전 정서적으로 준비된 자세를 유지하고, 목표 설정을 이룰 수 있도록 집중하며, 자존감을 내세우는 것이 아니라 모든 상황에서 최선을 다하고, 정서적으로 불안정한 상태를 예방하는 전략과 대처하는 능력을 의미한다. 요약하면, 정서적인 선수는 자신의 감정을 통제하여 게임을 지배할 줄 아는 것이다.

▷ 정서적인 코치

이 장은 정서적인 코치에 대해서도 많이 설명했다. 정서적인 코치란 올바른 팀의 분위기를 설정할 수 있는 감정을 사용하여 팀의 지지와 리더가 되며, 선수들에게 정서적인 안정, 통제, 그리고 튼튼한 기둥이 되는 것을 의미한다. 이런 정서적인 안정을 긴박한 상황에서 유지하는 것이 쉽지는 않지만, 코치도 흥분해서 자신의 개인적정기능영역 IZOF 을 벗어나지 않도록 주의해야 한다. 정서적인 코치는 긍정적인 효과를 주는 자신만의 감정을 알고 있고, 이 감정을 이용해서 더 좋은 결과를 이룰 수 있는 기술을 가지고 있다. 또한 정서적인 코치는 정서적인 불안함에 빠지지 않기 위한 예방 전략과 대처 능력도 소유하고 있다. 정서적인 코치는 자신이 받아들이는 정서적인 메시지와 표출하는 메시지를 둘 다 선택하거나 배제할 줄 아는 능력이 있으며, 정서적인 선수와 마찬가지로 자신의 감정을 통제하여 게임을 지배할 줄 아는 것이다.

코치의 도구상자

정서 이론은 코칭할 때 유용하게 쓸 수 있는 무기다. 정서 이론의 효과는 어디까지 영향을 미칠까? 전략과 게임 계획, 훈련의 주기화, 운동역학 등의 모든 스포츠 영역에서 적용된다. Mike처럼 자신의 감정을 통제할 수 없다면 모든 것이 물거품이 되는 것처럼, 감정의 효과는 상당히 놀랍다. 노력과 땀, 투지와 눈물, 이 모든 것이 결국 순간순간의 감정 조절과 정서적 안정으로 인해 달라진다.

당연히 선수들이 이기는 이유가 감정 하나뿐만이 아니다. 1980년 올림픽에서 당시 아이스하키 강대국 이었던 소련을 이긴 미국이 승리한 이유가 감정 통제를 잘 해서 우승 한 것이라고 할 수 없다. 선수들은 피 땀나는 노력을 했고, 한 팀으로서 금메달을 목에 걸었던 것이다. 우승은 연습과 훈련에서 얻고, 승과 패는 게임에서 갈라진다. 하지만 감정을 무시할 수는 없다. 그렇기 때문에 정서 이론을 인식하고 이해하고 있다면, 코치와 선수들에게 큰 도움을 주며, 좋은 성과를 이룰 수 있게 해준다.

과학적이며 예술적인 코치

과학적인 코치는 정서 이론을 접할 때, 직접적이고 간접적인 방법을 사용하여 선수들의 경기력을 높일 줄 안다. 개인적정기능영역 IZOF 을 파악하고, 정서적으로 안정된 수준을 알아보고 분석 한 후, 예방할 수 있는 전략과 대처 능력을 키울 수 있는 훈련을 만드는 코치이다.

예술적인 코치는 선수들의 정서적 감정을 잘 인지할 수 있다. 선수들이 개인적정기능영역 IZOF 을 벗어나거나 집중력이 흩으러 지려고 할 때, 바로 파악하여 잡아준다. 예술적인 코치는 선수들마다 각각의 개인적정기능영역 IZOF 이 있다는 것을 알고, 신체언어에 집중하며 선수들에게 맞는 방법을 찾아 긍정적인 방향으로 나아갈 수 있게 인도해 준다.

선수들의 정서(감정)는 개인마다 각각 다르며, 강도, 형태, 시간과 상황에 따라 변경된다. 과학적인 코치는 이런 차원들을 토대로 하여 개인적정기능영역 IZOF 을 찾기 위해 도와주고, 예술적인 코치는 정서에 더 영향을 받는 차원들을 찾고 집중하여 필요 없는 차원들은 차단하고, 도움이 되는 차원들을 분석 및 연구하여, 선수들의 잠재력을 모두 발휘할 수 있도록 해 준다. 예를 들어 한 선수의 감정 강도가 대회 때 높으면 좋지만, 연습 때는 해가 되는 것을 아는 것이다.

코치가 이 3가지를 기억한다면

1. **정서적 요인을 포함한다.** 많은 요소들이 성공에 포함되어야 하지만(기술, 지구력, 융통성, 훈련의 주기화, 신체 조건, 코치와 선수의 관계 등) 제일 중요한 요소는 감정이라고 해도 과언이 아니다. 감정이란 훈련과 경기의 모든 면에 영향을 받기 때문이다. 행복한 선수는 높은 에너지와 열정을 연습, 훈련, 대회 등의 모든 상황에 가지고 올 수 있다. 나중에 선수와 코치의 프로그램을 평가할 때 "훌륭한 프로그램이 되기 위해 정서적으로 안정이 되어 있는가?" "나의 선수들은 올바른 감정을 사용하고 있는가?" "내 선수들은 어떤 감정이 어떤 결과를 얻을 수 있는지 알고 있는가?" "나와 나의 선수의 관계에서 나는 <u>올바른</u> 정서적 메시지를 주고받고 있는가?" 같은 질문에 대답할 수 있어야 한다. 성공은 기술과 실력으로만 이루어지는 것이 아니다, 감정 또한 중요하다는 것을 꼭 기억해야 한다.
2. **코치가 정서적 리더라는 것을 기억한다.** 선수들은 코치가 보내는 정서적 메시지에 반응하고 모방한다. 코치가 스포츠 종목, 연습, 대회 등에 열정적인 상태로 임하면, 선수들도 똑같이 따라할 것이다. 선수들이 개인적정기능영역 IZOF 을 유지하게 하고 싶다면, 코치도 그 영역에 들어가 있어야 한다. 게임의 흐름이 상대팀으로 넘어갔을 때, 코치가

침착함을 보여준다면 선수들도 침착함을 유지할 수 있다. 배의 선장도 배가 침몰하기 전까지 조타 장치를 잡고 자신의 자리를 지킨다.

3. **정서적 평가와 행동적 평가의 중요성을 가르쳐줘야 한다.** 훌륭한 코치와 선수들은 자기 자신을 객관적으로, 솔직하게, 그리고 정확하게 자신을 평가할 줄 안다. 그 평가로 인해 자신에게 도움이 되는 행동과 감정을 알게 되는 것이다. 게임에서 진다고 해도, 다른 면에서 우승할 수 있다. 미래에 대한 희망, 전보다 더 향상된 모습, 그리고 개선해야 할 방향 등이다. 똑같은 상황을 보더라도 다르게 평가할 수 있다. 이런 모습을 보여주고, 성공할 수 있다는 정서적 메시지를 보내준다면, 언젠가는 훌륭한 선수와 코치가 되어 있을 것이다.

하루는 내가, 비참한 성적을 냈던 선수를 데리고 가서, 너의 경기는 형편없었다고 심하게 꾸중했던 일이 있었다. 나는 그 선수에게 너를 아들처럼 사랑했지만, 오늘 보여준 경기력은 다시는 보고 싶지 않고, 너의 능력에 대한 예의가 아니라고 알려주었다. 그리고 나는 "너를 끌고 가서라도 대회에서 1등자리에 올려놓을 거야"라고 말했고, 결국에 그 선수는 많은 노력과 땀의 결과로 우승할 수 있었다. 나의 정서적인 메시지는 "너는 언젠가 성공할 것이다"이었다.

추천 도서

Goleman, D. (1997). *Emotional intelligence: Why it can matter more than IQ.* New York: Bantam Books.

Hanin, Y. L. (2000). *Emotions in sport. Champaign.* IL: Human Kinetics.

Jackson, S. A., & Csikszentmihalyi, M. (1999). *Flow in sports: The keys to optimal experiences and performances.* Champaign, IL: Human Kinetics.

Marshall, P. (director). (1992). *A League of Their Own* [motion picture]. USA: Sony Pictures Home Entertainment.

PART 05 코칭 기술과 철학 성립하기

이 책의 마지막 2장은 코칭 방법론에서 주로 언급하지 않지만, 코칭의 효율성, 성공 여부, 그리고 만족감 등의 중요한 부분들을 코칭 현장에 어떻게 적용할 것인지에 대해서 알아볼 것이다. 제 10장의 **원칙적인 코치** principled coach 를 살펴보며, 행동주의, 인주주의, 그리고 인본주의 등 3가지 학습 이론을 코칭 상황에 적용시켜 선수들의 행동과 연습을 관리하기 위한 코칭 방법까지 살펴 볼 것이다. 이 장에서는 선수들을 올바른 방향으로 지도하고 선수들의 부정행위에 대한 처벌을 어떻게 할 것인지에 대한 쉽고 효율적인 방법 또한 알게 될 것이다. 특히 선수들의 처벌은 모든 코치들이 갈등하고 있는 부분인데, 훌륭한 코치들도 처벌에 대해 많은 어려움을 겪고 있다.

제 11장은 **철학적인 코치** philosophical coach 에 대한 이야기이다. 모든 코치는 자신만의 철학을 찾아야 하며, 그 철학을 자신의 훈련 코칭 프로그램, 개인적인 가치, 선수들의 성장, 의사결정, 팀과 개인적인 목표 설정 등에 적용시켜야 하는 중요성에 대해 알아볼 것이다. 이 장은 코칭 철학을 성립하기 위해 코치들을 도와줄 것이며, 그 철학 안에 있는 윤리와 도덕의 중요성도 공부할 것이다. 이 장은 인지적 성장의 또 다른 이론과 단계를 배우며, **지혜로운 코치** wise coach 가 되기 위한 방법도 살펴 볼 것이다. 그리고 마지막으로, 코치의 철학에 어떤 가치를 포함시켜야 할지에 대해 논의한다.

원칙적인 코치
연습 관리와 훈육 원리의 적용

주요 용어

- 행동 조정(behavior modification)
- 매달리기(dangles)
- 그만두게 하다(desist)
- 훈육(discipline)
- 급변(flip-flops)
- 4가지 F(four Fs)
- 그룹 세분화(fragmentation)
- 할머니의 법칙(Grandma's rule)
- 개인 연습 계획(individualized practice plan)
- 급격한 변화(jerky transitions)
- 수업 방해(lesson interruptions)
- 논리적인 결과(logical consequences)
- 관리(management)
- 자연스러운 결과(natural consequences)
- 과잉 설명(overdwelling)
- 중복 전략(overlapping)
- 프리맥 원리(Premack principle)
- 원칙적인 코치(principled coach)
- 자극의 경계(stimulus boundedness)
- 3가지 R(three Rs)
- 무모함(thrusts)
- 단절(truncations)
- 상황 이해(with-it-ness)

  UCLA의 전설, John Wooden 코치는 연습 계획표를 짜기 위해 항상 많은 시간을 할애했다(Gilbert et al. 2010). 여기 두 팀이 있다. 한 팀은 혼돈 팀이다. "혼돈 팀 chaotic team"은 정말 대혼란 자체였다. "혼돈 팀"은 동부지역의 고등학교 팀 이였으며, 재능이 뛰어난 학생들이 많았다. 하지만 팀 이름처럼, 연습은 체계적이지 못했고, 혼란스럽고, 에너지와 열정은 넘쳤지만, 모든 선수들이 각각 다른 방향으로 나아가고 있었다. 장난감 자동차들이 똑같은 코스를 계속 돌듯이, 선수들은 성장하지 못한 채, 똑같은 코스를 계속 빙글빙글 돌고 있는 듯 했고, 연습 때는 자신이 무엇을 해야 할지도 모르고 있었다. 연습이 시작되면 선수들은 어슬렁거리며 코트 위를 밟았고, 선수들 간의 사이가 좋지 않아서 동료 간에 싸움도 수시로 일어났다. 코치는 선수 지도는 둘째 치고, 선수들이 싸우는 것을 막으려고 진땀을 빼고 있었으며, 자기 자신도 무엇을 어떻게 해야 할지 몰랐다. 한 선수가 "코치님 오늘 연습 때는 무엇을 하면 되죠?"라는 질문에, 코치는 "그냥 뭐든지 열심히 해!"라고 소리 지르며 털썩 주저앉았다.

  다음 팀은 "침착한 팀 cool team"이다. "침착한 팀"은 중부지역에 있었으며, "혼돈 팀"과 같이, 고등학생들이었고, 재능이 뛰어난 학생들 또한 많았다. 두 팀은 똑같은 수의 선수들과 코치, 똑같은 종목에, 똑같은 나이, 똑같은 조건과 장비, 기기, 설비를 사용하고 있었지만,

"침착한 팀"은 "혼돈 팀"보다 다른 점이 있었다. "침착한 팀"의 에너지와 열정은 기차가 철도 위를 지나가듯이 뚜렷한 방향이 있었다. 항상 함께 움직였으며 조직이라는 개념을 이해하고 있었고, 무엇보다 팀 안에 질서가 있었다. 연습은 항상 제 시간에 시작했고, 선수들은 4개의 그룹으로 나누어서 각 그룹에서 특정한 기술을 갈고 닦는 훈련을 하고 있었다. 코치는 이 그룹에서 저 그룹으로 원활하게 움직이며, 관찰하고 있다가 피드백이 필요하면 피드백을 주고, 칭찬할 때는 칭찬하며, 농담도 주고받는 분위기가 형성되어 있다. 이날 연습에 코치가 한 명밖에 없었지만, 쉬고 있는 선수들이나 우왕좌왕하는 선수들은 찾아볼 수 없었다. 협력과 협동이 가득 찬 연습이었고, 코치가 소리 지르는 일이 없었으며, 연습의 흐름과 활동에 집중하여, 행복하고 기쁨이 가득 찬 학습 환경을 유지하려고 노력하고 있었다.

만약 팀에 인원이 많다면, 연습과 활동의 흐름, 그리고 선수들의 행위가 예측불가능하고 야생적일 수도 있다. 정글의 법칙을 따르는 동물들처럼 코치가 통제 못하는 상황까지 이를 수 있다. 모든 연습에 코치는 예측 불가능한 변수를 생각하고 있어야 하며, 이 변수들을 통제하여, 연습이 원활하고, 효율적이고, 생산적으로 진행될 수 있도록 노력해야 한다. 길들인 야생마처럼, 선수들을 통제할 수 있다면, 효율적인 학습 환경을 만들기 위해 큰 무기가 될 수 있다. 그렇지만 그 야생마를 길들이지 못한다면, 코칭은 뒷전이고, 매 연습은 정글의 법칙을 따라, 죽지 않고 살아가기 위해 해야 할 수도 있다.

규율을 성립하고 훈육하는 단계는 코치에서 제일 힘들고 하기 싫은 단계라고 생각할 수 있다. 이 단계 때문에, 많은 교사들이 교사란 직업에 불만을 느끼고, 조기퇴직하고 싶은 이유가 되기도 한다. "혼돈 팀"의 코치처럼, 선수들에게 항상 소리를 지르거나, 연습이 질리기 시작하면, 코치란 직업에 재미와 보람을 느낄 수 없다. 많은 코치들이 코치란 직업에 매력을 느끼는 이유는 자신이 사랑하는 스포츠와 함께 하는 것이고, 어린 선수들을 가르치고, 멘토가 됨으로써, 거기에서 나오는 뿌듯함과 자부심이 제일 큰 이유일 것이다. 하지만 연습의 흐름과 환경을 관리하지 못하면, 그리고 그런 기술이 없다면, 코치를 하고 싶은 이유가 없어질 수밖에 없고, 그만두고 싶은 마음도 가득할 것이다.

제일 실망스러운 상황 중 하나는 경험과 기술이 좋은 코치가 훈육과 규율의 어려움을 느끼고 그만두는 것이다. 이 상황에서 코치는 자기 자신에게 실망감을 느끼며, 선수뿐 아니라 훈련 프로그램에 속해 있는 모든 사람들에게도 실망을 안겨준다. 코치가 그만두게 되면 그 코치가 직접 스카우트 한 선수들에게 직접적인 영향을 끼치고, 아직 발전하고 성장 중에 있는 선수들에게도 큰 피해를 준다. 선수들은 코치가 인생의 경험에서 느끼고, 우려 나온 지식과 삶의 지혜, 그리고 그 스포츠의 전문적 기술을 물려받을 수 있는 기회를 잃고, 코치는 자신이 사랑했던 직업을 잃게 된다.

하지만 많은 코치들이 야생마를 길들일 방법을 알고 있다. "침착한 팀"의 코치처럼, 연습 중인 선수들에게 정확한 지시를 해 주고, 칭찬하는 때를 알며, 연습의 흐름과 방향을 설정하고, 코치에서 나오는 기쁨과 훈련에서 나오는 뿌듯함을 즐길 줄 아는 훌륭한 코치들도 많다. 이 장은 원칙적인 코치에 대한 이야기이다. 이 장에서 코치는 야생마인 선수들을 길들이는 방법을 배우고, 연습을 관리하며, 선수들의 부당한 행동과 태도들을 해결하여, 연습이 즐겁고 원활하게 돌아가게 할 수 있도록 도와 줄 것이다. 코치로써 선수들에게 코칭하는 것에만 집중할 수 있도록 하는 방법을 배울 것이다.

개 요

먼저 이 장에선 우리는 **관리** management 와 **훈육** discipline 에 대한 정의를 내릴 것이다. 이 두 개의 개념을 얼핏 보면 서로 대체되고 같은 뜻으로 볼 수 있지만, 사실은 서로 많이 다르다. 그리고 관리와 규율을 적용할 수 있는 방법과 전략에 대해 알아 볼 것이다. 그 다음 훈육하고 처벌하는 상황까지 가지 않도록 예방하는 방법과 만약 훈육하고 처벌하는 단계까지 이르렀으면, 올바른 방법으로 선수들을 관리하는 법을 배울 것이다. 이 전략은 인본주의 학습 이론, 인지주의 학습 이론, 그리고 행동주의 학습 이론과 연결되어 있으며, 시나리오를 통해, 이 이론들을 어떻게 현실에 적용시키는 지도 공부할 것이다. 마지막으로, 쉽고 효율적인 인지주의 교정 전략 corrective strategy 과 인본주의 교정 전략을 살펴보면서, 몇까지 규칙을 세워, 선수들을 언제, 어떻게, 올바르게 처벌해야 되는지도 배울 것이다.

▷ 관리와 훈육

사람들은 훈육을 완곡어로 표현되는 **관리** management 의 개념이라고 착각하고 있다. 만약 어떤 한 코치가 지도방식이 엄하고, 규율을 강요한다면, 그 코치는 선수들과 연습의 관리도 잘 하고, 훈련의 흐름과 방식 또한 원활할 것이라고 생각할 것이다. 하지만 훈육과 관리의 두 가지 개념은 다르다는 것을 알고 있어야 한다. 관리란 연습을 체계화시킴으로써 학습과 가르침이 순조롭게 진행되는 것을 일컫는다. "침착한 팀"의 코치는 연습의 규칙과 규율을 설정하여 연습 도중에 불필요한 상황과 시간들을 없앨 수 있었다. **훈육**이란 코치가 어떤 행동을 취하는 것을 말한다. 선수들이 부정한 행동을 하거나, 부적절한 태도를 보인다거나, 연습시간을 방해하거나, 흐름을 깨는 행위에 대해 조치를 내리는 것이다. 그리고 "혼돈 팀"의 코치는 연습의 많은 시간들을 선수들을 훈육하는 데에 사용했다. 이 장에서 우리는 선수들을 관리하는 방법을 배워서, 연습시간에 불필요한 시간과 훈육하는 시간을 줄이고, 연습과 훈련을 통해 선수들의 실력을 향상시키는 목적에만 집중할 수 있도록 하는 방법을 배울 것이다.

나는 아직도 나의 첫 교생실습이 기억난다. 그때는 고등학교 2학년을 가르치는 수업이었는데, 남학생밖에 없었던 남학교였다. 나의 담당 교사는 수업을 나한테 전적으로 맡기고 싶어 했고, 한 학기 동안 나한테 넘긴다는 사실에 너무 행복해 보였다. 나에게 마지막으로 한 말은 "필요하면 언제든지 연락하세요, 저는 교무실에 있겠습니다"이었다. 나는 그 당시, 모든 것이 필요했다. 내가 어디에 있고, 누구인지 조차 모를 정도로 정신이 없었으며, 무엇을 하고 있는지, 해야 할지도 몰랐다. 내 입술이 처음으로 떨어지자마자, 뒤에 있던 학생들은 큰 소리로 주위에 있는 친구들과 대화하기 시작했고, 나중엔 뒤에 있는 학생들이 너무 시끄럽게 떠들어서, 내 목소리가 묻힐 정도였다. 내가 조용히 하라고 할 때 마다, 그 학생들은 들으라는 듯이 대놓고 더더욱 크게 떠들었다. 내 담당교사에게 달려가 필요하면 언제든지 연락하라고 했으니 침몰하는 나에게 구조선을 보내달라고 울부짖고 싶었다.

그래서 결국 아이들에게 아무 의미 없는 과제를 주어서, 조용히 학습하게 하도록 하고, 앉아서 생각했다. 사실, 생각보다는 반응에 더 가까웠다. 뒤에 있는 학생 중, 리더 같이 행동하는 아이에게 다가가서, "너 지금부터 조용히 안 하면, 학교 끝나고 나서 내 주먹으로 그 잘난 입, 갈기갈기 찢어 줄게"라고 소리 질렀다. 그 학생은 그 날 더 이상 입을 열지 않았고, 한 학기 동안 조용하게 지냈다.

나의 행동은 윤리적으로 그리고 도덕적으로도 옳지 않았으며, 사실 내가 가지고 있던 가르침에 대한 철학과도 달랐다. 그리고 나는 그 행동을 하면서 학생과 교사란 신성한 관계를 깨뜨려 버렸다. 교실에 들어가기 전에 나는 내가 가르치려고 했던 과목에만 집중했으며, 학생과 정서적인 문제가 일어났을 때에 대한 준비는 아예 하지 못했기 때문에, 이 상황에서 올바른 반응과 대처 방법을 몰랐던 것이다. 나중에 코치가 됐을 때에도, 나는 선수와 선수들의 행동 때문에 몇 번이나 그만두려고 했던 적이 많다. 다행히도 포기하지 않고 개선하려고 노력해 왔기 때문에 아직 내가 사랑하는 직업을 유지할 수 있었지만, 왜 다른 코치들이 이 자리를 포기하려는지 충분히 이해가 간다.

모든 코치는 결국엔 부적당한 행동을 하는 선수와 가깝게 지내기 어렵고, 대화하기는 어려운 선수들과 부딪친다. 이런 선수들의 행동을 어떻게 대처하고, 예방하는 방법을 아는 것이 코치에겐 필수다. 이런 상황을 잘 대처할 수 있다면, 코치라는 직업이 얼마나 행복한지를 알 수 있고, 더 나아가 코치로써의 효율성도 높아질 수 있으며, 수행적인 부분에서도 성공과 실패에 큰 영향을 미친다. 이 장에서 우리는 이런 상황을 예방하기 위한 검증된 방법과 이런 상황을 마주쳤을 때 올바르게 대응하는 방법을 알아 볼 것이다. **많은 사람들이 예방은 질병과 싸울 수 있는 최선의 방법이라는 말에 동의할 것이다.** 그리고 이 말은 코치가 선수들을 관리하고 훈육하는 영역에서도 적용된다. **예방은 선수들이 올바른 행동과 정서를 습득할 수 있는 최선의 방법이다.** 이 전략들은 코치와 선수의 관계를 더욱 더 돈독하게 만들어 줄 수 있으며, 더 나아가 코치로서의 자부심, 성공, 행복, 그리고 코치라는 직업을 즐길 수 있게 하며, 직업과 선수를 사랑하는 것을 오랫동안 할 수 있게 해 준다.

예방 전략을 알아보기 전에, 먼저 윤리적, 도덕적, 철학적, 교육적인 고려사항을 통해서 관리와 훈육을 실행할 때, 코치로서 고려해야 할 점이 무엇인지 알아보자.

윤리적 고려사항은 법과 학교의 규칙, 나라의 거래관행코드, 팀의 내규 등에서 허용되는 범위를 말한다. 코치라는 직업을 수행하고 시작하기 전에, 코치라는 직업이 현재 진행 중이라고 할 지어도 이런 규율과 규칙을 숙지하고 있는 것이 중요하다.

도덕적 고려사항은 코치의 평가와 판단에서 나오는 옳고 그름이다. 자기 자신에게 무엇이 옳고 그른지 물어봐야 하고, 관리와 훈육적인 부분에서 어떻게 행동할 것인지에 대해서도 정확히 알고 있어야 한다. 그렇기 때문에, 자신만의 철학을 뚜렷하게 세우는 것이 좋다. 철학이 뚜렷해야지만 코칭하는 도중에도 자신의 철학이 행동으로 자연스럽게 흘러나오기 때문이다. 내가 첫 교생에서 했던 실수를 반복하지 않도록 말이다.

철학적 고려사항은 코치가 세운 철학이 선수들을 코칭하는 방법, 스포츠 그 자체, 대회적인 면, 그리고 선수들과의 관계에서 올바르게 적용될 수 있는지 판단하는 것이다. 코치의 철학에 코칭이라는 것은 선수들이 운동적인 부분뿐만 아니라, 사람과 인간적인 면에서도 자신의 잠재력을 모두 발휘하고 성장할 수 있도록 도와주는 것으로 입력되어야 한다.

마지막은 **교육적 고려사항**이다. Thorndike(1932,1933)의 연구를 기억하고 있는 것이 좋은데, 이 연구에서 Thorndike는 부정한 행동을 했을 시, 행동에 대한 처벌은 교육을 통한 예방보다 훨씬 더 비효율적이라고 이야기했다. 처벌은 그 행동을 억압하고, 억제할 수는 있지만, 그 행동을 제거하기는 불가능하다. 행동에 대한 처벌을 실시하면, 결국 처벌은 받는 사람이 처벌을 가한 사람에게 부정적인 감정을 느끼기 때문에 정서적인 부분에서도 비효율적이다. 내가 교생 첫날에, 떠들던 학생에게 처벌했던 방식과 행동을 이용하면, 그 학생이 부정한 행동을 억압하고 억제하기는 하지만, 그 학생은 나를 증오할 수 있다.

▷ 연습환경

연습환경은 많은 요소(변인)들로 구성되어 있다. 코치란 다른 환경과 문화, 성격, 정서, 감정, 목표, 시각 등을 가진 선수와 사람들이 모여 있는 한 공간을 관리해야 한다. 선수들은 똑같은 상황과 행동을 보고 들으면서도 서로 다르게 받아들인다. 이런 정서적인 부분뿐만 아니라, 코치는 연습에서 이루어지는 훈련, 환경, 연습 게임, 교대, 순환 등의 모든 것도 관리할 줄 알아야 한다. 그렇기 때문에 매일매일 **예측 못하는 상황**이 일어나는 것을 예측할 수 있어야 한다. 일분일초 단위로 무슨 일이 일어날지 모르며, 관리와 훈육은 코치로서 꾸준히 유지되고 지속되는 이념과 개념이기도 하다.

코치로서의 도전과 책임 중 하나는 야생마 같은 선수들을 길들일 줄 알아야 하는 것이다. 연습의 규칙과 규율을 세워, 부정당한 행동과 태도는 제거하고, 연습환경에 긍정적인 요소가 되는 것은 격려하며, 최고의 연습환경을 세워야 한다. 이런 이념과 함께, 이 장의 다음 부분에선 최고의 연습환경이 이루어 질 수 있도록, 그리고 올바른 관리와 훈육이 원활하게 진행될 수 있도록, 예방 전략과 교정 전략을 알아 볼 것이다.

▷ 예방 전략을 적용하는 방법 : 처음부터 시선을 사로잡는다.

선수들이 연습하기 위해 훈련장에 도착했다. 오늘이 코치로서 첫날이라고 가정해보자. 이제 무엇을 어떻게 할 것인가? 첫 단추를 잘못 끼우면 나중에 힘들듯이, 처음으로 팀 선수들과 대면했을 때, 규칙과 규율을 세워 올바른 방향으로 지도할 수 있게 해야 한다. 다시 말해, 연습이 시작되기 전에 돌발적인 상황을 예방할 수 있는 전략에 대해 치밀하게 생각하고, 부정한 일이 생겨나지 않도록 명백하고 정밀하게 준비해야 한다. 행동주의, 인지주의, 인본주의 및 다음 부분에서 설명하는 이론들은 예방하기 위한 전략을 만들기 위해 숙지해야 될 이론들이다.

▶ 행동주의 예방 전략

코치는 몇 가지 행동주의 이론을 예방 전략에 적용할 수 있다. 이 전략들은 제 4장에서 언급했던 강화의 원칙을 토대로 사용된다. 행동주의 예방 전략은 제일 쉽고 효율적으로 부적절한 행동과 태도를 예방할 수 있고, 긍정적인 행동과 태도를 격려하고 강화할 수 있는 방법이기도 하다.

▶ 긍정적인 행동을 강화시킨다.

선수들의 부정행위를 심리적으로 올바르게 대처하는 방법은 긍정적이고 올바른 행동을 할 때, 칭찬하고 격려함으로써, 좋은 행동과 태도를 강화하는 것이다. 다시 말해, 코치가 기다리고 기다렸던 태도와 행동을 어떤 선수가 실시하고 보여준다면, 그때 그 행동과 태도를 강화하는 것이다. 긍정적인 강화는 어떤 자극과 행동, 그리고 태도를 칭찬함으로서, 원하는 반응을 얻어내도록 하는 전략이다. 그래서 코치가 올바른 행동을 강화시키면 그 선수는 올바른 행동과 태도를 유지하려고 할 것이고, 부적절한 행동은 하지 않으려고 노력하는 것이다. 존경 받는 코치들은 외부에서 발생하는 자극을 강화로 다룰 줄 알며, 웃음, 칭찬, 관심, 시간, 노력 등을 사용하여 강화의 효과를 부각시킨다. 그리고 때로는 나이에 따라 강화되는 방법도 달라진다. 아주 나이가 어린 학생들에게 달콤한 사탕이나 스티커 같은 방법을 이용해 강화시킬 수 있고, 나이가 많은 선수들에게는 사회적으로 인정받을 수 있는 요소들, 즉 트로피, MVP 티셔츠, 우승 기념 수건 등이 강화하는데 더욱 더 효율적이다.

▶ **규칙을 만든다.**

제일 쉽고 효율적인 예방 방법 중 하나는 첫날부터 규칙과 규율을 성립하여 선수들에게 숙지하도록 하는 것이다. 규칙과 규율을 훈련장에다 크게 붙여놓고, 선수들이 숙지하도록 한다면, 똑같은 말을 반복해서 시간을 낭비하거나, 매번 각인시킬 필요도 없다. 코치가 선수들한테 기대하는 것과 선수들이 팀의 규칙, 일상적인 일과의 일정, 계획 등을 알고 있고 이해하고 있다면, 연습이 더욱 더 원활하게 진행 될 수 있다. 하지만 많은 코치들이 이런 규칙과 규율을 형성하는 방법을 사용하지 않고 있다. 주로 선수들은 부적절한 행동과 태도를 하고 훈육이 일어나고 나서야, 간접적으로 규칙과 규율을 배우는 경우가 많다. 이런 상황은 선수와 코치의 관계를 위태롭게 만들 수도 있다.

이제 새로운 학기가 시작하고, 새로운 시즌이 코앞에 있다고 가정해보자. 당연히 코치는 작년에 불미스러운 모든 사건들을 회피하고 싶고, 예방하고 싶을 것이다. 작년에 있었던 일들이 이번 년에도 영향을 받지 않도록 노력하고 싶지만, 지난 시즌에 대해 생각해보면 코치로서 무언가를 가르치는 것보다, 선수들에게 훈육하는 시간이 더 길었던 것 같기도 하다. 올해는 작년과 다르게, 더욱 더 개선된 팀과 프로그램이 되기 위해, 첫 연습이 시작하기 전, 팀 미팅을 가지기로 했다. 이 팀 미팅에서 선수들에게 팀의 규칙과 규율을 설명해주고, 선수들이 추가하거나 변경하고 싶은 사항이 있는지 물어본다. 사실 모범적이고, 노력을 많이 하는 선수들은 코치가 제시했던 규칙과 규율보다 더 엄중한 법률을 세우고 싶어 할 것이다. 그래서 코치는 두 번째 팀 미팅을 열고, 선수들에게 변경된 규칙과 규율에 따를 수 있도록 설명하고 이를 위반할 때에는 그에 따른 책임을 지겠다는 동의서에 서명을 받는다. 그래서 하나는 선수들이 가지고 있고, 하나는 코치가 가지고 있도록 하면 된다. 이렇게 되면, 선수들은 첫날부터 정확하게, 그리고 선수들의 입장과 생각을 고려한 규칙과 규율을 숙지하게 된다.

이처럼 효율적인 코치들과 원활하게 순환하는 프로그램을 살펴보면, 선수들은 어떤 행동과 태도가 올바르고 그른지 정확하게 알고 있다. 그리고 규칙과 규율을 성립하는 것보다 더 중요한 것은 선수들의 행동을 감시하고 관찰하여 규칙과 규율을 숙지하고 있는 것뿐만 아니라, 몸과 마음으로 이해하고, 시행되고 있다는 것을 보여주어야 한다. 선수들은 자신이 무엇을 어떻게 해야 할 지를 정확하게 알고 있다면, 그 행동을 보여주고, 부적절한 행동을 하지 않으려고 노력할 것이다. 그리고 만약 부당한 행동을 해서 처벌을 받았을 때도, 더욱 더 긍정적인 자세로 수용할 수 있으며, 코치와 선수의 관계가 위태로워지는 것이 아니라, 코치와 선수의 약속을 지키는 행동이기 때문에 더욱 더 돈독해 질 수 있다.

어떤 코치들은 부적절한 행동과 태도를 무시하면, 그것들이 자연스럽게 없어질 것이라고 믿는다. 또 어떤 코치는 무시하는 것 까지는 아니지만, 부적절한 행동과 태도를 보일 때, 한 번씩 꾸짖으면 모든 것이 해결될 것이라고 믿는다. 코치가 팀의 규칙과 규율을 임의 대로 시행한다면, 무의식적으로 선수들에게 팀의 규칙과 규율은 일관성이 없고, 지속적이지 않으며, 일리가 없게 되어 버리게 만드는 것이다. 예를 들어, 어떤 선수가 다른 선수에게 노골적으로 무례한 행동을 했다고 하자. 팀의 규칙과 규율을 따른다면, 이 선수는 처벌을 받아야 하는 것이 마땅하다. 하지만 코치가 어떠한 조치를 취하지 않는다면 선수들에게 무의식적으로 팀의 규칙과 규율이 무의미하다는 것을 보여주는 것이다. 이런 상황이 발생했을 때, 코치는 빠르고 신속하게 반응해야 하며, 팀의 규칙과 규율에 맞도록 처벌하고 대응해야 한다. 그래야지 만이 팀의 규칙과 규율에 힘이 실리며, 꾸준히 유지된다는 것도 각인시키게 된다. 시즌이 시작할 때, 이런 분위기가 형성되면, 힘들고 지치는 1년이 수월하고 원활하게 진행될 수 있으며, 훈육하는 시간은 줄이고, 스포츠에 집중할 수 있는 시간이 증가될 수 있다.

규칙과 규율을 시행하는 것이 중요하지만, 결코 쉬운 일은 아니다. 시나리오 1을 살펴보자. "규칙은 이거고, 처벌은 이거다"라고 얘기 하는 게 쉬울 것 같지만, 상황이 어떤지 파악해야 한다. 앞서 말했던 것처럼, 규칙은 이것이고 처벌은 이것이기 때문에 순조롭게 진행되는 경우가 있지만, 모범적인 선수가 그것도 마지막 시즌을 진행 중인 선수가 규칙을 어겼다면 어떻게 할 것인가? 그 선수의 부모님은 그 선수를 보러 멀리서 비행기를 타고 오고 있다. 처벌을 그대로 진행시키는 것이 올바른가? 나는 어떻게 행동하는 것이 맞고 틀린다는 것을 얘기하려는 것이 아니다, 다만, 이런 상황이 일어났을 때, 많은 것을 고려하여 팀의 규칙과 규율을 시행해야 한다는 것을 알리고 싶을 뿐이다.

1 시나리오

> 제일 노력을 많이 하고, 수많은 시간을 투자하고, 지금까지 한 번도 연습을 빠지지 않았던 선수가 시험기간에 밤늦게까지 공부하느라 알람소리를 듣지 못하고 실수로 늦잠을 잤다. 코치의 규칙과 규율 중에, 만약 선수가 연습을 빠진다면 다음에 있는 시합에 참가하지 못한다고 정했었다. 이번 주에 있는 시합은 4학년 선수들을 기념하는 행사가 포함된 시합이기도 하기 때문에 그 선수의 부모님은 먼 곳에서 비행기를 타고 올 예정이다. 자신의 선수들 중에서도 제일 열심히 하는 선수가 이런 상황에 빠져있다.

내가 이 시나리오를 사용하는 이유는 나에게도 비슷한 일이 있었기 때문이다. 나는 정말 고민을 많이 했다. 왜냐하면, 이 선수는 매사에 성실했고, 놀다가 늦잠을 잔 것도 아니라, 학생 선수로서, 학업에 충실하기 위해 밤늦게까지 공부하다가 알람 소리를 못 들었기 때문이다. 그 선수는 선수적인 부분에서뿐만 아니라, 학생으로서도 최선을 다 했고, 나의 선수들 중 실력으로서 최고는 아니었지만, 그 선수의 존재 만으로서도 팀을 더욱 더 강하게 만들었다. 나는 그 선수가 팀에서 4년 동안 노력했고 헌신했던 것을 그 누구보다 잘 알고 있었고, 우리의 관계가 이 일로 인해 흐트러지지 않기를 원했다. 하지만 나는 팀에게 우리의 규칙과 규율은 엄격하다는 것을 각인시키고 싶었고, 항상 시행되며 지속적으로 강조되는 것을 확실하게 보여주고 싶었다. 그래서 나는 팀원들에게 만약 그 선수가 다음 경기를 참가하고 싶다면, 아침에 일찍 와서, 늦잠 자서 놓친 연습시간을 대체해야 된다는 것을 이야기했다. 지금까지 그 선수가 노력한 모습과 헌신했던 시간과 학업적인 성공과 모범적인 자세를 상기시켜주며, 만약 이런 행동과 태도를 꾸준하게 보여준 선수들에게는 그들의 일상적인 생활과 모습을 반영하여, 그 선수처럼 규칙과 규율에 예외 되는 상황도 고려해 보겠다고 알려주었다.

어떤 상황에서는 코치가 신의 뜻을 전달하듯이, 성경에서 나오는 솔로몬 왕처럼 지혜로운 선택을 하면서도 규칙과 규율을 엄격하게 지키는 모습을 상황에 따라서 선수들에게 보여주어야 한다. 그래서 많은 사람들이 코치의 직업을 "과학적이면서도 예술적이다"라고 말하는 이유이기도 하다.

▶ 정당한 칭찬을 한다.

앞서 말했듯이, 부적절한 행동과 태도를 예방하기 위해 쉽게 시행할 수 있는 방법은 올바른 행동과 태도를 보였을 때 칭찬하는 것이다. Thorndike의 이론을 상기시키면서, 새롭고 올바른 행동과 태도를 성립하는 것이 부적절한 행동을 처벌을 통해 변경시키는 것보다 훨씬 더 쉽다는 것을 알고 있어야 한다. 그래서 선수들이 코치가 바라던 행동과 태도를 보였을 때에, 그 행동과 태도에 관심을 가져주며 칭찬해야 한다. 하지만 이 칭찬은 정당한 칭찬이어야 한다. 다시 말해, "그래, 참 잘했어"보다는 "네가 너의 차례를 기다리기 위해 줄을 서는 모습이 참 보기 좋구나"처럼 왜 칭찬을 하고 있으며, 어떤 행동과 태도를 칭찬하고 있는지 확실하게 이야기 해 주어야 한다. 효율적인 코치들은 이런 긍정적인 상황이 발생하도록 치밀하게 계획하여, 실제 연습에 적용하고 칭찬할 수 있도록 한다.

시나리오 2에선 연습이 끝난 뒤, 팀 스트레칭을 하지 않고 집에 가는 어떤 한 선수가 있다고 가정해 보았다. 코치로서 이 상황을 수많은 방법으로 대처할 수 있다. 하지만 코치는 그 선수가 팀 스트레칭 시간에 참여했을 때, "오늘 스트레칭 참 잘했어! 꾸준히 하면 유연해지면서 부상을 예방하는 것에도 도움이 되고, 분명히 더 좋은 선수가 될 수 있을 거야!"라고 얘기하며 정당한 칭찬을 하기로 했다. 이렇게 선수들이 코치가 바라던 행동과 태도를 보였을 때, 정당한 칭찬을 꾸준히 해 준다면, 그 선수들은 지도자가 원하는 선수로 변할 것이다.

2 시나리오

> 선수들 중 한 명은 연습이 끝난 뒤, 팀 스트레칭을 하지 않고 집에 간다. 스트레칭은 운동 수행 능력에 도움을 주며, 부상 예방에도 도움이 되고, 더 좋은 선수로 거듭날 수 있게 해 줄 수 있다는 것을 코치만 알고 있지, 그 선수는 스트레칭의 중요성을 못 느끼고 있다. 코치가 그 선수에게 스트레칭의 중요성을 충분히 설명해 주었고, 그 선수는 꼭 하겠다고 약속까지 했지만 아직까지는 행동으로 옮기지 못하고 있다. 하지만 마음으로는 이 선수에게 스트레칭의 중요성을 가르치고 난 뒤에는 "스트레칭은 중요하니까 오늘은 꼭 해야지!" 같은 생각을 가지고 있다는 것을 알고 있다.

▶ **프리맥 원리를 사용한다.**

강화를 사용한 예방 전략 중 하나는 프리맥 원리 Premack principle 이다(Premack, 1965). 프리맥 원리는 할머니의 법칙 Grandma's rule 이라고도 알려져 있는데, 이 할머니의 법칙이란 **"네가 그 접시에 있는 채소를 다 먹으면, 할머니가 달콤한 사탕을 줄게"** 라고 이야기 하는 것이다. 프리맥은 자극뿐 아니라 반응도 강화물이 될 수 있다는 점에 주목하고, 두 반응 중에서 더욱 더 선호되는 반응은 덜 선호되는 반응을 강화할 수 있다는 점을 실험적으로 증명했다. 즉, 일어날 확률이 높은 행동은 확률이 낮은 행동에 대해 강화물로 작용한다. 부모, 선생, 코치 등과 같은 비슷한 직업에서 많이 사용되는 원리이기도 하다. "학교 숙제랑 공부할 거 다 하면, 컴퓨터 게임을 00시간 동안 할 수 있게 해 줄게" "엄마 일 도와주면 네가 제일 좋아하는 과자 사 줄게" 어린 아이들부터, 프로에서 경쟁하는 선수들까지 "지옥훈련이 끝나고 나면, 삼겹살에 소주 한잔 사 줄게" 처럼 남녀노소 구분되지 않고 적용되는 원리이다.

▶ **인지적 예방 전략**

Kounin(1970)은 교사의 어떤 행동과 좋은 학습 환경이 제공되는 교실로 만들어지는지에 대한 상호관계를 확인했다. 교사의 몇 가지의 행동과 태도가 그 교실에 속해 있는 학생들의 행동과 태도를 어떻게 변화시키는지에 연구했던 것이다. 좋은 학습 환경을 제공하는 교사의 행동은 코치의 태도와 행동에도 적용시킬 수 있다. 그 행동은 인지적으로 접근되며, 그 이유는 코치가 인지적으로 자기 자신과 연습의 흐름, 그리고 훈련의 분위기를 관찰하고 있어야 하며, 선수들의 사소한 행동에도 집중하고 있어야 한다. 이런 코치의 행동과 태도는 무의식적으로 선수들도 인지적으로 집중하게 만든다.

▶ 상황 이해

효율적인 코치들은 의식하는 수준은 비효율적인 코치보다 훨씬 높다. 효율적인 코치들은 연습 도중에 생기는 모든 일을 인지하고 있으며, 이를 지속적으로 높은 수준의 의식을 가지고 있는 것을 <u>상황 이해</u> With-It-Ness 라고 표현한다. 이런 코치들은 선수가 다음 운동 동작, 즉, 더 어려운 훈련 패턴으로 언제 넘어가야 할지를 정확하게 알고 있다. 또한 큰 문제가 되기 전에 작은 문제들을 찾아내서 예방하고 해결한다. 선수들이 수시로 무엇을 하고 있는지 알고 있으며, 만약 원하는 방향에서 조금만 빗나가더라도, 다시 잡아준다. 이렇게 할 수 있다는 게 쉬운 일이 아니며, 이 코치들은 상황 이해 with-it-ness 능력을 소유하고 있다.

상황 이해는 뭔가 애매모호한 단어이다. 상황 이해와 같이 따라오는 개념 중 하나는 <u>그만두게 하다</u> desist 란 단어인데, 이 단어는 동사로 쓰이며, 뜻은 어떤 선수가 과제와 관련되지 않은 행동을 했을 때, 그것을 그만두게 하는 것을 의미한다. 이렇게 그만두게 하는 개념과 달리 효율적인 코치들은 그만두게 하다의 대안으로서 올바른 행동의 대한 칭찬을 선택하기도 한다. 또한, 많은 코치들이 올바른 행동을 칭찬하면서, 부적절한 행동을 할 때에는 무시하고, 원하는 행동과 태도만 할 수 있도록 지시하는 경우도 많다. 반대로, 비효율적인 코치들은 그만두게 하다를 쓰면 안 되는 선수들에게 쓰고, 그만두게 하다를 쓰기에는 너무 늦었을 때 쓰거나, 너무 빨리 쓰는 경우도 많다.

Copeland(1987)의 연구에서 존경 받는 교사들은 경계와 관심의 개념과 높은 연관성이 있었다. 그렇기 때문에, 코치들에게도 상황 이해를 유지하기 원한다면, 연습 때, 선수들에게 주의 깊은 관심을 주면서도 선수들의 행동과 태도에는 경계하는 것이 효율적인 코치가 되기 위한 방법이지 않을까 싶다. 이런 인지적 노력은 연습 때, 선수들의 부적절한 행동과 태도를 줄일 수 있게 도와주며, 스포츠와 가르침에 대해 집중할 수 있고, 훈육하는 시간을 줄일 수 있도록 해준다.

▶ 중복 전략

성공적인 교사들은 몇 가지의 상황을 한꺼번에 해결할 수 있다고 제시했는데, Kounin은 이것을 <u>중복 전략</u> overlapping 이라고 정의 했다. 중복은 2가지 상황에서 발생할 수 있는데, 첫 번째는 그만두게 하는 것이 수업 중에 필요한 상황과 두 번째는 수업 도중 흐름이 끊기는 상황을 일컫는다.

코치가 팀을 관리하기 위해 제일 어려운 점은 한 연습시간에, 많은 상황과 사건들을 해결해야 될 때 이다. 그래서 중복은 상황 이해와 많이 연결되기도 한다. 성공적인 코치는 연습 중 모든 행동과 상황을 파악하고 있어야 한다. 하지만 중복 전략은 코치가 몇 가지의 상황과 행동을 한 번에 다 해결하는 동시에, 연습의 흐름이 끊기지 않도록 하는 것이다.

연습의 흐름을 유지하는 것은 연습시간이 부족하거나, 팀의 인원수가 많거나, 선수들 간의 나이차와 실력 차가 컸을 때, 더욱 중요하다. 효율적인 코치들은 연습시간에 얻어내고 가르칠 수 있는 것을 모두 하고 싶으며, 주어진 시간은 최대한 잘 활용하려고 노력한다. 연습의 시간이 얼마나 중요하고, 노력과 시간이 투자되고, 그 투자되는 양이 많으면 많을수록 대회에서 좋은 성적을 이룬다는 것을 알기 때문이다.

코치가 되기 전 선수시절을 했던 자신의 모습을 뒤돌아보아도, 자신이 해야 할 과제와 훈련에 집중하지 않고 쓸데없는 행동이나 연습을 소홀이 한 적이 분명히 있을 것이다. 앞서 말했던 "혼돈 팀"이 순식간에 무너진 것을 상기하고, 중복 전략의 원리를 기억하며, 던지기 곡예사가 수많은 공을 공중에서 다루는 것처럼, 코치도 수많은 상황과 사건을 효율적으로 해결할 줄 알아야 하고 연습의 흐름이 끊기지 않도록 노력하며, 선수들에게 항상 관심을 보이는 능력이 필요하다.

▶ 원활함과 기세

연습의 흐름은 빠르고 예측할 수 없을 수 있다. 하지만 준비가 되어 있고 성공한 코치들은 연습의 흐름이 원활하게 Smoothness 유지될 수 있도록 노력한다. 이 말은 상황 이해와 함께 연습에서 중복되는 상황을 잘 다룰 줄 알며, 훈련의 전 단계에서 다음 단계로 넘어갈 때도, 흐름이 깨지거나 감소되지 않고, 평온하게 넘어가는 방법을 아는 것을 일컫는다. Kounin(1970)은 학습 환경의 흐름에 대해서도 연구했는데, 한 교실에서 평균적으로 33번의 학습 변화가 이루어진다는 것을 알아내었다. 이 변화는 쉬는 시간과 점심시간과 같이 학습과 관련되어 있지 않는 변화를 제외하고 나온 수치이다. 이런 흐름의 변화는 스포츠 환경에서도 쉽게 볼 수 있다. 처음에 코치는 준비 운동으로 스트레칭을 실시하고 이론을 접하고 시범을 보여주며, 선수들이 직접 훈련하는 단계로 변화된다. 그리고 중간 중간에 모여서 이야기 하는 팀 미팅 시간처럼 흐름이 변화되는 시간들을 합치면, 연습에서 학습에 변화되는 숫자가 교실에서 이루어지는 변화와 그리 다르지 않을 것이라는 것을 예측할 수 있다.

효율적인 지도자들은 이런 변화가 이루어 질 때, 원활하게 이루어지게 도와주고, 전 수업에 있던 긍정적인 기세 momentum 를 다음 단계까지 끌어 올 줄 안다고 Kounin이 설명했다. 효율적인 코치들도 이런 능력을 가지고 있다. 하지만 반대로, 비효율적인 코치들은 다음 단계에서 무엇을 어떻게 할지도 정확하게 알고 있지 않다. 그래서 주로 이런 코치들은 연습의 흐름은 그대로 흘러두게 놔두거나, 예측하지 못한 채로 진행하는 경우가 많다. 이런 코치들은 연습을 관리하는 사람들이지 선수들을 지도할 수 있는 사람들은 아니다. 그들은 연습에서 나오는 상황에 반응하고 관리하며, 우연히 일어나는 상황에 대응하기 바쁜 것이지, 연습을 지도하고, 흐름을 유지하는 것이 아니라는 것이다.

Kounin은 연습의 흐름을 깨거나, 느려지는 것을 <u>급격한 변화</u> Jerky transitions 와 <u>수업 방해</u> lesson interruptions 로 나뉘었다. 이런 요소들로 인하여, 선수들과 학생들은 수업에 집중하지 못하고, 안절부절 해서, 부적절한 행동과 태도가 나온다고 설명했다. 경험이 많지 않은 코치들이 흐름이 깨지고 느려지는 상황에 마주하게 되며, 자신이 계획했던 스케줄을 다 채우지 못한 채, 시간이 흘러가게 되는 경우가 많다. 코치들은 선수들에게 5가지에서 6가지 동작을 배운다고 이야기했지만, 사실 연습 때, 2~3개 동작만 배우고 시간이 끝나는 경우가 많다. 효율적인 코치들에게 이런 상황은 예외적이고, 비효율적인 코치들에게 이런 상황은 일상적이다.

Kounin은 이어서, 수업의 흐름이 깨지거나, 느려지는 것을 관찰하고, 하나하나씩 정리를 하여 자신의 연구에 포함 시켰다. Kounin이 제시한 급격한 변화와 수업 방해 요소들은 코칭할 때, 연습의 흐름이 깨지고 감속하는 상황에도 적용된다.

- **자극의 경계** stimulus boundedness . 때때로 외부의 자극이 코치의 주의를 흩트리는 경우가 있다. 예를 들어, 연습 도중, 한 선수가 와서, "코치님 전화가 왔습니다"라고 했을 때, 효율적인 코치는 "지금 바쁘니 왜 전화 했는지 메모해 놔라"라고 할 것이다. 하지만 비효율적인 코치는 그 전화를 받으러 나간다. 많은 프로그램에서 이 상황은 하루의 일상일 수도 있다. 경험이 부족한 코치는 항상 자신의 핸드폰을 연습에 들고 가서, 전화를 받고, 문자를 보내는 도중에, 연습의 흐름을 파악하고 유지하려고 한다. 연습엔 절대로 핸드폰을 들고 가지 않는 규칙과 규율을 선수들에게 뿐만 아니라, 코치에게도 적용되도록 성립한다.
- **매달리기** dangles . 코치는 잘 유지되는 흐름을 자신이 깨고, 다시 그 흐름을 되찾으려고 하는 경우가 많다. 예를 들어, 어떤 코치가 어린 농구선수들에게 새로운 동작을 가르쳐 주고 있는데, 갑자기 멈추고, 자신의 코치와 이야기를 한다. 그렇게 선수들을 매달리게 만들어 놓고, 코치는 다시 선수들에게 돌아와 가르치려고 하지만, 흐름은 벌써 깨져 있다. 선수들의 집중력을 벌써 온데 간데없고, 코치는 자신이 무엇을 얘기하고 있었는지도 생각나지 않는다. 그래서 결국 그 코치는 소중한 연습시간을 사용해 다시 긍정적인 흐름을 만들어 놓으려고 애쓴다. 연습시간은 선수들과 함께하는 금쪽같고 성스러운 시간이다. 이 성스러움을 어기지 말고, 필요 없는 행동과 흐름이 깨지는 상황을 회피한다.
- **무모함** thrusts . 코치가 갑자기 선수들의 훈련을 중단하고, 선수들이 준비되지 않은 상황에서 무모한 행동을 하는 경우도 많다. 코치가 선수들에게 훈련할 것을 시범을 통해 보여주고, 연습하라고 이야기 하고 난 후, 갑자기 코치가 훈련과 연습에 아무 연관이 없는 이야기를 할 때가 많다. 이런 무모한 행동을 하지 않도록, 자기 자신이 무엇을 하고 있는지 인지적으로 파악하고 주의하고 있어야 한다.
- **단절** truncations . 단절이란, 부득이한 이유로 연습의 흐름이 깨지고 난 후, 훈련하고 있었던 것을 다시 시작하지 않는 행동을 이야기한다. 예를 들어 축구 코치가 선수들에게

모두 엔드라인 에서부터 반대쪽 엔드라인까지 패스 연습을 한다고 설명했다. 하지만 코치와 잠시 딴 이야기를 하다가, 갑자기 뛰는 훈련을 한다고 말을 바꿨다. 패스 연습을 준비하고 있던 선수들은 **"코치가 뭘 하는지도 모르나?"** 라고 생각할 수 있고, 코치는 **"왜 선수들이 내가 지시한 데로 안 하지?"** 라고 생각할 수 있다. 이렇게 단절되는 상황을 회피하고, 코치가 계획한 연습 스케줄에 따라 움직이도록 훈련에 집중하고 있어야 한다.

- **급변** flip-flops . 연습의 흐름이 감소되는 이유 중 하나는 코치가 선수들에게 한 동작을 연습하게 하다가, 다른 동작을 연습시킨 후, 다시 마음을 바꿔 원래 했던 동작을 연습하게 하는 경우가 많다. 어떤 체조코치가 화요일에는 평균대 beam 와 철봉 bar 을 연습한다고 이야기했다. 하지만 선수들이 화요일 날 연습에 도착 했을 때, 코치가 마루 floor 와 도마 vault 를 연습할 것이라고 이야기한다. 그러다가 훈련하는 도중에, 또 평균대하고 철봉을 연습할 것이라고 한다. 이렇게 되면 흐름이 깨질 뿐만 아니라 코치에 대한 신뢰도 깨진다. 선수들의 생각에는 "코치가 무엇을 할지 결정하지 못하는데, 어떻게 이런 코치를 믿고 훈련할 수 있을까?"란 생각이 드는 것이다. 그래서 이렇게 자신의 생각이 급변하지 않도록 주의해야 한다. 하지만 어떤 때는 이런 급작스러운 변화가 꼭 필요한 상황에 이를 수도 있다. 만약 이렇게 연습에 급작스러운 변화를 주어야 하면, 선수들에게 충분히 왜 바뀌는지에 설명해야 한다.

- **과잉 설명** overdwelling . 코치가 스포츠의 대한 상황, 선수의 움직임, 또는 선수들의 행동에 너무 많은 시간을 소비하거나, 자신의 의견을 성립하는데 어려움을 겪는 경우를 과잉 설명이라고 한다. 과잉 설명은 연습의 흐름을 감소시킨다. 엘리트 선수들은 이렇게 오랫동안 시간을 끌고, 선택을 못하거나, 코치가 자기 자신에 대한 확신이 없으면 연습의 흐름이 깨지기 때문에 굉장히 싫어한다. 무언가를 계속 이야기하는 것이 의사소통을 잘 하는 것이 아니다. 어떤 코치들은 연습을 멈추고, 이야기하다가 뭘 이야기하는지도 잊어버리며, 했던 이야기를 또 하는 경우가 많다. 이렇게 되면 연습의 흐름은 깨지게 되어버리고, 선수들은 신체적으로, 정서적으로, 인지적으로, 연습과 훈련에 집중하지 못하게 된다.

- **그룹 세분화** fragmentation . 그룹 세분화는 코치가 연습 일정을 너무 많이 세분화 시켜버렸기 때문에 선수들은 훈련을 하기 위해 많은 시간을 허비하는 것을 의미한다. 그룹 세분화는 비효율적인 코치가 많이 범하고 있는 실수이기도 하다. 나의 아들이 축구를 했을 때, 12명의 선수들이 6명씩 두 그룹으로 나뉘어서, 2명의 선수들만 드리블 연습하고, 나머지 10명은 멀뚱하게 바라보기만 했어야 했다. 선수들은 각자 자기 공을 연습에 가지고 왔기 때문에, 6명씩 두 개의 그룹이 아니라, 2명씩 6개의 그룹으로 만들어서 보다 더 효율적으로 연습이 진행될 수 있었지만, 나의 아들의 코치는 그렇게 하지 못했으며, 그로 인해 분열이 일어났다. 많은 코치들이 무의식적으로, 아니면 의식적으로도 그룹 세분화라는 실수를 저지른다. 연습의 흐름이 감소되면, 코치의 입장에서도 집중해야 할 요소도 적어지고, 주의력이 크게 요구되지 않으니, 힘들지 않기 위해 할 수도 있는 것이다. 쉽게 생각해

봐도, 12명의 선수들이 한꺼번에 드리블을 시작해서 그 상황을 관리하고 코치하는 것은 더 많은 주의력, 경계, 그리고 상황 이해가 필요하다. 그룹 세분화는 모든 코치에게 해당되는 개념이다. 그리고 인원수는 많고, 연습시간이 정해져 있는 팀에게는 더욱더 중요한 부분이기도 하다. 훈련을 하기 위해 기다리는 시간이 길어지면 길어질수록, 선수들의 실력은 제자리걸음을 하고 있을 수도 있다. 그룹 세분화를 회피하고, 연습의 흐름을 원활하게 유지하기 위해서 훈련의 스케줄과 방법을 많이 연구하여, 정해진 시간 안에 더 많은 기술을 습득할 수 있도록 해야 한다.

▶ 집중력을 유지한다.

선수들의 부적절한 행동을 예방하기 위해 좋은 방법 중 하나는 선수들에게 인지적으로 꾸준히 집중되어 있는 상태를 만들게 하는 것이다. 선수들에게 각자 개인 연습 계획 Individual Practice Plan: IPP 을 만들어줘서 집중력을 유지할 수 있게 하는 방법이 좋다. 개인 연습 계획이란, 연습 때 해야 할 훈련의 계획표와 목표를 설정하여 만들어 주는 것이다. 연습이 시작되기 전에(연습 전날 밤이 될 수도 있고, 연습장에 도착하기 전 운전할 때가 될 수도 있고, 준비 운동을 하고 있는 도중에도 좋다.), 선수들과 함께 그 전의 개인 연습 계획을 참고하여, 그 날 연습 때 무엇을 어떻게 해야 하는지 말로 알려주어도 되고, 글로 써서 만들어주는 것도 좋다. 이렇게 선수들에게 각각의 개인 연습 계획을 만들어 주면, 선수들의 집중력을 높이고 유지시킬 수 있고, 긍정적인 행동을 유발할 수 있다. 몇 명의 선수들이 비슷한 개인 연습 계획을 가지고 있다면, 그 선수들을 한 그룹으로 만들어서 훈련하게 하는 것도 좋다. 그렇게 되면 선수들은 서로에게 피드백을 줄 수 있으며, 더 나아가, 협동심, 단결, 재미, 흥미 같은 긍정적인 요소들을 높여 줄 수 있고, 선수와 코치의 딱딱한 관계에서 벗어 날 수 있으며, 추가적으로 자기 자신의 대한 책임감과 자존감 또한 높여줄 수 있다("이건 나의 팀이며 나는 팀원으로서 책임져야 할 것들이 있다").

▶ 탄탄한 기반을 성립한다.

선수들의 부적절한 행동을 예방하기 위해 제일 좋은 방법은 팀의 탄탄한 기반을 첫 날부터 성립하는 것이다. Grossnickle과 Sesko(1990)는 교실을 효율적으로 관리하는 지침 10가지를 만들어 제시했다. 이 지침들은 교실에서뿐만 아니라, 훈련장에서도 적용될 수 있다. 지침들을 하나하나씩 살펴보면, 앞서 이야기 했던 부분과 중복되는 것도 있지만, 복습할 만한 요소들이 많다.

• **올바른 행동의 기준을 정의한다.** 기대, 기준, 그리고 규칙은 코치, 선수, 그리고 부모들에게 정확히 명시되어 있어야 하며, 확실하게 이해하고 있어야 한다. 부모님들과 대화하는

자리를 만들어서 부모님이 코치의 기대, 기준, 그리고 규칙에 대한 궁금한 점이나 프로그램에 대해 물어볼 수 있도록 하는 것도 좋다.

- **팀워크를 강조한다.** 코치, 스태프, 이사, 부모는 다 팀의 일원이다. 그들은 팀을 지지하는 것뿐만 아니라, 팀의 규칙과 규율을 따르도록 하는 것이 좋다.
- **처벌을 정확히 명시한다.** 부적절한 행동을 했을 시, 어떤 행동들이 어떻게 처벌될 것인지에 대해 정확히 명시되어 있도록 해야 한다. 예를 들어, 부적절한 행동을 했을 시, 2번째까지는 경고와 주의만 줄 것이지만, 3번째에는 코치와 함께 면담 한다. 4번째는 부모님에게 전화를 하고, 부모님이 직접 들어와서 같이 이야기하며, 5번째 경고는 그 선수가 다음 시합에 참가할 수 없도록 하며, 마지막으로 6번째에는 그 선수가 팀에서 퇴출 당하는 것 등이 있다.
- **스스로 관리하고 훈육한다.** 인본주의 장에서 말했듯이, 선수들을 가르치고 코치하는 이유 중 하나는 사람으로서 성장하도록 도와주는 것이다. 스스로 관리하고 훈육하는 것을 배우는 것은 사람으로 성장하는 과정이기도 하다. 선수들이 사람으로서 성장하려면, 자기 자신을 다룰 줄 알아야 한다.
- **좋은 행동들을 하도록 유발한다.** 코치로서 선수들이 좋고 올바른 행동들을 할 수 있도록 도와주어야 한다. 코치가 솔선수범하여 좋은 행동들을 보여줄 수도 있고, 강화의 방법을 사용하여 유발할 수도 있으며, 팀의 분위기를 바르게 설정하여 원하는 태도를 얻게 할 수도 있다.
- **선수들의 성공과 자존감을 높이는 데 집중한다.** 선수들이 성공 하고자 하는 바램이 너무 큰 나머지, 코치는 선수들이 잘하는 행동을 보지 않고, 못하거나 잘못한 행동에만 집중하는 경향이 있다. 시간을 내서 선수들이 잘했던 것에 칭찬하도록 한다. 긍정적인 피드백을 통해 자존감을 높이고, 선수들이 사람으로서 스스로를 더 좋게 생각할 수 있도록 도와주며, 너무 어렵거나, 쉽지 않은, 적당한 목표를 세워, 도전의식도 높이고, 결과보다는 노력에 집중할 수 있도록 해야 한다.
- **확고하고, 공정하고, 차분하게 규칙과 규율을 시행한다.** 규칙과 규율은 올바르게 시행되지 않거나, 지속적으로 집행하지 않는다면 의미가 없어진다. 코치가 세운 규칙과 규율이 어떻게 시행되는지에 따라, 사람으로서 어떻게 평가되고, 사람들과 같이 일할 때, 얼마나 효율적인지 알 수 있다.
- **연습이 정확히 어떻게 이루어질 것인지 숙지한다.** 이 이야기는 앞서 말했던 흐름과 원활함, 그리고 집중력을 유지하는 방법을 공부했던 부분에서 많이 언급했다.
- **연습환경을 꾸준히 관찰한다.** 이 부분은 상황 이해와 중복 전략을 참고하면 좋다.
- **문제를 일찍 해결한다.** 결국 지금까지 이야기했던 것을 요약하자면, 예방이란 결국, 문제를 빨리 파악하고 해결하는 것이다. 경험이 많은 코치는 문제를 일찍 찾아내어 해결하는 것이 나중에 눈 덩어리가 감당하지 못할 만큼 어마어마하게 커져서 해결할 때 보다 상당히

쉽다는 것을 알려 줄 것이다. 하지만 경험이 부족한 코치와 성공하지 못한 코치들은 이렇게 작은 문제들을 무시하는 경향이 있다. 그들이 이것이 그렇게 큰 문제가 되지 않다고 여기거나, 무시하면 없어질 거라는 믿음 때문에 문제를 파악하고 찾아내는 시기도 늦고, 해결하지 못하는 것이다. 결국 그 조그마한 눈 덩어리 하나가 산 밑으로 굴러가며, 나중에는 감당하지 못하고 코치가 쌓아 올린 모든 것을 부셔 버린다.

▶ 인본주의 예방 전략

Maryland(1975)는 교실을 관리하는 방법과 효율적이고 올바른 교사들의 특성과 행동을 연구하여, 인본주의 예방 전략을 통해 학생들에게 원하는 행동과 태도를 유발하는 방법을 찾아냈다. 이런 특성과 행동은 교실과 교사들뿐만 아니라, 코치하는 방법과 훈련장에서도 적용될 수 있다. 이런 방법들이 인본주의적인 이유는 선수들의 개개인에 집중하고, 영향에 초점을 두며, 선수들이 자체적으로 자신의 능력을 스스로 개발할 수 있도록 도와주는 환경을 만들어 주려고 하기 때문이다.

▶ 선수들을 존중하고 배려한다.

부적절한 행동을 예방하기 위한 최선의 방법은 성실하고 순수하게, 선수들을 배려하고, 그들과 함께 의사소통 하려는 것을 보여주며, 코치가 정말로 선수들을 걱정하고 공감하고 있다는 것을 보여주는 것이다. 코치가 선수들을 배려하고 있다는 것을 보여주기 위한 방법은 상당히 많다. 각자 1대1로 만나서, 각각 선수들을 사람으로 알려고 하는 노력, 선수들의 가족은 어떤지, 어떤 환경에서 자랐는지 알려고 노력해야 한다. 선수들의 문제를 해결하고, 선수들의 질문과 고민을 경청하는 모습, 연습에서뿐만 아니라, 연습 외에 있는 선수들에게도 관심을 보여주면 선수들은 코치가 자신을 배려하고 있다는 것을 느끼게 할 수 있다. 배려하는 모습 중 제일 좋은 것이, 선수들이 선수로서 뿐만 아니라, 사람으로서 성장하도록 도와주게 하는 것이 최고다.

선수들이 하는 말에 귀를 기울이고, 개인적으로 만나 각자의 선수들이 누구인지 알아가는 시간은 중요하다. 예를 들어, 연습 첫날 미팅 후, 시간표를 작성하여, 선수들과 1대1로 면담할 시간을 가지는 것도 좋다. 그리고 이렇게 1대1로 만나는 시간에는 부담 없이 선수들을 알아가며, 선수들의 목표와 꿈을 알아가고, 그 외의 모든 것을 이야기 하는 시간은 무엇보다 귀중하다.

▶ 유머를 사용한다.

나는 코치하면서 유머처럼 강하고 예방에 효율적인 것은 없다고 생각한다. 최고의 팀들은 유머가 풍부하고, 최악의 팀은 유머가 없다고 생각한다. 유머를 꼭 이용해야 할 이유는 다음과 같다. 유머는 편안하고 친근하며, 생산적인 훈련 분위기를 만들어 주며, 더 나아가 올바른 행동과 태도를 유발할 수 있고, 좋은 학습 환경을 만들어 줄 수 있다.

많은 코치들이 유머가 연습 환경에 미치는 영향을 무시하는 경우가 많다. 많은 코치들이 성공을 하기 위해서 유머 같이 가벼운 요소보다는 무겁고 강인한 요소와 이념들이 선수들과 팀에 성공을 안겨줄 것이고, 집중력을 향상할 수 있는 분위기가 형성될 것이라고 믿기 때문이다. 하지만 나는 선수들이 훈련을 웃고 즐기는 동시에, 헌신, 단결, 집중해서 성공할 수 있다고 믿는다. 효율적으로 유머를 사용하기 위해선 먼저 자기 자신에게 웃을 수 있어야 한다. 자신의 실수들, 자신이 완벽하지 않다는 사실을 인정하고, 나도 인간이며 약점이 있다는 사실에 웃을 수 있어야 한다. 자신의 실수에 대해 웃기 시작하면, 선수들에게 코치는 완벽하지는 않지만, 항상 마음의 문이 열려있고, 솔직하며, 진실한 사람이라는 것을 인지시킬 수 있다. 이렇게 자기 자신에게 겸양하는 유머를 쓰고 겸손한 자세를 보여주면, 선수들도 그 똑같은 모습과 행동, 그리고 태도를 따라할 것이다.

시나리오 3을 한번 보자. 한 코치가 선수들에게 하지 말라고 계속 각인 시켰던 실수를 저질러 버렸다. 누가 봐도 코치가 잘못했으며, 그 광경을 한 선수가 보았다. 자, 이제 어떻게 할 것인가? 이 상황에서 이 코치는 유머를 사용하기로 했다. 선수들에게 "내가 이런 짓을 하다니! 나도 안 믿겨져! 얼른 나도 혼나야 되겠구먼!"처럼 유머스럽게 이야기 한다. 그래서 그에 대한 처벌로 코치가 자발적으로 5분 동안 벽을 보고 서 있고, 선수들은 코치를 보면서 웃는다.

3 시나리오

한 코치가 선수들에게 2주 동안 자신의 말을 잘 듣고, 다른 사람들이 이야기할 때 경청하는 것이 중요하다고 계속 각인시켰다. 그렇지만 선수들은 코치가 말하는 내용의 반 정도만 이해한다. 그래서 결국 코치는 선수들에게 자신이 말한 내용을 잊어버리면 연습에서 퇴출시킨다고 이야기했다. 그런데 그날 연습 중, 코치는 팀의 에이스이자 주장인 선수가 짜증나고 화가 난 상태인 것을 인지했다. 그 이유는 지난 연습 때 그 선수의 동작이 올바르지 않아, 코치가 오늘 연습 때, 선수의 동작 수정을 도와주기로 했는데 코치가 그만 깜박하고 그 선수의 동작을 확인하지 않았다. 그 선수는 코치도 우리의 말을 잊어버렸으며, 선수들에게 하지 말라고 했던 것을 코치가 어겼다고 지적했다. 자, 이제 어떻게 할 것인가?

유머는 연습시간을 즐겁게 해줄 뿐만 아니라, 다른 시각과 관점에서 볼 수 있도록 도와준다. 목표는 중요하다. 하지만 많은 사람들이 목표에만 너무 집중한 나머지, 다른 중요한 요소들도 배제해 버리는 경향이 있다. 유머는 선수와 코치가 이런 상황이 되지 않도록, 성공에 대한 강박함에 걸리지 않도록, 메달, 결과, 승리, 기록 등에 너무 사로잡혀 있지 않도록 도와준다. 당연히 연습 때 많은 시간과 노력을 투자하여 승리하고 우승하는 것이 목표이고 목적이겠지만, 그렇다고 해서 재미있어서 스포츠를 시작했던 이유와 스포츠를 사랑하는 마음이 없어져 버리면 안 된다. 스포츠는 특권이지 권리가 아니라는 것을 인지하고, 스포츠 자체를 하는 것만으로도 얼마나 감사하고 고마운지 알고 있어야 한다. 유머는 이렇게 다른 시각과 관점에서 볼 수 있도록 도와준다.

유머는 코치와 선수들이 가벼운 마음가짐으로 연습과 대회를 임하게 할 수 있다. 때때로 시시한 농담 하나가 모두의 긴장을 풀어주고 미소 지을 수 있게 해준다. 경기나 중요한 대회에서는 유머를 이용하기 참 어렵다. 큰 대회 때, 많은 코치와 선수들이 심리적으로, 신체적으로, 정신적으로 불안정 했던 모습을 많이 봐 왔을 것이다. 이 코치들은 주로 심각하고 엄중하며, 묵인한 표정과 가슴에 팔짱을 끼며 무겁고 심오한 자세로 있다. 나는 과거에 미국 전국대학대회의 10m 다이빙 결승전에 출전한 선수를 코치한 적이 있다. 우승하면 미국 대표 팀으로 선발되어 세계선수권대회에도 참가할 수 있는 자격이 주어지는 아주 중요한 대회였다. 나의 두 선수들은 결승전이 시작하기 전까지는 전체 랭킹 1위였다. 랭킹 1위의 부담감과 전국대학대회의 중압감, 그리고 대표 팀에 합류할 수 있다는 기대까지 더불어(대회에서 총 우승한 한 사람만 합류할 수 있었다), 그 선수들은 첫 번째로 다이빙을 준비하고 있었다. 긴장했다는 말은 과소한 표현이었지만, 우리는 준비 운동 때부터 웃고 농담을 주고받고 있었다. 결국 그 선수들은 우승할 수 있었고, 나중엔 두 명 다 세계선수권대회는 참석하지 못했지만, 2012년 올림픽 대표 팀에 합류할 수 있었다.

모든 것이 잘못되고, 더 이상 상황이 악화될 수 없을지라도, 유머의 힘은 얼마든지 효과를 발휘할 수 있다. 실패, 패배, 전멸 같은 최악의 상황에 있다면, 코치의 선택은 두 가지밖에 없다. 웃거나 울거나. 유머는 치유하는 능력이 있기 때문에 항상 웃는 것이 좋다. 이런 유머를 교수형 gallows humor 유머라고 하는데(죄수가 사형 선언을 받고 전기의자로 향하는데, 그 죄수가 교도관에게 "이 의자 안전한 거 맞죠?"같은 상황에서 쓰이는 유머), 이 유머는 큰 정신적 충격을 받을 수 있는 상황, 그리고 그 상황을 완화할 수 있도록 하기 위해서 사용된다. 만약 코치와 선수들이 실패와 패배를 마주보고 웃을 수 있다면, 그 실패와 패배의 타격을 지혈할 수 있다. 그리고 만약 실패와 패배의 여운이 없어진다면, 그 선수들은 미래의 상황에서 더욱 더 대담하게 만들 수 있다.

마지막으로, **유머는 과도하게 대립되는 상황을 완화할 수 있도록 도와준다.** 부정적인 상황은 주로 정서적으로, 인지적으로 불안정한 상태가 원인이며, 이런 상황을 다른 시각과 관점에서 바라보면 쉽게 해결할 수 있다. 코치와 선수가 인내심의 한계에 와서 서로 싸우고 감정적으로 불안정한 상태로 도달을 수 있다. 훈련의 강도가 너무 높아서 선수들이 신체적으로, 심리적으로, 정서적으로 무너지는 경우가 많은데, 그렇게 되면 경고 없이 갑자기 최악의 상황이 벌어질 수 있다. 침착하게, 당황하지 않고, 코치는 유머를 사용하여 웃고 넘길 수 있도록 할 수 있는 순발력이 필요하다. 그리고 유머는 이런 상황을 예방하게 만들 수도 있다.

▶ 연습환경을 긍정적으로 수립한다.

연습환경과 선수와 코치 간의 상호관계가 어떤 지에 따라서, 팀에 올바른 연습 습관이 들게 할 수 있고, 올바른 행동이 많이 발생하는 팀이 될 수 있다. Marland(1975)는 연습환경을 개인에 맞추어서, 올바른 행동과 태도를 유발할 수 있도록 성립하는 것이 중요하다고 이야기한다. 이런 제안 사항들은 교실을 토대로 만들어졌지만, 계속 앞서 말했던 것처럼 스포츠의 연습과 훈련 상황에서도 쉽게 적용될 수 있다.

연습환경을 개인에 맞추는 방법은 다양하다. 예를 들어, 지시사항이나 중요한 문서들을 개시해 두는 것도 좋다. 뉴스에서 나왔던 부분을 편집해서 게시판에 올리거나, 사진, 편지 등 같은 많은 아이템을 사용해서 올바른 습관을 길들이게 동기부여 해주는 것이다. 그리고 선수들도 자유롭게 원하는 것을 붙일 수 있다면, 그것은 팀의 차원에서 개인적인 연습환경을 만들어 주는 것이다. 유명한 명언이나 제일 좋아하는 음악의 가사, 팀의 사진, 지난 경기의 MVP 등 게시판에 붙일 수 있는 아이템들은 무한하다.

연습환경은 신체적인 차원에서만 보는 것이 아니다. 연습환경이란 팀의 분위기와 환경 그 자체를 일컫는 것이기 때문에, 날씨에 비유하자면 선선하고, 맑고, 따뜻하게 태양이 비추는 봄의 날씨 같아야 한다. 연습의 분위기는 따뜻하고, 친근하고, 긍정적이고, 모든 것을 수용할 수 있을 만큼 편안해야 하며, 모든 선수들이 연습환경을 봤을 때, "여기서 나의 잠재력을 다 깨울 수 있을 것 같다"라고 느껴야 한다. 이런 연습환경은 올바른 행동과 태도를 유발하고, 부적절한 행동과 태도는 예방할 수 있다(Glasser 1969). 이것의 반대도 사실일 수 있다. 춥고, 권위주의적이고, 독재주위로 이루어진 연습환경은 부적절한 행동과 반항하는 태도만 유발하게 만들 수 있다.

또한 연습환경은 선수와 코치, 그리고 선수들 사이에서도 팀에 관련된 모든 사람도 협력과 협조의 개념을 격려하고 소중하게 여기도록 해야 한다. 선수들이 서로 다른 선수들의 지지를 받고 싶다면, 먼저 지지해야 된다는 것을 이해하도록 한다. 협력과 협조 같은 이념을 격려하기 위해 칭찬을 올바르게 사용하여 강화시켜야 한다. 예를 들어, 선수들에게 팀의 차원에서 목표를 정하도록 하고, 선수들끼리 가르쳐주고 배울 수 있도록 하는 것이다. 그러면 자연스럽게 연습환경은 팀의 차원에서 스스로 관리하려고 노력할 것이며, 서로 서로 대화하고 도와주면서, 책임감과 협력이란 개념을 이해하게 될 것이다. 선수들에게 개인적인 목표를 다른 선수들과 함께 나누도록 하고, 평가 받고 개선하며, 팀의 차원에서 매일매일 새로운 연습 목표를 세울 수 있도록 해야 한다.

▶ 성격을 개선한다.

인본주의 관점에서 부적절한 행동과 태도를 예방하고, 올바른 행동과 태도를 유발하기 위해서는 선수들의 성격을 개선하는 것이 제일 좋은 방법이라고 한다. 성격이란 사람과 사람 사이에서 상호작용할 때 어떻게 행동하는지를 의미한다. 그리고 사람의 가치, 도덕, 신념, 미덕, 윤리는 그 사람이 어떤 선택을 하고, 문제를 어떻게 해결하며, 사람들과 같이 있을 때의 행동, 사람들을 대하는 방식, 그리고 그 사람 자체의 인격을 형성하는데 적용된다.

과학으로 성격과 인격을 정의할 수 없지만, 이 장에서 우리는 인격과 성격의 정의, 의미, 가치, 신념, 윤리를 살펴보며, 어떤 요소들이 인격과 성격에 어떻게 적용되며, 더 나아가 충성, 협동, 우정, 통제, 같은 개념이 무엇인지 알아보고, 도덕성, 신뢰성, 진실성, 진정성은 어떤 가치들로 인하여 성립되는지에 알아 볼 것이다. 단련되어있고, 규율이 바르며, 올바른 행동과 태도를 유발하고, 성공적인 전통을 가지고 있는 팀들은 이런 가치들과 개념들로 가득 채워져 있다. 이렇게 성격이 성립되고 개선되는 과정은 실수로 이루어지는 것이 아니라, 선택으로 만들어진다. 이 팀의 코치는 승리보다 더 큰 것을 가르친다. 이런 코치는 도덕, 윤리, 신뢰, 신념, 미덕 같은 개념을 꾸준히 가르치고 있다.

다음에 보이는 목록은 행동주의, 인지주의, 인본주의 시각과 관점에서 어떻게 선수들을 코치할 것인지에 대해 요약해 보았다.

예방 전략
행동주의 예방 전략
- 긍정적인 행동과 태도 강화
- 규칙과 규율 성립
- 올바른 칭찬 방법 사용 및 적용
- 프리맥 원리를 사용 및 적용

인지주의 예방 전략
- 상황 이해
- 중복 전략
- 흐름과 원활
- 집중력 유지
- 탄탄한 기반 성립

인본주의 예방 전략
- 선수들 배려
- 유머 사용 및 적용
- 연습환경 성립
- 성격 개선

▷ 올바른 교정 전략을 적용하는 방법
: 첫 단추가 올바르게 끼워지지 않았을 때

완벽한 세계에선 행동과 태도의 문제는 예방할 수 있고 쉽게 해결될 수 있다. 하지만 코치는 완벽하지 않은 현실적인 세계에 살고 있다. 그래서 연습과 훈련 때, 코치는 수많은 사람과 다른 정서 수준을 가지고 있는 선수들, 자기 관리 기준과 자기 수양 기준이 다른 성격들과 같이 더불어 생활해야 한다. 코치가 좋던 싫던, 야생마를 처음부터 완벽하게 길들일 수는 없다. 다시 말해 부적절한 행동과 태도를 처음부터 배제할 수는 없는 것이다. 시간이 지나면 언젠가는 부적절한 행동과 태도를 가진 선수들과 맞서야 하는데, 코치로서 성공했고, 아무리 준비가 완벽하게 됐다고 생각하는 코치라도, 이런 상황을 피할 수는 없다. 이런 문제들의 강도는 아주 쉬운 문제부터 감당할 수 없는 문제까지 다양하며, 이런 문제들을 어떻게 해결하는지에 따라, 훈련 프로그램의 가치, 효율성과 코치란 직업을 장기적으로 봤을 때, 얼마나 행복한지 달라질 수 있다.

성공적인 코치가 부적절한 행동과 태도를 예방하기 위해 모든 전략을 적용했다. 하지만 지금까지 경험하지 못했던 선수를 만났고, 지금까지 성공적으로 이루었던 훈련 프로그램을 순식간에 혼란 상태로 빠지지 않기 위해서는 당황하지 않고 순발력 있게 행동해야 한다. 지금 행동하지 않으면 선수들의 사기와 코치에 대한 자신감과 신뢰도는 하락할 것이고, 최악의 경우에는 팀을 더 이상 통제할 수 없는 상황까지 이를 수 있다. 이런 상황과 맞서 있을 때, 그리고 그런 선수들과 맞서 있을 때, 해결할 수 있는 방법을 다음에 제시했다.

- **첫째, 코치의 행동은 국가의 법과 규정에 따라야 하며, 코치하고 있는 스포츠(종목)는 물론, 자신이 성립했던 규칙과 규율을 벗어나면 안 된다.** 예를 들어, 너무 분노에 찬 나머지 선수들을 때리는 것은 용납되지 않는다. 그것은 부적절한 행동이라는 것을 떠나서 윤리적으로도 합당하지 않으며, 코칭 철학에서도 벗어나고, 나라의 법에 따라서 고소당할 수도 있고, 코치직에서 해고될 수 있다.

- **둘째, 코치가 행동하기 전에, 이 행동이 선수와 선수의 자존감에 어떤 결과를 일으킬 것이며, 인본적인 차원에서도 어떤 영향을 끼칠 것인지 다시 한 번 생각해 봐야 한다.** 예를 들어 선수를 처벌할 때, 이것이 선수를 모욕할 수 있는지, 인격적으로 비하하는 것이 아닌지 다시 한 번 생각해 봐야 한다.

- **셋째, 어떤 처벌을 시행할 때, 이 처벌이 팀의 차원에서도 도움이 되는지 안 되는지를 평가해야 한다.** 때때로, 처벌은 긍정적인 연습환경과 원활한 흐름, 그리고 팀 내의 협동심을 유지하기 위해 필요하다. 예를 들어, 어떤 선수가 팀의 규칙과 규율을 지키지 않고, 다른 선수들만큼 노력하고 헌신하지 않는다면, 처벌이 필요할 때가 있다. 이렇게 연습에 퇴출시키거나 다른 처벌 방법을 이용하여 팀의 사기와 자신감을 유지시키기 위해서라면, 팀의 주장이거나 에이스여도 과감하게 시행하여야 한다.

다음 부분에서 우리는 행동주의, 인지주의, 인본주의 이론들을 토대로, 올바른 교정방법을 이 3가지 이론들의 시각과 관점에서 살펴 볼 것이다.

▶ 행동주의 교정 전략

예방 전략들의 목적이 부적절한 행동과 태도를 막기 위한 것이라면, 교정 전략들의 목적은 부적절한 상황이 일어난 후, 그 행동과 태도를 개선하거나 제거하는 것에 초점을 두며, 강화와 처벌은 교정 전략에서도 주로 사용하는 방법이다. 그렇기 때문에 강화와 처벌을 대표적으로 이용했던 조작적 학습 이론 operant learning theory 원리는 교정 전략에서도 많이 사용되는데, 이것은 앞서 공부했던 제 4장에서도 복습할 수 있다. 조작적 학습 이론을 포함한 이런 전략들을 통틀어서 행동 조정 behavior modification 이라고 하는데, 이것은 행동이 조정되는 요소들을 사용하여 사람들을 변화시키는 것이다. 이 장은 행동주의 이론을 다시 복습하고, 코치가 어떻게 행동주의 교정 전략을 실전에서 사용할 수 있는지 알아 볼 것이다.

▶ 행동을 구체화시킨다.

효율적 교정 전략 중 강화가 대표적으로 사용되는데, 그 이유는 선수들이 올바른 행동과 태도를 보일 때 칭찬하여, 미래에서도 똑같은 행동과 태도를 보이도록 격려하고 유발하게 하기 때문이다. 때때로 선수들은 이렇게 올바른 행동과 태도를 보이지 않을 때도 있다. 이런 상황이 오면, 새로운 행동을 만드는 것이 좋다. 행동을 만든다는 것이 단계적 접근법의 차별강화를 의미하는 것과 똑같다. 다시 말해 어떤 행동을 만든다는 정의는 모든 행동과 태도를 강화를 통하여 평가하게 만들고, 원하는 행동과 태도를 보이도록 이끌고 가는 것이다.

이런 선수라면 당연히 처음부터 코치가 원하는 행동과 태도를 시행하지 않는다. 코치가 선수들의 행동과 태도를 구체화할 때, 원하는 행동과 태도와 비슷한 점을 보일시에 강화하는 것이다. 코치가 꾸준히 모든 행동과 태도에 강화하는 것을 유지하면, 그 선수는 코치가 원하는 행동과 태도를 보여 줄 것이다. 예를 들어, 선수 중 항상 연습시간을 지키지 않는다고 생각해 보자. 코치도 짜증날 것이고, 연습시간을 지키기 위해 일찍 오는 선수들에게도 불공평하다. 코치가 그 선수에게 이 문제에 대해 꾸준히 이야기 했지만, 그 선수의 습관은 쉽게 바뀌지 않는다. 그래서 이럴 때는 새로운 행동과 태도를 만들어야 하는데, 코치는 그 선수가 30분 늦게 오다가 15분만 늦게 오면 그 행동에 대해 칭찬하는 것이다. 다음에 10분만 늦게 오면 그것에 칭찬하고, 그 다음에 5분만 늦게 오면 그 행동을 강화한다. 결국 연습에 늦지 않게 오면 그 행동을 칭찬하고, 그 습관이 들면, 일찍 와서 준비하는 시간에만 강화하는 것이다. 이 전략은 많은 선수들에게 효과적이고, 어린 선수들에게는 더더욱 효과적이다. 하지만 잘 관리되지 않는 선수에게는 별다른 효과가 없으며 이런 선수들과 맞설 때에는 즉각적으로 조치해야 하며 강력하게 대응해야 한다.

▶ 부적 강화

부적 강화는 혐오감을 주는 자극에 대한 제거라고 생각하면 된다. 혐오감을 주는 자극은 처벌, 실패, 조롱과 같이 불쾌한 결과를 일컫는다. 코치는 이런 강화를 다모클라스의 칼 sword of Damocles 이라고 하는데, 다모클라스의 칼은 고대 그리스의 이야기에서 유래된 권력의 무상함과 위험을 강조한 서양 속담이다. 이 속담은 권좌는 한 올의 말총에 매달린 칼 아래 앉아 있는 것처럼 위험한 것이라는 점을 빗댄 내용으로 절박한 위험을 상징한다. 이처럼 선수들에게 경고 없이 불행한 일을 겪을 수 있다는 점을 상기시키기 때문에 다모클라스의 칼이라고 부른다. 때때로 이렇게 부적 강화는 선수들의 행동과 태도를 통제하고 유지하기 위해 필요한 방법이기도 하다. 단기적으로 보면 이 무기는 효율적이지만, 장기적으로 보면 부적절한 학습 환경이 만들어 질 수 있으며, 연습의 분위기에 항상 긴장감이 맴돌고, 서로에 대해 악의적인 마음을 품을 수 있으며, 코치와 선수간의 신뢰가 없어질 수 있다. 그리고 이 부적 강화도 도무지 코치들의 지도를 수용하지 않는 선수들에게는 효과가 없으며, 앞서 말했듯이 이런 선수들을 지도할 때에는 즉각적으로 조치해야 하며 강력하게 대응해야 한다.

▶ 소거

교정 전략과 관련되어 있는 개념 중 하나는 소거 extinction 이다. 교정 전략의 원리에 의하면, 자극에 대한 올바른 반응은 강화를 통해 유지되어 있을 수 있고, 소거를 통해 강화를 제거하는 방식으로도 올바른 행동과 태도를 성립할 수 있다고 제시했다. 예를 들어, 코치가 어떤 선수의 부적절한 행동과 태도에 집중을 하고 주의를 기울일 때 마다, 그 부적절한 행동을 코치 자신도 모르게 강화하고 있을지도 모르는 것이다. 아니면, 팀 미팅을 하고 있다고 가정하자. 그리고 코치가 이야기 하려고 할 때마다 그 선수가 코치의 말을 중단하고 방해한다. 팀과 코치를 방해하는 것은 둘째 치고, 그 행동과 태도 자체가 무례하며, 그만해야 하는 것을 알고 있다. 소거는 쉽고 어렵지 않게 부적절한 행동과 태도를 고칠 수 있다. 만약 저렇게 말을 끊고 방해하는 선수가 있다면, 그 선수의 태도와 행동을 무시함으로서 교정될 수 있다. 이 전략은 쉽고 효율적이지만, 항상 통하지는 않는다. 소거 같은 경우도 통제와 관리가 되지 않는 선수들에게는 아무 효과가 없으며, 앞서 말했듯이 이런 선수들을 다룰 때에는 즉각적으로 조치해야 하며 강력하게 대응해야 한다.

▶ 공개적인 처벌(징계)

공개적인 처벌은(징계) 부정적인 요소가 많지만, 이런 차원의 처벌이 효율적이고, 올바르며, 필요할 상황이 있을 때가 많다. 처벌에 대한 연구를 따르면, 효율적인 처벌에는 3가지 형태가 있는데, 그 형태들은 신체적 처벌의 단점과 부작용이 없다. 이런 3가지 처벌 형태는

제 4장에서 배웠으며, 질책 및 비난, 중단 time-out, 그리고 반응 대가 response cost 가 있다. 시나리오 4는 코치가 이야기 하고 있을 때, 선수가 쳐다보지 않는 상황이다.

4 시나리오

> 어떤 선수가 동작을 시행하고, 코치가 피드백을 주고 있을 때, 코치를 쳐다보지 않는다. 코치는 그 선수에게 동작을 시행하고 피드백을 줄 때 마다 자신을 보라고 하지만, 그 선수는 계속 다른 곳을 응시한다. 그 선수에게 계속 코치의 얼굴을 보라고 말하는 시간에, 다른 선수들은 동작을 시행하고 코치의 피드백을 기다리고 있다. 게다가 그 선수가 코치를 보지 않기 때문에, 코치의 말을 이해했는지도 확실하지 않다. 더 중요한 것은 그 선수의 행동과 태도가 무례하고, 팀원들 앞에서도 좋은 모습이 아닌 것을 알고 있다. 코치는 이 선수를 어떻게 처벌할 것인가?

시나리오 4에서 꾸준히 강화를 사용하여 코치가 원하는 태도와 행동을 얻으려고 애썼다. 다른 선수들을 모델로 삼아, 다른 선수들이 코치를 보면서 얘기하는 것도 사용하여 강화하려고 했다. 타이르고 타일러서 코치가 원하는 태도와 행동을 얻으려고 했지만 실패했다. 소거를 사용해도 그 선수는 고쳐지지 않고, 다른 모든 방법을 총 동원 해봐도, 교정되지 않는다. 그 선수의 행동은 무례하고, 코치로서, 인간으로서, 사람으로서, 그 누구라도, 저런 식으로 지도자를 대하는 것은 실례이다. 게다가 만약 이 행동과 태도가 개선되지 않으면 팀에 속해 있는 다른 선수들도 코치를 무시할 수 있고, 팀의 통제력을 잃어버릴 수 있다. 만약 다음에도 똑같은 행동과 태도를 보인다면, 코치는 공개적으로 그 선수를 처벌해야 한다(질책 및 비난). 그렇게 질책하고 비난했는데도 또 다시 같은 행동을 보인다면, 15분 동안 연습을 못하게 한다(중단). 만약 또 그런다면, 그 선수를 다음 대회나 경기에서 출전시키지 않는 것이 좋다(반응 대가). 이 전략은 어린 아이들에게나 적용될 것 같지만, 나는 이 방법을 나의 대학 프로그램에서도 주로 사용하며, 생각보다 굉장히 효율적이다.

▶ 운동을 처벌로 사용하지 않는다.

운동이나 연습 같은 요소를 처벌로 사용하면 안 된다. 3장에서 배웠듯이 운동을 불쾌한 자극으로 연결시키면 안 된다는 것을 기억해야 한다. 이 말은 당연히 받아 드려야 하지만, 많은 코치와 교사들이 이런 요소들로 처벌을 시행하고 있다. 예를 들어, 영어 교사가 단어를 1000개씩 쓰라고 하거나, 체육교사가 학생들을 질리도록 뛰게 하거나, 테니스 코치가 처벌로 선수에게 서브를 수 만개씩 시키는 것은 금지해야 한다. 코치가 선수들에게 좋은 기술을 가르쳐서 좋은 성적을 내기 위한 목적이기도 하지만, 선수들에게 스포츠에 대한 사랑과 열정을 가르쳐 주는 것도 무척 중요하다는 것을 잊지 말아야 한다. 코치가 처벌을 스포츠와 연결시키는 순간, 코치도 모르게 스포츠가 지겹고 질려하는 선수들을 만들고 있을 수도 있다.

▶ 제거 처벌(불이익)

공개적인 처벌에 대한 반대가 많다. 하지만 반대하는 이유가 제거 처벌 removal punishment 에는 적용되지 않는다. 제거 처벌이란 즐거운 자극을 제거하는 것이다 불이익; Penalty . 그래서 공개적인 처벌에서 우려 나온 부작용이나 후유증도 없으며, 2개의 교정 전략 중에서는 이 방법을 선호하는 코치들이 많다. Walters와 Grusec(1977)에 따르면, 자식을 사랑하는 부모가 이런 형식으로 제거 처벌을 했을 때는, 부모와 아이에 부정적인 감정은 흐르지 않는다고 제시했다. 그리고 이 연구결과도 선수와 코치의 관계에서도 적용된다. 하지만 여기서 제일 중요한 단어는 **사랑**이다.

제거 처벌은 어떤 한 선수가 좋아하는 것이나, 해야 하는 것을 못하게 하는 것이다. 예를 들어, 한 선수가 중요한 동작을 연습하지 않아서 처벌이 필요하다고 생각했다. 그래서 코치는 그 선수가 훈련의 마지막 시간인 연습경기를 실시하기 전에, 그 선수를 제외하고 팀을 나누었다. 이 메시지는 그 선수에게는 불쾌하지만 다른 팀원들에게는 확실하게 각인된다. "경기에 뛰는 것은 권리가 아니다. 만약 네가 경기에 뛰고 싶다면, 다른 팀원이 훈련하는 것과 똑같이 해야 하며, 코치의 지시사항을 모두 다 시행해야 한다"라는 것을 알려주는 것이다. 제거 처벌은 코치에게 제일 효율적인 전략이다.

▶ 인지적 교정 전략

다음에 우리는 쉽지만 효율적인 인지적 교정 전략을 알아 볼 것이다. 인지적 교정 전략은 선수들의 인지 능력을 토대로 하여 교정하는 것이기 때문에 매력적이다. 사회 인지 이론의 모델링 이론을 토대로 교정 전략을 살펴보자.

▶ 부적 모델을 제거한다.

제 5장에서 배웠듯이, 모델링이란 다른 사람이 행동한 것을 모방하고, 그 모방을 통해 그 행동을 자신의 것으로 만드는 것이다. 팀의 주장이 중요한 이유가 다른 선수들에게도 좋은 모델링 역할을 할 수도 있기 때문이다. 이런 상황에서 주장들은 예방 전략으로도 사용될 수 있으며, 모방을 통해 좋은 행동과 태도를 유발하고 부적절한 태도와 행동은 예방하는 것이다. 하지만 코치가 주장을 선택할 시에 부적절한 행동과 태도를 수시로 보이는 선수를 선택했다면, 다른 선수들도 그 행동과 태도를 모방할 수 있다는 것을 알고 있어야 한다. 이런 상황에서 코치는 부적 모델을 제거해야 한다. 즉, 새로운 주장을 선택하여야 한다. 부적절한 모델을 제거하는 것은 교정 전략에도 포함된다.

▶ 억제 효과를 사용한다.

억제 효과 inhibitory effect 는 어떤 한 모델이 부적절한 행동으로 처벌당하는 것을 본 다른 사람들이 그 행동과 태도를 억제하는 것이고, 탈억제 효과는 어떤 한 모델이 올바른 행동으로 보상을 받거나 칭찬 받는 모습을 본 다른 사람들이 그 행동과 태도를 재현하려고 하는 것이다. 교정 전략으로서 코치는 존경을 받고 있는 선수나 주장을 모델로 사용하여, 그 선수가 부적절한 행동을 했을 시에, 다른 선수들이 볼 수 있도록 처벌하여, 그 행동과 태도를 다른 선수들이 하지 못하도록 억압할 수 있다. 예를 들어 선수들이 연습시간에 습관적으로 늦는 것을 고치고 싶어 한다고 가정하자. 어느 날 하루는 주장이 연습에 늦었고, 코치는 선수들이 보는 앞에서 팀의 규정과 규칙을 어겼으니 공개적으로 처벌하는 모습을 보여준다. 팀의 규정과 규칙에 훈련 시간에 늦는다면, 그날 연습경기에 참가하지 못하는 법이 있다. 그래서 주장을 연습경기에 빠지게 하며, 연습이 끝난 뒤에 주장한테 가서, 주장은 다른 선수들의 모델이며, 다른 선수들은 너의 행동과 태도를 모방해서 처벌 했다는 것을 설명해 준다. 그리고 더 나아가, 팀 차원에서도 우승하는 프로그램이 되기 위해서 규칙과 규율을 따르는 것이 마땅하며, 코치로서도 기대치가 크다는 것을 각인시켜 주는 것이 좋다.

▶ 유도 효과를 기억한다.

유도 효과 eliciting effect 는 모델을 바라보는 관찰자가 그 행동과 태도와 관련되어 있는 것을 시행하려고 하는 것이다. 이 효과는 부적절한 행동과 태도, 그리고 올바른 행동과 태도에 둘 다 적용된다. 그렇기 때문에 이 효과는 예방 전략으로도 쓰일 수 있으며, 교정 전략으로도 사용될 수 있다. 예를 들어 한 선수가 자기보다 어린 선수를 집에 데려다 주면서 친해졌다고 가정해 보자. 다음 날 다른 선수도 자신보다 어린 선수가 공부의 어려움을 겪고 있어서 무료로 과외를 하기로 결정했다. 물론 그 두 선수가 똑같은 행동과 똑같은 사람을 대상으로 모방한 것은 아니지만, 자신보다 어린 선수들을 도와주었다는 차원에서는 비슷한 행동과 태도를 모방한 것이다. 이 예는 올바른 태도와 행동을 유도한 효과이다. 이제는 어떤 한 선수가 코치 뒤에서 뒷담화 하면서 다른 선수들이 그것을 재미있어 하고, 웃기게 생각하며, 팀 내에서 그 선수가 굉장히 재미있다는 선수로 각인되었다. 그 다음날 다른 선수가 자신의 팀원 한 명을 골라서 놀리고, 또 다른 날에는 다른 팀의 선수를 조롱하기 시작했다. 이 예는 부적절한 행동과 태도를 유발한 예다. 코치는 지도자로서 부적절한 행동과 태도 그 자체뿐만이 아니라, 그 모델 즉, 원인까지 파악하여 제거해야지 만이 이 행동과 태도를 교정할 수 있다.

코치, 부모, 심판, 그리고 선수들은 모두 다 모델이 될 수 있고, 모방되고 모방할 수도 있다. 우리와 선수들이 어떻게 행동하는지는 어떤 자극과 모델을 보는지에 달라지며, 그 자극과 모델은 훈련 프로그램의 질을 높이거나 감소시키는 것에 많은 영향을 미치고 있다.

나는 수많은 스포츠의 팀과 프로그램을 바라보며, 그 스포츠에서 위대한 훈련 프로그램을 만들 수 있는 잠재력을 모두 갖추었지만, 올바른 리더와 모델이 없었던 이유로 실패하는 것을 수 없이 목격했다. 코치로서 올바른 리더와 모델이 되어야 하며, 선수들의 리더와 모델을 선택해야 할 의무가 있다. 올바른 행동과 태도를 유발하고 다른 선수들이 모방할 수 있도록 코치는 훈련 프로그램을 위해 최선을 다해야 한다.

▶ 3개의 R

Webster(1968)는 훈육의 좋은 3가지 요소를 <u>3개의 R</u>이라고 표현했다. 그 3가지는 이성 Reason, 존중 Respect, 타당성 Relevance 이다. 첫 번째로, 처벌을 시행할 시에, 그 처벌은 코치가 처벌 그 자체를 **이성적으로** 판단하여 시행하고, 처벌을 받는 선수와 학생도 이 처벌이 도리에 어긋나지 않고, 정당하다는 것을 인지하고 있어야 한다. 다시 말해, 어떤 선수가 만약 작은 실수를 저질렀으면, 그것에 대한 처벌이 너무 강하거나 도가 지나쳐서는 안 된다. 두 번째는 처벌을 시행할 시에, 처벌을 받는 사람을 **존중해** 줘야 한다. 코치는 선수의 부적절한 행동과 태도를 봤을 때 화가 나는 것은 당연하다. 하지만 화가 났다고 해서 그 사람의 인격을 모역하는 행동이나 인간적으로 존중하지 않는 행동을 해서는 안 된다. 세 번째, 부적절한 행동과 태도에 대한 처벌은 **타당해야** 한다. 예를 들어, 코치는 그 선수가 연습 도중에 했던 행동에 화가 나 있는데, 연습이 끝날 때까지 참다가, 처벌을 시행하는데, 그 행동과 태도에는 아무 연관성이 없는 것을 피해야 한다.

3개의 R 전략은 인지적 교정 전략에 포함되는데, 그 이유는 이 전략이 타당성과 이성을 사용하여, 인지적으로 많이 시행되기 때문이다. 3개의 R을 시행할 시, 코치는 선수의 행동과 태도를 객관적으로 평가하고, 처벌도 올바른 강도와 타당성이 있는지 이성적으로 생각하여 시행하고, 처벌과 행동에 대한 연관성이 있는지도 인지하고 있어야 한다. 이와 함께, 처벌을 받는 선수들도, 인지적으로 이 처벌이 이성적이고, 자신을 존중하고 있다는 것을 느끼게 하며, 타당성이 높다는 것을 알고 있어야 한다.

좋은 처벌을 논의할 때, Webster(1968)는 8가지 비독제적인 non-autocratic 교실의 요소를 제시했다. 이 요소들은 교실에서 체육관과 스포츠 현상에서도 쉽게 쓰일 수 있으며, Webster가 제시한 요소들이 놀랍고 새로운 것은 아니지만, 코치가 일상적으로 자신의 하루를 살아 갈 때, 자신의 연습환경에서 올바른 선택을 할 수 있도록, 처벌할 때에도 올바른 방법으로 시행할 수 있도록, 큰 도움을 주고 있다.

- 코치는 모든 선수들이 팀의 규칙과 규율을 이해시켜야 하며, 선수들이 왜 존재하는지 확실하게 각인시켜야 한다.
- 처음으로 규칙과 규율을 어긴다면, 경고를 주고, 그 선수와 대화를 나누어서 올바른 행동과 태도를 나눌 수 있도록 도와주며, 더 나아가 계속 규칙과 규율을 어길 시에, 어떤 일이

일어날 것인지 확실하게 가르쳐줘야 한다.
- 코치는 부적절한 행동과 태도의 원인을 찾기 위해 항상 노력해야 한다.
- 코치는 항상 선수들의 부적절한 행동과 태도에 대해 대화할 시, 공개적으로 이야기 하는 것이 아니라, 개인적으로 논의해야 한다.
- 빈정거리거나 조롱하면서 공개적으로 선수들을 비아냥거리면서 창피하게 하는 것은 절대로 하면 안 된다.
- 처벌은 타당해야만 한다. 조그마한 실수에 너무 강도가 큰 처벌을 해서는 안 된다.
- 더 많은 연습을 시키거나, 운동을 처벌과 관련시켜서 시행하지 않도록 한다.

다음 부분에서 우리는 팀의 올바른 규칙과 규율의 예를 살펴 볼 것이다. 규칙과 규율을 정할 때, 선수들의 행동의 4가지 요소를 토대로 만들어야 한다. 그 4가지 요소는 사회적, 학습적, 운동 수행, 그리고 챔피언이다. 규칙과 규율이 운동 수행 쪽으로만 기울어지고, 사회적, 학습적, 그리고 챔피언다운 행동들을 무시한다면, 전인적인 운동선수를 만들기 힘들다. 이런 요소들이 없는 선수들은 자신의 잠재력을 다 발휘하지 못한다. 선수들에게 포괄적인 접근 방식을 사용하여 가르쳐야 한다.

▶ 팀의 규칙과 규율의 예

연습시간에 늦으면 경고다. 3번의 경고가 누적되면, 그 선수는 강등된다.
선수들은 신체적으로 준비되어 있는지에 대한 시험을 통과해야 대회에 참가할 수 있다.
선수들은 기술과 민첩성 시험을 통과해야 대회에 참가할 수 있다.
선수들이 수업에 타당한 이유 없이 빠진다면, 그 주에 있는 경기에 참가할 수 없다.
선수들의 복장이 부적절하다고 판단되면, 훈련장에 입장할 수 없다.
선수들은 한 시즌 안에 3번의 경고를 받을 수 있다. 4번째 경고는 팀에서 퇴출이다.
선수들이 C이하의 학점을 받는다면, 그 학점이 높아 질 때까지, 훈련장에 오는 대신 도서관에서 공부할 것이다.
선수들이 만약 연습을 오지 않는다면, 꼭 그 시간을 보충해야 한다. 그렇지 않으면 그 주에 있는 경기에 참가할 수 없다.
선수들이 코치, 팀원들, 그리고 프로그램에 관련된 모든 사람을 존중하지 않고, 무례하게 행동한다면, 코치와 면담 시간을 가질 것이다.
선수들이 만약 부상으로 인해 연습에 참가하지 못한다면, 팀 주치의를 만나러 가야 한다.
선수들이 코치의 눈을 보지 않다거나, 짜증내고 투덜거리면, 연습 도중에 퇴출당할 것이다.

▶ 논리적인 결과

Dreikurs, Grey, Gunwald와 Pepper(1982)에 의하면, 선수들과 학생들의 행동적 결과는 자연스러운 결과와 논리적인 결과로 구분할 수 있다. 자연스러운 결과natural consequences는 말 그대로, 행동과 태도에 대한 자연스러운 결과다. 예를 들어, 어떤 한 선수가 경기 시간을 놓쳐서 늦게 온다면, 당연히 그 선수는 탈락이다. 하지만 논리적인 결과logical consequences는 계획하고 설계된 결과를 일컫는다. 예를 들어, 어떤 한 선수가 다른 선수의 물건이 탐나서 빼앗는다면, 물건을 훔친 선수가 사과해야 하며, 사회봉사를 하거나, 팀 전체에게 피해를 입혔던 것에 대한 처벌을 받는 것이다.

논리적인 결과는 선수와 코치가 같이 대화하면서, 행동과 태도에 어떻게 대응해야 되는지 논의하며, 같이 이견을 좁혀 하나의 결과에 동의하는 것이다. 주로 이런 논리적인 결과가 많이는 일어나지 않는다. 2번째 예시에서의 자연스러운 결과는 물건을 훔친 선수가 경찰서에 가는 것이다. 하지만 논리적인 결과의 장점은 그 선수의 인지적 수준을 참고하여 처벌을 시행할 수 있다. 또한 선수들에게 처벌과 결과에 대한 선택권을 줌으로서, 인격적으로 존중 받고 있는 느낌이 들게 할 수 있으며, 코치가 독재자처럼 행동하지 않고, 선수들을 항상 생각하고 있는 것을 보여줄 수 있다. 결과적으로 선수들은 코치에게 악의 찬 감정을 품지 않게 할 수 있으며, 논리적인 결과의 큰 장점 중 하나는 결과가 원인에 타당하게 맞추어 줄 수 있는 것이다.

▶ 인본주의 교정 전략

다음 부분에서 소개하는 전략들은 인본주의인데, 그 이유는 선수들의 존엄성, 자율성, 자존심과 선수들의 성장을 고려하기 때문이다. 인간성 자체를 중시하게 여기고 인지하며, 선수들의 자주성과 자율성의 중요성도 고려하는 교정 전략이다. 항상 선수들이 자기 스스로 올바르게 변하는 것은 불가능하기도 하고, 또 어떻게 보면 너무 타산적일 수도 있지만, 이 장의 다른 교정 전략들을 살펴보면, 인본주의적인 향기로 선수들을 교정할 수 있다는 것을 알 수 있을 것이다. 코치가 선수들을 훈육하고 처벌 하면서도 인격적으로 선수들을 존중해 주며, 존엄성과 자존감을 깎아 내리지 않고 부적절한 행동과 태도를 변경시킬 수 있다.

▶ 비지시적 접근 방법

제 8장에서 소개된 비지시적 접근 방법을 기억한다면, 코치는 촉진자 역할을 함으로서, 선수들의 문제와 해결방법을 스스로 찾을 수 있도록 도와주게 하는 것이다. 비지시적 교정 전략을 사용하여, 선수들의 부적절한 행동과 태도가 무엇인지 스스로 판단할 수 있게 도와

주며, 선수들이 스스로 결과와 처벌을 선택하여, 자율성 있게 판단하여 해결하는 것이다. 시나리오 5에서 선수 한 명이 연습이 끝난 후, 팀의 장비 하나를 훔치는 것을 목격했다. 비지시적인 접근 방법을 사용하여, 코치는 그 선수와 대화하며, 어떤 처벌이 논리적이고 적절한지에 대해 논의했다. 코치는 그 선수를 선수로서 뿐만 아니라 사람으로서도 존중해 주지만, 만약 사람으로서의 윤리와 도덕을 지키지 않는다면 처벌을 받아야 하는 것이 마땅하다는 것을 이야기 했다. 코치는 그 선수의 말에 경청하고 피드백을 주며, 비지시적 접근 방법을 상기시키며 대화했다. 결과적으로 그 선수는 처벌에 대한 결과에 동의하며, 그렇게 시행하도록 했다.

5 시나리오

코치가 아끼고, 착하다고 생각하는 선수가 바보 같은 일을 저질러 버렸다. 코치는 물건을 훔친 선수의 가족, 부모님, 그리고 그 선수를 너무나도 잘 알기에 어려울 때 다른 아이들이 많이 겪고 있는 단계라는 것을 누구보다 잘 안다. 코치는 그 사건을 공개적으로 발표하는 대신에 이 상황이 그 선수에게 좋은 경험이 될 것이라는 것을 알고 있으며, 인간으로서 성장할 수 있는 기회와 통찰력과 지혜를 얻을 수 있는 기회라는 것을 알고 있다. 코치가 그 선수가 스스로 처벌을 결정하도록 논의하며, 범죄의 강도와 처벌의 강도가 일치할 수 있게 도와준다.

비지시적인 전략은 많은 코치들에게 순진하거나 고지식하게 보일 수 있다. 특히 코치가 독재적이야 한다는 철학을 가진 코치들에게는 선수들의 생각과 의견은 중요하지 않다고 생각할 수 있지만 비지시적인 전략은 효율적이고 쉽게 시행할 수 있다. 많은 코치들이 선수들이 스스로 얼마나 많은 상황을 올바르게 판단하고 결정할 수 있는지에 대해 놀랄 것이다. 결과와 처벌을 결정하는 것뿐만 아니라 비지시적인 접근 방법은 개인적인 성장에 도움을 주며, 자신의 행동에 대한 책임을 지게 해주며, 자기 자신이 스스로 판단하고 결정하는 동시에, 결과와 처벌을 선택하여 통찰력과 지혜를 쌓게 해 줄 수 있다.

▶ 추론

추론 reasoning 이란 선수들에게 부적절한 행동과 태도에 대해서 논리적인 설명과 추리로 올바른 행동과 태도를 유발하게 하는 것이다. 예를 들어 선수들 중 한 명은 습관적으로 코치가 피드백을 줄 때 마다 말대꾸를 하든지, 코치의 이야기를 끊어버리는 경향이 있다. 코치는 이 상황을 몇 가지 방법으로 해결할 수 있는데, 그 선수를 꾸짖거나, 그 선수가 조용히 있을 때 그 행동과 태도를 강화하거나, 다른 선수들이 모범적인 행동을 했을 때,

그 행동을 칭찬하여 강화할 수도 있고, 조용히 그 선수의 이야기를 경청하는 것도 좋다. 하지만 이 방법들 중 제일 쉬운 것은 추론이다. 그 선수와 1대1로 앉아서 개인적으로 대화하고, 왜 코치가 지금 이야기하고 있는 것이 중요한지 각인시켜주는 것이 중요하다. 그 선수가 연습과 훈련 때, 코치가 피드백을 줄 때, 말을 끊는다면, 조용히 듣고 있는 선수들에게도 불공평하고, 만약 그 선수가 할 이야기가 있다면, 연습이 끝나고 개인적으로 대화하고 싶다면 코치 사무실 문은 항상 열려있다는 것을 이야기해주는 것이 좋다. 추론은 많은 교정 전략 중 제일 매력적인 이유가 몇 가지 있는데, 그 이유들은 다음과 같다.

추론은 처벌의 부정적인 부분을 제거하면서도 효율적인 교정 전략이 된다. Walters와 Grusec(1977)의 연구에 의하면, 어린 아이들을 추론의 방법을 사용하여 다른 사람들을 배려하는 마음이 왜 중요한지 각인시킨다면, 공감하는 능력을 키울 수 있을 뿐 아니라, 굉장히 효율적인 교정 전략이라고 제시했다.

추론은 선수들의 인간애를 키울 수 있고, 인지적-지적인 능력도 같이 키워 줄 수 있다. 더 나아가 추론을 사용하는 코치들은 선수들과 높은 차원에서 교감할 수 있으며, 처벌과 칭찬을 통한 지배자와 피지배자의 관계가 아니라, 같은 인간으로서 동등한 관계를 맺을 수 있도록 도와준다.

추론은 선수들이 올바른 행동과 태도를 모방할 수 있도록 도와준다. 선수들에게 사회 학습 방법을 사용하여 미래에도, 문제를 이론적으로 이성적으로 추론하여 해결할 수 있도록 도와준다.

추론은 처벌하는 방법과 달리, 코치가 더 올바르고 더 적절한 행동과 태도를 유발하고 모방할 수 있도록 도와준다. 코치가 다른 선수들과 추론할 때, 코치로서 왜 더 적절한 행동과 태도가 중요한지에 대해 대화할 수 있으며, 그 올바른 행동과 태도가 필요한지에 대해서도 설득할 수 있다.

추론은 코치에게 코치-선수 관계를 더욱 더 돈독하게 해 줄 수 있다. 코치와 선수가 같이 앉아서, 이론적으로 논의하는 것이 감정적으로 불꽃 튀기는 대화보다 서로에게 훨씬 더 좋은 결과를 얻게 해 줄 수 있다. 그것뿐만 아니라, 코치와 선수가 서로를 이해하고 경청하면서, 인간적인 면에서도 더욱 더 깊은 관계를 가질 수 있게 해 줄 수 있으며, 서로를 존중하고 신뢰할 수 있도록 도와준다. 이런 이유들 때문에 추론은 효율적인 인본주의 교정 전략이라고 말할 수 있다.

▶ 4가지 F

또 다른 인본주의 교정 전략은 <u>4가지 F</u>를 사용하는 것이다. 그 4가지 F는 견고함 Firm, 공평함 Fair, 친밀감 Friendly, 관대함 Forgiving 이다. Webster의 비지배적인 질서의 원리 principles of nonautocratic order 들을 살펴보면, 4가지 F들은 직설적이고, 단순하고, 또 어떻게 보면 당연하기도 하다. 하지만 이렇게 당연하고 쉬운 전략들을 살펴보면 코치들이 봤을 때, 선수들을 처벌하고 훈육하는데 그렇게 큰 도움이 될지 의문이 드는 것을 당연하다.

코치가 처벌을 꼭 사용해야 한다면, 절대적으로 **견고**해야 한다. 코치가 자신의 선택에 우물쭈물 거리고, 확실하지 않고, 자신감도 없으면, 그 선수들은 코치를 리더로 생각하지 못한다. 하지만 그 처벌도 **공평**해야 하며, Webster가 권고하듯이 처벌은 항상 타당해야 한다. 그리고 **친밀감**을 잊어서는 안 된다. 코치가 그 선수의 행동과 태도가 마음에 들지 않지만, 그 선수 자체를 미워하거나 싫어해서는 안 된다. 죄는 미워하되, 죄인은 사랑한다. "너도 아프듯이, 나도 아프다"라는 이야기는 선수들에게 코치가 그 선수들을 항상 마음에 두고 있지만, 코치가 처벌하는 이유는 훈련 프로그램을 잘 되기 위한 것이라는 것을 알려준다. 마지막으로, 처벌을 시행한 뒤 **관대**하고 용서해야 한다. 상황이 끝나고 처벌을 시행하고 나서도 계속 그 행동과 태도에 대해 이야기하지 말아야 한다. 과거에 있었던 문제는 잊어버리고, 미래에 집중해야 되는 것을 코치와 선수가 둘 다 기억하고 있어야 한다. 서로 존중하고 똑같은 목표를 향해서 나아가도록 해야 한다.

▶ 칭찬은 공개적으로 훈육은 개인적으로 한다.

이 말처럼 쉽지만 꼭 기억해야 하는 명언도 없다. 많은 선수들은 칭찬을 좋아하고, 다른 선수들 앞에서, 자신이 소중하다고 생각하는 사람들 앞에서 공개적으로 칭찬 받는 것을 좋아한다. 그리고 그 똑같은 선수들은 당연히 공개적으로 훈육을 받거나, 처벌당하고, 비난 받는 것을 싫어할 수밖에 없다. 예를 들어 공개적으로 훈육하거나 처벌하는 게 다른 선수들에게 그 행동과 태도를 모방하지 않도록 강화하는 것이 필요할 수도 있지만, 코치가 그 선수들을 존중하고 인격적으로 모욕을 주기 싫다면 공개적으로 처벌하는 것은 지혜롭지 않다. 코치가 그 선수들을 조용히 불러 개인적으로 처벌하고 공개적으로 훈육하지 않는다면, 선수들은 코치를 더 존중할 것이며, 그 선수들의 인격을 모욕하지 않도록 존중했기 때문에, 그 행동을 감사하게 느낄 것이다. 코치는 그 선수들의 자존감, 자존심, 그리고 감정에 집중하고 항상 그것을 생각하고 있어야 한다.

인본주의 관점에서 바라본다면, 공개적으로 칭찬하고 개인적으로 처벌하는 것은 선수들의 인격을 존중하고 존엄을 지켜주는 것이다. 하지만, 이 규칙을 따르는 것이 쉽지만은 않다. 예를 들어 선수들 중 한 명이, 코치를 분노하게 만들었다고 가정해 보자. 그 코치는 힘든 일주일을 보냈고, 시즌은 힘하고 길었다. 당연히 충동적으로 행동한다면, 그 선수에게 화를 내는 것이 마땅하다. 이런 상황을 경험해 본 적이 있는가? 나는 그런 적이 많다. 코치의 인내심은 한계에 다 달았고, 그 선수를 제일 안 좋아할 수도 있고, 이번 대회의 성적이 만족스럽지 않아서 많은 부담감을 겪고 있을 수도 있다. 그 선수에게 화를 내는 것이 제일 쉬울 수도 있지만, 코치가 자신의 감정을 통제할 수 있다면, 공개적으로 칭찬하고 개인적으로 처벌하는 규칙을 만드는 것이 좋다. 선수의 인격과 존엄을 존중해 주고, 연습이 끝나고 나서 이야기할 수 있도록 기다리는 것이 좋다.

다음 목록은 행동주의, 인지주의, 인본주의 교정 전략들을 한 눈에 보일 수 있도록 정리해 보았다.

교정 전략

행동주의 교정 전략
- 올바른 행동을 유발할 것
- 부적 강화
- 소거
- 공개적 처벌(징계)
- 운동을 처벌과 관련시키지 말 것
- 좋아하는 것을 제거하는 처벌(불이익)

인지주의 교정 전략
- 부적 모델 제거
- 억제 효과 사용
- 유발 효과 사용
- 3개의 R
- 논리적인 결과

인본주의 교정 전략
- 비지시적인 접근 방법
- 추론
- 4가지 F
- 공개적 칭찬, 개인적 처벌

▷ 구속된 선수

"괴물 같은 선수 bucking bronco; 날뛰는 야생마"처럼 쓰이는 은유적인 표현은 코치에게 큰 해를 입히는 선수들을 일컫는 것이 아니다. 사실 이 은유적인 표현은 이와는 완전 다르다. 코치라는 직업이 매력적이고 흥분되는 이유는 선수들의 넘치는 에너지와 열정, 그리고 스포츠에 대한 사랑을 연습 환경에 가지고 오기 때문이다. 하지만 선수들이 어리면 어릴수록, 그 열정과 에너지, 그리고 넘치는 사랑은 때로는 구속되어야 하며, 강도가 높은 감정들을 통제하여 올바른 방향으로 지도할 수 있도록 이끌어 줘야 한다. 그렇게 하지 못한다면, 대혼란은 피할 수 없게 되어 버린다.

다양한 수준과 나이를 가진 선수들로 이루어진 팀의 코치가 되었을 때, 원칙 있는 코치가 되어야 한다. 사실 많은 문제들은 수준과 나이와 상관없이 발생하며, 코치가 원하는 훈련 프로그램을 만들고 이끌어가려고 한다면, 많은 시간을 가르치는 데에 사용하고, 훈육하는 시간을 줄이는 연습환경과 프로그램을 성립하고 싶다면, 이 장에서 배웠던 전략들을 잊어버리지 말고, 적용시킬 줄 알아야 한다.

▷ 원칙적인 코치

선수들을 관리하고 훈육할 때, 코치는 팀의 규칙과 규율을 따르고 시행하며, 올바른 행동과 태도를 유발하는 책임을 가지고 있다. 물론 선수들이 연습환경과 규칙과 규율에 대해 의견을 제시하게 하는 것이 맞지만, 결국 책임을 지는 사람은 코치지 선수들이 아니다. 원칙적인 코치는 행동주의, 인지주의, 인본주의 이론들을 이해하고 있으며, 이 이론들을 올바르게 적용시켜 부적절한 행동과 태도를 예방하고, 교정 전략을 사용하여 선수들의 행동과 태도를 통제할 수 있어야 한다. 원칙적인 코치는 처벌을 언제 어떻게 시행해야 할 줄 알며, 처벌의 부정적인 결과와 경고들도 이해하고 있어야 한다. 더 중요한 건, 원칙적인 코치는 예방하는 것이 교정하는 것보다 훨씬 쉽다는 것도 알고 있어야 한다.

코치의 도구상자

코치의 도구상자에 꼭 추가해야 할 사항이 있다. 코치가 가만히 앉아서 모든 것이 해결될 것이라는 믿음을 가지는 대신에, 내가 처음 교생 실습을 나갔을 때처럼 행동하기 전에 코치는 행동주의, 인지주의, 인본주의 이론들을 이해하고 있어야 하며, 이 이론들을 올바르게 적용시켜 아이들을 올바른 방향으로 이끌어 갈 수 있는 준비가 되어 있어야 한다. 이 전략들은 부적절한 행동과 태도를 예방 하는 것에 집중하고, 사회적으로, 학습적으로, 운동적으로, 항상 성공할 수 있는 행동과 태도를 유지할 수 있도록 도와준다.

앞서 말했던 "침착한 팀"의 상황 이해를 중요시 여겼던 코치들을 보며, 코치가 연습의 흐름을 통제하는 것이지, 흐름에 반응하고 대응하는 것이 아니라는 것을 알고 있어야 한다. 성공적인 코치들은 문제들을 처음에 파악하고 해결한다. 성공한 코치들은 문제가 눈덩이처럼 쌓여서 감당하기 힘들기 전에 제거해 버린다. 일부 코치들은 처벌하는 것을 선호하는데, 때로는 처벌 하지 않으면 안 되는 상황이 올 수도 있다. 이런 상황에서 코치들은 침착하게 행동한다. 성공한 코치들은 처벌을 시행할 때에, 우리가 배웠던 요소들을 토대로 하여, 처벌을 당하는 선수의 인격과 존엄을 존중할 줄 안다. 이 코치들은 인지주의, 인본주의 교정 전략들을 적용하여, 논리적으로, 타당하게, 공평하게, 친근하게, 행동할 줄 안다. 그들은 상황이 끝나고 나서 원한을 품지 않으며, 모든 사람들이 실수할 수 있다는 것을 알고 있다.

과학적이며 예술적인 코치

팀을 관리하고 훈육하고 통제하는 것은 결코 쉬운 일이 아니며, 과학과 예술의 장단점을 이해하고 현실에서 적용할 수 있어야 한다. 코치로서 우리는 부적절한 행동과 태도를 예방하고, 교정 전략들을 통해 원하는 결과를 얻기 위해 구속하고 통제해야 하지만, 선수들의 사기를 죽여서는 안 된다. 다시 말해 우리는 힘이 넘치고, 훌륭한 야생마들을 원하지만, 그 야생마들을 길 들여서, 우리가 원하는 방향으로 이끌어 나가는 것이다. 이 도전은 예측할 수 없는 상황들과 각각의 개성이 다른 선수들을 얼마나 잘 통제할 수 있는 것에 달려있다.

코치의 예술적인 면을 보자면, 누가, 어떻게, 언제, 어디서, 그리고 왜란 요소들을 그 상황에 올바르게 판단하여, 올바른 예방 전략과 교정 전략을 적용하는 것이다. 어떤 선수들은 처벌을 쉽게 받아들일 수 있지만, 어떤 선수들은 그렇지 않다. 만약 코치가 선수들의 성격과 특징을 올바르게 판단하지 못한다면, 그 선수들은 정서적으로 무너질 수 있다. 코치로서 나는 올바른 행동과 태도를 무시한 적이 많다. 왜냐하면 그 행동과 태도들은 당연한 것이기 때문에, 그것에 집중할 필요가 없다고 느끼기 때문이다. 또 어떤 때는 작은 문제들도 무시한 적이 많다. 그 작은 문제들이 나중에 그렇게 큰 문제가 되지 않을 것이라고 믿었기 때문이다. 하지만 우리는 이렇게 좋은 행동과 태도는 칭찬하고 강화시켜야 하며, 작은 문제들도 빨리 해결하여 큰 문제가 되기 전에 처리하는 코치가 되어야 한다.

코치의 과학적인 면은 선수들을 이해하고, 존중하고, 연구에서 나왔던 결과들을 토대로 예방 전략과 교정 전략들을 적용하는 것이다. 수많은 학습 이론들과 다른 연구들에서 제시했던 결과를 바탕으로 하여, 팀과 훈련 프로그램을 관리하고 통제할 줄 알아야 하며, 올바르게 처벌할 수 있도록 노력해야 한다. 결과적으로 코치의 선택들은 올바른 이론들과 연구 결과들을 바탕으로 하여 과학적인 코치가 될 수 있어야 하며, 어디서 주워들었던 이야기나 코치의 습관이나 미신에 기대지 않도록 노력해야 한다.

코치가 이 3가지를 기억한다면

1. **예방 전략이 올바른 행동과 태도를 유발하기 위해서 1순위라는 것을 기억한다.** 이 말은 연습 첫 날에, 시즌이 시작되기 전에, 규칙과 규율을 성립하고, 선수들에게 각인시킨 다음, 그 규칙과 규율을 그대로 시행하는 것이다. 또 이 말은 시간과 노력을 투자하여, 연습의 흐름이 원활하게 유지되어 선수들의 집중력을 높이게 하는 것이다. 많은 코치들이 예방 전략을 무시하거나, 중요하게 여기지 않아서 시간과 노력을 투자하지 않는다. 그 코치들은 선수들을 믿고, 연습의 흐름이 스스로 원활하게 진행될 것이라고 믿고 있는데, 이것보다 더 큰 실수는 없다. 게으름 때문에 그 코치들은 시즌 동안 뿌린 대로 거둔다. 한 시즌 동안 내내 선수들의 부적절한 행동과 태도를 교정하려고 시간을 낭비하고 무언가를 가르치는 시간은 줄어든다. 코치는 현명해야 한다. 처음부터 단단한 기반을 성립하여 올바른 행동과 태도를 유발하고, 원활한 연습의 흐름을 유지할 수 있도록 노력한다.

2. **유머가 얼마나 중요한지 기억하고 있어야 한다.** 유머처럼 코치와 선수관계를 유쾌하고 효율적으로 돈독하게 만들며, 올바른 학습 환경을 제공할 수 있는 방법은 없다. 선수들에게 코치가 선수들을 배려하고 있고, 선수로뿐만 아니라, 인간적인 면에서도 바라봤을 때, 선수들이 성장하는 모습에 기뻐하며, 신뢰와 서로의 존중을 쌓고, 올바른 행동과 태도 또한 유발할 수 있다. 코치가 선수들을 배려하지 않는다면, 코치 말고 다른 직업을 찾는 것이 좋다. 유머는 선수와 지도자에게 스포츠와 경쟁은 재미있다는 것을 다시 상기시켜준다. 유머는 뜨겁고 심한 격론이나 언쟁을 식혀줄 수 있으며, 다른 사람의 입장에서 똑같은 상황을 볼 수 있게 도와주며, 긍정적인 학습 환경과 대회의 부담감을 덜어 줄 수 있다. 당연히 유머를 사용할 시간과 장소를 구분하는 것은 중요하다. 어떤 유머가 어떤 상황에서 적절한가를 파악하는 것도 중요하다. 비꼬며 빈정대는 것도 유머의 한 종류이지만 선수들을 향한 비아냥거림은 삼가 하는 것이 좋다.

3. **처벌을 꼭 사용해야 한다면, 그 선수의 인격과 존엄을 존중해 주도록 하며, 코치와 선수 관계가 흩으러 지지 않도록 노력해야 한다.** 말로는 쉽지만, 이것을 행동으로 옮기기엔 무척 어렵다. 하지만 지금까지 배운 방법들을 상기시키며 처벌을 시행하고 교정 전략을 사용한다면, 불가능하지는 않다. 코치가 원하든 원하지 않던, 선수들을 관리하고 통제하는 것은 코치의 책임이다. 그렇기 때문에 코치는 처벌을 어떻게 시행할 것인지에 대해 항상 준비되어 있어야 한다. 처벌을 지혜롭게, 그리고 이성적으로 시행한다면 그 처벌을 받는 선수와 팀에 속해 있는 모든 선수들도 코치를 존중할 것이며, 더 나아가 선수들의 행동과 태도를 더욱 쉽게 관리하고 통제할 수 있으며, 추론적이고, 논리적이고, 공평하고, 관대하며, 존중하는 선수와 코치가 될 수 있다.

추천 도서

Nater, S. & Gallimore, R. (2010). *You haven't taught until they have learned: John Wooden's teaching principles and practices.* Morgantown, WV: Fitness Information Technology.

Rich, M. (writer) (2000). *Finding Forrester* [Columbia Pictures].

CHAPTER 11 철학적인 코치
지혜의 적용

주요용어

- 이타주의(altruism)
- 코칭 철학(coaching philosophy)
- 구체적인 화용론(concrete pragmatics)
- 변증법적 사고방식(dialectical thinking)
- 이원론(dualism)
- 종료 가치관(end values)
- 윤리(ethics)
- 포괄적인 윤리(holistic ethic; holism)
- 자기성찰(introspection)
- 의미 있는 가치(means values)
- 도덕적으로 굳은살(moral calluses)
- 도덕적 나침반(moral compass)
- 자연스러운 인연(natural ties)
- 교육학(pedagogy)
- 동료 협동 팀(peer resource team)
- 성격적인 부분(personality traits)
- 철학적인 코치(philosophical coach)
- 다원주의(pluralism)
- 후기 형식적 사고(postformal thought)
- 만족감(satisfactoriness)
- 과학적인 물질주의(scientific materialism)
- 안정성(stability)
- 투명성(transparency)
- 가치관(values)
- 지혜로운 코치(wise coach)

Marcus는 어리고, 정열적이며, 유망한 코치였다. 어떤 팀을 맡더라도 성공을 쉽게 이루었다. Marcus의 성공적인 경력 때문에 팀을 옮길 때마다 항상 더 높은 곳으로 올라가고 있었다. 그때까지 Marcus의 미래는 밝았고 전망도 화려했으며, 점점 인정받는 코치가 되고 있었다. Marcus는 그 누구보다도 더 열심히 일했다. 자기 자신도 한때는 선수로서 큰 성공을 이루지는 못했지만, 선수경험과 코치경험을 통해 스포츠에 대한 지식도 많이 쌓았고, 선수 때 보다 코치로 더 유명해지고 있었다. 하지만 그에게 수많은 직업 중 왜 코치를 택했냐고 물어보면 쉽게 답할 수 없었으며, 어떤 철학을 가지고 선수들을 지도하냐고 물어봐도 명확히 답변하지 못했다.

결국, 시간이 지나 Marcus는 코치직을 그만둘 수밖에 없었다. 그 이유는 자신이 지도했던 2명의 후보 선수들이 미성년자였음에도 불구하고 술을 마셔서 경찰에 입건됐기 때문이다. 이 선수들은 팀의 규칙과 규율을 어겼고, 그 선수들은 아직 술을 마실 수 있는 나이가 아니었기 때문에 법까지 어겼던 것이다. 술은 예전에도 큰 문제가 되었기 때문에 Marcus는 선수들을 지도하기 앞서 팀 규칙과 규율에 "술을 마신 선수는 팀에서 퇴출당한다."는 조항을 만들었다. Marcus는 당연히 법을 어긴 선수들을 퇴출시켰으나, 3주 뒤 챔피언 결정전이 열리기 일주일 전에 이번엔 팀의 에이스가 술을 마시고 경찰에 입건됐다. 이 상황에서 Marcus는 그 선수를 처벌하기로 결정했으나, 팀의 에이스이기 때문에 팀에서 퇴출시키지는 않았다. 결국 에이스 선수의 활약으로 우승하게 되었다.

    우승의 희열이 가라 안고 나서는 Marcus는 코치직을 더 이상 수행할 수 없었다. 지금까지 공들여 쌓아 올렸던 탑은 술을 마셔, 팀의 규칙과 규율을 어김에도 불구하고, 에이스 선수를 퇴출하지 않았던 코치의 선택으로 인해 무너져 버렸던 것이다. 그리고 이 사건뿐만이 아니라 비슷한 상황에서도 Marcus 코치는 비슷하게 행동했다. 결국 이로 인해 다른 팀 코치들과 선수들에게 Marcus는 신뢰를 잃고 있었고 불만과 증오는 쌓여만 갔으며, 그 누구도 행복하지 않았다. Marcus는 훈련 프로그램을 바로잡기 위해 열정과 끈기, 그리고 노력 하나로 여기까지 왔던 것을 상기시키며 최선을 다 했지만, 그 노력들은 이제 아무 효과가 없었다. Marcus는 큰 성공을 이루지는 못했지만, 그럭저럭 우승하고 나쁘지 않은 결과를 이루었으나, 한쪽 타이어의 공기가 빠진 자동차처럼 멀리 가지는 못했다. 결국 뿌리가 깊지 않았던 Marcus의 철학과 훈련 프로그램에 대한 견고함, 그리고 코칭 철학을 정의하지 못했던 부족함이 성공으로 이끌지 못했던 것이다.

    성공이란 지식과 전략으로만 이루어지는 것이 아니다. 연습 때 코치들은 교실에 있는 교사들처럼 수많은 선택을 해야만 한다. 어떤 선택을 하느냐에 따라 코치는 연습의 분위기와 흐름, 팀의 도덕성, 선수들의 자세, 코치와 선수의 관계 등을 좌우한다. 그리고 이 요소들은 훈련 프로그램이 얼마나 성공하고 더 나아가 얼마나 더 높은 단계로 올라갈 수 있는지에 영향을 미치기 때문에 이런 작은 선택들은 쌓이고 쌓여서 훈련 프로그램의 성공여부를 결정한다.

    이 장은 **철학적인 코치** philosophical coach 에 대한 이야기이다. 여기서 우리는 코칭 철학을 성립하고 그 철학을 코칭하는데 적용시키는 방법을 알아볼 것이고 코치가 어느 선택의 길에 직면하게 될 때, 올바른 선택을 할 수 있도록 도와줄 것이다. 또한 이 장은 지혜로운 코치가 되도록 도와줄 것이며, 항상 올바른 판단과 선택을 하여 선수들에게 존경 받고 충성할 만한 코치가 될 수 있도록 해 줄 것이다. 더 나아가 훈련 프로그램을 성공적으로 만들어 줄 것이며, 더욱 멀리, 더욱 높은 장애물을 넘을 수 있도록 도와줄 것이다.

개요

    이 장은 코칭 철학을 성립할 수 있도록 도와주기 위해 몇 가지 고려할 사항들을 먼저 알아볼 것이다. 그 이후 도덕적인 요소를 알아보며, 어떤 요소들이 코칭 철학과 어울리고, 더 나아가 올바른 가치관이 성립될 수 있도록 도와줄 것이다. 이 장은 스포츠에 어떤 도덕과 가치관을 고려해야 되는지 알아보며, 그 철학을 적용시키는 방법으로 마무리 짓는다.

▷ 철학적인 코치가 되기 위해 고려해야 할 요소

예술적인 코치 면에서 보자면, 코치가 성공하기 위해 자신만의 철학을 성립하는 것이 제일 중요하다. 신중하게 생각하고 오랫동안 공을 들여서 만든 철학은 항상 올바른 선택을 할 수 있도록 도와주며, 개인적인 차원에서의 도덕성과 어떤 가치관이 우선해야 되는지, 그리고 선수들의 존경과 충성을 받을 수 있도록 도와준다. 물리학, 훈련의 주기화 전략, 그리고 다른 실용적인 기술들도 물론 중요하고 필요하지만, 성공적인 코치가 되기 위해서는 어떤 가치관을 우선시하고 있는지, 도덕성을 얼마나 중요시 여기는지, 그리고 이런 요소들을 행동으로 옮길 수 있는지에 큰 영향을 끼친다.

▶ 철학적인 코치는 무엇인가?

코치가 되기 위해선 수많은 과목들을 듣고 이수해야 한다. 해부학, 생리학, 운동역학, 운동 학습 등을 이수해야 한다. 이런 과목들은 과학적인 부분에 큰 비중을 두고 있고, 연구 결과와 통제된 실험, 통계, 정확한 측정 등으로 이루어져 있다. 반대로 철학은 이런 과학적인 부분 보다는 인간이 살아가는데 있어 중요한 원리와 삶의 본질을 중시한다. Kretchmar(2005)가 설명했듯이 "철학은 신비롭다, 그 이유는 아무것도 측정하지 않으며, 현미경이나 줄자나 동력계나 시험관이 필요 없기 때문이다." 그리고 Kretchmar은 "과학자들은 통계를 중요시하고 숫자에 큰 비중을 두는 반면에 철학자들은 측정하는 것엔 아예 관심이 없으며, 더 나아가 철학이란 무형의, 즉 실체 없는 만져서 느낄 수 없는 사랑, 신뢰, 희망 같은 인간의 경험들을 토대로 하여 연구하는 것이다." 과학은 효율적인 코치가 되기 위해서 꼭 필요하지만, 예술적인 부분도 무시할 수 없다. 그리고 자신만의 철학을 성립하는 것은 예술적인 코치가 되기 위한 첫 걸음이기도 하다.

철학적인 코치란 개인적인 신조, 지도자의 신념, 그리고 지도자가 사고하고 표현하는 것을 좌우하는 지식을 연습상황에서 행동하는 것뿐만 아니라 일상적인 곳에서 행동하는 것도 일컫는다. 철학은 더 좋은 삶을 살 수 있고, 더 좋은 코치가 될 수 있도록 도와줄 것이다. 코치의 철학은 개인적이며 각각의 코치마다 독특한 철학이 있다. 그렇기 때문에 두 코치가 하나의 똑같은 철학을 가질 수는 없다. 효율적이고 성공적인 코치가 되기 위해서는 그리고 코칭 철학을 성립하기 위해서는 다음에 나오는 중요한 질문들에 명확하게 대답할 수 있어야 한다(예: 왜 나는 코치를 하고 있는가?). 그 누구도 이에 대해 올바른 답이나 틀린 답이라고 말할 수 없다. 결국 자신이 코칭 철학을 성립하는 것이기 때문에 다음과 같은 질문에 명확한 의사를 지니고 있어야 한다.

선수들의 성공을 정의할 수 있는가?

나는 코치를 왜 하고 있는가?

나는 코치로서 선수들에게 어떤 책임을 지니고 있는가?

나는 선수들의 훈련에 어느 정도의 통제력을 가지고 있는가?

나는 선수들을 어떻게 처벌할 것인가?

운동의 목적은 무엇인가?

경쟁의 목적은 무엇인가?

코치의 입장에서, 나의 선수들의 장기적인 목표는 무엇인가?

나의 도덕적인 기준은 무엇인가?

나의 가치관은?

나는 나의 선수들에게 어떤 경험을 주고 싶은가?

나의 선수들에게, 먼 훗날 운동을 그만두고 나면, 어떤 인생의 교훈을 안겨주고 싶은가?

이 질문들에 대한 올바른 답은 없다. 올바른 답은 코치 본인의 답이다. 코치 본인의 답은 코칭 철학에 반영되며, 얼마나 효율적으로 코치할 수 있고, 얼마나 성공적인 코치가 될 수 있는가를 좌우할 수도 있다.

철학적인 코치의 예시는 John Wooden이 1948년도에 만들었던 "성공의 피라미드"를 참고하면 된다(〈그림 11.1〉).

성공의 피라미드를 살펴보면, Wooden은 성공하기 위한 5가지 요소를 정의하는데, 그 5가지는 근면성, 우정, 충성, 협동, 그리고 열정이다. 이런 요소들을 토대로 Wooden은 자신만의 철학을 성립했고, 훈련과 연습에서 지속적으로 적용했다. 그리고 General H. Norman Schwarztkopf는 "리더십이란 전략과 성격의 강력한 조합"이라고 설명했는데, 성공적인 코치가 되려면 어떤 철학적인 요소들이 필요하다고 생각하는가?

Wooden은 성공을 이렇게 정의했다. "성공이란 평화로운 감정인데, 이 감정은 자기 자신에 대한 만족이며, 이 만족은 모든 잠재력을 이끌어낼 수 있도록 최선을 다할 때 우려 나온다고 했다." Wooden의 개인적인 철학은 성공이란 "자기 자신이 최선을 다해서 노력한 것"이라고 한 것이다. 많은 코치들은 성공을 우승으로 얘기한다. 하지만 우리는 성공이란 단어를 어떻게 정의하고 있는가?

▶ 코치에게 철학이 필요한 이유

코치에게는 철학이 꼭 필요하다. 그 이유는 의식적으로나 무의식적으로 선택할 때와 선택한 것에 대한 결과를 책임져야 하기 때문이다. 코치의 철학은 코치 그 자체를 만들며, 더 나아가 코칭 스타일, 훈련 프로그램의 색깔, 자신이 어떤 사람이며, 선수들과의 관계, 얼마나 오랫동안 코치하는 일을 할 것인지, 얼마나 성공적인 코치가 될 것인지, 얼마나 행복할 것인지 등 모든 것에 영향을 끼친다. 자신의 훈련 프로그램을 어떤 방향으로 이끌어 갈 것이며, 어느 정도의 성공을 이룰 것인지도 바꿀 수 있다. 자신의 선수들이 사람으로서, 그리고 운동선수로서 어떤 잠재력을 일깨울 것인지도 바꿀 수 있기 때문에, 코치의 철학은 중요할 뿐만 아니라, 모든 코치에게 꼭 가지고 있어야 할 필수사항이다.

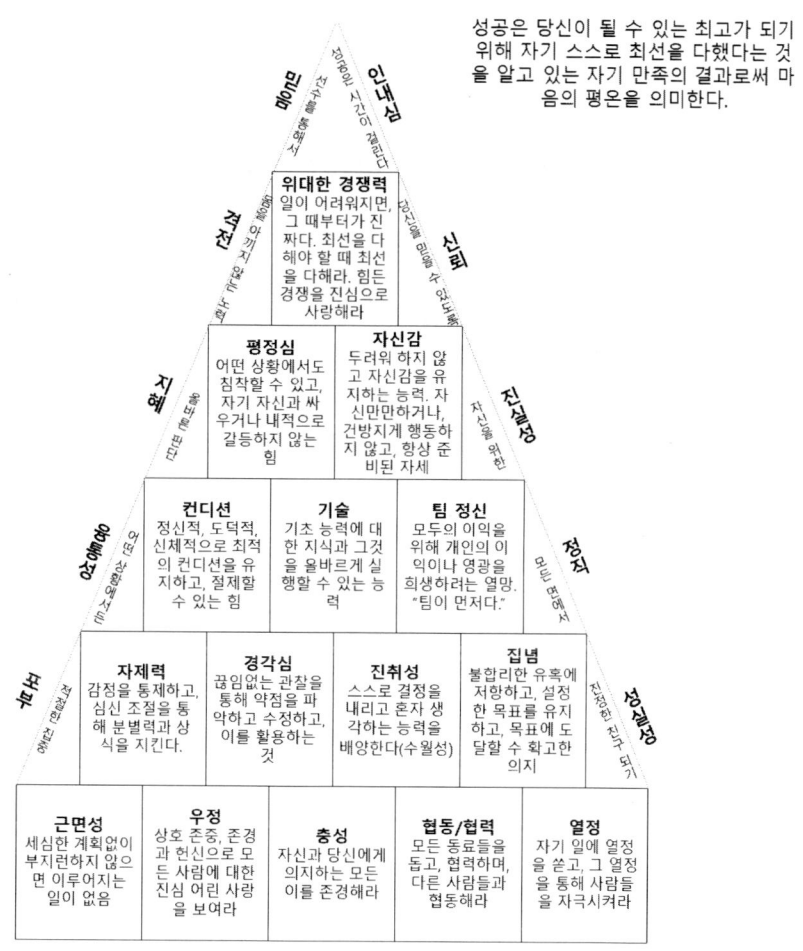

| 그림 | 11.1 성공의 피라미드

- **철학은 코치가 올바른 선택을 하도록 도와준다.** 코칭 철학에 대한 안내 책자가 있다고 할 지어도 코치할 때의 모든 상황에서 올바른 선택을 하는 것은 불가능하다. 하지만 올바른 철학이 성립되고 적용되어 그것을 사용할 줄 안다면, 코치는 그 철학에 의존하여, 신중하게 고민하고, 지혜로운 선택을 할 수 있는 확률이 높다.
- **철학은 효율적인 리더가 될 수 있도록 도와준다.** 올바른 철학이 성립되면, 수많은 상황에서 단호하게 결정할 수 있으며, 항상 지혜롭게 선택하고 신중하게 판단할 수 있는 힘이

주어진다. 선수들에게, 코치들에게, 부모님들에게 우물쭈물한 모습이나 확실치 않고 우유부단한 코치보다는 훌륭한 리더라는 것을 보여줄 수 있게 도와준다.

- **철학은 코칭 행동, 선택, 계획, 그리고 선수와 스텝의 관계를 좌우한다.** 다시 말해 코치의 철학은 훈련 프로그램의 모든 면에서 영향을 끼치며, 프로그램의 방향, 질, 그리고 성공을 좌우한다. 그렇기 때문에 올바른 철학을 성립하는 것이 훈련 프로그램을 성공적인 자세와 방향으로 이끌어 줄 수 있게 해 준다.
- **철학은 더욱더 넓은 시각과 관점, 그리고 통찰력을 보여준다.** 통계적으로 분석하고 과학적으로 코치의 직업을 접근하는 것이 항상 최선의 방법은 아니다(Kretchmar, 2005). 동기, 정서, 스포츠에 대한 애정, 개인적인 관점 같은 요소들이 운동 학습과 능력을 훨씬 더 부가시킬 수 있는 요소들일 수도 있다.
- **철학은 포괄적인 접근방식을 코치에게 제공해준다.** 포괄적인 접근방법은 코치에게 문제를 더 효율적으로 해결할 수 있게 해 준다. 논리적으로 접근하여 엄격하고 경직된 자세로 문제를 대하려는 것보다 여유롭고 포괄적으로 생각하여 더욱더 쉽게 해결할 수 있다. 철학적인 접근 방법 또한 포괄적인 접근 방법에 포함되는데, 이것은 문제를 해결할 때뿐만이 아니라, 선수들을 가르치고, 선수들과의 관계를 성립할 때에도 적용될 수 있다. 포괄적인 접근방법은 선수들의 수많은 요소들을 고려하는데, 개개인의 차이, 정서, 상황, 개인적인 목표 등이 포함된다.
- **철학은 실용적인 접근 방식을 코치에게 제공해 준다.** 앞서 언급했던 포괄적인 접근 방식처럼, 문제를 논리적으로 접근하여 엄격하고 경직된 자세로 대하려는 것보다, 철학적이며 실용적인 접근방법은 문제를 더욱더 효율적으로 해결할 수 있도록 도와준다. 실용적인 접근방법은 최선의 선택이나 올바른 선택을 항상 택하는 것은 아니지만, 논리적인 해결책을 찾아서 적용시키는 것보다, 코치가 원하는 결과를 유발할 수 있도록 실용적인 접근방법을 사용하여 적용시키는 것이다.

▶ 어떤 자료들을 참고해야 하는가?

과학적인 코치는 자신의 생각, 믿음, 법과 규칙, 패러다임을 경험적 사례연구들과 형태 해석된 자료들을 토대로 하여 성립하는 것이 좋다. 그렇기 때문에, 코치들이 자신만의 철학을 성립할 때, 운동 학습과 운동 수행에 관한 운동역학이나 제어, 운동 응용과학, 생리학 같은 자료들을 참고하는 것이 좋다. 철학은 과학적인 부분과 상반되는 것이 많지만, 과학의 개념, 이론, 패러다임 같은 것들을 이해하고 있어야 한다. 철학은 코치가 그 과목에 대해서 이해하고 있어야만 사고되는 것이기 때문에 스포츠의 과학적인 부분을 무시한 채 자신만의 철학을 성립할 수는 없다. 예를 들어, 나는 스모에 대한 철학을 성립할 수 없다. 그 이유는 내가 스모에 대해 아는 것이 아무것도 없기 때문이다.

과학적인 코치로서 자신만의 철학을 성립할 때, 과학적으로 증명된 자료를 참고하면서, 교육학 pedagogy 자료들도 함께 참고하는 것이 좋다. 교육학이란 과학과 예술을 결합시킨 교육 방법인데, 이 자료를 참고해야 할 이유는 코치도 결국엔 교사이기 때문이다. 교실 대신 코치는 수영장, 코트, 경기장, 트랙, 운동장, 매트에서 가르치고 있다는 것을 잊지 말아야 한다. 가르치는 방법, 생활지도 및 상담, 교과과정, 그리고 교육심리 또한 공부해 두고 이해해 두고 있는 것이 코치에게 큰 도움이 된다.

예술적인 코치는 예술적인 측면을 고려하여 자신만의 철학을 성립하는 것이 좋다. 경험이 많고 성공한 코치들을 보고, 듣고, 느끼고, 배우는 것이 중요하다. 일부 스포츠는 멘토링 프로그램이 있기 때문에 경험이 부족한 코치들이 성공한 코치의 조언과 충고를 경청하여 공부할 수 있다. 자신이 존경하는 코치를 찾아가 멘토가 되어 달라고 부탁해 보는 것이 필요하다. 멘토를 만들고 그 멘토와 탄탄한 관계를 맺는 것이 성공적이 코치가 되기 위한 지름길이다. 멘토와의 관계라고 해서 무언가 큰 것을 해야 하는 것이 아니라, 전화나 이메일로 대화하고, 클리닉이나 컨벤션을 참가하여 배울 수도 있으며, 심지어 대회에서도 마주칠 때 배울 수도 있다. 당연히 그 멘토와 함께 밥을 먹으면서 대화하는 것이 제일 좋다. 만약 이런 기회가 주어진다면, 그 기회를 버리지 말고 최대한 배워야 한다. 만나기 전에 신중하게 준비하여 철학적인 질문들부터 일상적인 하루에서 일어날 수 있는 상황까지, 그 멘토가 그 상황에 있다면 어떻게 대처할 것인지, 그 멘토가 가지고 있는 철학이 무엇인지에 대해 물어보는 것도 좋다.

멘토와 함께 자신과 가까운 코치들과 함께 동료 협동 팀 peer resource team; PRT 을 만드는 것도 좋다. 동료 협력 팀 PRT 이란 자신이 신뢰할 수 있고, 성공을 진심으로 바라는 전문적인 고문들로 이루어져서, 내가 어려울 때나, 힘든 상황에 닥쳤을 때 불러서 대화할 수 있는 사람들을 일컫는다. 동료 협력 팀 PRT 은 내 문제를 정확히 파악해주고, 해결책들을 제시해 줄 수 있으며, 나의 말에 경청하고, 나에게 용기를 주고, 지지할 수 있는 사람들이 될 수 있다. 그래서 내가 코치란 직업을 하면서 어려움에 처해 있을 때, 가족에게도 말하지 못할 때, 그들에게 기대어 힘차게 나갈 수 있는 힘이 되어준다. 나도 내 주위에 내 인생에 이런 사람들이 있어서 너무나도 감사하다. 내가 짜증이 나서 누구에게 화를 풀 수 있고, 나의 선택이 올바른지에 대한 상담도 할 수 있고, 내 자신의 신념을 상실 했을 때에도 도와주었으며, 어려운 문제들을 해결하고, 동기부여가 되어 주었으며 더욱더 성공적인 코치가 될 수 있도록 도와주었다.

이렇게 받은 만큼, 나도 그들에게 돌려주는 것이 즐겁다. 예를 들어, 나는 예전에 내 밑에서 활동했던 운동선수가 코치가 되어 전화가 온 적이 있다. 그 코치는 2년차 대학 코치이었으며, 자신의 선수들에게 너무 실망한 나머지, 해당 선수들에게 "운동을 계속 하던지 나가던지"라고 최후 통보를 했다. 결국 그 코치 밑에 있었던 모든 선수들이 "팀을 나가는 것"을 선택해 버린 것이었다. 두렵고 혼란스러운 상태로 그 코치는 나에게 전화를 했고, 우리는 이 상황에 어떻게 대처할 것이며, 문제의 복잡함을 파악하기 시작했다. 그 코치는 새로운 계획을 짰고, 그 다음날 팀원들과 만나서 미팅을 했다. 몇 일 뒤, 그 코치는 나한테 다시 전화가 왔고, 선수들과의 만남과 대화를 통해 자신의 팀의 신뢰와 통제력을 다시 얻었으며, 팀 선수들은 코치를 따르기로 했다. 그 코치 역시, 성공의 길을 택하여 걷고 있는 중이다.

동료 협력 팀 PRT 은 다양한 사람들의 독특한 특질로 이루어져 어려움을 겪고 있는 코치에게 새로운 시각과 관점을 제시해 줄 수 있다. 동료 협력 팀 PRT 은 코칭 동기, 은퇴한 코치, 운동부 책임자, 배우자, 전무 이사, 관리자, 관계자, 성직자, 스포츠 심리학자, 신뢰할 수 있는 친구들과 형제들까지도 포함된다. 그들의 다양한 피드백은 내가 코치로서의 균형을 유지할 수 있으며, 철학을 성립하는데도 큰 도움이 된다. 아직 자신에게 동료 협력 팀 PRT 이 없다면, 이 사람들을 찾는데 시간과 노력을 투자하는 것은 전혀 아깝지 않다. 동료 협력 팀은 코치의 철학을 성립할 때, 큰 도움을 줄 수 있으며, 더 나아가 성공적인 코치가 될 수 있도록 도와준다.

자기 자신과 상담하는 것도 굉장히 중요하다. 결국엔, 이 철학은 자신의 철학이다. 어린 코치들은 주로 다른 코치의 철학을 그대로 베껴서 사용하는 경우가 많은데, 이 코치들은 자신이 존경하고 성공했던 코치들과 똑같이 사고하고 표현할 수 있다고 믿는다. 하지만 그것은 불가능하며, 자신만의 철학과 정체를 성립해야만 한다. 자신만이 가지고 있는 특성, 성격, 스타일, 그리고 사고를 꼭 반영해야 한다. 자신이 존경하는 코치들과 나에게 큰 영향을 끼친 코치들을 본받는 것은 좋지만, 그것을 토대로 하여 자신만의 철학을 성립한다. John Wooden은 훌륭한 코치였으며, 아직도 많은 사람들과 수많은 스포츠 세계에서 존경 받고 있다. Wooden가 제시한 "성공의 피라미드"를 참고하는 것은 좋지만, 그것이 완벽하지도 않으며, 한 코치만을 위해 제작된 이론은 아니라는 것을 명심해야 한다.

▶ 철학은 어떤 코치에게 필요한가?

자기 자신만의 철학은 없어도, 다른 코치들의 철학을 빌려서 적용하는 것이 아무런 철학 없이 선수들을 지도하는 코치보다 낫다. 모든 코치들은 항상 자신만의 탄탄한 철학을 가지고 있어야 한다. 이건 초보자인 선수들부터 시작하여 엘리트 선수들까지 어떤 식으로 다루며 가르치는 것도 포함된다. 어느 수준의 선수들을 가르치든(초보자들이든 엘리트 선수들이든) 항상 자신만의 철학을 적용시켜야 하는 것을 잊지 말아야 한다. 미식축구의 전설적인 코치 Joe Gibbs는 "자신의 철학을 믿고 신뢰해라, 왜냐하면 언젠가는 그 철학을 의심하는 시험에 이를 것이다"라고 이야기 했다.

코치의 철학은 선수들의 수준과 성격에 달라질 수 있다. 예를 들어, 만약 처음 스포츠를 접해보는 여성들을 가르쳤다면, 코치의 태도와 동기, 그리고 철학은 남성들에게 접근했던 방식과 다를 수도 있다. 이와 같이 올림픽에 참가하고 싶은 엘리트 선수들과 선수촌에서 훈련하고 있는 선수들에게 가르치는 방식과 태도는 여름방학 때 재미와 취미로 스포츠를 접하는 사람들과 다를 수 있다. 코치의 철학은 선수들의 목표와 필요한 부분을 고려하여 성립해야 하며, 더 나아가 그들의 성, 나이, 개인 수준, 그리고 개개인의 차이까지 고려해야 한다.

▶ 철학을 성립하는 방법

철학은 순간적으로 오거나, 갑자기 종이에 써서 성립되는 것이 아니다. 시간과 노력으로 인해 우러 나오는 것이다. 개인적인 생각을 심사숙고하고, 개인적인 경험들을 토대로 하여 자신만의 철학이 만들어 지는 것이다. 오래 되면 오래될수록 고급스러워지는 와인처럼, 시간과 노력, 그리고 땀으로 인하여 자신이 코치로서 성숙해지면서, 코치의 철학 또한 더욱더 고급스러워진다. 다음 부분은 철학을 성립할 때에 고려해야 할 점을 적어보았다.

- **스포츠의 모든 부분을 공부한다.** 처음이자 제일 명백한 부분은 자신이 가르치는 스포츠에 대한 지식이 많아야 한다. 아무리 성공하고 싶어도 근본적인 부분과 기본기, 복잡하면서도 미묘한 차이를 파악하지 못하고 이해하지 못한다면, 코치로서 성공할 수 없다. 내가 모르는 것을 가르칠 수는 없는 것이다. 이렇게 이해하지 못하는 것을 기반으로 하여 철학을 성립하는 것은 불가능하다. 지식이 부족한 코치들, 교양 없고 비효율적인 교사는 올바른 선택을 하지 못하는 부족한 리더밖에 될 수 없다. 코치는 자신의 스포츠에 대해 배우기 위해 항상 공부하고 노력해야 한다.

- **지식적인 부분 이외에도 공부하고 있어야 한다.** 이 책에서 수시로 언급했듯이, 효율적인 코치가 되려면, 지식과 전략적인 부분을 게을리 하거나 멈추면 안 된다. 더 나아가 스포츠적인 측면뿐만 아니라, 효율적인 대화법, 관계 성립, 스포츠 심리학, 생리학, 연습 관리, 훈육 등도 공부해야만 한다. 이 책은 이 요소들에 대해 많이 언급했으며, 추천 도서에 제시된 도서를 읽으면서 더욱더 깊이 있게 학습할 수 있다.

- **자기성찰을 한다.** 자기성찰 introspection 은 자기 자신을 관찰하는 것을 의미한다. 시간을 내어 지금까지 자신이 했던 행동들에 반성하고 생각하고, 현재의 행동과 태도, 그리고 목표가 무엇인지 알아보며, 자신이 미래에 얻고 싶은 욕망과 희망하는 사항은 무엇인지를 자기 자신에게 물어보는 것이다. **"나는 지금 올바른 행동을 하고 있는가?", "나는 내 목표에 충실하고 믿고 있는가?", "나는 내 철학을 바꿀 필요가 있는가?"** 등이다. 진실되고 깊이 있게 사고하는 코치들은 자기성찰에 대한 두려움이 없다. 자기성찰 introspection 은 철학을 올바른 방향으로 다듬어 줄 수 있으며, 더 나아가 코치로서, 사람으로서 성숙하게 될 수 있도록 도와준다. 새벽 2시에 혼자 생각하는 시간들이 내가 코치를 하면서 제일 중요한 시간들이라고 생각한다. 자기성찰을 하면서 문제를 파악하고 해결책을 찾으

며, 내 자신에 대한 가치관과 특징을 알아봤던 시간들이 지금 나를 이 위치에 올 수 있도록 도와주었다고 믿는다.

- **외적 피드백을 사용한다.** 외적 피드백은 수많은 곳에서 가치를 찾아볼 수 있다. 내 동기들, 선수들, 평가, 비디오 판독 등을 이용할 수 있다. 외적 피드백은 자기 자신을 평가하는데 큰 도움이 되며, 자기 자신을 이해하고, 코치로서 무엇이 부족하며, 어떤 스타일이 효율적이고 비효율적인지, 더 나아가 자신의 장단점과 성공하기 위해서 필요한 점이 무엇인지를 알려줄 수 있다. 이 모든 정보는 자기 자신을 알고 이해하기 위해서이며, 어떤 가치관과 특성을 토대로 철학을 성립해야 되는지 알 수 있다.

▶ 언제 자신만의 철학을 성립해야 하는가?

코치의 철학이란 코치의 직업을 처음에 시작했을 때부터 꾸준히 진화되는 것이다. 시간이 지나면서 자신의 철학은 함께 성숙해지며, 코치로서도 성숙해지는데, 노력과 땀이 없다면 성숙해지는 과정이 진행되지 않는다. 앞서 언급했듯이, 최고의 철학들은 시간과 노력, 교육, 생각, 경험, 그리고 그것에 대한 자기성찰을 통해 갈고 닦은 것이다.

Piaget(1961, 1972)의 인지발달 이론에 따르면, 사람들은 4가지 발달 단계를 거친다. 감각운동기(0세~2세), 전조작기(2~7세) -전조작기에서는 전개념기(2세~4세) 그리고 직관단계(4~7세)를 거치며- 그 이후 구체적 조작기(7~11세), 형식적 조작기(11세~성인) 단계를 올라가면서 인지가 발달된다고 제시했다. Piaget와 더불어 다른 발달심리학 연구자들은 형식적 조작기가 인지발달 이론의 마지막 단계라고 동의한다. 어떻게 보면 우리의 인지적 발달이 아동일 때 절정에 이르며, 그때 모든 인지적 발달이 성립이 되어 끝나고, 성인이 되면 더 이상 향상되지 않는다는 것에 실망할 수도 있을 것이다.

하지만 다행히도, 다른 많은 연구자들은 인지발달 이론의 5번째 단계를 제시하는데, 그것은 <u>후기 형식적 사고</u> postformal thought 이다. 예를 들어 Basseches(1984)는 어른들이 사고하는 방식과 아이들이 생각하는 것이 다르다는 것을 주장했으며, 이 결과를 토대로 인지적 발달은 형식적 조작기 단계가 끝나고 나서도 지속적으로 성장하고 있다고 제시했다. 논리적으로, 이성적으로, 강경한 태도로 사고하는 것보다, 어른들은 더욱더 상대적으로 사고한다고 했다. 그들은 도덕적, 윤리적, 사회적, 정치적, 그리고 개인적인 차이점을 고려하여 생각할 수 있으며, Basseches는 이것을 **변증법적 사고방식** dialectical thinking 이라고 했다. <u>변증법적 사고방식</u>은 문제를 해결할 때, 창의적인 방법과 명백하지 않은 결과로 문제를 접근하는 방식이다. 모든 어른들이 변증법적 사고방식 단계로 넘어가는 것은 아니며, 사실 많은 어른들은 형식적 조작기에서 멈춘다. 하지만 과학적이며 예술적인 코치는 지속적으로 인지적 발달을 하며, 변증법적 사고방식 단계로 넘어간다.

Labouvie-Vief(1980)은 Basseches가 제시했던 5번째 단계가 있다고 주장했으며, 형식적 조작기에서 인지적 발달이 끝나지 않고 5번째 단계가 있다는 것에 동의한 연구자이다. Labovie-Vief(1986)에 의하면, 성숙한 이성을 얻기 위해선 <u>구체적인 화용론</u> concrete pragmatics 단계를 거쳐야 한다고 이야기했다. 구체적인 화용론 단계는 어떤 선택을 할 때, 모든 요소를 고려하여 결정하는 것이며, 올바른 선택이 항상 올바른 결과를 유발하지 않는다는 것을 이해한 사고력이다. 실용적인 관점에서 최고의 해결책은 항상 논리적이거나 쉬운 것이 아니라는 것을 알고 있으나, 그래도 논리적인 사고가 현실적으로는 문제를 해결하기 제일 적절한 것이라는 것도 이해하고 있다.

변증법적 사고방식과 실용적인 사고방식은 형식적 사고 단계에 이르고 싶은 코치들에게 굉장히 중요한 것이다. 더 고차원적이고 깊이 있게 사고하고 싶은 코치들과 효율적이면서 철학적인 코치가 되기 위해서는 꼭 이 단계를 거쳐야 한다. 개인적인 생각이지만, 변증법적 사고방식과 실용적인 사고방식을 이해하고 적용할 줄 아는 코치들은 매우 효율적이다. 그 이유는 문제를 해결할 때나 일상적인 생활에서도 그들은 지혜롭고 신중한 선택을 할 수 있기 때문이다. 선수와 함께 있을 때, 복잡하고, 이해하지 못하고, 쉽게 해결되지 못하는 문제는 항상 일어나기 마련이다. 그리고 이 문제들을 해결할 때에는 실용적인 사고방법으로 해결하는 것이 최선이다. 그럼 이 상황에서 문제를 해결할 수 있는 최선의 방법은 무엇일까? 시나리오 1을 살펴보자

1 시나리오

> 대회 하루 전날, 선수 한명이 이번 시즌에 처음으로 연습에 나오지 않았다. 팀의 규칙과 규율은 "만약 선수가 대회가 있는 주에 연습을 빠진다면, 대회에 참가할 수 없다"고 정했다. 하지만 이 대회는 예선전이기 때문에, 최종 우승을 하려면 꼭 예선전에서 이겨야 한다. 어떻게 할 것인가? 팀의 규칙과 규율에는 선수가 대회가 있는 주에 연습을 빠진다면, 대회에 참가할 수 없다고 정해져 있다. 하지만 이 선수는 팀의 리더이며, 그 전에는 한 번도 연습에서 빠진 적이 없다. 일부 다른 선수들은 만약 이 선수가 경기에 뛰지 못하면 코치에게 앙심을 품을 상황까지 이를 수도 있지만, 만약 이 선수가 뛰어도 코치에게 앙심을 품을 선수들이 있다. 그리고 당연히 규칙과 규율을 어긴 당사자도 뛰지 못하면 코치에게 앙심을 품을 것이다. 이제 어떤 선택을 내릴 것인가?

시나리오 1을 몇 가지 고려할 사항들을 추가하여 다시 바라보자. 그 선수의 아버지가 많이 편찮으시며, 시한부 인생이신데도 불구하고, 자신의 아들의 경기를 마지막으로 보러 대회에 참석하기로 했다. 게다가 이 대회에서 진다면 코치의 자리에서 퇴출당할 수도 있다. 그리고 이 대회에서 지면, 예선 탈락이기 때문에 그 이후에 있는 대회에서 참가할 수도 없다. 그 선수가 팀의 진정한 리더였으며, 그 전에는 한 번도 규칙과 규율을 어긴 적이

없었고, 코치가 원했던 대로 잘 따라주고 코치의 말을 경청했던 선수였다. 그 선수가 연습에 나오지 않았어도, 마음 같아서는 그 선수를 대회에 참가할 수 있도록 해주고 싶어 한다.

모든 코치가 이런 복잡한 상황에 놓이는 것은 아니다. 하지만 시나리오 1처럼 비슷한 상황은 코치로서 항상 부딪쳐야 할 문제이기도 하다. 내 자신도 이런 문제를 접한 적이 있다. 코치들은 이처럼 쉽게 해결할 수 없는 어려운 문제를 다루어야 하는데, 이런 문제들은 편람이나 안내서를 따라서 해결할 수 있는 것이 아니다. 최선의 방법은 자신의 철학을 따라서 선택하고 행동하는 것이며, 선택을 했을 때는 흔들림이 없어야 한다.

사람이 성숙해지려고 애쓰고, 인지적으로 더 높은 단계에 이르려고 노력하면, 그들의 철학 또한 성숙해지기 마련이다. Dyer(2001)는 다음과 같이 이야기 했다. "엄격한 사람은 늙지 않는다. 그들은 처음에 행동했던 것과 같이 지금도 똑같이 행동한다. 내 친구 중 하나가 사범대 대학원에서 30년째 학생들을 가르치고 있다. 학생 중 한명이 내 친구에서 이런 질문을 한 적이 있다. "선생님은 30년 동안 아이들을 가르쳤습니까? 아니면 1년 동안 30번 가르친 겁니까?" Dyer는 철학에 엄격함과 흔들림이 없는 중요성을 교사들에게 비유한 것인데, 자신의 철학이 흔들리지 않고, 엄격하고, 굽지 않는 사람은 똑같은 철학을 30번 이상 똑같이 시행할 수 있다는 것이다.

텍사스 주에서 미식축구를 지도하는 한 코치가 연습에 늦은 이유로 6명의 선수를 팀에서 퇴출시켰다. 선수들이 늦었던 이유는 학교에서 헌혈 하는 행사에 참가해서 늦었기 때문인데(Reilly, 2006), 그 코치는 팀의 규칙과 규율은 명백히 제시되어 있다는 이유로 처벌을 그대로 시행했다. 하지만 미디어와 기자들, 선수들, 부모들, 학생들, 학교 관련자들 등은 모두 코치의 철학이 너무 엄격하다고 비난했다.

텍사스 주의 미식축구 코치의 철학과는 달리, UCLA의 농구코치의 전설, John Wooden 코치의 철학에 대해 알아보자. 그 코치의 철학에는 **당연히 받아야 할 것과 노력해서 획득한 것의 차이점**이 포함되어 있었다. Nate와 Gallimore(2010)이 이야기하기를 "Wooden 코치는 공평성에 까다로운 사람이었지만, 모든 사람과 학생, 그리고 선수들이 똑같지 않다라고 생각하고, 선수 특성과 상황에 따라 일관된 자신의 철학을 적용했다. 1930년에 그는 당연히 받아야 할 것과 노력해서 획득한 것의 차이점을 명백히 구분했다." Wooden은 "교사가 학생들에게 공평하기 위해서 교사들이 각각 학생들에게 당연히 받아야 할 것과 노력해서 획득한 것의 차이점을 명백히 구분해야 한다고 믿는다. 제일 불공평한 것은 모든 학생이 똑같은 전제를 두고 수업을 진행하는 것이다."

Bassesches가 제시한 변증법적 사고방식과 실용적 사고방식, 그리고 Labouvie-Vief가 제시한 5번째 인지발달 단계인 형식적 사고는 결국 지혜를 일컫는다. 지혜는 경험, 지식, 민감함, 예민함, 객관성, 동정심, 공감 능력, 상식 등의 합체이다. 코치로서 자신의 목적과 목표는 과학적이며 예술적인 코치가 되는 것이 아니라, 엄격하면서도 철학적인 코치, 그리고 지혜로운 코치가 되려고 노력해야 한다.

▷ 철학에 윤리를 포함하기

지혜로운 코치는 실용적인 사고방식을 사용하여 자신만의 철학을 성립하고, 그 철학 안에는 윤리를 포함시킨다. Kretchmar(2005)는 "윤리는 모든 사람들이 살아갈 때 책임 지고 안고 가야 할 요소이며, 가치관과 행동까지 좌우할 수 있는 힘을 가지고 있다"고 이야기했다. 윤리 ethics 는 사람들이 살아가면서 참고해야 할 것이 아니라, 꼭 그렇게 살아 가야만 해야 되는 필수 요소라고 제시한 것이다. 윤리가 필요한 이유는 삶에는 항상 갈등 과 분쟁이 있기 때문이다(Midgley 1994). 우리 삶에서 예외 없이 나오는 갈등과 분쟁에 어떻게 대응하고, 어떤 선택을 할 것인지 좌우하는 것이 바로 윤리이다.

도덕과 윤리의 지침을 성립하는데 몇 가지 방법이 있는데, 그 중 하나는 도덕과 윤리는 개인적인 선택이며, 각각의 개인마다 다른 도덕과 윤리를 가지고 있다는 것을 이해하는 것이다. 하지만 이런 접근방법은 어느 한 개인이 집단(예 : 스포츠 팀)에 속해서 같이 합체 되어 행동하는 것을 상상하기에는 다소 큰 어려움이 있다. 그래서 다른 방법으로 생각하 면, 윤리와 도덕은 한 집단의 합의된 의견을 이야기하는 이론도 있지만, 이 경우는 이 집 단을 이끄는 리더(예 : 코치)가 그 집단을 통제하기 어렵고, 빠른 선택이나 행동을 하기에 는 불가능하다는 것이다. 이외의 또 다른 방법은 윤리와 도덕은 신 god 이 정해 놓은 것을 따르는 것인데, 이 방법은 집단(예 : 스포츠 팀) 안에 종교적인 사고를 반대하는 선수가 있으면, 성립할 수 없다.

도덕과 윤리는 논리적인 사고와 이성적인 생각에서 나온다거나, 과거에 있었던 인류의 혁명을 통해 선천적으로, 생물학적으로 결정된다는 이론도 있다. 생물학적인 관점에서 보 자면, 인류는 인간이 아닌 다른 종류의 동물들과 비슷하기 때문에, 코치의 판단력이나, 가치관, 선택하는 것을 좌우하는 사고, 그리고 행동들은 이미 선천적으로 프로그램 되어 있으며, 자신이 의식적으로 통제할 수 없는 것임을 의미한다. 하지만 우리는 인간으로서 동물적인 감각이나 선천적으로 프로그램 되어서 행동하는 것이 아니다. 많은 이론에서 제 시했듯이 인간과 동물의 차이점은 사고하는 능력이기 때문이다.

이렇게 많은 방법과 방식을 보면, 어느 한 윤리와 도덕에 모든 사람이 동의할 수 없다 고 생각할 수도 있다. Kretchmar(2005)은 일상적인 생활에서 선택하는 행동과 사고하 는 생각들은 어느 정도의 비슷한 윤리와 도덕을 유지한다고 했다. Kretchmar은 "이런 일상적인 생활에서 경험하고 판단할 때 기초되고 기반이 되는 것이 무엇일까? 전체론 holistic 과(포괄적인 윤리) 실용적인 사고방식을 통한 도덕은 이 질문에 어느 정도의 답을 줄 수 있을 것이다"라고 제시했다.

포괄적인 윤리 holism ethic 는 인간으로서 복잡한 모든 요소들을 고려한다. 의식적인 생 각, 다른 시각과 관점, 개념, 희망, 그리고 정서적이나 신체적으로 미치는 모든 것들을 포 함하여 윤리와 도덕은 다원적이라는 것을 제시한다. 다원주의 pluralism 는 많은 문제를 해결하고 딜레마에 빠졌을 때, 수많은 선택과 조합이 존재하는 것을 공언한다. 그리고 앞서 논했던 실용적인 사고방식처럼, 수많은 요소들, 미묘한 차이, 민감함, 그리고 이상하게 느껴지고 분기되는 결과들까지 포함하여, 인간이 선택하고 문제를 해결하는 방식을 의미한다.

포괄적인 윤리와 다원주의는 코치가 철학을 성립할 때, 상식적이기도 하고, 흔하게 볼 수 있는 방법이며, 과학적인 물질주의와 이원론처럼 다른 접근 방법보다 더욱 더 좋은 철학을 성립할 수 있도록 도와줄 수 있다. 이원론 dualism 이란 인간은 두 가지 요소로 만들어졌다는 이론인데, 그 두 가지는 몸과 마음이다. 과학적인 물질주의 scientific materialism 의 논리는 이 세상의 모든 것이 수학적으로나 과학적으로 증명될 수 있다는 이론이다. 과학적인 물질주의와 이원론은 효율적인 코치가 되고 성공적인 코치가 되기 위해서는 꼭 이해해야 할 논리이기도 하며, 이 3가지 이론들과 관점이 하나로 합쳐서 자신만의 철학이 성립되어 있을 때, 훌륭한 코치로 거듭날 수 있다. 하지만 코치들은 선수들과 같이 더불어 일하는 직업이기 때문에, 그리고 그 선수들이 복잡하고 예측할 수 없는 존재이기 때문에, 포괄적인 접근방법이 도덕과 윤리를 성립하는데 제일 효과적이라고 생각하고 있다.

Kretchmar은 도덕적, 윤리적 자신감을 높이고 좋은 도덕과 윤리를 성립하기 위해 몇 가지 방법을 제시했다.

▶ 3가지 함정을 피한다.

코치들은 주로 3가지 실수를 하는데, Kretchmar은 이 실수를 하지 않기 위해 도덕적 나침반 moral compass 이라는 논리를 제시했다. 이 도구는 코치가 항상 윤리적이고 도덕적인 선택을 하기 위해 도와주며, 더 나아가 행복한 삶을 살기 위해 도와줄 것이다.

1. **첫 번째 실수는 도덕적인 문제와 윤리적인 딜레마를 해결하기 위해서 명백한 답을 찾으려고 하는 것이다**(Kretchmar, 2005). 인생의 많은 윤리적인 문제들이 그렇듯이, 명백하거나 쉬운 것은 없다. 그리고 그 문제에 대한 답도 쉽고 명백하게 찾을 수 없다. 이 답은 창의적으로 협동하여, 다른 사람들의 의견을 존중해서 신중하게 해결책을 찾아내야 한다.

2. **두 번째 실수는 쉬운 답을 찾으려고 하는 것이다.** Kretchmar은 "우리가 인생의 딜레마의 쉬운 답을 찾으려고 할 때마다 실망할 것이다. 좋은 삶은 복잡하며, 좋은 삶을 얻기 위해서는 수많은 길이 존재한다." 많은 코치들이 흑 또는 백이나 모 아니면 도 같은 상황을 선호하지만, 흑백에서도 회색의 영역은 어마어마하다는 것을 이해하고 있어야 한다. 코치로서 그리고 사람으로서, 쉬운 답을 선호하고, 복잡한 것은 꺼려하지만, 두 명의 선수가 똑같지 않듯이, 두 가지 상황도 똑같지 않다는 것을 항상 인지하고 있어야 한다.

3. 세 번째 실수는 다수의 의견을 무시하는 것이다. 포괄적인 윤리는 한 집단에서 종합해서 나온 의견과 협동해서 제시한 사항들은 존중해야 된다고 앞서 언급했다. Kidder(1994)는 존경받는 리더들을 인터뷰한 결과, 집단이 일치한 의견들과 사고 중 8가지 비슷한 요소들을 제시했는데, 그 8가지는 사랑, 진실, 공평, 자유, 협동, 관용, 책임, 그리고 삶에 대한 존중이었다. 이렇게 집단의 의견들을 무시하면 안 되며, 사실 이런 요소들이 우리를 인간으로 정의하는 것이기도 하다.

▶ 도덕적 민감성(Moral Sensitivity)을 키운다.

도덕적 딜레마에 민감하다는 것은 중요하다. 자신의 선수들과 상대하는 팀들에게 자비라고는 눈을 씻고 찾을 수 없는 엄격한 코치를 상상해 보면 된다. 아니면 다른 선수들의 생각과 감정을 고려하지 않고, 존중하지 않으며, 무례하게 행동하는 상대편의 선수를 상상해 보는 것도 좋다. 이런 사람들은 Kretchmar가 "도덕적으로 굳은살 moral calluses" 이라고 정의했다. 이 사람들은 도덕적으로나 윤리적으로 올바르게 행동하는 방법을 모르며, 올바른 때와 장소를 구분하지 못한다고 제시한다. Kretchmar에 의하면 이 사람들은 항상 자기 행동을 합리화 시키는데, 예를 들면 반칙을 하고 나서도, **"나만 하는 것도 아니고, 반칙은 이기는 전략 중 하나이고 스포츠의 한 부분이야"** 라고 생각하는 것이다. 이런 자기 합리화는 자신의 윤리와 도덕에 굳은살이 박히게 되며, 모든 상황에서 항상 부당한 행동을 유발하게 되는 것이다.

코치란 직업처럼 어려운 직업은 없으며, 가슴이 찢어지고, 자기 자신에게 직면하고, 자기성찰을 수시로 요구하는 것이 바로 코치란 직업이다. 도덕적으로 굳은살은 신체의 굳은살처럼, 다 의미가 있다. 도덕적으로 굳은살은 느낌과 생각에 대해 무뎌지려고 하게 하는 것이다. 이러한 굳은살은 코치라는 인생을 살면서 도덕적으로 부딪칠 상황에서 아프고 힘든 감각을 무뎌지게 도와주며, 이렇게 도덕적으로 굳은살이 하나도 없다면, 상처가 너무 깊고 아픈 나머지 자신감 있고, 견고하게 선택하고 행동할 수 없게 된다. 하지만 굳은살이 너무 많아져서, 모든 상황과 딜레마에 무뎌지면 안 된다. 만약 그렇게 되면, 코치는 윤리적으로, 도덕적으로 너무 멀어져서, 인간적으로 올바른 선택을 하기 어려워지기 때문이다.

시나리오 1을 다시 상기시켜보자. 만약 후보 선수들이 수시로 연습에 결석하고, 에이스인 선수가 후보 선수들이 연습을 결석한 주에도 같이 연습을 나오지 않았다고 가정해보자. 후보인 선수와 에이스인 선수가 똑같이 규칙과 규율을 어긴 것을 인정해야 하고 똑같이 처벌해야 하지만, 과거의 태도와 행동, 그리고 지금까지 쌓아 올린 업적들 또한 무시하면 안 된다. 에이스 선수는 지금까지 한 번도 연습을 빠진 적이 없지만, 후보 선수들은 이번 달에만 벌써 3번째 연습에 불참했다. 후보 선수와 에이스 선수에게 똑같은 처벌을 내릴 것인가? 예상할 수밖에 없지만, 텍사스 주에서 미식축구를 가르친 코치는 이 두 선수를 똑같이 처벌할 것이라고 생각된다. Wooden 코치는 아마도 후보 선수들만 처벌하고, 에이스 선수들은 과거의 행동과 태도, 그리고 쌓아온 업적을 고려하여 다음 대회에 참가하게 할 수 있을지도 모른다.

도덕적으로, 그리고 윤리적으로 성장하는 것은 인간으로서 자연스럽게 거쳐나가는 과정이며, 필수이기도 하다. 코치가 생각하기에 자기 자신이 최고였던 순간과 최악이었던 시간을 깊이 있게 비교하고 생각해보면서 올바른 윤리와 도덕을 얻을 수 있다. 흥미롭게도, 우리가 성장하면서 제일 많이 큰 영향을 끼치는 부분은 가족과 함께 더불어 지내며, 그들을 보고 느낄 때 자신의 도덕과 윤리를 무의식적으로 성립한다.

▶ 가족적인 분위기를 수립한다.

올바른 도덕과 윤리를 성립하고 정당한 행동과 태도를 유발하기 위해서는 자연스러운 인연을 연결시키는 것이다. <u>자연스러운 인연</u> natural ties 이란 선천적으로 그리고 생물학적으로, 자신의 가족에 대해 애착을 가지고 사랑하는 것이다. 자신의 아이들을 사랑하고 보호하려는 본능 또한 사람이 동물과 같지 않다는 것을 보여준다. 올바른 도덕과 윤리는 가족 이외의 사람들도 존중하고 사랑하는 것이지만, 사람들은 자신들과 가까운 사람들에게 사랑을 가질 수밖에 없고, 일상적인 생활에서 자주 마주치는 사람들에게 더욱 더 보살피고, 마음을 쓰고 싶은 것은 자연스러운 일이다(Glover 2000). 그렇기 때문에 훈련 프로그램에서도 가족 같은 분위기를 형성하는 것이 매우 중요하다. 가족 같은 분위기는 스포츠에서 굉장히 큰 도움이 될 수 있으며, 다른 선수들과 코치, 그리고 팀에 관련된 모든 사람들을 가족처럼 생각한다면 올바른 도덕과 윤리는 자연스럽게 따라올 수밖에 없는 것이다.

이렇게 최고의 팀들, 그리고 불후의 팀들은 가족 같은 분위기가 일찍 성립되어 있다. 이런 가족 같은 분위기를 선수들을 위한 훈련 프로그램에 포함시켜야 한다. 이런 분위기를 형성시키기 위해선 수많은 방법들이 있지만, 제일 첫 번째로는 주변에 있는 사람들을 소중하게 생각할 줄 알아야 하며, 이 행동은 코치가 먼저 솔선수범해야 한다. 코치로서 자신의 선수들을 진심으로 사랑하고 있다는 것이 보이고 느껴진다면, 자연스럽게 선수들도 주위에 있는 사람들을 소중하게 여길 것이다. 가족 같은 분위기를 성립하기 위한 또 다른 방법은 팀 미팅 때, 자기 자신의 목표와 목적을 모든 사람들과 나누는 것이다. 그리고 한 사람의 목표와 목적을 팀의 차원에서, 사랑하기 때문에, 지지해주고, 걱정해주고, 도와줄 수 있다는 것을 보여주고 그 마음을 나누는 것이다. 선수들은 서로를 신뢰할 수 있어야 한다. 그리고 가족 같은 분위기를 성립하기 위한 또 다른 방법은 수많은 책에서 찾아볼 수 있다.

▶ 신뢰를 쌓는다.

신뢰는 올바른 도덕과 윤리를 성립하는데 많은 도움을 준다. 사람과 사람 사이에 신뢰가 존재한다면, 정당한 행동과 태도는 자연스럽게 따라올 것이다. 그렇기 때문에 훈련 프로그램과 단체에서 신뢰를 키우는 것은 매우 중요하다. Singer(1995)는 사람과 사람 사이에 신뢰를 키우기 위한 5가지 방법을 제시했다.

1. **협력하는 것에서부터 시작한다.** 옛 속담에 "가는 것이 있으면 오는 것도 있어야 한다"는 말이 있다. 긍정적인 반응과 협동심을 유발하는 행동과 태도는 다시 자신에게 똑같이 돌아올 것이다.

2. **상대방이 협력하는 만큼, 자신도 똑같이 대우해줘야 한다.** 지속적으로 서로에게 협조와 협력을 강화하면 올바른 행동과 태도, 그리고 신뢰감을 쌓아주는데 도움이 될 것이다.

3. **상대방이 협력하지 않는다면, 협력을 중단한다.** 상대방이 만약 나를 존중해주지 않고 존경해주지 않는다면 협력을 중단할 준비를 하고 있어야 한다. 이 행동을 통하여 상대방에게 협력이란 아무런 이유 없이 주어지는 것이 아니라는 메시지를 전해 준다. 만약 이렇게 행동하지 않는다면, 상대방은 협력하거나 자신을 신뢰하지 않아도 잃을게 없다는 것을 알게 된다.

4. **용서할 준비를 하고 있어야 한다.** 상대방이 미안함을 표출하고 협동하는 마음이 다시 보인다면, 용서를 하고 다시 협동할 수 있도록 준비해야 한다. 그래야지 만이 상대방과 나 사이에서 협동하는 행동과 태도를 강화시킬 수 있다.

5. **지속적인 관계 안정성과 투명성을 강조한다.** 지속적인 관계 안정성과 그 관계의 투명성은 협동하기 위해 아주 중요한 요소들이다. 지속적인 안정성 stability 은 신뢰를 쌓고 도덕적이며 윤리적인 분위기를 형성하기 위해 큰 도움이 된다. 지속적인 것은 서로에 대한 헌신, 장수, 그리고 정성을 의미하는데, 코치로서 자신의 훈련 프로그램에 헌신할 수 있는지, 아니면 지금 있는 선수들을 이용하여 더 높은 프로그램에 갈려고 하는지, 선수들은 선수들끼리 헌신하고 있는지 같은 질문에 대답할 수 있어야 한다. 투명성 transparency 은 진실성 있고 열려있는 방식으로 대화하고 있는지를 의미한다. 코치 자신과 훈련 프로그램 관계자들 선수들은 서로 자신이 생각하고 느끼고 의미하고 싶은 모든 것을 대화하고 있는가? 아니면 진실은 숨기고 듣고 싶은 말만 하고 있는가? 인본주의 관점에서 보자면, 진실되고 열려있는 대화법은 관계와 신뢰, 그리고 올바른 도덕과 윤리를 성립하는데 큰 영향을 끼친다고 제시한다.

▶ 이타적인 행동을 촉진한다.

<u>이타주의</u>altruism 는 이기적이지 않으며 다른 사람을 먼저 배려하고, 다른 사람의 행복부터 먼저 생각하는 것을 말한다. 올바른 선택이 자기 자신에게 이익이 되는 것보다 다른 사람에게 이익이 되는 것이라도 그렇게 행동하는 것이다. 다른 선수들과 훈련 프로그램의 관련자들 모두와 신뢰감을 쌓고, 훌륭하고 불후한 팀들은 항상 이타적으로 사고하고 행동하고 있다. 선수들은 경쟁에서 물러나는 법을 몰라도 이타적인 행동은 할 수 있다. 예를 들어 선천적으로 재능이 우수한 농구 선수가 있다고 가정해보자. 하지만 팀이 우승하기 위해서 벤치에서 대기하다가 와일드카드로 게임 도중에 나오는 것이 도움이 된다면, 자신의 자존심을 접고, 팀을 위해 희생하는 선수가 있었다. 그 선수는 명예의 전당에 입성한 전설적인 농구선수 Bill Walton의 백업으로 뛰었던 UCLA의 Swen Nater인데, 이 선수의 행동이 이타적인 사고방식의 좋은 예로 설명 할 수 있다. Swen은 백업인데도 불구하고 NBA 드래프트에서 1 라운드에 뽑혔으며, 대학시절 때 한 번도 주전으로 뛰지 않았다.

이타적인 사고방식을 수많은 방법으로 촉진할 수 있다. 코치로서 먼저 이런 행동을 솔선수범해야 한다. 코치가 먼저 선수들을 위해 희생하고, 팀을 위해서 헌신하면, 훈련 프로그램에 속해 있는 모든 선수들에게 이타적인 마인드가 얼마나 중요한지를 보여준다. 이타적인 사고방식을 촉진하는 다른 방법은 그런 행동과 태도를 다른 선수들이나 사람들이 보였을 때, 그것을 칭찬함으로서 강화하는 것이다. 그리고 코치는 이타적인 마인드와 올바른 도덕과 윤리가 무엇인지에 대해 이론적으로 가르치며, 선수들이 그것을 인지적으로 파악하고 이해하는 것이 이타적인 팀이 될 수 있도록 도와줄 수도 있다.

▶ 윤리와 도덕성 체크리스트를 만든다.

코치로 항상 올바른 윤리와 도덕적 기준을 따르기에는 불가능하다. 자신이 이 행동과 태도가 윤리적으로 도덕적으로 올바른지 아닌지 긴가민가하다면, Gough(1997)는 체크리스트를 만드는 방법을 제안했다.

- 내 행동이 스포츠의 규칙과 규율을 어기는 것인가?
- 내 행동이 모두에게 공평(공정)한가?
- 내가 윤리적으로, 도덕적으로 존경하는 사람들은 어떻게 행동할까?
- 나와 내가 소중하게 생각하는 사람들은 이 행동에 대해 어떻게 생각할까?

다음으로 우리는 올바른 선택을 하는지를 판단하기 위해 3가지 방법을 제시할 것이다. 첫 번째는 신문 헤드라인 테스트이다. 자신이 했던 행동이 만약 신문의 첫 면에 보도되어 모든 사람이 본다면 어떻게 생각할 것인가? 그 행동에 대해 자부심을 느낄 것인가? 다음 테스트는 가족 테스트다. 자신의 행동을 아내, 아이, 아버지, 어머니, 가족에게 알렸을 때,

그 행동에 대해 자부심을 느낄 것인가? 마지막 테스트는 거울 테스트다. 자신이 그 행동을 하고 나서, 거울을 보았을 때 자부심을 느낄 것인가? 만약 이 3가지 질문에 "예"라고 대답할 수 있다면, 그 행동은 아마도 올바른 선택일 것이다.

▷ 자신의 철학에 가치관을 성립하기

<u>가치관</u> values 은 사람들의 의도나 목적, 그리고 성격적인 차원에서 가치가 있고 따르고 싶어하는 모든 것을 통틀어서 의미한다. 코치가 가치가 있다고 느끼는 <u>동기</u> motives 는 우승, 돈, 경쟁, 행복, 지식, 승진, 유명세, 건강, 기술, 발전 등처럼 자기 자신이나 주위에 있는 소중한 사람들에게 전달하고 싶은 요소들을 일컫는다. 긍정적으로 <u>성격적인 부분</u> personality traits 은 충성, 협동, 열정, 근면성, 진실함, 양심적인, 성실함, 다정함, 사랑, 인내, 끈기, 용기, 단호함, 의지 등이 있다. Wooden 코치도 자신의 성공이 성공의 피라미드에 기반 된 요소들 이라는 것을 주목한다.

코치할 때의 의도나 목적(동기)이 무엇인지에 대해 시간을 내어서 고민하는 것은 큰 가치가 있다. 내가 왜 코치를 하고 있는가? 이기기 위해서 인가? 자신의 자존감을 높이기 위해서 인가? 자신이 선수였을 때에 우승하지 못한 것을 지금 선수들을 통해서 우승하고 싶은 것인가? 아니면 포괄적으로 생각하여, 선수들을 인간으로서 선수로서 성장시키고 싶은 것인가? 나의 어떤 성격을 선수들에게 전달해 주고 싶은가? 많은 코치들은 재능이 많고 선천적으로 우수한 어린 선수들에게 성격적인 면을 무시하고, 우승만 하면 된다는 사고방식을 무의식적으로 심어주고 있다. 이런 코치들은 진실함, 공평함, 겸손함 같은 요소들을 무시하는 경향이 있다.

이렇게 수많은 목적과 의도, 그리고 성격적인 요소들이 있는데, 이 수많은 요소들의 우선순위를 어떻게 정할 것인가? 예를 들어 스포츠학자는 건강, 지식, 기술, 그리고 행복이라는 순위로 우선순위를 매겼다. 다음은 가치관의 우선순위를 매길 때 어떻게 할 것인지에 대해 공부하고 알아볼 것이다.

▶ 가치관에 우선순위 매기기

모든 가치관은 똑같이 중요하다고 생각하고, 하나의 요소가 다른 요소보다 더 중요하지 않다고 이야기하는 것은 쉽다. 하지만 Kretchmar(2005)에 의하면, 이 요소들에 우선순위를 매겨야 할 3가지 이유를 제시했다.

1. **가치관을 구별하는데 의미가 있다.** 코치가 어떤 가치관을 우선시함에 따라, 자신이 살아가면서 선택하고 결정할 때에 큰 영향을 미친다. 더 나아가 선수들과의 관계, 훈련 프로그램의 방향, 그리고 코치로서 미치는 모든 관계는 어떤 가치관이 성립됨에 따라 달라질

수밖에 없다. 이 장이 시작 됐을 때, 선수들의 책임감보다 우승에 큰 의미를 둔 코치를 상기시켜 보면 된다. 그 코치의 선택과 결정은 훈련 프로그램에 속해 있는 사람들과 선수들에게 큰 영향을 미쳤으며, 그 코치의 선택으로 인해 훈련 프로그램은 더욱 더 성장할 수 있는 기회를 놓쳤다. 코치가 가치관의 우선순위를 매김에 따라 훈련 프로그램의 성공여부도 좌우할 수 있다.

2. **인생을 살아가면서 가치관을 구별하지 않을 수는 없다.** 코치가 좋던 싫던, 우리는 가치관에 우선순위를 매겨야 한다. 당연히 지는 것보다 이기는 것이 좋지만, 목적과 수단을 깊이 있게 살펴봐야 한다. 처음에 코치가 되었을 때, 나는 우승과 행복의 갈림길에서 선택해야 할 상황에 놓인 적이 있다. 그때 당시 그 선수는 널리 알려지지는 않았지만, 나는 그 선수가 곧 스포츠의 유명인사가 될 것이라는 것을 알고 있었다. 하지만 그 선수를 지도 및 코치하기에는 너무 힘들었으며, 나의 말을 듣기 보다는 자신이 혼자 모든 것을 이루고 싶어 했다. 나는 나의 행복을 우승보다 우선순위에 두었으며, 그도 나중에 우승을 했지만, 다른 코치의 훈련 프로그램에 옮겨서 활동했다. 하지만 그럼으로 인해 나는 37년 동안 행복한 코치 생활을 하고 있다고 믿는다. 시간을 내어 어떤 가치관이 중요한지 구별한다. 그리고 그 가치관이 어떤 의도와 목적을 지니고 있는지도 파악하고, 더 나아가 어떤 성격을 가지고 있는지도 이해해야 한다. Kretchmar은 "올바른 선택을 집단 때문에 포기한 적이 있습니까? 그 선택과 결정은 그때 자신의 감정과 상황에서 갑작스럽게 내린 결정입니까? 아니면 신중하게 고려하여 선택한 결정입니까?"(Kretchmar) 라고 물어 본다.

3. **가치관의 차별화는 집중력을 높여준다.** 코치가 가치관에 우선순위를 매김으로써, 자기 자신에게 확고한 철학을 성립할 수 있도록 도와준다. 자신이 코치로서 어떤 사람인지, 코치로서 중요한 것이 무엇인지, 그리고 코치를 하는 이유가 무엇인지를 말이다. 코치가 철학적으로 확고해지면, 확고한 리더가 될 수 있고, 훌륭한 모델이 될 수 있으며, 존경 받고, 행복한 코치가 될 수 있다. 코치의 철학이 확고하지 않으며, 다른 사람들에게 우왕좌왕 하고, 에너지, 흥미, 방향, 그리고 용기 없는 코치로 보일 수 있다.

다음은 코치가 가치관의 우선순위를 매기기 위해 필요한 요소들을 알아 볼 것이다.

▶ 가치관 랭킹

우선순위를 매기기 위한 첫 번째 방법은 가치관의 서열을 만드는 것이다. Baier(1958)에 의하면, 가치관에 서열을 만들기 위해 2가지 요소가 필요하다고 했다. 그 두 가지는 "진실을 조사하고, 이유를 판단하라"이다.

▶ 진실을 조사한다.

진실을 조사하기 위해서 코치는 모든 가치관의 특성과 혜택을 파악하고 이해해야 한다. 이 과정을 처리할 때, 3가지 요소를 생각하며 실시해야 한다.

1. 단기적 혜택(이익)과 장기적 혜택(이익)
2. 이 이익과 혜택이 나와 다른 사람들에게 어떻게 미치는지
3. 이 이익과 혜택이 이 요소로 끝나는지, 아니면 다른 이익과 혜택을 창출하는지

진실을 조사하기 위한 과정을 이해하기 위해서, 우승을 어떤 방식으로 순위를 매길 지에 대해 생각하면 된다. 단기적으로 보면, 우승은 기쁨, 행복, 희열, 금메달, 유명세, 그리고 인정과 인식을 수여해 준다. 하지만 장기적으로 본다면, 우승해서 남는 것이라고는 메달 하나밖에 없을 수도 있다. 단기적으로는 선수들뿐만 아니라 코치들도 비슷한 감정을 느끼겠지만, 장기적으로 보면 선수뿐만 아니라 다른 사람들에게도 그렇게 기쁜 마음이 지속되지는 않는다. 우승이란 이익은 그때 그 순간으로 끝난다. 올림픽에서 금메달을 목에 걸었던 선수들도 금메달을 많이 수여 받았거나 꾸준히 받지 못한 선수들은 잊혀지기 마련이다. 하지만 우승이 다른 이윤을 창출할 때에도 있다. 더 좋은 훈련 프로그램으로 옮길 수 있고, 더 높은 대회에 참가할 수 있으며, 선수였다면 코치로 데뷔하기 위해, 아니면 해설자로 직장을 옮길 때에 큰 도움이 된다. 하지만 주로 우승은 그 순간에서 끝난다. 이 현실은 우승을 했던 많은 선수들에게 실망감을 안기고, Bruce Springsteen의 노래 Glory Days에서 그 슬픔을 느낄 수 있다.

미국 올림픽위원회 United States Olympic Committee; USOC 에는 미국의 대표로 올림픽에서 참가했던 선수들이 은퇴를 하고 일상적인 생활로 적응하기 위한 프로그램을 시행하고 있다. 주로 엘리트 선수로 활약했던 사람들은 현실로 돌아오기가 쉽지 않다. 올림픽에 참가하고 금메달을 따기 위해 모든 것을 바쳤던 사람들이기 때문에, 올림픽을 더 이상 참가하지 못하고 은퇴하게 된다면, 그 선수들은 혼란스럽고, 실망하고, 환멸을 느끼며, 우울증에 빠질 수 있다. 올림픽에 참가했던 선수들뿐만 아니라, 엘리트 선수로 활동한 많은 선수들은 스포츠 이외에 삶의 의미를 찾기 위해 큰 어려움을 느끼고 있기 때문에 미국 올림픽위원회는 이 변화를 더욱더 순조롭게 진행하기 위해, 이런 프로그램을 만들었다.

▶ 이유를 판단한다.

이유를 판단하기 위해서 Baier(1958)는 우월성의 원리 rules of superiority 를 사용하라고 제안했다. Kretchmar(20005)은 조사한 정보들을 평가하기 위해 3가지 규칙을 제안했다.

- 요소 그 자체가 훌륭한 것이, 훌륭한 요소들을 유발하는 것보다, 더욱더 큰 가치가 있다

(Frankena, 1973). 다시 말해, 내적 가치는 고유하며 본래 갖추어진 요소들은 비본질적이며, 외적 가치를 유발하는 요소들보다 더욱더 우월하다는 것이다. 예를 들어, 코치가 연습 때 최선을 다 했다면, 코치로서의 자부심과, 성취, 그리고 자신감을 느낄 것이다. 그리고 그 요소들은 그 요소들 자체로 훌륭하며 더 이상 덧붙일 이유가 없다. 그래서 우리는 이것을 <u>끝나는 가치관</u> end values; 종료 가치관 들이라고 일컫는다. 하지만 비본질적이며 외적 가치를 유발하는 요소들은 끝나는 가치관들과 복잡하게 뒤엉켜있다. 예를 들어, 코치가 선수들의 성공과 개선이 중요하다고 여기기 때문에, 연습 때 열심히 하여, 자부심과, 성취, 그리고 자신감을 느끼게 해 주는 것이다. 그렇기 때문에 이런 비본질적인 요소들은 <u>의미 있는 가치관</u> means values 이라고 일컫는다. 다시 말해, 비본질적은 요소들, 선수들의 개선과 성공은 자부심과, 성취, 그리고 자신감을 느끼게 해 주도록 도와주는 것이다.

- **모든 요소들이 똑같은 것을 전제하면, 만족스러운 경험들이 만족스럽지 않았던 경험들보다 더욱 더 큰 영향을 미친다**(Frankena 1973). 우리는 행복과 즐거움을 위해 많은 것을 한다. 하지만 Frankena는 행복과 즐거움 이외에 더 심화적이고, 더 의미 있으며, 더 가치가 있는 것을 제시했는데, 그것은 만족감이다. <u>만족감</u> satisfactoriness 이란 어떤 경험이 흡족한 결과를 유발하고, 자신에 대한 충족과 만족을 일컫는다. 이런 경험들을 쉽게 느끼는 것은 어렵고, 주로 고통과 불편함을 넘어서야 얻을 수 있는 결과이기도 하다. 예를 들어, 많은 선수들이 대회에서 우승을 한 경험은 당연히 기억하지만, 그 보다는 그 선수들은 힘들고 고통스러웠던 훈련들이 더 기억에 남을 것이다. 연습장을 떠나갔을 때, 지치고 힘들지만, 최선을 다 했다는 느낌과 함께, 자기 자신에게 대한 만족, 흡족, 충족, 자부심을 느낄 것이다.

- **만족스러웠던 경험들이 쌓이고 쌓이면, 즐겁고 행복한 순간들뿐만 아니라, 인생의 모든 순간에 의미를 부여할 수 있는 지혜가 주어진다**(MacIntyre, 1984; Bellah et al., 1985, 1991; Singer, 1995). 의미 있는 삶을 산다는 것은 무엇일까? Kretchmar(2005)은 "의미 있는 삶이란, 오래 지속되는 만족감이라고 설명했다. 이것은 우리의 삶의 복잡한 부분들을 이해하도록 도와주며, 일상적인 생활에서 나오는 행복이 무엇인지 깨닫게 도와주고, 인생의 모든 순간순간이 흥미롭고 가치 있다는 것을 알게 해 준다. 우리가 삶이 가치가 있고 의미가 있다고 할 때, 그 때 우리는 일관성 있고, 통찰하며, 목표가 있고, 자기 자신이 주인 되는 삶을 산다고 이야기 하는 것이다.

Kretchmar은 의미 있는 삶을 살기 위해서는 인생이란 책에서 수많은 장이 필요하며, 살아있는 이야기들이 필요하다고 얘기했다. 내가 가치관에 우선순위를 매길 때에도 나는 내 삶의 책에 수많은 장들을 고려하고, 그 수많은 장들에서 나오는 이야기에 귀를 기울어서 결정한다. 일부 훌륭한 선수들은 은퇴한 후에도 의미 있고, 가치 있고, 내구력이 강한 만족한 삶을 살고 있다. 하지만 반대로, 똑같이 훌륭했던 선수들이었어도 그 순간과 시간에 멈추어버린 나머지 삶의 시간은 흘러가는데도 불구하고, 선수였던 그 곳에 머물러서 길을 잃은 사람들도 많이 보았다. 그 사람들의 책을 읽어보면, 마지막 장은 은퇴했던 선수라는 이야기에서 끝나며, 그들은 새로운 장을 쓸 용기를 얻지 못했다. 하지만 NBA에서 활약했던 Tyson Chandler이라는 선수는 이들과는 다르다. Chandler는 운동선수로서 은퇴한 후, 자신의 삶에 새로운 장을 쓸 수 있었다.

2m 10cm가 넘는 Tyson Chandler가 어렸을 때 농구선수로서 경험한 것에 대한 기사를 썼을 때, Jenkins(2011)는 "Chandler는 자신이 만약 NBA 드래프트에서 선발된다면, 자신의 엄마, 그리고 8명의 친구들과 나뉘었던 3칸짜리 방에서 탈출하고, 지금까지 자신을 농구선수로서 키워 왔던 모든 사람들과 연을 끊겠다고 이야기했다. Chandler는 '정말 싫었어요. 그들은 나에게 선택의 여지를 두지 않았어요. 그들은 뭐라던 간에 NBA에 들어가서 나대로, 나답게 살고 싶었어요." Chandler는 어떻게 보면 행운아다. 그는 자신을 통제했던 모든 사람들과 연을 끊을 수 있었고, 자기 자신을 위해 농구를 통해서 자신의 인생의 새로운 장을 써 내려갈 수 있었다. 자신의 아들에 대해서 이야기 했을 때, Chandler는 "내 아이에게 내가 경험 했던 것을 절대로 물려주고 싶지 않아요. 어린 아이들을 프로 선수처럼 대하는 것은 미친 짓이에요. 저 같은 경우는 제가 살고 파는 물건처럼 느껴졌어요. 지금도 생각하면 끔찍해요. 저는 저와 같은 다른 아이들이 두려워요. 아직 어린 아이에게 자기 자신이 아닌 다른 사람으로 살게 하고, 물건처럼, 소유하는 식으로 행동하는 어른들을 보면, 그들에게 그만하라고 말해주고 싶어요."

코치들은 선수들의 실력과 의미 있는 삶을 물려주기 위해 얼마나 큰 영향을 가지고 있는가? 그들이 의미 있는 삶을 살고, 훌륭한 선수가 되기 위해서 코치들은 어떤 가치관을 우선순위에 두고, 어떤 경험들을 물려줄 것인지에 대해 신중하게 생각하고 선택해야 한다. 그렇기 때문에 코치가 가치관에 우선순위를 매길 때, 선수들에게 의미 있는 삶을 물려줄 수 있는 가치관들을 깊이 있게 고민하여 결정해야 한다. 운동선수로서 은퇴한 뒤에도, 만족스럽고 행복한 삶을 살기 위해, 선수들의 스포츠 인생이 끝난 뒤에서 새로운 장을 쓸 수 있는 용기를 주기 위해, 노력하고 노력해야 한다.

▷ 스포츠의 가치

코치를 시작한지 얼마 안 됐을 때, 연습이 일찍 끝나고 집에 와서 내 아내에게 이렇게 말한 적이 있다. "코치라는 것이 이기고 지는 것에 끝나는 것이라면, 나는 더 이상 코치를 하고 싶지 않다!" 나는 코치라는 직업이 그것보다 더 큰 것을 의미했으면 했다. 코치란 직업은 더 의미 있고, 더 높은 영구적인 목표가 있다. 나는 아직도 여름방학 스포츠 프로그램으로 아이들을 가르친 것이 기억난다. 당시 인디애나대학교의 Mark Lenzi가 금메달을 딴 뒤였으나, 나는 아이들이 Lenzi 선수가 누군지 몰랐던 것에 대해 크게 흥분한 적이 있다. 나는 그때 깨달았다, 메달은 썩고, 유명세는 파도를 타고 사라지며, 챔피언은 시간이 가면서 서서히 사라진다. 그럼 스포츠에 영구적인 것은 무엇인가?

나는 코치로서 은퇴 한 후, 다이빙이란 스포츠에게 얻은 만큼 돌려주고 싶은 책임감을 가지고 있었다. 지금 다이빙이란 스포츠를 시작했던 어린 선수들과 다이빙에 관련된 모든 사람들에게 무언가를 하고 싶었는데, 내가 이것을 하고 싶었던 동기는 지금까지 우승했던 것이나, 목에 걸었던 메달과는 아무 관련이 없었다. 나는 이 스포츠를 경험하면서, 스포츠가 나에게 소중한 것을 주었으며, 나의 책을 의미 있는 이야기들로 쓸 수 있었던 것에 감사하여 행동한 것이다.

다음은 선수들이 스포츠를 경험하면서 배울 수 있는 인생의 교훈이다.

- **경쟁.** 경쟁을 통해서 선수들은 상호간의 만족감과 협력의 중요성을 경험할 수 있다. 선수들은 행복, 긴장, 드라마, 흥분, 결심, 도전과 이 외에도 더 많은 중요한 교훈을 경험할 수 있다. 그리고 선수들은 자신의 잠재력을 최고치로 발휘하는 느낌도 알 수 있다. 코치들은 우승하는 것보다 이런 요소들을 강조해야 한다.
- **긍정적인 태도.** 세계의 모든 사람들이 비슷한 어려움을 겪는다. 그리고 스포츠에서 선수로 활동하는 선수들도 똑같은 어려움을 겪기 마련이다. 이 어려움들은 실패, 패배, 두려움, 자기 자신에 대한 의심, 그리고 포기처럼 쓰라린 경험들이 있다. 모든 사람들이 똑같은 어려움을 경험하지만 그 똑같은 어려움을 어느 시각과 관점에서 보는지에 따라 그리고 그 어려움에 어떻게 반응하는지에 따라, 사람들의 인생도 달라진다. 이 차이점은 태도에서 나오는데 코치들은 이 긍정적인 태도의 가치를 우선순위에 두어야 한다.
- **실패.** 실패는 성공의 어머니라는 말이 있듯이, 선수들에게 실패하는 것이 얼마나 가치 있는 경험이고, 성장하기 위한 필수 단계라는 것을 가르쳐줘야 한다. 스페인의 유명한 철학자 George Santayana(1905)는 "과거를 기억하지 못하는 자는 반복할 수밖에 없다"고 이야기 했다. 선수들에게 실수하는 것은 괜찮다고 알려주고 격려해주는 것이 필요하다. 실수처럼 소중한 학습 경험도 없다. 선수들이 실패를 하고 나서, 넘어지고 나서도 힘차게 일어나는 그 자체가 얼마나 소중하고, 중요한 가치인지 가르쳐줘야 한다.
- **패배.** 패배는 동기 부여에 도움이 된다. 선수들에게 패배의 가치와 회복력 resiliency 과 지속 persistence 의 중요성을 가르쳐야 한다. 선수들이 패배하는 것은 일시적인 좌절이라는 것을 설명해주고 내일 다시 열심히 훈련하기 위한 동기가 된다는 것을 알려주는 것이 좋다. 그리고 이러한 패배는 끊임없이 도전하는 선수와 회복력이 좋은 선수가 되기 위한 과정이라는 것을 가르쳐줘야 한다. 코치는 지속과 회복력의 모델이 되어야 한다.
- **용기.** 용기란 두려움이 없는 것이 아니다. 용기란 두려움이 있는데도 불구하고 대면하

는 것이다(두려움에 맞서는 것이다). 경험이 쌓이고 쌓이면, 선수는 그 경험들을 통해, 힘, 용기, 그리고 자신감을 얻는다. 선수들에게 자신의 두려움에 물러서지 말고, 당당하게 대면하는 것이 얼마나 중요한지 가르쳐줘야 한다. 선수들의 자율성을 키워서, 두려움과 맞서 싸워 도전을 즐길 줄 아는 사람이 될 수 있도록 도와주어야 한다.

- **자기 자신에 대한 믿음.** 모든 사람은 자기 자신을 의심하고, 자기 머릿속에서 나오는 목소리들과 싸워야 할 상황에 놓일 수밖에 없다. "내가 만약에 해낼 수 없다면?" "내가 만약에 실패한다면?" "내가 이 많은 사람들 앞에서 망신을 당한다면?" 선수들에게 자기 자신에 대한 믿음을 키워서 자기 자신에 대한 의심을 없앨 수 있도록 도와주어야 한다. 인디애나대학교 수영 코치 Doc Councilman은 "네가 할 수 있다고 생각하면 할 수 있고, 네가 할 수 없다고 생각하면, 할 수 없는 거야!"라고 이야기 했다.

선수들은 자기 자신에 대한 믿음을 학습과 성공을 통해 얻는다. 나는 어느 한 코치가 "글쎄, 나는 어떻게 해야 되는지 가르쳐 줬는데? 선수들이 올바르게 하지 못하는 거야"라고 이야기 한 것을 엿들은 적이 있다. 하지만 Wooden 코치는 "선수들이 올바르게 할 수 있을 때 까지는 코치로서 가르친 게 없다"라고 이야기했다(Nater & Gallimore 2010). 한번 가르쳐줘서 잘하는 사람이 어디 있는가? 선수들이 잘할 수 있을 때 까지 노력과 인내심을 가지고 가르쳐줘야 한다.

- **문제.** 선수들에게 문제는 또 하나의 기회라는 시각과 관점을 가르쳐줘야 한다. 불운이나 일시적인 후퇴는 선수와 사람으로서 발전하고 개선할 수 있는 기회라는 것을 보여줘야 한다. 선수들에게 문제를 장애물로만 보는 것이 아니라, 더욱더 훌륭하고 발전된 사람이 될 수 있는 기회라는 것을 각인시켜야 한다.

- **책임.** 선수들에게 자신의 행동과 실패, 그리고 패배에 정정당당하게 책임지는 방법을 가르쳐줘야 한다. 책임을 지지 않고 이도 저도 아닌 핑계를 대기 시작하면 발전할 수 없다. 하나의 핑계는 자신의 무덤을 파는 삽과 같으며, 핑계가 쌓이면 쌓일수록 무덤의 크기는 커질 수밖에 없고, 그 악순환에 빠져나갈 수 없다는 것을 알려줘야 한다.

- **인내심.** 우승을 하는 선수들을 보면, 선천적으로 태어난 재능보다 끈기와 인내심이 많은 선수가 승리할 때가 많다. 코치들의 입장에서도 유명한 코치들이 항상 이기는 것이 아니라 끈기와 인내심이 많은 코치의 팀이 우승하기 마련이다. 토끼와 거북이의 이야기를 기억하는 것이 좋다. 모든 선수들은 넘어지기 마련이다. 중요한 것은 다시 힘차게 일어나는지 아니면 주저앉는지에 대한 차이다. 선수들은 코치와 같이 포기하고 싶은 순간들이 많다. 하지만 성공적인 사람들은 항상 다시 집중하고, 다시 힘을 모으고, 내일을 위해 준비할 줄 안다. 오늘의 하루가 아무리 힘들고 거칠고 포기하고 싶어도 내일은 항상 오며, 다시 시작할 수 있는 기회는 인생의 모든 사람에게 똑같이 주어진다.

- **노력.** 영국의 유명한 철학자 James Allen(2006)이 얘기했듯이, "모든 인간관계에는

노력과 결과가 존재한다. 노력한 만큼, 결과에 똑같은 영향을 미친다. 하지만 운은 그렇지 않다." 다시 말해, 코치가 투자한 만큼 돌려받는다는 것이다. 선수들에게 노력이 결과에 얼마나 중요한 역할을 하는지 가르쳐줘야 한다. Fransis Bacon이 얘기한 것을 잊지 말라. Bacon는 "자신의 삶과 운명은 자신의 손에 달려 있다"고 했다.

- **믿음**. 믿음은 아직 일어나지 않은 어떤 무언가와 확실하지 않은 것에 대한 믿음을 갖는 것을 의미한다. 믿음 없이는 큰 결과가 나타나지 않는다. 선수들에게 성공에 앞서 노력과 믿음을 먼저 가르쳐야 한다. 또한 코치가 선수들에게 믿음의 모델이 되어야 한다. 큰 믿음을 갖고 있는 코치 밑에서 배우는 선수들도 큰 믿음을 갖기 마련이다. 반대로 큰 믿음을 갖고 있는 선수들이 속한 팀의 코치도 큰 믿음을 갖고 있다.

- **꿈**. 선수들에게 꿈이 얼마나 중요한지 가르쳐줘야 한다. 꿈은 코치와 선수에게 굉장히 중요한데, 그 이유는 선수들이 이루고 싶은 목표를 상상하여 시각화하기 때문이다. 선수들이 이루고 싶은 결과, 그들이 향하고 싶은 방향, 그리고 선수들이 되고 싶은 사람 등을 말이다. 꿈은 코치의 목표를 이룰 수 있도록 도와준다. 그리고 꿈은 어두운 곳의 밝은 희망이며, 힘들고 지친 하루하루의 훈련에 보람을 줄 수 있다.

- **결심**. Charlene Westphal은 용기 있고, 의지가 강한 여자였으며 의사들이 5개월의 시한부 인생을 살 것이라는 진단에도 불구하고, 5년 동안 살았던 비결을 물었을 때, WestphAl은 "희망은 꿈에서부터 시작되지만, 결심하는 것이 매듭을 짓죠."라고 대답했다. 나는 많은 선수들이 자신의 꿈을 이루는 것을 보았는데, 그 이유는 그들의 결심이 너무 강한 나머지, 어떤 문제와 장애물도 넘어섰기 때문이었다. 자신이 꿈 이외에 눈을 낮추어서 생각하지 않았으며, 자신이 결심했던 것을 이루기 위해 최선을 다하고 모든 것을 퍼부었기 때문에 꿈을 이룰 수 있었다고 생각한다. 결심이 강한 선수들은 끊임없이 도전하는 선수, 회복력이 좋은 선수, 그리고 열정적인 선수의 종합체다. 그들을 한 선수로 만들면, 그 선수에게 불가능이란 없다. 결심이 강한 선수, 결심이 강한 코치는 전에 한 번도 꿈꾸지도 못했던 상상을 실현하려고 하며, 왜 안돼? 라는 질문을 던지면서 불가능을 현실로 만들어버리는 능력이 있다.

- **자기 수양**. 꿈은 중요하지만, 선수와 코치가 절제하지 못하고 자기 수양이 부족하여, 노력하지 않고 끈기 있게 도전하지 않는다면, 꿈은 꿈대로 놔둘 수밖에 없다. 많은 선수들과 코치들은 성공에 대해 쉽게 이야기하지만, 막상 노력하고 훈련할 때에 그 모습은 눈을 씻어도 찾아볼 수 없을 때가 많다. 자기 수양이란 하지 말아야 될 것은 하지 말고, 해야 될 것은 하며, 해야 할 시간에 맞추어서 하되, 항상 그렇게 노력하고, 아무도 보지 않을 때에도 똑같이 행동하는 것을 일컫는다.

▷ 철학적인 코치

철학적인 코치로서 자신만의 철학을 코치라는 직업을 택한 첫날부터 성립하기 시작한다. 지식, 과거의 경험, 그리고 다른 사람들의 충고를 토대로 하여 코치의 철학이 만들어지지만, 결국 이 철학은 코치 자신의 철학이기 때문에, 자신의 신념, 도덕, 윤리, 가치관 등이 철학에 반드시 포함되어야 한다. 철학은 자신이 지식과 내성이 쌓이며, 인지적으로 발달하고, 수많은 것을 경험함으로써 성숙되는 과정을 거친다. 자신의 철학과 함께, 이 장에서 던진 질문에 당당하게 대답할 수 있어야 한다. **"이 스포츠의 의미는 무엇인가?" "나는 코치라는 직업을 선택한 이유는 무엇인가?"**

▷ 지혜로운 코치

지혜로운 코치로서 자신의 철학에 대해 항상 고민하고 신중하게 생각하고 있어야 한다. 코치는 선수들, 훈련 프로그램 관련자들, 부모님들, 그리고 수많은 다른 사람들에게 어떤 영향을 끼치고 있는지에 대해 파악하고 있어야 한다. 코치는 인지발달 이론에서 제시한 5번째 단계, 형식적 사고 단계를 거쳐서 실용적인 사고방식과 변증법적 사고방식의 단계로 이르러야 한다. 포괄적이며 실용적인 철학을 적용시켜, 일상적인 생활에서 선택하고 결정해야 될 모든 상황에서 올바른 결과를 유발할 수 있도록 하며, 더 나아가 문제가 발생되면, 수많은 해결책을 찾을 수 있는 폭넓은 시야를 가지고 있어야 한다. 이 장 처음에 언급했던 코치와 달리, 자신의 철학은 훈련 프로그램을 올바른 방향으로 이끌어 가야하며, 더 높고, 멀리 있는 훌륭한 목표들을 향해 앞서 나아가야 한다. 선수들은 코치를 존경하여, 코치가 팀을 떠났을 때, 선수들은 선수로서뿐만 아니라, 사람으로서 더욱 더 훌륭해야 하며, 코치의 철학을 본받아 더 많은 사람들에게 널리 알려야만 한다.

코치의 도구상자

자신만의 철학은 코치의 도구상자에 꼭 필요한 필수품이다. 이 장에서 언급했듯이, 개인의 철학은 신중하게 고려해야 하며, 누군가 코치란 인생을 살아갈 때에, 항상 올바른 선택을 하여 성공적인 결과를 달성할 수 있도록 도와주게 할 수 있다. 자신의 철학은 자신만의 올바른 윤리와 도덕, 그리고 가치관을 꼭 포함시켜야만 한다. 자신의 철학은 다른 코치들의 철학과 달라야 하며, 자신이 코치로서 누구인지, 코치로서 무엇을 이루고 싶은지, 그 목표들을 이루기 위해 어떻게 할 것인지에 대한 정의이다. 철학은 자신의 신념이 반사되는 거울이며, 성공적인 코치가 되기 위해서 자신은 먼저 무엇이 올바른지, 무엇이 가치가 있는지에 대해 정확히 정의를 내려야만 한다. 이 단계가 끝나고 나서야 만이, 선수들에게 코치 자신의 신념과 철학을 가르치고 물려줄 수 있다.

과학적이며 예술적인 코치

우리는 이 책의 소개를 프로 코치와 코치에게 중요한 학습 이론, 패러다임, 과학적인 통계들을 제시하여, 이런 요소들이 성공적인 코치들을 만든다고 설명했다. 하지만 우리는 이 책을 마무리 지을 때에는 아예 다른 것을 이야기한다. 철학은 도덕적 딜레마, 윤리적인 요소들과 가치관을 의미한다. 과학과는 달리 철학은 아무것도 측정하지 않으며, 그렇기 때문에 과학적인 통계가 존재하지 않는다. 하지만 철학은 과학 못지 않게 코치에게 중요하며, 성공적인 코치가 되기 위한 필수 요소이기도 하다.

철학은 그리스 언어의 사랑이라는 단어 Philos와 지혜라는 단어 Sophia에서 유래되었다. 그래서 philosophy, 즉, 철학이라는 단어는 지혜를 사랑한다는 의미이다. 철학은 지혜의 수많은 요소, 윤리, 논리, 진실, 그리고 참된 지식을 포함한 것이며, 과학에서 나온 지식은 철학에서 나온 지식이 없으면 아무런 의미가 없다. 훌륭하고 성공적인 코치가 되기 위해서는 과학적이며 예술적인 코치가 되어야 한다. 이 책을 통해 두 가지 새(두 마리 토끼)를 잡을 수 있기를 바란다.

코치가 이 3가지를 기억한다면

1. **철학의 중요성을 잊지 않는다.** 자신만의 철학을 성립하는 것은 수 천 번 강조해도 모자란다. 왜냐하면 철학은 성공의 고속도로로 다닐 수 있는 자신만의 자동차이기 때문이다. 나의 코치 인생을 되돌아 보았을 때, 나는 코치를 하면서 수많은 장애물을 넘었고, 넘을 수 있도록 도와줬던 것은 나만의 철학이었다. 그 당시에 나는 그 상황이 얼마나 중요한지 파악하지 못했고, 나의 선택과 결정이 어마어마한 결과를 유발할 것이라는 것도 생각하지 못했다. 각각의 상황에서 올바르지 못한 선택을 했을 때에는, 나의 명예와 훈련 프로그램에 먹물을 칠한 적도 있었고, 코치직에서 물러나야 했을 뻔도 했다. 나도 내 선택과 자신에 대한 의심과 실수를 많이 했지만, 나는 나의 선택과 결정에 흔들림이 없었다. 그 이유는 선수들에 대한 스포츠에 대한 그리고 코치의 대한 철학 때문이었다. 나중에 되돌아보면, 코치로서 두 번의 최선의 결정이 장기적으로 봤을 때, 나에게 행복과 만족감과 성공을 주지 않았나 싶다.

2. **포괄적이며 실용적인 철학을 성립한다.** 모든 상황에 옳거나 그름, 흑백이나, 모 아니면 도 같지 않다. 만약 한 선수가 의도적으로 팀의 규칙과 규율을 어겼다면, 그 결과는 명백하고 마땅히 처벌 받아야 한다. 하지만 모든 상황이 이렇게 쉽고 간단치 만은 않으며, 최선의 선택과 결정은 중간 지점에 있는 경우가 많다. 포괄적이며 실용적인 철학은 인간의 복잡한 면을 고려할 줄 안다. 개개인의 차이점을 인정하고, 딜레마와 문제에 대한 수많은 색다른 해결책을 볼 수 있는 시야를 줄 수 있다. 당연한 것과 보이지 않는 것을 고려하여, 효율적이며 올바른 해결책을 찾는 방법을 아는 것이다. 이렇게 보지 못하는 다른 코치들과 달리, 포괄적이며 실용적인 철학을 가지고 있는 코치는 항상 지혜로운 선택과 결정을 내릴 수 있도록 도와준다. 코치의 철학에는 선수들에게 만족스러운 삶을 살 수 있도록, 흡족한 경험을 하도록 도와주며, 스포츠의 인생을 은퇴해도, 의미 있는 삶과 새로운 삶의 장을 써 내려갈 수 있도록 해주는 코치가 되어야 한다.

3. **개인의 철학이 코치로서, 그리고 인간으로서 성장하는 것을 반영한다.** 내가 존경하는 엄격한 올림픽 코치는 나에게 아이들을 가지고 나서 코치하는 방법에 영향을 끼쳤다고 이야기했다. 아이가 생기면, 다른 사람들을 이해하는 능력이 높아지며, 그들을 견딜 수 있는 내성이 쌓인다고 이야기했다. 코치로서 엄격함은 줄어들지 않았지만, 코치하는 스타일과 개성, 그리고 철학이 변경된 것을 볼 수 있었다. 자신의 경험들에 대해 깊이 있게 생각하고 배울 때, 우리는 더욱더 지혜롭고 효율적인 코치가 될 수 있다. 내가 처음에 코치하면서 가지고 있던 신념과 지금의 신념을 그렇게 다르지 않지만, 내가 30년 전의 코치, 20년 전의 코치, 10년 전의 코치, 심지어 2년 전의 코치와 똑같지 않다. 자신의 철학이 본인이 경험했던 것이, 인간으로서 성장했던 과정들이 반영되도록 노력해야 한다. 철학자 Santayana(1913)은 "철학은 철학을 소중히 여기고, 고이 간직하지 않는 이들에게는 아무 의미가 없다"라고 이야기 했다. 자신의 철학을 소중히 여겨서, 다른 사람들에게 영감을 주고, 만족스러운 삶을 살 수 있도록 간직했으면 한다.

추천 도서

Kretchmer, R. S. (2005). *Practical philosophy of sport and physical activity* (2nd ed.). Champaign, IL: Human Kinetics.

Nater, S. & Gallimore, R. (2010). *You haven't taught until they have learned: John Wooden's teaching principles and practices.* Morgantown, WV: Fitness Information Technology.

Wooden, J. & Carty, J. (2010). *Coach Wooden's pyramid of success: Building blocks for a better life.* Ventura, CA: Regal Books.

참고문헌

→ 서문

Brunson, D.A. & Vogt, J.F. (1996). Empowering our students and ourselves: A liberal democratic approach to the communication classroom. *Communication Education, 45,* 73-83.

Buscaglia, L. (Speaker). (1984). "Love." Cassette recording titled *On being fully human.* MCMLXXXIV. Chicago: Nightingale-Conant Corporation.

Chase, W.G. & Simon, H.A. (1973). The mind's eye in chess. In W.G. Chase (ed.), *Visual information processing* (pp. 215-281). San Diego: Academic Press.

Eisner, E.W. (1982). An artistic approach to supervision. In T. J. Sergiovanni (ed.), *Supervision of teaching* (ASCD 1982 Yearbook). Alexandria, VA: Association for Supervision and Curriculum Development.

Kohn, A. (1993). Choices for children: Why and how to let students decide. *Phi Delta Kappa, 75,* 8-16, 18-21.

Rumelhart, D. & Norman, D. (1981). Analogical processes in learning. In J.R. Anderson (ed.), *Cognitive skills and their acquisition* (pp. 335-360). Hillsdale, NJ: Erlbaum.

→ 들어가며

Brunson, D.A. & Vogt, J.F. (1996). Empowering our students and ourselves: A liberal democratic approach to the communication classroom. *Communication Education, 45,* 73-83.

Counsilman, J.E. (1968). *The science of swimming.* Englewood Cliffs, NJ: Prentice Hall.

Eby, J.W. (1998). Reflective planning, teaching, and evaluation: K-12 (2nd ed.). Upper Saddle River, NJ: Merrill.

Eggen, P.D. & Kauchak, D. (2008). *Educational psychology: Windows on classrooms.* Upper Saddle River, NJ: Prentice Hall.

Faulkner, W. (1939). *The wild palms.* New York: Random House.

Faulkner, W. (1950). *Nobel prize speech.* Given at the 1950 Nobel Prize banquet at the City Hall in Stockholm, Sweden, December 10.

Kohn, A. (1993). Choices for children: Why and how to let students decide. *Phi Delta Kappa, 75,* 8-16, 18-21.

Leonard, G. (1992). *Mastery: The keys to success and long-term fulfillment.* New York: Penguin Books.

Lortie, D.C. (1975). *Schoolteacher: A sociological study.* Chicago: The University of Chicago Press.

MacKay, A. (1982). *Project Quest: Teaching strategies and pupil achievement.* Occasional Paper Series, Centre for Research in Teaching, Faculty of Education, University of Alberta, Edmonton, Alberta, Canada.

Martens, R. (2004). *Successful coaching* (3rd ed.). Champaign, IL: Human Kinetics.

Moallem, M. (1997). The content and nature of reflective teaching: A case of an expert middle school science teacher. *Clearing House, 70,* 143-150.

Schmidt, R.A., & Wrisberg, C.A. (2008). *Motor learning and performance: A situation-based learning approach* (4th ed.). Champaign, IL: Human Kinetics.

Sellers, C. (2008). 20 years later-What has changed in America's elite coaches? In http://coaching.usolympicteam.com/coaching/kpub.nsf/v/2ljan08.

Sternberg, R. J., & Horvath, J.A. (1995). A prototype view of expert teaching. *Educational Researcher, 24*, 9-17.

→ Chapter 1

Agbor-Baiyee, W. (1997). A cyclical model of student career motivation. *College Student Journal, 31*, 467-472.

Agne, K., Greenwood, G.E., & Miller, L.D. (1994). Relationships between teacher belief systems and teacher effectiveness. *Journal of Research and Development in Education, 27*, 141-152.

Ashton, P.T., & Webb, R.B. (1986). *Making a difference: Teachers' sense of efficacy and student achievement.* White Plains, NY: Pearson Longman.

Bandura, A. (1962). Social learning through imitation. In N.R. Jones (ed.), *Nebraska Symposium on Motivation.* Lincoln: University of Nebraska Press.

Bandura, A. (1981). Self-referent thought: A developmental analysis of self-efficacy. In Flavell, J.H., & Ross, L. (eds.), *Social cognitive development: Frontiers and possible futures* (200-239). Cambridge: Cambridge University Press.

Bandura, A. (1986). *Social foundations of thought and action: A social cognitive theory.* Englewood Cliffs, NJ: Prentice-Hall.

Bandura, A. (1993). Perceived self-efficacy in cognitive development and functioning. *Educational Psychologist, 28*, 117-148.

Bandura, A. (1997). *Self-efficacy: The exercise of control.* San Francisco: Freeman.

Callow, N., Hardy, L., & Hall, C. (2001). The effects of a motivational general-mastery imagery intervention on the sport confidence of high-level badminton players. *Research Quarterly for Exercise and Sport, 72*, 389-400.

Covington, M.V. (1984). Motivation for self-worth. In R. Ames & C. Ames (eds.), *Research on motivation in education* (pp. 77-113). New York: Academic Press.

Covington, M.V., & Omelich, C.L. (1984). An empirical examination of Weiner's critique of attribution research. *Journal of Educational Psychology, 76*, 1214-1225.

Covington, M.V., & Omelich, C.L. (1987). "I knew it cold before the exam": A test of the anxiety blockage hypothesis. *Journal of Educational Psychology, 79*, 393-400.

Cox, R.H. (2002). Sport psychology: Concepts and applications. Dubuque, IA: Brown. Csikszentimichalyi, M. (1990). *Flow: The psychology of optimal experience.* New York: Harper and Row.

Deci, E.; Koestner, R.; Ryan, R. (2001). "The pervasive negative effects of rewards on intrinsic motivation: Response to Cameron (2001)". *Review of Educational Research 71*(1): 43-51.

Deci, E.L., & Ryan, R.M. (1985). *Intrinsic motivation and self-determination in human behavior.* New York: Plenum.

Deci, E.L., Vallerand, R.J., Pelletier, J.G., & Ryan, R.M. (1991). Motivation and education: The self-determination perspective. *The Educational Psychologist, 26*, 325-346.

Duke, M., Johnson, T.C., & Nowicki, S., Jr. (1977). Effects of sports fitness campus experience on locus of control orientation in children, ages 6 to 14. *Research Quarterly, 48*(2), 280-283.

Eccles, J,S., & Wigfield, A. (2002). Motivational beliefs, values, and goals. *Annual Review of Psychology, 53,* 109-132.

Epstein, J. (1989). Family structures and student motivation: A developmental perspective. In C. Ames & R. Ames (eds.), *Research on motivation in education* (Vol. 3, pp. 259-295). New York: Academic Press.

Feltz, D.L., Chase, M.A., Moritz, S.A., & Sullivan, P.J. (1999). A conceptual model of coaching efficacy: Preliminary investigation and instrument development. *Journal of Educational Psychology, 91,* 765-776.

Feltz, D.L., & Riessinger, C .A. (1990). Effects on in vivo emotive imagery and performance feedback on self-efficacy and muscular endurance. *Journal of Sport and Exercise Psychology, 12,* 132-143 .

Feltz, D.L., Short, S.E., & Sullivan, P.J. (2008). *Self-efficacy in sport: Research and strategies for working with athletes, teams, and coaches.* Champaign, IL: Human Kinetics.

Festinger, L.A. (1957). *A theory of cognitive dissonance theory.* Palo Alto, CA: Stanford University Press.

Festinger, L.A. (1962, October). Cognitive dissonance. *Scientific American, 207,* 93-106.

Garza, D.L., & Feltz, D.L. (1998). Effects of selected mental practice techniques on performance ratings, self-efficacy, and competition confidence of competitive figure skaters. *The Sport Psychologist, 12,* 1-15.

George, T.R., & Feltz, D.L. (1995). Motivation in sport from a collective efficacy perspective. *International Journal of Sport Psychology, 26,* 98-116.

Grove, J.R., & Pargmann, D. (1986). Attributions and performance during competition. *Journal of Sport Psychology, 8,* 129-134.

Harter, S. (1978). Effectance motivation reconsidered: Towards a developmental model. *Human Development, 21,* 34-64.

Hitz, R., & Driscoll, A. (1994). Give encouragement, not praise. Texas Child Care, 17, 2-11. Hoffman, E. (1998). Peak experiences in childhood: An exploratory study. *Journal of Humanistic Psychology, 38,* 109-120.

Horn, T.S. (1984). Expectancy effects in the interscholastic athletic setting: Methodological concerns. *Journal of Sport Psychology, 6,* 60-76.

Jackson, S.A. (1992). Athletes in flow: A qualitative investigation of flow states in elite figure skaters. *Journal of Applied Sport Psychology, 4,* 161-180.

Jackson, S.A. (1995). Factors influencing the occurrence of flow state in elite athletes. *Journal of Applied Sport Psychology, 7,* 138-166.

Jackson, S.A., & Csikszentmihalyi, M. (1999). *Flow in sports: The keys to optimal experiences and performances.* Champaign, IL: Human Kinetics.

Jordan, M. (1994). *I can't accept not trying.* New York: Harper Collins.

Joyce, B., Weil, M., & Calhoun, E. (2009). *Models of teaching.* Boston: Allyn & Bacon.

Kimiecik, J.C., & Stein, G.L. (1992). Examining flow experiences in sports contexts: Conceptual issues and methodological concerns. *Journal of Sport Psychology, 4,* 144-160.

Kounin, J,S. (1970). *Discipline and classroom management.* New York: Holt.

Landin, D., & Herbert, E.P. (1999). The influence of self-talk on the performance of skilled female tennis players. *Journal of Applied Sport Psychology, 11,* 263-282 .

Lefranvois, G.R. (2000). *Psychological theories and human learning: What the Old Man said* (4th ed.). Belmont, CA: Wadsworth.

Lefranvois, G.R. (2000). *Psychology for teaching.* Belmont, CA: Wadsworth.

Lee, KS., Malete, L., & Feltz, D.L. (2002). The strength of coaching efficacy between certified and non certified Singapore coaches. *International Journal of Applied Sport Science, 14,* 55-67.

Maddux, J.E. (1995). Self-efficacy theory: An introduction. In J.E. Maddux (ed.), *Self-efficacy, adaptation, and adjustment: Theory, research, and application* (pp. 3-33). New York: Plenum Press.

Malete, L., & Feltz, D.L. (2000). The effect of a coaching education program on coaching efficacy. *The Sport Psychologist, 14,* 410-417.

Martinek, T. (1981). Pygmalion in the gym. A model for the communication of teacher expectations in physical education. *Research Quarterly for Exercise and Sport, 52,* 58-67.

Maslow, A.H. (1968). Some educational implications of the humanistic psychologies. *Harvard Educational Review, Vol. 38*(4), 685-696.

Maslow, A.H. (1970). *Motivation and personality* (2nd ed.). New York: Harper & Row.

Maslow, A.H. (1971). *The farther reaches of human nature.* Penguin.

Mueller, C.M., & Dweck, C.S. (1998). Praise for intelligence can undermine children's motivation and performance. *Journal of Personality and Social Psychology, 75,* 33-52.

Prapavessis, H., & Carron, A.V. (1988). Learned helplessness in sport. *The Sport Psychologist, 2,* 189-201.

Rogers, C.R., & Freiberg, H.J. (1994). *Freedom to learn* (4th ed.). New York: Merrill.

Rowan, J. (1998). Maslow amended. *Journal of Humanistic Psychology, 38,* 81-92.

Rudisill, M.E. (1988). Sex differences in various cognitive and behavioral parameters in a competitive situation. *International Journal of Sport Psychology, 19,* 296-310.

Seligman, M.E.P. (1995). *The optimistic child.* New York: Houghton Mifflin.

Short, S.E., Bruggeman, J.M., Engel, S.G., Marback, T.L., Wang, L.J., Willadsen, A., Short, M.W. (2002). The effect of imagery function and imagery direction on self-efficacy and performance on a golf putting task. *The Sport Psychologist, 16,* 48-67.

Solomon, G.B. (1998). Coach expectations and differential feedback: Perceptual flexibility revisited. *Journal of Sport Behavior, 21,* issue 3, 298-313.

Solomon, G.B., Striegel, D.A., Eliot, J.E., Heon, S.N., Maas, J.L., & Wayda, V.K. (1996). The self-fulfilling prophecy in college basketball: Implications for effective coaching. *Journal of Applied Sport Psychology, 8,* 44-59.

Stein, G.L., Kimiecik, J.C., Daniels, J., & Jackson, S.A. (1995). Psychological antecedents of flow in recreational sport. *Personality and Social Psychology Bulletin, 21,* 125-135.

Theodorakis, Y., Weinberg, R., Natsis, P., Douma, I., & Kazakas, P. (2000). The effects of motivational versus instructional self-talk on improving motor performance. *The Sport Psychologist, 14,* 253-271.

Vallerand, R.J., & Losier, G.F. (1999). An integrative analysis of intrinsic and extrinsic motivation in sport. *Journal of Applied Sport Psychology, 11,* 142-169.

Weiner, B. (1985). An attributional theory of achievement motivation and emotion. *Psychological Review, 92,* 548-573.

Weiner, B. (1992). *Human motivation: Metaphors, theories, and research.* Newbury Park, CA: Sage.

Weiner, B. (1994). Integrating social and personal theories of achievement striving. *Review of Educational Research, 64,* 557-573.

White, R.W. (1959). Motivation reconsidered: The concept of competence. *Psychological Review, 66,* 297-333.

Wigfield, A., Eccles, JS., & Rodriguez, D. (1998). The development of children's motivation in school contexts. In P.D. Pearson & A. Iran-Nejad (eds.), *Review of Research in Education, 23,* 73-118.

Woolfolk, A.E. & Hoy, W.K. (1990). Prospective teachers' sense of self-efficacy and belief about control. *Journal of Educational Psychology and Aging, 2,* 3-8.

Woolfolk, A.E., Rosoff, B., & Hoy, W.K. (1990). Teachers' sense of efficacy and their beliefs about managing students. *Teaching and Teacher Education, 6,* 137-148.

Zinsser, N., Bunker, L., & Williams, J.M. (2001). Cognitive techniques for building confidence and enhancing performance. In J.M. Williams (Ed.), *Applied sport psychology: Personal growth to peak performance* (pp. 284-311). Mountain View, CA: Mayfield.

→ Chapter 2

Atkins, H. (2011). A Nightmare Ends a Dream. *New York Times,* November 13.

Covington, M.V. (1984). Motivation for self-worth. In R. Ames & C. Ames (eds.), *Research on motivation in education* (pp. 77-113). New York: Academic Press.

Covington, M.V., & Omelich, C.L. (1984). An empirical examination of Weiner's critique of attribution research. *Journal of Educational Psychology, 76,* 1214-1225.

Covington, M.V., & Omelich, C.L. (1987). "I knew it cold before the exam": A test of the anxiety blockage hypothesis. *Journal of Educational Psychology, 79,* 393-400.

Cox, R.H. (2002). *Sport psychology: Concepts and applications.* Dubuque, IA: Brown.

Deci, E.L. & Ryan, R.M. (1985). *Intrinsic motivation and self-determination in human behavior.* New York: Plenum Press.

Deci, E.L. & Ryan, R.M. (2000). The "what" and "why" of goal pursuits: Human needs and self-determination of behavior. *Psychology of Inquiry 11,* 227-268.

Duke, M., Johnson, T.C., & Nowicki, S., Jr. (1977). Effects of sports fitness campus experience on locus of control orientation in children, ages 6 to 14. *Research Quarterly, 48*(2), 280-283.

Epstein, J. (1989). Family structures and student motivation: A developmental perspective. In C. Ames & R. Ames (eds.), *Research on motivation in education* (Vol. 3, pp. 259-295). New York: Academic Press.

Grove, J.R., & Pargmann, D. (1986). Attributions and performance during competition. *Journal of Sport Psychology, 8,* 129-134.

Heider, F. (1944). Social perception and phenomenal causality. *Psychological Review, 51,* 358-374.

Heider, F. (1958). *The psychology of interpersonal relations.* New York: John Wiley and Sons.

Mallett, C., & Hanrahan, S. (2004). Elite athletes: why does the 'fire' burn so brightly? *Psychology of Sport and Exercise, 5,* 183-200.

Prapavessis, H., & Carron, A.V. (1988). Learned helplessness in sport. *The Sport Psychologist, 2,* 189-201.

Rotter, J. B., "Generalized Expectancies for Interpersonal Trust," *American Psychologist,* 1971, 26, pp. 443-452.

Rudisill, M.E. (1988). Sex differences in various cognitive and behavioral parameters in a competitive situation. *International Journal of Sport Psychology, 19,* 296-310.

Seligman, M.E.P. (1995). *The optimistic child.* New York: Houghton Mifflin.

Stallone, S. (1976). *Rocky.*

Vallerand, R.J. (1997). Toward a hierarchical model of intrinsic and extrinsic motivation. Valler and, R.J., & Rousseau, F.L. (2001). Intrinsic and extrinsic motivation in sport and exercise: A review using the hierarchical model of intrinsic and extrinsic motivation. In R. Singer, H. Hausenblas, & C. Janelle (eds.), *Handbook of sport psychology* (2nd ed., pp. 389-416). New York: Wiley.

Weinberg, R.S. & Gould, D. (2011). *Foundations of sport and exercise psychology* (5th ed.). Champaign, IL: Human Kinetics.

Weiner, B. (1972). *Theories of motivation: From mechanism to cognition.* Chicago: Rand McNally.

Weiner, B. (1985). An attributional theory of achievement motivation and emotion. *Psychological Review, 92,* 548-573.

Weiner, B. (1992). *Human motivation: Metaphors, theories, and research.* Newbury Park, CA: Sage.

Weiner, B. (1994). Integrating social and personal theories of achievement striving. *Review of Educational Research, 64,* 557-573.

Zanna, M.P. (2004). *Advances in experimental social psychology.* New York: Academic Press.

→ Chapter 3

Gibbons, T., McConnell, A., Forster, T., Tuffey-Riewald, S., and Peterson, K. (2003). *Reflections on success: U. S. Olympians describe the success factors and obstacles that most influenced their Olympic Development.* Results of the Talent Identification and Development Questionnaire to U.S. Olympians. A USOC 2003 publication.

Grand, D., & Goldberg, A.S. (2011). *This is your brain on sports: Beating blocks, slumps and performance anxiety for good!* Indianapolis: Dog Ear Publishing.

Lefrancois, G.R. (2000). *Psychology for teaching.* Belmont, CA: Wadsworth.

Martens, R. (2004). *Successful coaching.* Champaign, IL: Human Kinetics.

Smith, R.E., & Smoll, F.L. (2001). *Way to go, coach.* Palo Alto, CA: Warde.

Thompson, J. (2003). *The double-goal coach.* New York: Harper-Collins.

Thorndike, E.L. (1898). Animal intelligence: An experimental study of the associative processes in animals. *Psychological Review Monograph Supplement, 2*(8).

Vallerand, R.J., Blanchard, C., Mageau, C., Koestner, R., Ratelle, C., Leonard, M., et al. (2003). Les passions de J'ame: On obsessive and harmonious passions. *Journal of Personality and Social Psychology, 85,* 756-767.

→ Chapter 4

Adams, J.A., (1971). A closed-loop theory of motor learning. *Journal of Motor Behavior, 3,* 111-150.

Ames, C. (1992). Classrooms: Goals, structures and student motivation. *Journal of Educational Psychology,*

84, 261-271.

Brantner, J.P., & Doherty, M.A. (1983). A review of timeout: A conceptual and methodological analysis. In S. Axelrod & J. Apsche (eds.), *The effects of punishment on human behavior.* New York: Academic Press.

Duda, J.L., & Treasure, D.C. (2006). Motivational processes and the facilitation of performance, persistence, and well-being in sport. In J.M. Williams (ed.) *Applied sport psychology: Personal growth to peak performance.* (pp. 57-81). New York: McGraw-Hill.

Gibbons, T., McConnell, A., Forster, T., Tuffey-Riewald, S., and Peterson, K. (2003). *Reflections on success: U.S. Olympians describe the success factors and obstacles that most influenced their Olympic development.* Results of the Talent Identification and Development Questionnaire to U.S. Olympians. A USOC 2003 publication.

Huber, J.J. (2007). *Becoming a champion diver: Striving to reach your greatest potential.* DVD. Ames, IA: Championship Books and Video Productions.

Janelle, C.M., Barba, D.A., Frehlich, S.G., Tennant, L.K., & Cauraugh, J.H. (1997). Maximizing performance feedback effectiveness through videotape replay and a self-controlled learning environment. *Research Quarterly for Exercise and Sport, 68,* 269-279.

Kernodle, M.W., & Carlton, L.G. (1992). Information feedback and the learning of multiple degree-of-freedom activities. *Journal of Motor Behavior, 24,* 187-196.

Lavery, J.J. (1962). Retention of simple motor skills as a function of the number of trials by which KR is delayed. *Perceptual and Motor Skills, 15,* 231-237.

Lee, D.L., & Belfiore, P.J. (1997). Enhancing classroom performance: A review of reinforcement schedules. *Journal of Behavioral Education, 7,* 205-217.

Lepper, M.R. (1981). Intrinsic and extrinsic motivation in children: Detrimental effects of superfluous social controls. In W.A. Collins (ed.), *Aspects of the development of competence: Minnesota symposium on child psychology* (Vol. 14, p~. 155-213). Hillsdale, NJ; Erlbaum.

Lepper, M.R., & Greene, D. (1975). Turning play into work: Effects of adult surveillance and extrinsic reward on children's intrinsic motivation. *Journal of Personality and Social Psychology, 31,* 479-486.

McFadden, A.C., Marsh, G.E. II, Price, B.J., & Hwang, Y. (1992). A study of race and gender bias in the punishment of school children. *Education and Treatment of Children, 15,* 140-146.

Rothstein, A.L., & Arnold, R.K. (1976). Bridging the gap: Application of videotape feedback and bowling. *Motor Skills: Theory into Practice, 1,* 35-62.

Schembechler, B., & Bacon, J.U. (2007). *Bo's lasting lessons.* New York: Business Plus.

Schmidt, R.A., & Lee, T.D. (2011). *Motor control and learning: A behavioral emphasis.* Champaign, IL: Human Kinetics.

Schmidt, R.A., & Wrisberg, C.A. (2008). *Motor learning and performance: A situation-based learning approach.* Champaign, IL: Human Kinetics.

Swinnen, S.P. (1990). Interpolated activities during the knowledge-of-results delay and post knowledge-of-results interval: Effects on performance and learning. *Journal of Experimental Psychology: Learning, Memory, and Cognition, 16,* 692-705.

Thorndike, E.L. (1931). *Human learning.* New York: Appleton-Century-Crofts.

Van Houten, R., & Doleys, D.M. (1983). Are social reprimands effective? In S. Axelrod & J. Apsche (eds.), *The effects of punishment on human behavior.* New York: Academic Press.

Van Houten, R., Nau, P.A., MacKenzie-Keating, S., Sameoto, D., & Colavecchia, B. (1982). An analysis of some variables influencing the effectiveness of reprimands. *Journal of Applied Behavior Analysis, 15,* 65-83.

→ Chapter 5

Bandura, A. (1962). Social learning through imitation. In N.R. Jones (ed.), *Nebraska symposium on motivation.* Lincoln: University of Nebraska Press.

Bandura, A. (1977). *Social learning theory.* Morristown, NJ: General Learning.

Bandura, A., & Walters, R. (1963). *Social learning and personality development.* New York: Holt.

Brewer, K.R., & Wann, D.L. (1998). Observational learning effectiveness as a function of model characteristics: Investigating the importance of social power. *Social Behavior and Personality, 26,* 1-10.

Gibbons, T., Hill, R., McConnell, A., Forster, T., & Moore, J. (2002). *The path to excellence: A comprehensive view of development of U.S. Olympians who competed from 1984-1998.* Results of the Talent Identification and Development Questionnaire to U.S. Olympians. A USOC 2002 publication.

Hughes, M., Nowicki, S., & Lohr, B. (1998). Call learning in black-capped chickadees (Parus atricapillus): The role of experience in the development of "chick-a-dee" calls. *Ethology, 104,* 232-249.

Kaiser, D. H., Zentall, T.R., & Galef, B.G. (1997). Can imitation in pigeons be explained by local enhancement together with trial-and-error learning? *Psychological Science, 8,* 459-460.

Masia, C .L ., & Chase, P.N. (1997). Vicarious learning revisited: A contemporary behavior analytic interpretation. *Journal of Behavior Therapy and Experimental Psychology, 28,* 41-515.

→ Chapter 6

Adams, J.A., (1971). A closed-loop theory of motor learning. *Journal of Motor Behavior, 3,* 111-150.

Alba, J.W., & Hasher, L. (1983). Is memory schematic? *Psychological Bulletin, 93,* 203-231.

Allard, F., & Burnett, N. (1985). Skill in sport. *Canadian Journal of Psychology, 39,* 294-312.

Allard, F., Graham, S., & Paarsalu, M.E. (1980). Perception in sport: Basketball. *Journal of Sport Psychology, 2,* 14-21.

Anderson, J.R. (1976). *Language, memory, and thought.* Hillsdale, NJ: Erlbaum.

Anderson, J.R. (1983). *The architecture of cognition.* Cambridge, MA: Harvard University Press.

Anderson, J.R. (1990). *The adaptive character of thought.* Hillsdale, NJ: Erlbaum.

Anderson, J.R. (1993). *Rules of the mind.* Hillsdale, NJ: Erlbaum.

Anderson, J.R. (2007). *How can the human mind occur in the physical Universe?* NY: Oxford University Press.

Anderson, J.R., Kline, P.J., & Beasley, C.M. (1977). A theory of the acquisition of cognitive skills. *ONR Technical Report 77*-1, Yale University.

Anderson, J.R., Kline, P.J., & Beasley, C.M. (1980). Complex learning processes. In R.E. Snow, P.A. Federico, and W.E. Montague (eds.), *Aptitude, learning, and instruction* (Vol. 2). Hillsdale, NJ: Erlbaum Associates.

Armstrong, T.R. (1970). *Training for the production of memorized movement patterns.* (Tech. Rep. No. 26). Ann Arbor: University of Michigan, Human Performance Center.

Atkinson, R., & Shiffrin, R. (1968). Human memory: A proposed system and its control processes. In K. Spence and J. Spence (eds.), *The psychology of learning and motivation* (Vol. 2). New York: Academic Press.

Baars, B.J. (1986). *The cognitive revolution in psychology.* New York: Guilford Press.

Baddeley, A.D. (1997). *Human memory: Theory and practice* (Revised edition). Hove: Psychology Press.

Bard, C., & Fleury, M. (1981). *Considering eye movement as a predictor of attainment.* In I.M. Cockerill & W.W. MacGillivary (eds.), *Vision and sport* (pp. 28-41). Cheltenham, UK: Stanley Thornes.

Bartlett, F.C. (1932). *Remembering: A study in experimental and social psychology.* Cambridge, England: Cambridge University Press.

Bjork, R.A. (1975). Retrieval as a memory modifier. In R. Solso (ed.), *Information processing and cognition: The Loyola Symposium* (pp. 123-144). Hillsdale, NJ: Erlbaum.

Bjork, R.A. (1979). Retrieval practice. Unpublished manuscript, University of California at Los Angeles. Bruning, R.H., Schraw, G.J., & Ronning, R.R. (1995). *Cognitive psychology and instruction.* Englewood Cliffs, NJ: Prentice-Hall.

Calfee, R.C. (1981). Cognitive psychology and educational practice. In D.C. Berliner (ed.), *Review of research in education* (Vol. 9). Washington, D C: American Educational Research Association.

Catalano, J.F., & Kleiner, B.M. (1984). Distant transfer and practice variability. *Perceptual and Motor Skills, 58,* 851-856.

Chi, M.T.H., Feltovich, P.J., & Glaser, R. (1981). Categorization and representation of physics problems by experts and novices. *Cognitive Science, 5,* 121-152.

Collins, A.M. & Quillian, M.R. (1969). Retrieval time from semantic memory. *Journal of Verbal Learning and Verbal Behavior, 8,* 240-248.

Craik, F.I.M., & Lockhart, R.S. (1986). CHARM is not enough: Comments on Eich's model of cued recall. *Psychological Review, 93,* 360-364.

Dansereau, D.F. (1985). Learning strategy research. In J.W. Segal, S.F. Chipman, & R. Glaser (eds.), *Thinking and learning skills* (pp.1, 209-240). Hillsdale, NJ: Erlbaum.

Easterbrook,J. A. (1959). The effect of emotion on cue utilization and the organization of behavior. *Psychological Review, 66,* 183-201.

Fitts, P.M. (1964). *Perceptual-motor skills learning.* In A.W. Melton (ed.), Categories of human learning (pp. 243-285). New York: Academic Press.

Fitts, P.M. & Posner, M.I. (1967). Human performance. Belmont, CA: Brooks Cole. Gagne, E.D. (1985). *The cognitive psychology of school learning.* Boston: Little, Brown.

Gentile, A.M. (1972). *A working model of skill acquisition with application to teaching.* Quest Monograph XVII, 3-23.

Head, H. (1926). *Aphasia and kindred disorders of speech.* Cambridge: Cambridge University Press.

Huber, J.J. (1997). Differences in problem representation and procedural knowledge between elite and non elite springboard divers. *The Sport Psychologist, 11*(2), 142-159.

Lee, T.D. & Magill, R.A. (1983b). The locus of contextual interference in motor-skill acquisition. *Journal of

Experimental Psychology: Learning, Memory, and Cognition, 9, 730-746.

Lee, T.D., &.Magill, R.A. (1985). Can forgetting facilitate skill acquisition? In D. Goodman, R.B. Wilberg, & I.M. Franks (eds.), *Differing perspectives in motor learning, memory, and control* (pp. 3-22). Amsterdam: Elsevier.

Magill, R.A. (1985). *Motor learning: Concepts and applications.* Dubuque, IA: Brown.

Neisser, U. (1976). *Cognition and reality.* San Francisco: Freeman.

Newell, KM. (1985). *Coordination, control, and skill.* In D. Goodman, R.B. Wilberg, & I.M. Franks (eds.), Differing perspectives in motor learning, memory, and control (pp. 295-317). Amsterdam: North-Holland.

Paivo, A. (1971). *Imagery and verbal processes.* New York: Holt, Rinehart & Winston.

Paivo, A. (1986a). Dual coding and episodic memory: Subjective and objective sources of memory trace components. In F. Klix & H. Hafgendorf (eds.), *Human memory and cognitive capabilities: Mechanisms and performances* (Part A, pp. 225-236). Amsterdam: North-Holland.

Paivo, A. (1986b). *Mental representations: A dual coding approach.* New York: Oxford University Press.

Pearson, P.D. (1984). Guided reading: A response to Isabel Beck. In R.C. Anderson, J. Osborn, & R.J. Tierney (eds.), *Learning to read in American schools* (pp. 21-28). Hillsdale, NJ: Erlbaum.

Rumelhart, D.E. (1981). Schemata: The building blocks of cognition. In J.T. Guthrie (ed.), *Comprehension and teaching: Research reviews* (pp. 3-26). Newark, DE: International Reading Association.

Rumelhart, D.E. & Norman, D.A. (1978). Accretion, tuning, and restructuring: Three modes of learning. In J.W. Cotton & R. Klatzky (eds.), *Semantic factors in cognition* (pp. 161-184). Hillsdale, NJ: Lawrence Erlbaum.

Schank, R.C. & Abelson, R. (1977). *Scripts, plans, goals, and understanding.* Hillsdale, NJ: Lawrence Erlbaum.

Schmidt, R.A. (1975). A schema theory of discrete motor skill learning. *Psychological Review, 82,* 225-260.

Schmidt, R.A. & Lee, T.D. (2011). *Motor control and learning: A behavioral emphasis* (5th ed.). Champaign, IL: Human Kinetics.

Schmidt, R.A . & Wrisberg, C .A. (2004). *Motor learning and performance: A problem-based learning approach* (3rd ed.). Champaign, IL: Human Kinetics.

Schmidt, R.A. & Wrisberg, C .A. (2008). *Motor learning and performance: A situation-based learning approach* (4th ed.). Champaign, IL: Human Kinetics.

Shaffer, L.H. (1980). Analyzing piano performance: A study of concert pianists. In G.E. Stelmach &J. Relquin (eds.), *Tutorials in motor behavior* (pp. 443-455). Amsterdam: Elsevier.

Shea, C.H., & Kohl, R.M. (1991). Composition of practice: Influence on the retention of motor skills. *Research Quarterly for Exercise and Sport, 62,* 187-195.

Shea, C.H., Kohl, R.M., & Indermill, C. (1990). Contextual interference: Contributions of practice. *Acta Psychologica, 73,* 145-157.

Shea, C.H. & Zimmy, S.T. (1983). Context effects in memory and learning movement information. In R. A. Magill (ed.), *Memory and control of action* (pp. 345-366). Amsterdam: Elsevier.

Starkes, J.L. & Deakin, J.M. (1984). Perception in sport: A cognitive approach to skilled performance. InW.F. Straub &J.M. Williams (eds.), *Cognitive sport psychology* (pp. 115-128). Lansing, NY: Sport Science Associates.

Ste-Marie, D.M., Clark, S.E., Findlay, L.C., & Latimer, A.E. (2004). High levels of contextual interference enhance handwriting skill acquisition. *Journal of Motor Behavior, 36,* 115-126.

Thorndike, E.L. (1913). *Educational psychology: The psychology of learning.* New York: Teachers College Press.

Tulving, E. (1983). *Elements of episodic memory.* Oxford, England: Oxford University Press.

Tulving, E. (1985). On the classification problem in learning and memory. In L. Nilsson & T. Archer (eds.), *Perspectives on learning and memory* (pp. 73-101). Hillsdale, NJ: Lawrence Erlbaum.

Williams, A.M. & Davids, K. (1998). Visual search strategy, selective attention, and expertise in soccer. *Research Quarterly for Exercise and Sport, 69,* 111-128.

Williams, J.M. & Harris, D.V. (2006). Relaxation and energizing techniques for regulation of arousal. In J.M. Williams (ed.), *Applied sport psychology: Personal growth to peak performance* (5th ed., pp. 285-305). Dubuque, IA: McGraw-Hill.

Wrisberg, C.A. & Mead, B.J. (1983). Developing coincident-timing skill in children: A comparison of training methods. *Research Quarterly for Exercise and Sport, 54,* 67-74.

→ Chapter 7

Allard, F., Graham, S., & Paarsalu, M.L. (1980). Perception in sport: Basketball. *Journal of Sport Psychology, 2,* 14-21.

Allard, F., & Starkes, J.L. (1980). Perception in sport: Volleyball. *Journal of Sport Psychology, 2,* 22-33.

Arnove, R.F. (2009). *Talent abounds: Profiles of master teachers and peak performers.* Boulder, CO: Paradigm.

Bailey, D.A. & Martin, A.D. (1988). Chapter 9: The growing child and sport: Physiological considerations. In Small, Magill, & Ash (eds.), *Children in sport* (3rd. ed.). Champaign, IL: Human Kinetics.

Bloom, B.S. (1984). The 2 sigma problem: The search for methods of group instruction as effective as one-to-one tutoring. *Educational Researcher, 13*(6), 4-16.

Bloom, B.S. (1985). *Developing talent in young people.* New York: Ballantine.

Book, W.F., & Norvell, L. (1922). The will to learn: An experimental study of incentives in learning. *Pedagogical Seminary, 29,* 305-362.

Bryan, W.L., & Harter, N. (1897). Studies in the physiology and psychology of the telegraphic language. *Psychological Review, 4,* 27-53.

Chi, M.T.H., Feltovich, P.J., & Glaser, R. (1981). Categorization and representation of physics problems by experts and novices. *Cognitive Science, 5,* 121-152.

Cleary, T., & Zimmerman, B.J. (2001). Self-regulation differences during athletic practice by experts, non-experts, and novices. *Journal of Applied Sport Psychology, 13,* 185-206.

Côte, J., & Fraser-Thomas, J. (2008). Play, practice, and athlete development. In Farrow, D., Baker, J., & MacMahon, C. (eds), *Developing sport expertise: Researchers and coaches put theory into practice.* New York: Routledge.

Côte, J., & Gilbert, W. (2009). An integrative definition of coaching effectiveness and expertise. *International Journal of Sports Science & Coaching,* (Vol. 4, no. 3, pp. 307-323).

Côte, J., & Hayes, J. (2002). Children's involvement in sport: A developmental prospective. In J.M. Silva &

D. Stevens (eds.), *Psychological foundations of sport* (2nd ed., pp. 484-502. Boston: Merrill.

Csikszentmihalyi, M., Rathunde, K., & Whalen, S. (1993). *Talented teenagers: The roots of success & failure.* Cambridge, UK: Cambridge University Press,

De Groot, A. (1978). *Thought and choice in chess.* The Hague, Netherlands: Mouton. (Original work published 1946.)

Dvorak, A., Merrick, N.L., Dealey, W.L., & Ford, G.C. (1936). *Type writing behavior: Psychology applied to teaching and learning typewriting.* New York: American Books.

Ericsson, K.A. (2003). Development of elite performance and deliberate practice: An update from the perspective of the expert performance approach. In J.L. Starkes & K.A Ericsson (eds.), *Expert performance in sports: Advances in research on sport expertise* (pp. 49-84). Champaign, IL: Human Kinetics.

Ericsson, K.A., Krampe, R.T., & Tesch-Romer, C. (1993). The role of deliberate practice in the acquisition of expert performance. *Psychological Review, 100*(3): 363-406.

French, K.E., & McPherson, S.L. (2004). Development of expertise in sport. In M.R. Weiss (ed.), *Developmental sport and exercise psychology: A lifespan perspective.* Morgantown, WV: Fitness Information.

French, K.E., Spurgeon, J.H., Graham, K.C., Rink, J.E., & McPherson, S.L. (1996). Knowledge representation and problem solving in expert and novice youth baseball performance. *Research Quarterly for Exercise and Sport, 66*, 194-201.

French, K.E., Spurgeon, J.H., & Nevett, M.E. (1995). Expert-novice differences in cognitive and skill execution components of youth baseball performance. *Research Quarterly for Exercise and Sport, 67*, 386-395.

French, K.E. & Thomas, J.R. (1987). The relation of knowledge development to children's basketball performance. *Journal of Sport Psychology, 9,* 15-32.

Grand, D. & Goldberg, A. (2011). *This is your brain on sports: Beating blocks, slumps, and sporting anxiety for good!* Indianapolis, IN: Dog Ear Publishing.

Gustin, W.C. (1985). *The development of exceptional research mathematicians.* In B.S. Bloom (ed.): Developing talent in young people (pp. 139-192). New York: Ballantine.

Hayes, J.R. (1981). *The complete problem solver.* Philadelphia: Franklin Institute Press.

Horton, S. & Deakin, J.M. (2008). Expert coaches in action. In D. Farrow, J. Baker, & C. MacMahon (eds.), *Developing sport expertise: Researchers and coaches put theory into practice* (pp. 75-88). New York: Rout ledge.

Huber, J.J. (1997). Differences in problem representation and procedural knowledge between elite and non elite springboard divers. *The Sport Psychologist, 11*(2), 142-159.

Janelle, C.M., & Hillman, C.H., (2003). Expert performance in sport: Current perspective and critical issues. In Starkes, J.L., & Ericsson, K.A. (eds.), *Expert Performance in sports: Advances in research on sport expertise* (pp. 19-48). Champaign, IL: Human Kinetics.

Kalinowski, A.G. (1985). The development of Olympic swimmers. In B.S. Bloom (ed.), *Developing talent in young people* (pp. 139-192). New York: Ballantine.

McCann, S. (2002). So you want to be a great "Big Event Coach"—Three things that can make or break you. USOC publication: http://coaching.usolympicteam.com/coaching/kpub.nsf/v/mind 1.

McDermott, J., & Larkin, J.H. (1978). Re-representing textbook physics problems. *Proceedings of the 2nd National Conference of the Canadian Society for Computational Studies of Intelligence.* Toronto: University of Toronto Press.

McPherson, S.L. (1999). Expert-novice differences in performance skills and problem representation of youth and adults during tennis competition. *Research Quarterly for Exercise and Sport, 70*, 233- 251.

Monsaas, J.A. (1985). Learning to be a world-class tennis player. In B.S. Bloom (ed.), *Developing talent in young people* (pp. 211-269). New York: Ballantine.

Pankhurst, A. (2009). *Expert coaches of high performance athletes*. USOC publication: http://coaching.usolympicteam.com/coaching/kpub.nsf/v/21July09.

Pfau, H.D., & Murphy, M.D. (1988). Role of verbal knowledge in chess. *American Journal of Psychology, 101,* 73-86.

Raglin,J.S. & Wilson, G.S. (2000). Overtraining in athletes. In Y.L. Hanin (ed.), *Emotions in sport* (pp.191-207). Champaign, IL: Human Kinetics.

Richman, H.B., Gobet, F., Staszewski, J.J., & Simon, H.A. (1996). Perceptual and memory processes in the acquisition of expert performance: The EPAM model. In Ericsson, K.A. (ed.), *The road to excellence: The acquisition of expert performance in the arts and sciences, sports and games* (pp. 167-188). Mahwah, NJ: Lawrence Erlbaum Associates.

Scanlan, T.K., Russell, D.G., Beals, K.P., & Scanlan, L.A. (2003). Project on elite athlete commitment (PEAK): II. A direct test and expansion of the sport commitment model with elite amateur sportsmen. *Journal of Sport and Exercise Psychology, 25,* 377-401.

Silva, J.M. (1990). An analysis of the training stress syndrome in competitive athletes. *Journal of Applied Sport Psychology, 2,* 5-20.

Simon, H.A., & Chase, W.G. (1973). Skill in chess. *American Scientist, 61,* 394-403.

Sloane, K.D. (1985). Home influences on talent development. In Bloom, B.S. (ed.), *Developing talent in young people* (pp. 439-476). New York: Ballentine.

Starkes, J.L., Deakin, J.M., Allard, F., Hodges, N.J., & Hayes, A. (1996). Deliberate practice in sports: What is it anyway? In K.A. Ericsson (ed.), *The road to excellence: The acquisition of expert performance in the arts and sciences, sports and games* (pp. 81-106). Mahwah, NJ: Erlbaum.

Young, B.W., & Medic, N. (2008). The motivation to become an expert athlete: How coaches can promote long-term commitment. In D. Farrow, J. Baker, & C. MacMahon (eds.), *Developing sport expertise: Researchers and coaches put theory into practice* (pp. 43-59). NewYork: Routledge.

Wallingford, R. (1975). Long distance running. In A.W. Taylor, & F. Landry (eds.), *The scientific aspects of sport training* (pp. 118-130). Springfield, IL: Charles C. Thomas.

Webb, N.L. (1975). An exploration of mathematical problem-solving processes. *Dissertation Abstracts International, 36,* 2689A (University Microfilms No. 75-25, 626).

→ Chapter 8

Bloom, B.S. (1976). *Human characteristics and school learning*. New York: McGraw-Hill.

Buscaglia, L. (Speaker). (1984a). "Love." Cassette recording titled *On being fully human*. MCMLXXXIV. Chicago: Nightingale-Conant.

Buscaglia, L. (Speaker). (1984b). "Love." Cassette recording titled *Teach life*. MCMLXXXIV Chicago:

Nightingale-Conant.

Carron, A.V. & Bennett, B.B. (1977). Compatibility in the coach-athlete dyad. *Research Quarterly, 48,* 671-679.

Gilbert, W, Nater, S., Siwik, M, & Gallimore, R. (2010). The pyramid of teaching success in sport: Lessons from applied science and effective coaches. *Journal of Sport Psychology in Action, 1:2,* 86-94.

Heitman, H.M. & Kneer, M. (1976). *Physical education instructional techniques: An individualized humanistic approach.* Englewood Cliffs, NJ: Prentice Hall.

Joyce, B., Weil, M., and Calhoun, E. (2009). Models of teaching. Englewood Cliffs, NJ: Prentice Hall.

Lefranyois, G.R. (2012). *Theories of human learning: What the professor said.* Belmont, CA: Wadsworth.

Lombardo, BJ (1987). *The humanistic coach: From theory to practice.* Springfield, IL: Thomas.

Piaget, J. (1972). Intellectual development from adolescence to adulthood. *Human Development, 15,* 1-12.

Purkey, W.W., & Novak, J.M. (1996). *Inviting school success: A self-concept approach to teaching, learning, and democratic practice* (3rd ed.). Belmont, CA: Wadsworth.

Rogers, C.R. (1951). *Client-centered therapy: Its current practices, implications, and theory.* Boston: Houghton Mifflin.

Rogers, C.R. (1995). *On becoming a person.* New York: Houghton Mifflin.

Simon, S.B., Howe, L.W., & Kirschenbaum, H. (1972). *Values clarification: A handbook of practical strategies for teachers and students.* New York: Hart Publishing Company.

→ Chapter 9

Alexander, F. (1950). *Psychosomatic medicine: Its principles and applications.* New York: Norton.

Ames, C. (1992). Achievement goals, motivational climate, and motivational processes. In G.C. Robers (ed.), *Motivation in sport and exercise* (pp. 161-176). Champaign, IL: Human Kinetics.

Andersen, M.B. & Williams, J.M. (1988). A model of stress and athletic injury: Prediction and prevention. *Journal of Sport and Exercise Physiology, 10,* 294-306.

Arnold, M.B. (1960). *Emotion and personality* (Vols. 1 & 2). New York: Columbia University Press.

Arnold, M.B. & Gasson, J.A. (1954). *The human person: An approach to an integral theory of personality.* New York: Ronald Press.

Aronson, T. A., Carasiti, I., McBane, D., & Whitaker-Axmitia, P. (1989). Biological correlates of lactate sensitivity in panic-disorder. *Biological Psychiatry, 26,* 463-477.

Bramwell, S.T., Masuda, M., Wagner, N.H., & Holmes, T.H. (1975). Psychological factors in athletic injuries: Development and application of the Social and Athletic-Readjustment Rating Scale (SARRS). *Journal of Human Stress, 1,* 6-20.

Carver, (1996). Cognitive interference and the structure of behavior. In LG. Sarason, G.R. Pierce, & B.R. Sarason (eds.), *Cognitive interference: Theories, methods, and findings* (pp. 25-45). Mahwah, NJ: Lawrence Erlbaum Associates.

Clore, G.L., Schwarz, N., & Conway, M. (1994). Affective causes and consequences of social information processing. In R.S. Wyer & T.K. Srull (eds.), *Handbook of social cognition* (2nd ed., Vol. 1, pp. 323-417). Hillsdale, NJ: Erlbaum.

Cryan, P.O. & Alles, E.F. (1983). The relationship between stress and football injuries. *Journal of Sports Medicine and Physical Fitness, 23,* 52-58.

Dale, J. & Weinberg, R.S. (1990). Burnout in sports: A review and critique. *Journal of Applied Sport Psychology, 2,* 67-83.

Deci, E.L. (1980). The psychology of self-determination. Lexington, MA: Heath (Lexington Books). Duda, J.L. (1992). *Motivation in sport settings: A goal perspective approach.* In G. C. Roberts (Ed., Motivation in sport and exercise (pp. 57-91). Champaign, IL: Human Kinetics.

Duda, J.L., Chi, L., & Newton, M. (1990). *Psychometric characteristics of the TEOSQ.* Paper presented at the annual meeting of the North American Society for the Psychology of Sport and Physical Activity, University of Houston, Houston, TX.

Duda, J.L. & Nichols, J.G. (1992). Dimensions of achievement motivation in school-work and sport. *Journal of Educational Psychology, 84,* 290-299.

Duffy, E. (1957). The psychological significance of the concept of "arousal" or "activation." *Psychological Review, 66,* 183-201.

Easterbrook, J.A. (1959). The effect of emotion on cue utilization and the organization of behavior. *Psychological Review, 66,* 183-201.

Eysenck, H.J. & Calvo, M.G. (1992). Anxiety and performance: The processing efficiency theory. *Cognition and Emotion, 6*(6), 409-434.

Fazey, J., & Hardy, L. (1988). *The inverted-U hypothesis: A catastrophe for sport psychology?* (BAS S Monograph 1). Leeds, UK: White Line Press.

Frijda, N.H. (1986). The emotions. Cambridge: Cambridge University Press. Frijda, N.H. (1988). The laws of emotion. *American Psychologist, 43,* 349-358.

Gawande, A. (2011). Personal best: Top athletes and singers have coaches. Should you? *The New Yorker,* October, pp. 1-9.

Goleman, D. (1997). *Emotional intelligence: Why it can matter more than IQ.* New York: Bantam Books.

Gould, D. (1996). Personal motivation gone awry: Burnout in competitive athletes. *Quest, 48,* 275-289.

Gould, D. & Krane, V. (1992). The arousal-athletic performance relationship: Current status and future directions. In T.S. Horn (ed.), *Advances in sport psychology* (pp. 119-141). Champaign, IL: Human Kinetics.

Hackfort, D. (1996). The display of emotions in elite athletes. *American Journal of Sports Medicine, 24,* 80-84.

Hanin, Y.L. (1978). A study of anxiety in sports. In W. F. Straub (ed.), *Sport psychology: An analysis of athlete behavior* (pp. 236-249). Ithaca, NY: Mouvement.

Hanin, Y.L. (1983a). STAI in sport: Problems and perspectives. In E. Apitzsch (Ed.), *Anxiety in sport* (pp. 129-141). Magglingen, Switzerland: FEPSAC.

Hanin, Y.L. (1986). State-trait anxiety research in the USSR. In C. D. Spielberger & R. DiazGuerrero (eds.), *Cross cultural anxiety* (Vol. 3, pp. 45-64). Washington, DC: Hemisphere.

Hanin, Y.L. (1995). Individual zones of optimal functioning (IZOF) model: An idiographic approach to performance anxiety. In K. Henschen & W. Straub (eds.), *Sport psychology: An analysis of athlete behavior* (pp. 103-119). Longmeadow, MA: Mouvement.

Hanin, Y.L. (1997a). Emotions and athletic performance: Individual zones of optimal functioning model. *European Yearbook of Sport Psychology, 1,* 29-72.

Hanin, Y.L. (1997b). Emotions and athletic performance. In Proceedings, *1st International Meeting on Psychology*

Applied to Sport and Physical Activity (pp. 27-48). Braga, Portugal: University of Minho.

Hanin, Y.L. (2000a). Individual zones of optimal functioning (IZOF) model: Emotion-performance relationships in sport. In Y.L. Hanin (ed.), *Emotion in sport* (pp. 65-89). Champaign, IL: Human Kinetics.

Hanin, Y.L. (2000b). Successful and poor performance and emotions. In Y.L. Hanin (ed.), *Emotion in sport* (pp. 157-187). Champaign, IL: Human Kinetics.

Hanson, S.J., McCullagh, P., & Tonymon, P. (1992). The relationship of personality characteristics, life stress, and coping resources to athletic injury. *Journal of Sports and Exercise Psychology, 14,* 262-272.

Hardy, CJ., & Riehl, M.A. (1988). An examination of the life stress-injury relationship among noncontact sport participants. *Behavioral Medicine, 14,* 113-118.

Harger, G.J. & Raglin, J,S. (1994). Correspondence between actual and recalled pre competition anxiety in collegiate track and field athletes. *Journal of Sport and Exercise Psychology, 16,* 206-211.

Heil, J. (2000). The injured athlete. In Y.L. Hanin (ed.), *Emotion in sport* (pp. 245-265). Champaign, IL: Human Kinetics.

Henschen, K. (2000). Maladaptive fatigue syndrome and emotions in sport. In Y.L. Hanin (ed.), *Emotion in sport* (pp. 231-242). Champaign, IL: Human Kinetics.

Izard, C. (1993). Four systems for emotion activation: Cognitive and non-cognitive processes. *Psychological Review, 100,* 68-90.

Jokela, M. & Hanin, Y.L. (1997). Does the IZOF model discriminate between successful and less successful athletes? A meta-analysis. *Annual Congress of the European College of Sports Science. Book of abstracts* (Part II, pp. 637-638). Copenhagen: University of Copenhagen.

Kallus, K.W. & Kellmann, M. (2000). Burnout in athletes and coaches. In Y.L. Hanin (ed.), *Emotion in sport* (pp. 209-230). Champaign, IL: Human Kinetics.

Kelley, B.C. & Gill, D.L. (1993). An examination of personal/situational variables, stress appraisal, and burnout in collegiate teacher-coaches. *Research Quarterly for Exercise and Sport, 64,* 94-102.

Kellman, M., Kallus, K.W., Steinacker, J., & Lormes W. (1997). Monitoring stress and recovery during the training camp for the Junior World Championships in rowing. *Journal of Applied Sport Psychology, 9* (Suppl.), S114.

Kleine, D. (1990). Anxiety and sports performance: A meta-analysis. *Anxiety Research, 2,* 113-131.

Krane, V. (1992). Conceptual and methodological considerations in sport anxiety research: From the inverted-U to catastrophe theory. *Quest, 44,* 72-87.

Kubler-Ross, E. (1969). *On death and dying.* New York: Macmillan.

Landers, D.M. & Boutcher, S.H. (1998). Arousal-performance relationships. In J.M. Williams (ed.), *Applied sport psychology: Personal growth to peak performance* (3rd ed., pp. 197-218). Mountain View, CA: Mayfield.

Lazarus, R.S. (1991a). Cognition and motivation in emotion. *American Psychologist, 46*(4), 352-367.

Lazarus, R.S. (1991b). *Emotion and adaptation.* New York: Oxford University Press.

LeDoux, J.E. (1993). Emotional networks in the brain. In M. Lewis & J. Haviland (eds.), *Handbook of emotions* (pp. 109-118). New York: Guilford Press.

LeDoux, J.E. (1994). Emotion, memory, and the brain. *Scientific American, 270,* 50-57.

LeUnes, A.D. & Nation, J.R. (1996). Sport psychology: An introduction. Chicago: Nelson-Hall. Mandler, G. (1984). *Mind and body: Psychology of emotion and stress.* New York:

Norton. Martens, R., Vealey, R.S., & Burton, D. (1990). *Competitive anxiety in sport.* Champaign, IL: Human Kinetics.

Maslach, C. & Jackson, S.E. (1986). *Maslach Burnout Inventory.* Palo Alto, CA: Consulting Psychologists Press.

Morgan, W.P., Brown, D.R., Raglin, J.S., O'Connor, P.J., & Ellickson, K.A. (1987). Psychological monitoring of overtraining and staleness. *British Journal of Sports Medicine, 21,* 107-114.

Morgan, W.P., O'Connor, P.J., Sparling, P.J., & Pate, R.R. (1987). Psychological characterization of the elite female distance runner. *International Journal of Sports Medicine, 8,* 3124-3131.

Newton, M. & Duda, J.L. (1993). The relationship of task and ego orientation to performance: Cognitive content, affect, and attributions in bowling. *Journal of Sport Behavior, 16,* 209-220.

Nicholls, J. (1984). Achievement motivation: Conceptions of ability, subjective experience, task choice, and performance. *Psychological Review, 91,* 328-346.

Nideffer, R.M. (1989). Anxiety, attention, and performance in sports: Theoretical and practical considerations. In D. Hackfort & C.D. Spielberger (eds.), *Anxiety in sports: An international perspective* (pp. 117-136). New York: Hemisphere.

Niedenthal, P.M. & Setterlund, M.B. (1994). Emotion congruence in perception. *Personality and Social Psychology Bulletin, 20,* 401-411.

Oatley, K. & Jenkins, J.M. (1996). *Understanding emotions.* Cambridge, MA: Blackwell Scientific.

Ortony, A., Clore, G.L., & Collins, A. (1988). *The cognitive structure of emotions.* Cambridge: Cambridge University Press.

Oxendine, J.B. (1970). Emotional arousal and motor performance. *Quest, 13,* 23-32.

Pennebaker, J.W. & Beall, S.K. (1986). Confronting a traumatic event: Toward an understanding of inhibition and disease. *Journal of Abnormal Psychology, 95,* 274-281.

Raglin, J.S. (1992). Anxiety and sport performance. In J.O. Holloszy (ed.), *Exercise and sport sciences reviews* (Vol. 20, pp. 243-274). New York: Williams & Wilkins.

Raglin, J. S . & Hannin, Y.L. (2000). Competitive Anxiety. In Y.L. Hannin (ed.), *Emotions in Sport* (pp. 93-111). Champaign, IL: Human Kinetics.

Randle, S. & Weinberg, R. (1997). Multidimensional anxiety and performance: An exploratory examination of the zone of optimal functioning hypothesis. *Sport Psychologist, 11,* 160-174.

Schwarz, N. & Strack, F. (1991). Evaluating one's life: A judgment model of subjective well-being. In F. Strack, M. Argyle, & N. Schwarz (eds.), *Subjective well-being: An inter disciplinary perspective* (pp. 27-47). Oxford: Pergamon Press.

Schwarz, N., Strack, F., Kommer, D., & Wagner, D. (1987). Soccer, rooms and quality of your life: Mood effects on judgments of satisfaction with life in general and with specific life domains. *European Journal of Social Psychology, 17,* 69-79.

Shea, J.B. & Morgan, R.L. (1979) Contextual interference effects on the acquisition, retention, and transfer of a motor skill. *Journal of Experimental Psychology: Human Learning and Memory, 5,* 179-187.

Silva, J.M. (1990). An analysis of the training stress syndrome in competitive athletics. *Journal of Applied Sport Psychology, 2,* 5-20.

Smith, R.E. (1986). Toward a cognitive-affective model of athletic burnout. *Journal of Sports Psychology, 8,* 36-50.

Smith, R.E. (1996). Performance anxiety: Cognitive interference, and concentration enhancement strategies in sports. In I.G. Sarason, G.R. Pierce, & B.R. Sarason (eds.), *Cognitive interference: Theories, methods, and findings* (pp. 261-283). Mahwah, NJ: Lawrence Erlbaum Associates.

Smith, R.E., Smoll, F.L., & Ptacek, S.T. (1990). Conjunctive moderator variables in vulnerability and resiliency: Life stress, social support, coping skills, and adolescent sport injuries. *Journal of Personality and Social Psychology, 58,* 360-370.

Spielberger, C .D. (1972). Anxiety as an emotional state. In C .D. Spielberger (ed.), *Anxiety: Current trends in theory and research* (Vol. 1). New York: Academic Press.

Spielberger, C.D., Gorsuch, R.L., & Lushene, R.E. (1970). *Manual for the state-trait anxiety inventory (STAI).* Palo Alto, CA: Consulting Psychologist Press.

Spielberger, C.D., Gorsuch, R.L., Lushene, R.E., Vagg, P.R., & Jacobs, G.A. (1983). *Manual for the state trait anxiety inventory: STAI* (Form Y). Palo Alto, CA: Consulting Psychologist Press.

Taylor, A.H., Daniel, J.V., Leith, L., & Burke, R.J. (1990). Perceived stress, psychological burnout and paths to turnover intentions among sport officials. *Journal of Applied Social Psychology, 2,* 84-97.

Teigen, K.H. (1994). Yerkes-Dodson: A law for all seasons. *Theory & Psychology, 4,* 525-547.

Turner, P.E. & Raglin, J. S. (1996). Variability in pre competition anxiety and performance in college track and field athletes. *Medicine and Science in Sports and Exercise, 28*(3), 378-385.

Vallerand, R.J. (1987). Antecedents of self-related affects in sport: Preliminary evidence on the intuitive-reflective appraisal model. *Journal of Sport Psychology, 9,* 161-182.

Vallerand, R.J. & Blanchard, C.M. (2000). The study of emotion in sport and exercise: Historical, definitional, and conceptual perspectives. In Y. L. Hanin (Ed.), *Emotion in sport* (pp. 3-37). Champaign, IL: Human Kinetics.

Vanden Auweele, Y., Cuyper, B.D., Mele, V.V., & Rzewnicki, R. (1993). Elite performance and personality: From description and prediction to diagnosis and intervention. In R.N. Singer, M. Murphy, & L.K. Tennant (Eds.), *Handbook of research on sport psychology* (pp. 257-289). New York: Macmillan.

Vealey, R.S., Udry, E.M. Zimmerman, V., & Soliday, J. (1992). Intrapersonal and situational predictors of coaching burnout. *Journal of Sports and Exercise Psychology, 14,* 40-58.

Weinberg, R.S. (1990). Anxiety and motor performance: Where do we go from here? *Anxiety Research, 2,* 227-242.

Weiner, B. (1977). Attribution and affect: Comments on Sohn's critique. *Journal of Educational Psychology, 69,* 506-507.

Weiner, B. (1995). *Judgments of responsibility: A foundation for a theory of social conduct.* New York: Guilford.

Williams, J.M. (1986). Psychological characteristics of peak performance. In J. M. Williams (Ed.), *Applied sport psychology: Personal growth to peak performance* (pp. 121-132). Palo Alto, CA: Mayfield.

Winton, W.M. (1987). Do introductory textbooks present the Yerkes-Dodson law correctly? *American Psychologist, 42,* 202-203.

Yerkes, R.M. & Dodson, J.D. (1908). The relation of strength of stimulus to rapidity of habit formation. *Journal of Comparative Neurology and Psychology, 18,* 459-482.

Zevon, M.A. & Tellegen, A. (1982). The structure of mood change: An idiographic/nomothetic analysis. *Journal of Personality and Social Psychology, 43*(1), 111-122.

Chapter 10

Copeland, W.D. (1987). Classroom management and student teachers' cognitive abilities: A relationship. *American Educational Research Journal, 24,* 219-236.

Dreikurs, R., & Gray, L. (1968). *Logical consequences: A new approach to discipline.* New York: Hawthorne.

Dreikurs, R., Gunwald, B.B., & Pepper, F.C. (1982). *Maintaining sanity in the classroom: Classroom management techniques* (2nd ed.). New York: Harper & Row.

Gilbert, W, Nater, S., Siwik, M, & Gallimore, R. (2010). The pyramid of teaching success in sport: Lessons from applied science and effective coaches. *Journal of Sport Psychology in Action, 1:2,* 86-94.

Glasser, W. (1969). *Schools without failure.* New York: Harper & Row.

Grossnickle, D.R., & Sesko, F.P. (1990). *Preventive discipline for effective teaching and learning.* Reston, VA: National Association of Secondary School Principals.

Kounin, J.S. (1970). *Discipline and classroom management.* New York: Holt, Rinehart & Winston.

Marland, M. (1975). *The craft of the classroom: A survival guide to classroom management at the secondary school.* London: Heinemann Educational Books.

Premack, D. (1965). Reinforcement theory. In D. Levine (Ed.), *Nebraska Symposium on Motivation.* Lincoln, NE: University of Nebraska Press.

Thorndike, E.L. (1932). Rewards and punishment in animal learning. *Comparative Psychology Monographs, 8,* (39).

Thorndike, E.L. (1933). A proof of the law of effect. *Science, 77,* 173-175.

Walters, G.C., & Grusec, J.E. (1977). *Punishment.* San Francisco: Freeman.

Webster, S.W. (1968). *Discipline in the classroom: Basic principles and problems.* New York: Chandler.

Chapter 11

Allen, J. (2006). *As a man thinketh.* New York: Tarcher/Penguin.

Baier, K. (1958). *The moral point of view: A rational basis of ethics.* Ithaca, NY: Cornell University Press.

Basseches, M. (1984). *Dialectical thinking and adult development.* Norwood, NJ: Ablex.

Bellah, R., Madsen, R., Sullivan, W., Swidler, A., & Tipton, S. (1985). *Habits of the heart: Individualism and commitment in American life.* Berkeley: University of California Press.

Bellah, R., Madsen, R., Sullivan, W., Swidler, A., & Tipton, S. (1991). *The good society.* New York: Knopf.

Dyer, W.W. (2001). *Your erroneous zones.* New York: Harper Collins.

Frankena, W. (1973). *Ethics.* (2nd ed.) Englewood Cliffs, NJ: Prentice Hall.

Glover, J. (2000). *Humanity: A moral history of the twentieth century.* New Haven, CT: Yale University Press.

Gough, R. (1997). *Character is everything: Promoting ethical excellence in sport.* Fort Worth, TX: Harcourt Brace.

Jenkins, L. (2011). Big D (finally) gets its big man. *Sports Illustrated.* January, 17, 2011.

Kidder, R. (1994). *Shared values for a troubled world: Conversations with men and women of conscience.* San Francisco: Jossey-Bass.

Kounin, J.S. (1970). *Discipline and classroom management.* New York: Holt.

Kretchmar, R.S. (2005). *Practical philosophy of sport and physical activity.* Champaign, IL: Human Kinetics.

Labouvie-Vief, G. (1980). Beyond formal operations: Uses and limits of pure logic in life-span development. *Human Development, 23,* 141-161.

Labouvie-Vief, G. (1986). Modes of knowledge and the organization of development. In M.L. Commons, L. Kohlberg, F.A. Richards, & J. Sinnott (eds.), *Beyond formal operations. 3: Models and methods in the study of adult and adolescent thought.* New York: Praeger.

McIntyre, A. (1984). *After virtue.* (2nd ed.) Notre Dame, IN: Univ. of Notre Dame Press.

Midgley, M. (1994). *The ethical primate: Humans, freedom, and morality.* New York: Routledge.

Nater, S. & Gallimore, R. (2010). *You haven't taught until they have learned: John Wooden's teaching principles and practices.* Morgantown, WV: Fitness Information Technology.

Piaget, J. (1961). The genetic approach to the psychology of thought. *Journal of Educational Psychology, 52,* 275-281.

Piaget, J. (1972). Intellectual development from adolescence to adulthood. *Human Development, 15,* 1-12.

Reilly, R. (2006). *Dingbats, dodos and doozies.* Sports Illustrated, November 27, 2006.

Santayana, G. (1905). *Life of reason, reason in common sense.* New York: Scribner.

Santayana, G. (1905). *The life of reason, Vol. 1 of 4: The phases of human progress.* New York: Scribner.

Santayana, G. (1913). *Winds of doctrine: Studies in contemporary opinion.* New York: Scribner.

Singer, P. (1995). *The expanding circle: Ethics and sociobiology.* New York: Farrar, Straus & Giroux.

INDEX

(4)

4가지 F *410, 412*

(7)

7가지 R *361*

(A)

ACT-R 이론 *225, 229, 238*

(M)

Maslach의 소진 척도 *366*
Maslow의 욕구 위계 이론 *24*
Maslow의 위계적 욕구 *316*
MURDER *208*

(R)

RIPS *208*
Rogers 이론 *294, 302*
RUNS *208*

(S)

Skinner 상자 안의 선수 *128, 159*

(ㄱ)

가르치는 게임 *260, 261*
가변 강화계획 *144*
가변 연습 *221-223, 230, 238*
가치 *6, 14, 15, 35, 39, 41, 44-47, 56, 66, 81, 82, 87, 90, 92, 94, 126, 127, 145, 151, 156, 157, 172, 174, 176, 185, 266, 292, 293, 294, 301, 317, 318, 321, 364, 368, 399, 400, 426, 435, 438, 439, 440, 444*
가치관 *418-420, 426, 429, 435-439, 443, 444*

각성 *30, 31, 57, 59, 174, 176, 178, 203, 204, 219, 235-237, 246, 334-338, 341, 351*
각성 이론 *24, 30, 31*
간격 강화계획 *143, 144*
간헐적 강화 *143, 144*
갈등 해결 *358*
감각 능력 *174*
감정 강화 *297*
강화 *24-30, 41, 44-49, 67, 69, 70, 89, 94, 117, 128-136, 138-146, 148, -162, 168-170, 175, 179, 181-185, 187, 188, 213, 221, 226-231, 236, 237, 266, 267, 297, 303, 313, 317, 357, 364, 384, 388, 394, 398, 399, 401-403, 409-411, 414, 433, 434*
강화 계획 *142-144, 160*
강화 사용 *266*
개념 *9, 35, 38, 56, 64-66, 75, 78, 87, 88, 94, 114, 117, 142, 153, 158, 167, 172, 177, 187, 192, 194, 197, 199-202, 205, 208, 217, 220, 224-227, 238, 240, 248, 250, 251, 263, 265, 266, 293-296, 298, 299, 301, 314, 316, 317, 319, 320, 322, 340, 351, 352, 362, 380, 381, 383, 389, 393, 398, 399, 402, 422, 429*
개방 기술 *222*
개인 간 결과 *347*
개인 내 결과 *347, 356*
개인 연습 계획 *393*
개인 책무성 *77*
개인적 가치 *297, 301*
개인적정기능영역 *338-342, 373, 374*
거시적인 동작 생성 규칙 *227, 234*
건강적 결과 *353*
게임 접근 *6*
결과지식 *26, 144-146, 278*
결핍 욕구 *51*
결합 *61, 76, 81, 84, 101, 116, 117, 121, 122, 133, 144, 146, 174, 176, 198, 286, 316, 357, 367, 423*
결합 강화 계획 *143, 144*
경쟁 분위기 *90*
고도의 전문적인 연습 *107, 242-244, 249-251, 253, 254, 256-264, 267-269, 272, 273, 275, 279, 284-287*

INDEX **467**

고도의 전문적인 코치   275
고도의 활동   250, 258, 259
고전적 조건화   101, 102
고전적 조건화 패러다임   102
고전적 조건화의 패러다임   101
고정 강화 계획   143, 144
고통   354, 355, 366, 438
곱셈 원리   31
공변화 원리   85-87
과거의 강화   174, 175
과제 분석   8, 314
과제 성향   265
과제 성향 촉진하기   265
과제 중심   90, 333, 334
과학적이며 예술적인 코치   69, 94, 121, 161, 187, 238, 284, 323, 374, 414, 426, 428, 444
과학적인 물질주의   430
관련성   36, 101, 239, 250, 252-254, 272, 336
관리   61, 138, 139, 142, 161, 181, 217, 219, 243, 361, 369, 380-384, 389, 390, 393-395, 398, 400-402, 413-415, 425
관찰학습   44, 168-172, 178, 179, 183-188, 371
교사 효능감   38
교수적 발판   66
교육심리학   1, 2
교육학   15, 423
구성주의   65, 69, 70, 289, 292, 313-316
구성화   226, 230, 236
구체적인 화용론   427
구획   32, 33
귀인 이론   31, 37, 54, 73, 75, 76, 85, 91, 94, 302, 331
귀인, 성취동기와 자부심 간의 관련성   81
그룹 세분화   392, 393
근육에서 뇌로 전달하는 기술   235
근접성   117
급격한 변화   391
급변   392
긍정적인 자아   295, 296, 298, 299, 302
긍정적인 정서   61, 63, 106, 122, 334, 339, 343, 344, 358
기능적 귀인 전략   83
기대-가치 이론   24, 44-46
기대치   13, 17, 22, 34, 39, 45-47, 49, 50, 137, 168, 256, 266, 298, 405

기본 욕구   51, 53, 69, 70, 90, 316
기억   7, 8, 29, 37, 54, 56, 63, 68, 70, 74, 85, 95, 104, 106, 108, 109, 111, 115-117, 120, 122, 127, 137, 138, 140, 142, 144, 148, 152-156, 159, 162, 175, 176, 178, 184, 188, 192, 194-202, 204-208, 210, 214-216, 220, 222, 225, 226, 229, 230, 233, 234, 236-240, 246, 258, 268, 269, 273, 277, 286, 287, 292, 295, 298, 299, 332, 335, 338, 342, 360, 361, 364, 372, 374, 381, 383, 390, 403, 405, 408, 411, 415, 438, 440
기억 과정   173, 175, 178
기억 단위   225
기억 단위 유형   200
기억의 3단계   198
기억의 네트워크 모델   201
기억의 네트워크 모델   202
기억의 유형 모델   195
기존 지식   250, 251
끊임없이 도전하는 선수   21, 23, 24, 32, 38, 41, 42, 64, 67, 68, 70, 348, 440, 442
끊임없이 도전하는 코치   68

(ㄴ)

내담자 중심요법   294
내재된 정서적 반응   365
내적 가치   45, 46, 159, 438
내적 동기   27-29, 31, 32, 53, 63, 64-69, 91, 92, 143, 158, 258, 260, 262, 294
내적 피드백   144, 145, 147-150, 155
논리적 귀인   86, 87, 89
논리적인 결과   408, 412
높은 관련성   250, 252, 254
뇌에서 근육으로 전달되는 기술   235
능동적인 참여자   14
능력   4-6, 8, 9, 11-16, 22, 25-27, 30, 32, 33, 35, 37-44, 58, 60, 62, 63, 65, 66, 70, 74-82, 84-90, 93-95, 114, 116, 118, 121, 127, 147, 156, 159, 168-170, 174-176, 178, 182, 183, 185-188, 192-196, 202, 207, 210, 212, 221, 233, 236-239, 242-244, 246-249, 251, 253, 256, 261, 262, 264-266, 271, 272, 279-281, 284, 291, 292, 298, 299, 302, 307, 309, 314-316, 319-324, 328, 334, 336-338, 341, 345, 349, 352, 354, 358, 359, 362, 364-369, 371, 373-375, 388-390, 395, 397, 404, 410, 422, 428, 429, 442, 445
능력에 관한 믿음   75

(ㄷ)

다원주의 429, 430

단계 9, 11, 16, 46, 50, 52, 53, 55, 65, 84, 89, 99, 107, 111, 119, 146, 150, 156, 171, 176-178, 194, 196-198, 200-202, 204-206, 208-214, 216, 217, 219, 221, 223, 226, 227, 229, 230, 232-234, 236, 237, 239, 240, 242, 244, 250, 251, 254, 257-262, 264, 272, 299, 303-306, 311, 316, 317, 327, 343, 354, 355, 359-361, 380, 381, 390, 409, 418, 426, 427, 428, 440, 443, 444

단기 기억 195-198, 204

단기감각 기억 단계 195, 196

단서 유용화 가설 235

단절 391, 392

단호한 대처 355, 358

대리적 강화 181, 184

대처 전략 358, 362, 366, 367

도덕적 나침반 430

도식 이론 194, 210, 216, 220-225, 238, 239

동기 이론 21, 24, 43, 63, 64, 68-70, 90

동기와 욕구 250

동기화 피드백 146

동기화된 행동 강화 48

동료 협동 팀 423

동작 규칙 225, 227, 228

동작 생성 207, 227

동작 생성 규칙 224-231, 234, 236-238, 240

동작 생성 시스템 228, 229

(ㅁ)

마디 201

만족감 36, 75, 80, 88, 92, 170, 258, 267, 333, 334, 344, 438, 440, 444

망각 가설 207

매핑 194

맥락 간섭 효과 206

명제 200

모방 38, 43, 44, 46-49, 69, 167-188, 194, 243, 284, 287, 357, 371, 374, 404-406, 410, 411

모방능력이 뛰어난 선수 167, 186

모방능력이 뛰어난 코치 187

목표 기술 8

목표 상황 8

목표 행동 8

몰입 56-62, 68, 111, 125, 128, 212

몰입 이론 56, 60

무동기 91, 92

무모함 391

무선 강화 계획 143, 144

문제 표상 244, 245

문제 해결 6, 9, 12, 13, 209, 283, 302, 320-324

문제 해결 전략 244, 247

(ㅂ)

반성적 평가 332, 333

반응 대가 135, 136, 403

반응 시간 142, 217, 218, 233, 234

반응 조건화 2, 24, 101-107

반응 조건화 이론 108, 114, 121

반응 프로그래밍 231, 232

발견 학습 65, 313-315, 321

발달 단계 242, 259, 260, 426, 428

변별 131, 141, 142, 173

변증법적 사고방식 426-428, 443

보급성 173, 174, 178

본질적으로 즐겁지 않은 연습 250, 253

부가성 원리 31

부분 강화 143

부적 강화 134, 142, 160, 402, 412

부적 강화물 133, 134

부적응적 귀인 패턴 83

부정 355

부정적인 정서 89, 104, 334, 339, 343, 345, 346, 356

부호화 시스템 199, 206

분산 가설 207

분석에 의한 무능력 현상 349

불안 45, 60, 61, 79, 99, 103, 113-115, 120, 126, 129, 138, 235, 237, 276, 278, 327, 329, 333-343, 348-351, 354-356, 358, 360-364, 366, 367, 369, 371, 372

불쾌감 335

비율 강화 계획 143, 144

비지시적 65, 67, 69, 70, 293, 302, 303-307, 309, 313, 322, 324, 408, 409, 412

비지시적 모델 302, 309

비지시적 코칭 모델 20, 302, 306, 353

(ㅅ)

사회 인지 학습 178, 179
사회 학습 169, 410
사회 행동 129, 151-153, 156, 159, 161, 171, 173, 175, 187, 188
사회적 행동 185
상대적 타이밍 217-220
상위 욕구 53, 54, 69, 70, 316
상위 인지 248
상징적인 모델 172, 173, 182
상태불안 363
상태불안질문지 338, 341
상황 이해 389, 390, 393, 394, 399, 413
생리적 변화 115
생리적 욕구 51, 52
서술적 지식 199, 210, 224, 225
성격적인 부분 435
성공의 피라미드 318, 420, 421, 424, 435
성공적인 교수를 위한 피라미드 316
성찰 9, 52, 66, 67, 322
성찰하는 코칭 9
성취 가치 45
소거 133, 139, 140, 142, 143, 160, 402, 403, 412
소거율 139
소속감과 사랑 욕구 52, 54
소진 26, 257, 354, 356, 358, 364, 366, 367
소진 대처 358
속성 200
속성 규정화 200
수업 방해 391
수여성 처벌 133, 135-137, 160
수행 목표 26, 59, 78, 79, 81, 140, 146
수행 분위기 90
수행 속도 244, 246, 247
수행 지식 27, 144, 145, 278
숙달 분위기 40, 89, 90, 94, 95
숙달 지향적인 선수 81, 82
숙달 학습 158, 299
순간적 피드백 148
스포츠 참여 발달 모델 258, 259
스포츠의 가치 439

시연 175, 176, 198, 200, 201, 205, 208, 246
실용 가치 45, 46
실제 관점 78
실존주의 293
실패-수용 선수 82, 89
실패-회피 선수 81, 89
심리적 욕구 51, 52
심리적 쾌락주의 24
심리학 2, 3, 15, 50, 54, 64, 129, 199, 251, 275, 339, 353, 425

(ㅇ)

안전의 욕구 51
안정성 75, 76, 78, 79, 81, 198, 363, 433
압박 16, 58, 85, 151, 237, 262, 264, 276, 280, 303, 310, 353, 354, 363
억제 효과 405, 412
언어 부호화 시스템 199
언어-운동 단계 209, 213
역 U 가설 336-339, 341
연결주의 이론 116, 117
연속적 강화 143, 144, 146
연습 관리와 훈육 379
열정적인 선수 2, 99, 100, 108, 109, 112, 120-122, 146, 159, 254, 348, 442
열정적인 코치 120, 286
영상 기억 196, 198
오해 6
외적 동기 27, 31, 68, 91, 92, 143
외적 동기와 내적 동기 27
외적 피드백 26, 27, 29, 69, 144-146, 147, 148, 426
요나 콤플렉스 55
요소 우월의 법칙 117, 118
요약 피드백 147
운동 기술 4, 5, 8, 14, 88, 104, 105, 112, 118, 119, 122, 141, 155, 200, 205-207, 213, 216
운동 단계 178, 213, 327
운동 수행 2, 5, 8, 26, 38, 41, 42
운동 재현 173, 176, 178
운동 학습 93, 94
운동 학습 이론 150, 208, 215, 238, 315
운동 행동 129, 151, 155, 156, 159, 161, 162, 171-176, 187, 192, 243, 343

움직임 출력 청크 *234*
원인의 안정성과 불안정성 *78*
원칙적인 코치 *379, 381, 413*
유능성 동기 이론 *24, 63, 64*
유도 효과 *182, 405*
의미적 기억 *199*
의사결정 *4, 7, 8, 14, 66, 88, 90, 111, 155, 159, 234, 303, 305, 306, 321, 350, 377*
이미지 부호화 시스템 *199*
이원론 *430*
이중 부호화 이론 *199*
이타주의 *316, 434*
인간 중심 치료 *293, 294*
인과 관계 차원 척도 *83*
인과 관계 차원 척도 II *83*
인본주의 개념 *275, 297*
인본주의 교정 전략 *381, 408, 410, 412, 414*
인본주의 심리학 *69, 293*
인본주의 예방 전략 *395, 399*
인본주의 이론 *24, 49, 50, 64, 65, 70, 292, 293, 301, 302, 316, 321-323, 401, 413*
인본주의 학습 이론 *50, 291-293, 381*
인정되지 않은 고통 *355*
인지 기술 *4*
인지 단위 *200*
인지 방해 *349-351*
인지 부조화 *32-34*
인지 부조화 이론 *24, 32, 34*
인지 운동 학습 이론 *215*
인지 평가 *331*
인지 평가 이론 *24, 31, 331*
인지 학습 이론 *43, 44, 47, 49, 69, 193, 194, 196, 237*
인지능력이 뛰어난 선수 *2, 191, 193-195, 202, 233, 236, 238, 239*
인지능력이 뛰어난 코치 *237, 238*
인지적 욕구 *316*
인지적 재구조화 *113*
인지주의 교정 전략 *381, 412*
인출 연습 *207*
일반화 *11, 118, 141, 142, 160, 217, 220, 224, 226-230, 236, 237*
일반화된 강화물 *132, 133, 155, 156*
일반화된 운동 프로그램 *217-221, 224*

일반화된 운동 프로그램 이론 *216, 217, 219, 238*
일시적 제외 *135, 136*
일시적 중단 *135*
일정 연습 *222*
일차 강화물 *132, 133, 155*
일화적 기억 *199*
입력 *210, 213, 222, 226, 229, 232, 234, 237-239, 383*

(ㅈ)

자극 *101, 102, 104, 106-108, 110-118, 120-122, 125, 128-135, 137, 138, 142, 148, 150, 154, 159, 160, 169, 172-175, 177, 179, 182, 194, 196-198, 201-204, 216-219, 222, 231-235, 335, 336, 340, 348, 349, 351, 356, 363, 365-367, 373, 384, 388, 391, 402-405*
자극 확인 *194, 204, 231-233, 314*
자극-반응 대안 *217, 218, 234*
자극-반응 부합성 *217, 218, 234*
자극-반응 이론 *97*
자극의 경계 *391*
자기 성찰 *317, 319, 320, 425, 426, 431*
자기결정 이론 *90, 91*
자기결정성 *31, 32, 50, 65, 68, 294, 319, 323*
자기성찰 *317, 319, 320, 425, 426, 431*
자기조절 *267*
자기효능감 *34-42, 44, 46, 49, 63, 68, 69, 332*
자기효능감 이론 *24, 34, 44, 45*
자기훈련 *188*
자신과의 대화 *41-43, 61, 62, 67, 69, 70, 85, 215, 235, 246, 248, 328, 361, 366*
자아개념 *297-299*
자아보호 전략 *87*
자아성향 *265*
자아실현 *50, 53, 55, 56, 63, 65, 66, 294, 296, 302, 316, 321, 323*
자아존중감 *52, 54, 301*
자아중심 학습자 *82*
자아향상 전략 *87*
자연스러운 결과 *408*
자연스러운 인연 *432*
자유도 *217*
자존감 *25, 26, 29, 35-37, 52, 68, 70, 78-83, 87-89, 93, 292, 293, 299, 316, 321, 350, 363, 367, 373, 393, 394, 400, 408, 411, 435*
작동 기억 *201*

잔향 기억   *196, 198*
잠재적 교육과정   *112, 121, 122, 161*
장기 기억   *195, 197-199, 201, 204, 205, 219, 225, 227*
재인 기억   *220*
재인 도식   *221, 223*
적정   *338-343, 373, 374*
전문성 이론   *241-243, 284*
전문적인 선수   *241-244, 246, 249, 252-255, 275, 277, 279, 280, 283, 287*
전문적인 코치   *14-16, 243, 275, 280, 281, 283-287*
전문화 단계   *258-263, 268, 287*
전인적인 사람이 되기 위해서   *294*
전인적인 선수와 코치   *321*
절망   *74, 81, 82, 88, 89, 126, 146, 342*
절차적 지식   *199, 200, 210, 224, 225, 240*
절차화   *226, 227, 229-231, 236*
정교화 가설   *206*
정보처리 단계   *194*
정보처리과정 모델   *195, 196, 202, 238, 240*
정보처리과정 속도   *217, 219*
정서 이론   *327, 358, 373, 374*
정서 패러다임   *330*
정서와 수행   *328, 329*
정서의 귀인 이론   *331*
정적 강화   *133, 134, 142, 160*
정적 강화물   *133*
정지시킬 수 있는 기술   *367*
정화   *303, 304*
정확성 준거   *148, 150*
제거성 처벌   *133, 137, 160*
제외   *4, 119, 135-137, 152, 244, 245, 285, 301, 390, 404*
조건 규칙   *225, 228*
조건 차별화   *227*
조건화된 반응   *129*
조율   *226-228, 236*
조작적   *25, 44, 47, 101, 117, 128-132, 136, 139-142, 145, 150-152, 156, 157, 159-162, 169, 183, 187*
조작적 조건화 이론   *117, 125, 129-131, 155, 157, 159-161*
조작적 조건화 패러다임   *129-131, 145, 161*
조직화   *194, 201, 205, 207, 208, 224, 229, 243, 258, 281, 284*
조형   *140-142, 154, 160*

조화   *10, 57, 60, 284, 316, 320-322*
종료 가치관   *438*
주관적 경험   *343*
주의 방향   *352*
중복 전략   *389, 390, 394, 399*
지각 설정   *174*
지각 왜곡   *32-34*
지각 협소화   *235*
지각된 유능성   *264*
지각된 인과성과 정서적 반응   *79*
지식 기반   *198, 244, 245*
지식 편집   *226, 227, 236*
지연 피드백   *148*
지혜   *110, 139, 280, 284, 307, 319, 380, 387, 409, 411, 415, 417, 421, 427, 428, 438, 444, 445*
지혜로운 코치   *163, 418, 428, 429, 443*
직관적 평가   *332*
직접적 교수   *316*
직접적인 강화   *47, 48, 179, 181, 184, 188*
진실성   *15, 320, 321, 323, 324, 399, 433*
질책   *135-137, 151, 152, 154, 403*
집중하기   *42, 43, 136, 358*

(ㅊ)

참여 기회   *267*
참여 단계   *258-260, 263, 268, 273*
챔피언 행동   *129, 151, 156, 157, 159, 161, 162, 171, 175*
철학적인 코치   *417-420, 427, 428, 443*
청킹   *197, 205, 234*
최적 경험   *56, 60*
최적의 효과   *343, 344*
추론   *79, 89, 409, 410, 412, 415*
추천 도서   *281, 282, 425*

(ㅋ)

코치   *1, 2, 4-17, 22-42, 44, 46-50, 52-58, 60-70, 74, 75, 77, 78, 82-84, 86-91, 93-95, 100, 101, 104-106, 108-112, 116-122, 125, 126, 128, 129, 131-163, 167, 168, 170, 171, 173, 175-177, 179-188, 192-194, 196, 198, 199, 202-211, 213, 214, 217, 219, 223, 224, 229-231, 233, 234, 237-240, 242-244, 246, 248, 249, 251, 253-287, 292-311, 313-324,*

327-330, 334, 342, 345, 347, 348, 350, 353, 355, 357, 358, 360-364, 366, 368-375, 379-415, 417-445

코칭 2, 4, 6-10, 12, 13, 14, 15-17, 29, 38, 39, 54, 60, 61, 65, 66, 69, 70, 88, 89, 93, 101, 106, 108, 111, 112, 117, 121, 122, 129, 134, 139, 142, 145, 151, 157, 160, 162, 168, 171, 180, 183-185, 210, 213, 219, 221, 224, 225, 229, 232, 240, 243, 259, 260, 262, 275, 287, 294, 295, 297, 298, 300, 302, 306, 307, 313, 315, 316, 319-324, 353, 358, 366, 371, 373, 380, 381, 383, 391, 400, 418-422, 424

코칭 철학 418, 419

코칭 효능감 38, 39

(ㅌ)

탐구적 접근 65

태도의 법칙 117, 118

투명성 433

투자 단계 258-260, 262, 263, 273, 278

특정 단위 225

(ㅍ)

파급 효과 48

파지 206, 229

폐쇄 기술 223

폐쇄회로 이론 148, 210, 223

포괄적인 윤리 429-431

프리맥 원리 388, 399

피로적응장애증후군 358, 364, 367

(ㅎ)

학습 목표 81, 85, 154

학습 행동 129, 136, 141, 151, 153, 154, 156, 159, 161, 171, 173, 175, 187, 188

학습의 자유 64

할머니의 법칙 388

핵심요소 75, 195, 223, 317

행동 버튼 28

행동 조정 401

행동 차별화 227

행동주의 8, 24, 49, 69, 223, 323, 381, 384, 399, 401, 412, 413

행동주의 교정 전략 401, 412

행동주의 이론 24, 28, 30, 43, 44, 50, 169, 194, 195, 293, 384, 401

향상 관점 78, 79

허용 효과 182

현상학 294

혼잣말 41, 92, 113, 115, 215, 236, 328, 351, 358, 366

활성화 확산 225

회복력 75, 93, 156, 440

회복력이 좋은 선수 75, 82, 93, 95, 348, 440, 442

회복력이 좋은 코치 93

회상 기억 220

회상 도식 221, 223

효과의 법칙 117, 129

후기 형식적 사고 426

훈련 9-11, 16, 22, 25, 26, 28-30, 34, 36-39, 43, 46-48, 51-53, 58-61, 63-67, 69, 74, 76, 79, 82, 85, 86, 88, 89, 92, 95, 104-113, 116, 118-121, 126-128, 130, 131, 134-138, 146, 147, 150, 152-156, 158-162, 172, 176-178, 192, 194, 205, 206, 210-212, 219, 223, 229-231, 233-236, 239, 240, 242-244, 249-258, 261-263, 265-275, 278-280, 283-285, 294, 311-313, 333, 334, 341, 347, 348, 350, 353, 355, 357, 360, 364, 365, 368, 370, 372-374, 380, 381, 383, 388, 390-393, 396, 397, 400, 404, 410, 419, 420, 425, 440, 442

희망 48, 54, 68, 70, 74, 75, 79, 81, 88, 93, 94, 99, 121, 122, 127, 172, 375, 419, 442

[인명]

(A)

Adams, J.A. *148, 150, 209, 210, 220, 221, 223*
Allard, F. *233, 247, 252*
Allen, J. *441*
Ames, C. *159, 333*
Andersen, M.B. *354*
Anderson J.R. *197, 201, 224-227, 234*
Arnold M.B. *150, 343, 352*
Atkinson, R. *195*

(B)

Bacon, Francis *82, 442*
Baier, K. *436, 437*
Bandura, Albert *34-37, 39, 44, 47, 168, 169, 175, 176, 178, 181, 182*
Bard C. *233*
Bartlett, F.C. *220*
Basseches, M. *426*
Beall, S.K. *353*
Beals, K.P. *267*
Beasley, C.M. *227*
Belichick, Bill *16*
Bentz, Cal *180*
Berra, Yogi *349*
Billingsley, Hobie *14, 151*
Bloom, B.S. *108, 112, 255, 257, 266, 285, 299*
Brantner, J.P. *135*
Bruning, R.H. *195, 200, 239*
Brunson, D.A. *14, 19*
Bruschi, Tedy *172*
Buber, Martin *293*
Burns, Al *119*
Buscaglia, Leo *19, 294-296*

(C)

Calfee, R.C. *197*
Calhoun, E. *302*

Cardinell, Cassandra *113*
Chandler, Tyson *439*
Chase, William *19, 169, 243, 244, 249*
Chi, L. *198, 237, 245-247, 334*
Cleary, T. *267*
Colavecchia, B. *135*
Copeland, W.D. *389*
Cote, J. *250, 258, 260-262*
Counsilman, Doc *16, 111*
Covington, M.V. *81*
Cox, R.H. *83, 84, 89*
Csikszentmihalyi, Mihaly *56, 57, 254*

(D)

Daly, Thomas *347*
Dart, Bruce *162*
Davids, K. *233*
Deakin, J.M. *233, 252, 278, 280*
Deci, E.L. *31, 50, 90, 330, 352*
Dodson,, J.D. *336*
Doherty, M.A. *135*
Donie, Scott *62*
Douma, I. *41*
Dreikurs, R. *408*
Dyer, W.W. *428*

(E)

Easterbrook J.A. *351*
Easterbrook, J.A. *235*
Eggen, P.D. *6, 7*
Ericsson, Anders *243, 249, 250, 252, 253, 256, 285*

(F)

Faulkner, William *15, 17*
Feltovich, P.J. *245, 247*
Feltz, D.L. *38-40*
Fitts, P.M. *209, 212, 213*
Fleury, M. *233*
Frankena, W. *437, 438*

Fraser-Thomas, J. *258*
French, K.E. *245, 268*
Freudenberger *366*
Frijda, N.H. *333, 343, 352*

(G)

Gallimore, R. *316, 428, 441*
Gasson, J.A. *343, 352*
Gawande,, Atul *372*
Gibbs,, Joe *424*
Glaser, R. *198, 245, 247*
Gough, R. *434*
Gould, D. *336, 339, 364*
Graham, S. *233, 245, 247*
Grossnickle, D.R. *393*
Gzxiola, Alvaro *59*

(H)

Hackfort, D. *357*
Hanin, Y.L. *283, 335, 338, 339, 341-345, 361*
Harris, D.V. *235*
Harter, N *62, 210*
Hayes, J. *250*
Hayes, Woody *16*
Head, H. *220*
Heider, J. *76, 282*
Heil, J. *355*
Heitmann *320*
Herbert, E.P. *42*
Hillman, C.H. *283*
Horn, T.S. *46*
Horton, S. *278, 280*
Horvath, J.A. *6*
Howe, L.W. *301*
Huczek, Jack *175*

(I)

Izard, C. *347, 352*

(J)

Jackson, Susan *56*
Janelle, C *147*
Janelle, C. *283*
Jaspers, Karl *293*
Jordan, Michael *40*
Joyce, Bruce *302*

(K)

Kallus, K.W. *356, 366*
Kane, Kristen *157*
Kauchak, D. *6*
Kazakas, P. *41*
Kellmann, M. *356*
Kirschenbaum, H. *301*
Kline, P.J. *227*
Kneer, M. *320*
Knight, Bobby *16, 58*
Kohn, A. *14, 19*
Kounin, J.S. *48, 388-391*
Kretchmar, R.S. *419, 422, 429-431, 435-438*
Kubler-Ross, Elizabeth *354*

(L)

Labouvie-Vief, G. *426, 428*
Landin, D. *41, 42*
Lavery, J.J. *147*
Lee, D.L. *39, 143, 146, 206, 207, 209, 210, 212, 223, 283*
Lenzi, Mark *277, 440*
Lombardo, B.J. *319-321*
Lortie, D.C. *15*

(M)

MacKay, A. *10*
MacKenzie-Keating, S. *135*
Magill, R.A. *192, 194, 206, 207*
Mandler, G. *333*
Marland, M. *398*
Martens, R. *6, 363*

Martinek, T.   *46*
Maslach, C.   *356-367*
Maslow, Abraham   *24, 50-56, 63, 316*
McCann, Sean   *275, 276*
McPherson, S.L.   *245, 246, 268*
Medic, N.   *266*
Mike, Krzyzewski   *16*
Morry Arbini   *109, 112, 120, 279*

(N)

Nater, Swen   *316, 416, 434, 441*
Natsis, P.   *41*
Nau, P.A.   *135*
Nicholls, J.   *333*
Nideffer, R.M.   *351*
Norman, D.A.   *227*
Novak, J.M.   *299*

(O)

Ortony, A.   *333*

(P)

Paarsalu, M.E.   *233, 247*
Paivo, Alan   *199*
Pankhurst, A.   *281, 283, 284*
Pavlov, Ivan   *101, 112, 117, 120, 129, 159, 169, 194*
Pennebaker, J.W.   *353*
Piaget, J.   *220, 314, 426*
Posner, M.I.   *209, 212, 213*
Purkey, W.W.   *299*

(R)

Rathunde, K.   *254*
Richman, H.B.   *251*
Robinson, John   *371*
Rogers, Carl   *50, 64-66, 292-297, 302-304, 307, 311, 321, 324*
Ronning, R.R.   *195, 200, 239*
Rowan, J.   *52, 55, 63*

Rumelhart, D.E.   *18, 220, 221, 227*
Russell, D.G.   *267*
Russell, Keith   *59*
Ryan, R.   *31, 50*

(S)

Sameoto, D.   *135*
Santayana, George   *440, 445*
Sartre, Jean-Paul   *293*
Sautin, Dmitri   *186*
Scanlan, T.K.   *267*
Schemblecher, Bo   *16*
Schmidt, R.A   *223*
Schmidt, R.A.   *4, 5, 8, 146, 209, 210, 212, 217, 218, 220, 232, 283*
Schraw, G.J.   *195, 200, 239*
Schwarztkopf, H. Norman   *420*
Seligman, M.E.P.   *88*
Sesko, F.P.   *393*
Shea, C.H.   *206, 221, 364*
Shiffrin, R.   *195*
Short, S.E.   *38-40*
Simon, Herbert   *19, 243, 244, 249, 301*
Singer, H.   *433, 438*
Skinner, B.F.   *24, 50, 117, 128-133, 140, 143, 159, 160, 169, 194*
Smith, R.E.   *108, 349, 354, 356, 362, 363*
Spielberger, C.D.   *335, 341*
Starkes, J.L.   *233, 247, 251-255, 275, 285*
Sternberg, R.J.   *6*
Sullivan, W.   *38-40*
Swindol, CharlesI   *60*

(T)

Theodorakis, Y.   *41*
Thompson, J.   *108, 116*
Thorndike, Edward L.   *101, 116-118, 129, 130, 139, 383, 387*
Tian Liang   *211*

(V)

Vallerand, R.J.   *27, 50, 92, 332, 353, 354, 356*

Van Houten, R.   *135*
Vogt, J.F.   *19*

(W)

Walsh, Bill   *16*
Walters, G.C.   *182, 404, 410*
Walton, Bill   *434*
Webster, S.W.   *406, 410, 411*
Weil, Marsha   *302*
Weinberg, R.   *339, 342, 356*
Weiner, B.   *76, 79, 88, 331, 352, 353*
Westphal, Charlene   *442*
Whalen, S.   *254*
White, R.W.   *63*
Williams, J.M.   *41, 349, 354*
Wooden, John   *16, 139, 282, 379, 420, 424, 428, 432, 435, 441*
Woods, Tiger   *257*
Wrightson, Bernie   *28*
Wrisberg, C.A.   *4, 5, 8, 146, 217, 222, 232*

(Y)

Yeagley, Jerry   *284*
Yerkes, R.M.   *336*
Young, B.W.   *266*
Yu Fen   *211*

(Z)

Zimmerman, V.   *267*
Zimmy, S.T.   *206*
Zinsser, N.   *41, 42*

저자 소개

Jeffrey J. Huber (PhD)는 미국 다이빙 대표팀 감독을 역임했으며, 현재 인디애나 대학교(Indiana University at Bloomington) 심리학과 명예교수로 재직하고 있다. 저자는 학부와 대학원에서 학생과 예비 교사와 예비 코치들에게 교육심리학을 가르치고 있다. 또한, 교육심리학 이론, 운동 학습과 코칭의 기본 철학과 운동 과학 과목도 강의한 바 있다.

저자는 네브라스카 대학교(University of Nebraska at Lincoln)에서 교육과정 및 교수방법 전공으로 석사학위와 교육심리학 박사학위를 취득했다. 35년 넘게 대학교에서 코치 생활을 하면서, Big Ten, NCAA와 USA 대회에서 많은 수상과 성과를 거뒀으며, 미국올림픽위원회(USOC)에서 수상하는 지도자 상도 여러 차례 수상했다. 저자는 11년 간 미국 대표팀 코치로 지명되어, 미국 다이빙 대표팀을 이끌고 시드니 올림픽(2000), 아테네 올림픽(2004)과 베이징 올림픽(2008)에 참가했다. 현재까지 미국 다이빙 대표팀은 저자가 코치로 참석한 3번의 올림픽에서 가장 좋은 성과를 달성했다.

여가 시간에 저자는 달리기, 역도, 수영과 글쓰기를 즐기며, 아내와 딸과 함께 블루밍턴에 거주하고 있다.

역자 소개

송용관
고려대에서 박사학위를 취득하고, 부경대 해양스포츠학과에 교수로 재직하고 있다.

천승현
고려대에서 박사학위를 취득하고, 고려대 체육교육과에 교수로 재직하고 있다.

류태호
서울대에서 박사학위를 취득하고, 고려대 체육교육과에 교수로 재직하고 있다.